Alba Gainotti
Alessandra Modelli

Il racconto della Terra

Impara con l'eBook multimediale

1 REGÌSTRATI

Vai su **my.zanichelli.it** e iscriviti come studente

2 ATTIVA IL TUO LIBRO

Nella tua area **myZanichelli**, clicca su **attiva opera** e inserisci la **chiave di attivazione** che trovi sul bollino argentato in questa pagina

3 CLICCA SULLA COPERTINA

Puoi:
- sfogliare l'**eBook online**
- **scaricarlo offline** sul tuo computer o sul tuo tablet

Realizzazione editoriale:
- Redazione e ricerca iconografica: Paola Sardella
- Progetto grafico e impaginazione: Sara Travella/Galline a pois, Milano
- Disegni: Luca Tible

Contributi:
- Grazia Ceruti: mappe concettuali, *Sei pronto per la verifica?* e *Verifica le competenze*
- Bianca Venturi: prima stesura di alcune schede di *Storie della Terra* e di alcuni paragrafi del testo

Realizzazione dell'eBook multimediale:
- Redazione: Paola Sardella
- Progettazione e sviluppo software: duDAT srl, Bologna

Copertina:
- Progetto grafico: Miguel Sal & C., Bologna
- Realizzazione: Roberto Marchetti e Francesca Ponti
- Immagine di copertina: Ugo Rondinone, **Seven Magic Mountains**. Las Vegas, Nevada, USA. © odonata98 (Kimberly Reinhart)

Prima edizione: febbraio 2017

Ristampa: **prima tiratura**

5 4 3 2 1 2017 2018 2019 2020 2021

Zanichelli garantisce che le risorse digitali di questo volume sotto il suo controllo saranno accessibili, a partire dall'acquisto dell'esemplare nuovo, per tutta la durata della normale utilizzazione didattica dell'opera. Passato questo periodo, alcune o tutte le risorse potrebbero non essere più accessibili o disponibili: per maggiori informazioni, leggi my.zanichelli.it/fuoricatalogo

File per sintesi vocale
L'editore mette a disposizione degli studenti non vedenti, ipovedenti, disabili motori o con disturbi specifici di apprendimento i file pdf in cui sono memorizzate le pagine di questo libro. Il formato del file permette l'ingrandimento dei caratteri del testo e la lettura mediante software screen reader. Le informazioni su come ottenere i file sono sul sito http://www.zanichelli.it/scuola/bisogni-educativi-speciali

Grazie a chi ci segnala gli errori
Segnalate gli errori e le proposte di correzione su **www.zanichelli.it/correzioni**.
Controlleremo e inseriremo le eventuali correzioni nelle ristampe del libro.
Nello stesso sito troverete anche l'errata corrige, con l'elenco degli errori e delle correzioni.

Zanichelli editore S.p.A. opera con sistema qualità
certificato CertiCarGraf n. 477
secondo la norma UNI EN ISO 9001:2008

Questo libro è stampato su carta che rispetta le foreste.
www.zanichelli.it/la-casa-editrice/carta-e-ambiente/

Stampa: Arti Grafiche Battaia F.&C. Srl
Via Papa Giovanni XXIII, 5 Zibido San Giacomo (Milano)
per conto di Zanichelli editore S.p.A.
Via Irnerio 34, 40126 Bologna

Alba Gainotti
Alessandra Modelli

Il racconto della Terra

SCIENZE ZANICHELLI

INDICE

Introduzione alle scienze della Terra

SEZIONE A LA TERRA NELLO SPAZIO

1. Il Sistema solare

2. Il pianeta Terra

SEZIONE B ARIA E ACQUA NEL SISTEMA TERRA

3. La sfera dell'aria

ZTE ONLINE 20 test interattivi online su zte.zanichelli.it

LOSAI? RIPASSA CON LO SMARTPHONE

4. Il tempo e il clima

ZTE ONLINE 20 test interattivi online su zte.zanichelli.it

LOSAI? RIPASSA CON LO SMARTPHONE

SEZIONE C LE ROCCE E I PAESAGGI

SEZIONE E LA TERRA NEL TEMPO

10. La litosfera in movimento

11. La storia della Terra

Guida allo studio

Il testo è suddiviso in cinque **Sezioni**, ciascuna composta di **Unità**. L'*Introduzione* è una presentazione delle scienze della Terra e del lavoro degli scienziati.

sezione **A**

La Terra nello spazio

Offre una visione generale del cosmo e si sofferma in particolare sul Sistema solare per analizzare la posizione e le caratteristiche della Terra rispetto agli altri corpi celesti.

sezione **B**

Aria e acqua nel Sistema Terra

Affronta lo studio dell'atmosfera e dell'idrosfera che con la loro presenza e interdipendenza determinano gli eventi meteorologici e climatici e offrono le condizioni per lo sviluppo della vita.

sezione **C**

Le rocce e i paesaggi

È una guida alla conoscenza dei minerali e delle rocce ed esamina l'azione degli agenti atmosferici nel modellamento della crosta terrestre e nella formazione dei paesaggi.

sezione **D**

La Terra inquieta

Affronta lo studio delle forze che agiscono dall'interno del pianeta generando i vulcani e i terremoti che scuotono la superficie terrestre.

sezione **E**

La Terra nel tempo

Analizza gli spostamenti delle placche prodotti dal calore interno e le trasformazioni del pianeta i cui segni sono conservati negli strati rocciosi: i fossili che contengono ci permettono di ricostruire la storia della vita, compresa la storia evolutiva della nostra specie.

Ogni Unità si apre con una breve **scheda** che ha lo scopo, con immagini e domande, di farti entrare in argomento in maniera attiva stimolando la tua curiosità e verificando quanto già sai.

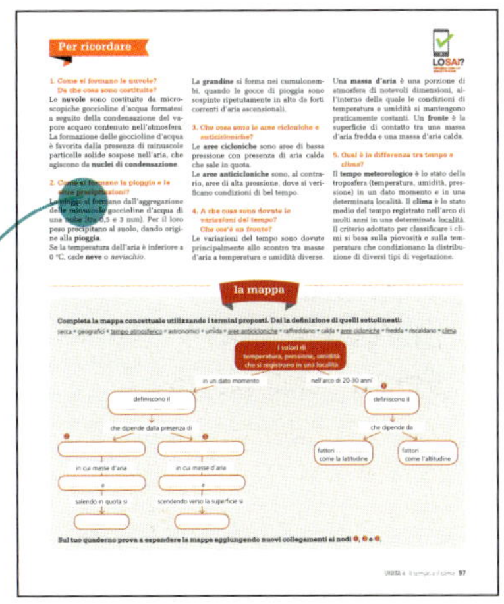

Nella pagina iniziale di ogni **Unità** le domande ti introducono agli argomenti e trovano risposte sintetiche nella rubrica **Per ricordare** a fine Unità.

Le **vignette** integrate nelle figure ti forniscono immagini «parlanti» che aiutano la memorizzazione.

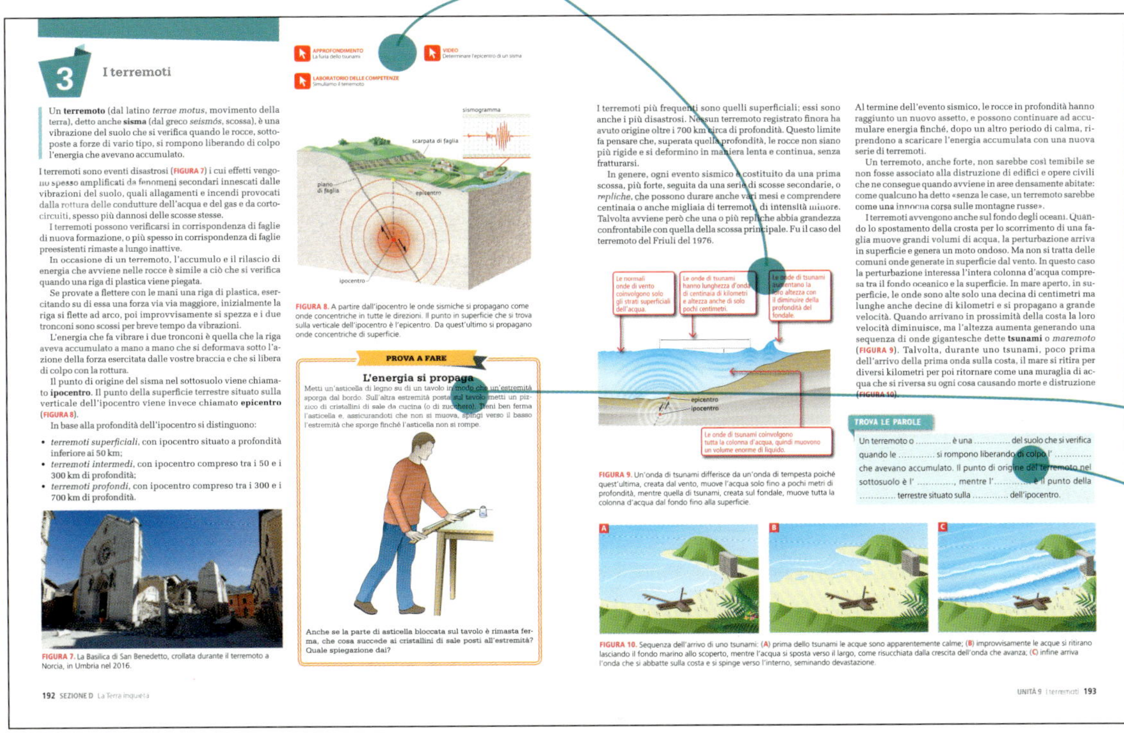

Nei materiali per l'**Interactive eBook** trovi gli *Approfondimenti* che permettono di integrare e ampliare gli argomenti delle Unità; i *Laboratori delle competenze*, che presentano semplici attività, alcune anche di tipo pratico, da svolgere in classe o a casa con materiali di facile reperibilità; un'ampia gamma di *Video* che con animazioni spiegano i concetti più difficili e aiutano a capire meglio i fenomeni geologici.

I **Prova a fare** sono semplici attività pratiche per stimolare le capacità di osservazione e proposte di indagini per acquisire un metodo di ricerca autonomo.

In fondo a ogni paragrafo dell'Unità ti viene proposto un brano da completare **Trova le parole**.

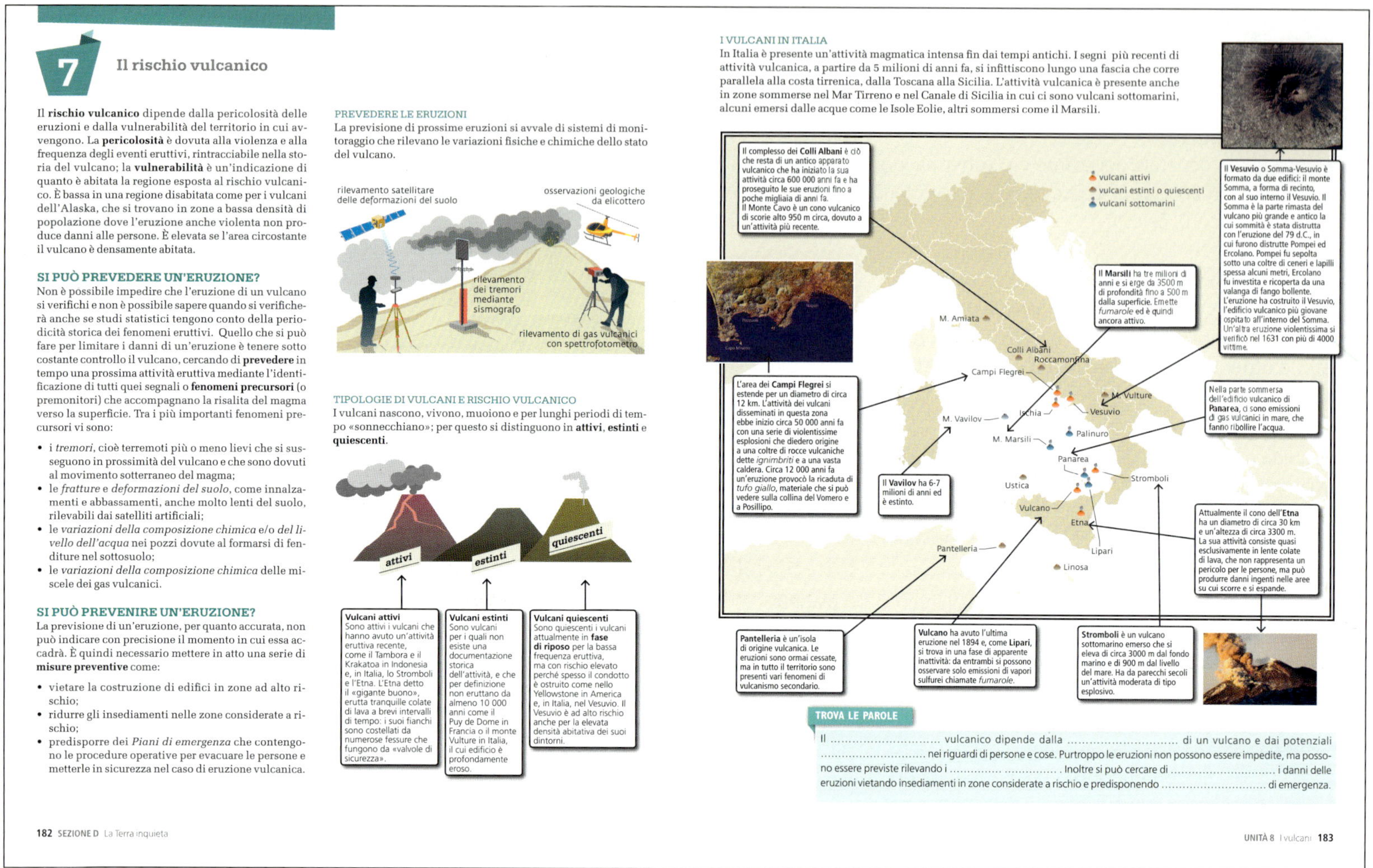

7 Il rischio vulcanico

Il **rischio vulcanico** dipende dalla pericolosità delle eruzioni e dalla vulnerabilità del territorio in cui avvengono. La **pericolosità** è dovuta alla violenza e alla frequenza degli eventi eruttivi, rintracciabile nella storia del vulcano; la **vulnerabilità** è un'indicazione di quanto è abitata la regione esposta al rischio vulcanico. È bassa in una regione disabitata come per i vulcani dell'Alaska, che si trovano in zone a bassa densità di popolazione dove l'eruzione anche violenta non produce danni alle persone. È elevata se l'area circostante il vulcano è densamente abitata.

SI PUÒ PREVEDERE UN'ERUZIONE?

Non è possibile impedire che l'eruzione di un vulcano si verifichi e non è possibile sapere quando si verificherà anche se studi statistici tengono conto della periodicità storica dei fenomeni eruttivi. Quello che si può fare per limitare i danni di un'eruzione è tenere sotto costante controllo il vulcano, cercando di **prevedere** in tempo una prossima attività eruttiva mediante l'identificazione di tutti quei segnali o **fenomeni precursori** (o premonitori) che accompagnano la risalita del magma verso la superficie. Tra i più importanti fenomeni precursori vi sono:

- i *tremori*, cioè terremoti più o meno lievi che si susseguono in prossimità del vulcano e che sono dovuti al movimento sotterraneo del magma;
- le *fratture* e *deformazioni del suolo*, come innalzamenti e abbassamenti, anche molto lenti del suolo, rilevabili dai satelliti artificiali;
- le *variazioni della composizione chimica* e/o *del livello dell'acqua* nei pozzi dovute al formarsi di fenditure nel sottosuolo;
- le *variazioni della composizione chimica* delle miscele dei gas vulcanici.

SI PUÒ PREVENIRE UN'ERUZIONE?

La previsione di un'eruzione, per quanto accurata, non può indicare con precisione il momento in cui essa accadrà. È quindi necessario mettere in atto una serie di **misure preventive** come:

- vietare la costruzione di edifici in zone ad alto rischio;
- ridurre gli insediamenti nelle zone considerate a rischio;
- predisporre dei *Piani di emergenza* che contengono le procedure operative per evacuare le persone e metterle in sicurezza nel caso di eruzione vulcanica.

PREVEDERE LE ERUZIONI

La previsione di prossime eruzioni si avvale di sistemi di monitoraggio che rilevano le variazioni fisiche e chimiche dello stato del vulcano.

TIPOLOGIE DI VULCANI E RISCHIO VULCANICO

I vulcani nascono, vivono, muoiono e per lunghi periodi di tempo «sonnecchiano»; per questo si distinguono in **attivi**, **estinti** e **quiescenti**.

Vulcani attivi
Sono attivi i vulcani che hanno avuto un'attività eruttiva recente, come il Tambora e il Krakatoa in Indonesia e, in Italia, lo Stromboli e l'Etna. L'Etna detto il «gigante buono», erutta tranquille colate di lava a brevi intervalli di tempo: i suoi fianchi sono costellati da numerose fessure che fungono da «valvole di sicurezza».

Vulcani estinti
Sono vulcani per i quali non esiste una documentazione storica dell'attività, e che per definizione non eruttano da almeno 10 000 anni come il Puy de Dome in Francia o il monte Vulture in Italia, il cui edificio è profondamente eroso.

Vulcani quiescenti
Sono quiescenti i vulcani attualmente in **fase di riposo** per la bassa frequenza eruttiva, ma con rischio elevato perché spesso il condotto è ostruito come nello Yellowstone in America e, in Italia, nel Vesuvio. Il Vesuvio è ad alto rischio anche per la elevata densità abitativa dei suoi dintorni.

I VULCANI IN ITALIA

In Italia è presente un'attività magmatica intensa fin dai tempi antichi. I segni più recenti di attività vulcanica, a partire da 5 milioni di anni fa, si infittiscono lungo una fascia che corre parallela alla costa tirrenica, dalla Toscana alla Sicilia. L'attività vulcanica è presente anche in zone sommerse nel Mar Tirreno e nel Canale di Sicilia in cui ci sono vulcani sottomarini, alcuni emersi dalle acque come le Isole Eolie, altri sommersi come il Marsili.

Il complesso dei **Colli Albani** è ciò che resta di un antico apparato vulcanico che ha iniziato la sua attività circa 600 000 anni fa e ha proseguito le sue eruzioni fino a poche migliaia di anni fa. Il Monte Cavo è un cono vulcanico di scorie alto 950 m circa, dovuto a un'attività più recente.

L'area dei **Campi Flegrei** si estende per un diametro di circa 12 km. L'attività dei vulcani disseminati in questa zona ebbe inizio circa 50 000 anni fa con una serie di violentissime esplosioni che diedero origine a una coltre di rocce vulcaniche dette *ignimbriti* e a una vasta caldera. Circa 12 000 anni fa un'eruzione provocò la ricaduta di *tufo giallo*, materiale che si può vedere sulla collina del Vomero e a Posillipo.

Il **Vavilov** ha 6-7 milioni di anni ed è estinto.

Il **Marsili** ha tre milioni di anni e si erge da 3500 m di profondità fino a 500 m dalla superficie. Emette *fumarole* ed è quindi ancora attivo.

Il **Vesuvio** o Somma-Vesuvio è formato da due edifici: il monte Somma, a forma di recinto, con al suo interno il Vesuvio. Il Somma è la parte rimasta del vulcano più grande e antico la cui sommità è stata distrutta con l'eruzione del 79 d.C., in cui furono distrutte Pompei ed Ercolano. Pompei fu sepolta sotto una coltre di ceneri e lapilli spessa alcuni metri, Ercolano fu investita e ricoperta da una valanga di fango bollente. L'eruzione ha costruito il Vesuvio, l'edificio vulcanico più giovane ospitato all'interno del Somma. Un'altra eruzione violentissima si verificò nel 1631 con più di 4000 vittime.

Nella parte sommersa dell'edificio vulcanico di **Panarea**, ci sono emissioni di gas vulcanici in mare, che fanno ribollire l'acqua.

Attualmente il cono dell'**Etna** ha un diametro di circa 30 km e un'altezza di circa 3300 m. La sua attività consiste quasi esclusivamente in lente colate di lava, che non rappresenta un pericolo per le persone, ma può produrre danni ingenti nelle aree su cui scorre e si espande.

Pantelleria è un'isola di origine vulcanica. Le eruzioni sono ormai cessate, ma in tutto il territorio sono presenti vari fenomeni di vulcanismo secondario.

Vulcano ha avuto l'ultima eruzione nel 1894 e, come **Lipari**, si trova in una fase di apparente inattività: da entrambi si possono osservare solo emissioni di vapori sulfurei chiamate *fumarole*.

Stromboli è un vulcano sottomarino emerso che si eleva di circa 3000 m dal fondo marino e di 900 m dal livello del mare. Ha da parecchi secoli un'attività moderata di tipo esplosivo.

TROVA LE PAROLE

Il .... vulcanico dipende dalla .... di un vulcano e dai potenziali .... nei riguardi di persone e cose. Purtroppo le eruzioni non possono essere impedite, ma possono essere previste rilevando i .... Inoltre si può cercare di .... i danni delle eruzioni vietando insediamenti in zone considerate a rischio e predisponendo .... di emergenza.

All'interno di ogni Unità, in una doppia pagina ricca di immagini vengono affrontati **temi di attualità** e **ambientali** (rischi vulcanico, sismico, idrogeologico) con particolare riferimento alla penisola italiana.

Storie della Terra sono schede di lettura, una per ogni Unità, che con uno stile narrativo descrivono fatti curiosi, storici o d'attualità, attinenti ai temi trattati.

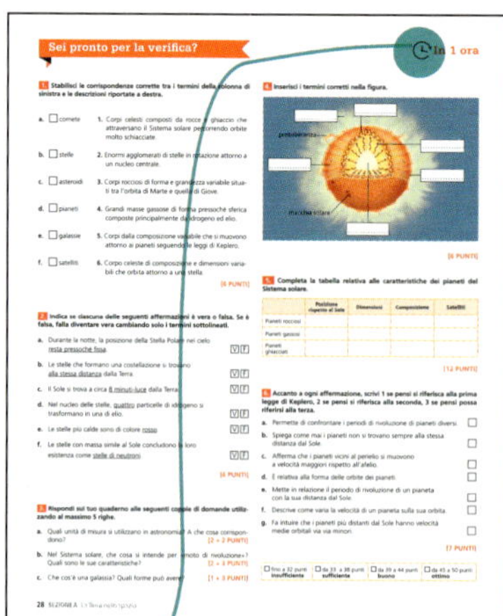

In un'ora è presente alla fine di ogni Unità. È una prova generale della verifica da svolgere in un'ora, con il punteggio per autovalutarsi.

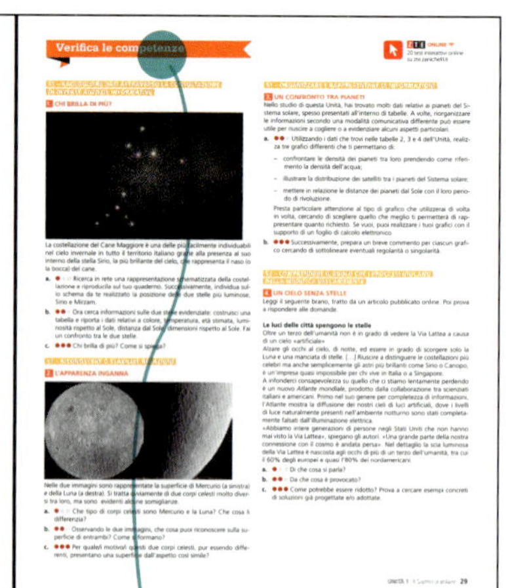

La rubrica **Verifica le competenze** contiene esercizi più complessi che richiedono capacità di approfondimento e di ricerca.

Introduzione alle scienze della Terra

1 Un pianeta unico in evoluzione

Un piccolo frammento cosmico, in orbita a 150 milioni di kilometri di distanza da una stella di media grandezza, nella periferia di una grande galassia: è la Terra.

Contrariamente alla maggior parte dei confratelli del Sistema solare, il nostro pianeta è attivo e in perpetua evoluzione. Nel sottile velo dell'atmosfera, i venti soffiano e le nubi si formano e si dissolvono di continuo. Sui continenti fiumi e ghiacciai scolpiscono i rilievi e negli oceani le maree alternano quotidianamente flussi e riflussi. La crosta superficiale è scossa da terremoti e disseminata da vulcani alimentati dall'energia proveniente dalle sue viscere.

Sotto la superficie, l'interno del pianeta è molto caldo e funziona come una gigantesca macchina termica: le rocce fuse risalgono verso la superficie, poi, raffreddandosi si appesantiscono e sprofondano di nuovo nella fornace interna.

La Terra ha un'età di circa 4,6 miliardi di anni (**FIGURA 1**). Da quando si è formata, ha continuato a girare senza interruzione attorno al Sole e su se stessa come una trottola.

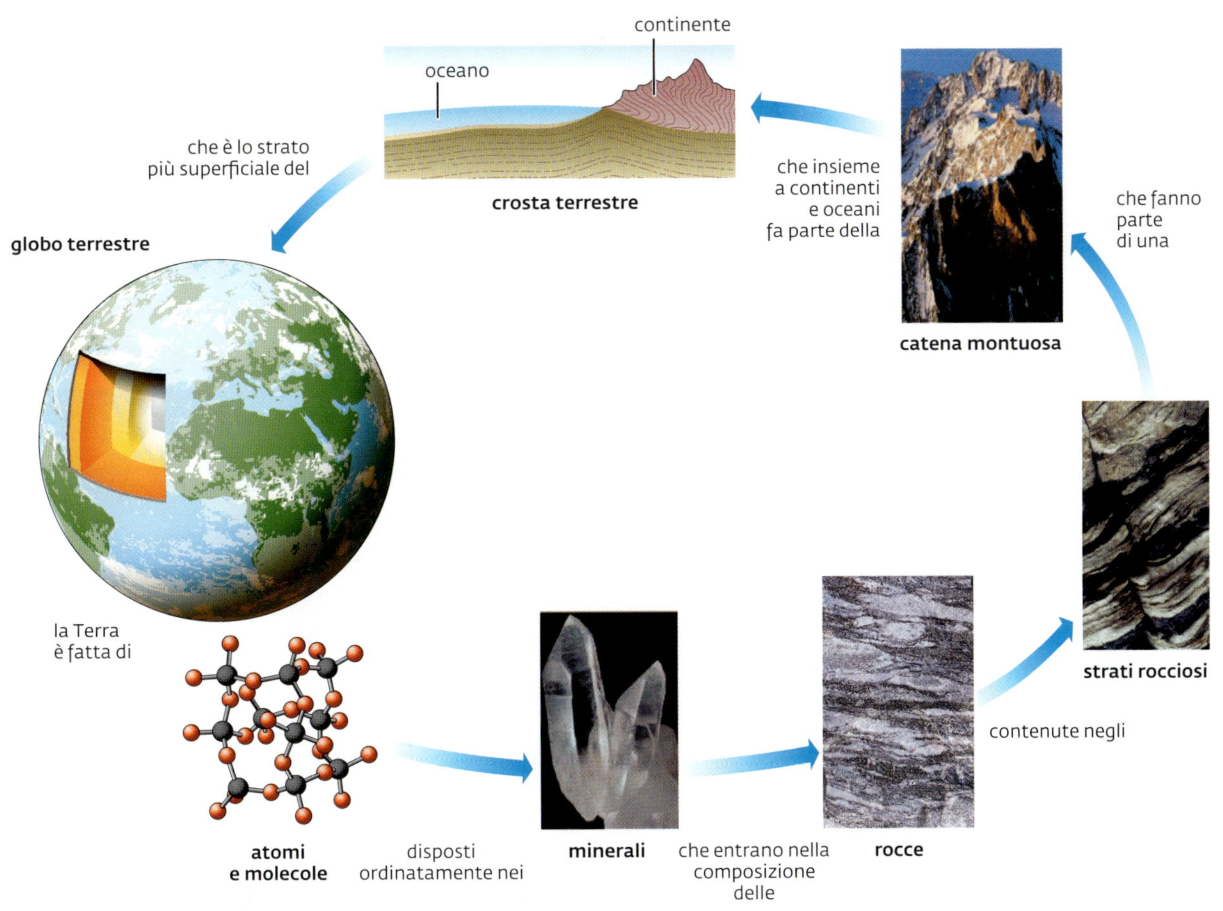

FIGURA 1. Schema della struttura del globo terrestre a differente scala dagli atomi all'intero globo.

Durante la sua lunga storia si sono aperti oceani che poi si sono richiusi, sono nati continenti che, andando alla deriva, si sono scontrati innalzando le montagne.

A poco a poco, la Terra ha assunto il volto che conosciamo grazie alla più importante delle rarità: l'acqua allo stato liquido, culla della vita. E la vita appena nata, attraverso l'opera di microscopiche alghe, ha forgiato l'atmosfera trasformando l'originaria miscela di gas irrespirabili nell'aria ricca di ossigeno che respiriamo.

Le **scienze della Terra** si occupano di tutti questi aspetti del nostro pianeta: ne studiano i moti nello spazio, ne analizzano le formazioni rocciose, le acque e l'atmosfera, ricostruiscono i climi e gli ambienti del passato. Ne indagano la struttura e la composizione a partire dalla scala degli atomi dei minerali, per passare alle rocce e arrivare oltre fino alle catene montuose, ai continenti, agli oceani e infine all'intero globo.

Le scienze della Terra studiano i fenomeni che avvengono in un istante e quelli che si verificano nell'arco di milioni di anni, ed elaborano modelli e teorie per spiegare le dinamiche che agitano il pianeta in superficie e in profondità.

Per la vastità dei temi di cui si occupano, le scienze della Terra comprendono molteplici discipline che utilizzano strumenti diversificati. Lo studioso di scienze della Terra analizza i fenomeni in laboratorio, ma molto più spesso lavora sul campo (**FIGURA 2**).

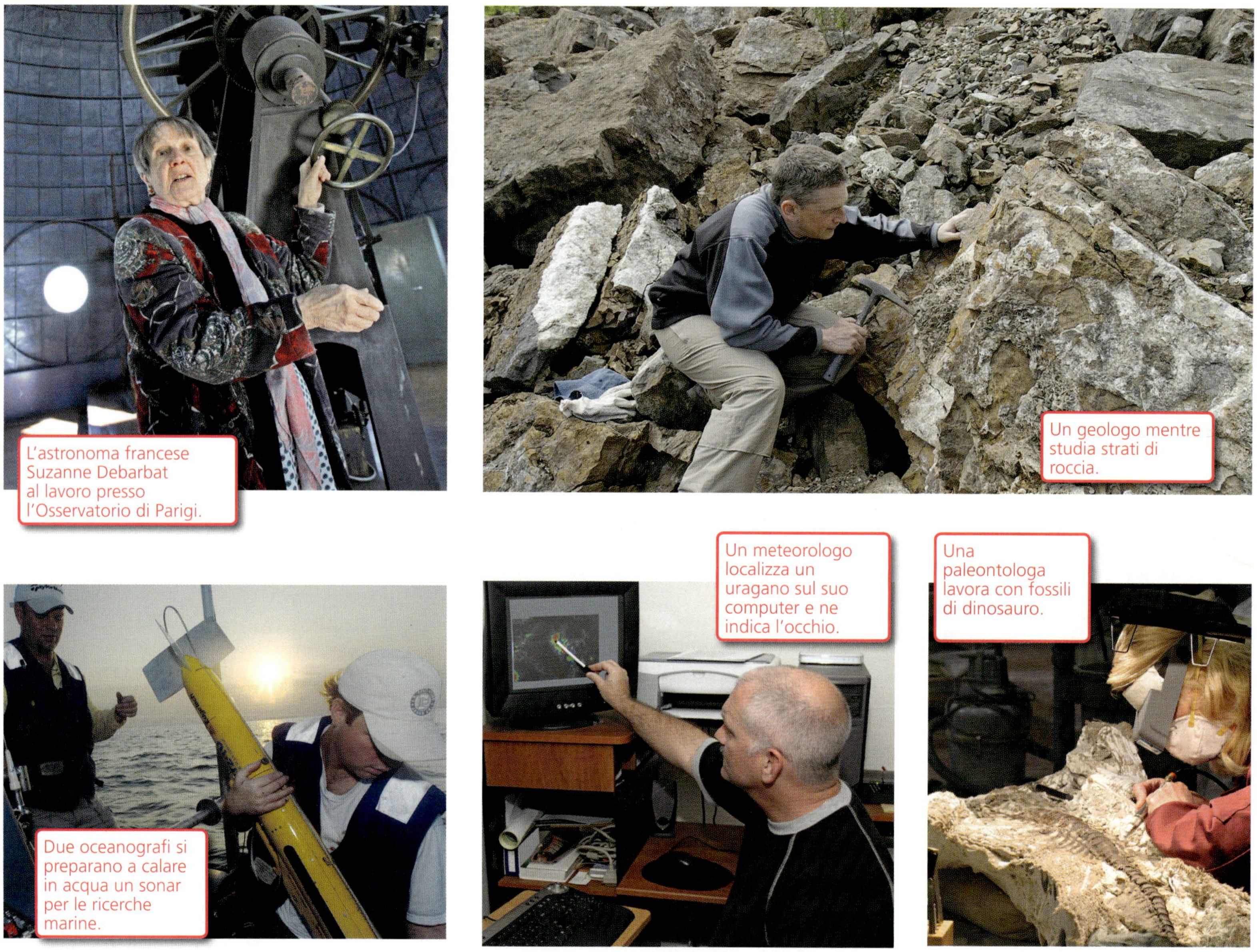

FIGURA 2. Il lavoro degli studiosi di scienze della Terra.

Egli può essere:

- un *astronomo* che studia i rapporti tra la Terra e gli altri corpi celesti;
- un *geologo* che studia i minerali e le rocce, la loro formazione e distribuzione, i movimenti della crosta terrestre come terremoti e vulcani;
- un *oceanografo* che esplora i fondi oceanici e studia le correnti marine;
- un *meteorologo* che studia la composizione e struttura dell'atmosfera e l'andamento del tempo atmosferico;
- un *paleontologo* che studia i resti fossili degli organismi e ricostruisce gli ambienti delle epoche passate.

Poiché l'oggetto di studio è lo stesso, la Terra, e gli elementi che la compongono (l'aria, l'acqua, le rocce, i viventi) sono interagenti e interdipendenti; gli studiosi dei diversi campi hanno bisogno gli uni delle conoscenze degli altri. Ovunque andiamo, ci imbattiamo nei molteplici volti del nostro pianeta: quando percorriamo un sentiero di campagna o ci inerpichiamo su per le montagne, ci tuffiamo nel mare o camminiamo frettolosamente in città. Anche gran parte dei materiali di cui sono fatti i monumenti e le abitazioni del nostro territorio rispecchiano la storia geologica dei luoghi in cui si trovano (**FIGURA 3**). Le conoscenze di scienze della Terra ci aiutano a capire l'ambiente in cui viviamo e ci spronano a impegnarci per proteggerlo e mantenerlo in buona salute.

FIGURA 3. L'Acquedotto Claudio e il selciato della via Appia, due opere pubbliche costruite dagli antichi romani con rocce vulcaniche provenienti dall'area dei Colli Albani.

2 Il lavoro dello scienziato

Il progresso scientifico è costellato di dispute e discussioni. Nel confronto tra idee contrapposte, alcune ipotesi e teorie, di fronte all'evidenza dei fatti, sono state accantonate. Altre costituiscono ancora oggi oggetto di dibattito tra gli scienziati. Altre ancora, quelle sostenute da un gran numero di dati, sono state accettate dall'intera comunità scientifica.

Non è detto però che lo siano per sempre. Ed è naturale che sia così. La scienza, infatti, non dà certezze assolute o risposte definitive. Essa risponde a domande circoscritte e fornisce risposte che con il tempo si possono anche dimostrare false. Ciononostante, le conoscenze scientifiche, per il metodo impiegato per ottenerle, raggiungono un grado di certezza tale da distinguerle da tutte le altre forme di sapere che conosciamo.

Per spiegare i fenomeni gli scienziati fanno ricorso unicamente a fattori e cause naturali, secondo un ragionamento logico che deve essere supportato da un gran numero di osservazioni e di prove.

Il lavoro degli scienziati è complesso e richiede intuizione, pazienza e capacità di confrontarsi con gli altri scienziati. Possiamo cercare di descriverlo aiutandoci con un esempio.

Se si osserva l'immagine (**FIGURA 4**), ci si può chiedere: di che cosa si tratta? Quale evento può avere prodotto una cavità così grande?

Forse a qualcuno di voi avrà fatto venire in mente il cratere di un vulcano, come per esempio quello del Vesuvio (**FIGURA 5**). O magari qualcun altro, appassionato di astronomia, può avere pensato ai crateri della Luna prodotti dall'impatto con meteoriti (**FIGURA 6**).

Gli stessi interrogativi se li sono posti i geologi che per

FIGURA 4. A Questa enorme cavità con i bordi rialzati, larga più di 1250 m e profonda 170 m, si trova in Arizona (USA). Le sue gigantesche dimensioni sono rilevabili anche a occhio se si fa il confronto con le persone in piedi sul bordo a destra.

FIGURA 5. Cratere vulcanico del Vesuvio.

FIGURA 6. Cratere meteoritico lunare.

la prima volta hanno indagato questo fenomeno. Si sono chiesti: a produrre la cavità, è stata una violenta eruzione vulcanica, quindi un fenomeno innescato dall'interno della Terra, o piuttosto la collisione con un corpo venuto dallo spazio? Gli scienziati hanno messo a confronto le due ipotesi e analizzato le prove. Altri scienziati hanno indagato a lungo e raccolto altri dati. Esperimenti di laboratorio hanno poi confermato che gli strani minerali trovati nelle pareti del cratere si possono formare solo alle elevatissime pressioni prodotte dall'impatto con un meteorite. Simulazioni al computer hanno dimostrato che, in impatti di questo tipo, la maggior parte del meteorite vaporizza durante la collisione, e questo spiega la scarsità dei materiali trovati.

Da una serie di calcoli i geologi hanno concluso che il cratere si è formato circa 50 000 anni fa, quando un meteorite di 30-50 m di diametro si è schiantato contro la superficie terrestre.

Alla fine, l'ipotesi dell'impatto meteoritico è stata accettata dalla comunità degli scienziati, tanto è vero che il cratere è stato denominato *Meteor Crater*.

Le conoscenze scientifiche acquisite hanno aperto la strada a nuove ricerche. Negli anni Novanta del secolo scorso, nascosto in parte sotto la penisola dello Yucatan e in parte in mare, è stato individuato un altro cratere d'impatto molto più antico e di dimensioni gigantesche (**FIGURA 7**). L'evento catastrofico che l'ha prodotto, l'impatto con un asteroide di 10 km di diametro, si pensa abbia avuto un ruolo importante nell'estinzione dei dinosauri e di molte altre forme di vita, 65 milioni di anni fa.

Il cammino della scienza non si arresta mai. Nel *Racconto della Terra* troverai i risultati più importanti di questo cammino che ti aiuteranno a capire il nostro pianeta.

FIGURA 7. Ricostruzione del cratere di Chicxulub che ha un diametro di 180 km.

Quale delle due ipotesi è corretta?	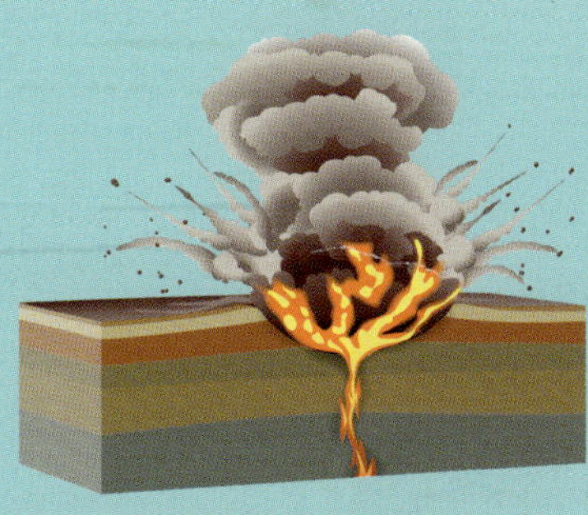 **Esplosione vulcanica**	 **Impatto con un meteorite**
Ipotesi a confronto	Una violenta eruzione ha squarciato il suolo facendo fuoriuscire gas, ceneri e magma.	Un meteorite di grandi dimensioni ha attraversato l'atmosfera terrestre e colpito il suolo, esplodendo.
Riferimento a conoscenze precedenti	Intorno al cratere dovrebbero essere presenti materiali vulcanici come, per esempio, ceneri. Inoltre, magma solidificato dovrebbe tappezzare il pavimento del cratere.	Gran parte del meteorite potrebbe essersi vaporizzato durante l'esplosione. Tuttavia frammenti di meteorite dovrebbero essere presenti sotto il cratere o nella pianura circostante. L'impatto con un meteorite provoca enormi pressioni e le rocce del suolo dovrebbero portarne i segni.
Osservazioni e ricerca delle prove: gli scienziati raccolgono campioni del suolo dentro e intorno al cratere e analizzano i risultati	Non è stato trovato alcun materiale vulcanico intorno al cratere e neppure nelle perforazioni al di sotto del cratere.	In effetti sono stati trovati molti minuscoli frammenti di meteorite dispersi nella pianura circostante. Sono stati trovati minerali che si formano ad altissime pressioni, inclusi nelle pareti rocciose del cratere.
Conclusioni	Quindi questa ipotesi è improbabile.	Quindi questa ipotesi può essere accettata.

1 Il Sistema solare

In questa Unità troverai le risposte alle seguenti domande:

1. Che cosa vediamo nel cielo notturno?
2. Quanto distano dalla Terra i corpi celesti?
3. Da che cosa hanno origine le stelle?
4. Com'è fatto il Sole?
5. Quali caratteristiche hanno i pianeti?
6. Quali leggi regolano il moto dei pianeti?
7. Quali sono le principali caratteristiche della Luna?

L'Universo immenso

Il nostro pianeta non è che un piccolo grumo di materia nel Sistema solare e questo a sua volta, non è che una minuscola parte della nostra galassia che, insieme a miliardi di altre galassie, forma l'Universo. Se il sistema di pianteti che accompagna il Sole fosse esteso per 1 m, il pianeta Terra sarebbe una sferetta di 2 millesimi di millimetro, mentre la nostra galassia misurerebbe 200 mila km, metà della distanza Terra-Luna!

SAI RISPONDERE?

1 Osservando il cielo notturno sai distinguere i pianeti dalle stelle?
2 Come si chiama l'insieme di stelle di cui fa parte il nostro Sistema solare? Come appare nel cielo?
3 Che tipo di corpo celeste è il Sole?
4 Sai nominare i pianeti che formano il Sistema solare, dal più vicino al Sole al più lontano?
5 Sai indiviuare il pianeta nano che, per l'inclinazione della sua orbita, si discosta dagli altri pianeti?

LABORATORIO DELLE COMPETENZE
L'Universo immenso

1 Il cielo sopra di noi

Se leviamo lo sguardo al cielo in una notte serena ci possiamo sentire intimoriti e al contempo incuriositi di fronte all'immensità dello spazio e alla quantità di stelle che lo popolano. Il nostro occhio inesperto può scrutarne circa 6000. Gli antichi osservatori del cielo avevano notato che i punti luminosi che costellano la volta celeste occupavano nel cielo delle posizioni fisse: questi puntini luminosi sono appunto le stelle, chiamate anche **stelle fisse**. Accanto a esse però ne notarono alcuni che invece si muovevano rispetto a tutti gli altri. Questi ultimi furono chiamati **pianeti** (dal greco *planetes*, errante). I pianeti infatti sembrano girovagare sullo sfondo del cielo, cambiando giorno dopo giorno la loro posizione rispetto alle stelle.

Anche noi possiamo distinguere, osservando il cielo notturno per alcuni giorni di seguito, le stelle dai pianeti; nello stesso tempo potremmo anche notare che le stelle, pur occupando posizioni fisse l'una rispetto all'altra, si muovono ruotando tutte insieme intorno a un cardine invisibile, come fossero incastonate all'interno di una cupola che compie una rotazione completa di 360° (**FIGURA 1**) in circa 24 ore.

Per chi si trova nel nostro emisfero terrestre, il moto avviene attorno alla **Stella Polare**, che rimane pressoché fissa. Le stelle a lei più vicine compiono il loro percorso sempre al di sopra dell'orizzonte e quindi non sorgono né tramontano. Quelle più lontane invece sorgono, compiono un tratto del loro percorso e poi tramontano per completare il loro tragitto al di sotto dell'orizzonte. In realtà, questo moto della volta celeste non è dovuto al movimento delle stelle ma è solo apparente, perché è la Terra che ruota su se stessa.

PROVA A FARE

Le stelle si muovono?

Utilizzando un cartone grande quanto un foglio A4, ritaglia una cornice lasciando solo 2 cm di bordo. Attacca alla cornice un foglio di plastica trasparente che sarà il tuo strumento di rilevamento.
In una notte serena metti il tuo rilevatore ben fisso su un muretto o su un altro sostegno. Sistemati dietro la cornice in modo da poter osservare le stelle attraverso di essa. Segna la tua posizione a terra, che manterrai per tutta la durata dell'esperimento. Con un pennarello, segna sulla plastica della cornice la posizione delle stelle più luminose. Ripeti l'operazione dalla stessa identica posizione ogni 15 minuti per circa 2 ore.

a. Che cosa puoi osservare? Le stelle rimangono ferme? Se si muovono, in quale direzione rispetto alla tua posizione?

b. Quale stella nel corso della notte rimane sempre fissa?

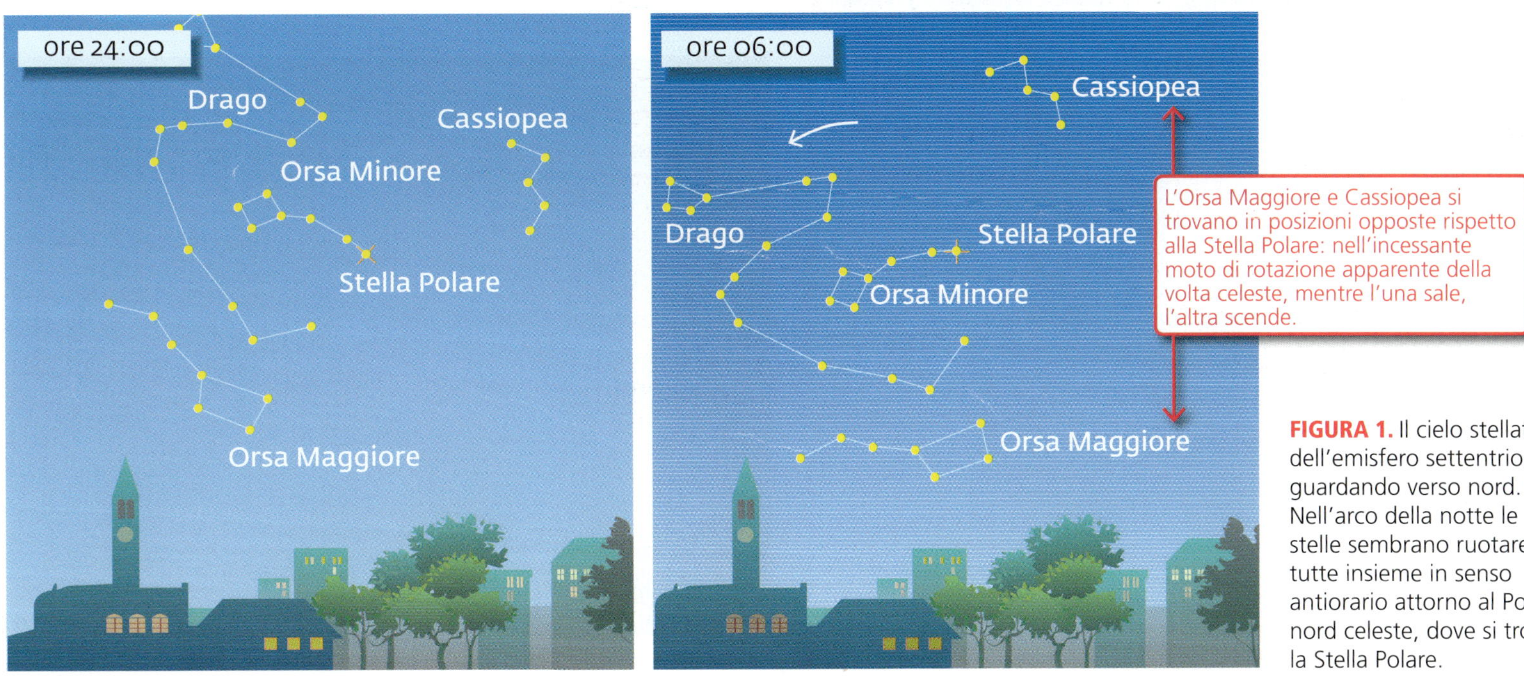

FIGURA 1. Il cielo stellato dell'emisfero settentrionale guardando verso nord. Nell'arco della notte le stelle sembrano ruotare tutte insieme in senso antiorario attorno al Polo nord celeste, dove si trova la Stella Polare.

Il fatto che le stelle mantengano sempre la stessa posizione reciproca le une rispetto alle altre permette di ravvisare nel cielo notturno delle figure di fantasia. Queste figure, individuate fin dall'antichità, sono chiamate **costellazioni**. Le costellazioni, come per esempio Cassiopea (**FIGURA 2**), in genere sono formate da stelle poste a diversa distanza dalla Terra, che appaiono una di fianco all'altra in cielo ma in realtà sono molto lontane tra di loro.

Le stelle non sono distribuite uniformemente nella volta celeste. C'è una fascia, che percorre tutto il cielo, nella quale le stelle sono così ammassate da creare l'immagine di una larga striscia biancastra, debolmente luminosa: la **Via Lattea**.

Come interpretare quest'aspetto del cielo? La sola spiegazione è ammettere che anche il nostro Sistema solare si trovi all'interno di un enorme sistema di stelle a forma di disco, e appartenga, cioè, a una galassia.

Una **galassia** è un enorme agglomerato di stelle che ruota attorno a un centro o *nucleo galattico*, così come i pianeti ruotano attorno al Sole.

La larga striscia biancastra della Via Lattea, visibile di notte nei cieli limpidi e lontano dalle luci, corrisponde al piano del disco galattico visto dalla Terra su cui si addensa la maggior parte delle stelle della galassia a cui apparteniamo o Galassia. Il termine Galassia (con G maiuscola) con cui denominiamo la nostra galassia, deriva dal greco *gala*, latte, con riferimento proprio alla Via Lattea (**FIGURA 3**). Noi dalla Terra possiamo intuire la sua struttura, ma non possiamo averne una visione d'insieme perché siamo al suo interno. Se, anziché dall'interno, potessimo osservarla dall'esterno, la nostra Galassia, ci apparirebbe, vista da sopra, come un gigantesco disco, formato da un addensamento centrale, il *nucleo galattico*, da cui partono alcuni bracci avvolti a spirale attorno a esso. Studi recenti suggeriscono che essa possa avere in realtà la forma di *spirale barrata*. Il Sistema solare si trova in uno dei bracci della spirale, e compie un'orbita attorno al centro che completa in 230 milioni di anni, a una velocità di circa 200 km/s. Oltre a galassie come la nostra, esistono quelle ellittiche e quelle dalla forma irregolare (**FIGURA 4**).

La galassia di Andromeda, l'unica osservabile come un punto sfuocato dal nostro emisfero, è una galassia gigante a spirale che ospita circa 1000 miliardi di stelle. Ci possiamo fare un'idea di quanto sia enorme la Galassia rispetto al Sistema solare nel modo seguente: immaginiamo di rimpicciolirla fino a che il suo diametro diventi 1000 km (cioè più

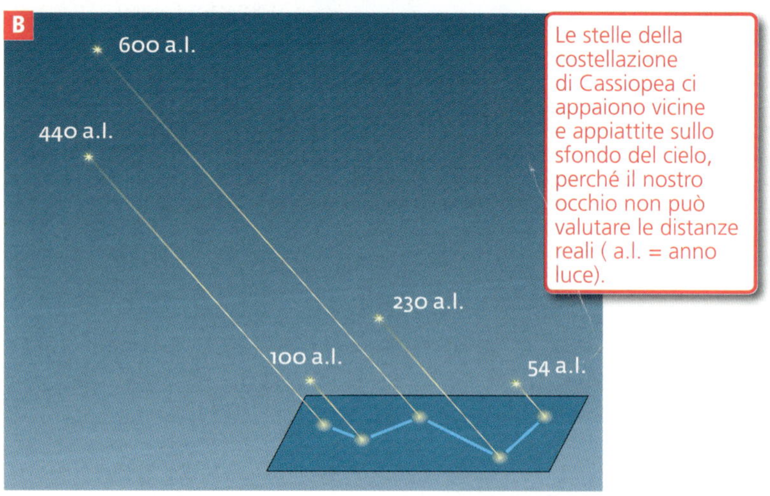

FIGURA 2. (**A**) La costellazione di Cassiopea dovrebbe raffigurare la mitica regina seduta sul suo trono, ma la rappresentazione va intesa in senso simbolico. (**B**) Il disegno mostra le posizioni reali delle stelle e come la costellazione ci appare proiettata sulla volta celeste.

FIGURA 3. Una suggestiva immagine della Via Lattea.

o meno uguale alla lunghezza dell'Italia); il nostro sistema planetario si ridurrebbe allora a circa 5 mm, sarebbe cioè più piccolo di un bottoncino da camicia.

Quante sono le galassie nell'Universo? Si stima che il numero di galassie nell'Universo sia compreso tra i 300 e i 500 miliardi.

TROVA LE PAROLE

La volta celeste sembra compiere una .... in .... ore attorno alla .... Le stelle .... occupano sempre le stesse .... e formano dei raggruppamenti detti .... I .... invece si .... tra le stelle fisse.
Una .... è un enorme agglomerato di .... Il Sistema solare fa parte della galassia denominata .... a forma di ....

FIGURA 4. (**A**) I diversi tipi di galassie visti di fronte (*a sinistra*) e di profilo (*a destra*). Questo schema deriva dalla prima classificazione delle galassie fatta dall'astronomo Hubble che le osservò per primo. Oltre ai tipi indicati vi sono anche alcune rare galassie di forma irregolare. (**B**) Gruppo di galassie di forma diversa nella costellazione del Capricorno.

2 Le distanze nello spazio

Negli immensi spazi dell'Universo la **Terra** è solo un piccolo grumo di materia, un pianeta, che orbita attorno a una **stella**. Insieme con altri pianeti la stella attorno a cui ruota la Terra è il **Sole**. Il Sole, i pianeti e vari corpi meno massici come satelliti, asteroidi, meteore e comete, che gli orbitano attorno formano il **Sistema solare**. Il Sistema solare fa parte della Galassia.

Poiché nell'Universo esistono miliardi di stelle come il Sole, si suppone che esistano anche miliardi di altri pianeti che orbitano attorno a esse detti *esopianeti* (così sono chiamati quelli che non fanno parte del Sistema solare). Gli esopianeti sono difficilmente osservabili perché, come i pianeti del nostro Sistema solare, non emettono luce: in genere è possibile individuare la loro presenza sulla base di perturbazioni del moto e della luce emessa dalle stelle attorno cui gravitano.

Quali sono le distanze che ci separano dagli altri corpi celesti? Oggi sappiamo che per arrivare sulla Luna dobbiamo percorrere circa 400 000 km e che dovremmo percorrere circa 150 milioni di kilometri per raggiungere il Sole. Nettuno, il pianeta più esterno del Sistema solare, si trova a una distanza media dal Sole di 4,5 miliardi di kilometri. Queste misure di distanza, molto più grandi di quelle con cui abbiamo a che fare nella vita quotidiana, sono difficili da percepire.

Se poi usciamo dal Sistema solare, le distanze diventano difficilmente esprimibili con le comuni unità di misura: sarebbero rappresentate da numeri troppo grandi e poco pratici da usare. Un abisso quasi incolmabile separa infatti il nostro Sistema solare dalle stelle più vicine anche se appartenenti alla nostra stessa galassia.

Per esprimere queste enormi distanze si ricorre a particolari unità di misura, proprie dell'astronomia, che permettono di evitare l'uso di numeri troppo grandi: le più usate a tale scopo sono l'*unità astronomica*, usata per esprimere le distanze tra i corpi del Sistema solare (**FIGURA 5**, p. 10), e l'*anno-luce*, usato per esprimere le distanze siderali, dalle stelle più vicine alle galassie più lontane.

> L'**unità astronomica** (**UA**) corrisponde alla distanza media tra Terra e Sole, pari a circa 150 milioni di kilometri.

> L'**anno-luce** (**a.l.**) corrisponde alla distanza percorsa dalla luce nel vuoto in un anno. Dato che la velocità della luce nel vuoto è circa 300 000 km/s, tale distanza equivale a circa 9460 miliardi di kilometri.

Quando nel cielo stellato osserviamo i corpi celesti, a causa delle enormi distanze che ci separano, guardiamo nel passato.

Proxima Centauri, la stella della nostra Galassia a noi più vicina, dista dalla Terra 4,2 anni luce.

LABORATORIO DELLE COMPETENZE
Costruisci un modello in scala
del Sistema solare

La sua luce ha impiegato quindi 4,2 anni per arrivare sul nostro pianeta: se chi legge ha 15 anni, ne aveva 11 quando la luce ha «lasciato» la stella. Poiché ha viaggiato nel cosmo per 4,2 anni, l'immagine che arriva a noi corrisponde a quella di più di 4 anni fa. Se per qualche motivo si spegnesse, noi continueremmo a vederla per 4,2 anni perché la sua luce continuerebbe a viaggiare nello spazio dopo la sua scomparsa. La luce che proviene dal Sole, la «nostra» stella al centro del Sistema solare, impiega per raggiungere la Terra circa 8 minuti. L'immagine del Sole che al limite dell'orizzonte sta tramontando, ci arriva dopo 8 minuti, quando è già avvenuto il vero «tramonto astronomico».

TROVA LE PAROLE

Per esprimere le enormi .... dei corpi celesti da noi le unità di .... dell'astronomia sono l'.................. .... e l'.................. .... che equivale a .... miliardi di km.

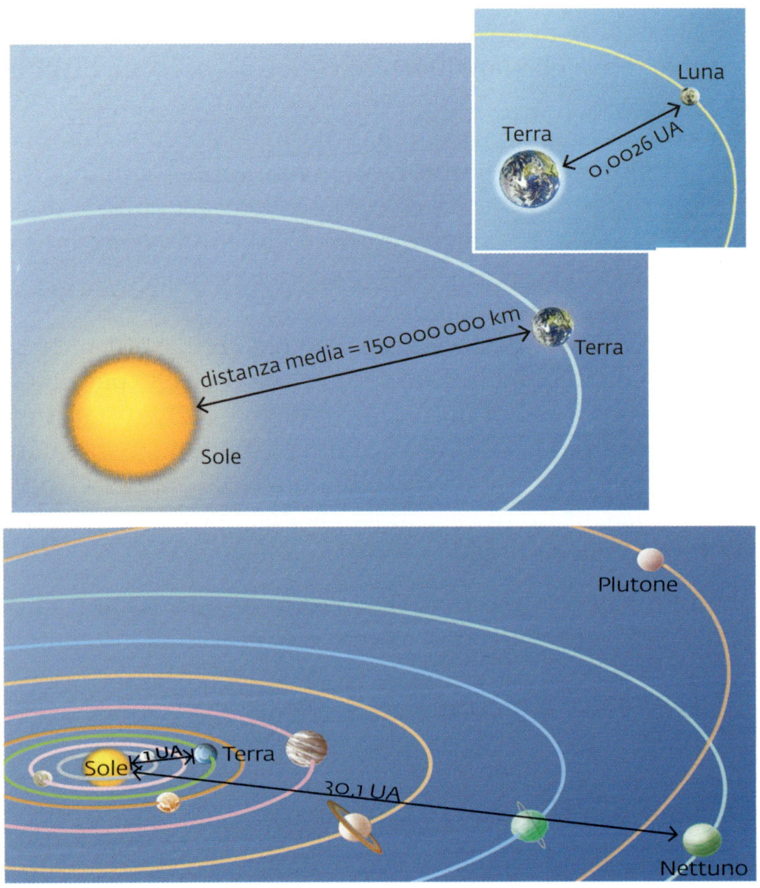

FIGURA 5. L'unità astronomica (UA) corrisponde alla distanza media tra il Sole e la Terra, che è circa 150 000 000 km. Espressa in UA, la distanza Terra-Luna è circa 2,6 millesimi di UA. Ai confini del Sistema planetario troviamo Nettuno, la cui distanza media dal Sole è di 30,1 UA.

3 Le stelle hanno un ciclo di vita

Osservando con attenzione le stelle nel cielo, ci si rende conto che non sono tutte uguali tra loro: per esempio, ci sono stelle più luminose e altre meno luminose. Questa diversa luminosità dipende, oltre che dall'effettiva quantità di energia emesse e dalla massa, anche dalla distanza dalla Terra. Alcune stelle possono infatti apparire meno luminose di altre solo perché sono molto più lontane (**TABELLA 1**).

Un'altra caratteristica che distingue le stelle è il colore, che dipende dalla temperatura della loro superficie. In ordine di temperatura decrescente troviamo stelle blu (le più calde), bianche, gialle, arancioni, rosse (le più fredde) come per esempio Betelgeuse in **FIGURA 6**. In effetti, confrontando il colore giallo di una colata di acciaio fuso con il colore rossastro

Stella	Costellazione	Distanza (a.l.) rispetto alla Terra	Luminosità reale rispetto al Sole
Sole	–	0,000016	1
Proxima Centauri	Centauro	4,2	0,0001
Alfa Centauri	Centauro	4,3	1,5
Sirio	Cane Maggiore	8,6	23
Vega	Lira	25	60
Antares	Scorpione	600	12 000
Deneb	Cigno	2600	160 000

TABELLA 1. Luminosità e distanza di alcune stelle.

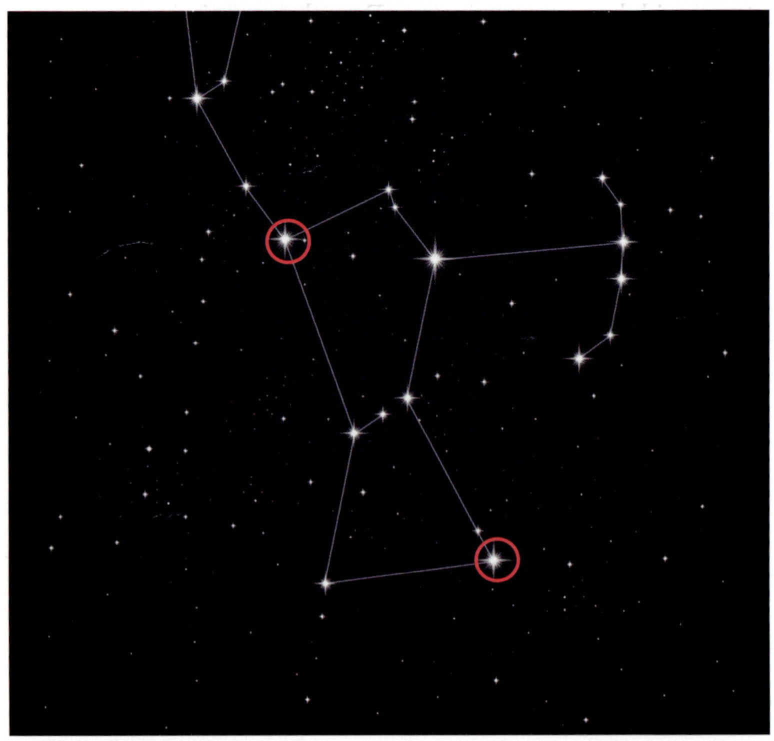

FIGURA 6. Nella costellazione di Orione, che rappresenta un cacciatore con l'arco, si trovano ben visibili in alto a sinistra una stella gigante rossa (Betelgeuse) e in basso a destra una stella gigante azzurra (Rigel).

dei lingotti in via di raffreddamento, ottenuti da quella colata, ci si può rendere conto che il colore di un corpo incandescente cambia al variare della temperatura.

Perché le stelle hanno luminosità, temperature e quindi colore diversi? Ma prima di tutto chiediamoci: che cosa sono le stelle?

Le **stelle** sono grandi masse gassose di forma pressoché sferica composte principalmente da due elementi chimici: idrogeno ed elio.

Grazie alle reazioni di **fusione nucleare** che avvengono nella loro regione più interna, il nucleo, emettono grandi quantità di energia, come luce, calore e altri tipi di radiazione. Mentre l'energia liberata dalle reazioni nucleari tende a farle espandere verso l'esterno, la forza di gravità che agisce verso il centro, tende a comprimerle verso l'interno. La loro stabilità dipende dall'equilibrio tra queste due forze.

Ogni stella ha un ciclo di vita nel corso del quale nasce a partire da una nebulosa, conduce da «adulta» gran parte della vita e muore. La grande varietà di stelle del cielo dipende essenzialmente dalla loro diversa massa e dalla loro diversa età. Esaminiamo quindi la vita di una stella a partire dal luogo da cui ha origine: una **nebulosa,** un gigantesco ammasso di polvere e gas diffuso tra le stelle dell'Universo. Tra le stelle infatti non c'è il vuoto assoluto, ma un pochino di materia con densità pari ad alcuni atomi di idrogeno per centimetro cubo, un tipo di vuoto molto maggiore di quello che si ottiene sulla Terra nei laboratori di ricerca. Dove la materia interstellare è più addensata, si possono notare le formazioni di gas (principalmente idrogeno ed elio) e polveri (piccolissimi corpuscoli solidi) più o meno luminose, le **nebulose**. Le grandi nebulose hanno un ruolo di rilievo tra i vari corpi celesti perché al loro interno hanno origine le nuove stelle. In corrispondenza della costellazione di Orione se ne trova una delle più luminose, la cosiddetta *Nebulosa di Orione*. La nascita di una stella comincia quando, all'interno di una nebulosa, l'azione della forza di gravità fa contrarre il gas fino a formare un corpo denso e caldo, una **protostella**. La protostella, in virtù dell'alta temperatura incomincia a brillare: attorno ad essa, i materiali che non hanno contribuito alla sua formazione vanno a costituire un disco in rotazione detto *disco protoplanetario*, al cui interno si accrescono gli embrioni dei pianeti o *protopianeti*. Nelle regioni più interne della protostella la temperatura diventa così alta (almeno 8 milioni di gradi) che iniziano a innescarsi le reazioni di fusione nucleare. Dal nucleo si libera un'enorme quantità di energia che tende a farla espandere, ma l'espansione è contrastata dalla forza di gravità che invece tende a farla contrarre: nasce una **stella**. In queste condizioni di equilibrio tra le due forze la stella passa la maggior parte della sua vita. A seconda della massa che possiede, essa passerà la maggior parte della sua vita come stella caldissima e azzurra (se è molto massiccia), oppure meno calda e gialla (se è di massa intermedia, come il Sole) o ancora più fredda e rossastra (se la massa è piccola). Nel caso di una stella come il Sole, si è calcolato che il tempo di vita si aggira sui 10 miliardi di anni. Quando tutto l'idrogeno del nucleo si è trasformato in elio, il suo destino è quello di diventare, verso la fine della sua vita, una stella 50-100 volte più grande, in cui proseguono altre reazioni nucleari che «bruciano» l'elio e formano carbonio e ossigeno. Alla temperatura di 100 milioni di gradi, gli strati esterni si espandono e, allontanandosi dal nucleo, si raffreddano e diventano rossastri: la stella è una **gigante rossa**. In queste condizioni l'energia che si libera è tale da fare espellere gli strati esterni: si forma una **nebulosa planetaria**.

PROVA A FARE

Che cosa fa brillare le stelle?

L'idrogeno, l'atomo più piccolo e abbondante nell'Universo, è il protagonista delle reazioni di *fusione nucleare*, il processo con cui da 5 miliardi di anni la nostra stella sprigiona energia. In termini semplici 4 nuclei di idrogeno (= 4 protoni) si fondono formando un nucleo di elio (= 2 protoni e 2 neutroni). Per reagire tra loro, i nuclei di idrogeno devono essere dotati di energia sufficiente per superare la forza di repulsione dovuta alla loro carica positiva e ciò significa che si devono raggiungere temperature elevatissime, presenti solo all'interno delle stelle. Ma da dove viene l'enorme quantità di energia liberata da queste reazioni nucleari? Un semplice calcolo ci aiuta a rispondere. Un nucleo di idrogeno (= un protone) ha peso atomico 1,008, mentre un nucleo di elio ha peso atomico 4,004. Perciò il peso di 4 nuclei di idrogeno (4 x 1,008 = 4,032) è superiore di 0,028 unità al peso atomico del nucleo di elio. Questa piccola perdita di massa (m) si trasforma in energia (E) secondo la nota formula di Einstein $E = mc^2$, dove c è la velocità della luce, un numero enorme, per cui anche E è enorme.

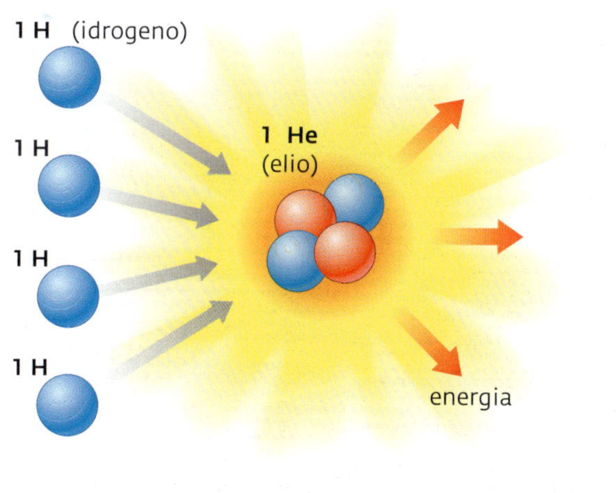

a. Sai qual è la differenza tra le reazioni di fusione e le reazioni di fissione nucleare?

b. Quale dei due tipi di reazioni è realizzabile sulla Terra?

Ciò che resta è una **nana bianca**, un «cadavere stellare» che non produce più energia e si raffredda lentamente.

Il Sole, che ha già quasi 5 miliardi di anni, proseguirà la sua esistenza circa per altri 5 miliardi di anni. Si prevede che durante la fase di gigante rossa si espanderà fino a inghiottire Mercurio e Venere e ad arroventare la superficie terrestre.

La vita di una stella con massa maggiore di 10 volte quella del Sole segue un destino diverso. Nelle stelle, maggiore è la massa, maggiore è la quantità di materia che si addensa nel nucleo alimentando le reazioni di fusione: di conseguenza maggiore è la luminosità e la temperatura (e diverso è il colore) rispetto alle stelle con massa minore. La fine di queste stelle è molto più spettacolare. Dopo che si è esaurito l'idrogeno del nucleo la stella diventa una **supergigante rossa**: la temperatura al centro raggiunge alcuni miliardi di gradi e le reazioni nucleari portano alla formazione di elementi via via più pesanti fino ad arrivare alla sintesi del ferro. La gravità che spinge verso il nucleo alla fine risulta insostenibile: gli equilibri si rompono e la stella collassa in un'esplosione catastrofica. La luminosità aumenta enormemente e la stella diventa una **supernova**.

Se la massa che resta dall'esplosione è inferiore a 1,44 masse solari, quello che rimane della stella è una **stella di neutroni**. Se la massa che resta dopo l'esplosione è superiore a 1,44 masse solari, quello che rimane è un **buco nero**, un corpo ancora più denso di una stella di neutroni che esercita un'attrazione gravitazionale tale che neanche la luce, nonostante l'elevatissima velocità (300 000 km/s) può sfuggirgli (**FIGURA 7**).

Di tutto quello che succede nel corso della vita delle stelle, un fatto ci interessa particolarmente: nelle stelle, a partire dall'idrogeno, sono prodotti per fusione nucleare i vari elementi chimici fino al ferro. Nelle spaventose esplosioni delle supernove avviene la formazione anche degli altri elementi chimici più pesanti. Insieme a quelli forgiati nel nucleo della stella essi sono espulsi violentemente nello spazio e vanno a finire nelle nubi di gas e polveri da cui hanno origine nuove stelle e pianeti. L'ossigeno che respiriamo, il ferro dell'emoglobina del sangue, il calcio delle ossa, il carbonio, e tutto ciò che forma il nostro corpo, ha avuto origine nelle stelle.

TROVA LE PAROLE

Le stelle hanno origine da .... in cui si innescano le .... di trasformazione di idrogeno in .... Una stella come il .... nel corso della sua vita diventa una .... da cui si forma una .... , al cui centro resta una .... Una stella con massa .... volte .... diventa una .... che, esplodendo, genera una .... : ciò che resta è una stella .... o un ....

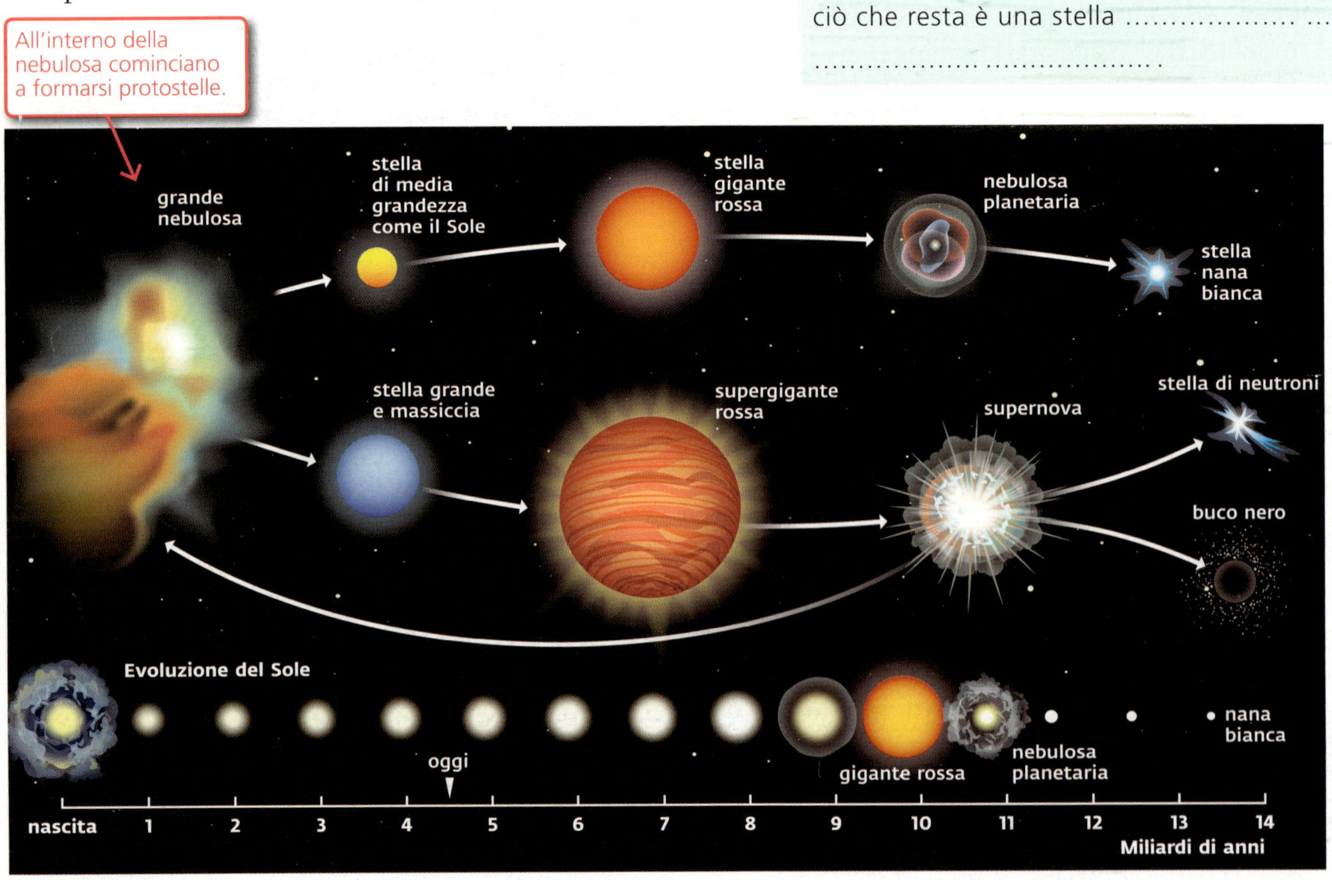

FIGURA 7. Nascita, vita e morte di una stella gialla di massa media, come il Sole e di una stella azzurra più massiccia. In figura, in basso, l'evoluzione del Sole, dalla nascita alla sua estinzione.

VIDEO
L'interno del Sole e la sua superficie

4 Una stella chiamata Sole

Per la sua vicinanza alla Terra il Sole è l'unica stella che non si presenta come un semplice punto luminoso, ma come un'enorme sfera incandescente della cui superficie possiamo addirittura osservare i particolari.

Il Sole è una sfera di gas avente un diametro lungo circa 1 400 000 km, più o meno 109 volte quello terrestre; un volume che è 1,3 milioni di volte quello della Terra e una massa 333 000 volte maggiore. La densità media del Sole, di solo 1,4 g/cm^3, è di poco maggiore della densità dell'acqua (1 g/cm^3) e circa un quarto della densità media della Terra (5,5 g/cm^3).

Il Sole non ha un contorno nitido e ben definito, come appare a occhio nudo o al cannocchiale. Il netto margine dell'astro è un'illusione: indica semplicemente il limite oltre il quale il gas diventa trasparente e troppo poco luminoso, per essere visibile.

Gli astronomi hanno scoperto che il Sole ha una struttura stratificata: procedendo dall'interno verso l'esterno, possiamo distinguere degli involucri gassosi (**FIGURA 8**).

Il **nucleo solare** è relativamente piccolo rispetto al volume totale del globo; in esso viene prodotta tutta l'energia emessa dal Sole. Soltanto nel nucleo, infatti, la temperatura e la densità raggiungono valori così elevati (15 milioni di gradi e 10 volte la densità del piombo) da permettere lo svolgimento delle reazioni di fusione nucleare che producono energia.

La **zona radiativa** è lo spesso strato che circonda il nucleo solare e che trasferisce agli involucri più esterni, sotto forma di radiazioni, l'energia prodotta dalla fornace del nucleo solare.

La **zona convettiva** è la regione nella quale l'energia viene trasportata verso l'alto dal movimento stesso dei gas: enormi getti di gas incandescente salgono e, dopo essersi raffreddati, ridiscendono, in modo analogo a quanto avviene in una pentola di minestra che bolle (movimenti di questo tipo sono detti moti convettivi).

La **fotosfera** è ciò che si vede quando si osserva il Sole: essa appare come la superficie che delimita il globo solare e ha uno spessore molto ridotto (circa 400 km). Dalla fotosfera, che ha una temperatura di circa 6000 °C, proviene la maggior parte delle radiazioni solari, tra cui la luce.

Osservata al telescopio (con un opportuno filtro per non danneggiare la vista), la fotosfera appare come in costante ebollizione, formata cioè da una moltitudine mutevole di *granuli* luminosi, che compaiono e scompaiono continuamente: si tratta delle sommità dei getti convettivi che poi ricadono verso l'interno. Talora compaiono nella fotosfera delle aree più scure: le **macchie solari**.

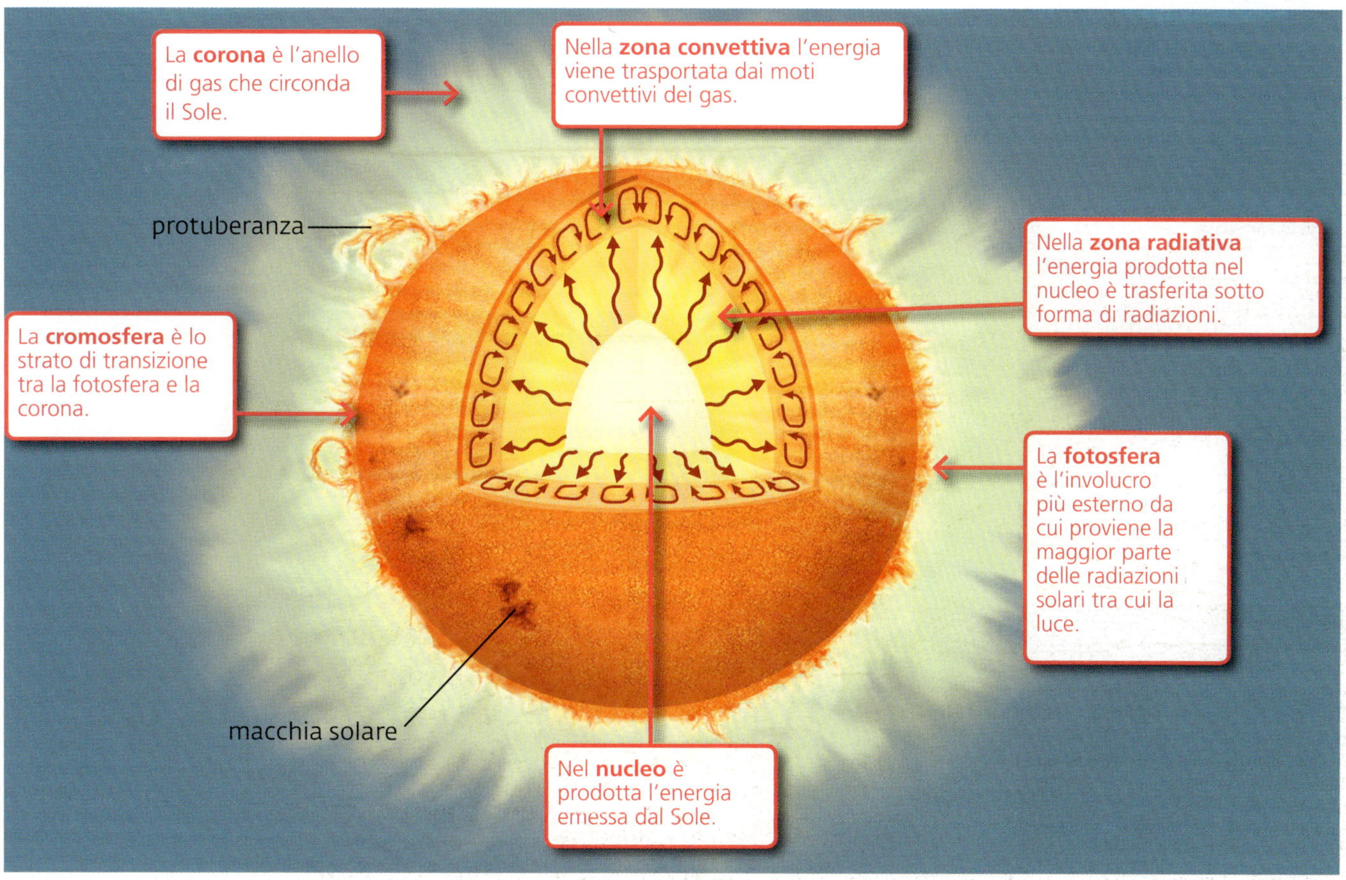

FIGURA 8. Gli involucri gassosi concentrici del Sole avvolti dall'atmosfera solare. Per l'energia irradiata nelle reazioni di fusione nucleare, il Sole, secondo la nota equazione di Einstein $E = mc^2$, consuma ogni secondo 4 milioni di tonnellate della sua materia che si converte in energia.

Esse sono variabili nel tempo per forma, dimensione e numero (**FIGURA 9**). Osservate per la prima volta da Galileo, le macchie solari appaiono scure perché sono più fredde, di circa 1000-1500 °C, rispetto alla restante superficie della fotosfera. Le macchie sono come enormi vortici che si estendono su aree di diametro compreso tra i 7000 km (circa il diametro di Marte) e i 50 000 km (circa il diametro di Urano). Esse si muovono mettendo in evidenza la rotazione del Sole su se stesso. Le macchie solari possono presentarsi a gruppi e hanno una vita media che va da qualche giorno a qualche mese. Il loro numero varia periodicamente con un ciclo della durata media di circa 11 anni (ciclo delle macchie solari).

Subito al di sopra della fotosfera c'è la **cromosfera**, visibile durante le eclissi solari, quando il disco opaco della Luna scherma la forte luminosità della sottostante fotosfera. La cromosfera è sede di violenti emissioni di gas incandescenti dette protuberanze (**FIGURA 10**). Esse sono lingue di gas che possono raggiungere altezze di decine (talora centinaia) di migliaia di km. Un altro catastrofico fenomeno che si verifica sulla cromosfera sono i *brillamenti*, violente emissioni di energia associate a emissione di particelle atomiche a velocità elevatissima.

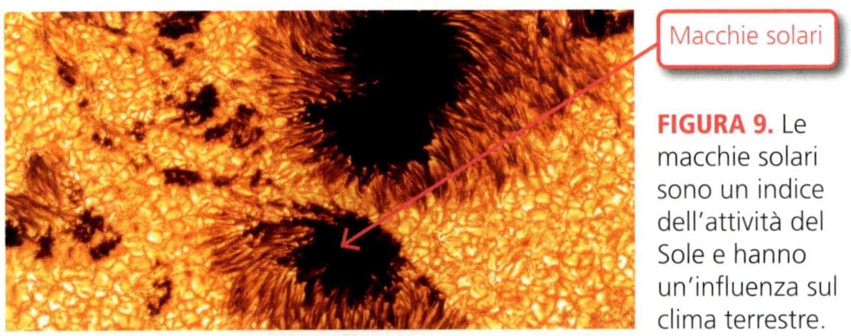

FIGURA 9. Le macchie solari sono un indice dell'attività del Sole e hanno un'influenza sul clima terrestre.

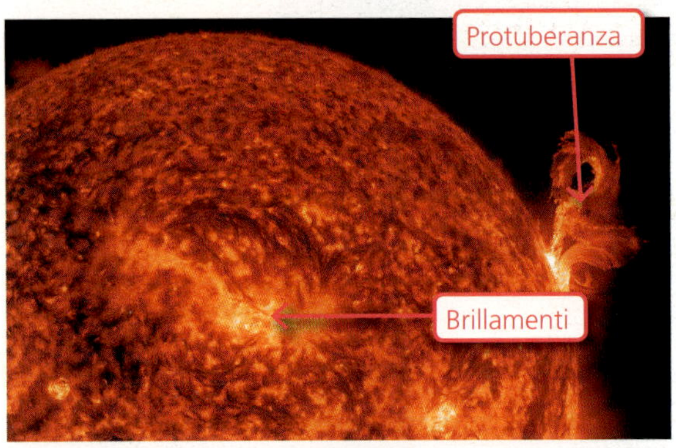

FIGURA 10. Le protuberanze sono getti di gas che ricadono producendo archi di enormi dimensioni. I brillamenti sono violente eruzioni di materia provenienti dalla fotosfera.

FIGURA 11. Un'eclissi solare fa risaltare l'alone luminoso della corona, normalmente invisibile per la forte luminosità della fotosfera.

Ancor più all'esterno c'è la **corona** solare, visibile anch'essa solo durante le eclissi (**FIGURA 11**). La corona si presenta come un alone di gas che circonda il Sole, sfumando nello spazio, e dalla cui frangia esterna sfugge un flusso di particelle cariche. Nell'insieme esse formano il *vento solare* che raggiunge anche la Terra. Le interazioni tra il vento solare e gli strati più alti dell'atmosfera terrestre producono, nelle zone vicine ai Poli, bande luminose che possono assumere varie forme e colori, chiamate *aurore polari*.

TROVA LE PAROLE

Il Sole è formato da involucri .... disposti in .... Il più interno è il ...., dove avvengono le reazioni di ...., il più esterno è la .... da cui sfugge il .... solare.

PROVA A FARE

Le macchie del Sole

Alcune parti del Sole, che non è un corpo solido ma una sfera di gas, ruotano più velocemente di altre. Il fenomeno della rotazione del Sole è stato scoperto osservando la posizione delle macchie solari in tempi successivi, come puoi notare in figura. Il grafico, inoltre, evidenzia come il numero delle macchie solari non sia costante, ma vari nel tempo con una certa regolarità.

a. Qual è la parte del Sole che ruota più velocemente?

b. A che cosa è dovuto il colore più scuro delle macchie rispetto al resto della superficie?

c. Quanto dura approssimativamente il ciclo delle macchie?

d. Le macchie sono costantemente tenute sotto controllo da satelliti orbitanti intorno alla Terra. Cerca su Internet il motivo di questo continuo monitoraggio.

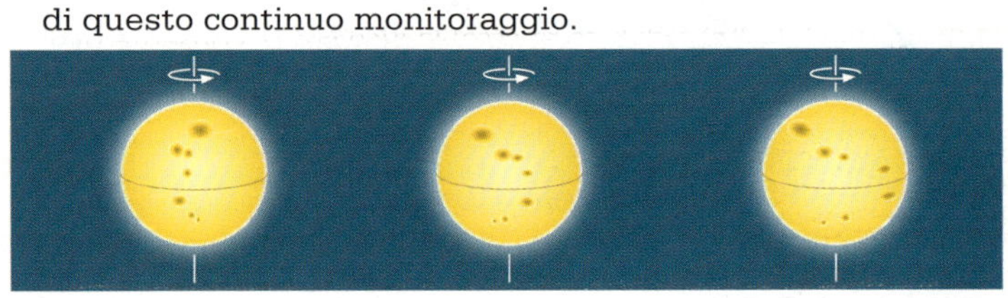

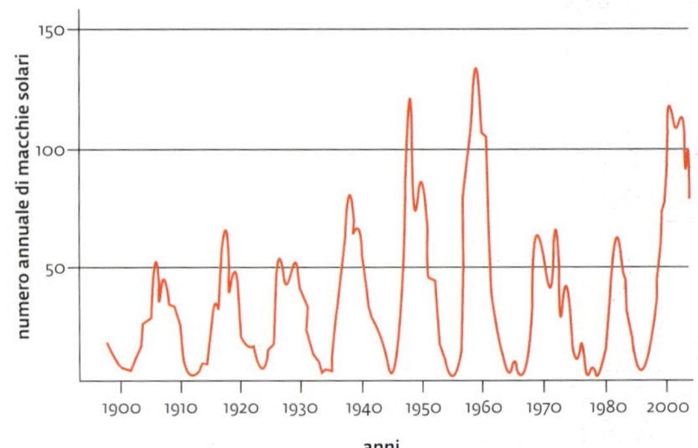

5 I pianeti

APPROFONDIMENTI
I pianeti nani
La crisi della teoria geocentrica

VIDEO
I pianeti di tipo gioviano
I pianeti di tipo terrestre
Le dimensioni dei pianeti del Sistema solare

I pianeti del **Sistema solare** sono otto: cinque di essi, **Mercurio**, **Venere**, **Marte**, **Giove**, **Saturno** sono ben visibili a occhio nudo e quindi sono noti fin dall'antichità, mentre due, **Urano** e **Nettuno**, sono stati scoperti negli ultimi secoli al telescopio.

Degli otto pianeti due, **Mercurio** e **Venere**, sono detti *pianeti interni*, in quanto sono posti tra il Sole e la Terra; gli altri, **Marte**, **Giove**, **Saturno**, **Urano**, **Nettuno**, sono detti *pianeti esterni*, in quanto sono posti oltre la Terra. Al di lá di Nettuno sono presenti pianeti di piccole dimensioni, classificati come *pianeti nani*, di cui il più famoso è **Plutone**, un tempo considerato il nono pianeta del Sistema solare.

A differenza delle stelle, i pianeti non emettono luce propria. Di notte, però, si presentano ai nostri occhi come punti luminosi, al pari delle stelle; si tratta di luce riflessa, cioè che proviene dal Sole e che «rimbalza» sulla loro superficie, lo stesso tipo di luce che rende visibile la Luna (**FIGURA 12**).

Dal momento che i pianeti non sono paragonabili alle stelle, di che cosa sono fatti? Per rispondere a questa domanda, facciamo un passo indietro. L'elemento chimico più abbondante nel Sistema solare e nell'Universo è l'*idrogeno* (H). Al secondo posto, in quantità minore, troviamo l'*elio* (He), la cui denominazione deriva da *Helios*, il nome greco del Sole, perché, attraverso l'analisi della luce che emette, se ne scoprì l'esistenza nella nostra stella ancora prima che sulla Terra. Idrogeno ed elio sono i due elementi più leggeri presenti in natura. Per noi terrestri, abituati a camminare su materia solida, il fatto che l'Universo compreso il Sistema solare sia in gran parte costituito di gas leggeri può apparire sorprendente. In effetti, i pianeti come la Terra, Mercurio (**FIGURA 13**), Venere (**FIGURA 14**) e Marte (**FIGURA 15**) sono costituiti in proporzione considerevole di materiali solidi.

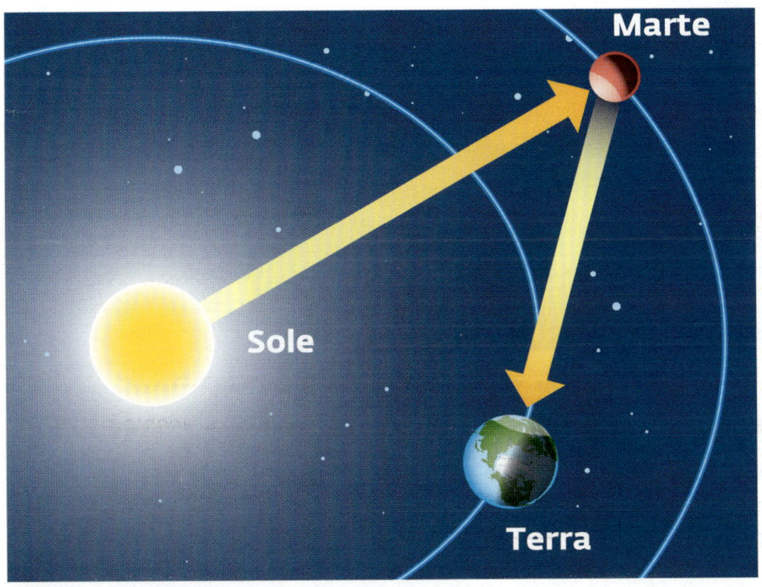

FIGURA 12. I pianeti brillano di luce riflessa: la luce che ci consente di vederli, infatti, viene dal Sole.

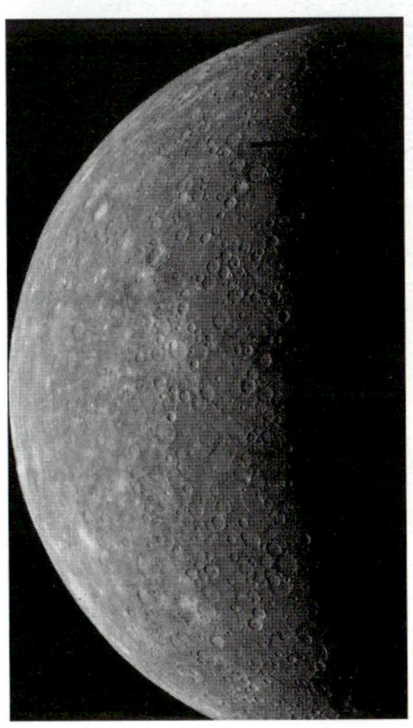

La superficie butterata di Mercurio è dovuta all'assenza quasi totale di un'atmosfera che lo protegga dalla frequente caduta di meteoriti.

FIGURA 13. Mercurio come appare a una distanza di 200 000 km circa, ripreso dalla sonda *Mariner* nel 1996.

FIGURA 14. Immagine in falsi colori di Venere costruita in base ai dati registrati dalla sonda *Magellano* nel 1996. Il sistema radar utilizzato ha consentito di oltrepassare la spessa coltre di nubi e di mostrarci la superficie del pianeta.

La colorazione di Marte, il «pianeta rosso», è dovuta alla presenza di ossidi di ferro in superficie.

Il Mons Olympus è il più grande vulcano del Sistema solare.

FIGURA 15. (**A**) Il pianeta Marte ripreso dalle sonde *Viking I* e *II*. Questa rappresentazione, in realtà, è un mosaico di più immagini in cui si intravede il grande sistema di canyon che attraversa il pianeta. (**B**) Il Mons Olympus, l'imponente vulcano di Marte; il cratere centrale ha un diametro di 80 km circa e le lave più recenti risalgono a circa 2 milioni di anni fa.

Per questo motivo sono detti **pianeti terrestri** o **rocciosi** (**TABELLA 2**).

Come possiamo allora sostenere che il costituente principale del Sistema solare è l'idrogeno? Ecco la spiegazione. Da solo, il Sole contiene il 99,8% di tutta la materia del Sistema solare ed è formato in prevalenza da idrogeno (70% idrogeno, 28% elio, 2% altri elementi).

Inoltre, i pianeti che si trovano al di là di Marte non sono rocciosi. Giove (**FIGURA 16**) e Saturno (**FIGURA 17**) hanno notevoli

Pianeta	Temperatura (°C)	Distanza media dal Sole (UA)	Segni particolari
Mercurio	massima 470 minima – 180	0,39	- molto piccolo - atmosfera rarefatta - periodo di rotazione: 59 giorni terrestri
Venere	media 500	0,72	- atmosfera densissima, ricca di anidride carbonica - grande effetto serra - molto luminoso nel cielo - rotazione in senso orario (rotazione retrograda) anziché antiorario come la maggior parte dei pianeti
Terra	massima 58 minima – 80	1	- ricchezza di acqua allo stato liquido - atmosfera contenente ossigeno - presenza di un satellite di notevoli dimensioni: la Luna
Marte	massima 20 minima – 140	1,52	- colore rosso della superficie - profonda «cicatrice» equatoriale formata da un insieme di canyon - piccole dimensioni - atmosfera rarefatta - presenza di due satelliti: Phobos e Deimos

TABELLA 2. I pianeti rocciosi.

FIGURA 16. La spessa atmosfera di Giove ripresa dalla sonda della NASA *Cassini* nel 2000. Sono visibili la struttura a bande e la grande macchia rossa.

FIGURA 17. (**A**) Saturno con i suoi caratteristici anelli (**B**) ripreso dal telescopio spaziale Hubble. Gli anelli sono costituiti da particelle di ghiaccio insieme a polveri e piccoli frammenti rocciosi le cui dimensioni vanno da 1/1000 di mm a 1 metro (**C**).

dimensioni e sono costituiti in prevalenza da idrogeno. Essi sono anche detti **pianeti gioviani** o **gassosi**. I due pianeti più lontani dal Sole, Urano e Nettuno (**FIGURA 18**), possono essere definiti **pianeti ghiacciati** in quanto, a causa delle basse temperature, alcuni dei materiali che sugli altri pianeti sono allo stato gassoso, qui si trovano allo stato solido (**TABELLA 3**).

Gli astronomi ci forniscono anche una spiegazione della diversa composizione dei pianeti. Essi sono concordi nel ritenere che essa sia dovuta alla loro comune origine.

PROVA A FARE

Le comete

Le comete, come gli asteroidi, sono le «briciole» della nebulosa da cui si è formato il Sistema solare. Sono state definite «palle di neve sporca», in realtà sono di forma irregolare e di piccole dimensioni. Sono composte da rocce e polveri mescolate a gas congelati: acqua, metano, ammoniaca. L'orbita che descrivono attorno al Sole è molto schiacciata e, quando sono lontane dal Sole, si presentano come corpi scuri «bruttini». Non appena la cometa si avvicina al Sole, il calore solare fa vaporizzare parte della materia che la compone. Come si vede nella prima figura, si forma così una *chioma* attorno al nucleo roccioso e una o due lunghe *code*, che costituiscono la caratteristica più straordinaria delle comete. Nel settembre del 2016 la sonda Rosetta ha toccato il suolo della cometa 67P, nella figura in basso, inviando centinaia di immagini, e ha analizzato i materiali di cui è formata. Si è avuta conferma che la crosta della cometa è composta, più che da ghiaccio, da polveri ed è ricca di sostanze organiche.

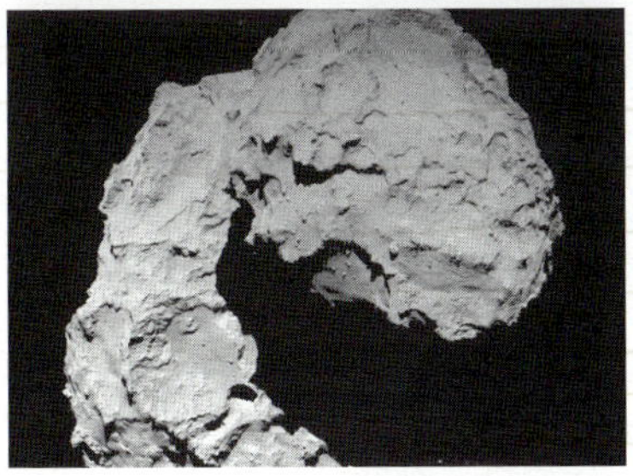

a. Dove si trovano confinate le comete nel Sistema solare?

b. Come mai la loro coda è rivolta in direzione opposta al Sole?

c. Le comete si «consumano» a ogni passaggio vicino al Sole lasciando una scia di particelle di polvere lungo la loro orbita. Documentati su cosa sono le «lacrime di San Lorenzo» che si osservano intorno al 10 agosto di ogni anno.

Pianeta	Temperatura (°C)	Distanza media dal Sole (UA)	Segni particolari
Giove	media –121	5,2	- il più grande pianeta del Sistema solare - atmosfera densa e turbolenta - grande macchia nell'emisfero meridionale - periodo di rotazione: 9 ore e 56 minuti - presenza di 67 satelliti
Saturno	media –130	9,54	- presenza di una fascia di anelli - densità media inferiore a quella dell'acqua, la più bassa tra i pianeti del Sistema solare
Urano	media –205	19,19	- rotazione retrograda come Venere - asse di rotazione parallelo a quello dell'orbita (sembra coricato su un fianco)
Nettuno	media –220	30,1	- scoperto nel 1846 - dall'anno della sua scoperta non ha ancora completato la sua orbita intorno al Sole - il pianeta più lontano del Sistema solare

TABELLA 3. I pianeti gassosi e i pianeti di ghiaccio.

FIGURA 18. Urano e Nettuno hanno un diametro circa quattro volte maggiore di quello terrestre. Il colore azzurro è dovuto alla presenza di metano.

La gigantesca **nebulosa** dalla quale, circa cinque miliardi di anni fa, ebbero origine il Sole e i suoi pianeti conteneva principalmente idrogeno ed elio, con piccole percentuali di elementi più pesanti (carbonio, ossigeno, silicio, ferro ecc.). La distribuzione ineguale dei materiali nei pianeti terrestri rispetto a quelli gioviani si spiega con la diversa distanza dal Sole. Dal Sole proviene il *vento solare* il flusso di particelle ionizzate che si diffondono nello spazio. In prossimità del Sole, il vento solare e le temperature più elevate fecero allontanare dai pianeti terrestri gran parte degli elementi più leggeri e si formarono i densi pianeti rocciosi. Invece, a maggiori distanze dal Sole, si formarono pianeti prevalentemente gassosi.

Una volta che i pianeti si furono formati, le loro condizioni ambientali assai diverse (si va da temperature di alcune centinaia di gradi sopra lo zero a temperature di duecento gradi sotto lo zero) avrebbero determinato anche un diverso stato fisico degli stessi materiali. Per fare alcuni esempi: l'anidride carbonica, che sulla Terra è un gas presente nell'aria, sulle calotte polari di Marte è solida, come ghiaccio; l'idrogeno, che sulla Terra è un gas presente in minime quantità nell'aria, su Giove è presente anche sotto forma di un immenso oceano liquido.

Oltre a pianeti e satelliti, tra i corpi che orbitano attorno al Sole vi sono anche avanzi della nebulosa primordiale come gli *asteroidi*, i corpi rocciosi di varia grandezza e le *comete*, fatte di roccia e di ghiaccio. Essi sono concentrati soprattutto in tre fasce principali: la *cintura degli asteroidi*, posta tra Marte e Giove (di cui fa parte il pianeta nano Cerere), la *Fascia di Kuiper*, posta al di là dell'orbita di Nettuno (**FIGURA 19**) e la lontanissima *nube di Oort*, tra 20 000 e 50 000 UA dalle quali provengono delle comete.

TROVA LE PAROLE

I pianeti .... come la Terra sono ...., Venere e ....; essi sono anche i più .... al Sole; i pianeti ...., come .... e Saturno, sono costituiti in prevalenza di .... I più lontani dal .... sono i pianeti ...., cioè Urano e .... La loro .... dipende da quella della .... da cui si è originato il .... e dalla loro .... dal Sole.

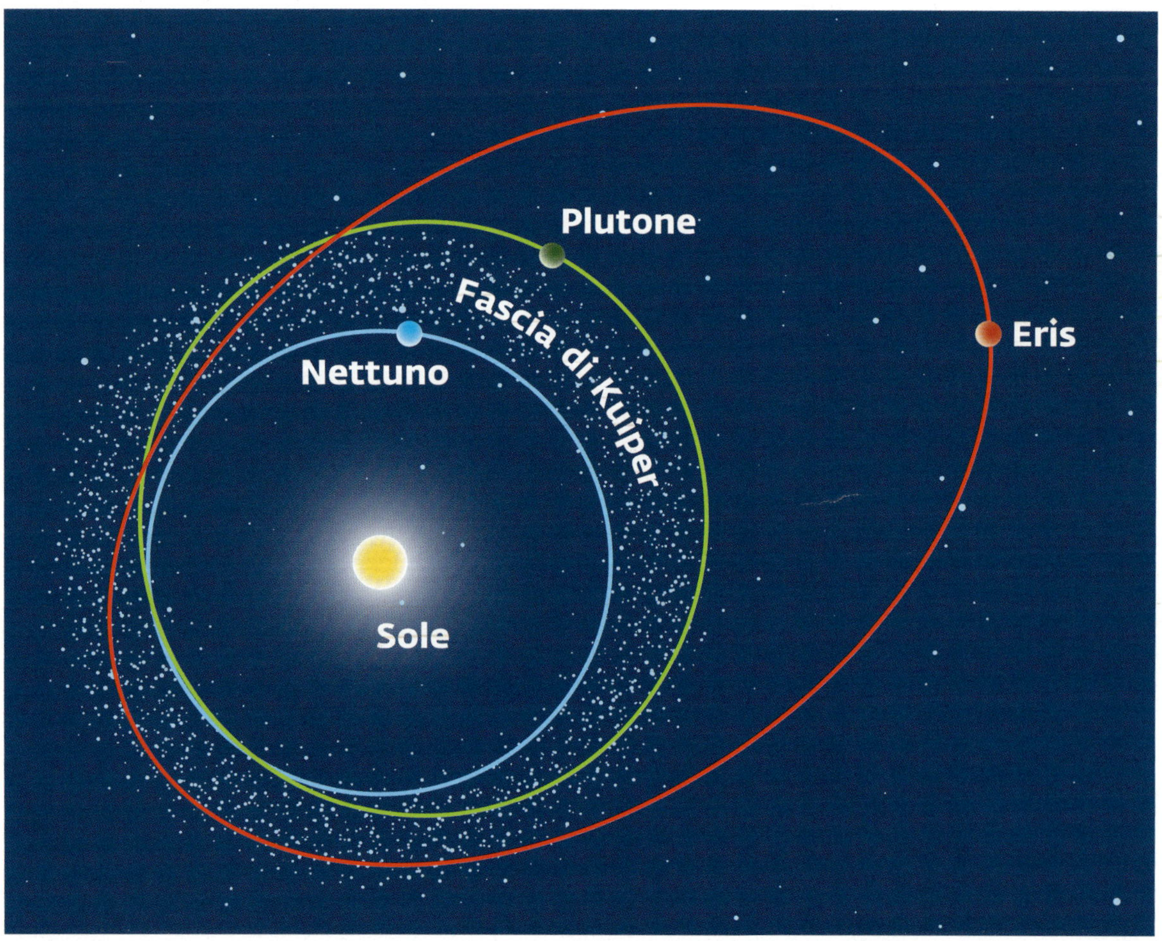

FIGURA 19. Tra i corpi celesti ospitati nella Fascia di Kuiper vi sono le comete. Più in lontananza è visibile Eris, il pianeta nano considerato gemello di Plutone.

Scienza e fantascienza su Marte

Marte è il pianeta più facilmente osservabile dalla Terra e quindi il più studiato. Tra il 1877 e il 1890 l'astronomo **Giovanni Schiaparelli** (1835-1910) ne tracciò accurate mappe topografiche (**FIGURA A**). Complessivamente l'idea che veniva suggerita era che Marte fosse molto simile alla Terra ma i particolari delle mappe diedero il via ad ardite speculazioni. Disegnate a mano, mostravano luoghi di varia natura che l'astronomo indicò con i nomi di «continenti», «mari», «calotte», «canali». Ma i «canali» facevano sensazione. Strutture rettilinee, talmente regolari, che non potevano essere il risultato di eventi casuali. L'ipotesi che fossero mastodontiche opere per il trasporto dell'acqua realizzate da esseri intelligenti si rafforzò quando i risultati di Schiaparelli furono tradotti in inglese: i «canali» divennero «canals» che in inglese indica i canali artificiali, mentre quelli naturali sono «channels».
L'esistenza di esseri intelligenti – i marziali – come li chiamarono allora, fu fortemente sostenuta e divulgata tanto da fornire ottimo materiale per i romanzi di fantascienza. Famosa fu l'invasione dei marziani descritta da H. G. Wells nel libro *La guerra dei mondi* (1897): dal libro furono tratti film e anche una versione radiofonica, trasmessa da un'emittente nazionale degli Stati Uniti (1938). Nella trasmissione l'invasione degli alieni fu talmente realistica che molti ascoltatori presi dal panico si riversarono nelle strade.
In seguito, indagini più approfondite dimostrarono che i «canali» di Schiaparelli erano solo illusioni ottiche dovute a turbolenze dell'atmosfera.
Nonostante la delusione per l'assenza dei marziani, l'attrazione per il «pianeta rosso» non si è interrotta: ora però siamo noi a «invadere» il nostro vicino. La NASA ha in progetto uno sbarco di astronauti su Marte intorno al 2030 e, in seguito, una vera e propria colonizzazione mediante insediamenti di «terrestri» per lo sfruttamento di risorse minerarie.
Le prime missioni spaziali su Marte iniziarono negli anni Sessanta del secolo scorso. Tra i loro scopi, il più affascinante era verificare se l'ambiente marziano potesse realmente ospitare, o avesse ospitato, forme di vita. I dati giunti dalle sonde Mariner mostrarono un pianeta arido, privo di campo magnetico e bombardato da radiazioni ultraviolette; con una pressione atmosferica talmente bassa, che avrebbe fatto evaporare subito l'acqua qualora ve ne fosse. Marte era un pianeta inospitale e si escluse la possibilità di qualunque presenza di vita.
Nuove ipotesi sorsero invece alla fine degli anni Novanta, con la scoperta di microscopiche strutture all'interno di un meteorite di origine marziana, trovato in Antartide. Sembravano batteri fossilizzati, ma studi successivi hanno dimostrato la loro origine chimica.
Oggi, i dati ottenuti dalle più recenti missioni mostrano tracce di molecole organiche e della passata esistenza di corsi d'acqua in superficie, la presenza di metano nell'atmosfera e di acqua allo stato solido nel sottosuolo e nelle regioni polari (**FIGURA B**). Tutte sono prove indirette di una possibile attività biologica, microscopica e sotterranea, presente o passata. Secondo alcuni, la vita vi si sarebbe potuta trasferire dalla Terra, data la vicinanza tra i due pianeti. Batteri, spore e altri microrganismi potrebbero sopravvivere nello spazio per lunghi periodi di tempo e raggiungere Marte, spinti dal vento solare.
Una cosa é certa: dopo la Luna, la prossima meta nello spazio dell'umanità sarà Marte, il nostro vicino «pianeta rosso».

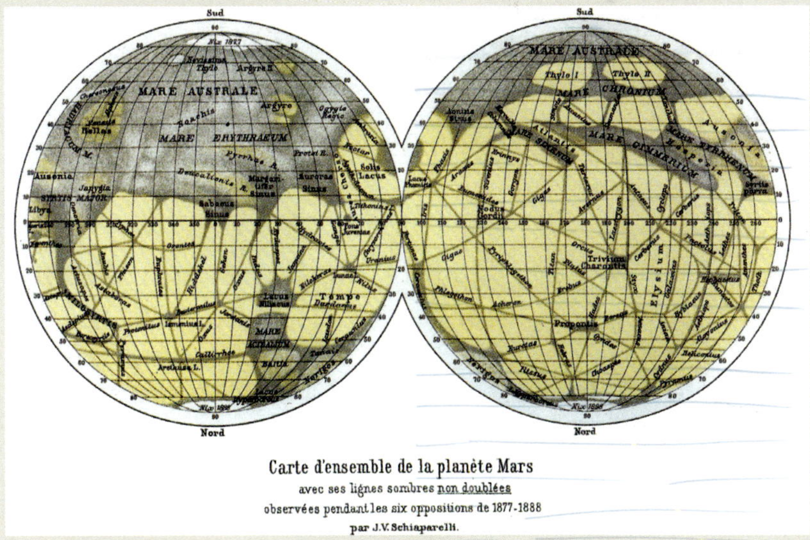

FIGURA A. Una delle mappe di Marte (dette areografiche) di Schiaparelli. Le parole areografico e areografia derivano da Ares, il nome del dio Marte per i greci, per analogia con i termini geografico e geografia.

FIGURA B. (**1**) Modello di un tipo di rover, il veicolo elaborato per l'esplorazione del suolo marziano. (**2**) Il modulo Schiaparelli in figura fa parte del progetto spaziale ExoMars Trace Gas Orbiter e ha lo scopo di fare indagini sulla composizione in metano e altri gas dell'atmosfera di Marte. Tutte le operazioni compiute da questi componenti delle missioni spaziali su Marte non potranno essere guidate in tempo reale dalla Terra perché qualsiasi segnale per coprire la distanza che ci separa arriverebbe con 5 minuti di ritardo.

PER FISSARE I CONCETTI

- Che cosa realmente provano, sulla vita su Marte, i dati ottenuti negli ultimi anni?
- Perché Marte è chiamato «pianeta rosso»?

6 La Terra, un pianeta speciale

La Terra è il pianeta su cui è comparso un fenomeno che, ad oggi, nel Sistema solare appare unico: la vita. Le condizioni compatibili con la presenza della vita sono legate principalmente a due fattori:

- *la collocazione nella zona abitabile del Sistema solare*, a quella distanza dal Sole che garantisce valori della **temperatura** che consentono la presenza di **acqua** allo stato liquido;
- un'**atmosfera** in grado di proteggere le forme viventi dalle radiazioni dannose e dalla caduta di corpi extraterrestri.

LA TEMPERATURA

La Terra ha una distanza media dal Sole di circa 150 milioni di kilometri, pari a 1UA. La media della temperatura superficiale è di +15 °C: tale valore dipende, oltre che dalla distanza dal Sole, anche dalla presenza di un'atmosfera che, come una cappa, trattiene parte del calore che ha riscaldato la superficie. L'escursione termica, cioè la differenza tra la temperatura del giorno, quando la superficie è illuminata dal Sole, e quella della notte, quando la superficie è al buio, è 50 °C.

L'ACQUA

La presenza di acqua nello stato liquido, solido e gassoso è uno dei fattori distintivi del nostro pianeta. Se fosse stato più lontano o più vicino al Sole anche solo del 5% (otto milioni di kilometri), le condizioni in grado di mantenere simultaneamente i tre stati fisici dell'acqua avrebbero avuto minori possibilità di verificarsi.

L'origine dell'acqua sulla Terra resta un mistero in gran parte irrisolto. Secondo l'ipotesi dell'*origine esogena*, l'acqua è stata portata dalle comete che bombardarono il nostro pianeta ai primordi della sua vita. Secondo l'ipotesi dell'*origine endogena*, l'acqua proviene dalle grandi quantità di vapor d'acqua emesse dalle eruzioni vulcaniche della Terra primordiale, che in seguito condensarono formando gli oceani.

L'ATMOSFERA

L'atmosfera terrestre, poco dopo la formazione del nostro pianeta, era priva di ossigeno mentre era costituita in prevalenza, come negli atri pianeti terrestri, da CO_2. Due miliardi di anni fa comparvero i batteri che compivano la fotosintesi: nel corso del processo fotosintetico la CO_2 dell'atmosfera venne assorbita e l'ossigeno liberato come prodotto di scarto. L'ossigeno che si liberò nell'aria contribuì alla formazione dello strato di ozono (O_3) che protegge la vita dai raggi UV. L'atmosfera , come uno scudo, ci protegge anche dall'enorme quantità di meteoriti che il nostro pianeta incontra nel muoversi nello spazio.

LA ZONA ABITABILE DEL SISTEMA SOLARE

La zona abitabile del Sistema solare comprende la Terra e Marte, i pianeti sui quali la temperatura superficiale, l'atmosfera e l'acqua allo stato liquido consentono la presenza di forme viventi. Su Marte, l'acqua, che un tempo si trovava in superficie, oggi è confinata in piccole raccolte del sottosuolo. Per questo è il solo tra i pianeti rocciosi che potrebbe o avrebbe potuto ospitare nel passato qualche forma di vita.

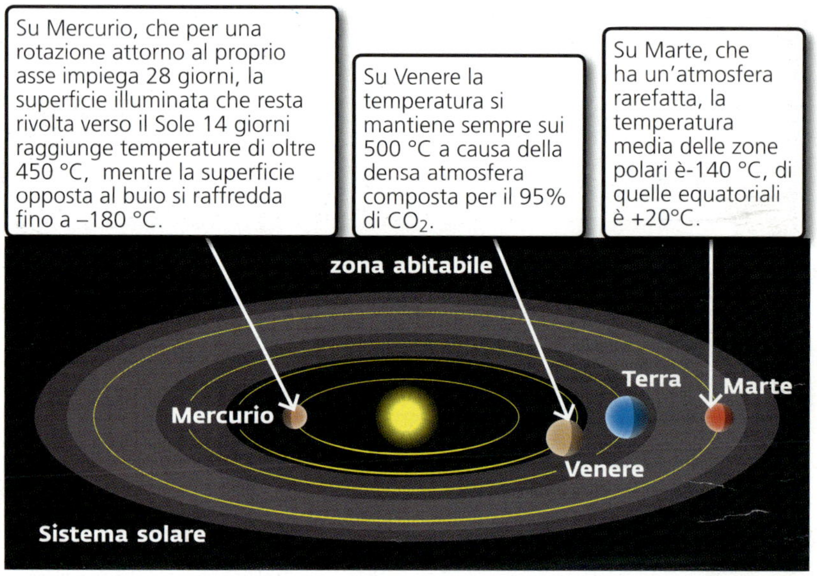

LA TERRA È UN PIANETA ATTIVO

I pianeti terrestri sono costituiti da un *nucleo* interno denso e pesante composto in prevalenza da ferro, cui si sovrappongono materiali rocciosi che formano un *mantello* seguito dalla *crosta*, il sottile strato che riveste il pianeta in superficie.

Sulla Terra, la parte più superficiale del mantello e la sovrastante crosta formano un piastrone rigido detto **litosfera** composto da più pezzi o *placche*. Tutto ciò che vediamo dallo spazio, i continenti, gli oceani, le isole, i mari, sono la parte in superficie della crosta delle placche litosferiche. Al di sotto della litosfera i materiali rocciosi del mantello, resi fluidi dal calore interno, si muovono lentamente e trasmettono i loro movimenti alle placche della litosfera. A causa del moto delle placche, la Terra è un pianeta geologicamente attivo: nel corso del tempo sulla sua superficie si sono avvicendati vulcani e terremoti, gli oceani si sono aperti e richiusi più volte, mentre i continenti sono andati alla deriva, a volte unendosi, a volte spezzandosi in più frammenti.

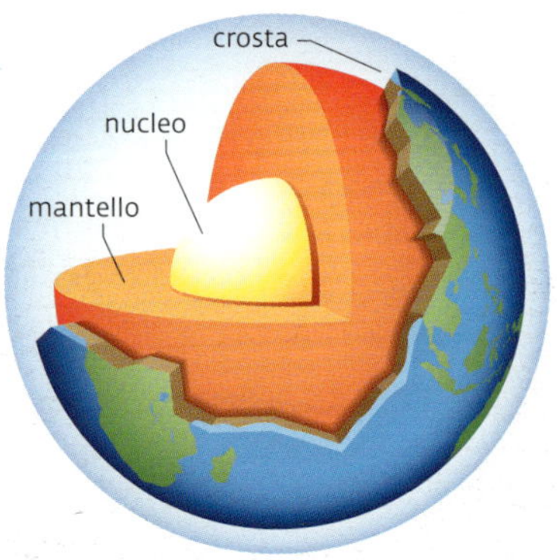

LA TERRA E LA VITA

L'acqua allo stato liquido e l'atmosfera sono state fondamentali per la comparsa e per il mantenimento della vita sulla Terra.

L'acqua compone il 65% del nostro corpo: senza di essa non potrebbero avvenire le reazioni chimiche che all'interno delle cellule ci mantengono in vita.

L'atmosfera terrestre non è né troppo densa come quella di Venere né troppo rarefatta come quella di Marte. Essa trattiene i gas come l'ossigeno e la CO_2 utili per la respirazione e la fotosintesi, ci protegge dai raggi UV e dai meteoriti che arrivano dallo spazio e, grazie alla presenza dei gas atmosferici, come una cappa protettiva mantiene una temperatura adatta alla vita.

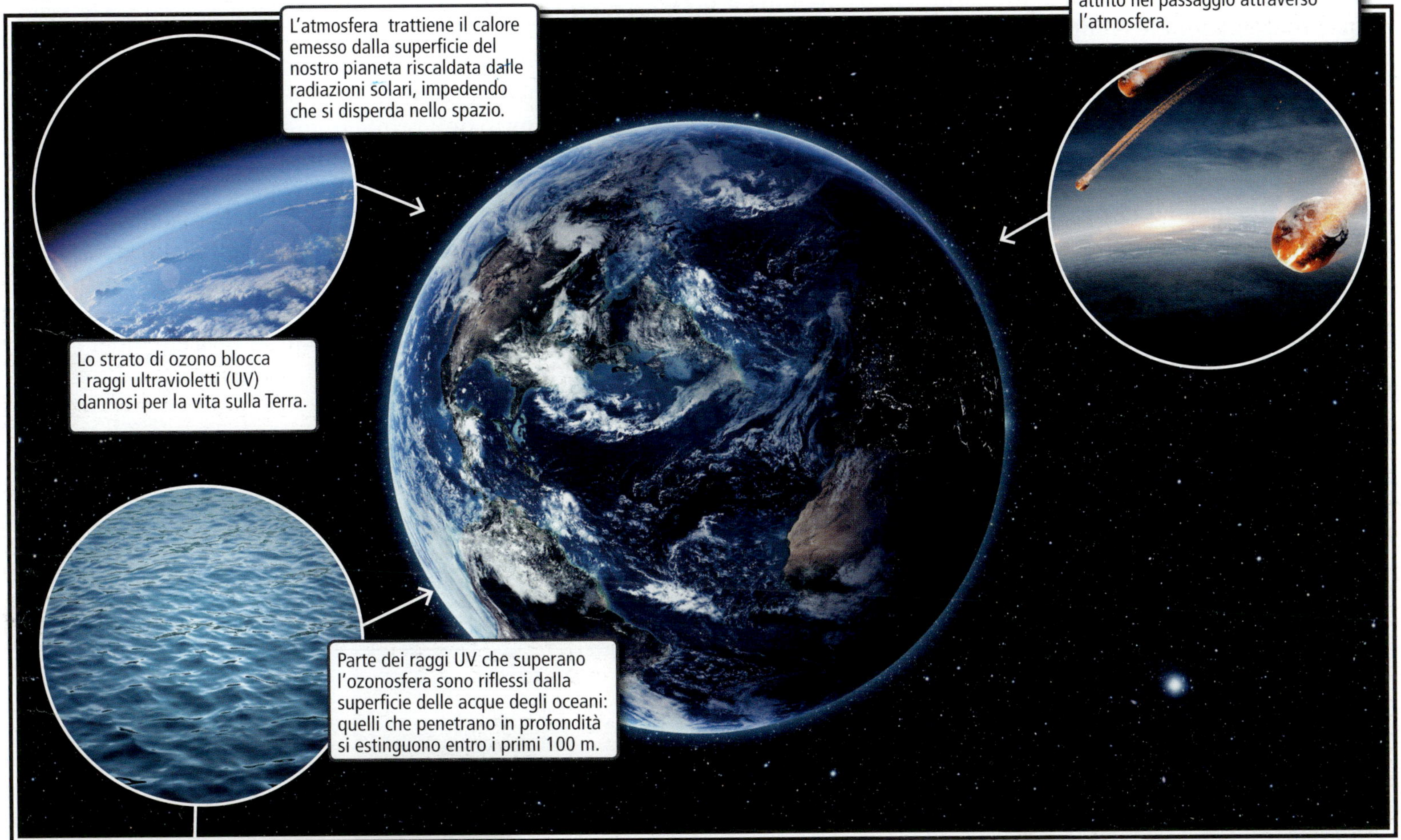

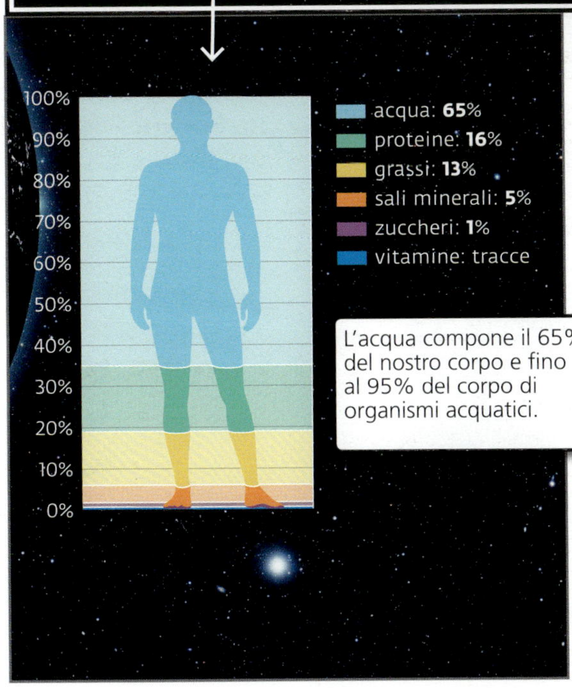

TROVA LE PAROLE

Un pianeta per ospitare la .... deve essere collocato nella .... del Sistema solare, a una .... dal Sole che consenta una .... compatibile con forme viventi, la presenza di .... e di un'atmosfera che difenda dai .... provenienti dal .... e che protegga dalla caduta di .... provenienti dallo spazio. Sulla Terra la temperatura media è .... l'atmosfera terrestre non è né troppo .... come quella di Venere né troppo .... come quella di .... L'acqua sulla .... è presente nei .... stati di ....

La Terra è un pianeta .... come dimostrano i moti delle .... che compongono la litosfera e i .... e i terremoti che si manifestano sulla sua ....

7 Il moto dei pianeti

APPROFONDIMENTO Copernico e la sua rivoluzione

VIDEO Le leggi di Keplero

Il moto che i pianeti del Sistema solare compiono attorno al Sole è detto **moto di rivoluzione**. Il tempo impiegato da un pianeta per percorrere un giro completo attorno al Sole si chiama *periodo di rivoluzione*. Questo moto avviene per tutti i pianeti nello stesso verso; se guardassimo dall'alto l'emisfero settentrionale, vedremmo i pianeti girare in senso antiorario attorno al Sole, su orbite che giacciono tutte approssimativamente su uno stesso piano (**FIGURA 20**).

Oltre al moto di rivoluzione attorno al Sole, ogni pianeta compie anche una rotazione su se stesso, come una trottola. La rotazione si compie attorno a una retta immaginaria, chiamata **asse di rotazione**, che passa per i due Poli, gli unici punti a non ruotare (**FIGURA 21**).

Nel Seicento un astronomo tedesco, Giovanni Keplero (1571-1630), un convinto sostenitore del sistema copernicano osservò delle regolarità nei moti planetari (**FIGURA 22**). Tali osservazioni indussero Keplero all'enunciazione di tre leggi che oggi portano il suo nome e che permettono di descrivere il moto dei pianeti attorno al Sole.

> **Prima legge di Keplero**: le traiettorie, o orbite, descritte dai pianeti sono ellissi di cui il Sole occupa uno dei due fuochi (**FIGURA 23A**).

Un pianeta, pertanto, non si trova sempre alla stessa distanza dal Sole: il punto dell'orbita di minima distanza dal Sole si chiama **perielio**, quello di massima distanza si chiama **afelio**.

Anche la Terra dunque si può trovare, a seconda del periodo dell'anno, più vicina al Sole (al perielio la distanza è 147 milioni di kilometri) o più lontana da esso (all'afelio la distanza è 152 milioni di kilometri). Tranne che per Mercurio e, in misura minore, per Marte, le orbite dei pianeti sono in realtà ellissi poco schiacciate, cioè sono piuttosto simili a circonferenze.

FIGURA 20. Nel Sistema solare le orbite ellittiche dei pianeti sono poste tutte all'incirca sullo stesso piano, tranne quella del pianeta nano Plutone. Le dimensioni dei pianeti (ma non del Sole) sono rappresentate in modo da rispettare all'incirca le proporzioni reali.

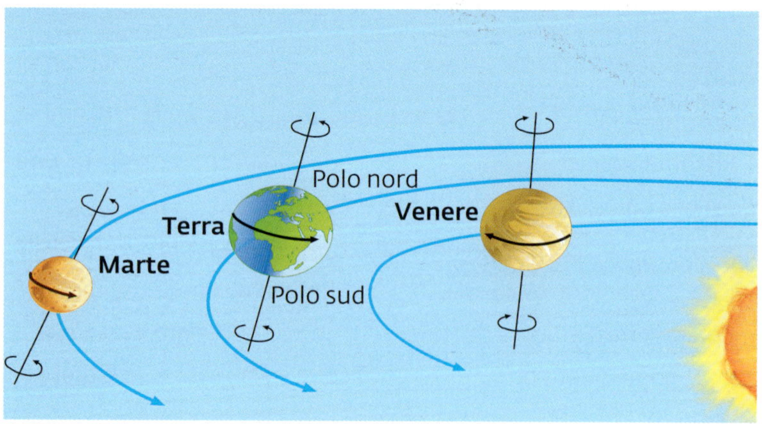

FIGURA 21. Il moto di rotazione dei pianeti attorno al proprio asse. Venere si distingue dagli altri pianeti per il moto di rotazione retrogrado (cioè in senso orario e non antiorario). Questa caratteristica è condivisa, nel Sistema solare, anche da Urano.

FIGURA 22. Giovanni Keplero dimostrò che le orbite dei pianeti non sono delle circonferenze ma delle ellissi.

Keplero scoprì anche che i pianeti non percorrono la propria orbita con velocità uniforme, ma accelerano quando sono più vicini al Sole, cioè quando si trovano nel tratto di orbita che comprende il perielio, e rallentano quando sono più lontani dal Sole, cioè quando si trovano nel tratto di orbita che comprende l'afelio. Questa osservazione è riassunta nella seconda legge.

Seconda legge di Keplero: il moto di un pianeta non avviene con velocità costante, ma la sua velocità è tale che il raggio vettore (il raggio che unisce il centro del Sole al centro del pianeta) descrive aree uguali in tempi uguali (**FIGURA 23B**).

Keplero notò anche che i pianeti più lontani dal Sole hanno periodi di rivoluzione più lunghi. I pianeti esterni impiegano più tempo a percorrere un'intera orbita non solo perché, essendo più lontani dal Sole, l'orbita è più ampia, ma anche perché, all'aumentare della distanza dal Sole, la velocità del moto diminuisce. Questo fatto è affermato nella terza legge, che riportiamo in forma molto semplificata rispetto alla formulazione originaria.

Terza legge di Keplero: il periodo di rivoluzione, cioè il tempo impiegato per percorrere un'intera orbita, è diverso da pianeta a pianeta e cresce all'aumentare della distanza del pianeta dal Sole.

Per compiere il suo giro intorno al Sole, la Terra impiega 1 anno, Mercurio 91 giorni, Giove ben 12 anni e Nettuno addirittura 165 (**TABELLA 4**).

Le leggi scoperte da Keplero sono valide per tutti gli oggetti del Sistema solare, in orbita sia attorno al Sole sia intorno ad altri corpi, come è il caso della Luna che viaggia attorno alla Terra a circa 3500 km/h.

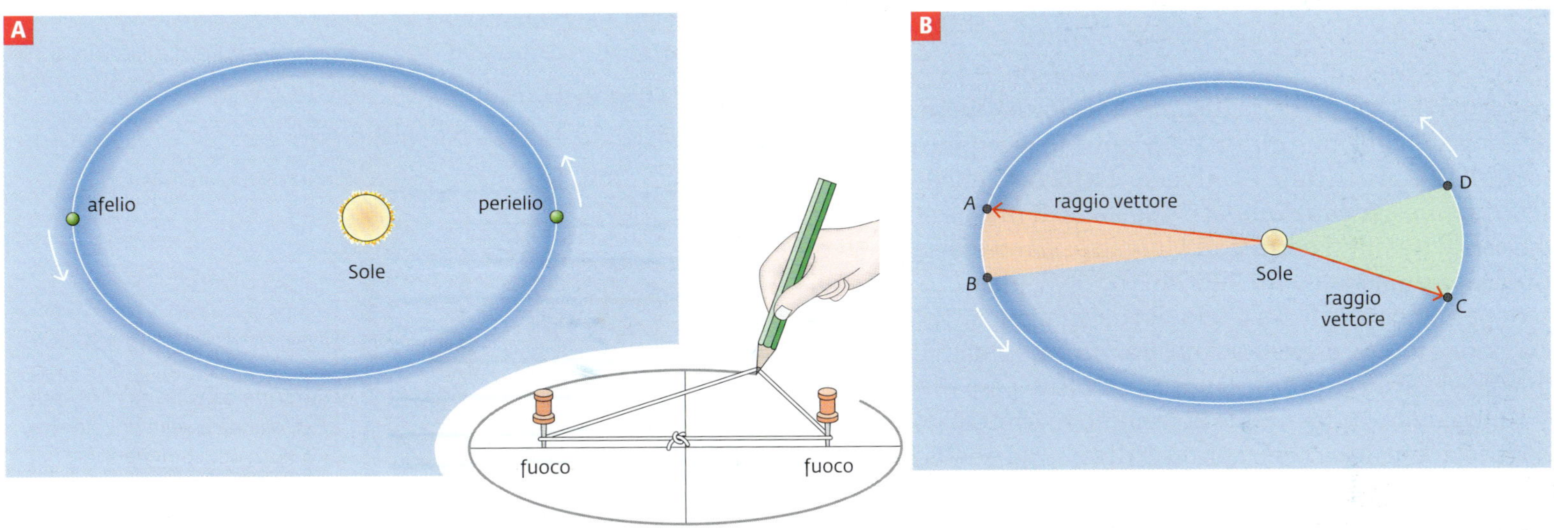

FIGURA 23. (**A**) Prima legge di Keplero. Le orbite dei pianeti attorno al Sole sono delle ellissi, in genere poco schiacciate, cioè molto prossime a circonferenze. Il Sole occupa uno dei fuochi dell'ellissi, il cui schiacciamento (eccentricità) è stato esagerato in figura rispetto alla realtà. Al centro, come si disegna un'ellissi; le puntine rappresentano i fuochi. (**B**) Seconda legge di Keplero. L'area in rosa di sinistra, che comprende l'afelio, è equivalente all'area in verde di destra, che comprende il perielio. Un pianeta impiega tempi uguali a percorrere il tratto AB e il tratto CD della sua orbita; dunque la velocità orbitale è minore in afelio che in perielio.

	Diametro (km)	Massa (Terra = 1)	Densità (g/cm^3) (acqua = 1)	Satelliti (numero)	Durata del giorno (giorni terrestri)	Periodo di rivoluzione (anni terrestri)
Mercurio	4879	0,055	5,43	0	59	0,24
Venere	12 104	0,81	5,24	0	243	0,62
Terra	12 735	1,00	5,51	1	1	1,00
Marte	6780	0,107	3,94	2	1,02	1,88
Giove	138 350	317,8	1,33	63	0,41	11,86
Saturno	114 630	95,2	0,69	56	0,43	29,46
Urano	50 530	14,5	1,26	27	0,71	84,01
Nettuno	49 100	17,1	1,64	13	0,67	164,79

TABELLA 4. Alcuni dati riguardanti i pianeti. (Alcuni di essi sono soggetti a continui aggiornamenti.)

Che cosa trattiene i pianeti in orbita attorno al Sole? Sappiamo che se lasciamo andare un oggetto che abbiamo in mano esso cade al suolo e che questo avviene per effetto della **forza di gravità**.

L'inglese Isaac Newton (1642-1727) fu il primo a pensare che la forza che trattiene la Terra e gli altri pianeti attorno al Sole, e impedisce loro di perdersi nello spazio, è la stessa che fa cadere i corpi e che ci tiene con i piedi ben aderenti al suolo. Questa forza è espressa dalla legge della gravitazione universale.

> **Legge della gravitazione universale**: due corpi qualsiasi dell'Universo si attraggono reciprocamente con una forza che è direttamente proporzionale alle loro masse e inversamente proporzionale al quadrato della loro distanza.

In simboli:

$$F_g = G \cdot \frac{m_1 \cdot m_2}{d^2}$$

dove F_g è la forza di attrazione gravitazionale, m_1 e m_2 sono le masse dei due corpi, d è la distanza tra i loro centri e G è la *costante di gravitazione universale*; «universale» perché uguale per tutti i corpi e in tutto l'Universo. La forza di gravità (o *forza di attrazione gravitazionale*) è una forza di mutua attrazione, che esiste tra tutti i corpi dell'Universo, siano essi granelli di sabbia, organismi viventi, blocchi rocciosi, pianeti o galassie.

In particolare, la forza di gravità che il pianeta Terra, con la sua grande massa, esercita sul nostro corpo è ciò che ci tiene con i piedi per terra e che misuriamo come nostro peso (**FIGURA 24A**).

L'attrazione di gravità che potremmo sperimentare sulla superficie di un altro corpo celeste è diversa da quella terrestre. Per esempio sulla Luna la forza di gravità è un sesto di quella terrestre e se ci trovassimo sul suolo lunare ci sentiremmo molto leggeri e potremmo spiccare salti molto più alti di quanto non siamo in grado di fare qui sulla Terra (**FIGURA 24B**). Ci possiamo però domandare come mai i pianeti non si attraggono tra loro fino a scontrarsi e a precipitare sul Sole. Il motivo è che sui pianeti, oltre alla forza di gravità, agisce anche la *forza centrifuga* che tenderebbe a scagliarli lontano. L'orbita percorsa dai pianeti rappresenta il punto di equilibrio tra le due forze.

PROVA A FARE

La piuma e il martello

Nel 1971 alcune immagini sfocate provenienti dalla Luna e rimbalzate sulla Terra documentarono un evento storico. L'astronauta David Scott, durante la missione dell'Apollo 15, lasciò cadere dalla medesima altezza sul suolo lunare un martello di metallo e una piuma. Il filmato dell'esperienza (visibile oggi su YouTube), registrato in diretta da una telecamera, mostrò chiaramente che entrambi gli oggetti toccavano il suolo simultaneamente.

Che cosa succede se si fa un esperimento analogo sulla Terra? Prova tu stesso. Tieni il tuo libro con una mano e un foglio A4 con l'altra, di fronte a te, alla stessa altezza dal suolo. Lascia entrambi gli oggetti nel medesimo istante e osserva quale cade per primo.

Ora fai un'altra prova: accartoccia il foglio facendo una palla ben stretta e lascialo cadere come prima, insieme al libro, osservando ancora quando raggiungono il suolo.

a. Come spieghi i diversi risultati raggiunti nelle tue due esperienze?

b. Se tu ripetessi queste esperienze sulla Luna, cosa succederebbe? Motiva la tua risposta?

TROVA LE PAROLE

Il moto di .... dei pianeti è regolato dalle leggi di .... La .... legge sostiene che le .... sono delle .... di cui il Sole occupa uno dei ....: la minima .... dal .... è detta ...., la .... afelio. La seconda sostiene che i pianeti sono .... veloci in afelio che in ....; la terza che i pianeti più .... percorrono la loro orbita più .... di quelli più vicini.

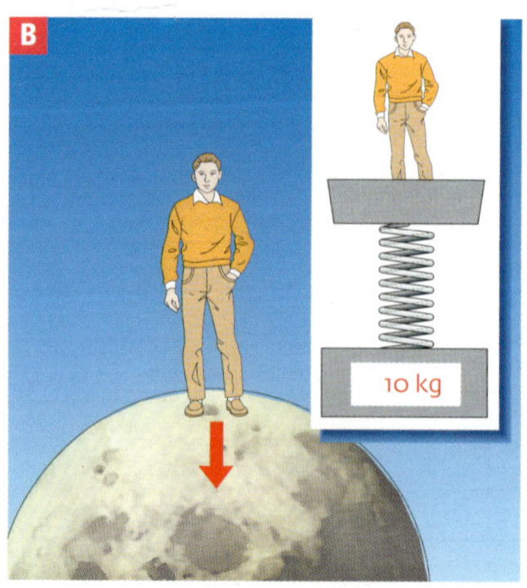

FIGURA 24. (**A**) Forza di gravità sulla Terra e sulla Luna. (**B**) Sul nostro satellite, per la minore forza di gravità, si possono spiccare dei salti molto più alti, come hanno dimostrato gli astronauti delle missioni Apollo che hanno camminato sulla sua superficie.

APPROFONDIMENTI
Breve storia dell'esplorazione spaziale
Corpi erranti nel Sistema solare

8 La Luna: la compagna su cui il tempo si è fermato

La Luna è uno dei satelliti più grandi del Sistema solare, un enorme «sasso» con un raggio medio (1740 km) che è circa un quarto di quello terrestre. Ci vogliono 81 Lune per uguagliare la massa della Terra, mentre ne bastano soltanto 49 per uguagliarne il volume; questo perché la Luna è meno densa del nostro pianeta (la densità media della Luna è 3,3 g/cm^3, contro i 5,5 g/cm^3 della Terra).

Già a occhio nudo, la superficie lunare presenta zone più chiare e zone più scure (**FIGURA 25**). Queste zone, studiate per la prima volta da Galileo con il cannocchiale, si rivelarono «alte montagne e profonde vallate».

Galileo ideò un semplice metodo per calcolare l'altezza dei monti lunari in base alla lunghezza delle ombre che essi proiettavano sulla superficie del satellite. Ne dedusse altezze paragonabili a quelle dei monti terrestri, ma poiché la Luna è molto più piccola della Terra, essa è un mondo «molto montagnoso».

Le esplorazioni con le sonde spaziali e quelle realizzate direttamente dagli esseri umani, dette *allunaggi* (se ne contano ben sei), hanno permesso di raccogliere un'imponente quantità di dati sul nostro satellite. I tre quintali di rocce e polveri, prelevate da diversi punti della sua superficie e portate sulla Terra, hanno consentito di ricostruirne anche la storia.

Le più importanti formazioni della superficie lunare sono oggi classificate come crateri, mari e altipiani. I crateri sono depressioni circolari circondate da un bordo rialzato. Hanno un diametro compreso tra pochi metri e diverse centinaia di kilometri e sono numerosissimi su quasi tutta la superficie lunare. Si tratta di crateri d'impatto dovuti alla caduta sulla Luna di meteoriti di varie dimensioni, caduta molto più frequente che sulla Terra data l'assenza dello scudo protettivo fornito da un'atmosfera. Non si può del tutto escludere, comunque, che qualche cratere possa avere un'origine vulcanica, risalente al periodo di attività del satellite.

L'analisi del suolo lunare ha permesso di stabilire che, come la Terra, la Luna è nata circa 4,6 miliardi d'anni fa. Nella prima fase della sua storia la Luna è stata colpita da moltissimi meteoriti; una cosa simile si osserva su Mercurio e questo fa pensare che ci sia stato un momento molto antico nella storia del Sistema solare in cui grandi sciami di meteoriti hanno investito tutti i pianeti interni.

Sulla Terra le tracce di quel bombardamento sarebbero state cancellate dall'attività erosiva degli agenti atmosferici. Quando in seguito ai violenti impatti la crosta lunare si è spezzata, la lava ha cominciato a fuoriuscire, riempiendo strato dopo strato gli enormi bacini da impatto. Poi il flusso è diminuito e le lave si sono raffreddate: sono nati così i mari lunari.

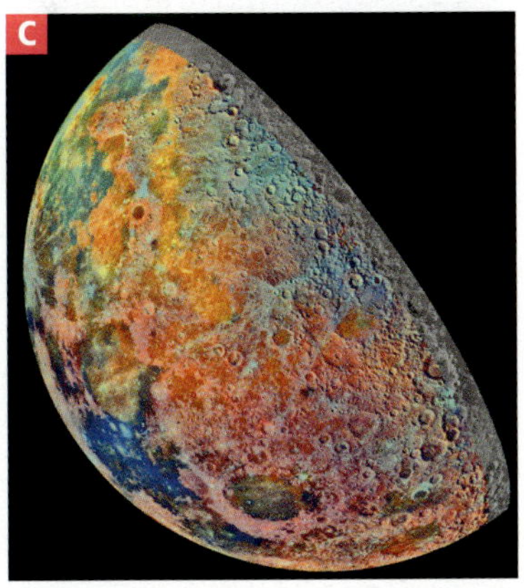

FIGURA 25. (**A**) La faccia della Luna sempre visibile dalla Terra mostra delle macchie scure, i cosiddetti mari, la cui disposizione ha sempre stimolato la fantasia degli uomini. (**B**) I crateri, di cui la superficie lunare è ricchissima, sono dovuti agli impatti con meteoriti di varie dimensioni, avvenuti soprattutto nelle primissime fasi di vita del Sistema solare. (**C**) I colori della Luna in figura, ottenuta dalla composizione di 53 immagini appositamente rielaborate, corrispondono alla diversa composizione chimica della superficie lunare. I colori dall'azzurro all'arancio indicano lave basaltiche, il blu intenso del Mare della Tranquillità in fondo a sinistra è dovuto alla presenza di titanio, le macchie nere corrispondono all'antica crosta pianeggiante ricca di metalli leggeri come alluminio e calcio.

I mari si presentano come macchie scure, visibili anche a occhio nudo. Sebbene sulla Luna non ci sia acqua liquida, è rimasta la loro antica denominazione: *Mare Imbrium* (Mare delle Piogge), *Mare Tranquillitatis* (Mare della Tranquillità, in **FIGURA 26**), *Oceanus Procellarum* (Oceano delle Tempeste) ecc. In realtà, si tratta di ampie distese di lava scura, di natura simile a quella emessa sulla Terra dai vulcani delle isole Hawaii o dell'Islanda, ricoperte da uno strato di roccia disgregata, una specie di sabbia detta *regolite*.

I mari sono comuni sulla faccia della Luna visibile dalla Terra. Invece, la faccia nascosta della Luna, quella non osservabile dalla Terra e che non conoscevamo prima delle foto inviate dalle sonde spaziali, ha numerosissimi crateri e solo una piccolissima frazione della superficie è occupata da mari.

FIGURA 26. Il Mare della Tranquillità è un mare lunare, composto principalmente da materiale di tipo basaltico. Nel 1969 fu scelto come primo sito di allunaggio dell'*Apollo 11*. La bandiera non sventola perché sulla Luna non c'è atmosfera: in realtà è sostenuta da un'anima di metallo.

Gli altipiani, infine, sono aree elevate rispetto ai mari e hanno colore più chiaro, con la superficie molto accidentata per la presenza di frequenti crateri (**FIGURA 27**). Anche su queste aree è presente una copertura di regolite.

Circa 3 miliardi di anni fa, l'attività vulcanica è cessata e il tempo sulla Luna si è come fermato. Infatti, non c'è più attività endogena, e non ci sono né atmosfera né acqua liquida a modificarne la superficie. Solo di tanto in tanto qualche meteorite, attratto dalla sua forza di gravità, precipita sul suolo lunare, scavando un cratere e proiettando intorno polveri e frammenti.

Le grandi escursioni termiche del suolo lunare sono imputabili sia alla lenta rotazione della Luna intorno al proprio asse (un giorno lunare dura poco meno di un mese), sia all'assenza di atmosfera. Dato che ogni punto della superficie è esposto alla luce diretta del Sole per circa due settimane e immerso nell'ombra per altrettanto tempo, la temperatura dei punti illuminati raggiunge circa 120 °C, mentre nella parte al buio precipita a circa −170 °C. Recenti osservazioni suggeriscono che, come su Mercurio, vi possano essere piccole masse di acqua ghiacciata sul fondo di alcuni crateri polari che non ricevono la luce del Sole, rimanendo sempre in ombra.

TROVA LE PAROLE

Le più importanti .... della superficie lunare sono i .... dovuti alla caduta di ...., i ...., ampie distese di .... ricoperte da .... e ...., aree di colore chiaro, con la superficie molto .... per la presenza di crateri.

FIGURA 27. L'altopiano di Aristarco sulla Luna è una zona sopraelevata in cui è visibile il cratere che porta lo stesso nome.

Per ricordare

LOSAI?
RIPASSA CON LO SMARTPHONE

1. Che cosa vediamo nel cielo notturno?

Osservando il cielo notturno vediamo che le stelle formano aggruppamenti detti **costellazioni**. La striscia biancastra che attraversa il cielo, o **Via Lattea**, è ciò che vediamo dell'enorme agglomerato di stelle o Galassia di cui fa parte il nostro Sistema solare.
Le **galassie** sono enormi agglomerati di stelle, gas e polveri.

2. Quanto distano dalla Terra i corpi celesti?

Il Sole dista da noi in media 150 milioni di kilometri. Questa distanza è definita **unità astronomica (UA)** ed è l'unità di misura per le distanze nel Sistema solare. Al di fuori del Sistema solare si usa come unità di misura l'**anno-luce** (9460 miliardi di km).

3. Da che cosa hanno origine le stelle?

La stelle hanno origine da giganteschi ammassi di polveri e gas in cui, in seguito a contrazione gravitazionale, si innescano **reazioni termonucleari** di fusione dell'idrogeno.

4. Com'è fatto il Sole?

Più del 99% della massa del Sistema solare è costituita dal Sole, il quale è formato in prevalenza da idrogeno ed elio.
I gas sono disposti in involucri concentrici di cui il più interno è il nucleo solare e i più esterni sono la fotosfera e la corona solare.

5. Quali caratteristiche hanno i pianeti?

I pianeti terrestri o rocciosi, cioè **Mercurio**, **Venere** e **Marte**, i più vicini al Sole, sono costituiti da materiali solidi, mentre i pianeti detti gassosi, come **Giove** e **Saturno**, sono costituiti in prevalenza da idrogeno; i pianeti detti ghiacciati, cioè **Urano** e **Nettuno**, i più lontani dal Sole, sono formati da ghiaccio.

6. Quali leggi regolano il moto dei pianeti?

Il moto dei pianeti attorno al Sole è detto moto di rivoluzione regolato dalle leggi di Keplero.

- **Prima legge di Keplero**. Le orbite dei pianeti sono ellissi di cui il Sole occupa uno dei due fuochi.
- **Seconda legge di Keplero**. I pianeti viaggiano più velocemente in perielio che in afelio.
- **Terza legge di Keplero**. I pianeti più lontani dal Sole percorrono la loro orbita più lentamente dei pianeti più vicini.

7. Quali sono le principali caratteristiche della Luna?

La Luna, uno dei più grandi satelliti del Sistema solare, è priva di acqua liquida e di atmosfera. Sulla sua superficie si distinguono gli *altipiani*, di aspetto chiaro, più elevati e ricchi di *crateri* e i cosiddetti *mari*, macchie scure pianeggianti, formati da ampie distese di lava basaltica.

la mappa

Completa la mappa concettuale utilizzando i termini proposti. Dai la definizione di quelli sottolineati:
stelle • pianeti • Via Lattea • leggi di Keplero • comete • Sole • attrazione gravitazionale • satelliti • asteroidi • galassia

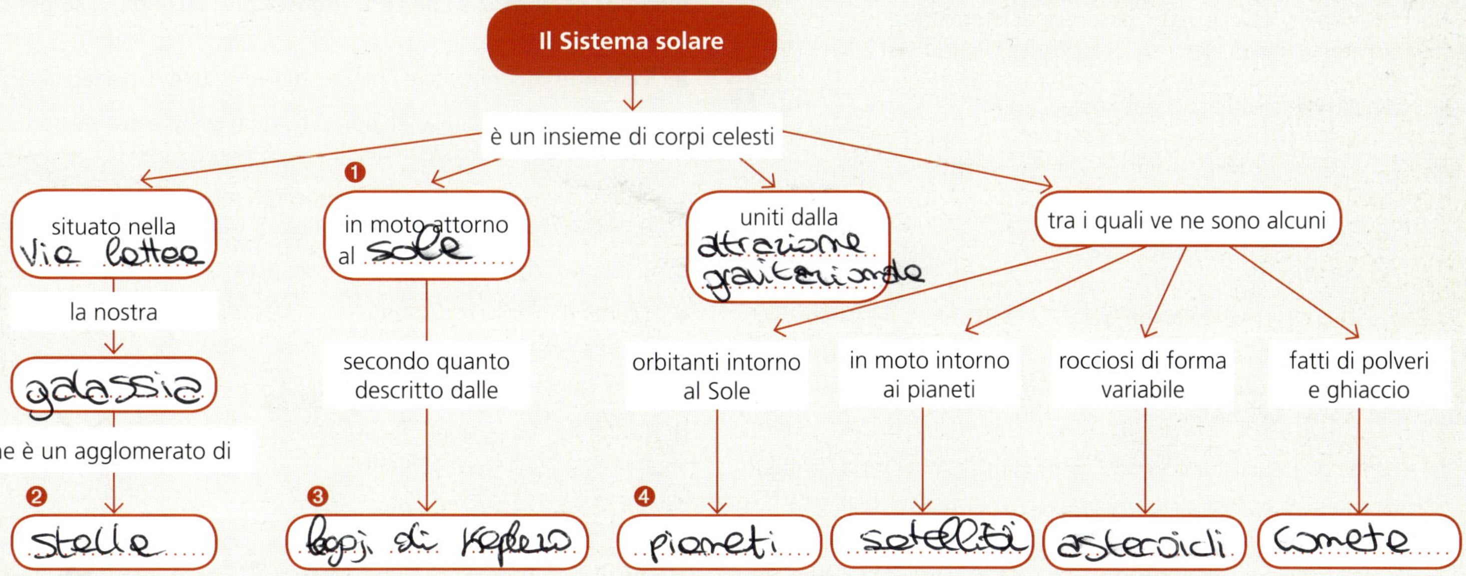

Sul tuo quaderno prova a espandere la mappa aggiungendo nuovi collegamenti ai nodi 1, 2, 3 e 4.

Sei pronto per la verifica?

In 1 ora

1. **Stabilisci le corrispondenze corrette tra i termini della colonna di sinistra e le descrizioni riportate a destra.**

a. ☐ comete
b. ☐ stelle
c. ☐ asteroidi
d. ☐ pianeti
e. ☐ galassie
f. ☐ satelliti

1. Corpi celesti composti da rocce e ghiaccio che attraversano il Sistema solare percorrendo orbite molto schiacciate.
2. Enormi agglomerati di stelle in rotazione attorno a un nucleo centrale.
3. Corpi rocciosi di forma e grandezza variabile situati tra l'orbita di Marte e quella di Giove.
4. Grandi masse gassose di forma pressoché sferica composte principalmente da idrogeno ed elio.
5. Corpi dalla composizione variabile che si muovono attorno ai pianeti seguendo le leggi di Keplero.
6. Corpo celeste di composizione e dimensioni variabili che orbita attorno a una stella.

[6 PUNTI]

2. **Indica se ciascuna delle seguenti affermazioni è vera o falsa. Se è falsa, falla diventare vera cambiando solo i termini sottolineati.**

a. Durante la notte, la posizione della Stella Polare nel cielo <u>resta pressoché fissa</u>. V F
b. Le stelle che formano una costellazione si trovano <u>alla stessa distanza</u> dalla Terra. V F
c. Il Sole si trova a circa <u>8 minuti-luce</u> dalla Terra. V F
d. Nel nucleo delle stelle, <u>quattro</u> particelle di idrogeno si trasformano in una di elio. V F
e. Le stelle più calde sono di colore <u>rosso</u>. V F
f. Le stelle con massa simile al Sole concludono la loro esistenza come <u>stelle di neutroni</u>. V F

[6 PUNTI]

3. **Rispondi sul tuo quaderno alle seguenti coppie di domande utilizzando al massimo 5 righe.**

a. Quali unità di misura si utilizzano in astronomia? A che cosa corrispondono? **[2 + 2 PUNTI]**
b. Nel Sistema solare, che cosa si intende per «moto di rivoluzione»? Quali sono le sue caratteristiche? **[2 + 3 PUNTI]**
c. Che cos'è una galassia? Quali forme può avere? **[1 + 3 PUNTI]**

4. **Inserisci i termini corretti nella figura.**

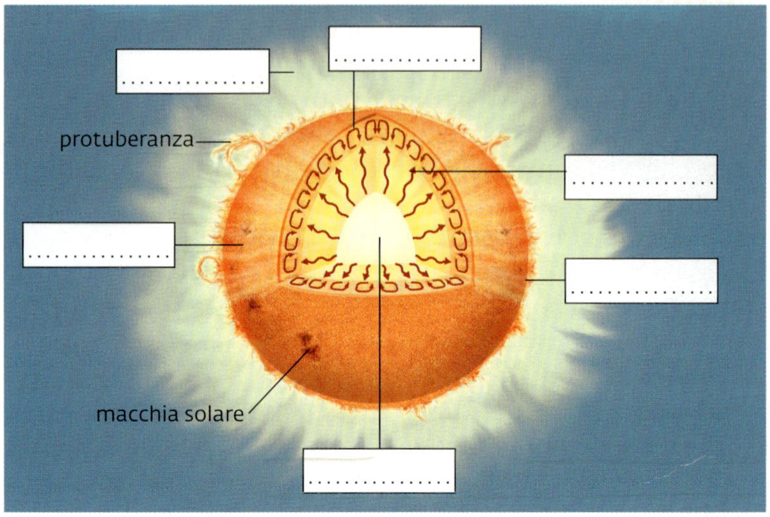

[6 PUNTI]

5. **Completa la tabella relativa alle caratteristiche dei pianeti del Sistema solare.**

	Posizione rispetto al Sole	Dimensioni	Composizione	Satelliti
Pianeti rocciosi				
Pianeti gassosi				
Pianeti ghiacciati				

[12 PUNTI]

6. **Accanto a ogni affermazione, scrivi 1 se pensi si riferisca alla prima legge di Keplero, 2 se pensi si riferisca alla seconda, 3 se pensi possa riferirsi alla terza.**

a. Permette di confrontare i periodi di rivoluzione di pianeti diversi. ☐
b. Spiega come mai i pianeti non si trovano sempre alla stessa distanza dal Sole. ☐
c. Afferma che i pianeti vicini al perielio si muovono a velocità maggiori rispetto all'afelio. ☐
d. È relativa alla forma delle orbite dei pianeti. ☐
e. Mette in relazione il periodo di rivoluzione di un pianeta con la sua distanza dal Sole. ☐
f. Descrive come varia la velocità di un pianeta sulla sua orbita. ☐
g. Fa intuire che i pianeti più distanti dal Sole hanno velocità medie orbitali via via minori. ☐

[7 PUNTI]

☐ fino a 32 punti **insufficiente**	☐ da 33 a 38 punti **sufficiente**	☐ da 39 a 44 punti **buono**	☐ da 45 a 50 punti **ottimo**

Verifica le competenze

ZTE ONLINE
20 test interattivi online su zte.zanichelli.it

S1 – RACCOGLIERE DATI ATTRAVERSO LA CONSULTAZIONE DI DIVERSE AGENZIE INFORMATIVE

1. CHI BRILLA DI PIÙ?

La costellazione del Cane Maggiore è una delle più facilmente individuabili nel cielo invernale in tutto il territorio italiano grazie alla presenza al suo interno della stella Sirio, la più brillante del cielo, che rappresenta il naso (o la bocca) del cane.

a. ● Ricerca in rete una rappresentazione schematizzata della costellazione e riproducila sul tuo quaderno. Successivamente, individua sullo schema da te realizzato la posizione delle due stelle più luminose, Sirio e Mirzam.

b. ●● Ora cerca informazioni sulle due stelle evidenziate: costruisci una tabella e riporta i dati relativi a colore, temperatura, età stimata, luminosità rispetto al Sole, distanza dal Sole, dimensioni rispetto al Sole. Fai un confronto tra le due stelle.

c. ●●● Chi brilla di più? Come si spiega?

S1 – RICONOSCERE O STABILIRE RELAZIONI

2. L'APPARENZA INGANNA

Nelle due immagini sono rappresentate la superficie di Mercurio (a sinistra) e della Luna (a destra). Si tratta ovviamente di due corpi celesti molto diversi tra loro, ma sono evidenti alcune somiglianze.

a. ● Che tipo di corpi celesti sono Mercurio e la Luna? Che cosa li differenzia?

b. ●● Osservando le due immagini, che cosa puoi riconoscere sulla superficie di entrambi? Come si formano?

c. ●●● Per quale/i motivo/i questi due corpi celesti, pur essendo differenti, presentano una superficie dall'aspetto così simile?

S1 – ORGANIZZARE E RAPPRESENTARE LE INFORMAZIONI

3. UN CONFRONTO TRA PIANETI

Nello studio di questa Unità, hai trovato molti dati relativi ai pianeti del Sistema solare, spesso presentati all'interno di tabelle. A volte, riorganizzare le informazioni secondo una modalità comunicativa differente può essere utile per riuscire a cogliere o a evidenziare alcuni aspetti particolari.

a. ●● Utilizzando i dati che trovi nelle tabelle 2, 3 e 4 dell'Unità, realizza tre grafici differenti che ti permettano di:

- confrontare le densità dei pianeti tra loro prendendo come riferimento la densità dell'acqua;
- illustrare la distribuzione dei satelliti tra i pianeti del Sistema solare;
- mettere in relazione le distanze dei pianeti dal Sole con il loro periodo di rivoluzione.

Presta particolare attenzione al tipo di grafico che utilizzerai di volta in volta, cercando di scegliere quello che meglio ti permetterà di rappresentare quanto richiesto. Se vuoi, puoi realizzare i tuoi grafici con il supporto di un foglio di calcolo elettronico.

b. ●●● Successivamente, prepara un breve commento per ciascun grafico cercando di sottolineare eventuali regolarità o singolarità.

S3 – COMPRENDERE IL RUOLO CHE I PROCESSI GIOCANO NELLA MODIFICA DELL'AMBIENTE

4. UN CIELO SENZA STELLE

Leggi il seguente brano, tratto da un articolo pubblicato online. Poi prova a rispondere alle domande.

Le luci delle città spengono le stelle

Oltre un terzo dell'umanità non è in grado di vedere la Via Lattea a causa di un cielo «artificiale»

Alzare gli occhi al cielo, di notte, ed essere in grado di scorgere solo la Luna e una manciata di stelle. [...] Riuscire a distinguere le costellazioni più celebri ma anche semplicemente gli astri più brillanti come Sirio o Canopo, è un'impresa quasi impossibile per chi vive in Italia o a Singapore.

A infonderci consapevolezza su quello che ci stiamo lentamente perdendo è un nuovo *Atlante mondiale*, prodotto dalla collaborazione tra scienziati italiani e americani. Primo nel suo genere per completezza di informazioni, l'Atlante mostra la diffusione dei nostri cieli di luci artificiali, dove i livelli di luce naturalmente presenti nell'ambiente notturno sono stati completamente falsati dall'illuminazione elettrica.

«Abbiamo intere generazioni di persone negli Stati Uniti che non hanno mai visto la Via Lattea», spiegano gli autori. «Una grande parte della nostra connessione con il cosmo è andata persa». Nel dettaglio la scia luminosa della Via Lattea è nascosta agli occhi di più di un terzo dell'umanità, tra cui il 60% degli europei e quasi l'80% dei nordamericani.

a. ● Di che cosa si parla?

b. ●● Da che cosa è provocato?

c. ●●● Come potrebbe essere ridotto? Prova a cercare esempi concreti di soluzioni già progettate e/o adottate.

2 Il pianeta Terra

In questa Unità troverai le risposte alle seguenti domande:

1. Il nostro pianeta è una sfera perfetta?
2. Come ci accorgiamo dei moti della Terra?
3. Perché esistono le stagioni?
4. Che cosa sono i paralleli e i meridiani?
5. Che cosa sono i fusi orari?
6. Che cosa sono le fasi lunari? Quando avvengono le eclissi?

A

B

C

D

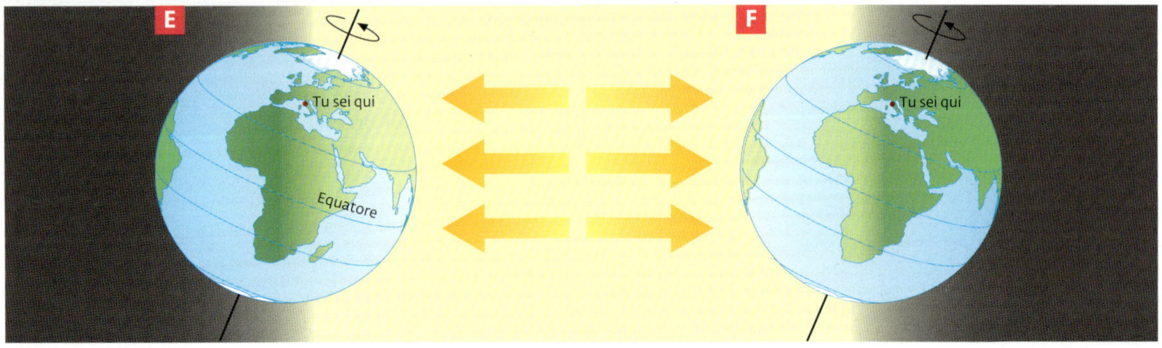

Le stagioni

In Italia siamo abituati all'alternarsi di quattro stagioni diverse tra loro (**FIGURE A**, **B**, **C** e **D**). Eppure non in tutti i luoghi della Terra si possono distinguere le stagioni: all'Equatore, per esempio, è come se fosse sempre estate. Osserva le ultime due figure e immagina di essere nel luogo indicato con un punto rosso e che il globo terrestre compia una rotazione completa corrispondente a un giorno.

SAI RISPONDERE?

1 La Terra si trova nella condizione della **FIGURA E**. Nel punto in cui ti trovi dura di più il dì o la notte? In quale stagione sei? Indica la foto corrispondente.

2 Immagina ora che siano trascorsi sei mesi e che la Terra si trovi nella condizione della **FIGURA F**. Nel punto in cui sei dura di più il dì o la notte? In quale stagione ti trovi? Indica la foto corrispondente.

3 Come ti spieghi l'alternarsi delle stagioni?

APPROFONDIMENTO La forma della Terra attraverso la storia

VIDEO La forma della Terra

1 La forma della Terra

Per gli antichi ritenere che la Terra fosse piatta corrispondeva all'esperienza immediata, così come percepiamo che è il Sole a muoversi in cielo e non la Terra. Tuttavia, già nel VI secolo a.C., pensatori greci come i Pitagorici, in base alla supposta perfezione geometrica della forma sferica, erano giunti alla conclusione che la Terra fosse rotonda. Nel IV secolo a.C., Aristotele (**FIGURA 1**) apportò due argomenti concreti a favore della sfericità della Terra:

1. l'ombra della Terra sulla superficie della Luna durante le eclissi di Luna ha sempre forma circolare e solo una sfera proietta sempre un'ombra circolare (**FIGURA 2**);
2. se ci si sposta sulla superficie terrestre si vedono stelle diverse, mentre su una Terra piatta si vedrebbe sempre lo stesso cielo stellato (**FIGURA 3**).

La forma sferica della Terra fu provata nei fatti il 6 settembre 1522, quando la nave di Magellano fece ritorno in Spagna dopo la prima circumnavigazione del globo e, con in seguito, dopo più di 400 anni, quando, con le esplorazioni spaziali, abbiamo finalmente potuto vedere il nostro pianeta dall'esterno.

La Terra però non è una sfera perfetta, anche non tenendo conto dei rilievi e delle fosse che ne movimentano la superficie. La sua forma è infatti leggermente schiacciata ai Poli e rigonfia all'Equatore. Il raggio polare misura 6357 km, quello equatoriale 6378 km: tra i due valori c'è una differenza di soli 21 km. La causa dello schiacciamento terrestre è il moto di rotazione della Terra attorno a un asse che passa per i Poli. Tutti i punti di un corpo in rotazione attorno a un proprio asse sono soggetti a una *forza centrifuga*, che tende a spingerli verso l'esterno: allo stesso modo tutti i punti della Terra sono sottoposti a una forza centrifuga, ma con effetti diversi a mano a mano che ci si allontana dai Poli. Mentre infatti i Poli, che rappresentano il punto di intersezione dell'asse di rotazione con la superficie terrestre, restano fermi, i punti situati tra il Poli e l'Equatore percorrono nello stesso tempo (24 ore), circonferenze di raggio via via maggiore.

FIGURA 1. Statua di Aristotele a Stagira, la località greca dove nacque e visse a lungo. Il filosofo greco fu un acuto osservatore della natura e fornì argomenti a sostegno della sfericità della Terra.

FIGURA 2. Fotografia a più esposizioni di un'eclissi totale di Luna. Aristotele arrivò a concludere che la Terra è sferica perché, durante le eclissi, essa proietta sulla superficie lunare un'ombra circolare.

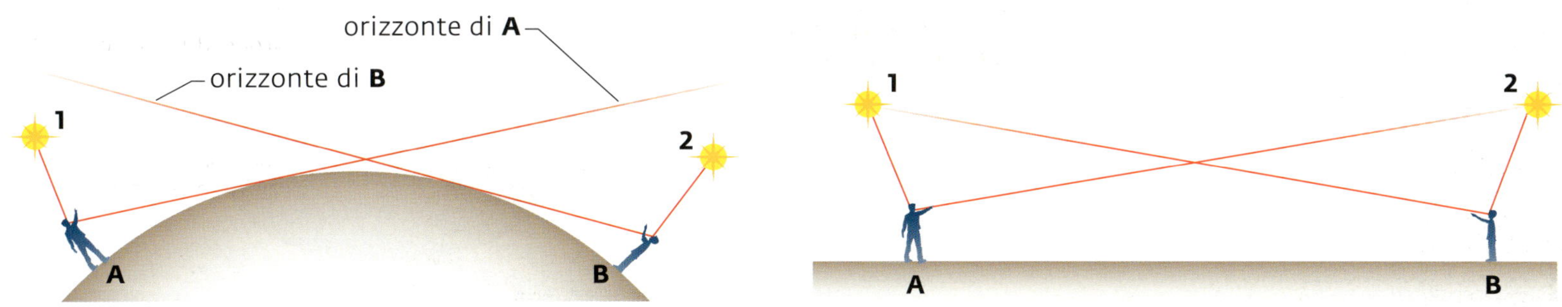

FIGURA 3. Su una superficie curva due osservatori A e B vedono stelle diverse: l'osservatore A vede solo la stella 1 perché la stella B è al di sotto del suo orizzonte visivo, mentre B vede solo la 2. Se la superficie fosse piatta tutti e due gli osservatori vedrebbero ambedue le stelle.

Hanno quindi una maggiore velocità cui corrisponde una maggiore forza centrifuga (**FIGURA 4**).

Il fenomeno è evidente anche per altri corpi celesti: Giove e Saturno, che hanno una velocità di rotazione maggiore della Terra e sono gassosi, presentano uno schiacciamento più accentuato.

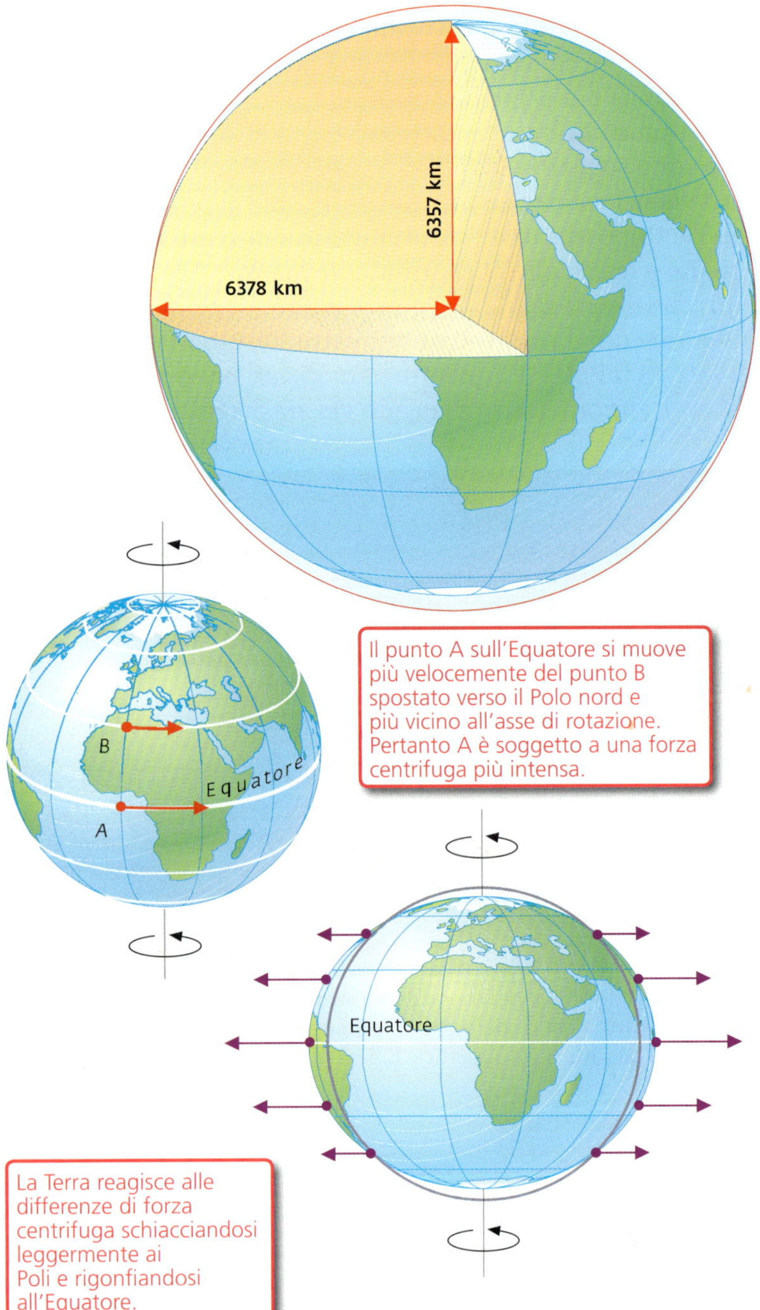

FIGURA 4. Lo schiacciamento polare del nostro pianeta, dovuto alla forza di gravità, è molto modesto: guardando la Terra dallo spazio nessuno se ne potrebbe accorgere.
Diversamente accade per Giove: il fatto che ruoti molto più velocemente della Terra e che sia esternamente composto di materiale gassoso (dunque deformabile) implica un forte schiacciamento polare ben visibile al telescopio.

La figura geometrica regolare che più si avvicina alla forma della Terra è **l'ellissoide di rotazione**, il solido geometrico che si ottiene facendo ruotare un'ellisse attorno a uno dei suoi due assi (nel caso della Terra, l'asse minore) passante per i Poli.

L'esatta forma della Terra è però ancora oggetto di discussione. Per esempio, in base alle misure di gravità registrate dai satelliti artificiali, essa risulterebbe, amplificando di molto i dati, simile a una sfera leggermente allungata al Polo sud e schiacciata al Polo nord (**FIGURA 5**). Ciò dipende dal fatto che la Terra non è un corpo omogeneo in quanto i materiali al suo interno hanno densità diverse a seconda della loro composizione e delle condizioni di temperatura e di pressione cui sono sottoposti.

TROVA LE PAROLE

A causa del moto di .... e della conseguente forza ...., la Terra è leggermente .... ai Poli e rigonfia .... Tra il .... e quello .... c'è una differenza di soli .... La figura .... che più si avvicina alla .... della Terra è un .... di ....

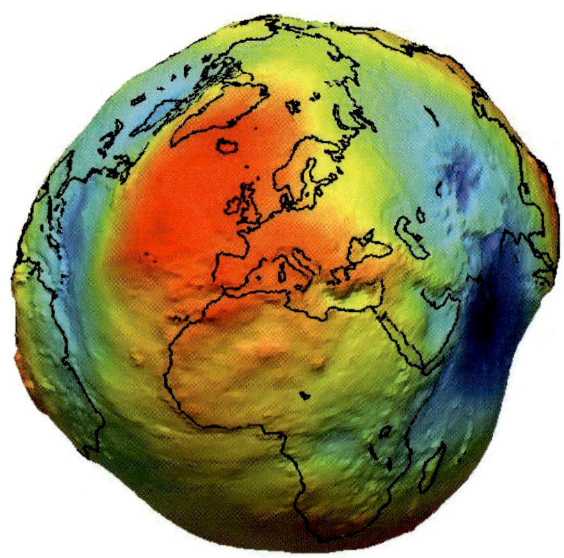

FIGURA 5. In questa rappresentazione, ottenuta sulla base dei valori di gravità, la forma della Terra appare particolarmente deformata. I valori della gravità aumentano in corrispondenza degli ammassi montuosi sia in superficie sia sottomarini (in rosso) e diminuiscono in corrispondenza delle fosse oceaniche (in blu).

STORIE DELLA TERRA

Avamposti terrestri

Non ci accontentiamo di conquistare terre inesplorate, i mari e l'aria: siamo andati oltre l'atmosfera fino a camminare sulla Luna.
Per il momento non è ancora possibile insediarsi sul nostro satellite, ma nello spazio tra la Terra e la Luna la nostra presenza diretta o indiretta si è diffusa velocemente.
In orbita intorno alla Terra vi sono flotte di **satelliti artificiali** che possiamo considerare parte del Sistema Terra (**FIGURA A**): parliamo, scriviamo e inviamo immagini attraverso i satelliti per le telecomunicazioni; il GPS ci fa trovare la strada; dalle immagini di Meteosat sappiamo che tempo farà domani; dal telescopio spaziale Hubble, in orbita a 560 km dalla Terra dal 1990, ci sono pervenute straordinarie immagini di corpi celesti prima sconosciuti.
Anche le **stazioni spaziali** sono satelliti, ma con un equipaggio. Le prime stazioni furono lo Skylab (USA), attiva dal 1973 al 1979, e la Mir (URSS, poi Russia), attiva dal 1986 al 2001.
Attualmente, l'avamposto permanente della Terra nello spazio, a 400 kilometri dalla superficie terrestre, è la **Stazione Spaziale Internazionale** o **ISS**. Il progetto dell'ISS ha avuto inizio nel 1984 su proposta degli Stati Uniti (NASA) con scopi di ricerca scientifica e coinvolse le agenzie spaziali canadese (CSA), europea (ESA), giapponese (JAXA) e russa (RKA). L'ESA rappresenta undici Paesi europei che sostengono finanziariamente il programma.
Dopo la «corsa allo spazio» in piena Guerra fredda tra URSS e USA, quello dell'ISS è stato accolto come il primo grande progetto di cooperazione internazionale.
L'ISS è attualmente formata da diversi componenti che sono stati assemblati in orbita nel corso di varie missioni, dal 1998 a oggi. Lunga circa 73 m e larga 108, è più grande delle stazioni spaziali precedenti ed è visibile dalla Terra a occhio nudo. Completa un'orbita intorno alla Terra in poco più di 90 minuti e dovrebbe restare attiva fino al 2024. La Stazione Spaziale ospita da due a sei astronauti: sono ingegneri, medici o scienziati di diverse nazioni che hanno il compito comune di effettuare osservazioni astronomiche e meteorologiche, sviluppare e collaudare tecnologie per l'esplorazione spaziale, compiere ricerche in un ambiente di gravità ridotta rispetto a quella terrestre, valutare le reazioni del corpo umano nello spazio (**FIGURA B**).
Per chi soggiorna nello spazio, oltre ai vari problemi fisiologici a carico della vista, della muscolatura e delle ossa, vi è il problema dello smaltimento dei rifiuti che vanno dal ricambio degli indumenti, che non possono essere lavati, ai rifiuti liquidi e solidi del corpo. Le urine vengono riciclate per recuperare l'acqua da bere, le feci vengono risucchiate nello spazio: essendo costituite da piccole particelle saranno incenerite senza danno nel passaggio attraverso l'atmosfera... come avviene per le stelle cadenti! Lo stesso destino viene riservato agli indumenti che vengono compressi e poi «tuffati» nello spazio.
Tra tutto ciò che orbita attorno al nostro pianeta c'è anche tanta spazzatura: rottami di razzi esplosi in orbita, satelliti non più attivi, milioni di frammenti inferiori a 1 cm che, per la loro velocità di 10 km/sec possono diventare proiettili pericolosi. Nonostante i radar sorveglino i detriti più grossi, la spazzatura spaziale è una seria minaccia per chi si trova nello spazio, come per gli equipaggi della Stazione Spaziale, che è sempre stata abitata, senza interruzioni, a partire dal novembre del 2000.

PER FISSARE I CONCETTI

- Dai dati che trovi in questa pagina e da quanto sai sulle dimensioni della Terra, supponendo l'orbita circolare, a che velocità viaggia l'ISS? (Usa valori arrotondati.)
- Che cos'è la Guerra fredda? E in che modo ha dato impulso alla ricerca spaziale?

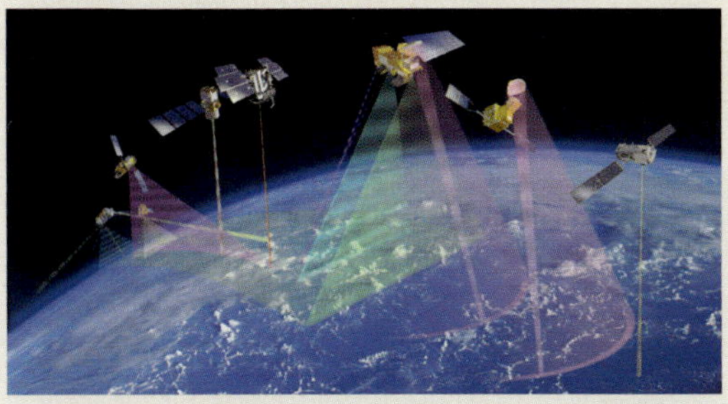

FIGURA A. Questa particolare «costellazione» è composta da satelliti di varia nazionalità che sorvolano la Terra da un'altezza di 705 km e a pochi minuti di distanza l'uno dall'altro, consentendoci di sorvegliare e riscoprire il nostro pianeta osservandolo da lontano.

1

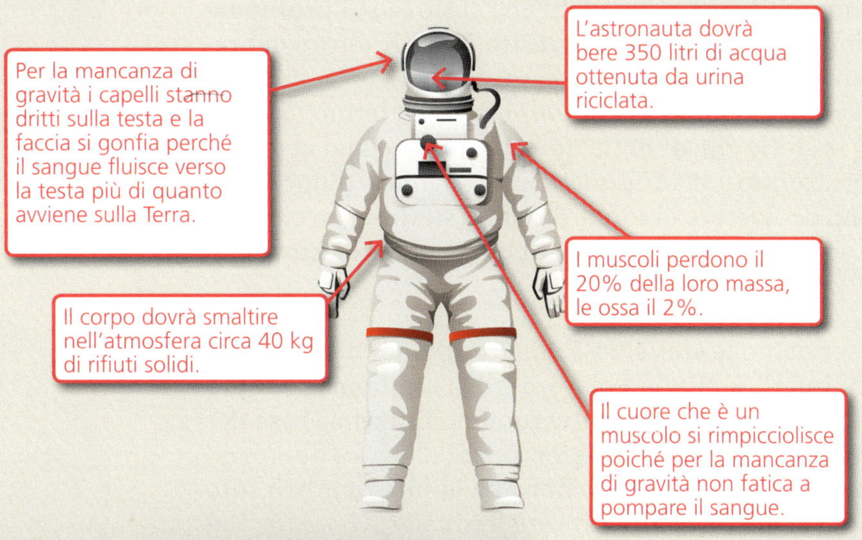

FIGURA B. (**1**) Che cosa succede al corpo in una missione spaziale di 6 mesi. (**2**) L'astronauta italiana Samantha Cristoforetti è rimasta nella Stazione Spaziale Internazionale per 199 giorni, il record della maggior permanenza nello spazio da parte di una donna.

2 I moti della Terra: la rotazione e le sue conseguenze

LABORATORIO DELLE COMPETENZE L'alba e il tramonto nelle città italiane

VIDEO Il dì e la notte

Nonostante la Terra ruoti come una trottola nello spazio e si sposti alla velocità di circa 107 000 km/h (poco meno di 30 km/s) lungo la propria orbita attorno al Sole, nessuno di noi ha la sensazione di trovarsi su un corpo in così rapido movimento. Noi non avvertiamo questi moti per il semplice motivo che ci muoviamo insieme con la Terra solida e l'atmosfera che la circonda, così come possiamo mangiare o dormire all'interno di un aereo senza avvertire che stiamo volando a 1000 km/h.

Anche se non avvertiamo i *moti reali* della Terra, come conseguenza del loro verificarsi vediamo il Sole e le stelle compiere dei moti che non avvengono realmente e che per questo sono detti *moti apparenti*.

Analizziamo ora più in dettaglio le conseguenze del moto di rotazione della Terra: il moto apparente delle stelle e del Sole e l'effetto Coriolis.

Il moto apparente delle stelle. Una conseguenza del moto di rotazione della Terra è il moto apparente delle stelle: chi come noi è sulla Terra ha l'impressione che sia il cielo stellato a girare, compiendo una rotazione che si completa in 24 ore. Dato che la Terra ruota da ovest verso est, pare che il cielo si muova in direzione opposta (*vedi* figura 1, p. 7).

La Stella Polare è l'unica stella del nostro emisfero che appare immobile nel cielo, dato che si trova sul prolungamento dell'asse di rotazione terrestre. Tutte le altre sembrano ruotare attorno alla Stella Polare.

In generale chiamiamo *circumpolari* (dal latino *circum*, intorno) le stelle che di notte non tramontano mai al di sotto dell'orizzonte e *occidue* quelle che sorgono e tramontano (dal latino *occidere*, tramontare). Quali stelle siano circumpolari e quali occidue dipende dal luogo in cui ci troviamo, cioè dalla nostra latitudine.

- Se osserviamo le stelle dal Polo nord, sono tutte circumpolari: infatti la Stella Polare si trova esattamente sopra la nostra testa e tutte le stelle ruotano intorno a essa descrivendo un circolo che è sempre al di sopra dell'orizzonte (**FIGURA 6A**). Dal Polo nord è visibile peraltro solo metà del cielo, il cosiddetto *emisfero celeste boreale*. Dal Polo sud, invece, si vede l'*emisfero celeste australe*.
- Se osserviamo le stelle dall'Equatore, la Stella Polare appare sempre immobile rasente l'orizzonte, mentre delle altre stelle possiamo seguire solo metà della traiettoria: le stelle sono tutte occidue (**FIGURA 6B**). L'Equatore è l'unico luogo della Terra da cui sono visibili sia l'emisfero celeste boreale sia quello australe.
- Alle nostre latitudini, circa a metà strada tra il Polo e l'Equatore, vediamo come circumpolari le stelle più vicine alla Stella Polare, mentre le altre sono occidue, cioè sorgono e tramontano, come avviene per il Sole (**FIGURA 6C**).

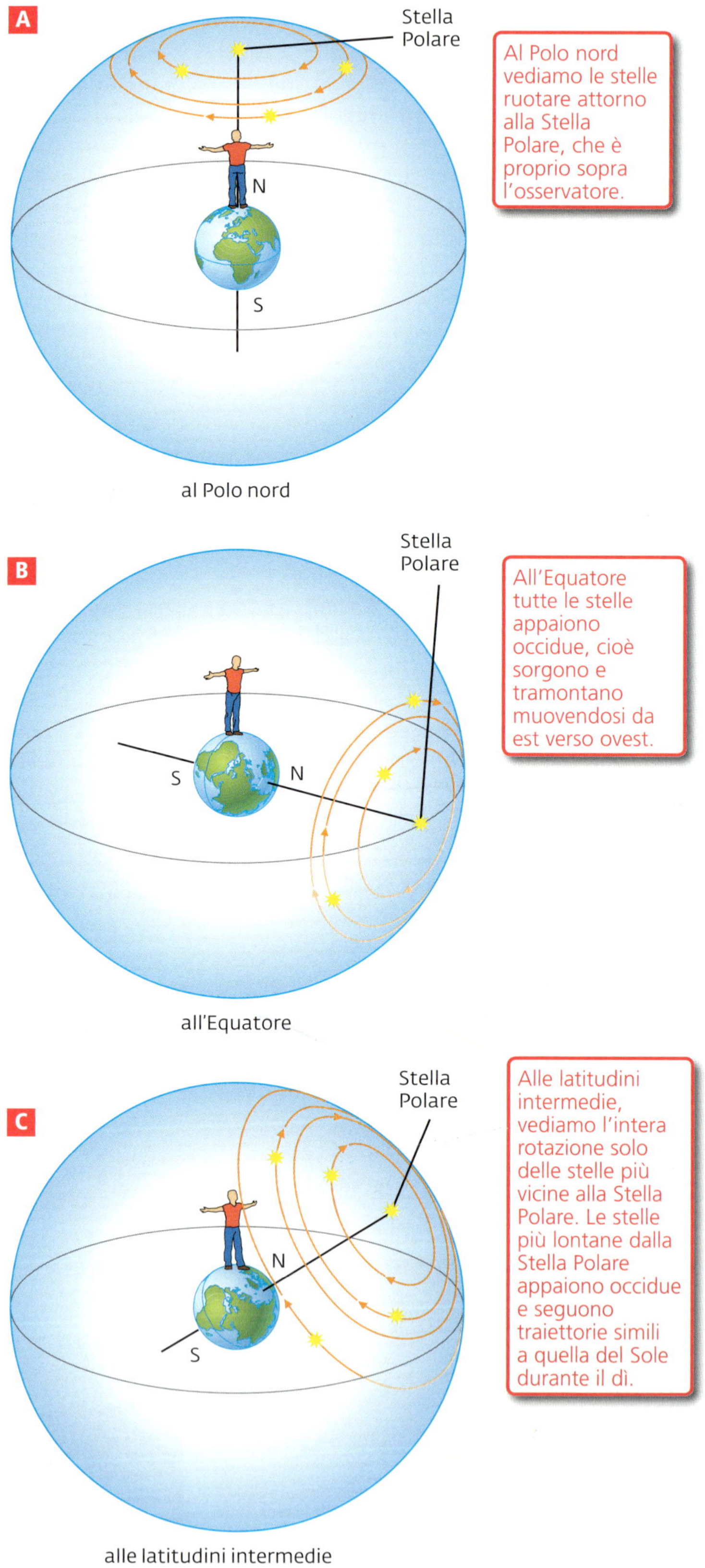

FIGURA 6. L'osservatore che guarda la volta celeste ha sempre l'impressione di trovarsi «in cima al mondo». In realtà, la traiettoria delle stelle appare diversa a seconda della posizione in cui ci si trova (**A**), (**B**) e (**C**).

Il moto apparente del Sole. Se da un lato ci interessa il moto apparente delle stelle che punteggiano la volta celeste, non vi è dubbio che c'è una stella, quella più vicina a noi, che ci interessa in modo particolare perché da essa dipende la nostra vita: il Sole.

Per chi abita le nostre regioni il Sole è sempre una stella occidua: all'alba spunta dall'orizzonte, poi s'innalza, descrive un arco nel cielo e infine tramonta (**FIGURA 7**).

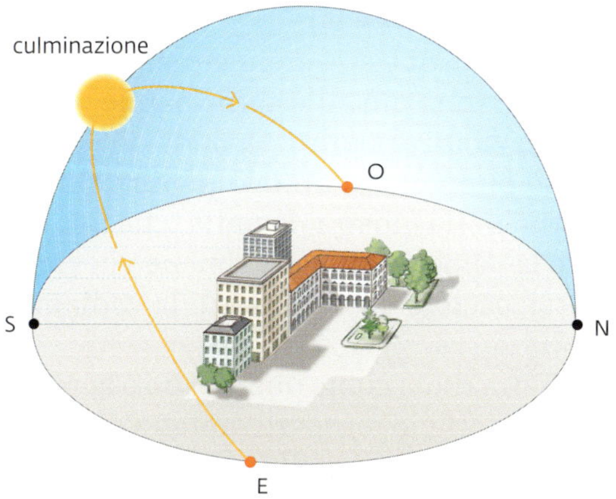

FIGURA 7. Il Sole è una stella occidua: sorge a oriente e tramonta a occidente, raggiungendo la culminazione, ossia il punto più alto del suo arco diurno, a mezzogiorno. Alle nostre latitudini i raggi del Sole non cadono mai perpendicolari alla superficie terrestre. Se le case raffigurate nell'immagine si trovassero nell'emisfero australe, per esempio a Sidney, il Sole culminerebbe verso nord e non verso sud.

Quando sorge, la sua forte luce viene diffusa dall'aria dell'atmosfera e ci impedisce di vedere le altre stelle: inizia il **dì** (così denominato per differenziarlo dal giorno astronomico, che dura 24 ore). Se il Sole venisse completamente oscurato per un'eclissi, vedremmo comparire il cielo scuro punteggiato di stelle.

Quando, durante il suo luminoso tragitto in cielo, il Sole raggiunge la massima altezza rispetto al piano dell'orizzonte si dice che è *in culminazione*. In quell'istante è il **mezzogiorno vero** (o **astronomico**).

Quando invece il Sole scende al di sotto del piano dell'orizzonte per completare il suo moto apparente al di fuori della nostra vista, inizia la **notte**. La luce del dì scompare e sono di nuovo visibili le stelle.

La conseguenza della rotazione terrestre è l'**alternarsi del dì e della notte**, ossia l'alternarsi del periodo in cui il Sole è sopra e sotto l'orizzonte.

A causa del moto di rotazione della Terra, a ogni istante delle 24 ore c'è una metà della Terra che è esposta al Sole e un'altra metà che si trova al buio. La parte illuminata del globo è divisa da quella in ombra da un circolo massimo chiamato **circolo di illuminazione** (**FIGURA 8**).

Il passaggio dal buio alla luce non è brusco: fra le altre cause, la diffusione della luce solare nell'atmosfera determina il chiarore che si può osservare prima del sorgere del Sole (*aurora*) e per qualche tempo dopo che esso è tramontato (*crepuscolo*).

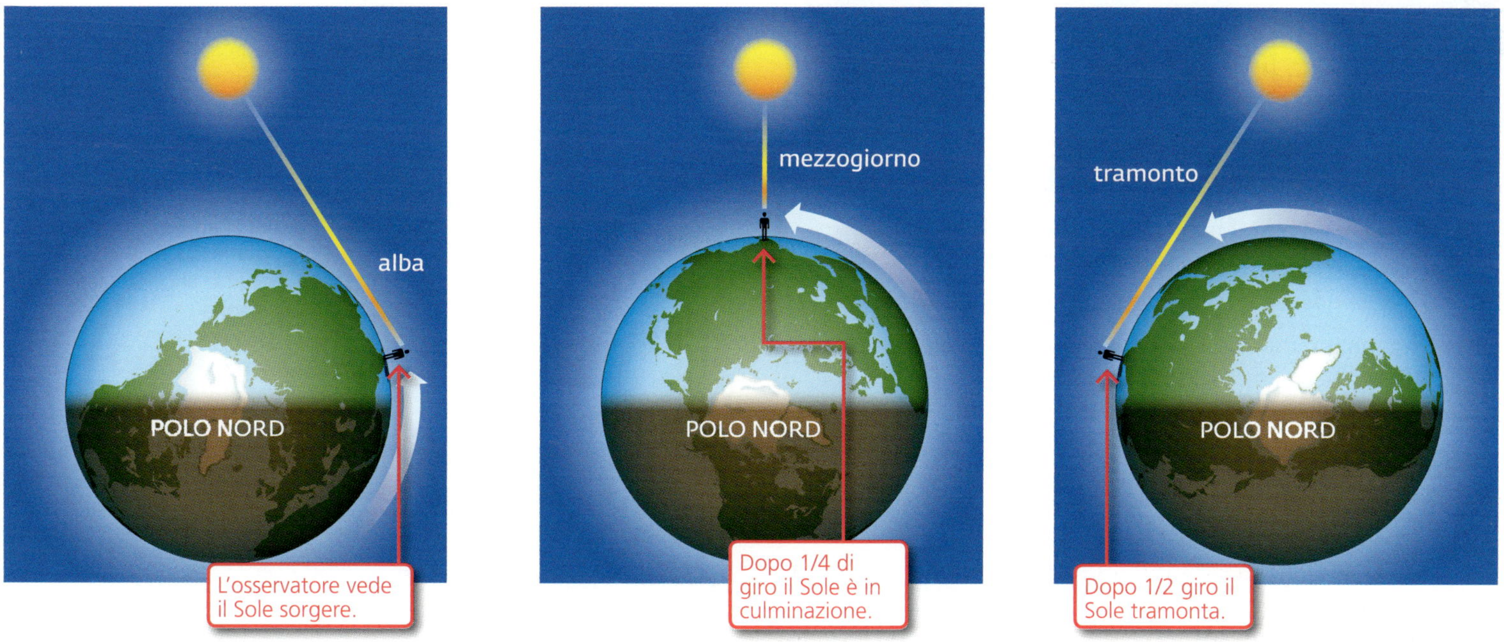

FIGURA 8. Per un osservatore sulla Terra, nel corso di un giorno, il Sole sembra sorgere, raggiungere la culminazione e tramontare, per diventare invisibile durante la notte. La figura rappresenta la condizione degli equinozi, quando il circolo di illuminazione passa per i Poli.

Occorre precisare che non in tutte le località della Terra il Sole sorge e tramonta. Nelle regioni situate oltre il Circolo polare artico vi sono periodi in cui il Sole non tramonta mai. Questo fenomeno, chiamato *Sole di mezzanotte* (**FIGURA 9**), è causato, come vedremo tra poco, dall'inclinazione dell'asse di rotazione terrestre.

PROVA A FARE

Il cielo e la rotazione terrestre

La prima foto è ottenuta fotografando con una lunga esposizione la luce delle stelle nel cielo notturno. In essa appare la traccia luminosa dovuta all'impercettibile movimento compiuto da ogni stella nella volta celeste. La traccia luminosa é analoga a quella della seconda foto, ottenuta fotografando con una lunga esposizione le luci delle auto che percorrono di notte un'autostrada.

a. A che cosa è dovuto il movimento delle stelle nella sfera celeste?

b. Da quale luogo del pianeta è stata scattata la prima foto?

c. Come sarebbero le tracce del moto delle stelle se la foto fosse stata ripresa all'Equatore? E al Polo nord?

L'effetto Coriolis. Un'altra conseguenza della rotazione terrestre è l'effetto Coriolis (dal nome del suo scopritore Gaspard-Gustave de Coriolis) che riguarda i corpi in movimento sulla superficie del nostro pianeta.

Per capire questo fenomeno facciamo riferimento a un'esperienza comune. Avrete probabilmente notato che quando, in una giostra in movimento, cerchiamo dal centro di raggiungerne il bordo esterno o di far rotolare una palla nella stessa direzione, il nostro tragitto o quello della palla non è rettilineo, ma incurvato in senso contrario a quello di rotazione della giostra (**FIGURA 10**).

La spiegazione di questo fenomeno sta nel fatto che i punti della giostra che sono più all'esterno hanno velocità maggiore di quelli più vicini al centro. Quando una palla viene fatta rotolare verso punti che si muovono più velocemente, cioè verso l'esterno della giostra, la palla, che per inerzia tende a mantenere la velocità iniziale, rimane via via più indietro rispetto a essi: ecco il motivo per cui la vediamo percorrere una traiettoria curva.

Anche la Terra ruota come una giostra e la velocità con cui i punti della superficie terrestre ruotano dipende dalla latitudine: ai Poli la velocità è nulla e va crescendo via via che ci si avvicina all'Equatore. Un corpo che si muova da un Polo verso l'Equatore mantiene per inerzia la velocità iniziale, ma passa su punti della Terra che ruotano a velocità crescente.

FIGURA 10. Quando la palla viene fatta rotolare verso punti che via via si muovono più velocemente (cioè dall'interno verso l'esterno della giostra), per inerzia essa tende a mantenere la sua velocità iniziale e quindi rimane via via più indietro rispetto ai punti stessi. La persona che ha lanciato la palla la vede deviare in senso opposto a quello di rotazione della giostra.

FIGURA 9. Nelle regioni alle latitudini più elevate, in prossimità del solstizio d'estate si ha il suggestivo spettacolo del Sole di mezzanotte. Ai Poli il Sole è sempre visibile per sei mesi, e mai per i sei mesi successivi: in questo caso non si può parlare di Sole di mezzanotte.

La sua traiettoria, dunque, rispetto alla superficie terrestre risulta incurvata verso ovest, cioè in senso opposto a quello della rotazione terrestre (**FIGURA 11**).

L'effetto Coriolis è osservabile in molte situazioni. Per esempio, se la Terra fosse immobile, i venti e le correnti marine tenderebbero a muoversi dall'Equatore ai Poli, lungo i meridiani, ma per effetto Coriolis dovuto alla rotazione terrestre essi deviano verso destra nel nostro emisfero e verso sinistra nell'emisfero opposto. Anche gli aerei e le navi per lo stesso motivo devono correggere le loro rotte.

TROVA LE PAROLE

Come conseguenza del moto di .... della Terra, le .... al Polo nord sono ...., all'Equatore sono ...., alle medie latitudini sono in parte circumpolari, in parte occidue. Altre conseguenze della rotazione sono l'.................. del .... e della .... e l'effetto .... consistente nella deviazione dei corpi in .... sulla superficie terrestre.

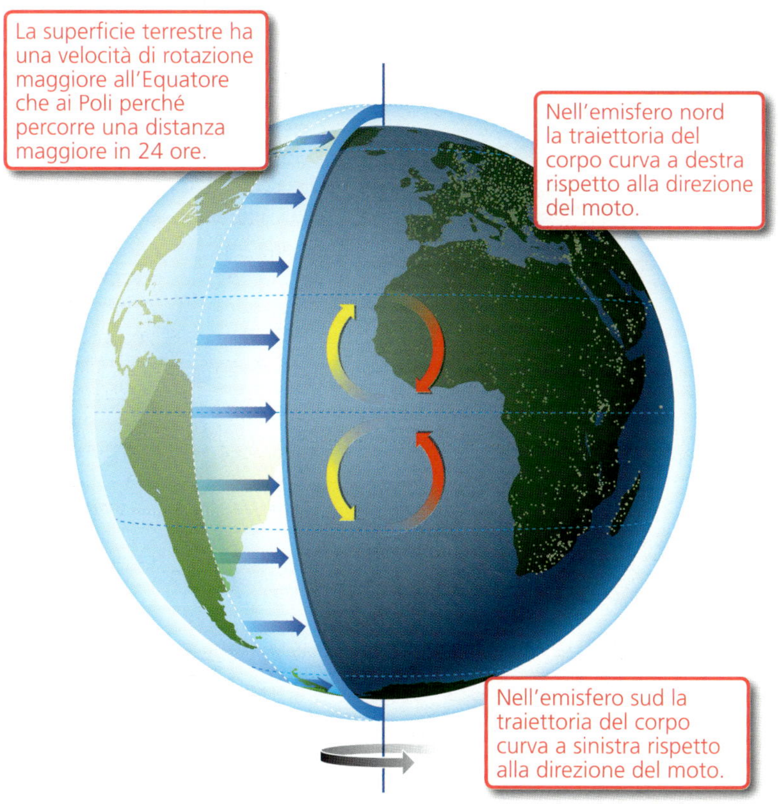

FIGURA 11. A causa della rotazione terrestre un corpo (come per esempio una massa d'aria) che si muova dai Poli verso l'Equatore viene deviato verso ovest (*in rosso*). Un corpo che si muove dall'Equatore verso i Poli viene deviato verso est (*in giallo*).

3 I moti della Terra: la rivoluzione e le sue conseguenze

Il movimento di rotazione della Terra attorno al proprio asse è contemporaneo a un altro importantissimo moto: quello di **rivoluzione**. Il moto di rivoluzione è il giro completo che il nostro pianeta compie intorno al Sole. La traiettoria descritta dalla Terra è un'ellisse; la durata complessiva di questo movimento è di 365 giorni circa (365 d 5 h 48 min 46 s).

PROVA A FARE

Le ombre

Osservando la tua ombra, avrai potuto accorgerti che la sua lunghezza varia a seconda dell'ora del giorno e delle stagioni. Qui sotto trovi in figura l'ombra che un asticella posta in una certa località proietta a mezzogiorno in tre situazioni diverse: una relativa al giorno dell'equinozio (autunno/primavera) e due relative rispettivamente al solstizio d'inverno e d'estate.

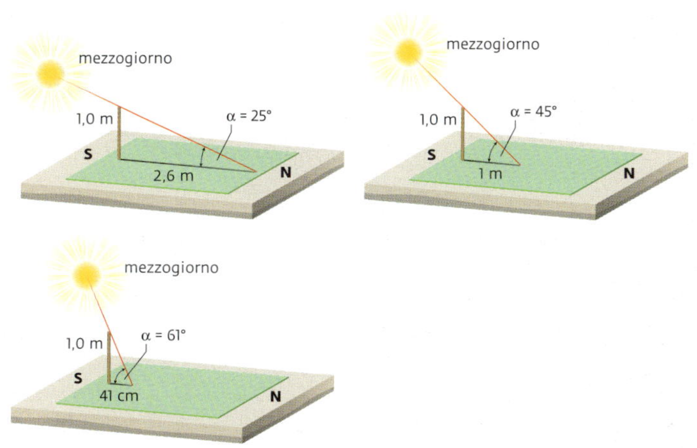

a. Prova a individuare a quale condizione si riferisce ciascuna figura (scrivi E = equinozio, SI = solstizio d'inverno, SE = solstizio d'estate).

Leggi la tabella che riportata i dati dell'altezza dell'ombra di un palo verticale all'Equatore, al Polo nord e al Polo sud.

Tabella della lunghezza dell'ombra di un palo verticale alto 100 cm a mezzogiorno

	Equatore	Polo nord	Polo sud
solstizio d'estate	43,5 cm	230 cm	notte
equinozio d'autunno	0 cm	infinita	infinita
solstizio d'inverno	43,5 cm	notte	230 cm
equinozio di primavera	0 cm	infinita	infinita

b. Perché agli equinozi l'ombra all'equatore è nulla? Perché al solstizio d'estate al Polo nord l'ombra è 230 cm, mentre al Polo sud non vi è l'ombra perché è notte?

c. In Italia il Sole è a picco in qualche località e in qualche stagione dell'anno?

APPROFONDIMENTO
L'orologio celeste e il calendario

VIDEO
L'alternarsi delle stagioni
La durata del dì e della notte

Per dare un'idea, nei 5 minuti necessari per leggere questa pagina la Terra avrà percorso circa 9000 km. Noi non riusciamo ad accorgerci del moto di rivoluzione della Terra, invece percepiamo il moto apparente del Sole. Se si osserva il cielo notturno subito prima dell'alba, si nota che il Sole non sorge tutti i giorni avendo sullo sfondo le stesse stelle. Giorno dopo giorno, mese dopo mese, lo sfondo del cielo su cui sorge il Sole cambia e possiamo constatare che nell'arco di un anno il Sole si è lentamente spostato come se si muovesse via via tra le costellazioni fino a descrivere una circonferenza.

L'insieme delle costellazioni che accompagnano il Sole al suo sorgere nel corso di un anno viene chiamato Zodiaco (**FIGURA 12**).

Il movimento apparente diurno del Sole visto al paragrafo precedente si completa dunque con un altro moto apparente: quello del passaggio della nostra stella tra le **costellazioni dello Zodiaco**. La traiettoria descritta nel cielo dal Sole con quest'altro moto apparente è chiamata **eclittica**.

Il moto di rivoluzione terrestre è accompagnato dal susseguirsi delle stagioni dovuto principalmente a due altri fattori. Il primo consiste nell'inclinazione di 66°33' dell'asse terrestre rispetto al piano dell'orbita intorno al Sole (23°27' se consideriamo la perpendicolare). Il secondo consiste nel fatto che l'asse terrestre punta sempre verso la Stella Polare. L'insieme di questi due fattori fa sì che durante il moto di rivoluzione la Terra si ponga al cospetto del Sole in modo diverso (**FIGURA 13**).

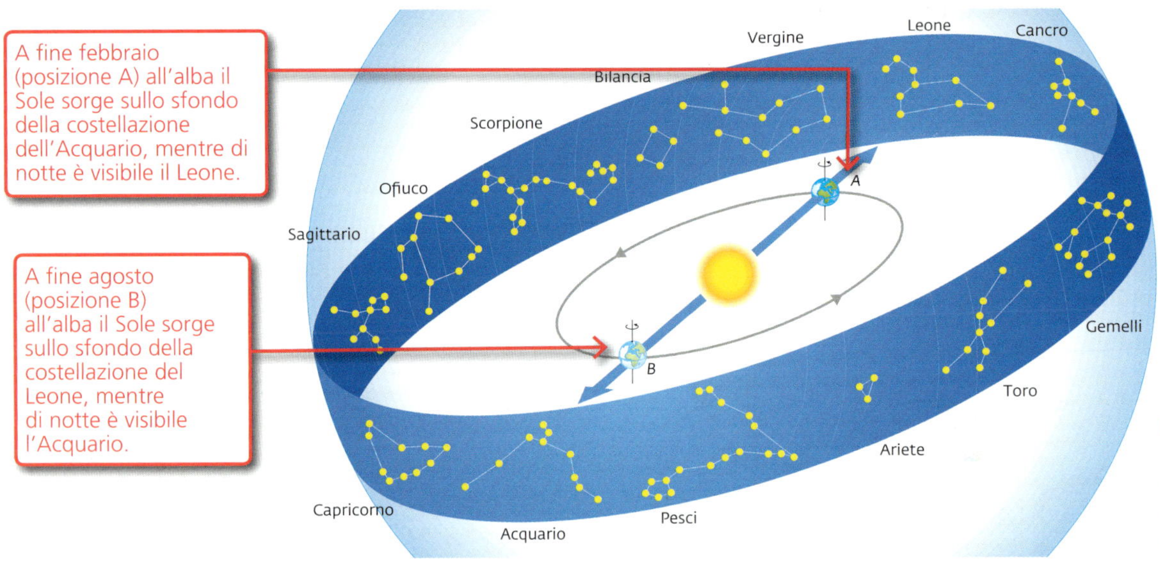

FIGURA 12. Moto apparente del Sole nel corso dell'anno: giorno dopo giorno, il Sole scorre sullo sfondo delle tredici costellazioni dello Zodiaco («zona degli animali»).

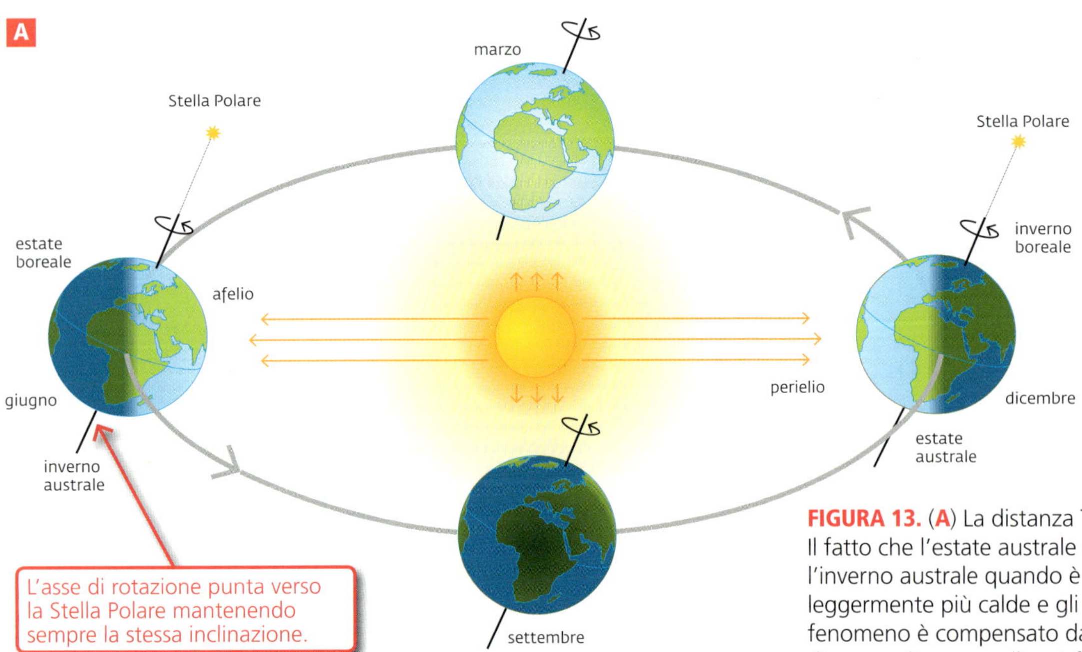

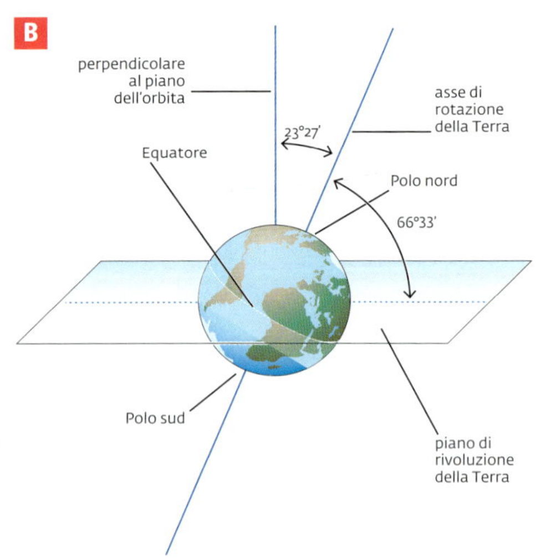

FIGURA 13. (**A**) La distanza Terra-Sole varia molto poco tra afelio e perielio. Il fatto che l'estate australe cada quando la Terra è in perielo, mentre l'inverno australe quando è in afelio, fa sì che le estati australi siano leggermente più calde e gli inverni più freddi di quelli boreali. In realtà il fenomeno è compensato da fattori climatici, quali la maggiore distribuzione di masse d'acqua nell'emisfero australe. (**B**) Inclinazione dell'asse di rotazione terrestre rispetto al piano di rivoluzione della Terra attorno al Sole.

La conseguenza di ciò è che i raggi solari, nelle diverse località, hanno inclinazioni che variano durante l'anno (**FIGURA 14**).

Nel giorno dell'**equinozio di primavera** (tra il 20 e il 21 marzo, *vedi* figure 13A e 14A) il circolo di illuminazione passa per i Poli e la durata del dì è uguale a quella della notte in tutti i punti della Terra. Alla culminazione il Sole illumina perpendicolarmente i punti situati all'Equatore. Ai Poli il Sole è sull'orizzonte. Comincia la primavera nel nostro emisfero.

Proseguendo nel suo moto di rivoluzione, durante la primavera, la Terra, per l'inclinazione del suo asse, espone sempre di più al Sole il suo emisfero settentrionale. Pertanto, in questo emisfero la durata del dì si allunga e quella della notte si accorcia. Alla culminazione di mezzogiorno, i raggi solari cadono perpendicolari alla superficie terrestre in punti che, col passare dei giorni, sono situati via via più a nord dell'Equatore, fino a cadere perpendicolari sul Tropico del Cancro al solstizio d'estate (*vedi* figura 13).

Nel giorno del **solstizio d'estate** (tra il 20 e il 21 giugno, *vedi* figure 13A e 14C) l'emisfero boreale è rivolto verso il Sole più che in qualsiasi altro momento dell'anno. La calotta polare a nord del Circolo polare artico è illuminata per tutte le 24 ore del giorno (**FIGURA 15**, p. 40). Nel nostro emisfero il dì ha la massima durata rispetto alla notte: comincia l'estate.

L'emisfero meridionale è rivolto in senso opposto: in esso, in occasione del solstizio d'estate è la notte ad avere la massima durata; comincia l'inverno. Dopo il solstizio d'estate l'insolazione dell'emisfero boreale inizia a diminuire. La durata del dì si accorcia e quella della notte si allunga.

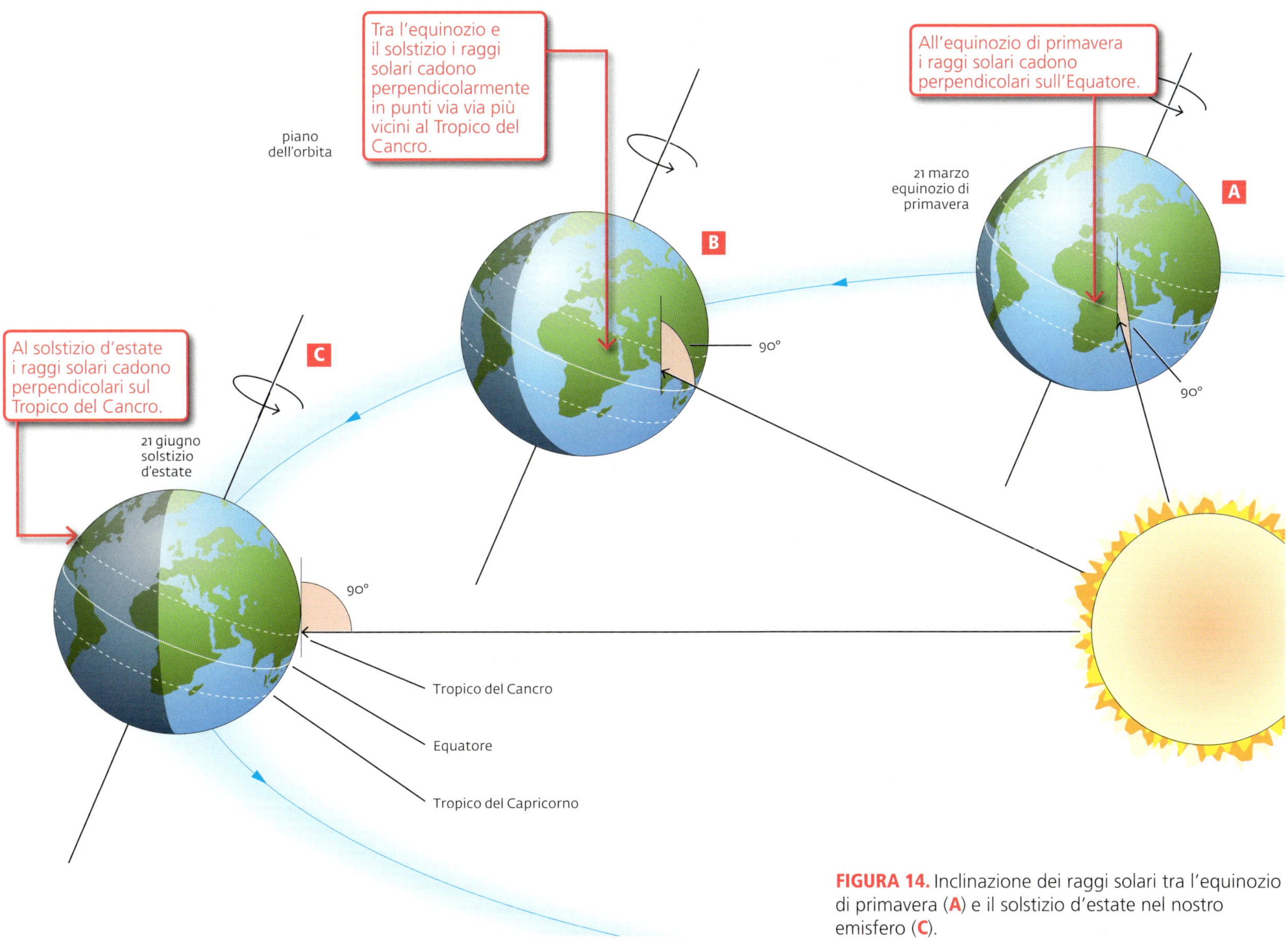

FIGURA 14. Inclinazione dei raggi solari tra l'equinozio di primavera (**A**) e il solstizio d'estate nel nostro emisfero (**C**).

La regione terrestre dove i raggi solari cadono perpendicolari alla culminazione torna a spostarsi verso l'Equatore.

Nel giorno dell'**equinozio d'autunno** (tra il 22 e il 23 settembre, *vedi* figura 13A, p. 38), come già all'equinozio di primavera, la durata del dì è uguale a quella della notte in tutti i punti della Terra. Alla culminazione il Sole illumina perpendicolarmente i punti situati all'Equatore. Ai Poli il Sole è sull'orizzonte (ma ora sta sorgendo al Polo sud e tramontando al Polo nord). Comincia l'autunno nel nostro emisfero.

Dopo l'equinozio d'autunno i raggi solari cadono perpendicolarmente in regioni sempre più meridionali fino a raggiungere il Tropico del Capricorno nel giorno del solstizio d'inverno. Contemporaneamente, la durata della notte nel nostro emisfero supera quella del dì e continua ad aumentare fino al giorno del solstizio.

Nel giorno del **solstizio d'inverno** (tra il 20 e il 21 dicembre) è la calotta polare antartica (con il Polo sud) a essere illuminata per tutte le 24 ore (**FIGURA 16**): nell'emisfero meridionale il dì ha la massima durata rispetto alla notte. Il nostro emisfero è rivolto in senso opposto; qui, in occasione del solstizio d'inverno la notte ha la massima durata: comincia l'inverno.

Dopo il solstizio il dì torna ad allungarsi e i raggi solari giungono perpendicolari in regioni situate sempre più a nord fino a raggiungere l'Equatore per l'equinozio di primavera.

Da notare che le date dei solstizi e degli equinozi variano di un giorno nel corso di quattro anni. Ciò dipende dal fatto che la Terra, per compiere il suo moto di rivoluzione, non impiega esattamente 365 giorni ma 365 giorni e quasi 6 ore. Possiamo conoscere la data e l'ora esatta consultando gli Almanacchi astronomici.

TROVA LE PAROLE

Le .... sono una conseguenza del moto di .... associata alla .... dell' .... Nel solstizio d' ...., il 20-21 .... i raggi del Sole sono perpendicolari al Tropico del .... Nel .... d' .... i raggi del Sole sono perpendicolari al .... del .... Agli equinozi di primavera e di .... i raggi del .... sono perpendicolari all' .... e il .... di illuminazione passa per i ....

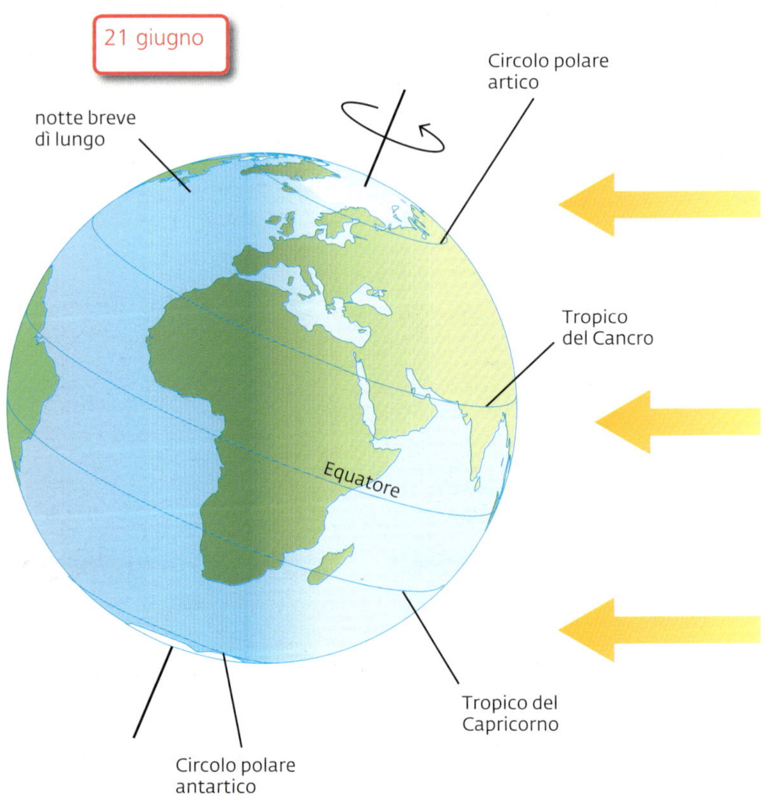

FIGURA 15. Posizione della Terra e circolo d'illuminazione al solstizio d'estate.

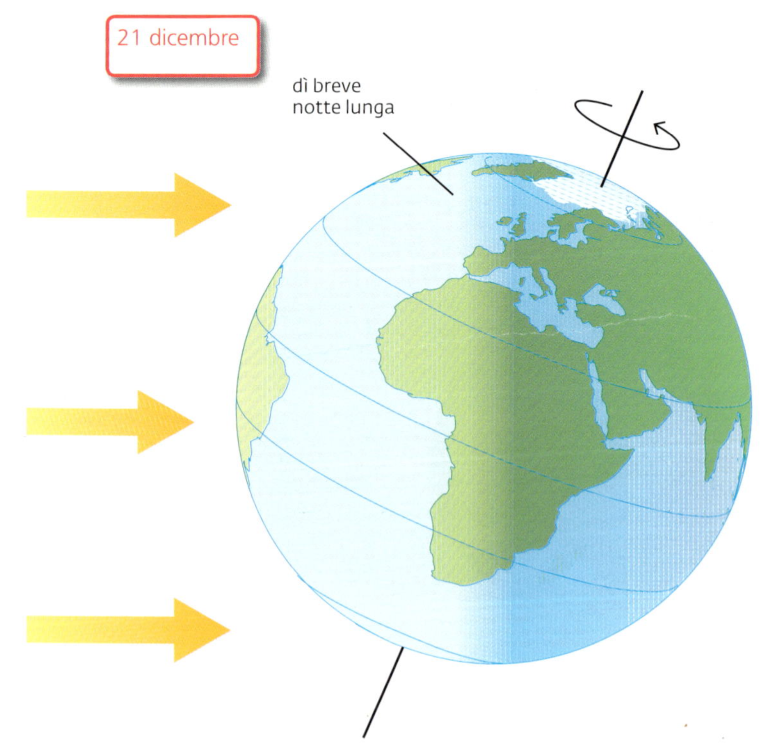

FIGURA 16. Posizione della Terra e circolo d'illuminazione al solstizio d'inverno.

4 L'orientamento e il reticolato geografico

APPROFONDIMENTI
Il GPS: dai movimenti delle montagne ai telefonini
La bussola e il campo magnetico: strumenti per orientarsi

VIDEO
L'orientamento durante il dì
L'orientamento durante la notte
Le coordinate geografiche

Per orientarsi occorre fissare dei punti di riferimento che siano universali e facilmente individuabili. I **punti cardinali** rispondono a questa esigenza. Essi sono quattro e più precisamente est, ovest, nord e sud.

L'est (simbolo internazionale **E**) individua il punto in cui il Sole sorge agli equinozi. L'ovest (simbolo **O** oppure **W**, dall'inglese *west*) individua il punto nel quale il Sole tramonta agli equinozi (**FIGURA 17**). Se tracciamo la perpendicolare alla retta che unisce questi due punti, individuiamo all'orizzonte il nord (simbolo **N**) e il sud (simbolo **S**).

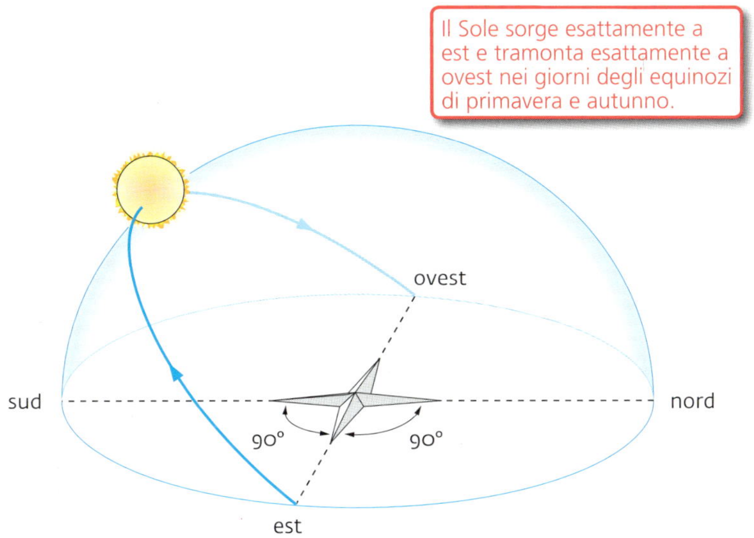

FIGURA 17. I quattro punti cardinali. La figura si riferisce alle nostre latitudini.

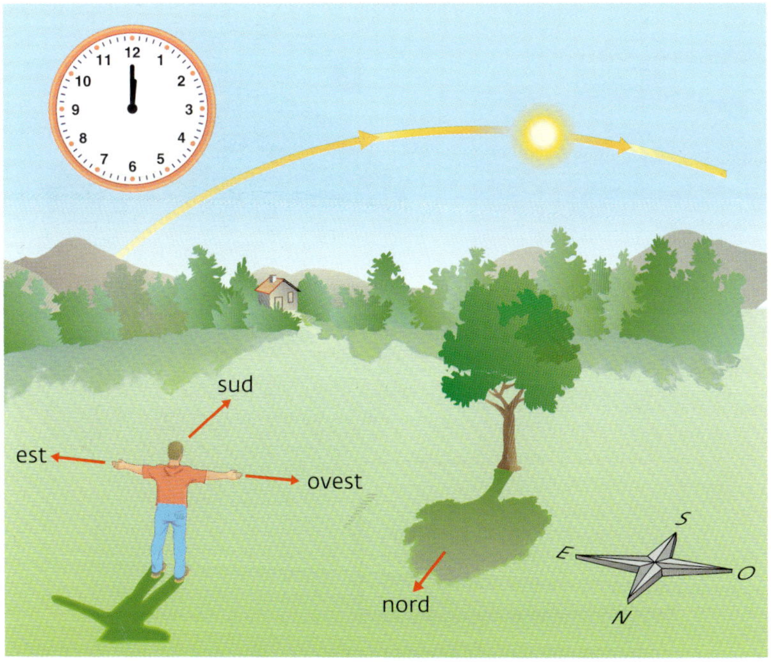

FIGURA 18. A mezzogiorno, nel nostro emisfero, il Sole indica la direzione sud, mentre l'ombra indica il nord.

Ma bisogna necessariamente attendere il giorno degli equinozi per sapersi orientare correttamente? Ovviamente no. In questo possiamo farci guidare dalle stelle e, tra queste, certamente dalla stella per noi più importante: il Sole. Il Sole sorge a est e tramonta a ovest solo il giorno degli equinozi, ma ogni giorno compie una parabola nel cielo. Il punto più alto di questa parabola è detto **culminazione** e corrisponde al *mezzogiorno astronomico*. Ponendoci di fronte a questo punto, nel nostro emisfero, e tracciando una linea che dal Sole arriva perpendicolare all'orizzonte, si individua il sud. La nostra nuca sarà rivolta a nord (**FIGURA 18**). Se allarghiamo le braccia, la sinistra indicherà l'est e la destra l'ovest.

Ma anche altre stelle ci possono aiutare. La Stella Polare, per esempio, indica il nord (**FIGURA 19**). Essa fa parte della costellazione del Piccolo Carro di cui costituisce l'estremità del timone. Essendo poco luminosa, per individuarla si parte dal Grande Carro. Oltre l'Equatore, per chi vive nell'altro emisfero, la Stella Polare non è più visibile. Non esiste una stella analoga alla Stella Polare nell'altro emisfero. Infatti, varcato l'Equatore, tutte le stelle sembrano ruotare attorno a un centro di rotazione, come avviene nei nostri cieli, ma questo non è più il Polo nord celeste, bensì il Polo sud, un punto situato all'interno di una costellazione di stelle debolmente visibili, la **costellazione dell'Ottante**.

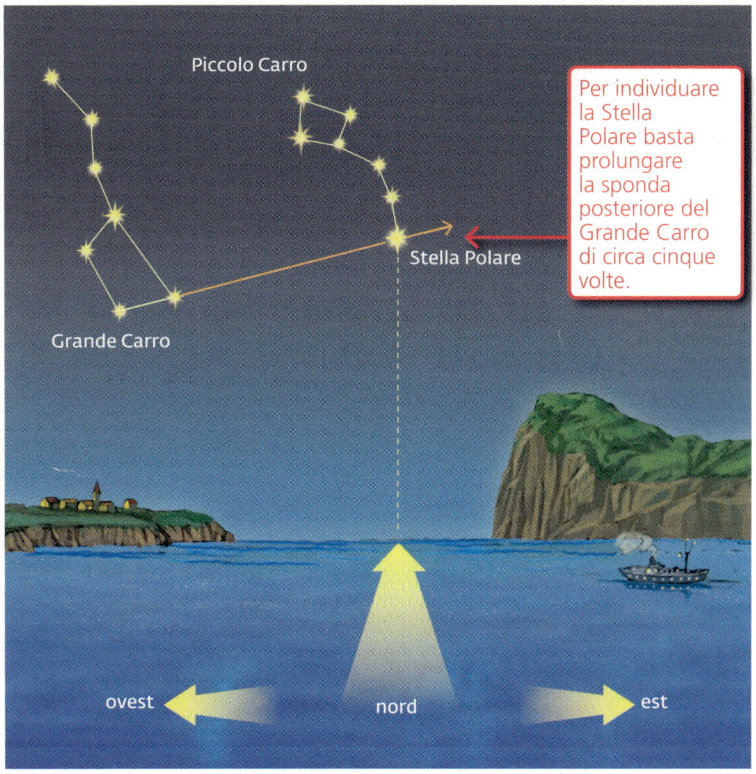

FIGURA 19. La Stella Polare, dato che è situata sul prolungamento dell'asse di rotazione terrestre, mantiene una posizione fissa rispetto alla rotazione terrestre e indica la direzione nord.

Anche nell'altro emisfero il Sole sorge a est e tramonta a ovest, ma percorre un arco in cielo in direzione opposta a quella a cui siamo abituati: per vederlo a mezzogiorno (ossia in culminazione) dobbiamo rivolgerci verso nord, mentre nel nostro emisfero dobbiamo cercarlo a sud.

Se non è difficile orientarsi individualmente, diventa più complicato descrivere la posizione precisa di una località in modo che chiunque possa facilmente trovarla. Proprio per questo è stato ideato un sistema di riferimento chiamato **reticolato geografico**.

Il reticolato geografico è una griglia composta da linee. Assomiglia allo schema della battaglia navale e, come nella battaglia navale, l'individuazione di un punto (o di una nave) è definita da **coordinate**.

Le coordinate, per essere tracciate sul globo, hanno bisogno di punti di riferimento. I punti cardinali non ci sono di alcun aiuto e dobbiamo ricorrere a riferimenti naturali: i due Poli geografici da cui passa l'asse terrestre. Il terzo riferimento è costituito da una circonferenza definita dal piano che, perpendicolarmente all'asse terrestre, passa per il centro della Terra. Questa circonferenza massima è l'**Equatore** (**FIGURA 20**). Dall'Equatore ai Poli si possono tracciare numerose circonferenze parallele all'Equatore stesso, dette per l'appunto **paralleli** (**FIGURA 21A**). Tali circonferenze, viste dal Polo, assomigliano a tanti cerchi concentrici di cui il Polo è il centro.

I paralleli costituiscono la base per la prima coordinata geografica: la **latitudine**.

> La **latitudine** è la distanza angolare (espressa in gradi, primi e secondi) di un punto sulla superficie terrestre dall'Equatore, ossia l'angolo che quel punto forma con il centro della Terra e l'Equatore.

Essendo l'Equatore il parallelo di riferimento che divide il globo a metà, la latitudine può essere nord o sud a seconda che il punto si trovi nell'emisfero settentrionale o in quello meridionale. La latitudine ha valore 0° all'Equatore e 90° ai Poli (**FIGURA 22A**). I Poli sono utilizzati anche per trovare l'altra coordinata geografica: i **meridiani**. Se immaginiamo di far passare un piano da entrambi i Poli (**FIGURA 21B**) questo piano interseca la superficie terrestre descrivendo due semicirconferenze, una detta **meridiano** e quella opposta **antimeridiano**.

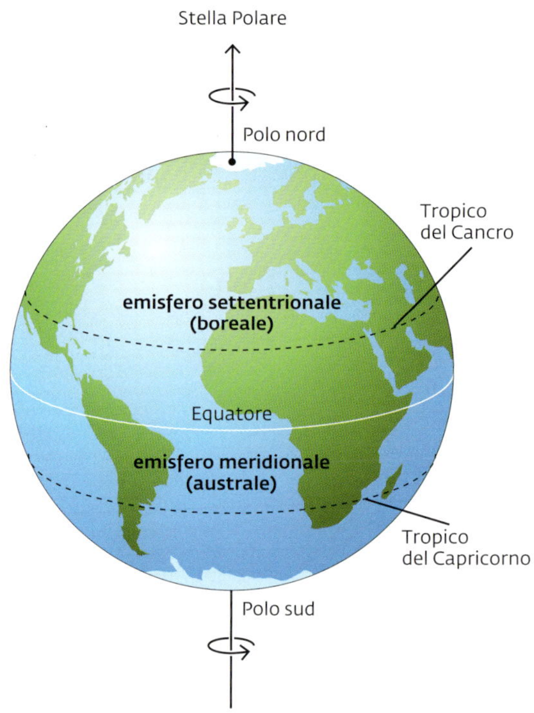

FIGURA 20. L'Equatore divide il globo nei due emisferi, quello settentrionale (o boreale) e quello meridionale (o australe). Esso giace su un piano perpendicolare all'asse di rotazione terrestre, che passa per i due Poli. I due Tropici distano 23,5° dall'Equatore.

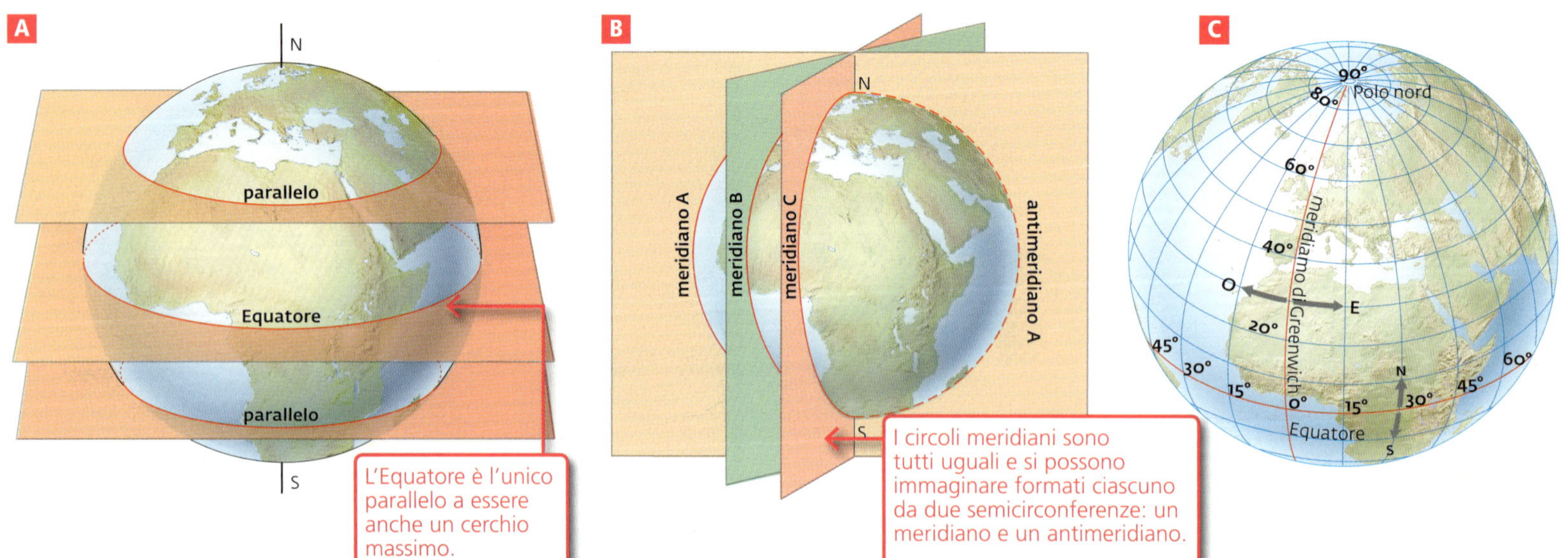

FIGURA 21. (**A**) I paralleli sono originati dall'intersezione della superficie terrestre con piani perpendicolari all'asse terrestre. I cerchi descritti dai paralleli hanno raggi via via minori andando dall'Equatore ai Poli. (**B**) I meridiani sono originati dall'intersezione della superficie terrestre con piani che passano per l'asse terrestre. (**C**) Paralleli e meridiani formano la «quadrettatura» di riferimento del reticolato geografico.

Al contrario dei paralleli, i meridiani sono tutti uguali tra loro. L'equivalente dell'Equatore, ossia il meridiano di riferimento, è stato individuato convenzionalmente nel *meridiano di Greenwich* (**FIGURA 21C**) che passa dall'omonimo osservatorio situato a Londra.

I meridiani concorrono a definire la seconda coordinata geografica: la **longitudine**.

La **longitudine** è la distanza angolare di un meridiano, sul quale si trova un determinato punto, dal **meridiano di Greenwich** (che ha longitudine 0°).

La longitudine può essere est o ovest a seconda che il meridiano si trovi a est o a ovest di quello fondamentale. La massima longitudine, sia est sia ovest, può essere 180°, che corrisponde all'angolo tra il meridiano di Greenwich e il suo antimeridiano (**FIGURA 22B**).

Latitudine e longitudine costituiscono il sistema di coordinate usato per definire la posizione di un punto sul globo terrestre. Per esempio, la posizione di Roma è data dalle seguenti coordinate: latitudine 41°54' N, longitudine 12°29' E.

TROVA LE PAROLE

L'orientamento si fonda sui quattro ....: l'est e l'ovest, in cui rispettivamente il Sole .... e .... agli .... ; il nord e il ...., individuati dalla .... alla retta che .... est e ovest. La rete di .... e paralleli costituisce il .... che consente, mediante la .... e la .... di individuare la .... di un .... sulla superficie terrestre.

PROVA A FARE

Diversi punti di vista

Sotto è rappresentato il globo terrestre secondo due prospettive: nella prima figura secondo la prospettiva di chi vive nel nostro emisfero e nella seconda secondo quella «capovolta» di chi vive nell'emisfero opposto. Sappiamo però che nessuna delle due rappresentazioni è più corretta dell'altra perché nello spazio non c'è un alto e un basso, un sotto e un sopra.

In figura sono rappresentati anche due osservatori: a sinistra uno di essi si trova al Polo nord e rivolge lo sguardo verso la costellazione dell'Orsa Minore alla ricerca della Stella Polare; mentre a destra un altro osservatore al Polo sud guarda deluso in cerca di una stella equivalente.

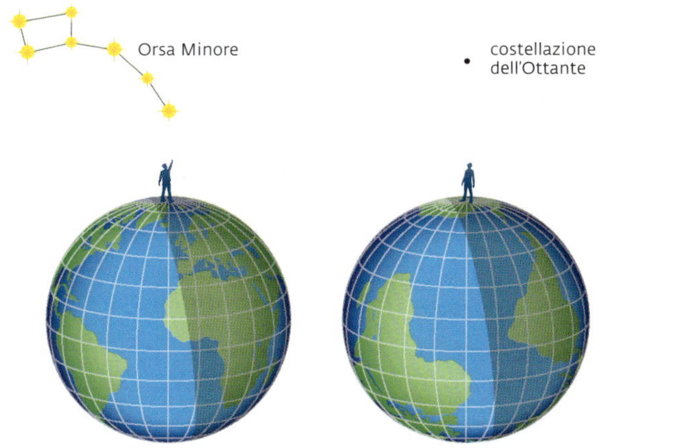

a. Alcuni credono che la Croce del Sud, una costellazione nell'emisfero australe, indichi esattamente il Polo sud celeste. Ricerca su Internet informazioni su questa famosa costellazione. Perché è stata a lungo utilizzata per l'orientamento dai naviganti dei mari australi? Come si fa a individuare il Polo sud celeste partendo da questa costellazione?

b. Come pensi che venga rappresentata l'Italia nelle carte geografiche dell'emisfero australe?

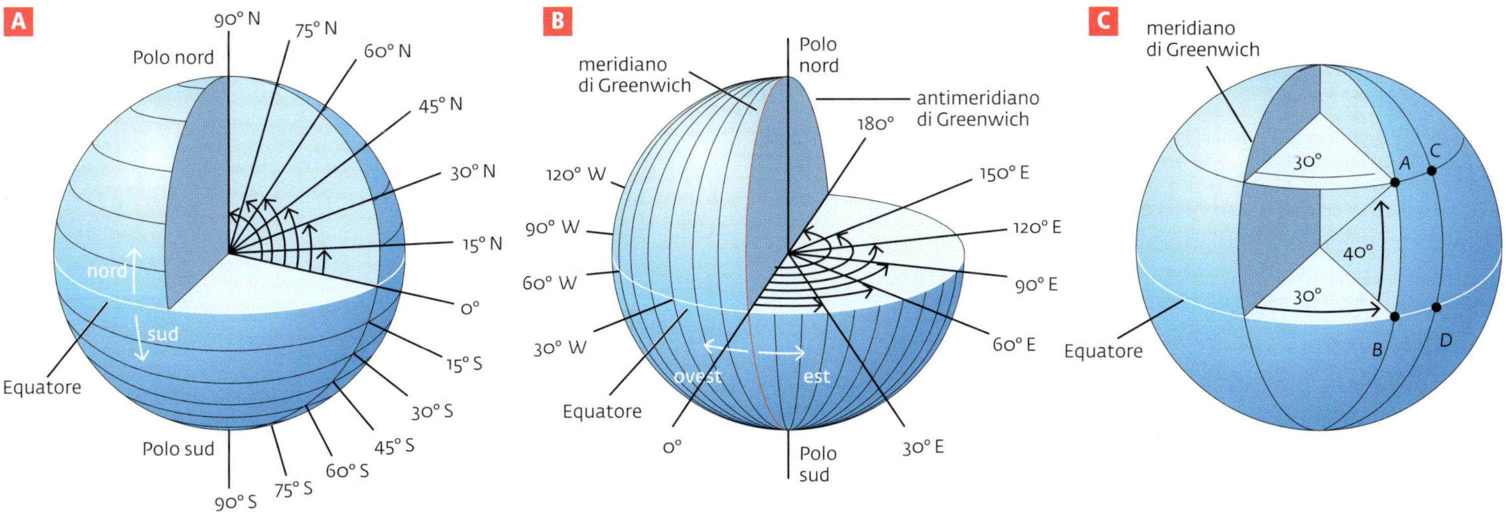

FIGURA 22. Le coordinate geografiche. (**A**) Latitudine. A partire dal parallelo di riferimento (Equatore), si misura l'angolo che esprime la latitudine di qualsiasi altro parallelo e di tutti i punti che si trovano su di esso. (**B**) Longitudine. A partire dal meridiano di riferimento (meridiano di Greenwich), si misura l'angolo che esprime la longitudine di qualsiasi altro meridiano e di tutti i punti che si trovano su di esso. (**C**) Quali sono la longitudine e la latitudine del punto A? E quelle del punto B? Quale punto ha la stessa longitudine del punto C?

5 Lo studio del territorio

Osservare e rappresentare il territorio è sempre stata un'attività tipica dell'uomo, dalle prime mappe risalenti a migliaia di anni fa, alle carte geografiche, fino alle mappe satellitari che consultiamo abitualmente.

LE CARTE GEOGRAFICHE

Una carta geografica è una rappresentazione della superficie terrestre:

- **approssimata** perché è impossibile rappresentare una superficie sferica (la Terra) su un piano (la carta) senza distorsioni dei rapporti tra distanze e angoli;
- **ridotta** perché una carta geografica è più piccola della realtà; l'entità della riduzione è indicata dalla **scala**;
- **simbolica** perché usa simboli, ossia dei segni convenzionali, per indicare ciò che si trova nella realtà. Il significato dei simboli è spiegato in una *legenda*.

IL TELERILEVAMENTO

Oggi la principale tecnica usata per la rappresentazione del territorio è il **telerilevamento**. In generale, per telerilevamento si intende qualunque tecnica di osservazione e rilevamento dati a distanza. Per esempio, anche una foto è il risultato di un telerilevamento. Attualmente esistono sistemi di visualizzazione del territorio che si basano su immagini di provenienza diversa (aereo, satellite, servizi a terra), come per esempio *Google Maps*.
Le principali tecniche di telerilevamento sono l'aerofotogrammetria e il telerilevamento da satellite.

- **Aerofotogrammetria** o **telerilevamento da aereo.** Consiste, nella sua forma più semplice, nello scattare fotografie da un aereo in volo con la fotocamera posta nella parte anteriore della carlinga.
Le foto scattate in serie a intervalli regolari e ad altezze variabili vengono poi ricomposte e, grazie allo stereoscopio, sono rese tridimensionali con l'effetto del rilievo.
- **Telerilevamento da satellite**. Il Sole manda sulla Terra numerose radiazione elettromagnetiche non percepibili dai nostri occhi che possono essere assorbite o riflesse da un corpo. Sfruttando questa proprietà, sono stati costruiti apparecchi fotografici dotati di sensori a raggi infrarossi. I diversi valori registrati sono poi elaborati in modo da ottenere fotografie (e carte) a falsi colori.

COME SI RAPPRESENTA LA SUPERFICIE TERRESTE?

Per rappresentare su un foglio gli elementi presenti sulla superficie terrestre è necessario ricorrere a una proiezione. Nel caso della *proiezione cilindrica di sviluppo di Mercatore*, la superficie terrestre viene proiettata su un cilindro tangente all'Equatore e successivamente il cilindro viene sviluppato in un piano. L'estensione dei continenti risulta via via più ingrandita a mano a mano che ci si allontana dalla linea di tangenza, ossia dall'Equatore.

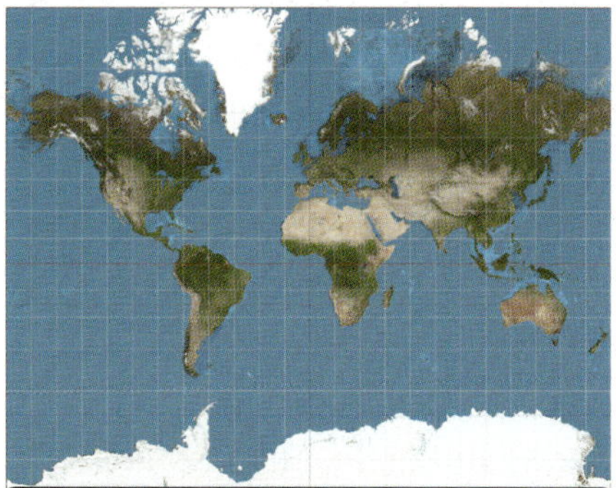

La superficie della Groenlandia e dell'Antartide sono ingigantite rispetto alla realtà.

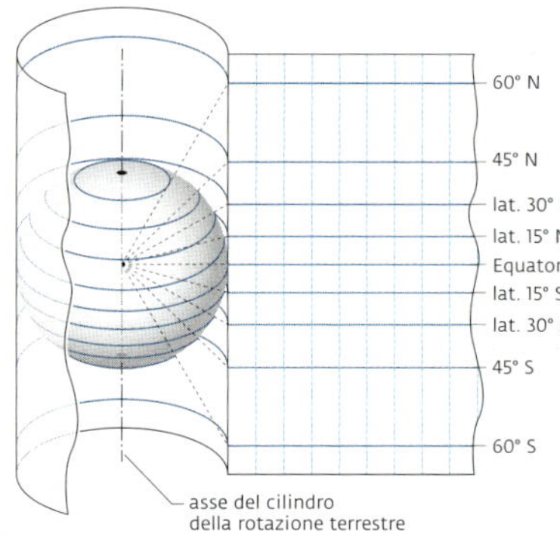

La scala esprime il rapporto tra le dimensioni di un oggetto sulla carta e lo stesso oggetto nella realtà. Per esempio, la scala 1: 50 000 (si legge: uno a cinquantamila) indica che 1 cm misurato sulla carta corrisponde a 50 000 cm, cioè a 500 m nella realtà. A mano a mano che la scala aumenta, aumentano i dettagli ma diminuisce l'estensione del territorio rappresentato e viceversa.

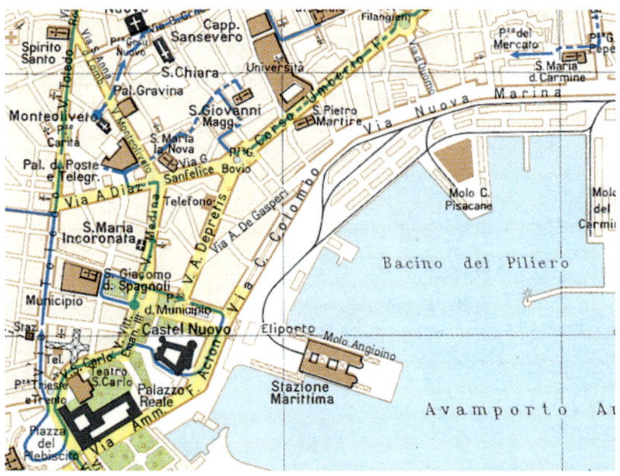

Le *carte topografiche* hanno scale comprese tra 1:10 000 e 1:100 000 e dettagli utili alla pianificazione del territorio; sono le carte dei sentieri, delle piste ciclabili, le tavolette 1:25 000 dell'IGM (Istituto Geografico Militare).

I rilievi possono essere indicati con ombreggiature o anche con le **isoipse**. Le isoipse o curve di livello possono essere considerate le intersezioni di un rilievo con piani orizzontali paralleli alla superficie topografica a intervalli fissi di quota (0, 25, 50, 75 m ...).

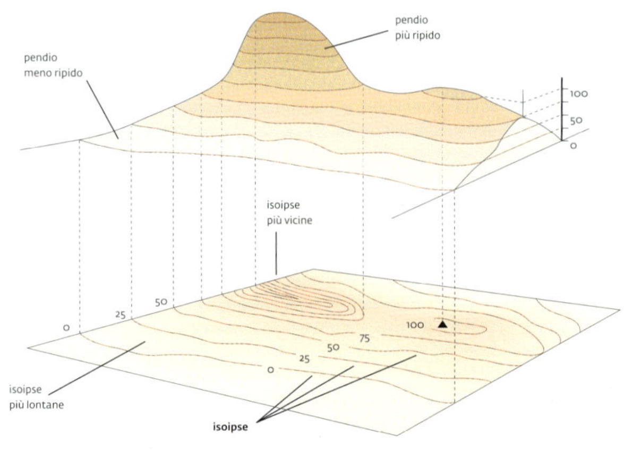

Ciascuna curva è costruita unendo tutti punti che si trovano a una stessa quota. Dove le isoipse sono più vicine il pendio è più ripido e viceversa.

LE APPLICAZIONI DEL TELERILEVAMENTO

Il telerilevamento ha applicazioni in diversi campi: archeologia, agricoltura, rischi ambientali come manifestazioni vulcaniche, terremoti o eventi meteorologici. Le attività di telerilevamento si sono dimostrate utilissime, anche nel recente passato in occasione di calamità naturali ed emergenze, come nel caso di terremoti, in quanto in grado di fornire rapidamente informazioni al Dipartimento della Protezione Civile per la rilevazione dei danni e le conseguenti azioni di soccorso alla collettività.

APPROFONDIMENTO
Le regole per costruire una carta geografica

LABORATORI DELLE COMPETENZE
Costruisci un profilo altimetrico
Costruisci una mappa
Rappresentazioni della Terra

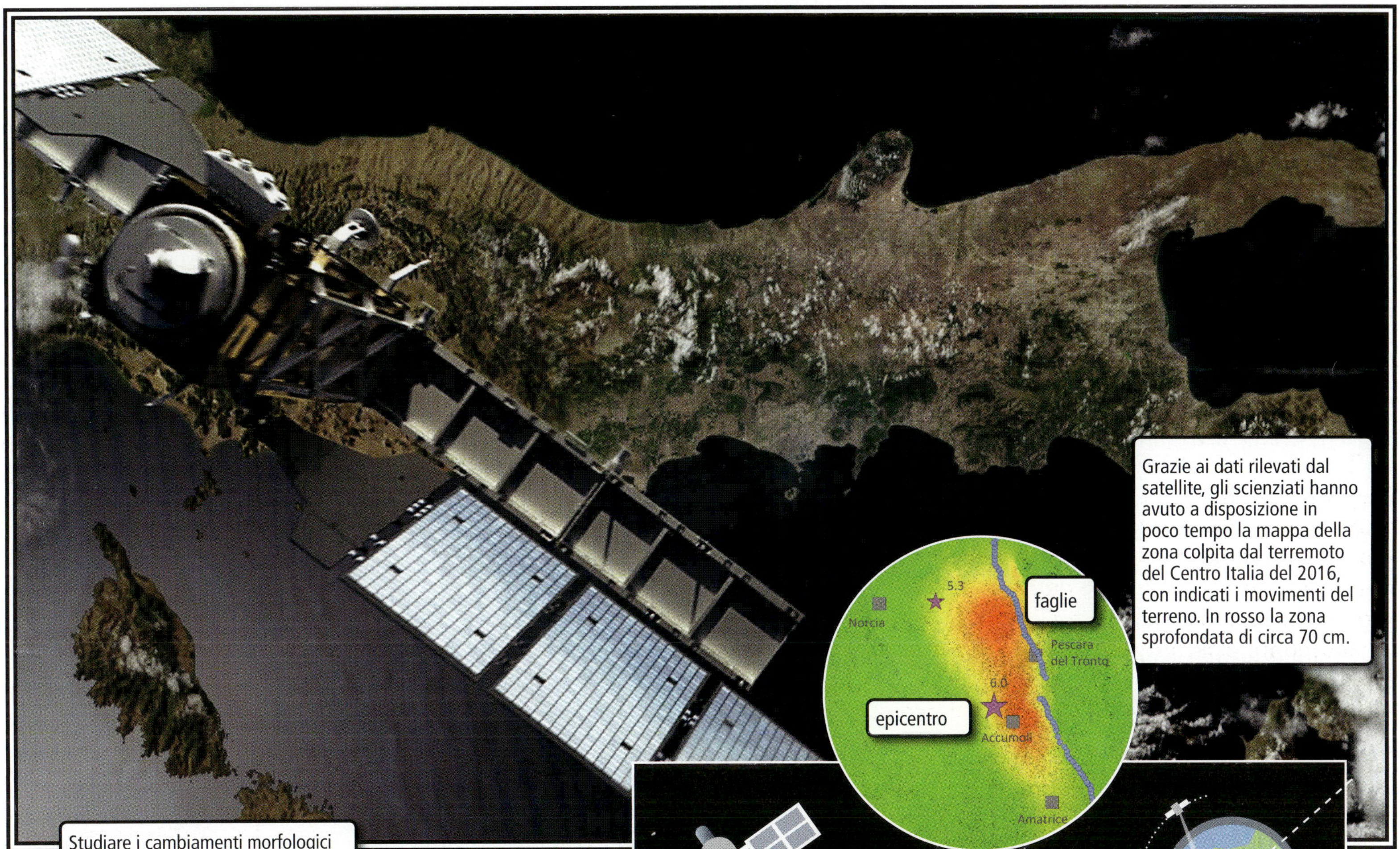

Grazie ai dati rilevati dal satellite, gli scienziati hanno avuto a disposizione in poco tempo la mappa della zona colpita dal terremoto del Centro Italia del 2016, con indicati i movimenti del terreno. In rosso la zona sprofondata di circa 70 cm.

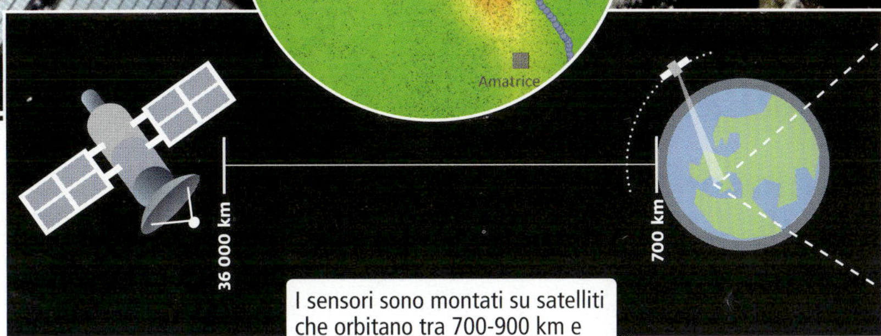

I sensori sono montati su satelliti che orbitano tra 700-900 km e 36 000 km di altezza e monitorano la Terra 24 ore su 24.

Studiare i cambiamenti morfologici di un vulcano a partire da rilevazioni da terra è un'operazione complessa e talvolta pericolosa. Molto più utile è monitorare l'area vulcanica dall'alto e seguirne l'evoluzione. Nell'immagine in falsi colori l'eruzione dell'Etna del 2013 in cui si distinguono: il flusso di lava (rosso), la neve (azzurro), le nubi (bianco) e la vegetazione (verde). Le aree scure sono le vecchie colate di lava.

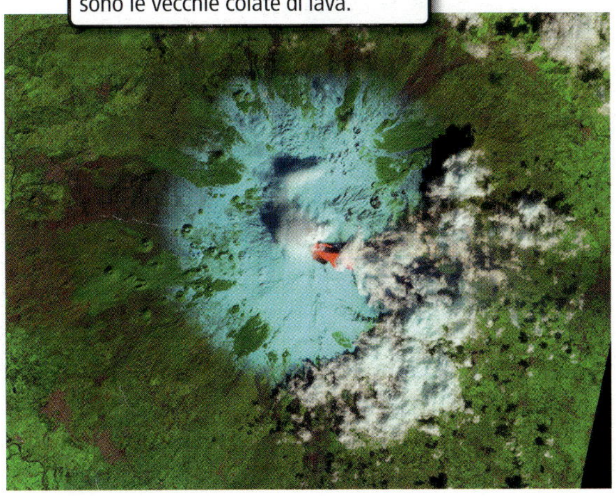

TROVA LE PAROLE

Le carte geografiche sono rappresentazioni ...., ... e simboliche della .... terrestre. L'entità della riduzione è indicata dalla .... che esprime il .... tra le dimensioni di un oggetto sulla carte e lo stesso oggetto nella realtà. Si dice .... qualunque tecnica di rilevamento a distanza. Le principali tecniche di telerilevamento sono l'............ e il telerilevamento da ....

VIDEO
I fusi orari

6 I fusi orari

Come sappiamo, la Terra ruota su se stessa esponendo al Sole, nelle diverse ore della giornata, zone diverse della propria superficie. In un dato momento il Sole è in culminazione su un solo meridiano ed è mezzogiorno su tutti i punti che hanno la longitudine corrispondente a quel meridiano.

In quello stesso momento, poiché la Terra ruota da ovest verso est, il mezzogiorno deve ancora venire per le località situate a ovest di quel meridiano, mentre è già passato per le località situate a est.

Immaginiamo per esempio che a Roma sia esattamente mezzogiorno. Per le località come New York, che si trovano a ovest di Roma, il mezzogiorno deve ancora arrivare invece, per le località come Calcutta, in India, che si trovano a est di Roma, il mezzogiorno è già passato (**FIGURA 23**).

La Terra compie un giro completo (360°) su se stessa in 24 ore, quindi descrive ogni ora un angolo di 15° (360° : 24 = 15°). Dato che New York è situata a circa 90° di longitudine più a ovest di Roma, la differenza di orario tra le due città sarà circa sei ore (90° : 15° = 6). Ciò significa che, quando a Roma sono le 12, a New York saranno le 6 del mattino. Invece, a Calcutta, che è situata a circa 75° di longitudine più a est di Roma, la differenza di orario rispetto a Roma sarà di cinque ore e saranno le 5 del pomeriggio.

A voler essere precisi, quando a Milano, che si trova a circa 9° E di longitudine, è mezzogiorno, a Bari, che si trova invece a 17° E di longitudine, cioè a circa 8° più a est di Milano, dovrebbero essere circa le 12.30; a Pesaro, che invece si trova più o meno a metà strada (come longitudine) tra Milano e Bari, dovrebbero essere circa le 12.15.

Ogni meridiano, e dunque l'insieme delle località situate su quel meridiano, risulterebbe così avere una propria ora locale e dovremmo cambiare posizione alle lancette dell'orologio ogni volta che ci spostassimo verso ovest o verso est, per esempio andando da Milano a Torino, o da Palermo a Messina.

Per facilitare le comunicazioni tra le nazioni e uniformare gli orari all'interno di ciascuna di esse, si è deciso di dividere la Terra in 24 spicchi, o **fusi**, tanti quante sono le ore.

Ogni fuso è delimitato da due meridiani che distano tra loro 15° di longitudine e ha un *meridiano centrale*, equidistante dai due meridiani che lo delimitano.

I fusi sono numerati verso est a partire da quello che ha come meridiano centrale il meridiano di Greenwich (il fuso 0). Noi, come Parigi e Berlino, che ci troviamo nel fuso successivo a quello di Greenwich, siamo nel fuso +1, centrato sul meridiano 15° E e delimitato dai meridiani 7° 30' E e 22° 30' E (**FIGURA 24**).

Questo meridiano passa per l'Etna e incontra a nord la costa adriatica in corrispondenza della città molisana di Termoli. Per ogni località italiana l'ora ufficiale è perciò quella del meridiano 15° E.

Se ci fate caso, il Monte Bianco e alcune aree della Val d'Aosta e del Piemonte, che si trovano a una longitudine di circa 7° E, ricadono nel fuso di Greenwich (fuso 0). In realtà i fusi generalmente seguono i confini nazionali, in modo che tutto il Paese abbia un orario unificato.

In Italia, come in molti altri Paesi, è stata inoltre introdotta l'*ora legale*. Durante i mesi di maggiore insolazione si fanno avanzare le lancette degli orologi di un'ora in modo da guadagnare un'ora di luce e ridurre i consumi energetici.

Normalmente, in ogni località la data cambia quando scocca la mezzanotte. Tuttavia, a parte questo cambiamento locale,

A

B

FIGURA 23. (**A**) A seconda del fuso orario, varia l'ora delle località in un dato momento. (**B**) La figura mostra il circolo di illuminazione in un certo giorno nel nostro emisfero. Il Sole dovrà ancora sorgere nelle nazioni più a est o in quelle più a ovest?

sulla Terra vi è un cambiamento ufficiale della data che interessa coloro che attraversano l'antimeridiano di Greenwich.

La **linea del cambiamento di data**, che passa in pieno Oceano Pacifico, si fa corrispondere all'antimeridiano di Greenwich.

Per capire come avviene questo cambiamento facciamo un esempio. Poniamo che nel fuso 0 di Greenwich sia domenica e stia per scoccare la mezzanotte. Nello stesso istante, nei fusi a ovest di Greenwich gli orologi segnano, a mano a mano che ci allontaniamo dal fuso 0, ore sempre più indietro nel tempo: le 23, poi le 22, le 21 e così via, finché, dopo 12 fusi, sull'antimeridiano di Greenwich sarà mezzogiorno di quello stesso giorno, domenica.

Invece, nello stesso istante, procedendo da Greenwich verso est, la mezzanotte di domenica è già passata: a mano a mano che ci allontaniamo dal fuso 0, gli orologi segnano via via l'1, le 2, le 3 della notte di lunedì, finché, dopo 12 fusi, sull'antimeridiano di Greenwich sarà sì mezzogiorno, ma di lunedì.

Pertanto, su una metà del fuso numero 12 è lunedì, mentre sull'altra metà è ancora domenica. Ne consegue che chi attraversa la linea del cambiamento di data andando da ovest verso est (per esempio, dall'Australia verso l'America) si trova un giorno indietro rispetto al giorno di partenza; mentre chi attraversa la stessa linea andando da est verso ovest (per esempio, dall'America verso l'Australia) deve avanzare di un giorno sul calendario.

PROVA A FARE

Il giro del mondo in 80 giorni

Nel romanzo ***Il giro del mondo in 80 giorni*** dello scrittore francese Jules Verne, il protagonista Phileas Fogg, per vincere una grossa somma di denaro, scommette che, partendo da Londra e viaggiando con vari mezzi, avrebbe circumnavigato la Terra in non più di ottanta giorni. Poiché fa ritorno a Londra dopo 80 giorni ma con 5 minuti di ritardo rispetto alla scadenza, Fogg crede di aver perso la scommessa. Invece gli viene comunicato che la scommessa non è persa ma vinta.

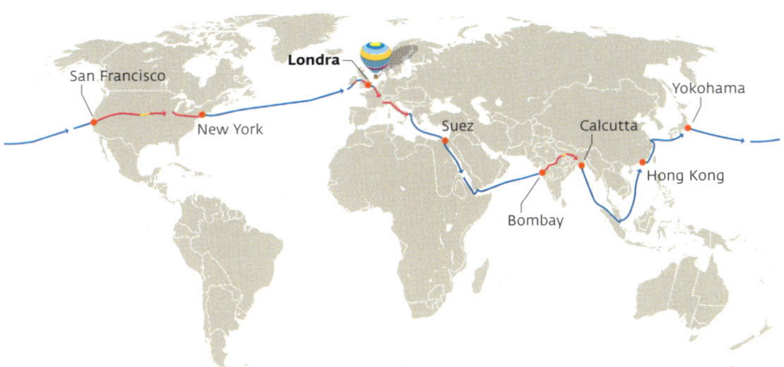

Mappa del viaggio

Spiega come ha potuto vincere la scommessa il protagonista del romanzo.

TROVA LE PAROLE

La Terra è divisa in 24 spicchi, o .... tanti quanti sono le .... , ognuno delimitato da due .... che distano tra loro .... di .... La linea del .... di .... corrispondente all'.................. di Greenwich passa in pieno Oceano ....

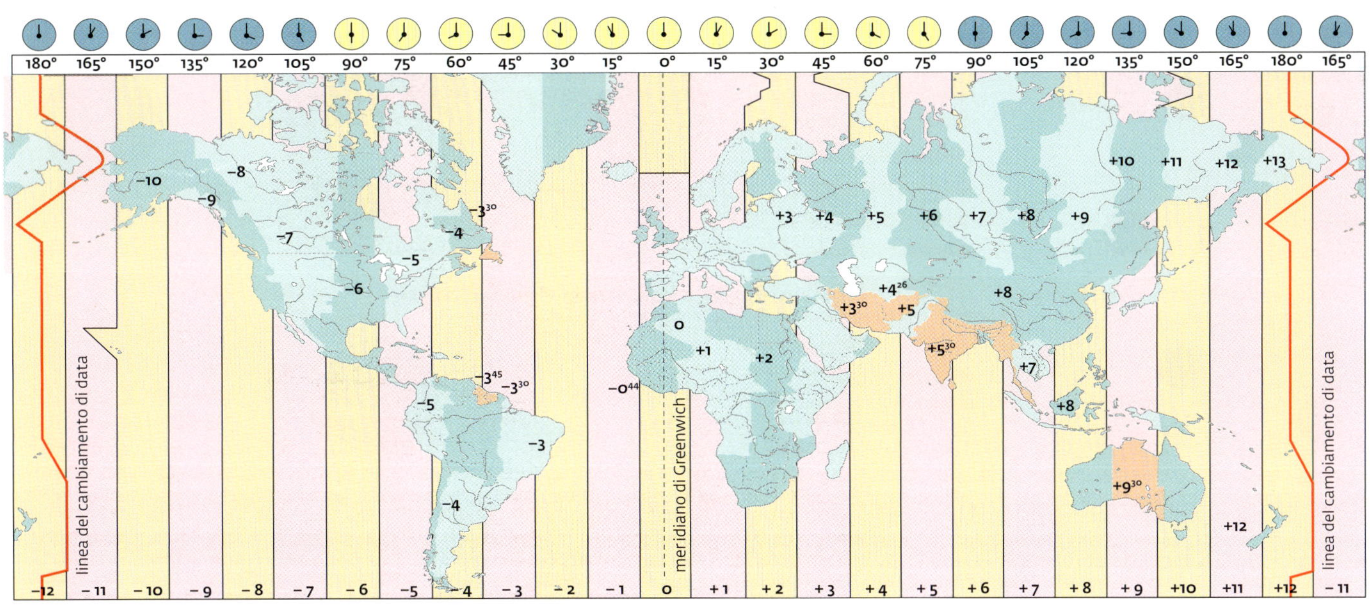

FIGURA 24. I fusi orari. L'Italia si trova nel fuso +1, il cui meridiano centrale è quello di longitudine 15° E. Si noti che in alcuni Paesi l'ora in vigore non segue esattamente quella indicata dal fuso orario di appartenenza.

7 I movimenti della Luna

Esamineremo ora i movimenti della Luna, l'unico satellite naturale della Terra. La Luna compie un moto di rotazione attorno al proprio asse; al tempo stesso essa compie un moto di rivoluzione attorno alla Terra. Inoltre, la Luna gira insieme alla Terra attorno al Sole.

La Luna presenta un aspetto mutevole: a volte la faccia rivolta verso la Terra si presenta tutta illuminata, a volte solo parzialmente illuminata, a volte del tutto oscura. I diversi aspetti assunti dalla Luna, o **fasi lunari**, si ripetono nella stessa successione in un intervallo di tempo, detto **mese sinodico**, pari a circa 29 giorni e mezzo. Il mese del nostro calendario è derivato da esso.

Le fasi lunari sono dovute al moto di rivoluzione della Luna e al suo conseguente ciclico cambiamento di posizione rispetto alla Terra e al Sole.

Infatti, anche se in ogni istante il Sole illumina una metà esatta della superficie lunare, la parte illuminata della Luna che è visibile dalla Terra muta nel corso del mese sinodico (**FIGURA 25**).

Quando la Luna è nella posizione **1** non è visibile, perché la faccia rivolta verso la Terra non è illuminata dal Sole: è la **Luna nuova** (o **novilunio**). A mano a mano che, a partire da questa posizione, la Luna si sposta lungo la sua orbita attorno alla Terra, cominciamo a vedere parte dell'emisfero lunare illuminato dal Sole.

Quando la Luna è nella posizione **2** ne vediamo una sottile falce, che progressivamente aumenta: siamo nella *fase crescente*. Nella posizione **3** vediamo metà dell'emisfero illuminato: è il primo quarto.

Nella posizione **4** l'emisfero illuminato è quasi tutto visibile, mentre nella posizione **5** l'emisfero illuminato coincide con la faccia rivolta verso la Terra: è la **Luna piena** (o **plenilunio**).

FIGURA 25. Le fasi lunari. La parte centrale della figura corrisponde a una visione dallo spazio (il Sole è a destra, fuori dalla figura). Le immagini più esterne mostrano, fase per fase, come vede la Luna un osservatore che la guarda dalla Terra.

A questo punto la Luna ha compiuto metà percorso: sono passati poco più di 14 giorni e mezzo dalla fase di Luna nuova. Successivamente, la parte visibile dell'emisfero illuminato comincia a diminuire, a mano a mano che la Luna transita per le posizioni **6**, **7** (**ultimo quarto**) e **8**: siamo nella *fase calante*. Dopo circa 29 giorni e mezzo, la Luna riassume la posizione 1, quella di Luna nuova.

Il periodo di rotazione della Luna (il giorno lunare) è uguale al periodo di rivoluzione attorno alla Terra. Questa coincidenza fa sì che la Luna mostri alla Terra sempre la stessa faccia (**FIGURA 26**). Per conoscere la misteriosa faccia opposta si sono dovute aspettare le immagini riprese dalle sonde spaziali.

TROVA LE PAROLE

Le .... si verificano nel corso del .... di .... della Luna attorno alla Terra: la fase di .... si ha quando la Luna si trova tra la Terra e il Sole, di .... quando si trova dalla parte .... rispetto al ...., di primo e .... quarto quando si trova nelle posizioni ....

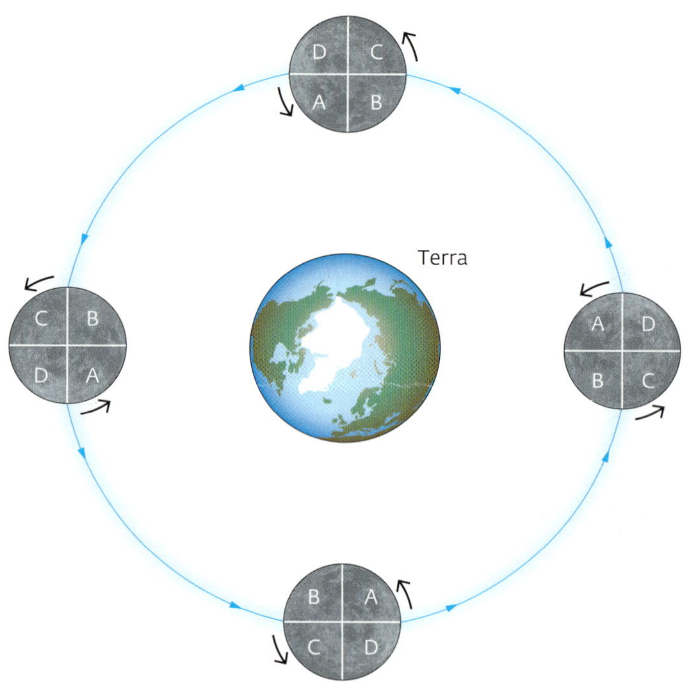

FIGURA 26. Il periodo di rivoluzione e quello di rotazione per la Luna coincidono: mentre compie un quarto di orbita attorno alla Terra, ruota anche di un quarto su se stessa. Essa perciò mostra alla Terra sempre la stessa faccia, come risulta evidente dal disegno.

LABORATORIO DELLE COMPETENZE
Eclissi: perché il Sole scompare?

8 Sole e Luna oscurati: le eclissi

Le eclissi avvengono quando il Sole, la Terra e la Luna si trovano allineati e i raggi solari vengono intercettati dal corpo celeste (Terra o Luna) che si trova nel mezzo.

L'**eclissi di Luna** si ha quando la Terra si interpone tra il Sole e la Luna, per cui questa non riceve più la luce solare e non è quindi visibile (**FIGURA 27**). Perché ciò accada, la Luna deve essere in posizione opposta al Sole rispetto alla Terra, ossia deve trovarsi nella fase di Luna piena.

L'**eclissi di Sole** si ha quando è la Luna a interporsi tra il Sole e la Terra (**FIGURA 28**). Il fatto stupefacente è che i diametri apparenti del Sole e della Luna, visti dalla Terra, sono quasi identici. Il diametro effettivo della Luna è circa 500 volte più piccolo di quello del Sole, ma la sua distanza media dalla Terra è circa 500 volte minore della distanza Terra-Sole: distanza e diametro pertanto si compensano e noi vediamo i due dischi di identica grandezza in cielo.

Perché si abbia un'eclissi di Sole, la Luna deve trovarsi dalla stessa parte del Sole rispetto alla Terra, ossia nella fase di Luna nuova.

Durante l'eclissi, il cono d'ombra della Luna riesce a raggiungere soltanto una piccola porzione della superficie terrestre. Le eclissi totali di Sole sono quindi osservabili in fasce ristrette della superficie terrestre (**FIGURA 29**, p. 50) e la loro durata in una data località è molto breve (pochi minuti).

Nelle zone adiacenti alla stretta fascia in cui è visibile l'eclissi totale, si può vedere solo un'eclissi parziale.

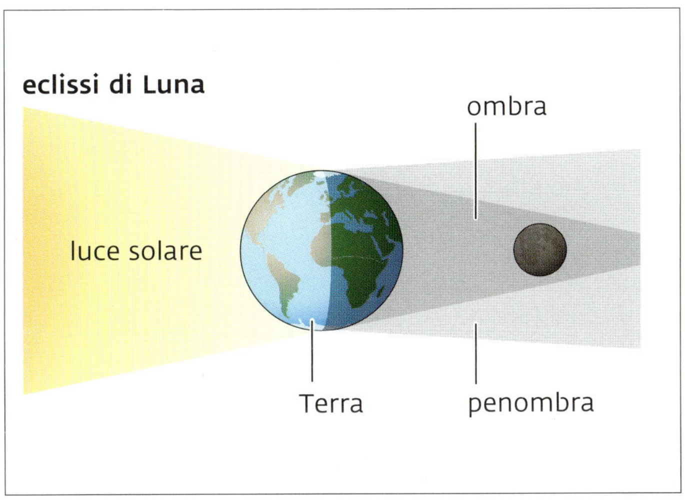

eclissi di Luna in varie fasi

FIGURA 27. Eclissi di Luna: la Luna, vista dalla Terra, è in fase di Luna piena.

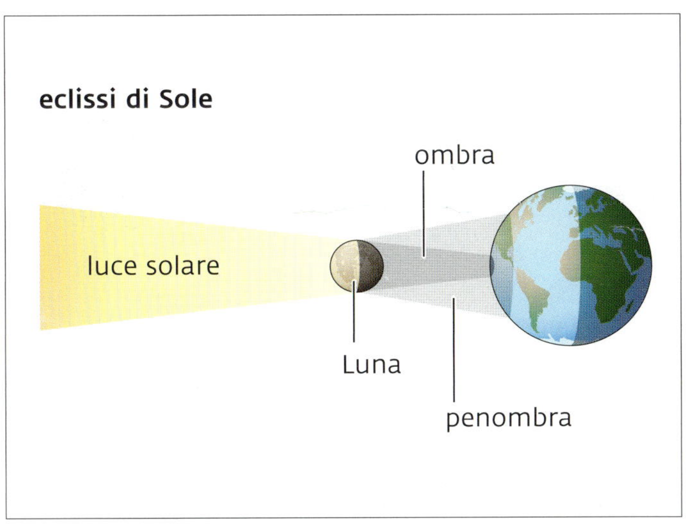

eclissi di Sole in varie fasi

FIGURA 28. Eclissi di Sole: a causa delle dimensioni e delle distanze dei tre corpi celesti, l'ombra della Luna occulta completamente il Sole solo in una piccola area della superficie terrestre; in questo caso l'eclissi è totale. Nei punti di penombra (rappresentati in grigio chiaro) l'eclissi è parziale e il disco solare non viene mai completamente oscurato.

Quando il disco solare è completamente occultato, intorno al suo bordo risplende un alone luminoso: è la *corona solare*, costituita da gas caldissimi che fluiscono dalla fotosfera solare.

Le distanze fra Sole e Terra e fra Terra e Luna non sono costanti, ma presentano piccole variazioni. Quando la Terra è più vicina al Sole (perielio) e la Luna è più lontana dalla Terra (apogeo), il disco apparente della Luna non riesce a coprire completamente il disco solare, ma ne lascia scoperto il bordo esterno che appare come un anello brillante: l'eclisse è detta *anulare*.

Le eclissi di Luna e di Sole non si verificano ogni mese, perché l'orbita della Luna attorno alla Terra non giace sullo stesso piano dell'orbita della Terra attorno al Sole, ma è inclinata di circa 5° rispetto a esso.

Ne deriva che l'allineamento richiesto per un'eclissi si ha solo quando, in fase di Luna piena o di Luna nuova, la Luna si trova in uno dei due punti in cui l'orbita lunare interseca il piano dell'orbita terrestre e proietta la sua ombra sulla Terra (eclissi di Sole) oppure è oscurata dal cono d'ombra della Terra (eclissi di Luna).

Alcune eclissi sono documentate già in testi molto antichi, come la *Bibbia* e l'*Odissea*.

A quei tempi, per le scarse conoscenze, questi fenomeni celesti incutevano sgomento e paura.

Oggi, con il progresso tecnologico e scientifico, possiamo predire con precisione le eclissi (sia di Sole, sia di Luna) e quindi prepararci alla loro osservazione per tempo, magari volando ad alta quota per non essere disturbati dalle nuvole.

PROVA A FARE

Simulare le eclissi

Metti una pallina del diametro di 5-6 cm su una superficie piana e appoggiala a un sostegno di 2 cm. Ritaglia quattro dischetti di cartone con un diametro di circa 2 cm e, utilizzando dei bastoncini (per esempio degli spiedini di legno), ricavane 4 bacchette lunghe 5 cm. Con della plastilina fissa a ogni bastoncino un dischetto e, all'estremità opposta, modella una base che sostenga il bastoncino con il dischetto. Per illuminare la pallina utilizza una torcia o una lampada. Disponi un dischetto tra la luce e la pallina, un altro dietro alla pallina e due ad angolo retto rispetto alla sorgente di luce e alla pallina. Quest'ultima dovrà essere investita direttamente dal fascio di luce, in maniera che il primo dischetto proietti un'ombra sulla pallina e il dischetto posto dietro rimanga nell'ombra.

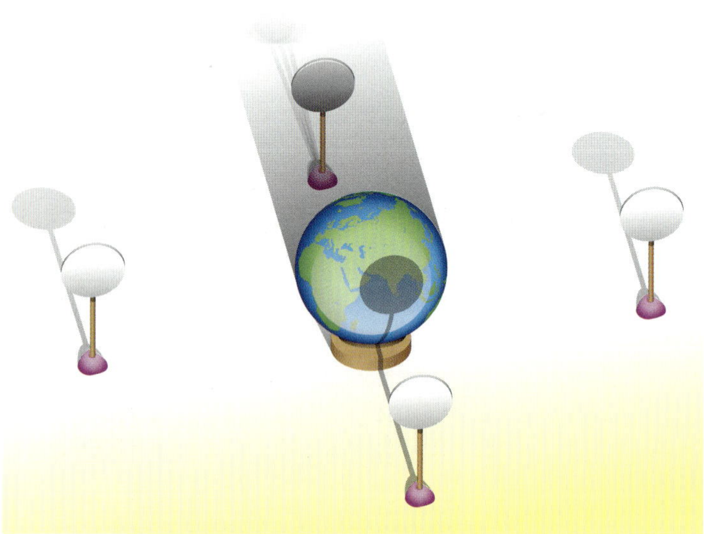

a. Quale dei dischetti simula un'eclissi di Luna? Quale di Sole?

b. Le eclissi di Luna o di Sole sono visibili allo stesso modo da qualunque posto sulla Terra?

TROVA LE PAROLE

Le eclissi di Luna o di .... si verificano rispettivamente quando il cono d'ombra della Terra, ... tra il Sole e la Luna, ... sulla Luna o quando il .... d' .... della ...., interposta tra la .... e il Sole, arriva sulla Terra.

FIGURA 29. L'eclissi totale di Sole del 22 luglio del 2009 ha lasciato al buio completo la Cina (immagine ripresa dal satellite giapponese geostazionario MTSAT).

Per ricordare

LOSAI? RIPASSA CON LO SMARTPHONE

1. Il nostro pianeta è una sfera perfetta?

La Terra è leggermente schiacciata ai Poli e rigonfia all'Equatore. La forma della Terra si avvicina a quella di un **ellissoide di rotazione**.

2. Come ci accorgiamo dei moti della Terra?

La Terra ha un **moto di rotazione** di 1 giorno attorno all'asse di rotazione, che passa per i Poli, e un **moto di rivoluzione** di un anno attorno al Sole.
La conseguenza per noi più importante della rotazione è l'**alternarsi del dì e della notte**. Il moto di rivoluzione ha come effetto apparente il percorso (*eclittica*) del Sole sullo sfondo delle **costellazioni dello Zodiaco** e l'alternarsi delle costellazioni visibili in cielo durante l'anno.

3. Perché esistono le stagioni?

L'alternarsi delle **stagioni** è una conseguenza del moto di rivoluzione, associato al fatto che l'asse di rotazione terrestre è inclinato di 66°33' rispetto al piano dell'orbita.

4. Che cosa sono i paralleli e i meridiani?

I **paralleli** sono i circoli determinati dall'intersezione della superficie terrestre con piani perpendicolari all'asse di rotazione. I **meridiani** sono le semicirconferenze da cui è formato ciascuno dei circoli determinati dall'intersezione della superficie terrestre con piani passanti per i Poli.

5. Che cosa sono i fusi orari?

Per facilitare le comunicazioni tra le nazioni e uniformare gli orari all'interno di ciascuna nazione, si è divisa la Terra in 24 spicchi, o **fusi**, tanti quante sono le ore. Ogni spicchio è delimitato da due meridiani che distano fra loro 15° di longitudine. La **linea del cambiamento di data** passa nell'Oceano Pacifico.

6. Che cosa sono le fasi lunari? Quando avvengono le eclissi?

La Luna compie un moto di rotazione attorno al proprio asse e un moto di rivoluzione attorno alla Terra, nel corso del quale si succedono le **fasi lunari**.
Le **eclissi di Luna** avvengono quando il cono d'ombra della Terra, posizionata tra il Sole e la Luna, arriva su quest'ultima, oscurandola; le **eclissi di Sole** si verificano invece quando è il cono d'ombra della Luna, interposta tra la Terra e il Sole, a oscurare quest'ultimo.

la mappa

Completa la mappa concettuale utilizzando i termini proposti. Dai la definizione di quelli sottolineati:

365 giorni • dì e notte • asse terrestre • stagioni • schiacciamento polare • rivoluzione • stelle • rotazione • 24 ore • zodiaco • Sole • effetto di Coriolis

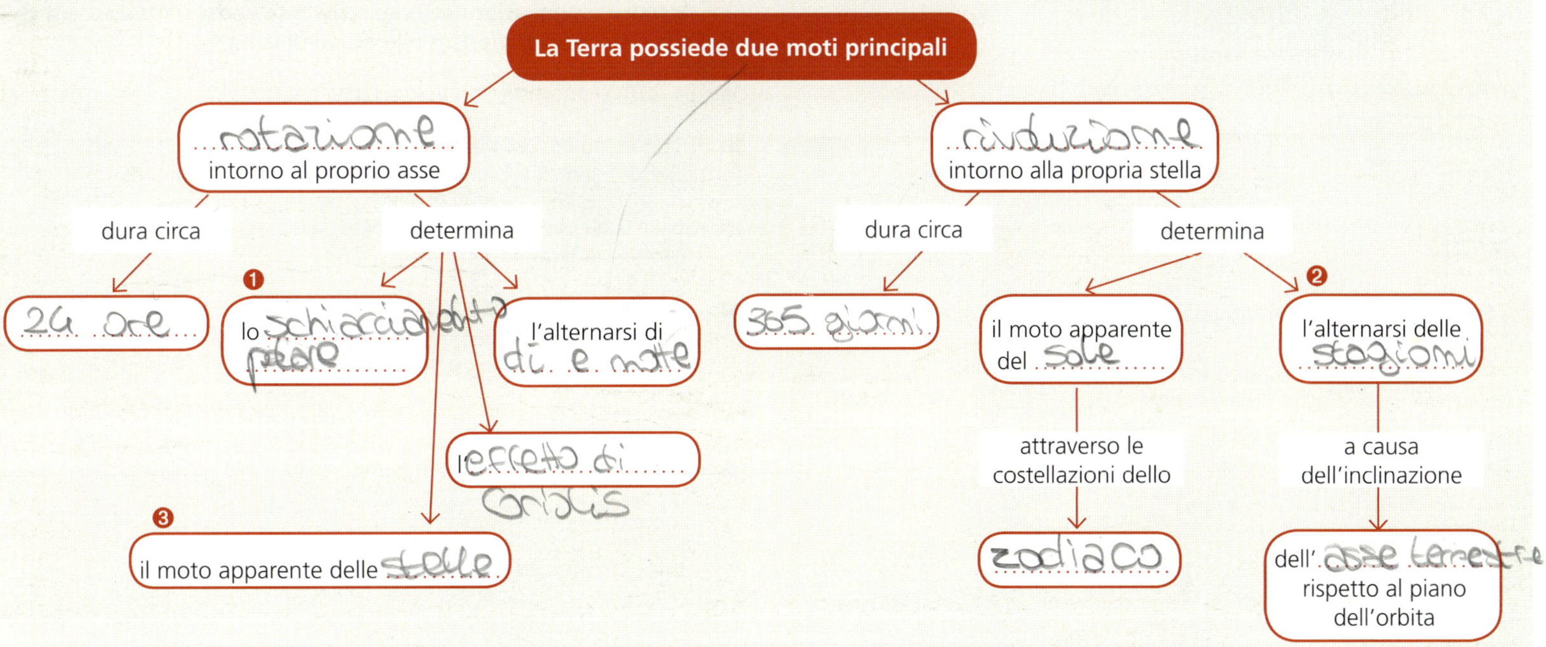

Sul tuo quaderno prova a espandere la mappa aggiungendo nuovi collegamenti ai nodi ❶, ❷ e ❸.

Sei pronto per la verifica?

In 1 ora

1. **Indica se ciascuna delle seguenti affermazioni è vera o falsa. Se è falsa, falla diventare vera cambiando solo i termini sottolineati.**

a. Il solido geometrico regolare che più si avvicina alla forma della Terra è la sfera. V F

b. La forza centrifuga dovuta alla rotazione terrestre è massima ai Poli. V F

c. Le stelle che di notte sorgono e tramontano sono chiamate occidue. V F

d. La traiettoria apparente descritta nel cielo dal Sole durante il moto di rivoluzione è chiamata eclittica. V F

e. I punti della superficie terrestre con longitudine 0° si trovano sull'Equatore. V F

f. Se si attraversa la linea del cambiamento di data andando da ovest verso est ci si trova un giorno avanti rispetto al giorno di partenza. V F

[6 PUNTI]

2. **Inserisci i termini corretti nella figura.**

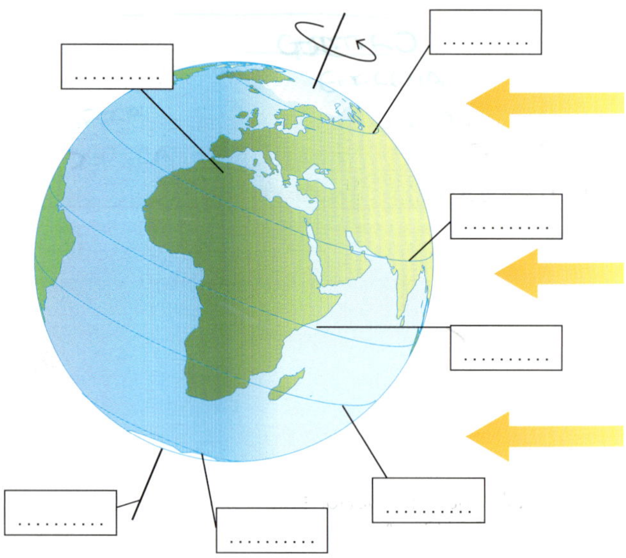

[7 PUNTI]

3. **Completa la tabella relativa a equinozi e solstizi.**

	Data	Posizione del circolo di illuminazione	In culminazione, raggi solari perpendicolari a...	Durata dì/notte in Italia
Equinozio di primavera				
Solstizio d'estate				
Equinozio d'autunno				
Solstizio d'inverno				

[16 PUNTI]

4. **Stabilisci le corrispondenze corrette tra i termini della colonna di sinistra e le descrizioni riportate a destra.**

a. ☐ latitudine

b. ☐ longitudine

c. ☐ meridiano

d. ☐ parallelo

1. Semicirconferenza immaginaria che, tracciata sulla superficie terrestre, unisce i due Poli.

2. Distanza angolare (espressa in gradi, primi e secondi) di un punto sulla superficie terrestre dal meridiano di Greenwich.

3. Circonferenza immaginaria che si ottiene intersecando la superficie terrestre con un piano perpendicolare all'asse di rotazione.

4. Distanza angolare (espressa in gradi, primi e secondi) di un punto sulla superficie terrestre dall'Equatore.

[4 PUNTI]

5. **Rispondi sul tuo quaderno alle seguenti coppie di domande utilizzando al massimo 5 righe.**

a. Attraverso quali osservazioni Aristotele arrivò a ipotizzare la sfericità della Terra? Quali osservazioni dirette permettono oggi di confermare la sua ipotesi? **[2 + 2 PUNTI]**

b. Che cosa sono aurore e crepuscoli? Perché si verificano? **[2 + 2 PUNTI]**

c. Che cosa sono le fasi lunari? Da che cosa sono determinate? **[1 + 2 PUNTI]**

6. **Accanto a ogni affermazione, scrivi S se pensi si riferisca alle eclissi di Sole, L se pensi si riferisca alle eclissi di Luna.**

a. La Terra si interpone tra Sole e Luna. ☐

b. Il cono d'ombra della Luna raggiunge una parte della superficie terrestre. ☐

c. Sole e Luna devono trovarsi allineate dalla stessa parte rispetto alla Terra. ☐

d. Si verifica quando in fase di Luna piena il nostro satellite si trova in uno dei due punti in cui l'orbita lunare interseca il piano dell'orbita terrestre. ☐

e. Il disco della Luna copre (del tutto o in parte) il Sole. ☐

f. Può verificarsi solo in fase di Luna nuova. ☐

[6 PUNTI]

☐ fino a 32 punti **insufficiente**	☐ da 33 a 38 punti **sufficiente**	☐ da 39 a 44 punti **buono**	☐ da 45 a 50 punti **ottimo**

Verifica le competenze

ZTE ONLINE
20 test interattivi online su zte.zanichelli.it

COMPITO DI REALTÀ
Una mostra «astronomica»
Sezione A

S1 – ANALIZZARE E INTERPRETARE TABELLE, GRAFICI E IMMAGINI

1. IN QUALE MESE SIAMO?

N° giorno	Alba	Tramonto
1	07:33	16:41
3	07:35	16:41
5	07:37	16:42
7	07:38	16:42
9	07:39	16:43
11	07:41	16:43
13	07:42	16:44
15	07:43	16:45
17	07:43	16:47
19	07:44	16:48
21	07:45	16:50
23	07:45	16:51
25	07:45	16:53
27	07:45	16:55
29	07:45	16:57
31	07:44	16:59
33	07:44	17:01
35	07:43	17:03
37	07:42	17:06
39	07:41	17:08
41	07:40	17:11
43	07:39	17:13

In tabella sono riportati gli orari di alba e tramonto registrati a giorni alterni per un periodo di tempo di circa un mese e mezzo in una località italiana.

a. ● Utilizza i dati a tua disposizione per costruire un grafico che ti permetta di visualizzare, giorno dopo giorno, la durata del dì.

b. ●● Ora osserva il grafico: come varia col passare del tempo la durata del dì?

c. ●●● In quali mesi potrebbero essere stati registrati i dati riportati? Perché?

d. ●●● Se nello stesso periodo gli stessi dati (ora dell'alba e del tramonto) fossero stati registrati all'Equatore o in Australia, che cosa avresti notato di diverso?

S1 – RACCOGLIERE DATI ATTRAVERSO LA CONSULTAZIONE DI DIVERSE AGENZIE INFORMATIVE

2. CHI È PIÙ...

a. ● Ricerca le coordinate geografiche delle seguenti città (in gradi e primi): Aosta, Bari, Cagliari, Milano, Napoli, Sassari, Trento, Trieste.

b. ●● Ora rispondi alle seguenti domande.
- Quale città è più a est tra Trieste e Bari?
- Quale città è più a sud tra Napoli e Cagliari?
- Quale città è più a ovest tra Sassari e Milano?
- Quale città è più a nord tra Trento e Aosta?

c. ●●● È maggiore la differenza di latitudine tra Napoli e Cagliari o quella tra Trento e Aosta? È maggiore la differenza di longitudine tra Trieste e Bari o quella tra Sassari e Milano? Di quanto?

S1 – RICONOSCERE O STABILIRE RELAZIONI

3. I MILLE VOLTI DELLA LUNA

Osserva con attenzione le immagini; poi completa.

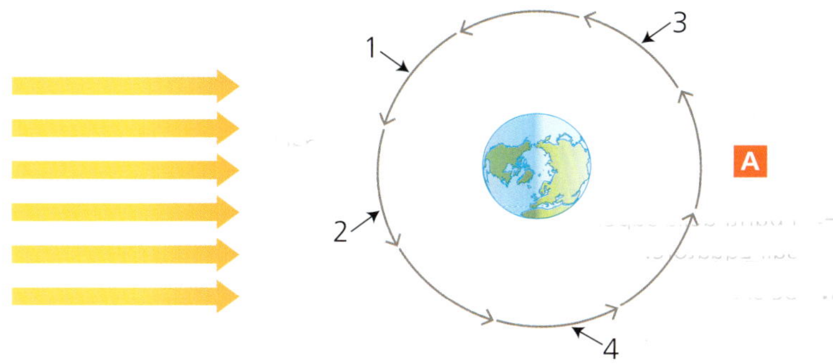

A

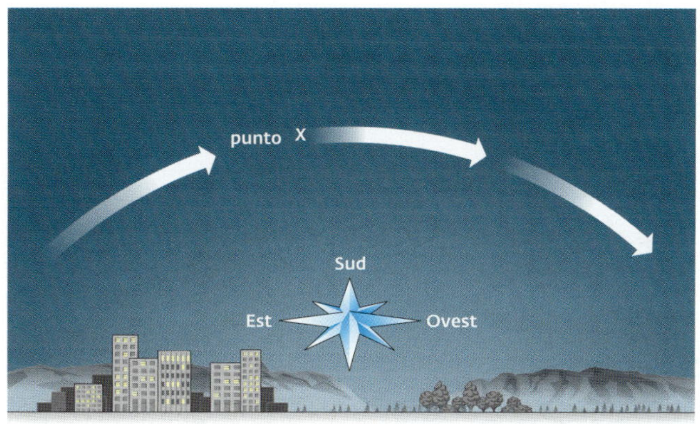

B

a. ● Scegli il simbolo corretto e disegnalo sulla circonferenza della FIGURA A in corrispondenza dei quattro punti indicati.

b. ●●● Ipotizza che la tua vista del cielo notturno sia quella riportata nella FIGURA B. Individua quale potrebbe essere l'aspetto della Luna poco prima della sua culminazione (punto X) nelle quattro posizioni evidenziate nella FIGURA A e riporta il numero corrispondente sotto l'immagine che ritieni corretta.

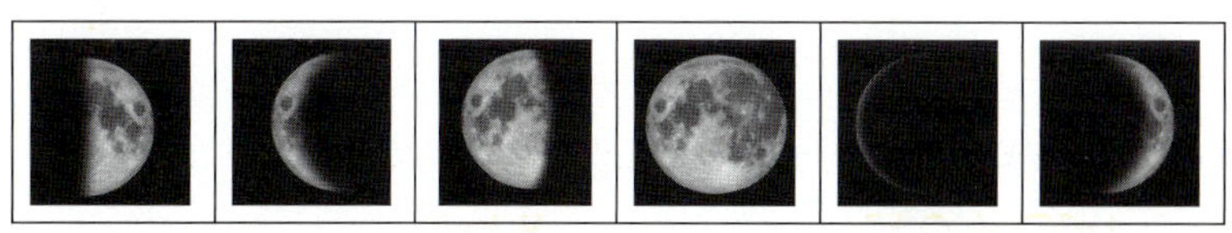

c. ●● In quale delle quattro posizioni indicate potrebbe verificarsi un'eclissi? Di che tipo sarebbe? Quale altra condizione sarebbe richiesta in questo caso?

3 La sfera dell'aria

In questa Unità troverai le risposte alle seguenti domande:

1. Quali sono le sfere che compongono il nostro pianeta?
2. Qual è la struttura dell'atmosfera?
3. Da che cosa è formata l'aria che respiriamo?
4. Che cos'è l'effetto serra?
5. Come varia la pressione atmosferica?
6. Come si generano i venti?

A

B

L'aria si muove

Immersi nell'aria, ci ricordiamo della sua presenza solo quando manca, come quando nuotiamo in apnea, o quando ci colpiscono con forza delle raffiche di vento. Eppure l'aria è ovunque e quasi sempre in movimento, anche se non lo avvertiamo. Il motore che fa muovere l'aria è il Sole, che riscalda la Terra e l'atmosfera in maniera diversa a seconda della latitudine. Per riequilibrare le differenze di temperatura, masse di aria calda si muovono dalle regioni dove vi è un eccesso di calore verso le regioni più fredde. I movimenti delle masse d'aria che cercano di riequilibrare le differenze di temperatura e pressione danno vita ai venti. Le mongolfiere volano senza motore portate dai venti e i piloti, per controllarne il volo, devono conoscere bene le correnti atmosferiche.
Il windsurfing è uno sport acquatico che sfrutta la forza del vento come propulsore.

SAI RISPONDERE?

1. Come fanno a salire e scendere le mongolfiere della **FIGURA A**?
2. Nella tua aula ci sono spostamenti d'aria? Come possono essere rilevati?
3. Quali sono le cause di questi spostamenti?
4. Sai qual è la velocità massima raggiunta dai venti?

1 Le sfere della Terra

Vista dallo spazio, la Terra appare come una sfera di colore prevalentemente azzurro, velata dai sistemi nuvolosi.

Su di essa le macchie brune dei continenti compaiono e scompaiono tra le nubi in movimento. Il bianco delle nubi, l'azzurro delle acque, le chiazze brune dei continenti fanno parte delle «sfere» che formano gli involucri esterni della Terra: le sfere delle rocce, dell'acqua e dell'aria. Dove le sfere delle rocce, dell'aria e dell'acqua si incontrano, si sviluppa la sfera della vita (**FIGURA 1**).

La **sfera delle rocce.** Anche detta **litosfera** (dal greco *líthos*, pietra), la sfera delle rocce è il guscio roccioso, di spessore variabile, che costituisce l'involucro esterno della Terra e la cui parte più superficiale è chiamata *crosta*. Anche gli altri pianeti interni hanno un guscio roccioso rigido. Nel nostro pianeta la litosfera è frammentata in un mosaico di pezzi, o *placche* (**FIGURA 2**), in movimento le une rispetto alle altre. Le interazioni tra le placche sono all'origine di quei formidabili mutamenti della crosta terrestre come il sollevamento delle montagne, le aperture e le chiusure degli oceani, le eruzioni vulcaniche e i terremoti.

All'esterno della sfera delle rocce si concentrano i materiali più leggeri, disposti in quegli strati sottili di acqua e di aria che costituiscono la sfera delle acque e la sfera dell'aria.

La **sfera delle acque.** Anche detta **idrosfera** (dal greco *hýdor*, acqua), la sfera delle acque è formata dalle acque salate degli oceani e da quelle dolci dei continenti (laghi, fiumi, falde acquifere, ghiacciai e calotte glaciali). L'acqua è presente in molte parti del Sistema solare ma, per quanto ne sappiamo, nessun altro pianeta ne possiede in così grande quantità allo stato liquido. L'acqua, infatti, è presente in piccole quantità su Mercurio, sotto forma di depositi di ghiaccio in qualche cratere nelle regioni polari; è presente in minima quantità, ma solo come vapore, su Venere; si trova come ghiaccio ai Poli e sul fondo dei crateri in ombra di Marte e un tempo scorreva allo stato liquido sulla superficie del pianeta rosso.

La **sfera dell'aria.** Anche detta **atmosfera** (dal greco *atmós*, vapore), la sfera dell'aria è l'involucro di gas che circonda interamente la Terra. Si tratta di un miscuglio di gas formato per circa quattro quinti da azoto e per un quinto da ossigeno, uniti a vari altri gas, presenti in quantità esigue. Tra questi il più importante è l'anidride carbonica.

L'atmosfera terrestre ha una composizione unica, in particolare per l'alta concentrazione di *ossigeno*. Se facciamo un confronto con gli altri pianeti, troviamo che Mercurio è quasi privo di atmosfera, le atmosfere di Venere e di Marte sono costituite per oltre il 95% da anidride carbonica, mentre quelle di Giove e di Saturno sono formate soprattutto da idrogeno.

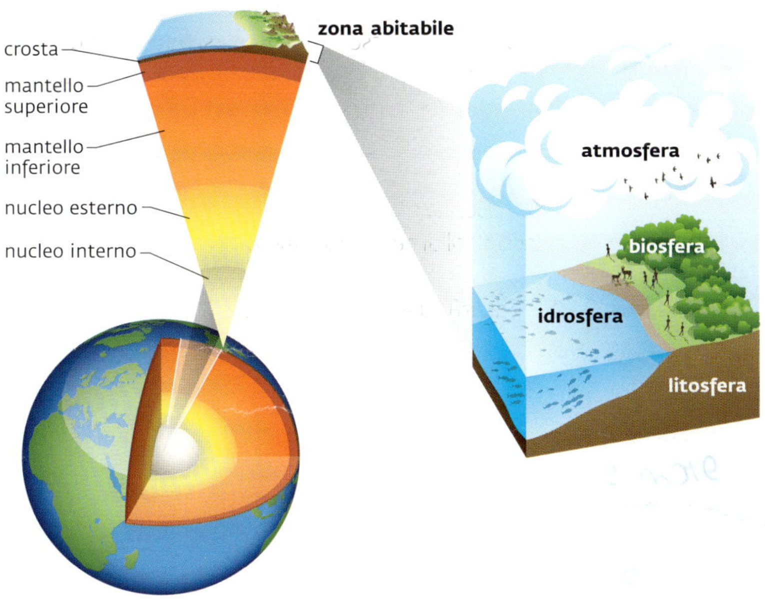

FIGURA 1. Se consideriamo che il raggio terrestre (ossia la distanza tra la superficie e il centro della Terra) è poco più di 6300 km, la biosfera che contiene tutti gli esseri viventi, è un sottile strato spesso non più di 20 km. In questa sottile pellicola che comprende la superficie dei continenti, gli oceani fino alle fosse più profonde, i primi 10 km di atmosfera e la parte di sottosuolo occupata dalle radici delle piante, vivono milioni di specie diverse.

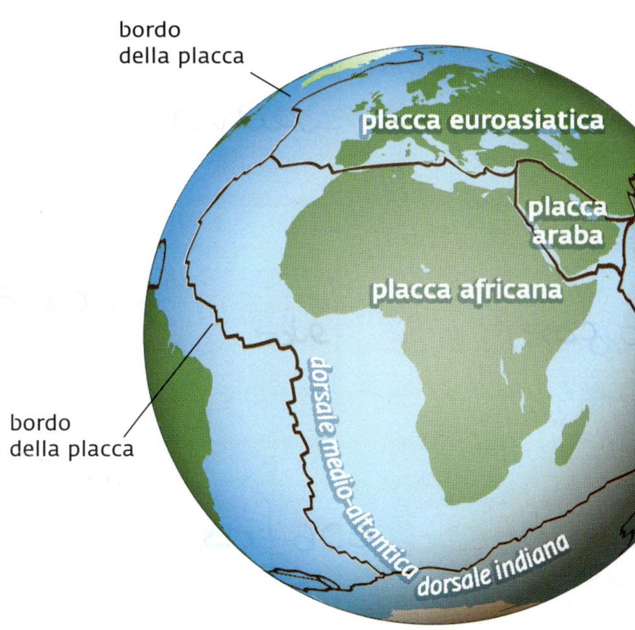

FIGURA 2. La litosfera è suddivisa in placche mobili.

In questi pianeti l'atmosfera è assente o è irrespirabile per ogni essere vivente (**FIGURA 3**).

Litosfera, idrosfera e atmosfera non vanno considerate come involucri separati. Esse interagiscono con continui scambi di materia ed energia: le rocce vengono alterate in superficie dall'aria e dall'acqua. L'acqua è presente in minime quantità anche nelle rocce del sottosuolo. Le acque degli oceani e dei continenti evaporano e si mescolano con l'aria; i gas dell'aria sono in parte presenti in soluzione nell'acqua. Sulla superficie terrestre, nella parte bassa dell'atmosfera, in tutta l'idrosfera e nella parte superficiale della litosfera, si sviluppa la sfera della vita (*vedi* figura 1, p. 55).

La **biosfera** (dal greco *bíos*, vita) è formata dall'insieme degli esseri viventi che popolano le acque, il suolo e l'aria. La presenza della biosfera rende il nostro pianeta davvero speciale.

Le quattro sfere interagiscono tra loro e nell'insieme costituiscono un unico sistema, il *Sistema Terra*.

TROVA LE PAROLE

La Terra è costituita da ..QUATTRO........ sfere interagenti che si scambiano materia ed ..ENERGIA......... : la sfera dell'aria o ATMOSFERA........., la sfera dell'acqua o .IDROSFERA, la sfera delle rocce o LITOSFERA...., la sfera della vita o BIOSFERA. Nel complesso le sfere con le loro interazioni formano il SISTEMA....... Terra.

FIGURA 3. I diversi aspetti del cielo sui pianeti del Sistema solare sono dovuti alle differenze nella composizione delle loro atmosfere.

2 Le caratteristiche fisiche dell'atmosfera

A differenza dell'idrosfera e della litosfera, l'atmosfera non ha un confine netto verso lo spazio esterno; piuttosto si può dire che essa sfumi gradualmente verso l'alto, a mano a mano che i suoi componenti gassosi diventano più rarefatti. È noto che già a quote di pochi kilometri, come in alta montagna, l'aria è più rarefatta, tanto che la respirazione diventa difficile. Oltre i 1000 km di altezza i gas sfumano nel vuoto.

I gas dell'atmosfera raggiungono la massima densità in corrispondenza della superficie terrestre, perché attratti dalla forza di gravità della Terra.

Il 50% della massa totale dei gas è addensata, infatti, nei primi 5 km e il 99% nei primi 32 km (**FIGURA 4**).

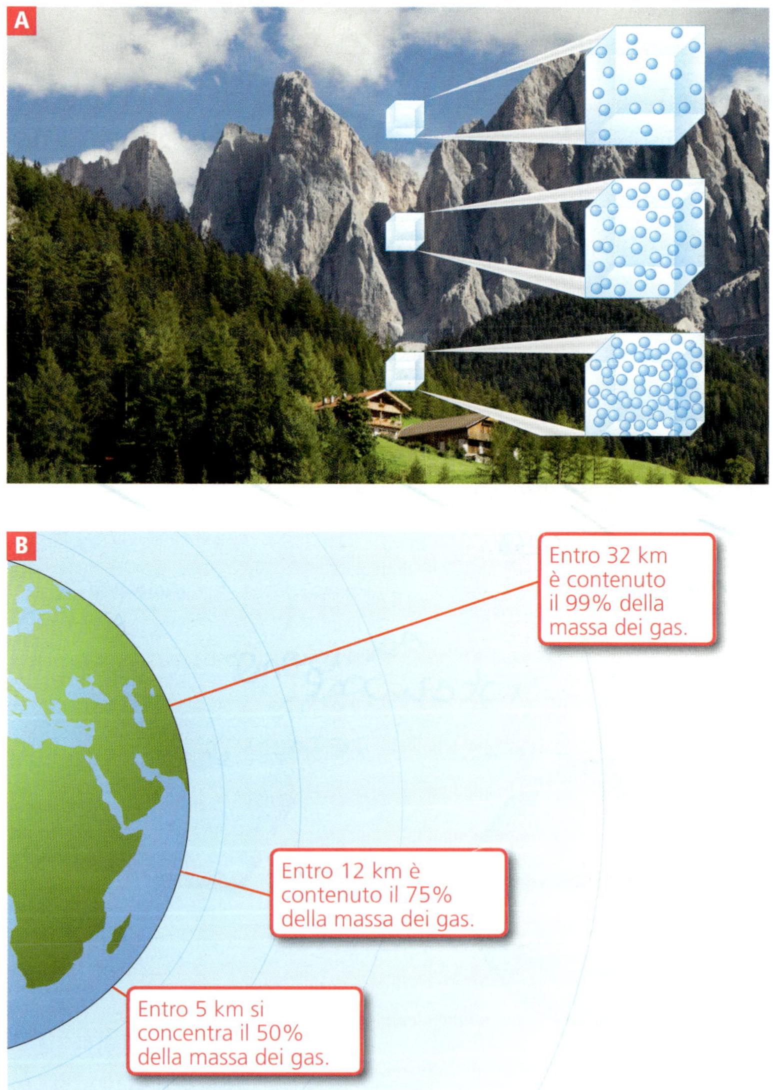

FIGURA 4. (**A**) La densità dell'aria diminuisce con l'altitudine. Un volume d'aria vicino al suolo contiene molte più molecole di gas rispetto a un uguale volume ad alta quota. (**B**) L'atmosfera diventa rapidamente rarefatta a mano a mano che ci si allontana dalla superficie terrestre (la scala delle distanze non è rispettata).

Salendo di quota, non solo decresce la densità dell'aria, ma varia anche la temperatura (**FIGURA 5**).

Inizialmente, essa diminuisce mediamente di 6-8 °C ogni kilometro: in realtà, l'esatta entità della diminuzione dipende dalla maggiore o minore umidità contenuta nell'aria ed è maggiore per l'aria secca e minore per l'aria umida.

La causa di questo abbassamento della temperatura con la quota dipende soprattutto dal fatto che la maggior parte del calore del Sole viene catturata dalla superficie terrestre, per cui, allontanandosi da questa e salendo di quota, l'aria si raffredda.

La temperatura diminuisce ulteriormente con l'altitudine fino a valori di circa –70 °C. Poi, a una quota attorno ai 20 km, comincia ad aumentare. Sull'andamento di queste variazioni della temperatura, si basa la suddivisione dell'atmosfera in una serie di strati sovrapposti.

- La **troposfera**, o sfera del cambiamento (dal greco *trópos*, cambiamento), è lo strato a contatto con il suolo, avente da uno spessore medio di 11 km (7-8 km sui Poli, 16-17 km sull'Equatore). Qui è concentrata la maggior parte del vapore acqueo e avvengono i fenomeni meteorologici, cioè la formazione delle nuvole e le precipitazioni (pioggia, neve). Gli aerei volano di solito alla quota di 10 000-12 000 m, dove la temperatura è di –40-50 °C, per lasciare sotto di sé le perturbazioni atmosferiche e garantirsi così un viaggio tranquillo.
- La **stratosfera** è lo strato che va dalla troposfera fino a circa 50 km di altezza.

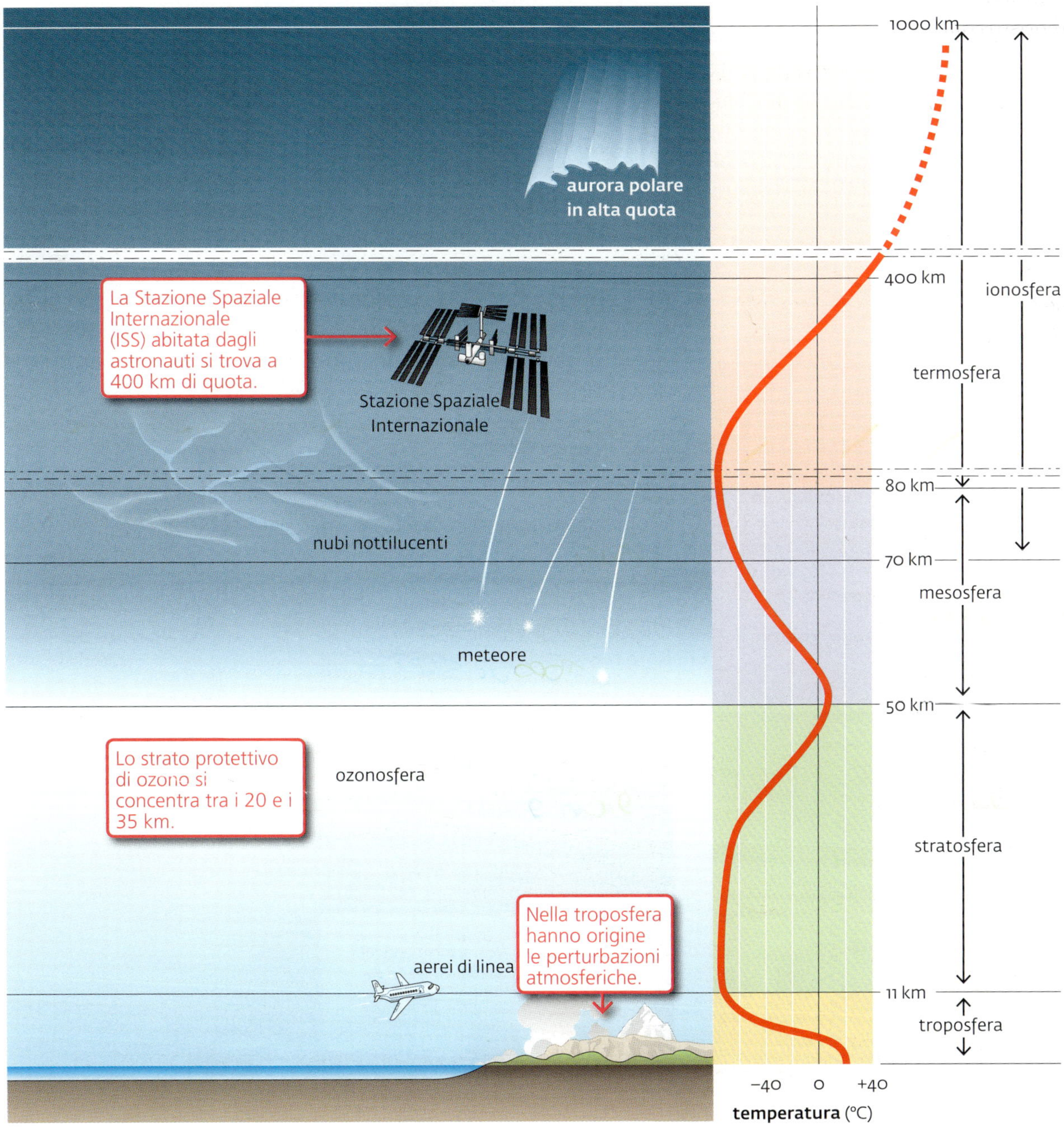

FIGURA 5. Struttura dell'atmosfera, con i quattro strati della troposfera, stratosfera, mesosfera e termosfera. Tale suddivisione si basa soprattutto sull'andamento della temperatura, mostrato a destra nel grafico.

Nella stratosfera la temperatura cessa di diminuire con la quota e comincia ad aumentare, dapprima più lentamente e poi più velocemente. Questo è dovuto al fatto che essa è riscaldata dall'alto, dal calore che si genera durante la formazione dell'ozono. L'**ozono** è un gas le cui molecole sono costituite da tre atomi di ossigeno legati assieme (O_3). Esso si forma a partire dal normale ossigeno (O_2) per azione dei raggi ultravioletti provenienti dal Sole. L'ozono assorbe gran parte dei raggi ultravioletti e libera la loro energia sotto forma di calore. Ciò spiega la maggiore temperatura di questa zona della stratosfera. Se non ci fosse attorno alla Terra questo schermo di ozono, detto anche *ozonosfera*, le radiazioni UV di maggiore energia raggiungerebbero la superficie del pianeta, con gravi conseguenze per gli esseri viventi.

- La **mesosfera** è compresa tra i 50 e gli 80 km circa di quota. In essa la temperatura diminuisce rapidamente con l'aumentare della quota fino a –80 °C. In questo strato dell'atmosfera è possibile osservare talvolta il fenomeno delle *nubi nottilucenti*, deboli bagliori formati da piccolissimi cristalli di ghiaccio illuminati dal Sole, visibili solamente all'alba o al tramonto (**FIGURA 6**).

PROVA A FARE

Esistono i vuoti d'aria?

A proposito dei viaggi aerei, spesso si sente parlare di «vuoti d'aria». In realtà il vuoto esiste solo nello spazio interplanetario, il luogo più vuoto che possiamo immaginare, ma non certo alla quota di 10 000 m a cui viaggiano gli aerei. Esistono invece fenomeni meteorologici in cui masse d'aria più calde oppure più fredde si scontrano e tendono a rimescolarsi creando turbolenze. L'aereo sollecitato da queste correnti che salgono e poi discendono non è in grado di compensare con sufficiente velocità le spinte contrastanti che riceve, provocando così ai passeggeri scossoni e sbalzi, e talvolta una sensazione di caduta che dura però pochi istanti.

Perché gli aerei di linea (jet) sulle lunghe distanze volano a 10 000 m di quota e non più in alto ancora?

Questi bagliori, che possono essere osservati in cielo dopo il tramonto, si verificano a causa dell'interazione della luce solare con le minutissime polveri e i piccoli cristalli di ghiaccio presenti nella mesosfera.

FIGURA 6. Nubi nottilucenti.

- La **termosfera**, infine, si estende oltre gli 80 km di quota. Nella termosfera (dal greco *thermós*, caldo) la temperatura aumenta di nuovo fino a raggiungere circa 2000 °C; ma si tratta di valori di temperatura non confrontabili con quelli al suolo, poiché a queste altezze l'aria è talmente rarefatta da non causare sulla pelle una sensazione di calore.

Mesosfera e termosfera contengono (tra i 70 e i 1000 km d'altezza) la **ionosfera**, formata da particelle di gas che, per effetto delle radiazioni solari, diventano elettricamente cariche, ossia si trasformano in ioni. Nel 1901 Guglielmo Marconi sperimentò che le onde radio trasmesse dall'Inghilterra avevano varcato l'Oceano Atlantico ed erano state ricevute in Canada. Queste onde, che si propagano in linea retta, sono riflesse dalla ionosfera, come da uno specchio. Nella ionosfera avvengono quei fenomeni luminosi chiamati *aurore polari* (**FIGURA 7**), osservabili alle alte latitudini.

L'atmosfera svolge un'importante funzione protettiva, oltre che dalle radiazioni solari, dalla pioggia di corpi solidi provenienti dallo spazio. Ogni anno entrano nella nostra atmosfera migliaia di tonnellate di meteore (le cosiddette stelle cadenti) che, per l'attrito, si incendiano e vengono ridotte in polvere prima di raggiungere il suolo. L'atmosfera ha inoltre una *funzione termoregolatrice*: di giorno assorbe parte dell'energia del Sole, evitando così un eccessivo riscaldamento; di notte funziona da coperta isolante trattenendo la maggior parte del calore accumulato durante il giorno.

TROVA LE PAROLE

I gas atmosferici raggiungono la massima .... in corrispondenza della superficie terrestre, perché attratti dalla .... di .... della Terra.
Le variazioni della .... determinano la suddivisione dell'atmosfera in una serie di .... sovrapposti che a partire dal suolo sono: ...., ..., mesosfera e termosfera.

I bagliori colorati visibili nei cieli delle regioni vicine ai Poli sono prodotti dalle particelle cariche di energia emesse dal Sole (vento solare) che interagiscono con i gas della ionosfera.

FIGURA 7. Aurora polare.

3 I colori del cielo

Vista dallo spazio, l'atmosfera terrestre appare all'orizzonte come un sottile velo azzurro su uno sfondo scuro (**FIGURA 8**). Dalla Terra, invece, possiamo osservare una grande varietà di tinte del cielo. Ma come mai il cielo di giorno è blu ma al tramonto diventa rosso, e le nubi, di solito bianche, sono talvolta di colore grigio piombo?

Il colore del cielo dipende dall'interazione della luce solare con le particelle che costituiscono l'atmosfera. La luce bianca del Sole è un insieme di radiazioni elettromagnetiche, di cui quella blu-azzurra è una delle componenti a minore lunghezza d'onda, mentre quella rosso-arancione è a maggiore lunghezza d'onda. Di giorno, quando il Sole è alto, le molecole dei gas atmosferici interagiscono con la radiazione blu, sparpagliandola in tutte le direzioni (*diffusione*) e conferendo al cielo un colore azzurro. Se non ci fossero i gas atmosferici, il cielo apparirebbe nero come nello spazio: per rendersi conto del fenomeno, è sufficiente osservare un'immagine del cielo lunare (**FIGURA 9**).

Al tramonto (**FIGURA 10**), il Sole è all'orizzonte e la sua luce deve attraversare la parte bassa dell'atmosfera, ricca di polveri che diffondono prevalentemente la componente rossa a lunghezza d'onda maggiore.

FIGURA 8. L'atmosfera della Terra vista dallo spazio si presenta di colore azzurro. In lontananza, è visibile la Luna.

FIGURA 9. Il cielo sulla Luna appare nero perché mancano i gas atmosferici che diffondono la luce.

FIGURA 10. Quando guardiamo verso il Sole al tramonto, vediamo i colori rosso e arancione perché la luce compie un percorso più lungo. La luce blu è dispersa al di fuori della linea visiva, mentre ai nostri occhi arrivano il rosso e il giallo.

PROVA A FARE

Scomponiamo e ricomponiamo la luce

Si può dimostrare che la luce bianca del Sole contiene tutti i colori dell'arcobaleno con un esperimento in due tempi.

1 In un cartoncino nero taglia una fessura molto stretta. Con del nastro adesivo fai aderire il cartoncino a un bicchiere contenente dell'acqua e disponi il tutto su un foglio di carta bianco. Utilizzando una torcia (o la luce del Sole) illumina la fessura. Che cosa vedi sul foglio?

2 Con il «disco di Newton» si può invertire l'arcobaleno ricomponendo la luce bianca.

a. Cerca su Internet come si fa a costruire il «disco di Newton» e prova a farlo ruotare.
Con questo «disco» Newton riuscì a spiegare come la luce bianca sia in realtà la combinazione dei sette colori dell'arcobaleno.

b. La luce bianca corrisponde a una singola radiazione elettromagnetica?

c. Perché quando scomponiamo la luce bianca, i colori si succedono sempre nello stesso ordine, a un estremo il rosso e all'altro estremo il violetto?

Eventi naturali come le esplosioni vulcaniche, a causa dell'immissione di enormi quantitativi di ceneri e della loro circolazione nell'atmosfera, possono contribuire alla presenza di spettacolari e suggestivi tramonti non solo nelle zone colpite, ma anche a molte migliaia di kilometri di distanza.

Durante il giorno, le nuvole ci appaiono bianche, perché formate da goccioline d'acqua e cristalli di ghiaccio più grandi delle molecole dei gas, che diffondono tutte le componenti della luce visibile: sommate, le radiazioni creano il bianco. Il colore grigio scuro di certe nuvole, invece, è dovuto all'ombra che gli strati nuvolosi più alti proiettano su quelli più bassi e al fatto che la luce è costretta a oltrepassare un insieme di goccioline più denso.

L'*arcobaleno* è un fenomeno affascinante che appare nella regione del cielo opposta al Sole quando, dopo un temporale, l'atmosfera è carica di goccioline di pioggia che si comportano come dei minuscoli prismi: la luce che le attraversa viene rifratta scomponendosi nei sette colori dello spettro (**FIGURA 11**).

TROVA LE PARLOLE

Il colore del cielo dipende dall'INTERAZIONE delle particelle che costituiscono l'atmosfera con la LUCE...... solare. La luce BIANCA... del Sole è un insieme di RADIAZIONI elettromagnetiche, di cui quella blu-azzurra è a MINORE lunghezza d'onda, mentre quella rosso-arancione è a MAGGIORE lunghezza d'onda. I gas atmosferici DIFFONDONO soprattutto la luce blu-azzurra.

FIGURA 11. La luce cambia direzione sia quando entra sia quando esce da una goccia di pioggia (*nel disegno*) provocando la separazione della luce bianca nei sette colori dello spettro. Le numerose goccioline nel complesso formano l'arcobaleno (*in foto*).

4 L'aria che respiriamo

Nella sottilissima pellicola della troposfera si concentra quasi l'80% della massa totale dei gas atmosferici. Qui avvengono gli scambi gassosi tra gli esseri viventi e l'atmosfera, qui è presente il vapore acqueo che proviene dall'evaporazione delle acque dell'idrosfera, qui si formano le nuvole e soffiano i venti. I gas della troposfera formano quel miscuglio che chiamiamo aria. L'aria secca (cioè privata del vapore acqueo) è formata per il 78% (in volume) da azoto e per quasi il 21% da ossigeno. Il restante 1% è costituito da argon (circa 0,9%), un gas inerte, da anidride carbonica (0,04%) e da tracce di altri gas (idrogeno, elio, ozono ecc.) come mostrato in **FIGURA 12**.

Azoto. Quando parliamo di azoto, parliamo praticamente di aria, perché questo gas ne è il componente di gran lunga più abbondante. L'azoto (**FIGURA 13**) è presente nell'aria come gas composto da molecole formate da due atomi di azoto legati assieme (N_2).

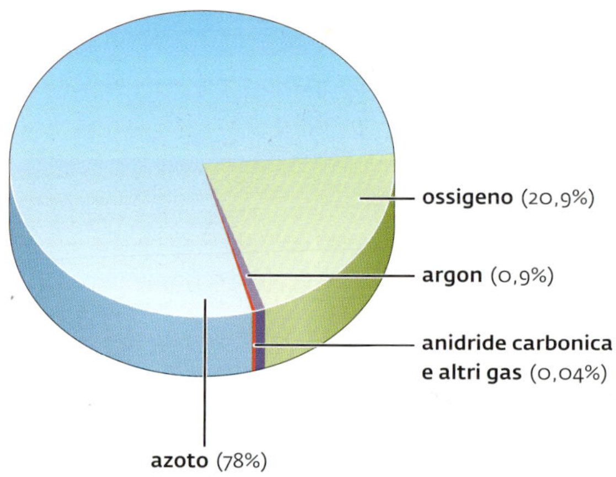

FIGURA 12. Composizione percentuale (in volume) dell'aria nella troposfera.

FIGURA 13. L'azoto è un gas a temperatura ambiente, ma può essere liquefatto a −196 °C e venire utilizzato anche in cucina per preparare i gelati e altri piatti (cucina molecolare). È innocuo e quando viene versato evapora rapidamente, passando allo stato gassoso.

APPROFONDIMENTI
L'atmosfera del passato
L'umidità atmosferica e la sua misura

L'azoto è molto importante per gli esseri viventi, perché è uno dei principali costituenti delle proteine, molecole fondamentali per il funzionamento degli organismi, nelle quali però esso entra attraverso l'alimentazione. L'azoto atmosferico che respiriamo è invece inerte, cioè non reagisce nel nostro corpo: noi lo introduciamo nei polmoni insieme con l'ossigeno e lo riemettiamo inalterato.

Ossigeno. L'ossigeno è presente anch'esso nell'aria come gas formato da molecole composte da due atomi legati assieme (O_2).

PROVA A FARE

Non solo gas

Nell'aria che ci circonda, oltre ai gas, sono presenti in sospensione anche particelle solide di varia origine comunemente indicate con il nome di *particolato atmosferico*. Per misurare la quantità e il tipo di particolato presenti nell'aria puoi fare questo esperimento a casa e, in seguito, analizzare e confrontare a scuola i dati raccolti.
Su un foglio di carta bianco (meglio se assorbente, come per esempio un foglio di carta da filtro) disegna con la matita dei quadretti di lato 0,5 cm.
Ungi leggermente la superficie del foglio con della glicerina, in modo da formare uno strato uniforme per fissare il particolato.
Esponi il foglio per almeno tre giorni a una distanza minima di un metro dalla tua abitazione (per esempio nel giardino di casa o sul balcone).
Porta il tuo foglio a scuola e analizzalo al microscopio (tieni presente che alcune particelle sono visibili anche a occhio nudo).
Prendi in considerazione dei quadretti campione (almeno una decina in varie zone del foglio), conta le particelle e fai una media.
Confronta i risultati ottenuti con quelli dei tuoi compagni.

a. C'è differenza tra i dati di chi abita in zone trafficate rispetto a quelli di chi abita in campagna? Riesci a individuare il tipo di particelle?

b. Sai spiegare perché il particolato è dannoso per la nostra salute?

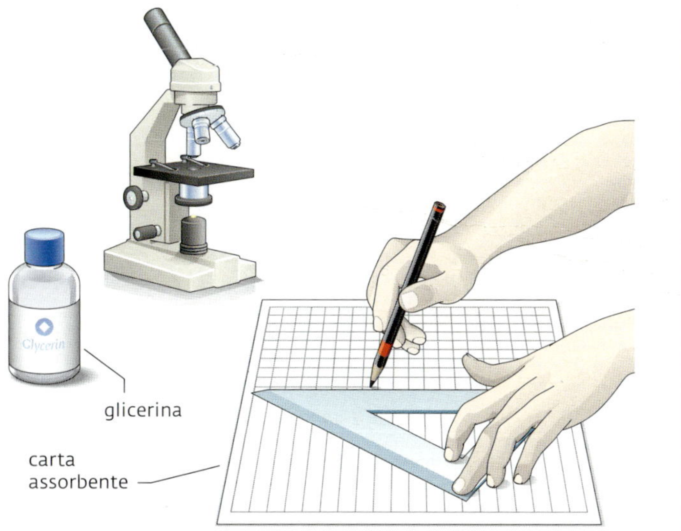

Al contrario dell'azoto, l'ossigeno è un gas molto reattivo. Interviene nella combustione ed è indispensabile per la *respirazione cellulare*, il processo che fornisce alla maggioranza degli organismi l'energia necessaria alla vita e che consiste fondamentalmente nella reazione tra l'ossigeno e le sostanze assimilate attraverso il cibo.

Anidride carbonica. Tra gli altri gas presenti nell'aria, l'anidride carbonica, o diossido di carbonio (CO_2), viene continuamente prodotta dagli esseri viventi tramite la respirazione cellulare.

L'anidride carbonica fa parte, con l'ossigeno, di un ciclo naturale che tende a mantenere costante la percentuale di questi due gas nell'atmosfera. Se così non fosse, prima o poi gli esseri viventi consumerebbero con la respirazione tutto l'ossigeno presente, convertendolo in anidride carbonica. Invece, le piante riforniscono continuamente l'atmosfera di ossigeno, sottraendole anidride carbonica. Esse, infatti, compiono la *fotosintesi* utilizzando anidride carbonica e restituendo ossigeno (**FIGURA 14**).

La presenza dell'anidride carbonica nell'atmosfera determina il cosiddetto *effetto serra*, un fenomeno che influisce sul riscaldamento della superficie terrestre e di cui parleremo in modo più approfondito nel prossimo paragrafo.

Vapore acqueo. L'aria della troposfera contiene anche vapore acqueo, in quantità variabile. Il vapore acqueo presente nell'aria costituisce l'**umidità**.

Esiste un limite massimo di vapore acqueo che l'aria può contenere. Tale limite dipende dalla temperatura.

FIGURA 14. La fotosintesi è un processo chimico mediante il quale le piante, in presenza di luce, producono molecole organiche complesse partendo da H_2O e CO_2. Come sottoprodotto viene immesso nell'atmosfera O_2.

Al crescere della temperatura, infatti, aumenta la quantità massima di acqua che può rimanere nell'aria sotto forma di vapore.

L'umidità è misurata dall'*igrometro*, strumento che riporta l'*umidità relativa*. Quando l'igrometro indica che nell'ambiente «c'è il 70% di umidità relativa», significa che nell'aria è presente il 70% della quantità massima di vapore acqueo possibile a quella data temperatura. Il 100% di umidità significa che l'aria contiene la quantità massima possibile di vapore acqueo a quella temperatura; in una situazione del genere, si dice che l'aria è *satura* di vapore acqueo.

Per esempio, nelle giornate estive particolarmente afose, ci sentiamo a disagio perché l'aria è ricca di vapore acqueo e il sudore non riesce a evaporare dalla nostra pelle, raffreddandola. Per questo abbiamo la sensazione che la temperatura sia più elevata di quanto non lo sia effettivamente. Questa temperatura apparente è detta *temperatura percepita* (**FIGURA 15**).

L'umidità è una delle caratteristiche fisiche fondamentali di cui ci serviamo per descrivere il *tempo atmosferico* (*vedi* Unità B4, p. 76).

TROVA LE PAROLE

L'aria .... (cioè privata del vapore acqueo) è formata per il .... (in volume) da azoto e per quasi il 21% da .... Il restante 1% è costituito da .... (circa 0,9%), un gas inerte, da .... (0,04%) e da tracce di altri gas. L'aria della troposfera contiene anche in quantità variabile il .... , che costituisce l'............ .

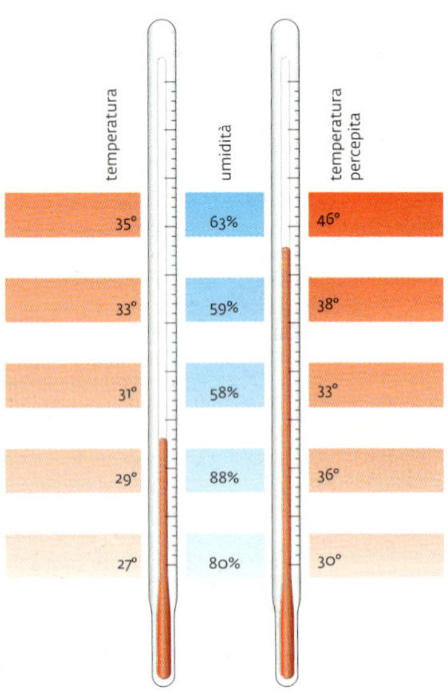

FIGURA 15. La tabella illustra alcuni esempi della differenza tra la temperatura reale e quella percepita al variare dell'umidità.

5 L'effetto serra

Una frazione del calore che giunge dal Sole, che in parte è restituito dalla superficie della Terra, si disperde direttamente nello spazio; il resto, dopo essere stato assorbito dal vapore acqueo, dall'anidride carbonica e da altri gas dell'atmosfera, viene irradiato di nuovo verso la superficie terrestre. Come risultato, una certa quantità di calore rimane intrappolata nello strato inferiore della troposfera. Ciò fa sì che in prossimità della superficie terrestre l'aria abbia una temperatura media annua di circa 14,5 °C.

Il fenomeno appena descritto è stato chiamato dagli scienziati **effetto serra**, perché presenta alcune somiglianze con quello che accade all'interno di una serra.

Infatti, le radiazioni solari che attraversano i vetri di una serra scaldano il terreno all'interno, il quale a sua volta riemette l'energia assorbita sotto forma di radiazioni infrarosse. Parte di queste radiazioni non riesce ad attraversare nuovamente i vetri della serra, rimanendo «intrappolata» al suo interno: nella serra si accumula calore e la temperatura aumenta.

PROVA A FARE

L'effetto serra antropico

Con questo esperimento si vuole simulare l'effetto serra antropico, ossia l'effetto serra dovuto all'eccesso di CO_2 prodotta dalle attività umane.

Prendi tre termometri e controlla la temperatura iniziale che sarà per tutti uguale. Metti da parte un termometro. Prendi due barattoli di vetro con coperchio che dovranno contenere due dei tre termometri. Inserisci un termometro nel primo barattolo, copri il barattolo e mettilo al Sole. Versa sul fondo del secondo barattolo un po' di aceto, quindi inserisci il termometro e infine aggiungi all'aceto un cucchiaino di bicarbonato di sodio. Tappa rapidamente il barattolo e mettilo al Sole. Il bicarbonato reagisce con l'aceto sviluppando CO_2. Lascia i barattoli al Sole controllando le variazioni di temperatura.

a. Noti qualche differenza? In quale barattolo la temperatura è più alta e in quale più bassa?

b. Che cosa simulano i due barattoli e il termometro messo da parte?

LABORATORIO DELLE COMPETENZE
Esperienza sull'inquinamento atmosferico e sul particolato

VIDEO
Le variazioni del livello del mare
Temperatura atmosferica e anidride carbonica

Il vapore acqueo, l'anidride carbonica e altri gas dell'atmosfera, si comportano come i vetri della serra poiché trattengono le radiazioni infrarosse in prossimità della superficie terrestre (**FIGURA 16A**). Sono chiamati *gas serra* e svolgono un ruolo fondamentale nella regolazione della temperatura del nostro pianeta. Se non ci fossero, la Terra sarebbe, in media, più fredda di circa 30 gradi (–19 °C): sarebbe cioè un'enorme, perenne ghiacciaia. D'altra parte, se la concentrazione dei gas serra nell'atmosfera aumenta, anche la temperatura media dell'aria è destinata a crescere (**FIGURA 16B**).

Molti scienziati ritengono che l'aumento della CO_2 di questi ultimi decenni sia dovuto all'utilizzo di petrolio e carbone che bruciando producono CO_2. L'aumento della CO_2 ha determinato un aumento della temperatura media di 0,9 °C. Se tale aumento non dovesse interrompersi, nel giro di 40-50 anni si arriverebbe, secondo alcune stime, a un aumento di 3-4 °C. Un incremento ulteriore porterebbe modificazioni climatiche molto gravi: la desertificazione aumenterebbe nelle aree tropicali e subtropicali, mentre molte zone costiere e isole verrebbero sommerse in seguito all'innalzamento del livello dei mari dovuto alla fusione dei ghiacci.

Dalla documentazione fossile sappiamo che in passato la Terra ha assistito a innalzamenti e abbassamenti ciclici della temperatura. Questo potrebbe indurre a inquadrare il fenomeno come naturale. Ma non è così: l'attuale cambiamento climatico è diverso dai precedenti e rischia di trasformarsi in una catastrofe. Oggi le attività umane, conseguenti all'industrializzazione e allo sviluppo economico, producono gas serra in quantità tali da rendere estremamente probabili, se non certe, gravi ripercussioni sul clima della Terra.

Al momento, tutti i tentativi di accordi internazionali per una riduzione di gas serra su scala planetaria (Kyoto 1997, Copenaghen 2009, Parigi 2015) hanno avuto scarso successo. Nel frattempo, però, è aumentata la conoscenza del problema e la consapevolezza dei rischi futuri.

TROVA LE PAROLE

Il vapore acqueo, l'............ .... e altri gas dell'atmosfera, si comportano come i vetri di una .... poiché trattengono le radiazioni .... in prossimità della superficie terrestre. Sono chiamati .... e svolgono un ruolo fondamentale nella regolazione della .... del nostro pianeta. Se non ci fossero, la Terra sarebbe, in media, più fredda di circa .... gradi.

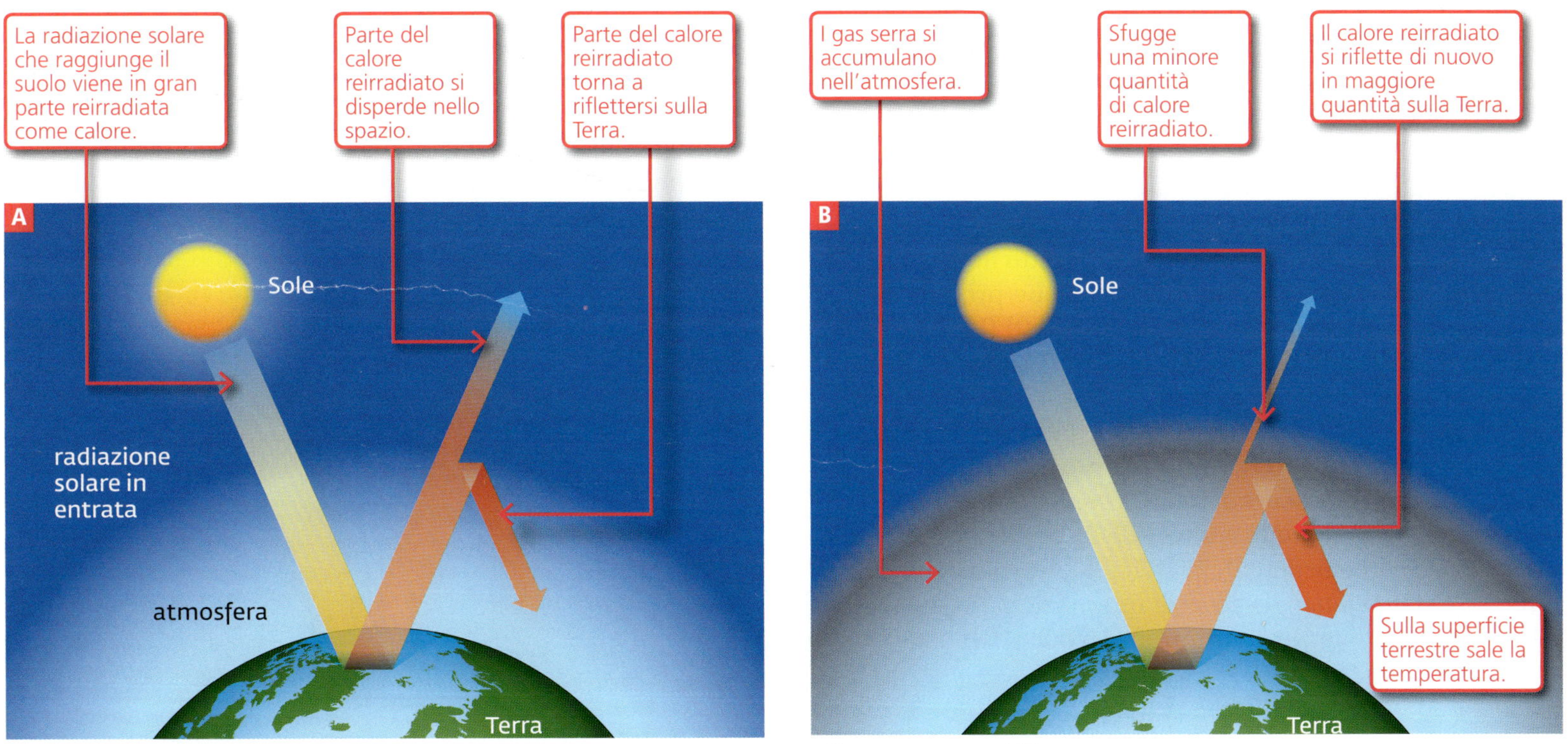

effetto serra naturale **effetto serra amplificato**

FIGURA 16. L'effetto serra naturale (**A**) viene amplificato dall'accumulo dei gas serra (**B**).

6 Inquinamento atmosferico e salute

LABORATORIO DELLE COMPETENZE
Aria malata
L'aria pesa

Oggi la qualità dell'aria è seriamente compromessa per la presenza di diversi tipi di inquinanti, soprattutto nelle grandi aree urbane e in quelle industriali. Diversi sono i fenomeni che causano danni sia direttamente all'uomo, sia all'ambiente.

GLI INQUINANTI DA COMBUSTIBILI FOSSILI

La principale fonte di inquinamento atmosferico è l'eccessivo uso dei **combustibili fossili**, come carbone, metano, petrolio (e i suoi derivati), usati negli impianti di riscaldamento, nei processi industriali e come carburanti per gli autoveicoli. I principali inquinanti prodotti sono gas come *diossido di zolfo* (SO_2), *diossido di carbonio* o *anidride carbonica* (CO_2), *ossidi di azoto* (NO, NO_2) e il *monossido di carbonio* (CO).
Se queste sostanze, per lo più tossiche, sono respirate oppure assorbite per via cutanea oltre una certa soglia, possono causare direttamente problemi di salute anche gravi. Il monossido di carbonio, per esempio, è letale per l'uomo in quanto blocca il trasporto di ossigeno nel sangue.

LE PIOGGE ACIDE

I pericoli per l'ambiente sono le **piogge acide**. Normalmente la pioggia è naturalmente debolmente acida (pH 5-6,5), ma gli inquinanti presenti nell'aria reagiscono con le gocce d'acqua e formano acido solforico (H_2SO_4) e acido nitrico (HNO_3), rendendo la pioggia ancora più acida ($pH < 5$). Le piogge acide hanno un'azione corrosiva e danneggiano sia l'ambiente sia le costruzioni e i monumenti.

IL BUCO DELL'OZONO

L'ozono (O_3) è un gas concentrato soprattutto nella stratosfera, dove svolge un'importante azione protettiva perché assorbe il 90% dei raggi ultravioletti (UV), che sono dannosi per gli esseri viventi. Per questo, l'assottigliamento dello strato di ozono stratosferico (*buco dell'ozono*) registrato negli ultimi decenni suscita molte preoccupazioni. L'ozono viene distrutto in modo particolare dai **clorofluorocarburi (CFC)**, gas usati come propellenti nelle bombolette spray: i CFC provocano la rapida trasformazione dell'O_3 in O_2 e pertanto dal 2000 il loro uso è stato vietato da accordi internazionali. Grazie alle misure adottate, negli ultimi anni il buco dell'ozono si sta riducendo.

LO SMOG E L'INVERSIONE TERMICA

Per **smog** (dall'inglese *smoke*, fumo e *fog*, nebbia) si intende la cappa di fumi misti a nebbia che si forma spesso nelle grandi città con intenso inquinamento atmosferico. In particolare, il cosiddetto *smog fotochimico* si forma dalle reazioni tra le emissioni degli autoveicoli e l'irraggiamento solare.
Tali reazioni favoriscono la produzione di *ozono* a livello del suolo. Mentre negli strati alti dell'atmosfera l'ozono è «benefico», a bassa quota è nocivo per la salute (danni alle mucose respiratorie, attacchi d'asma, eritemi, cataratta) soprattutto negli anziani e nei bambini.

Lo smog è favorito dall'**inversione termica**, un fenomeno atmosferico che si verifica, spesso d'inverno, in giornate senza nubi, soprattutto di notte. In queste condizioni, il suolo irradia il calore assorbito durante il giorno e si raffredda; di conseguenza si raffreddano gli strati a contatto con esso, mentre in quota l'aria rimane più calda e blocca la circolazione atmosferica. In questo modo anche gli inquinanti ristagnano al suolo.

In determinate condizioni atmosferiche (cielo sereno, venti deboli o assenti), soprattutto durante i periodi invernali, si può verificare il fenomeno dell'inversione termica, che favorisce la formazione di nebbia e smog nelle grandi aree urbane.

L'ARIA MALATA DELLE CITTÀ

Il problema dell'inquinamento atmosferico si concentra soprattutto nelle aree metropolitane, dove il traffico, gli impianti industriali e il riscaldamento degli edifici hanno effetti dannosi sulla qualità dell'aria e sulla salute degli abitanti, contribuendo a malattie cardiache, bronchiti e altre gravi patologie. Le foto riprese dall'alto mostrano le città avvolte spesso in un manto di smog in cui, a stento tra la foschia, si intravedono gli edifici. Responsabili della foschia sono le **polveri sottili**. Le polveri possono essere di *origine naturale* (batteri, pollini, sabbie e ceneri vulcaniche), oppure di *origine antropica*, ossia derivate dalle attività dell'uomo (emissioni di autoveicoli, impianti di riscaldamento o fumi industriali).

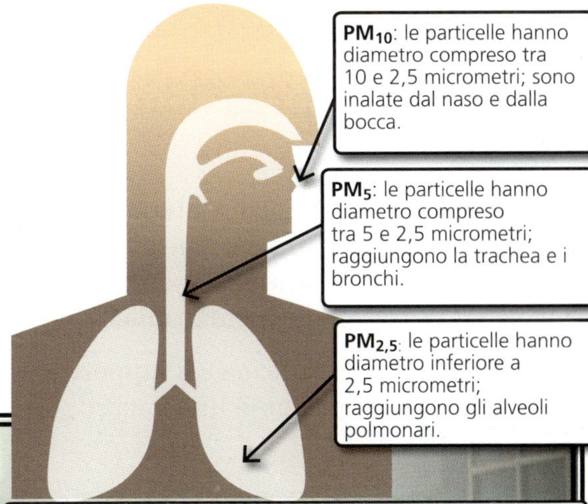

Particolarmente pericolose per la nostra salute sono le **polveri sottili** o **PM** (*Particulated Matter*, materiale particolato): sono particelle finissime di diversi inquinanti, con diametro di pochi micrometri, che possono essere facilmente inalate e causare danni alla respirazione. La capacità di penetrazione delle PM nell'apparato respiratorio, e quindi la loro nocività, aumenta al diminuire delle dimensioni delle particelle. Le comuni mascherine non offrono una protezione adeguata.

Le medie annue di PM_{10} ($\mu g/m^3$) in due città a confronto mostrano che la concentrazione di polveri sottoli è maggiore nelle grandi metropoli rispetto ai piccoli centri.

TROVA LE PAROLE

La principale fonte di .... atmosferico è l'eccessivo uso dei .... negli impianti di .... , nei processi industriali e nei motori degli .... Lo .... è la cappa di .... misti a .... che si forma spesso nelle grandi città con intenso inquinamento; lo smog .... si forma dalla reazione tra le emissioni degli autoveicoli e i raggi .... In inverno lo smog è favorito dall' .... Le polveri sottili o .... sono costituite da particelle con diametro di pochi .... , che sono facilmente inalate e causare gravi danni alla ....

7 La pressione atmosferica

L'aria, come tutto ciò che è materia, ha un peso: poco più di un grammo per ogni litro. A causa del suo peso e soprattutto per lo spessore dell'atmosfera, l'aria esercita una pressione tutt'altro che trascurabile sulla superficie terrestre.

La **pressione atmosferica** è il rapporto tra il peso della colonna d'aria soprastante una data superficie e l'area della superficie stessa.

Per calcolare la pressione atmosferica si usa il *barometro*, uno strumento ideato da Evangelista Torricelli nel 1643. Con questo strumento il valore della pressione atmosferica a livello del mare a 0 °C è equivalente a quella esercitata alla sua base da una colonnina di mercurio di sezione 1 cm^2 e alta 760 mm.

Tale valore è piuttosto elevato: pensate che corrisponde alla pressione esercitata da una massa di 1 kg su 1 cm^2 di superficie. Se non veniamo schiacciati dalla pressione atmosferica è perché essa agisce in tutte le direzioni anche all'interno del nostro corpo e perciò non l'avvertiamo.

In passato questo valore, ossia 1 kg/cm^2, veniva usato come unità di misura della pressione dell'aria e chiamato *atmosfera* (simbolo: *atm*). In meteorologia oggi la pressione atmosferica viene spesso espressa in *millibar* (*mbar*). Con questa unità di misura la pressione atmosferica normale a livello del mare e a 0 °C risulta pari a 1013 mbar.

In uno stesso luogo la pressione atmosferica subisce oscillazioni nel tempo, responsabili degli eventi meteorologici. Essa, inoltre, varia da luogo a luogo in base a:

- l'**altitudine**, perché a mano a mano che si sale di quota diminuisce il peso della colonna d'aria soprastante e diminuisce quindi la pressione atmosferica. A 5000 m di quota la pressione atmosferica si riduce a circa la metà. (**FIGURA 17**).

PROVA A FARE

La forza della pressione atmosferica

Con il seguente esperimento puoi valutare la forza della pressione atmosferica.

Disponi del ghiaccio in un vassoio e ricoprilo con acqua. Metti un po' d'acqua in una lattina vuota che scaldi a bagnomaria su un fornello acceso e riscaldala finché non fuoriesce dalla lattina il vapore. Preleva la lattina con le pinze e capovolgila velocemente immergendola nel vassoio con il ghiaccio. Che cosa succede?

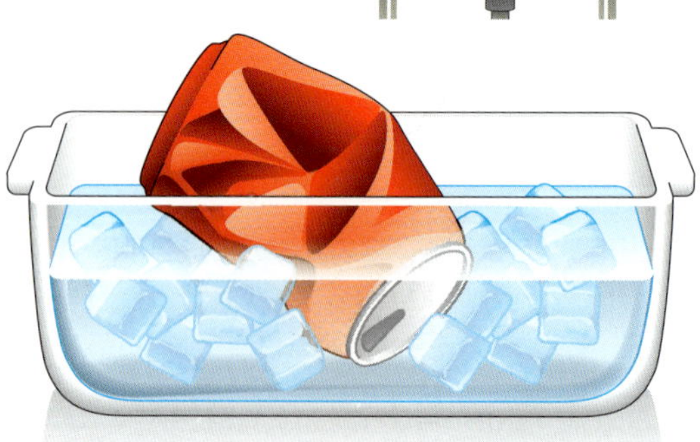

a. Con il riscaldamento e la fuoriuscita del vapore la pressione dell'aria all'interno della lattina è aumentata o diminuita?

b. Perché la lattina si accartoccia?

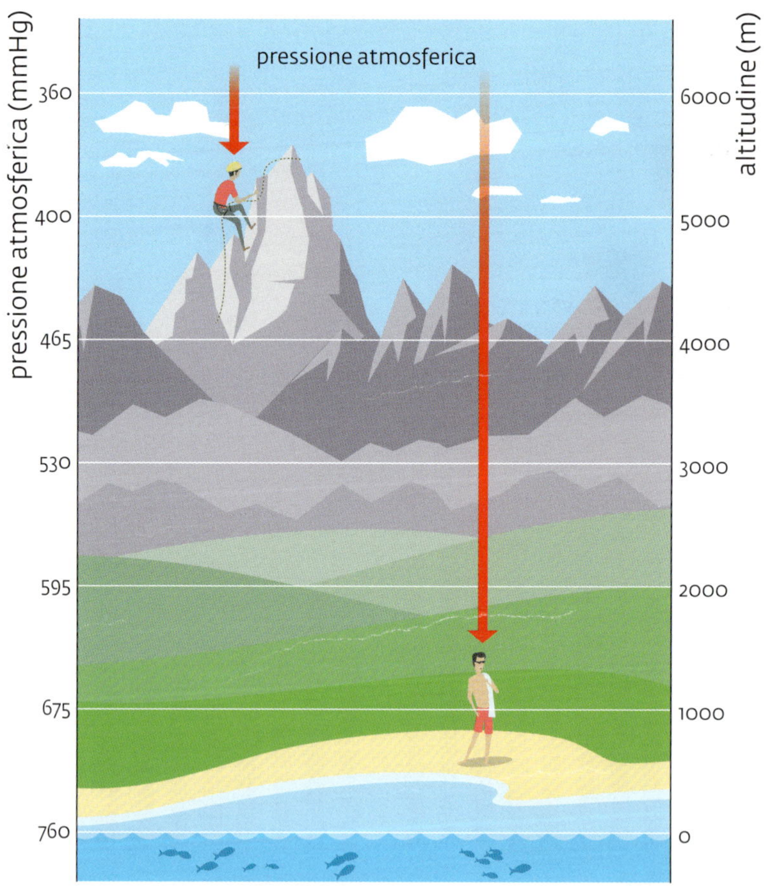

FIGURA 17. L'aria è soggetta alla forza di gravità e la colonna di gas che sovrasta ogni oggetto esercita su di esso una pressione il cui valore a livello del mare equivale al peso di una colonnina di mercurio (Hg) alta 760 mm e della sezione di 1 cm^2. La pressione atmosferica diminuisce con l'altitudine perché si riduce lo strato di atmosfera e quindi il suo peso.

A 10 000 m di quota, dove volano gli aerei, la pressione atmosferica è meno di un terzo di quella misurata a livello del mare. A quote molto elevate, oltre i 300 km di altezza, dove orbitano i satelliti, la pressione è infinitamente bassa;

- la **temperatura**, perché a parità di altitudine, quando l'aria è più calda, la pressione è minore di quando l'aria è più fredda. L'aria calda è infatti meno densa e quindi più leggera rispetto all'aria circostante più fredda, per cui tende a salire. Le mongolfiere salgono in quota perché in esse viene insufflata aria calda;
- l'**umidità dell'aria**, perché l'aria quando è più umida, ossia contiene una maggiore quantità di vapore acqueo, esercita una pressione minore rispetto a quando è più secca (contrariamente a quanto si potrebbe pensare). Questo perché le molecole dell'acqua sono più leggere di quelle degli altri gas dell'aria: un litro di vapore acqueo pesa circa due terzi di un litro di azoto. Ciò significa che, a parità di volume, l'aria umida è più leggera di quella secca, che in proporzione contiene più azoto. Quindi, l'aria umida esercita una pressione minore, l'aria secca maggiore.

Spesso, gli effetti dei diversi fattori si sommano.

Per esempio:

- se l'aria è calda e umida (come nelle regioni equatoriali) sono associati due fattori, temperatura e umidità elevate, che fanno diminuire la pressione. Si forma così una zona di *bassa pressione*;
- se l'aria è fredda e asciutta (come nelle regioni polari) sono associati due fattori, temperatura e umidità basse, che fanno aumentare la pressione. Si forma così una zona di *alta pressione*.

TROVA LE PAROLE

La pressione atmosferica è il .... tra il .... della colonna d'aria soprastante una data superficie e l'............ della superficie stessa. Essa varia da luogo a luogo in base a: ...., perché a mano a mano che si sale di quota la pressione atmosferica diminuisce; .... perché quando l'aria è più calda la pressione è .... di quando l'aria è più fredda; .... perché l'aria quando contiene una quantità .... di vapore acqueo esercita una pressione minore.

8 Atmosfera in movimento: i venti

Vi siete mai chiesti come ha origine il vento? Perché l'aria si muove? L'aria si muove da un punto all'altro della Terra per ristabilire un equilibrio tra aree che presentano differenze di pressione. Più precisamente, l'aria si sposta da una zona della superficie terrestre in cui la pressione è più alta, verso un'altra in cui la pressione è più bassa. Per lo stesso motivo l'aria fuoriesce da una camera d'aria forata: la pressione interna è infatti maggiore di quella esterna.

Il **vento** è il movimento di una massa d'aria da una zona della superficie terrestre in cui la pressione è maggiore verso una zona in cui la pressione è minore.

Pensiamo per esempio alla brezza che si sente normalmente in riva al mare di giorno: l'aria si muove da una zona di alta pressione, sul mare, a una di bassa pressione, sulla terraferma. Questa differenza di pressione si spiega considerando che il riscaldamento dell'aria, a seguito dell'irraggiamento solare, non è uguale nelle due zone.

Infatti, durante il giorno, lungo le coste la terraferma si scalda più rapidamente e in misura maggiore del mare: di conseguenza, l'aria a contatto con il suolo è più calda di quella a contatto con l'acqua del mare.

PROVA A FARE

I movimenti dell'aria

Per indagare i moti dell'aria basta una candela. Se accendiamo una candela la fiamma tende ad andare verso l'alto. Se invece la fiamma si piega su un lato questo significa che è presente una corrente d'aria che si muove nella direzione indicata dalla fiamma. Per verificarlo apri un frigorifero e accosta una candela accesa alla parte superiore del frigo. Richiudilo, poi riaprilo e accosta la fiamma alla parte inferiore.

a. Che cosa succede nei due casi?

b. Sapresti spiegare da che cosa dipendono le direzioni indicate dalle fiamme?

Scaldandosi, l'aria sulla terraferma si dilata e diventa meno densa, cioè più leggera, e la pressione diminuisce, mentre sul mare, dove l'aria è più fresca, la pressione rimane più alta. Dato che l'aria più calda tende a salire perché più leggera, l'aria più fresca tenderà a rimpiazzarla scorrendo lungo la superficie del mare in direzione della costa. Questo flusso d'aria dal mare verso la terraferma è la **brezza di mare** (**FIGURA 18A**).

L'aria che si innalza dalla terraferma, salendo di quota, si raffredda e viene richiamata verso il mare; qui tende a tornare verso il basso, rimpiazzando a sua volta l'aria che si è spostata verso la costa. Si innesca così una circolazione d'aria a forma di anello, chiamata **cella convettiva**. Di notte, la circolazione d'aria si inverte, perché la terraferma si raffredda più rapidamente e in misura maggiore del mare. Sul mare, ora più caldo della terraferma, si forma una zona di bassa pressione, mentre sulla terraferma si forma una zona di alta pressione. Di conseguenza, si crea un flusso d'aria dalla terraferma verso il mare: è la **brezza di terra** (**FIGURA 18B**).

TROVA LE PAROLE

Il .... è il movimento di una massa d'aria da una zona della superficie terrestre in cui la .... è .... verso una zona in cui la pressione è .... Sul mare durante il giorno si crea una circolazione di aria detta .... per cui durante il dì si ha una .... di .... e durante la notte una brezza di ....

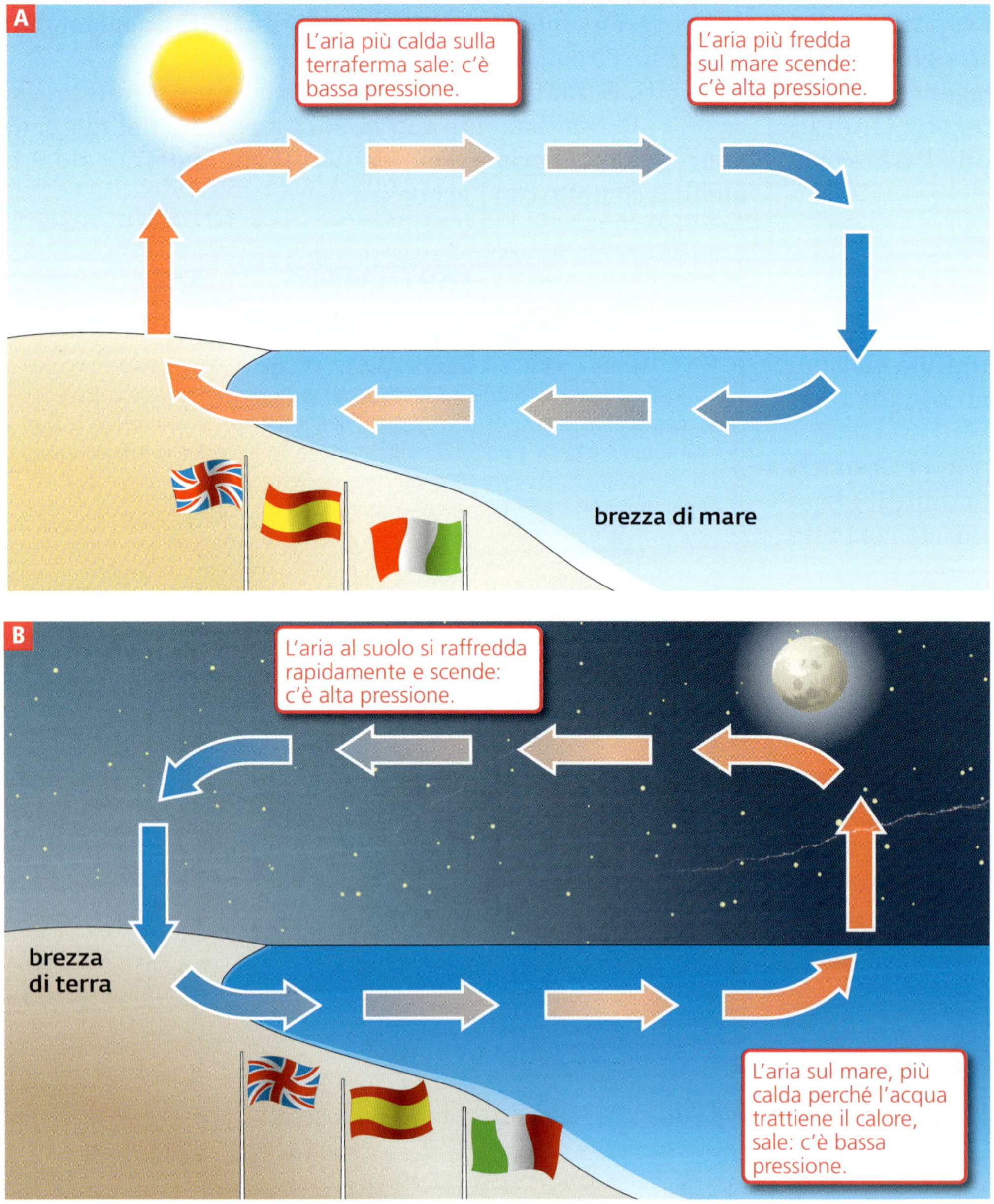

FIGURA 18. Tramite la circolazione dell'aria viene ridistribuito il calore tra le diverse aree della superficie terrestre. (**A**) La brezza di mare spira durante il giorno: l'aria si muove dalla zona di pressione più elevata, sul mare, a quella di pressione più bassa, sulla terraferma. (**B**) Di notte le condizioni si invertono: l'aria, più calda sul mare, determina una zona di pressione più bassa che richiama aria dalla terraferma: è la brezza di terra.

9 I monsoni

I monsoni come le brezze sono **venti periodici** in quanto invertono periodicamente la loro direzione. Mentre per le brezze l'inversione avviene quotidianamente, per i monsoni accade stagionalmente: la parola monsone deriva dall'arabo *mausim* che significa appunto stagionale (**FIGURA 19**).

Seguiamo un ciclo monsonico iniziando dall'estate. In questa stagione il continente asiatico si riscalda rapidamente, riscaldando anche l'aria a contatto con la terraferma. Si forma così una vasta area di bassa pressione, che richiama aria dall'Oceano Indiano, dove la temperatura è inferiore e la pressione più alta. Scorrendo sul mare l'aria si carica di umidità. Giunta sul continente l'aria marina si scontra con i rilievi montuosi, sale in alto, si raffredda e scarica il vapore acqueo di cui è satura: è il **monsone estivo** che spira dall'Oceano Indiano verso il continente e annuncia la stagione delle grandi piogge. Mumbai, un tempo chiamata Bombay, è una grande metropoli indiana situata direttamente lungo il percorso del monsone estivo sud-occidentale. La sua piovosità media è di soli 102 mm tra l'inizio di ottobre e la fine di maggio, ma aumenta fino a 1,7 m tra giugno e settembre (**FIGURA 20**). Nello stesso periodo, a Cherrapunjee ai piedi dell'Himalaya si raggiungono addirittura 8,2 m di pioggia. Per rendersi conto di cosa vuol dire, ricordiamo che sull'Italia le piogge non raggiungono il metro all'anno.

A fine settembre e in ottobre le temperature del mare e della terraferma si equilibrano. A poco a poco i venti cadono, le piogge cessano e si ha un periodo di calma.

Con l'avvicinarsi dell'inverno l'entroterra asiatico si raffredda rapidamente formando un'area di alta pressione, mentre sull'Oceano Indiano, che mantiene più a lungo il calore accumulato durante l'estate, si forma un'area di bassa pressione. Si ha così un flusso di aria fresca e secca dall'entroterra verso l'Oceano Indiano: è il **monsone invernale**.

In primavera anche l'entroterra asiatico inizia a riscaldarsi e quando le temperature sulla terraferma e sul mare si equilibrano, i venti cessano e ha inizio una stagione calda e secca, con cielo sereno, che raggiunge il suo culmine con il mese di aprile. Con l'avvicinarsi dell'estate si ritorna alla situazione precedente e il ciclo riprende.

I monsoni condizionano la vita e l'economia dei Paesi che si affacciano sull'Oceano Indiano e che sono tra i più densamente popolati del pianeta. L'alternanza dei monsoni determina i ritmi dell'agricoltura e le rese dei singoli anni. Ritardi o anticipi di questi venti possono causare grandi siccità o disastrose alluvioni, compromettendo i raccolti e portando nell'intera regione vittime e carestie.

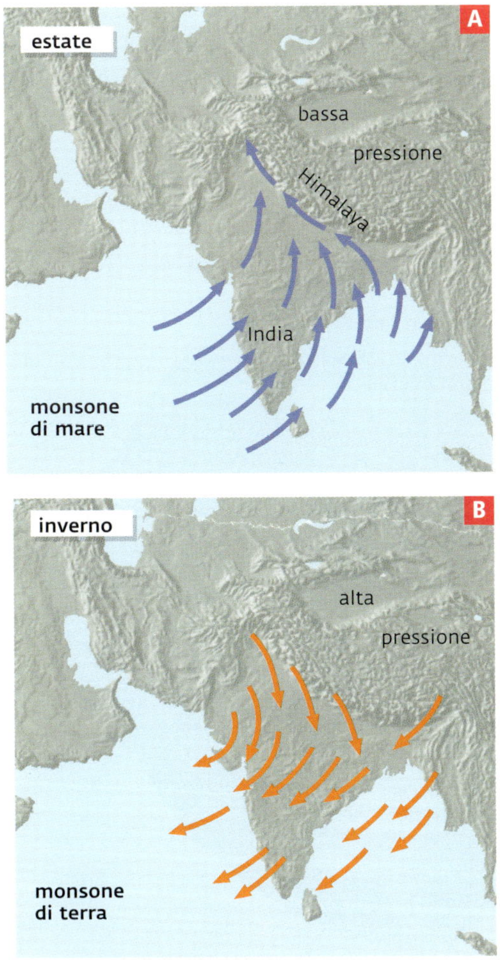

FIGURA 19. I monsoni sono venti periodici che invertono la loro direzione a seconda della stagione. Il monsone estivo (**A**) è un vento carico di umidità che spira dall'oceano verso il continente. Il monsone invernale (**B**), viceversa, spira dal continente verso l'oceano, portando aria secca.

TROVA LE PAROLE

I .... come le brezze sono venti .... in quanto invertono ciclicamente la loro .... Il monsone .... trasporta aria .... dall'oceano verso il continente .... , mentre il monsone .... trasporta aria fresca e .... dal continente verso l'oceano.

FIGURA 20. Durante la stagione dei monsoni nella città di Mumbai le precipitazioni possono raggiungere 1,7 m.

10 I venti a livello planetario

Il modello visto per le brezze e i monsoni può essere applicato anche su scala planetaria.

Il riscaldamento della superficie terrestre, infatti, è minore in prossimità dei Poli, dove i raggi del Sole arrivano assai inclinati, rispetto a quanto avviene in prossimità dell'Equatore, dove i raggi del Sole arrivano con un'inclinazione minore, o addirittura perpendicolari agli equinozi (**FIGURA 21**). Ciò genera alte pressioni polari e basse pressioni equatoriali e, di conseguenza, s'instaurano correnti di convezione che a livello del suolo costituiscono i venti. Mentre le brezze e i monsoni invertono periodicamente la loro direzione, i venti originati dalle celle convettive planetarie sui due emisferi sono **venti costanti**, in quanto spirano durante tutto l'anno sempre nella stessa direzione. Questi venti ridistribuiscono l'eccesso di calore accumulato in corrispondenza delle regioni equatoriali verso le regioni polari, attenuando gli squilibri termici del pianeta dovuti alle differenze di irraggiamento solare.

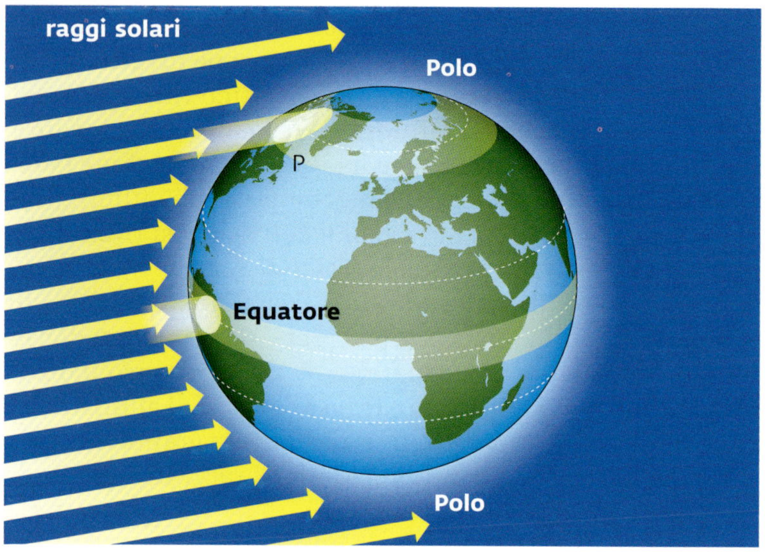

FIGURA 21. Per la forma sferica della Terra uno stesso fascio di radiazioni solari si distribuisce su un'area tanto più grande quanto più si va dall'Equatore ai Poli.

Tra i primi a porsi il problema di un modello globale della circolazione atmosferica fu nel XVII secolo il meteorologo inglese George Hadley, il quale ipotizzò che l'aria si muovesse attorno alla Terra formando due grandi celle convettive (una per ciascun emisfero), estese dall'Equatore al Polo. In realtà, la circolazione dell'aria su scala planetaria è formata da *tre celle convettive* per emisfero e risulta alquanto più complessa di quanto pensasse Hadley, anche a causa del moto di rotazione terrestre.

Sulla Terra che gira, infatti, il movimento dei venti dall'Equatore ai Poli non avviene secondo traiettorie rettilinee lungo i meridiani, bensì con traiettorie curve puntando ora verso occidente ora verso oriente. Questa «deviazione» è una manifestazione dell'**effetto Coriolis**, prodotto dal moto di rotazione della Terra e dovuto al fatto che i punti della superficie terrestre non ruotano con la stessa velocità (*vedi* Unità A2, p. 36).

A livello planetario, procedendo dall'Equatore al Polo nel nostro emisfero (la situazione è identica ma speculare nell'altro emisfero), si incontrano le seguenti celle (**FIGURA 22**).

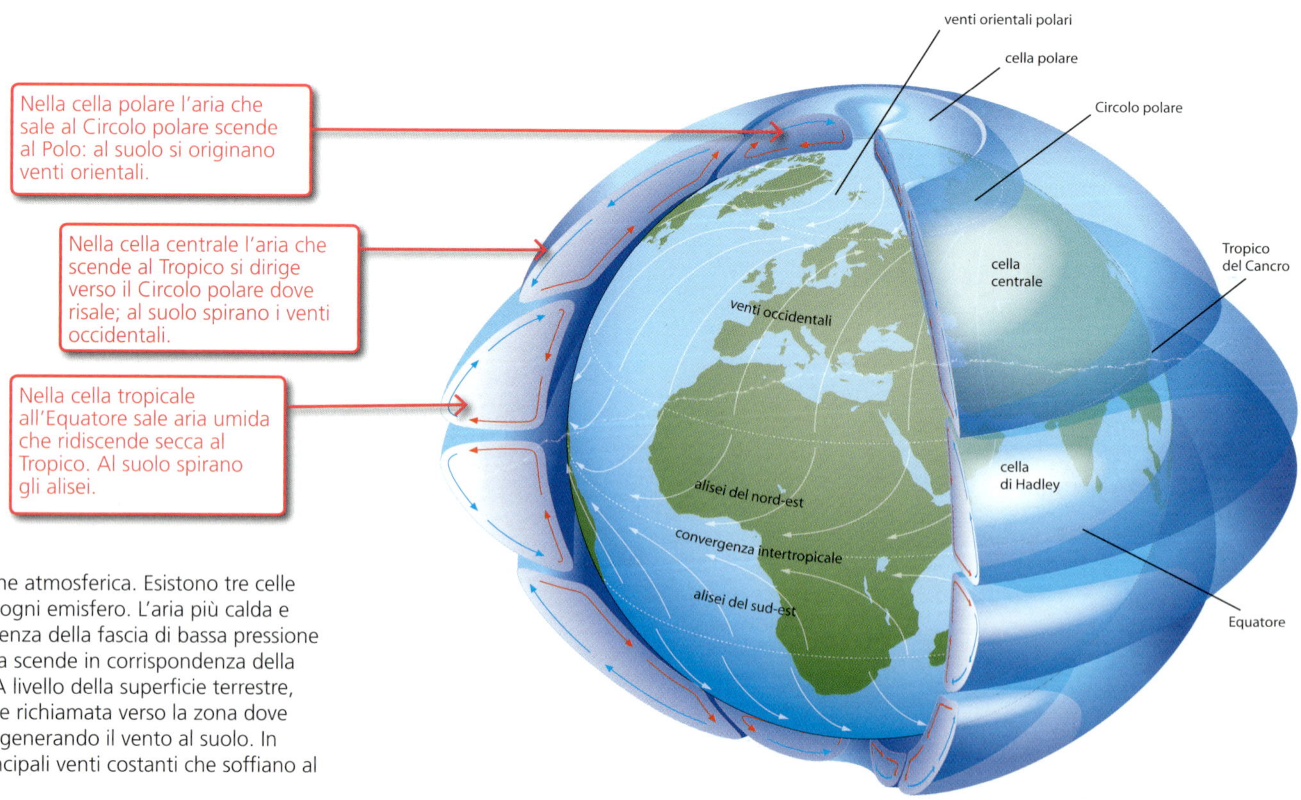

FIGURA 22. La circolazione atmosferica. Esistono tre celle convettive ad anello per ogni emisfero. L'aria più calda e umida sale in corrispondenza della fascia di bassa pressione e l'aria più fredda e secca scende in corrispondenza della fascia di alta pressione. A livello della superficie terrestre, l'aria fredda e secca viene richiamata verso la zona dove l'aria calda e umida sale generando il vento al suolo. In figura sono indicati i principali venti costanti che soffiano al suolo.

- La **cella tropicale** (o cella di Hadley) si estende tra la fascia di bassa pressione equatoriale e la fascia di alta pressione subtropicale (30° N), in corrispondenza del Tropico del Cancro. All'altezza dell'Equatore si innalzano masse d'aria molto calde e umide che, dopo essersi liberate dell'umidità sotto forma di piogge, ridiscendono secche sul Tropico. Dal Tropico una parte dell'aria viene risucchiata verso l'Equatore, generando al suolo i **venti orientali** o **alisei** che spirano da nord-est verso sud-ovest.
- La **cella centrale** (o cella di Ferrel) si estende tra la fascia di alta pressione subtropicale e la fascia di bassa pressione subpolare, in vicinanza del Circolo polare (60° N). In questa cella la circolazione avviene in senso opposto rispetto a quella della cella tropicale e i venti al suolo vanno dalle regioni subtropicali verso le regioni subpolari. Si generano così i **venti occidentali** che spirano da sud-ovest verso nord-est.
- La **cella polare** si estende tra la fascia di bassa pressione subpolare e la zona di alta pressione polare. In questo caso il flusso delle masse d'aria al suolo va dal Polo verso il Circolo polare, generando i **venti orientali** (o *venti polari*) che spirano da nord-est verso sud-ovest.

Gli alisei da nord-est e da sud-est convergono sull'Equatore in una zona di bassa pressione, chiamata **zona di convergenza intertropicale**, che slitta verso un emisfero o l'altro a seconda delle stagioni (**FIGURA 23**).

Arrivati in prossimità di questa zona, a causa delle temperature elevate, gli alisei di entrambi gli emisferi s'innalzano sopra il mare come se si infilassero in un camino, lasciando sotto una regione di calma quasi assoluta, la cosiddetta *zona delle calme equatoriali*. In passato gli equipaggi delle navi a vela temevano questa zona perché rischiavano di morire di sete in attesa del vento.

Gli alisei, i venti occidentali e quelli orientali sono di estrema importanza perché condizionano la circolazione delle correnti marine, influenzano profondamente il clima della Terra e, di conseguenza, la vita nella biosfera.

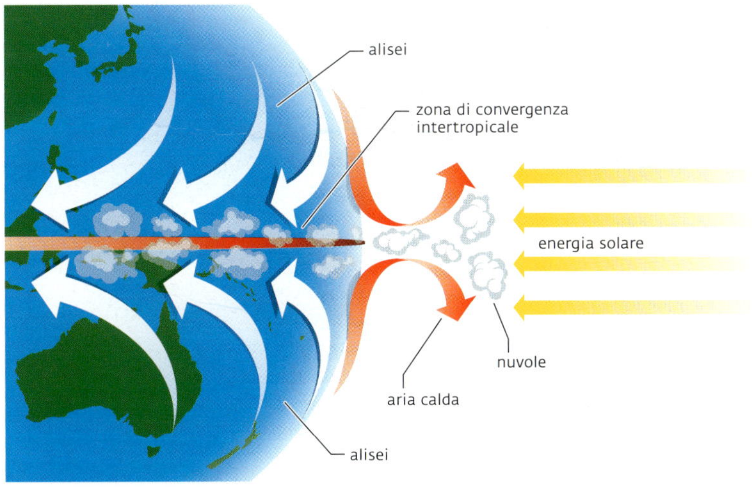

FIGURA 23. La convergenza degli alisei dei due emisferi determina una fascia di bassa pressione che circonda il globo. L'aria calda e umida che si solleva produce nuvole e frequenti episodi temporaleschi.

TROVA LE PAROLE

La circolazione atmosferica su scala planetaria si compone di tre .... per ogni emisfero: la cella .... che si estende tra la fascia di .... pressione equatoriale e la fascia di .... pressione in corrispondenza del Tropico, generando al suolo i venti .... (o *orientali*); la cella .... che si estende tra la fascia di alta pressione .... e la fascia di bassa pressione ...., generando al suolo i venti ....; la cella .... che si estende tra la fascia di bassa .... subpolare e la zona di alta pressione polare, generando i venti .... (o *venti polari*).

PROVA A FARE

Il viaggio di Colombo

I venti orientali, o alisei, furono chiamati dagli inglesi anche *trade winds*, venti del commercio, perché sfruttati un tempo dalla navigazione commerciale per il trasporto delle merci. Ben noti ai velisti che ancora oggi si avventurano nelle traversate atlantiche, sono i venti che gonfiarono le vele delle caravelle di Cristoforo Colombo (Genova 1451-Valladolid 1506) nel suo viaggio verso le Americhe.
Dopo una lunga navigazione, il 12 ottobre 1492 Colombo avvistò la terra: si trattava di un'isola dell'arcipelago delle Bahamas, battezzata da Colombo San Salvador. Per il ritorno Colombo, dopo vari tentativi, si spinse più a nord, finché riuscì a trovare i venti che lo riportarono in Europa.

a. Quali venti pensi che abbia sfruttato Colombo per ritornare in Europa?

b. Cerca il motivo per cui i venti vengono indicati con la direzione di provenienza anziché con quella verso cui si muovono.

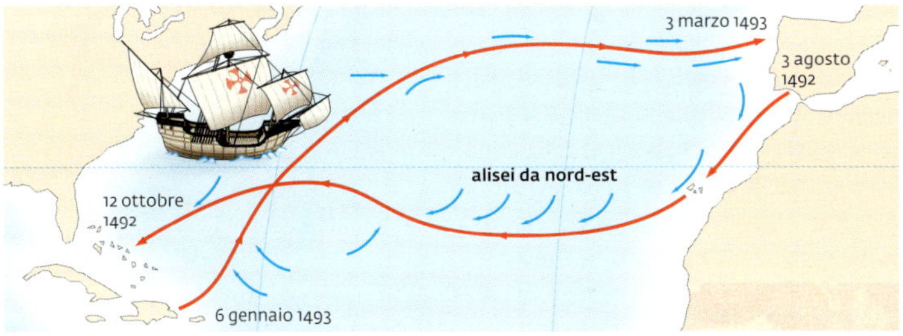

Le correnti a getto nella Seconda guerra mondiale

Strani incidenti e palloni misteriosi

Durante la Seconda guerra mondiale, furono segnalati inspiegabili incidenti, in cielo e in terra.

Nel 1943, durante un'azione sulla Francia, gli aerei della Royal Air Force incontrarono dei forti venti di coda che, a circa 380 km/h, li spinsero velocemente sul loro obiettivo. Ma al ritorno, gli stessi venti causarono uno stallo («blocco») degli aerei; gli aviatori inglesi furono costretti a paracadutarsi in territorio nemico e furono catturati.

Nel 1944, bombardieri della United States Army Air Forces incontrarono correnti occidentali a 260 km/h, tra Kyoto e Tokyo, e non riuscirono a portare a termine il bombardamento di precisione previsto.

Il 5 maggio 1945 la tredicenne Joan, durante una gita nel sud dell'Oregon (USA), trovò tra gli alberi un misterioso oggetto: appena lo toccò, scoppiò, uccidendo lei, altri quattro ragazzi e una donna.

Circa 300 oggetti simili colpirono gli Stati Uniti occidentali tra il 1944 e il 1945: sembravano palloni per lo studio dell'atmosfera, ma portavano bombe incendiarie altamente esplosive (**FIGURA A**). Solo analizzando il tipo di sabbia contenuto nei sacchetti della zavorra il governo degli Stati Uniti capì che questi «palloni bomba» provenivano dal Giappone: il loro obiettivo era di incendiare fabbriche, campi e boschi.

La scoperta delle correnti a getto

Passarono alcuni anni prima che si trovasse che tutti questi incidenti avevano qualcosa in comune.

I palloni erano già usati in Giappone per trasportare materiale di propaganda o esplosivi in territorio nemico. La necessità di rispondere agli attacchi americani della Seconda guerra mondiale spinse i militari giapponesi a sperimentarli su grandi distanze. Il progetto fu chiamato ***fu-go*** («arma a vento») e si basava sul lavoro condotto dal meteorologo Wasaburo Ooishi, tra il 1923 e il 1925. Ooishi, studiando la velocità e la traiettoria dei palloni atmosferici, aveva notato forti venti a circa 10 km di quota, ai confini con la stratosfera, costanti in tutte le stagioni, che soffiavano da ovest a est.

I palloni bomba furono i primi veicoli a sfruttare queste correnti, in modo da viaggiare velocemente, senza essere visti né colpiti da terra.

Anche in Occidente la presenza di forti venti ad alta quota era nota agli aviatori e ai meteorologi dalla metà degli anni Trenta, ma il fenomeno fu interamente compreso solo negli anni Cinquanta: si trattava di stretti flussi d'aria chiamati **correnti a getto**.

In ogni emisfero le correnti a getto sono due: una *corrente a getto polare* e una *corrente a getto subtropicale* (**FIGURA B1**). Questi fiumi d'aria spirano da ovest verso est, con una velocità elevata (fino a 500 km/h) e con un andamento ondulante (**FIGURA B2**). Le ondulazioni possono formare vortici che si distaccano dalla corrente principale.

I meteorologi oggi tendono a ritenere che il percorso delle correnti a getto modifichi la circolazione dell'aria nella bassa atmosfera e quindi la conoscenza dei loro percorsi è importante per le previsioni meteorologiche. Individuare le correnti a getto è estremamente importante anche per i voli aerei, soprattutto per i voli intercontinentali in quanto è più veloce ed economico viaggiare con la corrente favorevole piuttosto che controcorrente.

FIGURA A. I palloni erano fatti di carta di gelso, riempiti di idrogeno, e trasportavano quasi 450 kg di bombe. Un altimetro regolava la loro posizione, facendo svuotare il pallone se saliva troppo o sganciando della zavorra se scendeva troppo. Dopo tre giorni di viaggio, il tempo calcolato per attraversare il Pacifico, una carica esplosiva sganciava le bombe e una seconda carica distruggeva il pallone.

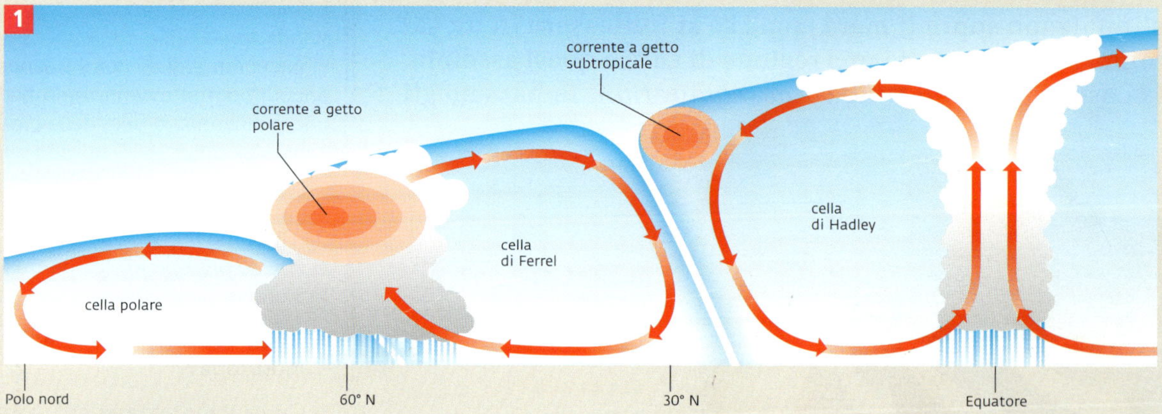

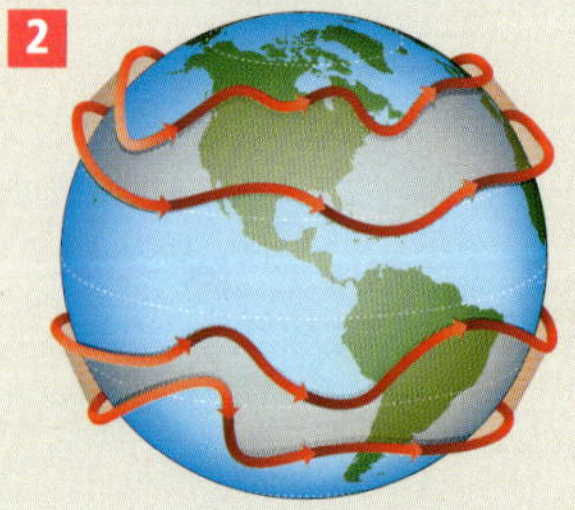

FIGURA B. (**1**) Sezione dell'atmosfera dall'Equatore al Polo nord in cui sono indicate le tre celle convettive e le correnti a getto. Le correnti a getto soffiano da ovest verso est nell'alta troposfera e si trovano sul confine tra le celle convettive. In (**2**) è visibile il loro percorso ondulato.

PER FISSARE I CONCETTI

- Che cosa sono le correnti a getto? Come sono state scoperte?
- Prova a commentare e spiegare la seguente notizia: «Un aereo in viaggio tra New York e Londra è atterrato all'aeroporto londinese con un'ora e mezzo di anticipo, sfiorando in volo la velocità del suono».

Per ricordare

LOSAI? RIPASSA CON LO SMARTPHONE

1. Quali sono le sfere che compongono il nostro pianeta?

Il nostro pianeta si può considerare formato da tre involucri: la sfera delle rocce o **litosfera**, la sfera delle acque o **idrosfera**, la sfera dell'aria o **atmosfera**. La **biosfera** è l'insieme delle regioni della Terra in cui è presente la vita.

2. Qual è la struttura dell'atmosfera?

A partire dalla superficie terrestre si distinguono i seguenti strati:

- la **troposfera**, nella quale si trova l'aria che respiriamo e si verificano i fenomeni meteorologici;
- la **stratosfera**, nella quale è presente l'*ozonosfera*, che protegge gli esseri viventi dalle dannose radiazioni UV;
- la **mesosfera** e la **termosfera** che contengono la *ionosfera*, che riflette le onde radio.

3. Da che cosa è formata l'aria che respiriamo?

L'aria secca (cioè priva del vapore acqueo) della troposfera è composta, in volume, per il 78% da **azoto**, per il 21% da **ossigeno** e per l'1% da altri gas, tra cui l'**anidride carbonica** (0,04%).

L'aria contiene anche piccole quantità di particelle solide (*pulviscolo atmosferico*) e una certa quantità di *vapore acqueo*.

4. Che cos'è l'effetto serra?

Alcuni gas atmosferici impediscono a una parte delle radiazioni infrarosse riemesse dalla superficie terrestre di sfuggire verso lo spazio esterno, intrappolando così del calore negli strati bassi della troposfera: è l'*effetto serra*.

5. Come varia la pressione atmosferica?

La **pressione atmosferica** è il rapporto tra il peso della colonna d'aria soprastante una data superficie e l'area della superficie stessa. Essa varia a seconda dell'*altitudine*, della *temperatura* e dell'*umidità*.

6. Come si generano i venti?

Il **vento** è il movimento di una massa d'aria che si sposta da un'area di *alta pressione* a un'area di *bassa pressione*.

I venti al suolo sono il ramo orizzontale inferiore di celle di circolazione dell'aria chiamate **celle convettive**. In ognuna di esse l'aria sale e poi ridiscende, creando una fascia di bassa pressione e una di alta pressione.

la mappa

Completa la mappa concettuale utilizzando i termini proposti. Dai la definizione di quelli sottolineati:

O_2 • venti • monsoni • umidità • periodici • alisei • pulviscolo atmosferico • temperatura • N_2 • CO_2 • pressione • costanti • gas • vapore acqueo

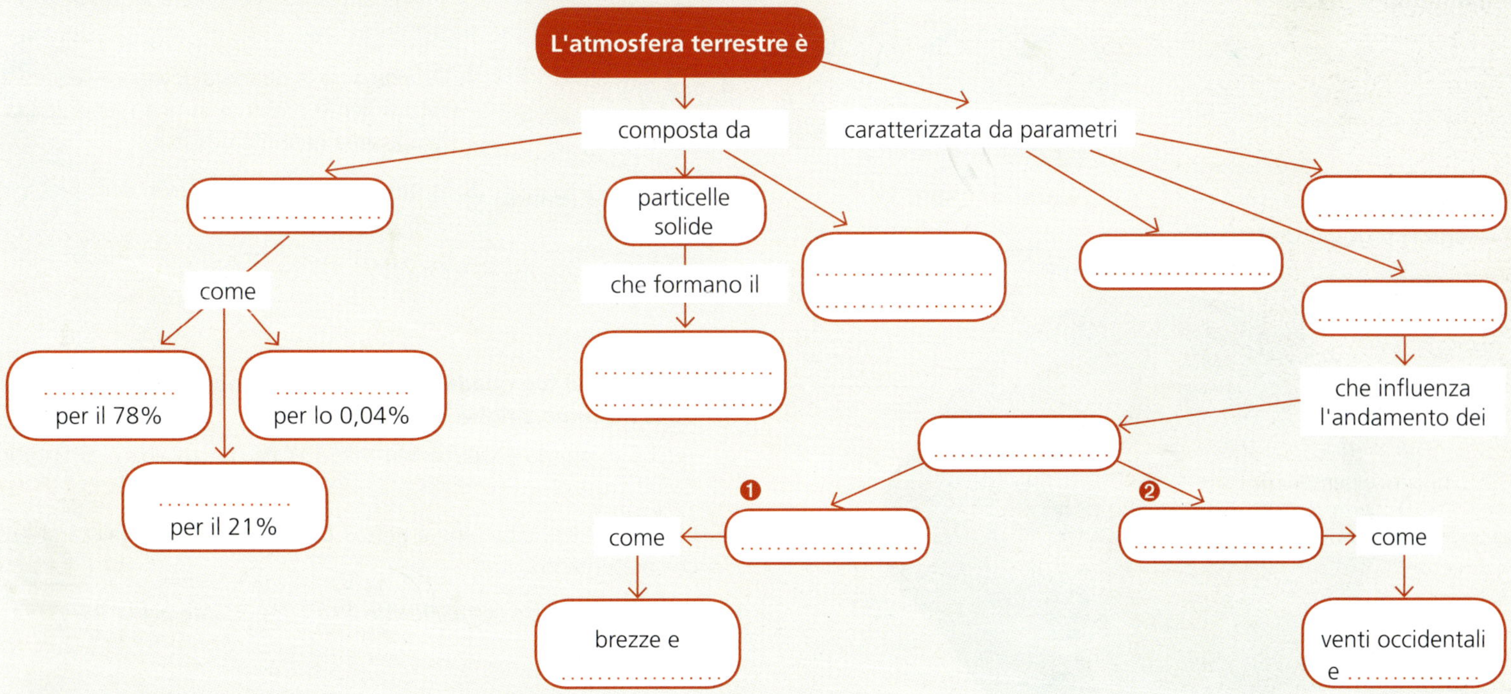

Sul tuo quaderno prova a espandere la mappa aggiungendo un nuovo gruppo di nodi riferiti alla «struttura dell'atmosfera» e nuovi collegamenti ai nodi ❶ e ❷.

Sei pronto per la verifica?

In 1 ora

1. **Indica se ciascuna delle seguenti affermazioni è vera o falsa. Se è falsa, falla diventare vera cambiando solo i termini sottolineati.**

a. Se l'atmosfera non fosse presente, il cielo apparirebbe nero. V F

b. Il gas più abbondante nell'atmosfera è l'ossigeno. V F

c. La temperatura percepita corrisponde sempre a quella misurata dagli strumenti. V F

d. L'aria umida esercita una pressione maggiore rispetto all'aria secca. V F

e. I venti si muovono verso regioni caratterizzate da pressione più bassa rispetto alle zone circostanti. V F

f. La fascia equatoriale è caratterizzata da zone di bassa pressione. V F

[6 PUNTI]

2. **Completa la tabella relativa agli strati dell'atmosfera**

Strato	Estensione	Andamento temperatura	Fenomeni (almeno un esempio)
Termosfera			
Mesosfera			
Stratosfera			
Troposfera			

[12 PUNTI]

3. **Inserisci i termini corretti nella figura.**

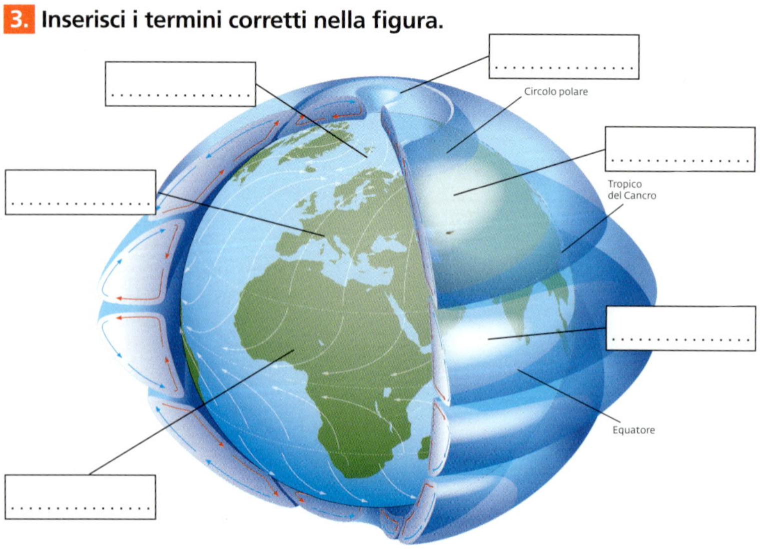

[6 PUNTI]

4. **Accanto a ogni affermazione, scrivi P se pensi si riferisca ai venti periodici, C se pensi si riferisca ai venti costanti, E se pensi possa riferirsi a entrambi.**

a. Lo sono gli alisei e i venti occidentali. ☐

b. Si muovono da zone di alta pressione a zone di bassa pressione. ☐

c. Invertono la direzione in cui spirano quotidianamente o stagionalmente. ☐

d. Interessano spesso le regioni costiere, in cui si risentono gli effetti del differente riscaldamento di mari e terre emerse. ☐

e. Spirano per tutto l'anno nella stessa direzione. ☐

f. Lo sono brezze e monsoni. ☐

g. Sono originati dalle celle convettive planetarie presenti nei due emisferi. ☐

[7 PUNTI]

5. **Stabilisci le corrispondenze corrette tra i termini della colonna di sinistra e le descrizioni riportate a destra.**

a. ☐ barometro

b. ☐ limite di saturazione

c. ☐ millibar

d. ☐ igrometro

e. ☐ umidità relativa

1. Strumento utilizzato per la misurazione dell'umidità dell'aria.
2. Unità di misura della pressione dell'aria utilizzata in meteorologia.
3. Quantità massima di vapore acqueo che una massa d'aria può contenere a una data temperatura.
4. Rapporto tra la quantità di vapore acqueo effettivamente presente in una massa d'aria e la massima quantità possibile.
5. Strumento che registra i valori della pressione atmosferica.

[5 PUNTI]

6. **Rispondi sul tuo quaderno alle seguenti coppie di domande utilizzando al massimo 5 righe.**

a. Perché di giorno il cielo è blu-azzurro? Perché all'alba e al tramonto diventa rosso? **[2 + 2 PUNTI]**

b. Che cosa sono le correnti a getto? Dove si trovano e quali caratteristiche presentano? **[3 + 2 PUNTI]**

c. Che cos'è l'effetto serra? Perché è così importante per la Terra? **[3 + 2 PUNTI]**

☐ fino a 32 punti **insufficiente**	☐ da 33 a 38 punti **sufficiente**	☐ da 39 a 44 punti **buono**	☐ da 45 a 50 punti **ottimo**

Verifica le competenze

ZTE ONLINE 20 test interattivi online su zte.zanichelli.it

S1 – ANALIZZARE E INTERPRETARE TABELLE, GRAFICI E IMMAGINI

1. UNA SITUAZIONE ANOMALA

Quota	Temperatura	Quota	Temperatura
50 mm	−2,5 °C	450 mm	0,9 °C
100 mm	−2,1 °C	500 mm	1,3 °C
150 mm	−1,6 °C	550 mm	1,8 °C
200 mm	−1,2 °C	600 mm	2 °C
250 mm	−0,7 °C	650 mm	1,9 °C
300 mm	−0,3 °C	700 mm	1,7 °C
350 mm	0,1 °C	750 mm	1,5 °C
400 mm	0,5 °C	800 mm	1,2 °C

Nella stazione meteorologica di un grande aeroporto, tutte le mattine vengono registrati tramite radiosondaggi i valori della temperatura atmosferica a varie quote altimetriche. Nella tabella sono riportati i valori rilevati una mattina del mese di dicembre.

a. ●○○ Disegna sul quaderno o su un foglio di carta millimetrata il grafico relativo all'andamento della temperatura.

b. ●●○ Osserva il grafico: in che modo varia la temperatura al variare della quota?

c. ●●○ Come viene denominata tale situazione? Perché può essere definita «anomala»?

d. ●●● Quali potrebbero essere le conseguenze di questa situazione sulla qualità dell'aria nella zona dell'aeroporto?

S1 – RICONOSCERE O STABILIRE RELAZIONI

2. DOVE SOFFIA IL VENTO?

Le due città di Alessandria e Gorizia (evidenziate sulla carta) si trovano all'incirca alla stessa quota sul livello del mare (circa 90 m). Supponi che nello stesso istante ad Alessandria si registrino temperatura di 15 °C e umidità relativa del 35%, mentre a Gorizia temperatura di 22 °C e umidità relativa del 100%.

a. ●○○ Nel testo dell'esercizio ti vengono forniti tre valori (quota, temperatura, umidità relativa): quale altro parametro dell'atmosfera dipende da essi?

b. ●●○ Come pensi possa essere il valore di tale parametro ad Alessandria rispetto a quella di Gorizia? Perché?

c. ●●● In una simile situazione, la Pianura Padana potrebbe essere percorsa dal vento? Se sì, in quale direzione spirerebbe? Perché?

S3 – COMPRENDERE IL RUOLO CHE I PROCESSI TECNOLOGICI GIOCANO NELLA MODIFICA DELL'AMBIENTE

3. UNA CURVA MOLTO FAMOSA

Il seguente grafico è noto come «curva di Keeling», dal nome dello scienziato che ha iniziato a raccogliere i dati per costruirla. Essa rappresenta i cambiamenti della concentrazione atmosferica dell'anidride carbonica (CO_2) dal 1958 praticamente sino a oggi, in base alle rilevazioni effettuate presso l'osservatorio situato sul vulcano Mauna Loa, nelle isole Hawaii.
La linea rossa evidenzia, anno dopo anno, le variazioni atmosferiche registrate tramite le misurazioni, mentre la linea blu rappresenta i valori medi e la tendenza generale della concentrazione dell'anidride carbonica da un anno all'altro.

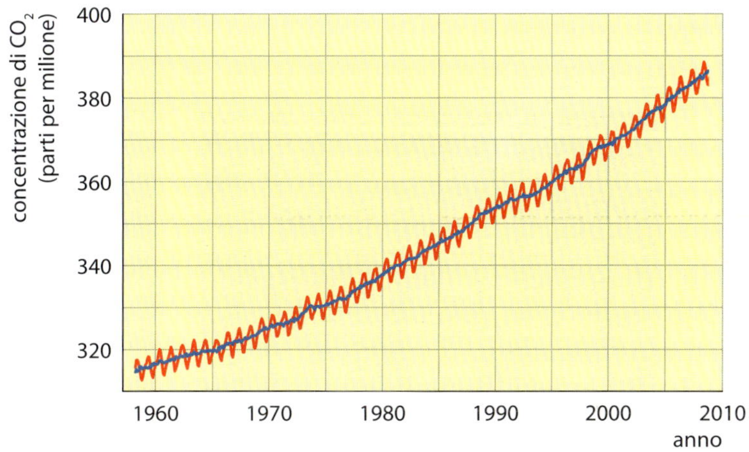

a. ●○○ Quale andamento presenta la linea rossa?

b. ●●○ A che cosa corrisponde tale andamento?

c. ●●● Come si potrebbe spiegare?

d. ●○○ Quale andamento presenta la linea blu?

e. ●●● Come si potrebbe spiegare tale andamento?

f. ●●○ Alla luce di ciò che hai studiato in questa Unità, che cosa potrebbe essere successo alla temperatura dell'atmosfera a seguito delle variazioni illustrate dalla linea blu?

g. ●●○ Per quale motivo Keeling scelse le Hawaii per le sue misure?

S1 – RACCOGLIERE DATI ATTRAVERSO LA CONSULTAZIONE DI DIVERSE AGENZIE INFORMATIVE

4. COM'È L'ARIA CHE RESPIRI?

Il territorio italiano è ormai fortemente antropizzato e, a causa delle attività umane, anche la composizione dell'aria che respiriamo si è via via modificata. Si definiscono inquinanti atmosferici «le sostanze che alterano la normale composizione chimica dell'aria con conseguenze sulla salute dell'uomo e dell'ambiente».

a. ●○○ Ricerca in rete quali sono le principali sostanze considerate inquinanti atmosferici.

b. ●●○ Par ciascuna delle sostanze trovate, individua fonti di emissione ed effetti sulla salute.

c. ●●● Cerca di scoprire qual è lo «stato dell'aria» nella tua regione facendo riferimento ad alcune delle sostanze che hai elencato nella risposta alla domanda **a**.

4 Il tempo e il clima

In questa Unità troverai le risposte alle seguenti domande:

1. Come si formano le nuvole? Da che cosa sono costituite?
2. Come si formano la pioggia e le altre precipitazioni?
3. Che cosa sono le aree cicloniche e anticicloniche?
4. A che cosa sono dovute le variazioni del tempo? Che cos'è un fronte?
5. Qual è la differenza tra tempo e clima?

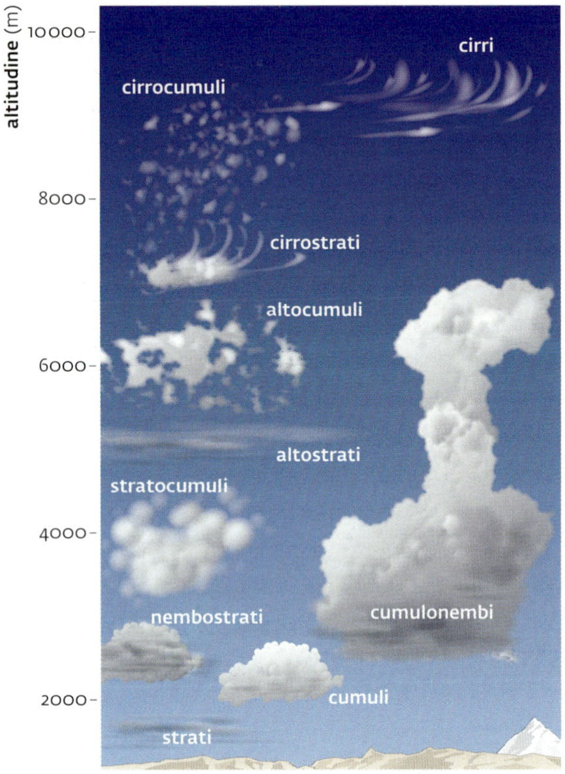

A

B

C

D

E

F

Tanti tipi di nubi

Scrutiamo le nuvole fuori dalla finestra per captare i segnali del tempo che farà. Le nubi si presentano in una così grande varietà di forme e aspetti che è difficile classificarle. Talora sono leggere, quasi immobili; talora corrono con notevole velocità. Appaiono a bassa quota distese sino a coprire tutto il cielo, o si elevano in altezza sino a superare le più alte montagne. Gravano talora scure, pesanti, minacciose.

I vari sistemi di classificazione delle nuvole tengono conto della loro forma e della quota a cui si trovano. Ecco le più comuni: gli *strati*, alla quota di circa 1,5 km, formano basse distese uniformi e grigie; i *cumuli*, intorno ai 2 km, sono le classiche nubi bianche a cavolfiore; i *cirri* sono le alte nubi sfrangiate e filamentose che si trovano mediamente a 10 km di altezza. I *cumulonembi* sono le nubi scure cariche di pioggia.

Nell'immagine sono disegnati vari tipi di nubi, alcune delle quali devono i loro nomi al fatto che presentano caratteri intermedi tra i tipi menzionati.

SAI RISPONDERE?

1 Osserva il cielo fuori dalla finestra: sono presenti nubi? Riesci ad attribuire loro il nome corretto?
2 Osserva le nubi delle foto qui sopra: ricordi di averne viste di simili nel cielo?
3 Hai mai sentito parlare del cielo a pecorelle? A quale tipo di nubi corrisponde?
4 Riconosci le nubi prodotte dagli aerei? Hai mai visto le nubi che assomigliano a degli UFO della **FIGURA B**?

1 Come si formano e si dissolvono le nuvole

Nelle fredde giornate d'inverno l'aria che emettiamo dalla bocca quando respiriamo forma una nuvoletta bianca, una specie di nebbiolina (**FIGURA 1A**). A che cosa è dovuta?

L'aria che fuoriesce dai nostri polmoni, che normalmente non vediamo, è calda e ricca di acqua sotto forma di vapore. A contatto con l'aria gelida esterna si raffredda: di conseguenza, parte del vapore condensa, ossia le molecole di acqua si aggregano in minuscole goccioline che formano la nuvoletta. Analoga è l'origine degli sbuffi bianchi che sfuggono da un bollitore (**FIGURA 1B**).

Mediante lo stesso processo si formano le nuvole (**FIGURA 1C**).

Le **nuvole** (o **nubi**) si formano dal vapore acqueo atmosferico che, raffreddandosi, condensa in minute goccioline.

La condensazione del vapore acqueo atmosferico è dovuta all'abbassamento della temperatura di masse di aria umida. Per ogni valore di temperatura esiste una quantità massima di vapore acqueo che può rimanere sciolto in un dato volume di aria. Ebbene, questa quantità massima di vapore diminuisce al diminuire della temperatura.

Per esempio, un litro di aria a 40 °C può contenere fino a 50 mg di vapore acqueo, mentre a 0 °C ne contiene al massimo 5 mg: 50 mg e 5 mg sono i valori di *saturazione* (corrispondenti al 100% di umidità) rispettivamente a 40 °C e a 0 °C. Supponiamo che un litro di aria *satura* di vapore venga raffreddato da 40 °C a 0 °C: che cosa succede? Dei 50 mg iniziali solo 5 mg riescono a rimanere disciolti come vapore nell'aria; gli altri 45 mg condensano trasformandosi in goccioline di acqua.

Possiamo dunque dire che, se si abbassa la temperatura dell'aria satura, parte del vapore invisibile condensa in goccioline così minuscole da restare sospese nell'aria. Le goccioline non sono visibili singolarmente perché il loro diametro è di circa 0,02 mm, ma il loro insieme è ben visibile, ha un peso ed è ciò che chiamiamo nuvola (**FIGURA 1D**).

La trasformazione del vapore in goccioline d'acqua è favorita dalla presenza nell'aria di minuscole particelle solide, dette **nuclei di condensazione**, attorno alle quali avviene la condensazione. Si tratta di particelle sospese nell'aria, costituite in prevalenza da microscopici cristalli di sale (originati dagli spruzzi d'acqua marina), da granuli di polline e da granelli di polvere.

FIGURA 1. Le tre figure (**A**), (**B**) e (**C**) mostrano la condensazione del vapore acqueo e la formazione delle nuvole (**D**).

PROVA A FARE

Nuvole in bottiglia

Per creare una nuvola prendi un barattolo di vetro e attacca al barattolo un cartoncino nero per creare uno sfondo. Riempi circa 1/4 del barattolo con acqua calda del rubinetto (o acqua che hai riscaldato). Riempi un sacchetto con cubetti di ghiaccio e sigillalo bene, assicurati che possa coprire la parte superiore del barattolo. Accendi un fiammifero e poi spegnilo. Aspetta uno o due secondi e fallo cadere nel barattolo (se lo fai cadere subito fa troppo fumo e non puoi vedere la nuvola). Metti rapidamente il sacchetto con il ghiaccio sopra il barattolo e osserva le nuvole che si formano all'interno.

Qual è il ruolo del sacchetto con il ghiaccio? E quello del fumo del fiammifero?

Per quale motivo una massa d'aria si può raffreddare dando così luogo alla formazione di una nuvola?

La causa principale del raffreddamento di una massa d'aria è la sua salita in quota. Nella troposfera la temperatura diminuisce con l'altitudine di circa 6 °C al kilometro. Di conseguenza, quando una massa d'aria carica di umidità sale, si raffredda e diventa satura di vapore: si formano allora le goccioline e compare una nuvola. Se la temperatura è molto bassa all'interno della nuvola si formano cristalli di ghiaccio.

Le nuvole si formano e si dissolvono in qualsiasi stagione dell'anno. Una nuvola, comparsa in cielo per il raffreddamento di una massa di aria umida, svanisce e le goccioline si trasformano di nuovo in vapore quando cambiano le condizioni. Le nuvole più comuni, che compaiono e si dissolvono nelle giornate soleggiate, sono dette *cumuli* (**FIGURA 2**).

TROVA LE PAROLE

Le ...., o ...., si formano dal vapore acqueo .... che, raffreddandosi, ... in minute goccioline. Per ogni valore di temperatura esiste una quantità .... di vapore acqueo che può rimanere sciolto in un dato .... di aria.

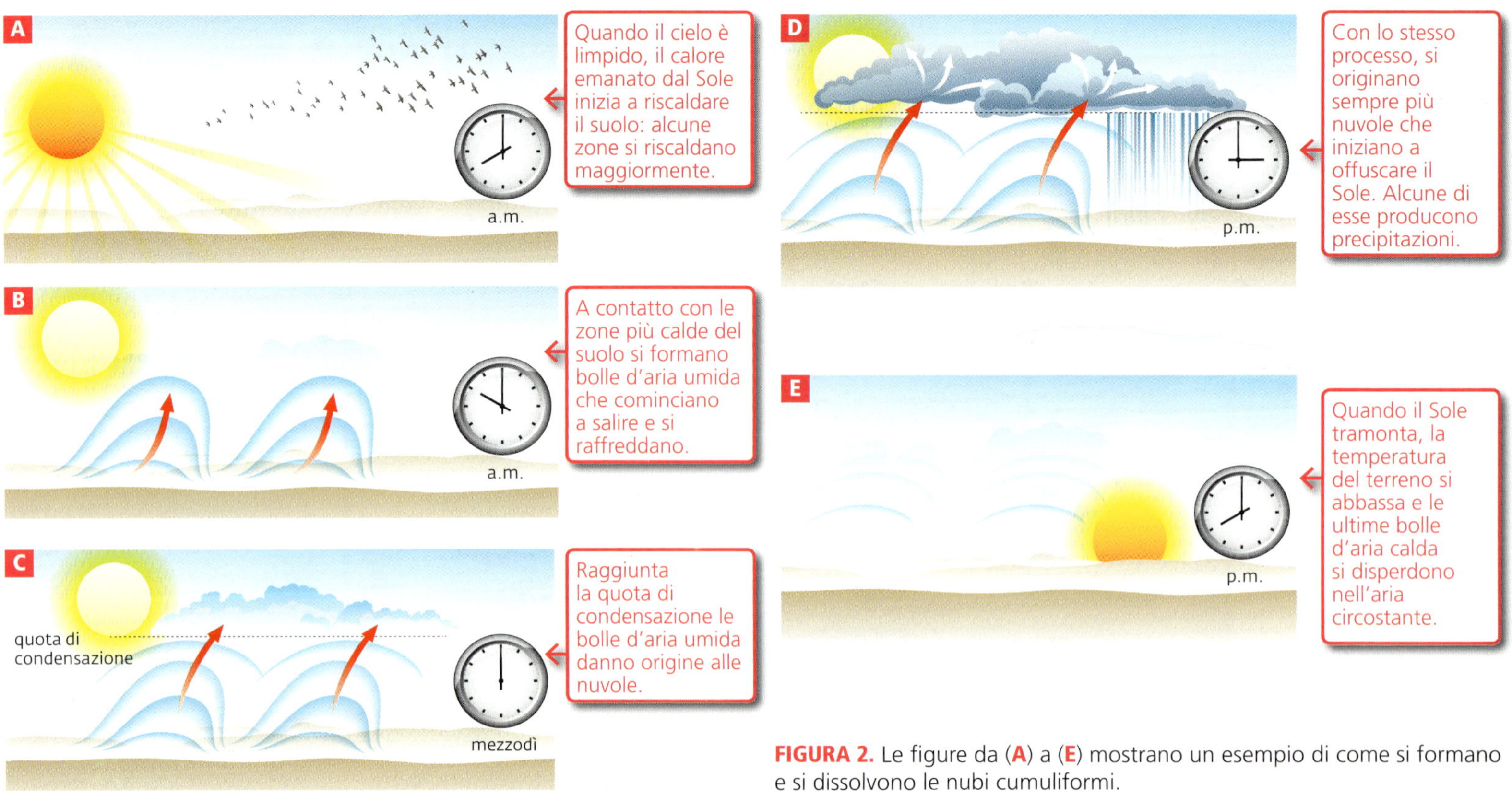

FIGURA 2. Le figure da (**A**) a (**E**) mostrano un esempio di come si formano e si dissolvono le nubi cumuliformi.

2 I vari tipi di precipitazione: pioggia, neve e grandine

Quando siamo immersi nella **nebbia** ci troviamo all'interno di una nube che si è formata a livello del suolo; anche in questo caso non vediamo le goccioline singolarmente, ma vediamo la nebbia che esse formano.

La nebbia si forma soprattutto d'inverno: al calare della sera, specialmente nelle giornate con cielo sereno, il suolo restituisce rapidamente il calore accumulato durante il giorno e si raffredda, raffreddando a sua volta lo strato d'aria soprastante. Ciò provoca la condensazione del vapore acqueo contenuto in tale strato: è allora che, come si è soliti dire, si alza la nebbia (**FIGURA 3**).

Se la temperatura scende sotto zero, al suolo può formarsi un velo di cristalli di ghiaccio: è la **brina** (**FIGURA 4**).

FIGURA 3. La nebbia, che è costituita da gocce minuscole come quelle delle nuvole, si forma più facilmente di sera e nelle giornate di cielo sereno.

PROVA A FARE

Facciamo piovere

Disponi una lastra di plastica rigida a pochi centimetri dal coperchio di un bollitore. Accendi il bollitore (attenzione al vapore!).
Cosa succede dopo alcuni minuti? Probabilmente il vapore acqueo rilasciato dal bollitore inizierà a condensare sulla lastra di plastica. Se aspetti ancora un po', sulla lastra si formano gocce sempre più grandi, alcune delle quali cominceranno a cadere sul tavolo.

a. Che effetto può avere mettere sulla lastra qualche cubetto di ghiaccio? Che cosa succede se, anziché raffreddare la lastra, la riscaldi con l'asciugacapelli?

b. Che collegamento ci può essere tra questa esperienza e quello che succede quando piove?

c. Hai mai sentito parlare dello ioduro d'argento con il quale si bombardano le nuvole per far piovere? Fai una ricerca su Internet per capire come agisce.

FIGURA 4. La brina si forma quando di notte la temperatura scende sotto zero: l'umidità dell'aria condensa e forma cristalli di ghiaccio.

La **pioggia** si forma invece quando le minuscole goccioline di nube si uniscono fra loro formando gocce più grandi e pesanti. Quando le gocce diventano troppo pesanti per rimanere sospese nell'aria comincia a piovere. Le gocce di pioggia hanno dimensioni variabili tra circa 0,5 e 3 mm (**FIGURA 5**). La piovosità, cioè la quantità di pioggia che cade in un dato luogo in un determinato periodo di tempo, viene misurata con il *pluviometro*, un semplice strumento costituito da un recipiente graduato che fornisce direttamente l'altezza, in millimetri, della pioggia caduta.

Nelle secche regioni polari e tropicali la piovosità è di pochi millimetri all'anno (2÷3 mm nel deserto del Sahara); invece nelle umide regioni equatoriali la piovosità è di migliaia di millimetri all'anno (5000÷10000 mm nella foresta amazzonica e nelle foreste equatoriali africane) (**FIGURA 6**).

Se le gocce di pioggia incontrano temperature che si mantengono sotto zero, possono assumere la forma di neve o di nevischio (**FIGURA 7A**).

La **grandine** si forma invece nei cumulonembi, le grandi nubi temporalesche a cavolfiore che si sviluppano molto in altezza. Se la base della nube si trova a 2000 m, la sommità arriva anche a 15000 m di altezza. Poiché la temperatura nella troposfera diminuisce di 6 °C al kilometro, la differenza

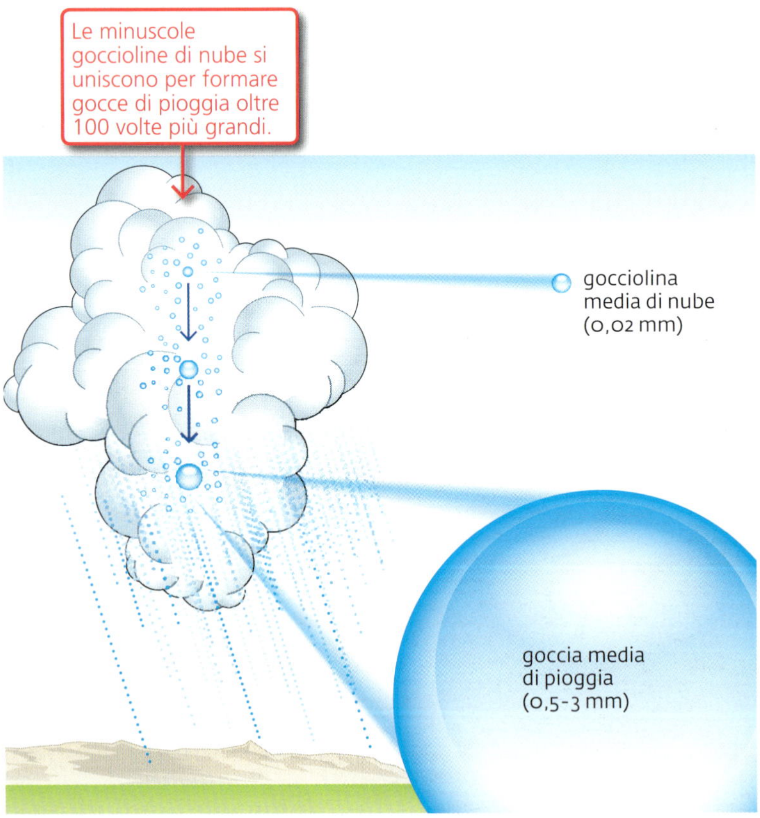

FIGURA 5. Le goccioline delle nuvole e della nebbia restano sospese nell'aria. La pioggia invece è costituita da gocce anche 100 volte più grandi.

FIGURA 6. Pluviometro.

FIGURA 7. (**A**) I vari tipi di precipitazione. La neve confinata al di sopra delle quote in cui si hanno temperature inferiori a 0 °C. La grandine invece è prodotta dal congelamento di gocce di pioggia risospinte in quota da forti correnti d'aria ascensionali. (**B**) Più le correnti ascensionali sono forti, più i chicchi di grandine sono grandi.

di temperatura tra la base e la sommità è grande: se alla base la temperatura è 18 °C, nella parte più alta sarà di –60 °C. In queste condizioni all'interno del cumulonembo si sviluppano forti correnti d'aria ascensionali. Le gocce d'acqua alla base vengono sospinte verso l'alto dalle correnti e, giunte alla sommità, ghiacciano. Per gravità ricadono verso la parte inferiore del cumulonembo, dove si rivestono di un velo d'acqua. Se le correnti ascensionali sono abbastanza forti da riportarle in alto, il velo d'acqua si trasforma in uno strato di ghiaccio. Il processo si può ripetere più volte e ogni volta al granello di ghiaccio si aggiunge un nuovo strato di ghiaccio, fino alla formazione di pesanti chicchi di grandine, che cadono al suolo (**FIGURA 7B**).

Nei cumulonembi si creano anche le condizioni per la formazione dei *fulmini*. Secondo un'ipotesi condivisa, all'interno di queste nubi le forti correnti ascensionali fanno scontrare e sfregare i chicchi di grandine contro i cristalli di ghiaccio. Come conseguenza, i chicchi si caricano negativamente, mentre i cristalli si caricano positivamente (anche una bacchetta di plastica sfregata con un panno di lana si carica negativamente, mentre la lana si carica positivamente). I chicchi di grandine più pesanti si addensano nella parte inferiore della nube, mentre i cristalli di ghiaccio più leggeri nella parte superiore. Le cariche negative nella parte bassa della nube attirano per induzione le cariche positive del suolo. Quando la quantità di elettricità accumulata diventa così elevata da non poter più rimanere nell'aria, parte una fortissima scarica elettrica che saetta tra la nube e il terreno: è il fulmine (**FIGURA 8**).

I fulmini più facilmente osservabili sono quelli fra nuvola e suolo, ma sono comuni anche scariche fra due nuvole o all'interno di una stessa nuvola. I fulmini si manifestano con un effetto luminoso, il lampo, e uno sonoro, il tuono, che però non vengono percepiti simultaneamente da un osservatore distante, perché il suono viaggia a velocità molto inferiore a quella della luce (0,340 km/s circa contro 300 000 km/s).

L'eventualità di essere colpiti direttamente da un fulmine è molto bassa, ma possiamo ugualmente adottare opportuni accorgimenti, durante le gite in montagna, per evitare di trovarci nei posti dove è più probabile che un fulmine possa abbattersi: occorre stare lontani dai rilievi, da massi specie se bagnati, alberi, pali, antenne e cavi elettrici. Dobbiamo anche allontanare da noi oggetti appuntiti, come bastoni, piccozze e ombrelli.

TROVA LE PAROLE

La .... si forma quando le minuscole .... di nube si uniscono fra loro formando gocce più .... e pesanti che non riescono a rimanere .... nell'aria. Le .... di pioggia hanno dimensioni variabili tra circa .... e .... La grandine si forma invece nei .... quando all'interno si sviluppano forti correnti d'aria ....

A

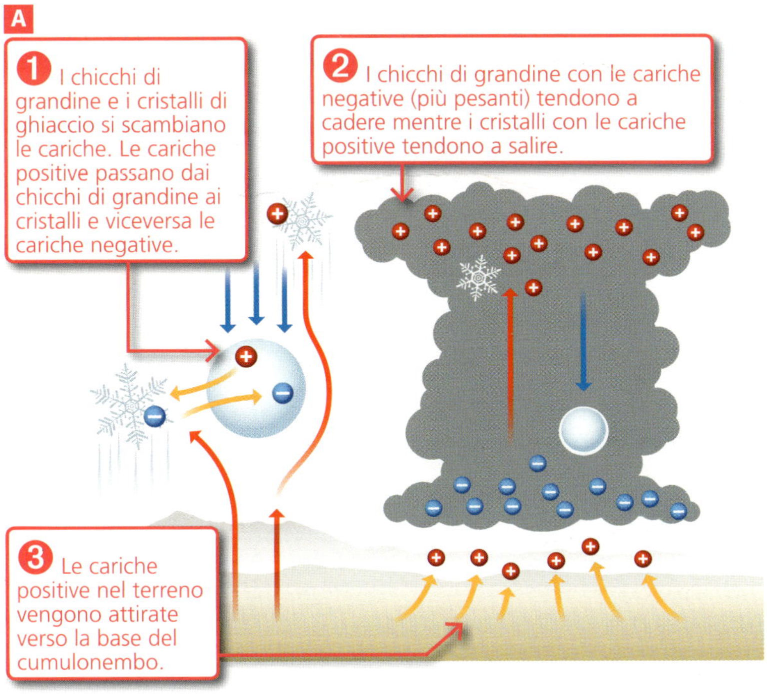

B

FIGURA 8. (**A**) Le cariche negative alla base della nube attirano le cariche positive del terreno e viceversa: con la scarica (**B**) si raggiunge di nuovo la neutralità elettrica.

APPROFONDIMENTO
Le montagne condizionano il clima e il tempo meteorologico

3 Le aree cicloniche e anticicloniche

Riprendiamo in considerazione la circolazione dell'aria, con le tre grandi celle convettive di ciascun emisfero (*vedi* figura 22, p. 70). In ogni cella convettiva i due rami orizzontali dell'aria (cioè il vento al suolo e il vento in quota) sono collegati tra loro da due rami di circolazione verticale. In quello corrispondente alla fascia di bassa pressione l'aria calda e umida, più leggera, sale. In quello corrispondente alla fascia di alta pressione l'aria fredda e secca, più pesante, scende.

Mentre sale, l'aria calda e umida si dilata. Ciò accade perché, con la quota, diminuisce la pressione atmosferica e, di conseguenza, le molecole di gas che compongono la colonna d'aria si allontanano le une dalle altre. Dalla fisica sappiamo che *quando un gas si dilata, si raffredda*: avete forse notato che, facendo uscire del gas compresso all'interno di una bomboletta, la bomboletta si raffredda.

Il raffreddamento dell'aria calda e umida che salendo si dilata porta alla formazione di nuvole e piogge. Le aree di bassa pressione (indicate con **B**), dette anche **aree cicloniche** o **cicloni**, sono vere e proprie «fabbriche di nuvole» in cui prevale il brutto tempo. Le aree cicloniche sono caratterizzate da una generale instabilità e sono quindi origine di perturbazioni atmosferiche.

Al contrario, nelle aree di alta pressione (indicate con **A**), dette anche **aree anticicloniche** o **anticicloni**, il tempo in genere è bello. In corrispondenza di un'area di alta pressione si ha infatti un movimento di aria in senso opposto a quello che si osserva nelle aree di bassa pressione, ossia dall'alto scende aria fredda che comprime l'aria sottostante. *Quando un gas viene compresso, si riscalda*: avete forse notato che, pompando con forza l'aria all'interno della gomma di una bicicletta, la gomma si riscalda (**FIGURA 9**).

L'aria che scende si riscalda per la compressione e può quindi contenere una maggiore quantità di vapore acqueo. Pertanto, nelle aree di alta pressione non si ha condensazione e non si formano nuvole.

Quello che accade nelle celle convettive su scala planetaria accade anche in scala ridotta nelle celle convettive delle nostre regioni, dove si ha la formazione di aree cicloniche e di aree anticicloniche (**FIGURA 10**).

Per quanto riguarda l'Europa, il principale centro di alta pressione (A) è l'*anticiclone delle Azzorre*, posto sull'Atlantico, al largo della costa portoghese. La posizione di questo anticiclone ha conseguenze importanti sul tempo atmosferico in Italia. In estate esso si sposta a nord, interessando il Mediterraneo e l'Europa occidentale: sull'Italia si ha prevalentemente tempo bello (*vedi* figura 10). In inverno si ritira a sud sull'Atlantico, lasciando esposte le nostre regioni alla penetrazione da nord di aria fredda e umida che porta precipitazioni.

Dalla parte opposta rispetto all'anticiclone delle Azzorre, abbiamo l'*anticiclone russo-siberiano*, un'area di tempo stabile, freddo e sereno.

Il centro di bassa pressione (B) maggiormente responsabile delle perturbazioni che interessano l'Italia è il *ciclone nord-atlantico*, posto sull'Atlantico settentrionale.

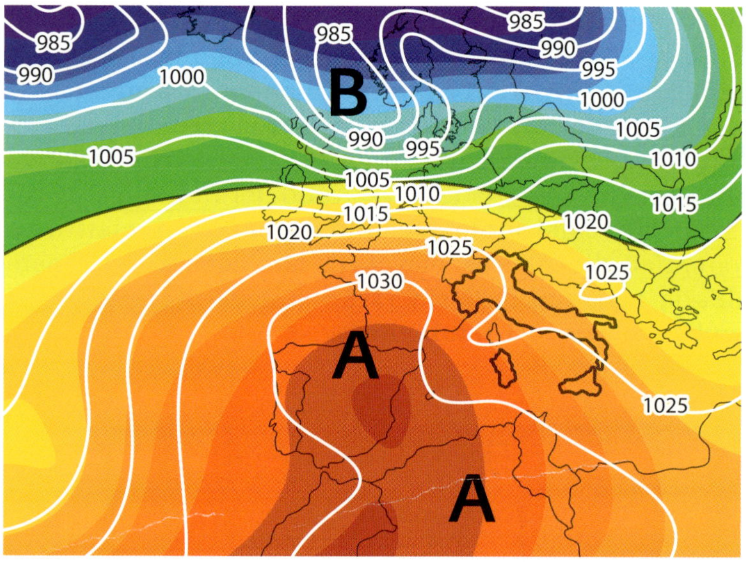

FIGURA 10. Quando in estate l'anticiclone delle Azzorre si dispone sul Mediterraneo centro-occidentale, le perturbazioni che provengono dal Nord-Atlantico vengono deviate verso nord-est e di conseguenza la nostra Penisola rimane sgombra da nubi.

FIGURA 9. Un gas compresso si riscalda mentre un gas che si espande si raffredda.

Quando le aree anticicloniche russo-siberiana e delle Azzorre si ritirano rispettivamente verso nord e verso sud, si forma un «corridoio» attraverso il quale il ciclone nord-atlantico avanza verso le nostre regioni portando cattivo tempo.

TROVA LE PAROLE

Nelle aree di .... pressione, dette .... o anche cicloni, prevale il tempo .... in quanto l'aria .... e .... che sale si dilata e si .... portando alla formazione di .... Nelle aree di .... pressione, dette anche .... o anticicloni, il tempo in genere è ....

PROVA A FARE

Ondate di caldo africano

Nell'area occupata dal deserto del Sahara il responsabile del tempo bello e asciutto è l'anticiclone nordafricano. A volte nella stagione estiva l'anticiclone nordafricano si espande verso nord formando una specie di promontorio (la cosiddetta *gobba di dromedario*) che raggiunge il bacino del Mediterraneo e l'Europa meridionale. Sulla nostra penisola le correnti calde provenienti dal Sahara portano un sensibile aumento delle temperature con valori superiori alla media, le famose «ondate di caldo africano», e condizioni di afa poiché, attraversando il Mediterraneo, l'aria calda si carica di umidità.

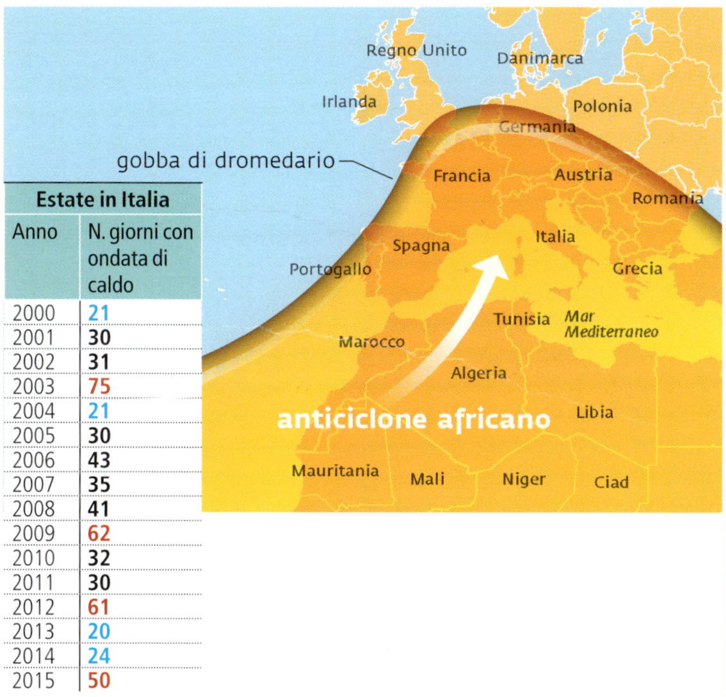

Estate in Italia

Anno	N. giorni con ondata di caldo
2000	21
2001	30
2002	31
2003	75
2004	21
2005	30
2006	43
2007	35
2008	41
2009	62
2010	32
2011	30
2012	61
2013	20
2014	24
2015	50

Cerca notizie su Internet relative all'estate del 2003, una delle peggiori per il caldo persistente, come puoi notare dalla tabella delle ondate di caldo.

4 Una corsa a ostacoli: le montagne

La maggior parte degli eventi meteorologici di un certo interesse per il nostro pianeta ha luogo già a basse quote. Le nuvole da cui si genera la pioggia, per esempio, si sviluppano a partire da un'altezza di poche centinaia di metri. A queste quote, come si può facilmente intuire, le montagne diventano ostacoli imponenti alla circolazione dell'aria.

Le catene montuose, infatti, vengono investite da venti che, per superarle, devono risalirle. Le correnti umide in risalita subiscono un veloce raffreddamento dovuto all'aumentare dell'altitudine. A questo si aggiunge l'effetto di espansione dell'aria che accentua il raffreddamento. Come abbiamo visto, la temperatura agisce sulla capacità dell'aria di contenere vapore acqueo, presente in quantità maggiore nell'aria calda rispetto a quella fredda. Il vapore acqueo satura così l'aria, condensando e dando vita alla formazione di nubi. Nel versante di risalita del vento, detto *sopravento*, si assiste a forti precipitazioni. Una volta superato il crinale, il vento passa nel versante opposto, detto *sottovento*. L'aria, ormai priva di gran parte del vapore acqueo, supera il crinale e ridiscende lungo l'altro versante, risultando infine più secca e più calda per la compressione. Questo fenomeno è conosciuto anche come *ombra della pioggia* o *ombra pluviometrica* (**FIGURA 11**).

Le montagne, quindi, costituiscono un'importante barriera topografica che segna, in molti casi, passaggi climatici assai drastici. Un esempio tipico di questa azione è rappresentato dall'Himalaya (**FIGURA 12**).

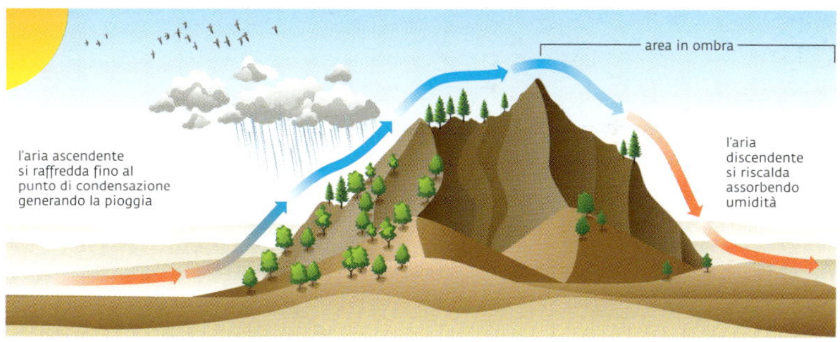

FIGURA 11. Schema di circolazione dell'aria attraverso una catena montuosa.

FIGURA 12. La catena himalayana e le aree geografiche circostanti in una visione dall'alto.

Essa, con le sue cime più alte del mondo, determina una separazione drastica tra le zone a sud della catena, che sono tra le più piovose del pianeta, e quelle aride a nord della stessa, come il deserto del Gobi, l'altopiano tibetano (**FIGURA 13**) e i deserti dell'Asia centrale.

Nella nostra area geografica, l'effetto di barriera topografica produce un vento caldo invernale detto **föhn**. Questo vento (che i romani chiamavano *favonius*) ha origine nelle aree alpine di alta pressione. Le masse d'aria richiamate nelle zone a bassa pressione, incontrando i rilievi alpini, scaricano la loro umidità sui versanti sopravento e arrivano in molte vallate con aria calda e secca. Il fenomeno è tipico in Svizzera, Austria e nelle nostre vallate alpine fino alla Pianura Padana. Il fenomeno del föhn crea una situazione favorevole alle slavine e costituisce quindi un pericolo per chi va in montagna.

TROVA LE PAROLE

Le catene .... sono investite da venti che risalendo lungo il versante .... subiscono un veloce raffreddamento per la diminuzione di .... e per l'effetto di .... dell'aria. In questo versante si hanno forti .... Superato il crinale, il vento ridiscende lungo il versante ...., diventando più .... e caldo. In questo versante il tempo è ....

PROVA A FARE

Un'imponente barriera: l'Himalaya

La catena dell'Himalaya, che si estende tra il subcontinente indiano e l'Asia, forma un'imponente barriera, che costringe l'aria umida proveniente dall'Oceano Indiano (monsoni di sud-ovest) a risalire (*vedi* figura 13). Sul versante sud della catena si ha un clima umido per le forti piogge, mentre nella regione dell'altopiano tibetano il clima è secco.

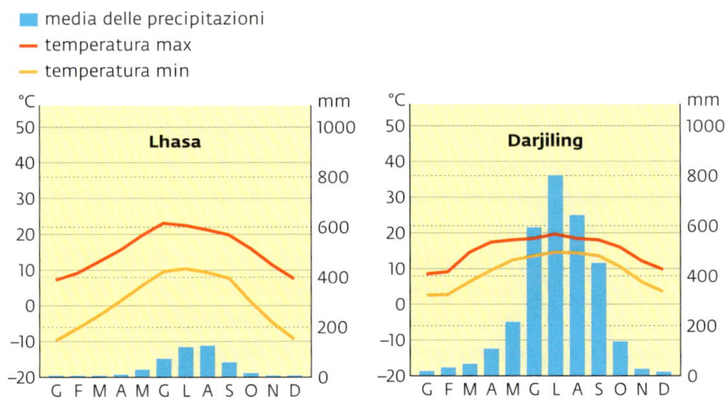

a. Osserva i grafici che rappresentano le condizioni climatiche medie (precipitazioni, temperature) di due città, Lhasa e Darjiling, che si trovano nella regione himalayana. Quale collocheresti in India a sud della catena e quale in Tibet a nord della catena? Spiega il tuo ragionamento.

b. In entrambi i grafici si nota una forte differenza nelle precipitazioni tra la stagione estiva e quella invernale. Hai qualche spiegazione?

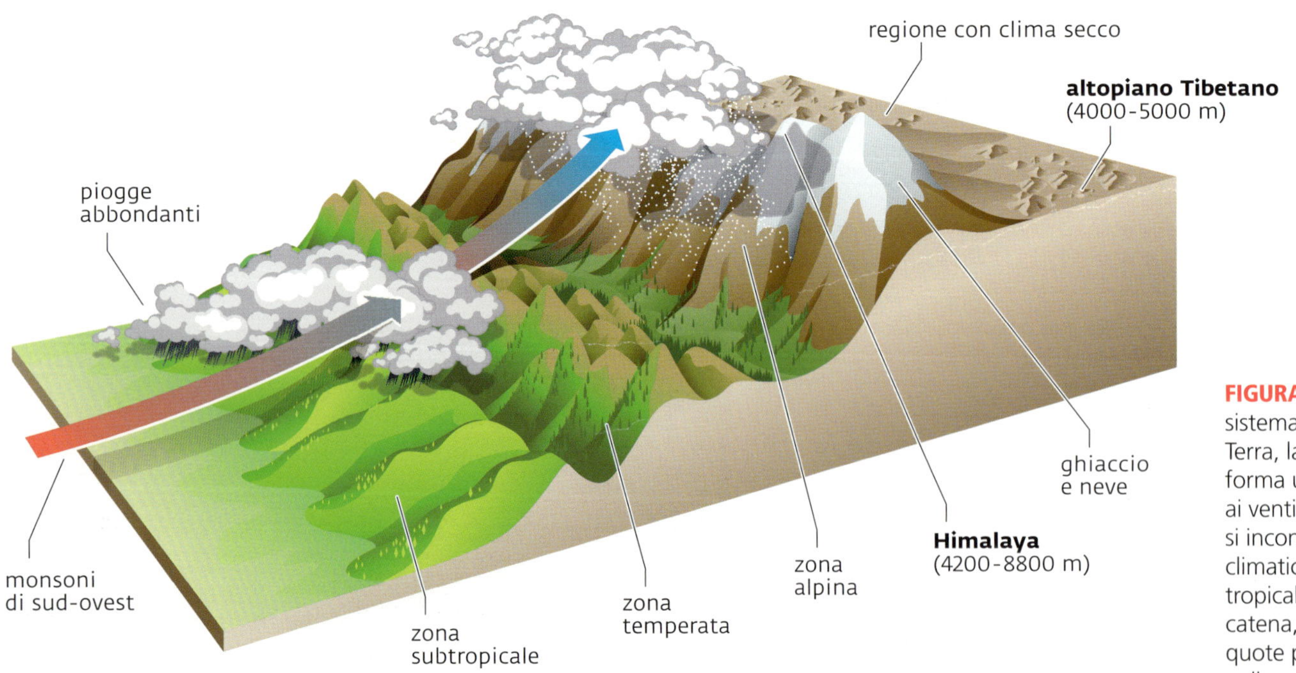

FIGURA 13. Il più imponente sistema montuoso della Terra, la catena himalayana, forma un'evidente barriera ai venti. Lungo le sue pendici si incontrano tutte le zone climatiche, dagli ambienti tropicali a sud ai piedi della catena, alle regioni artiche, alle quote più elevate, ai deserti nelle regioni a nord.

5 Il tempo atmosferico e le perturbazioni

Quando chiediamo a qualcuno, che si trova in un luogo lontano da noi, che tempo fa, in genere vogliamo sapere se in quel momento piove o se c'è il sole. Vogliamo sapere cioè com'è il tempo atmosferico.

Il **tempo atmosferico**, o **meteorologico**, è lo stato dell'atmosfera in un dato momento e in una certa località.

Per esperienza sappiamo che le condizioni del tempo possono mutare da un giorno all'altro, a volte solo nel giro di poche ore. Vistose differenze si possono poi avere nell'arco dell'anno, in particolare alle medie latitudini, dove si succedono stagioni a temperatura media assai diversa: al caldo torrido delle estati può alternarsi un inverno molto freddo e secco.

Perché il tempo varia? Fondamentalmente le variazioni sono dovute allo scontro tra masse d'aria che differiscono per temperatura e umidità.

I meteorologi definiscono una **massa d'aria** come una porzione di troposfera di notevoli dimensioni (ampia anche qualche migliaio di kilometri), all'interno della quale le condizioni di temperatura e di umidità sono abbastanza costanti. Le caratteristiche di una massa d'aria dipendono dalle condizioni ambientali della regione in cui essa staziona. Sulle regioni polari continentali si formano *masse d'aria fredde e asciutte*; su una regione tropicale marina si formano *masse d'aria calde e umide*; su un deserto tropicale si formano *masse d'aria calde e secche*; su un mare freddo alle alte latitudini si formano *masse d'aria fredde e umide*.

Le masse d'aria non stazionano a lungo nelle regioni d'origine, ma si muovono spostandosi con velocità che possono raggiungere anche gli 800 km al giorno. Quando due masse con caratteristiche molto diverse si incontrano non si mescolano, ma formano un fronte.

Un **fronte** è la superficie di contatto tra due masse d'aria con caratteristiche di temperatura e umidità molto diverse.

Quando ad avanzare è la massa d'aria calda, si parla di **fronte caldo**; al contrario, quando ad avanzare è la massa d'aria fredda si parla di **fronte freddo** (**FIGURA 14**).

I due tipi di fronti danno luogo a due diversi tipi di precipitazioni. Nel caso di un fronte caldo, l'aria calda meno densa avanzando scivola su quella fredda, e sale di quota lungo un piano di risalita poco inclinato. Salendo l'aria si raffredda e il vapore condensa generando gli strati, le nubi estese che danno luogo a precipitazioni deboli ma continue. In presenza di un fronte freddo, invece, la massa d'aria fredda e densa tende a incunearsi sotto la massa d'aria calda, sollevandola. L'aria calda, che in tal modo sale di quota molto rapidamente, si raffredda e il vapore condensa dando origine ai cumulonembi, le nubi temporalesche con forte sviluppo verticale da cui si generano precipitazioni intense ma in genere di breve durata.

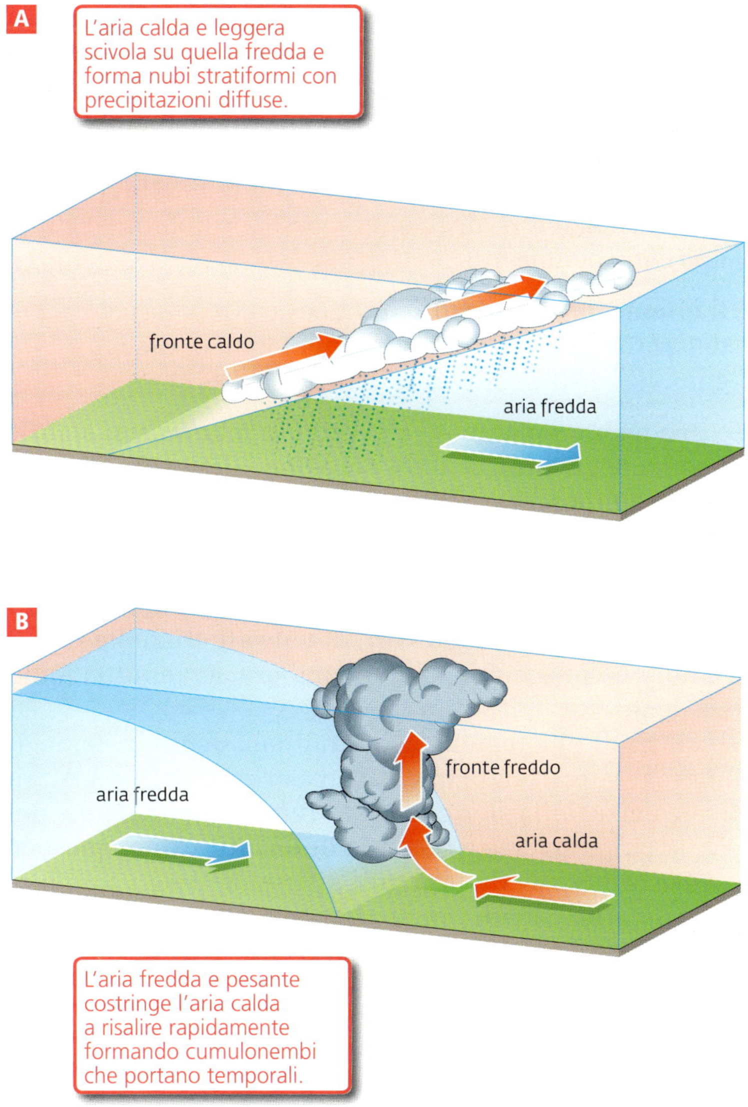

FIGURA 14. Un fronte è la superficie di contatto tra due masse d'aria con caratteristiche differenti. (**A**) Fronte caldo. Una massa d'aria calda avanza e ne incontra una fredda. (**B**) Fronte freddo. Una massa d'aria fredda ne incontra una calda.

TROVA LE PAROLE

Una .... d'aria è una porzione di .... molto ampia, all'interno della quale le condizioni di .... e di .... sono abbastanza costanti. Un .... è la superficie di contatto tra due .... d'aria con caratteristiche di temperatura e umidità molto .... In presenza di un fronte ...., la massa d'aria fredda e .... tende a incunearsi sotto la massa d'aria ...., sollevandola e formando nuvole dette ....

APPROFONDIMENTO
I cicloni tropicali

VIDEO
Clima e vegetazione

6 Il clima

Da un anno all'altro, in ogni luogo della Terra il tempo si ripete senza grandi variazioni. Un anno può avere un'estate un po' più calda o un inverno un po' più rigido, ma, se si prende in esame un certo numero di anni, la temperatura, la piovosità e l'umidità media rimangono più o meno costanti. Considerando come si presenta in media il tempo atmosferico nell'arco degli anni, possiamo definire il clima di una data regione.

> Il **clima** è lo stato medio del tempo atmosferico in una determinata località, rilevato nell'arco di almeno 20-30 anni.

Il clima ha un andamento che tende a mantenersi stabile nel corso degli anni. Solo in occasione di eventi eccezionali può temporaneamente modificarsi, come accadde nel 1816, il cosiddetto «anno senza estate», in cui le temperature medie furono insolitamente basse in tutto l'emisfero settentrionale. La causa fu l'immissione nell'atmosfera di un'enorme quantità di polveri, dovuta all'eruzione esplosiva del vulcano indonesiano Tambora, avvenuta l'anno precedente.

Il clima di una regione è determinato da un insieme di numerosi fattori, in primo luogo astronomici. Infatti, in conseguenza della sfericità della Terra, l'inclinazione dei raggi solari è diversa a seconda della latitudine; questa è la causa principale delle grandi differenze osservabili nelle temperature: mediamente basse nelle regioni polari, mediamente alte in quelle equatoriali. Altri fattori sono connessi alle particolarità geografiche della superficie terrestre: la vicinanza o la lontananza rispetto al mare, l'esposizione ai venti, la presenza di rilievi e l'altitudine.

Il criterio più largamente adottato per classificare i climi della Terra si basa sulla piovosità e sulla temperatura, e fu proposto all'inizio del XX secolo dallo scienziato austriaco Wladimir Köppen. Egli si basò soprattutto sulla distribuzione dei diversi tipi di vegetazione. Ai diversi climi infatti è strettamente legato lo sviluppo delle piante.

In base a questo criterio si possono classificare i climi della Terra in sette categorie (**FIGURA 15**), riconducibili a cinque gruppi principali (**FIGURA 16** e **TABELLA 1**).

TROVA LE PAROLE

Il .... è lo stato medio del .... in una determinata località, rilevato nell'arco di almeno .... Il clima di una regione è determinato dalla .... , dalla distanza rispetto al ...., dall'esposizione ai .... , dalla presenza di .... e dall'altitudine. La .... dei climi dello scienziato Wladimir Köppen si basa soprattutto sulla .... e sulla temperatura che condizionano la distribuzione dei diversi tipi di ....

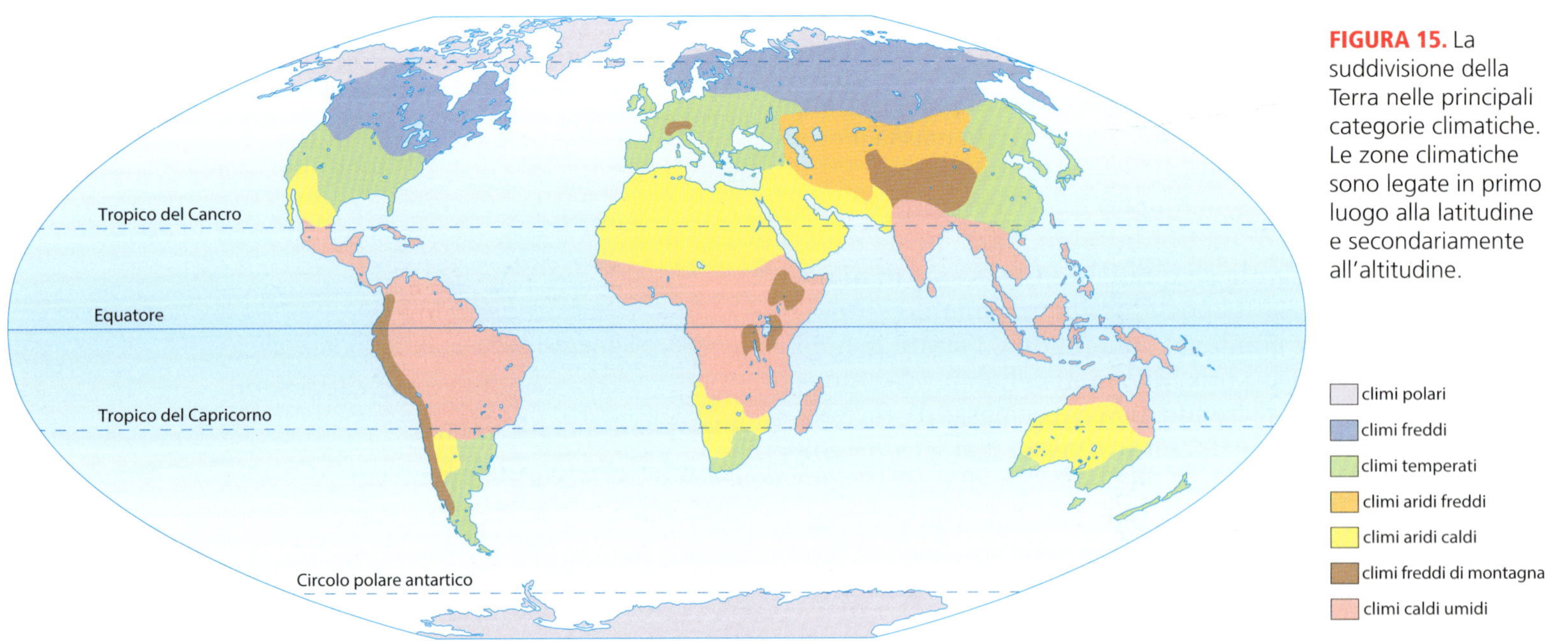

FIGURA 15. La suddivisione della Terra nelle principali categorie climatiche. Le zone climatiche sono legate in primo luogo alla latitudine e secondariamente all'altitudine.

FIGURA 16. (**A**) La foresta equatoriale è la vegetazione tipica dei climi caldi e umidi. (**B**) Con i climi aridi caldi troviamo i deserti sabbiosi. (**C**) La taiga è caratteristica dei climi freddi. (**D**) Nei climi polari domina la tundra; il suolo resta gelato tutto l'anno ed è chiamato *permafrost* (dall'inglese *permanent*, permanente, *frost*, gelo). (**E**) Una vegetazione spontanea dei climi temperati è la macchia mediterranea.

Clima	Zona	Temperatura	Precipitazioni	Vegetazione
caldo e umido	basse latitudini a cavallo dell'Equatore	mai sotto i 18 °C	elevate	foresta equatoriale
arido	caldo: latitudini a cavallo dei Tropici; freddo: continente asiatico	forti escursioni termiche quotidiane	scarse	scarsa, di tipo arbustivo o assente (savana, deserto, steppa)
freddo	latitudini medio-alte;se legato all'altitudine, a qualunque latitudine	medie estive di poco superiori ai 10 °C; medie invernali inferiori a 0 °C	scarse	foresta di conifere o taiga
polare	alte latitudini	mai sopra i 10 °C	estremamente scarse	tundra
temperato	medie latitudini	nel mese più freddo è compresa fra –3 °C e 18 °C	dai 400 agli 800 mm/anno	foresta decidua, foresta sempreverde, macchia mediterranea

TABELLA 1. I cinque principali gruppi climatici della Terra.

7 Come si realizzano le previsioni meteo

La **meteorologia** è la scienza che studia i fenomeni che avvengono nell'atmosfera terrestre responsabili del tempo atmosferico. Oggi lo studio e la previsione del tempo utilizzano sofisticati strumenti per la raccolta di osservazioni e misure relative alle condizioni atmosferiche in tutto il mondo e potenti computer per elaborarli.
Il costante monitoraggio della bassa atmosfera è assicurato su tutta la superficie terrestre dalle **stazioni meteorologiche**. Queste sono un insieme di strumenti specifici per la raccolta dei dati meteorologici, come:

- **barometri** per la misura della pressione atmosferica;
- **termometri** per la misura della temperatura;
- **igrometri** per la misura della umidità relativa;
- **pluviometri** per la misura della quantità di pioggia caduta;
- **anemometri** per la misura della velocità e direzione del vento.

LE PREVISIONI DEL TEMPO

Basandosi sui dati raccolti dalle stazioni meteo, i meteorologi elaborano al computer dei **modelli** del tempo che farà. Le previsioni possono essere a **breve termine** (24-48 ore), a **medio temine** (fino a una settimana) e a **lungo termine** (oltre la settimana). La percentuale di attendibilità, cioè quanto è probabile che la previsione si verifichi, diminuisce all'aumentare del periodo di tempo considerato: attualmente sono considerate attendibili le previsioni fino a 3-4 giorni.

Attendibilità delle previsioni del tempo		
	giorni	**attendibilità**
previsioni a breve termine	1	dal 95% fino al 98-99%
	2	dal 85% fino al 90-95%
	3	dal 70% fino al 82-85%
previsioni a medio termine	4	circa il 70%
	5	circa il 60%
	6	circa il 55%
	7	circa il 50%

Per chi naviga o lavora e vive sulle coste vengono trasmessi gli **Avvisi di burrasca**, che segnalano l'arrivo o la formazione di qualunque perturbazione atmosferica che possa essere pericolosa. Sono diffusi in italiano e in inglese per venti da forza 7 a forza 12, secondo la **scala Beaufort**.
Questa scala, perfezionata nel 1805 dall'ammiraglio britannico Francis Beaufort, si basa sull'osservazione dell'effetto del vento sulle onde.

L'ELABORAZIONE DELLE CARTE DEL TEMPO

I meteorologi riportano e sintetizzano i dati raccolti su carte geografiche particolari, dette **carte del tempo**, utilizzando appositi **simboli.**
I valori della pressione atmosferica sono ricalcolati a livello del mare e a 20 °C: si ottengono così valori confrontabili tra loro, che possono essere riportatati sulle carte. Si uniscono poi i punti che si trovano alla stessa pressione e si tracciano delle linee curve e chiuse, dette **isobare,** che delimitano le aree di alta o di bassa pressione. Spesso vengono anche evidenziate le curve che indicano un fronte.

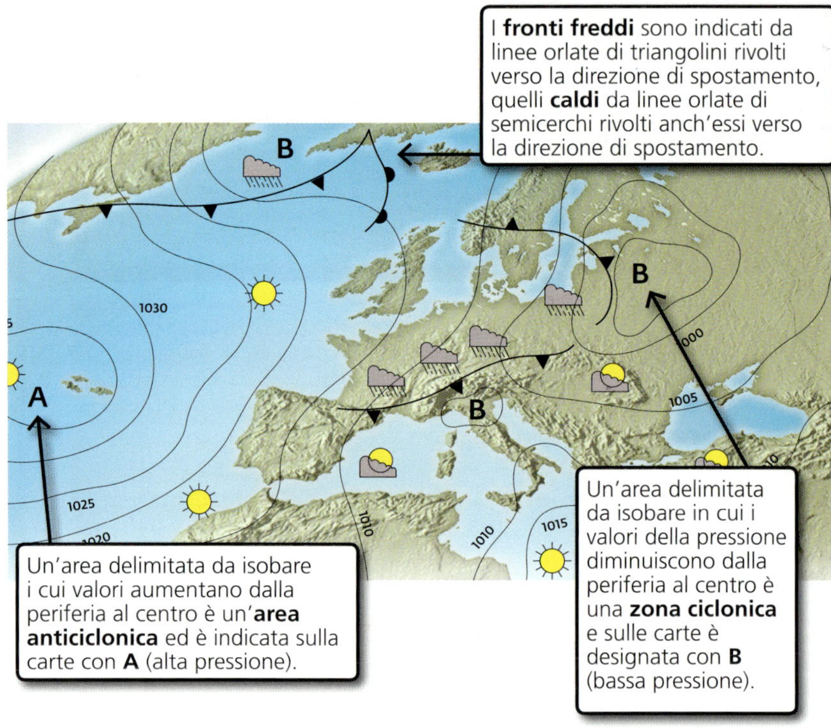

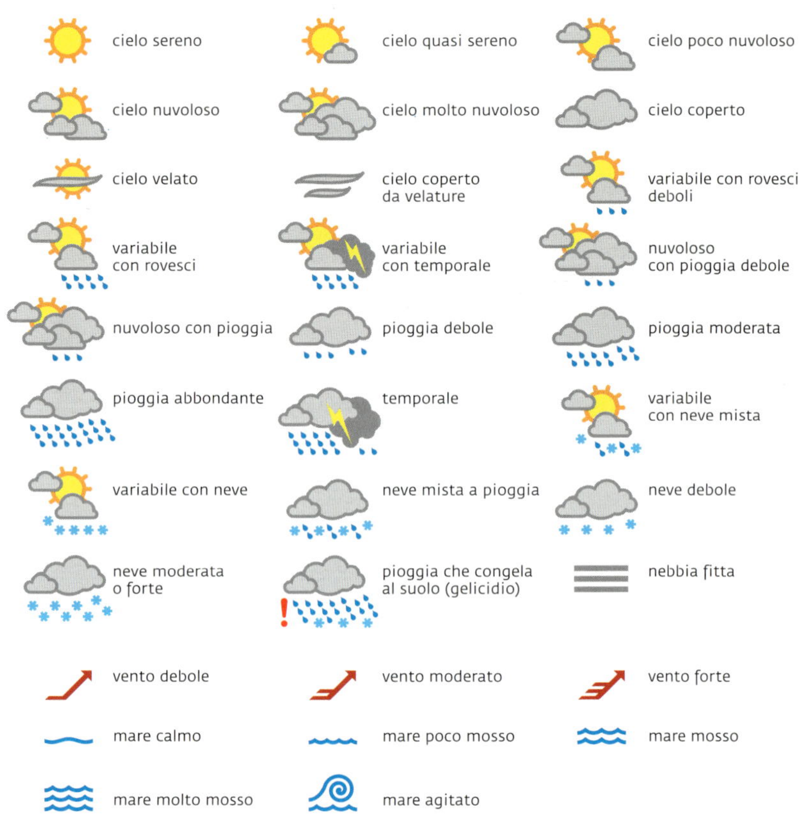

LE STAZIONI METEO

Le stazioni meteo possono essere installate sia sulla terraferma, con centraline diffuse capillarmente, sia in mare, su navi e boe. I dati sull'atmosfera in quota, lontano cioè dalla superficie terrestre, sono rilevati da palloni sonda, aerei e satelliti.
I dati sono registrati giorno e notte e inviati ai centri di elaborazione.

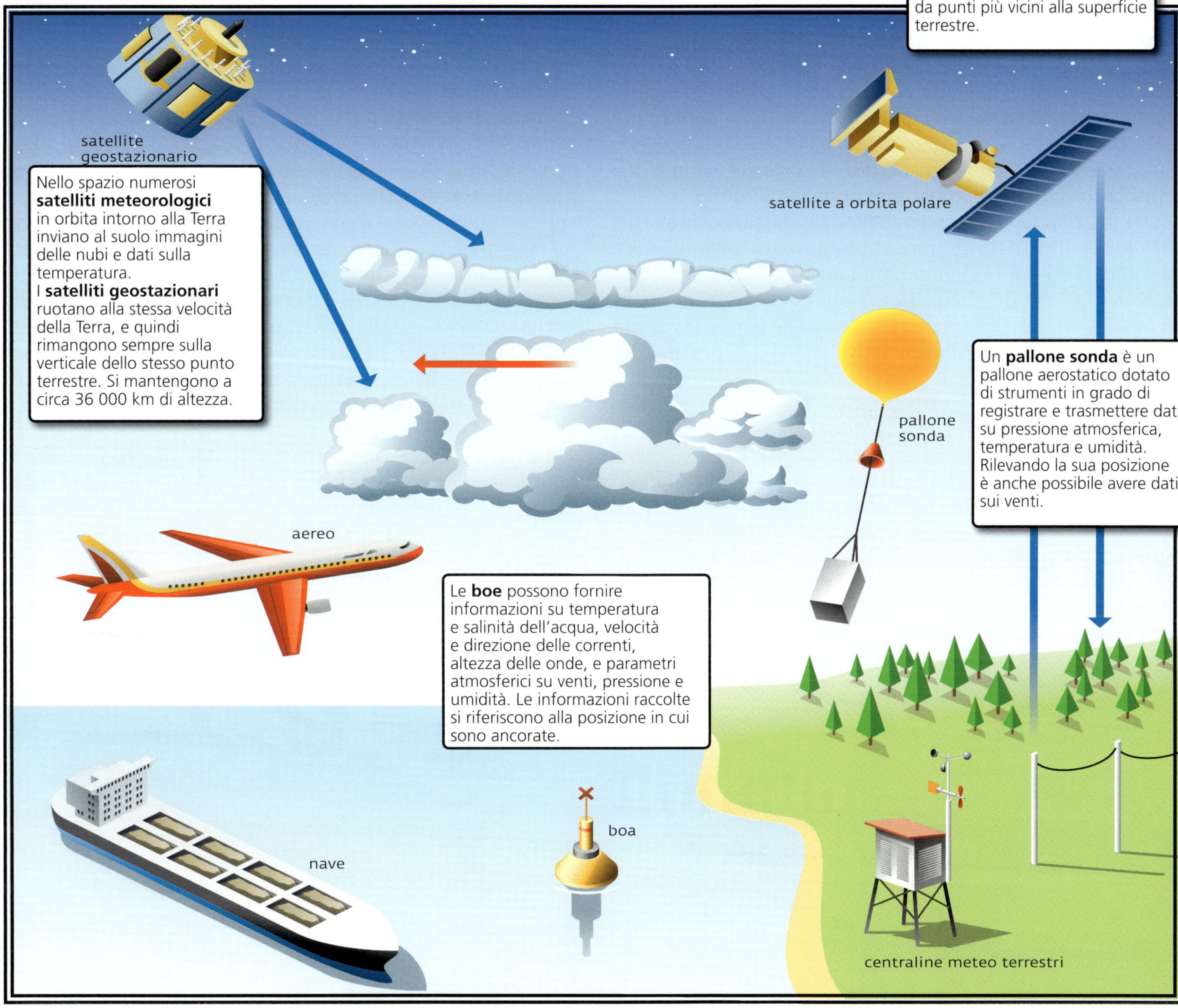

TROVA LE PAROLE

La .... è la scienza che studia i fenomeni che avvengono nell' .... terrestre responsabili del tempo atmosferico. La raccolta dei dati avviene mediante:

- stazioni .... che utilizzano strumenti specifici;
- .... che forniscono informazioni anche su parametri delle acque e dell'atmosfera;
- palloni .... dotati di strumenti in grado di registrare e trasmettere dati sull'alta atmosfera;
- .... presenti nello spazio intorno alla Terra. I .... riportano e sintetizzano i dati raccolti su carte particolari, dette .... del ...., utilizzando appositi ....

VIDEO
I climi dell'Italia

8 La situazione climatica dell'Italia

L'Italia si trova a metà strada tra l'Equatore e il Polo nord, all'interno della cella centrale di circolazione atmosferica (*vedi* figura 22, p. 70). Per questa sua posizione intermedia l'Italia rientra nel gruppo dei *climi temperati*, caratterizzati dalla stagionalità, che non conoscono né il perenne caldo torrido tropicale né il gelo quasi costante delle regioni polari: sono queste le condizioni in cui si sono sviluppate le società economicamente più avanzate, favorite da un clima equilibrato, che comprende sia il caldo sia il freddo.

All'interno della fascia temperata, l'Italia presenta alcune differenze climatiche minori, soprattutto tra Settentrione e Meridione. Al nord la temperatura media è leggermente più bassa e si ha un clima più simile a quello dell'Europa continentale. L'arco alpino mantiene comunque le nostre regioni settentrionali al riparo dalle masse d'aria fredda provenienti dal Nord Europa.

Al centro e al sud invece è maggiore l'influenza marittima e di conseguenza il clima è più mite, con minori sbalzi di temperatura sia stagionali sia giornalieri (**FIGURA 17**).

I venti dominanti sull'Italia sono i *venti occidentali*, che fanno parte della circolazione generale dell'atmosfera. Essi provengono da sud-ovest e portano aria umida e calda. Dopo essere passati sul Tirreno, sono costretti a risalire gli Appennini. Poiché ogni massa d'aria che scavalca un rilievo scarica la sua umidità sul versante che risale, è sul versante tirrenico che si registrano le massime piovosità.

Tuttavia, a causa della sua conformazione fisica, la regione italiana è interessata soprattutto da venti locali (**FIGURA 18**).

Il **maestrale** si forma in una regione di alta pressione sopra la Francia centrale e soffia da nord verso sud attraverso la valle del Rodano, richiamato dalle pressioni più basse presenti sopra il Mediterraneo. È un vento freddo e asciutto, spesso violento, che dopo essersi tuffato sul golfo del Leone raggiunge la Corsica e la Sardegna, e infine dilaga sul bacino tirrenico fino alle coste dell'Italia centro-meridionale. Sovente è accompagnato da burrasche molto intense che rendono i mari agitati e generano onde alte che flagellano le coste occidentali della Sardegna, la Sicilia settentrionale e la Calabria tirrenica, provocando innumerevoli danni nei tratti costieri. Il maestrale è uno dei venti più amati dai surfisti (**FIGURA 19**).

La **bora** è un vento freddo a raffiche impetuose, solitamente secco di provenienza est/nord-est, che spira dalle montagne della catena dinarica verso le coste dei Paesi che si affacciano sul Mare Adriatico. A Trieste soffia per una media di 40 giorni l'anno.

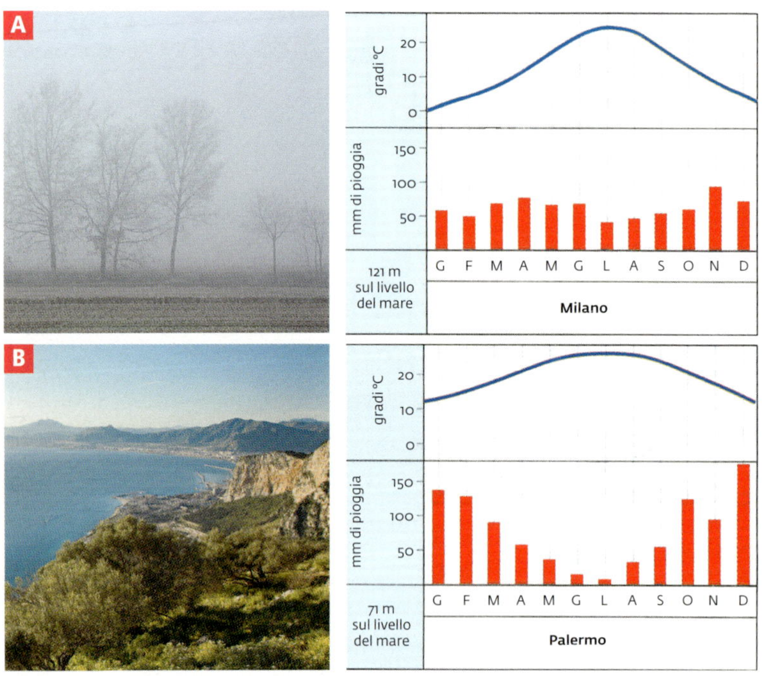

FIGURA 17. Anche se il clima in Italia è temperato, nelle zone lontane dal mare è di tipo continentale, mentre nelle zone costiere è di tipo mediterraneo. I due diagrammi evidenziano queste diverse condizioni climatiche: nella Pianura Padana, a Milano (**A**), le estati sono calde e gli inverni freddi e piovosi. In Sicilia, a Palermo (**B**), l'inverno è mite, mentre l'estate è molto calda e secca.

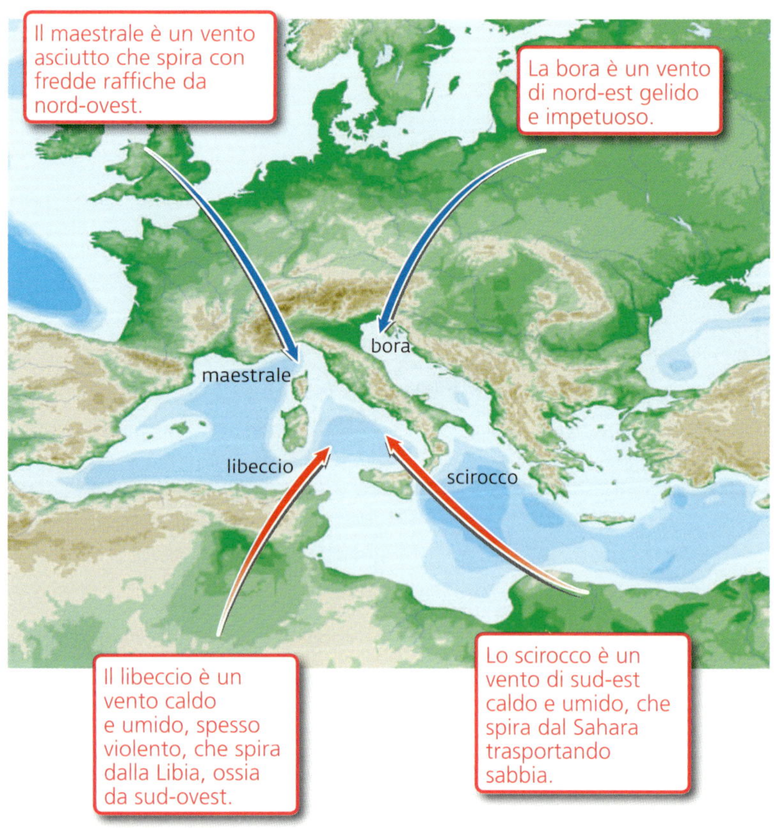

FIGURA 18. I principali venti locali che soffiano sulla penisola italiana.

Le raffiche possono raggiungere i 170 km/h e rendere insidiosa e pericolosa la vita della popolazione: sono comuni le immagini dei pedoni che camminano a fatica a causa delle violente raffiche di vento (**FIGURA 20**).

Lo **scirocco** è un vento di sud-est caldo umido. Si forma nel deserto del Sahara, dove l'escursione termica tra il giorno e la notte è molto forte, e viene attratto verso la nostra penisola da un'area di bassa pressione sopra il Mediterraneo. Inoltrandosi sopra il mare, si carica di umidità. Raggiunte le coste, l'umidità si trasforma in pioggia, e la pioggia trascina al suolo la finissima sabbia rossa che il vento aveva sollevato dalle dune sahariane, arrivando a ricoprire intere zone anche dell'Italia del nord.

Il **libeccio** è un vento che spira da sud-ovest e si presenta quasi sempre a raffiche. Per quanto sia un vento di mare e dunque trasporti umidità, il libeccio non produce quella sensazione di oppressione che dà invece lo scirocco. Sferza con notevole violenza la costa tirrenica, in particolare della Toscana, con conseguenze talvolta assai gravi.

TROVA LE PAROLE

L'Italia si trova all'interno della cella .... di circolazione atmosferica. Per questa sua posizione intermedia rientra nel gruppo dei ....; i venti dominanti sull'Italia sono i ...., ma a causa della sua conformazione fisica, la regione italiana è interessata soprattutto da venti .... che sono: ...., ..., ..., ...

PROVA A FARE

Pioggia di sangue

È rimasta negli annali della superstizione la «pioggia di sangue» che nel 1582 terrorizzò la Francia, ma si trattò di un normale fenomeno meteorologico che interessa talvolta l'intera Europa. Le piogge «rosse» sono dovute al trasferimento verso l'Europa di sabbia sahariana trasportata dal vento di scirocco. Talvolta forti sciroccate raggiungono le Alpi provocando il fenomeno della «neve rossa». Si è calcolato che in certi anni lo scirocco abbia depositato sull'Europa ben due milioni di tonnellate di polvere color ocra del Sahara. In foto la nuvola di polvere proveniente dal deserto del Sahara che investe Corsica, Sardegna e Sicilia.

a. A che cosa è dovuto il colore giallo-arancio della sabbia del Sahara? Documentati su Internet.

b. Perché la polvere del Sahara è un utile fertilizzante per le nostre regioni?

FIGURA 19. Il kitesurfing (dall'inglese *kite*, aquilone) è uno sport acquatico che sfrutta la forza del vento come propulsore.

FIGURA 20. Una passante cerca di resistere alla potenza della bora a Trieste.

VIDEO
Variazioni climatiche del recente passato

9 Il clima del passato

Nel corso dei secoli e dei millenni...
Nel corso del tempo, i climi possono lentamente modificarsi e subire rilevanti variazioni. Oscillazioni di caldo e freddo si sono susseguite nella storia del nostro pianeta, modellando la sua superficie e influendo sulla diffusione degli esseri viventi. Per esempio, tra il 1550 e il 1850 si sono avute in Europa temperature medie più basse di quelle attuali, tanto che molti fiumi e laghi europei ghiacciarono (**FIGURA 21**). Quel periodo è stato chiamato *piccola età glaciale* ed è stato preceduto da una fase calda medievale, protratta indicativamente dall'800 al 1200, durante la quale i Vichinghi colonizzarono l'isola battezzata Groenlandia, che in danese significa terra verde.

Se si considerano periodi di tempo più lunghi, sulla scala dei millenni, si scopre che il clima di alcune regioni è stato soggetto a variazioni considerevoli: lunghi periodi umidi si sono alternati a periodi secchi, periodi temperati a periodi più freddi come si osserva dal grafico.

Nel corso di milioni di anni...
Se consideriamo una dimensione temporale di milioni di anni, scopriamo che negli ultimi 2 milioni di anni (**FIGURA 22**) si sono verificate numerose oscillazioni climatiche con l'alternanza di lunghe ondate glaciali, le *glaciazioni* appunto, seguite da fasi di clima più mite, i *periodi interglaciali*.

Al contrario, più indietro nel tempo, circa 300 milioni di anni fa nel periodo Carbonifero, il clima era di tipo tropicale caldo-umido. Questo clima favorì la formazione di estese foreste paludose i cui resti, sepolti per milioni di anni, hanno dato origine al carbone fossile (**FIGURA 23**).

La testimonianza di questi eventi così lontani nel tempo è contenuta negli archivi naturali racchiusi fra gli strati rocciosi, depositati in lunghi periodi di tempo, e nei resti fossili che essi contengono. Ne è un esempio il carbone fossile ritrovato in Groenlandia o i fossili di antiche felci e di coralli scoperti sulle Dolomiti, anche in questo caso testimonianza di un clima del passato più caldo dell'attuale.

Al contrario, fossili di mammut lanosi (**FIGURA 24**) o pollini di piante come betulle e conifere, rinvenuti in profondità lungo territori che attualmente presentano clima temperato, sono preziosi indicatori di un clima più rigido.

Quali sono le cause dei cambiamenti climatici?
È difficile individuare con certezza i motivi che hanno

FIGURA 21. La stampa immortala la vita degli inglesi all'inizio del XVII secolo. Il Tamigi congelato diventava un'attrazione per la popolazione che sulla spessa coltre di ghiaccio improvvisava fiere e gare sportive.

FIGURA 23. Paesaggio ricostruito del Carbonifero dominato da felci arboree ed equiseti giganteschi (nel tondo fossile di *Calamites*).

FIGURA 22. Il grafico (in scala logaritmica) ricostruisce la temperatura media della Terra negli ultimi 2 milioni di anni. La linea orizzontale (*in blu*) rappresenta la temperatura media odierna, mentre si possono notare oscillazioni relativamente rapide tra periodi caldi interglaciali e i periodi freddi glaciali, quando gli strati di ghiaccio polare si estendevano verso l'Equatore.

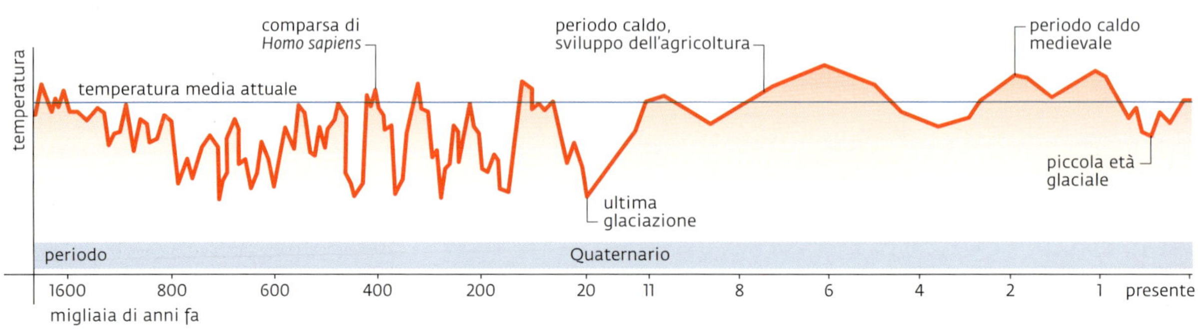

causato il ripetersi di variazioni climatiche nel passato, poiché i meccanismi che regolano il clima sono molto complessi.

Noi sappiamo che la Terra non è isolata nello spazio, ma risente dell'influenza dei corpi celesti a essa più vicini. Fattori astronomici esterni, quali i cambiamenti nell'attività solare, incidono sulla quantità di energia che raggiunge il nostro pianeta; anche variazioni nella forma dell'orbita terrestre (**FIGURA 25**), dovute all'influenza gravitazionale del Sole, della Luna e degli altri pianeti, modificano la distanza media Terra-Sole, con ripercussioni sul clima.

Sul clima agiscono anche eventi geologici attribuibili alla dinamica interna del nostro pianeta: gigantesche eruzioni vulcaniche proiettano nell'atmosfera quantità enormi di gas e di ceneri in grado di oscurare la luce solare. È probabile che le grandi eruzioni vulcaniche del passato abbiano avuto effetti drammatici sul clima e sulla vita sulla Terra.

Tra gli eventi che lasciano il segno sul clima vi è anche il sollevamento di catene montuose, che ha come conseguenza cambiamenti nella circolazione atmosferica. Ne è un esempio l'Himalaya formatasi 50 milioni di anni fa in seguito alla migrazione verso nord dell'India, un tempo unita all'Antartide, e alla sua collisione con l'Asia. Si è creata così una barriera che ha alterato la circolazione dei venti e instaurato il regime dei monsoni, influenzando drasticamente il clima di vaste regioni a sud e a nord della barriera montuosa (*vedi* figura 13, p. 84).

TROVA LE PAROLE

Oscillazioni di .... e freddo si sono susseguite nel tempo in tutta la storia del nostro pianeta, modellando la sua .... e influendo sulla .... degli esseri viventi. Per esempio, tra il .... e il .... si sono avute in .... temperature medie più basse di quelle attuali, tanto che quel periodo è stato chiamato piccola .... Negli ultimi 2 .... di anni si sono verificate numerose .... climatiche con l'alternanza di ...., seguite da fasi di clima più mite, i ....

FIGURA 24. Resti fossili di mammut lanoso, un mammifero proboscidato vissuto decine di migliaia di anni fa.

FIGURA 25. Anche piccole variazioni dell'orbita terrestre producono grandi effetti.

PROVA A FARE

Alle soglie dell'estinzione

Circa 75 000 anni fa, una gigantesca eruzione del vulcano Toba portò una tale riduzione delle temperature del globo che numerosi organismi furono prossimi all'estinzione e, secondo alcuni studiosi, anche le popolazioni dei nostri antenati subirono un drastico calo numerico e per poco non si estinsero. Le ceneri che l'eruzione scagliò in aria si trovano ancora oggi sparse in un raggio di centinaia di migliaia di kilometri. Oggi al posto del vulcano rimane il lago Toba, il più grande lago vulcanico del mondo.

a. Cerca dove si trovava questo vulcano.

b. Cerca notizie su quella che è ritenuta una tra le più violente eruzioni di tutti i tempi. In che modo i vulcani condizionano il clima?

I segreti del Sahara

Le sabbie del Sahara custodiscono molti segreti, tra cui uno dei più importanti cambiamenti climatici degli ultimi 10 000 anni.
Il Sahara, il più grande deserto caldo del mondo, con i suoi 9 milioni di kilometri quadrati copre la maggior parte del Nord Africa, estendendosi dal Mar Rosso all'Oceano Atlantico. Questa vasta distesa di sabbia ha morbide dune che possono raggiungere un'altezza di 180 metri, mentre altrove la sua superficie è accidentata, coperta di grossi massi, pietre e ciottoli (**FIGURA A**).
Vi si trovano anche notevoli massicci montuosi, tra cui il Tibesti, che con 3445 metri di quota costituisce la maggiore elevazione del Sahara.
Oggi niente di questo paesaggio desertico fa pensare a fiumi, praterie, ippopotami e giraffe. Eppure, un tempo, il Sahara era una grande prateria con pascoli dove scorrazzavano e venivano cacciati cervi. Anche ippopotami, elefanti, giraffe, rinoceronti e coccodrilli popolavano la zona e migliaia di persone accorrevano per vivere in questa lussureggiante savana. Tutto ciò accadeva durante il cosiddetto *periodo umido africano*, durato probabilmente dagli 11 000 ai 5000 anni fa.
La testimonianza di questa epoca è data dalle incisioni rupestri raffiguranti l'insolita fauna e dalla presenza di una patina nerastra sulle rocce, detta *vernice del deserto*, composta da ossido di manganese e dovuta probabilmente all'azione di batteri in ambiente umido (**FIGURA B**).
Sotto le sabbie del Sahara, dai radar dei satelliti sono state rilevate le tracce di un letto ramificato di un antico fiume, che si estendeva per circa 500 km dall'entroterra in direzione della costa atlantica.
Ma che cosa è accaduto a questo paradiso terrestre e quanto è durato lo stravolgimento climatico? Secondo alcuni studi il Sahara si sarebbe inaridito improvvisamente nell'arco di solo qualche secolo. I risultati provengono dall'analisi accurata di polveri sahariane soffiate via dal vento e cadute nel corso dei millenni nei sedimenti dell'Oceano Atlantico. Le variazioni dei livelli di polvere recuperata dal fondale oceanico forniscono agli scienziati precisi indizi del clima dell'Africa e dei cambiamenti nel corso del tempo.
Studi recenti, invece, sembrano propendere per un declino molto più lento, durato circa tre millenni. Lo studio dei pollini antichi, delle spore e degli organismi acquatici nei sedimenti del Lago Yoa nel Ciad settentrionale, ha mostrato che, a partire da circa 6000 anni fa, la regione si è gradualmente spostata dalle condizioni umide verso le condizioni di aridità, che hanno avuto inizio circa 2700 anni fa.
L'acqua del Sahara oggi non scorre più in superficie, se non in occasione di qualche sporadica pioggia, ma è conservata come «acqua fossile» sotto le grandi distese di dune, nelle falde sotterranee che riaffiorano nelle oasi.
Gli studi sui cambiamenti climatici del Sahara sono molto importanti per capire eventuali cambiamenti futuri anche in altre zone del pianeta.

FIGURA A. Il deserto del Sahara ha distese di sabbia alternate ad ammassi rocciosi.

2

Questo erbivoro è stato inciso nella roccia da artisti preistorici.

1

Questa arida lingua di sabbia è uno uadi, il letto di un antico fiume.

Una patina nera di ossidi ricopre le rocce di arenaria rosa.

FIGURA B. Nel sud della Libia, al confine con l'Algeria, si trovano testimonianze relative al clima umido del Sahara nel passato, come le formazioni rocciose rivestite di una patina scura e i letti di fiumi attualmente prosciugati (**1**) o le incisioni rupestri che mostrano animali incapaci di vivere in ambiente arido (**2**).

PER FISSARE I CONCETTI

- Quali indizi ci suggeriscono che migliaia di anni fa il Sahara aveva un clima umido e una vegetazione rigogliosa?
- Che cos'è l'acqua fossile? Perché è un indicatore climatico?
- Che cos'è uno «uadi»?

10 Il clima del futuro

Quale clima ci attende nei prossimi secoli? Anche se non c'è modo di saperlo con certezza, sappiamo che ai fattori naturali che provocano fluttuazioni climatiche si sono aggiunte in epoca recente le attività umane.

La combustione di carbone e petrolio per i trasporti, il riscaldamento domestico e l'industria hanno prodotto un sensibile aumento della quantità di anidride carbonica immessa in atmosfera, amplificando il naturale effetto serra (*vedi* Unità B3, p. 62).

A partire dalla rivoluzione industriale, in poco più di un secolo, la concentrazione di CO_2 nell'aria è passata da 280 ppm a circa 400 ppm (ppm = parti per milione = n° molecole di CO_2 su un milione di molecole d'aria) e continua ad aumentare. Ma gli scienziati sono riusciti ad andare molto più indietro nel tempo e a stabilire qual era la concentrazione di CO_2 nell'aria centinaia di migliaia di anni fa.

La documentazione che consente di andare a ritroso nel tempo, e di annotare l'allarmante aumento della CO_2 atmosferica, è contenuta in un archivio molto particolare: i ghiacci dell'Antartide.

La neve di centinaia di migliaia di anni fa, che ora forma in profondità il ghiaccio dell'Antartide, contiene imprigionati al suo interno l'ossigeno, l'anidride carbonica e le polveri di allora. Questa «aria preistorica» può essere studiata prelevando lunghe carote ghiacciate mediante perforazioni (**FIGURA 26**).

La più lunga di esse (3,2 km) ci permette di risalire fino a 800 000 anni fa e ci indica che a quel tempo la concentrazione di CO_2 atmosferica era sotto le 200 ppm. Da allora sul nostro pianeta si sono alternati periodi freddi e caldi (anche più dell'attuale), in generale contrassegnati rispettivamente dalla diminuzione e dall'aumento di CO_2.

Oggi ci troviamo in una fase calda in cui la concentrazione di CO_2 è «schizzata» a valori mai registrati prima. L'aumento concomitante di altri gas serra, per esempio del metano che si sviluppa in ambienti paludosi come le risaie, ha fornito un ulteriore contributo all'effetto serra e il fenomeno, per le dimensioni che ha assunto, è definito **riscaldamento globale** o, dall'inglese, *global warming*.

Tutto lascia supporre che le temperature medie continueranno ad aumentare di qualche grado in questo secolo, determinando lo scioglimento dei ghiacciai e delle calotte glaciali. Si avrebbe così un lento ma inarrestabile sollevamento del livello dei mari e la scomparsa di migliaia di kilometri quadrati di aree costiere, popolate da milioni di persone (**FIGURA 27**).

FIGURA 27. Ecco come potrebbe diventare l'Italia entro il 2100 se continuasse il riscaldamento globale: le ultime previsioni stimano un aumento del livello dei mari tra i 30 e i 90 cm. I mari si gonfiano non solo per la fusione dei ghiacciai e delle calotte glaciali, ma anche perché un aumento della temperatura atmosferica scalda le acque e ne provoca la dilatazione.

A

B

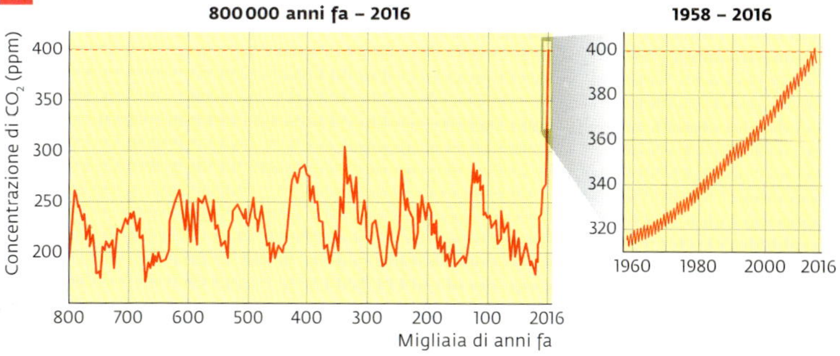

FIGURA 26. (**A**) Le carote di ghiaccio estratte a migliaia di metri di profondità dall'Antartide consentono di ricavare le concentrazioni dell'anidride carbonica del passato. (**B**) I grafici rappresentano l'aumento della concentrazione dell'anidride carbonica nell'aria da circa 700 000 anni fa (*a sinistra*) a oggi (*a destra*).

Sono possibili molte altre conseguenze, ma è difficile prevederle con esattezza perché la macchina climatica è complessa. Essa infatti è costituita da una fitta rete di scambi di materia ed energia tra cinque comparti: atmosfera, oceani, ghiacci, continenti e mondo vivente. La risposta del sistema climatico a una perturbazione mette in gioco una serie di interazioni che possono accentuare la perturbazione (*retroazione positiva*) o contrastarla (*retroazione negativa*). Vediamone alcuni esempi.

- Il riscaldamento atmosferico provoca un aumento dell'evaporazione. L'atmosfera contiene dunque una quantità maggiore di vapore acqueo che, essendo un gas serra, produce un ulteriore aumento della temperatura (retroazione positiva).
- La maggiore umidità provoca un aumento della copertura nuvolosa che riflette le radiazioni solari verso lo spazio, facendo diminuire la temperatura (retroazione negativa).
- In seguito al riscaldamento atmosferico diminuiscono le superfici coperte dalla neve e dai ghiacci che riflettono le radiazioni solari; le superfici scoperte, più scure, assorbono energia aumentando il riscaldamento (retroazione positiva).
- Un aumento della CO_2 favorisce la crescita di piante e alghe che la utilizzano nella fotosintesi (**FIGURA 28**). Come risultato, si avrebbe un ulteriore assorbimento della CO_2 dell'aria, e una concomitante diminuzione dell'effetto serra (retroazione negativa).

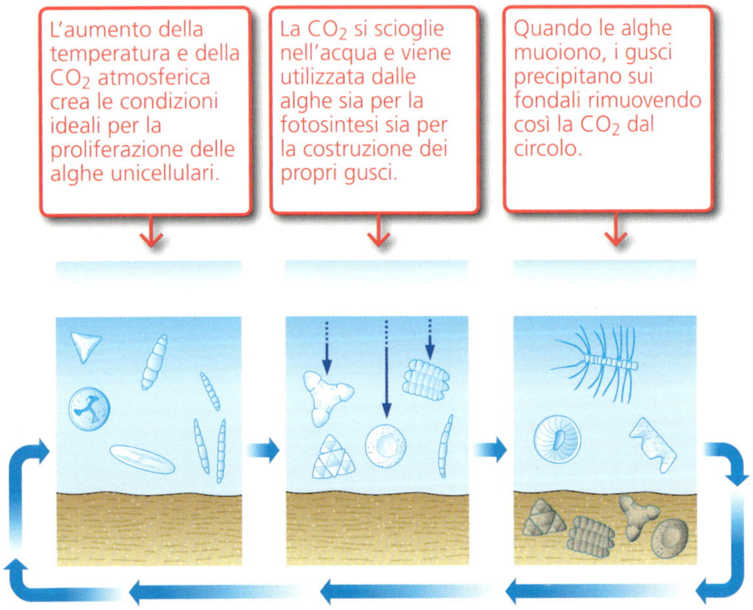

FIGURA 28. Un esempio di retroazione negativa che contrasta l'effetto serra.

Un fatto è chiaro: le strategie per la lotta all'effetto serra vanno messe in atto al più presto perché i cambiamenti potrebbero essere più rapidi di quanto ci si aspetti e i tempi per il risanamento dell'atmosfera drammaticamente più lunghi.

TROVA LE PAROLE

La .... di carbone e .... per i trasporti, il .... e l'industria hanno prodotto un sensibile aumento della quantità di .... immessa in atmosfera, amplificando il naturale ...., determinando un aumento delle .... medie globali. La risposta del .... climatico a questa perturbazione produce una serie di effetti che possono accentuare la perturbazione (.................. ....) o contrastarla (.................. ....).

PROVA A FARE

L'acidificazione degli oceani

Negli oceani un aumento della CO_2 atmosferica provoca un aumento della CO_2 disciolta, che reagisce con l'H_2O formando un acido debole, l'acido carbonico H_2CO_3, con l'effetto di una diminuzione del pH.
Puoi provare l'effetto acidificante della CO_2 con la seguente esperienza. Prendi una bacinella di vetro trasparente e riempila per metà di acqua in cui hai aggiunto qualche goccia di un indicatore, ossia di una sostanza che cambia colore in base al pH della soluzione.
Posa sull'acqua tre lumini che rappresentano i Paesi con le emissioni di CO_2 maggiori (Cina, USA, Europa). Accendi i lumini e copri la tua bacinella con un'altra pure trasparente. I lumini ardono per un po' poi si spengono.

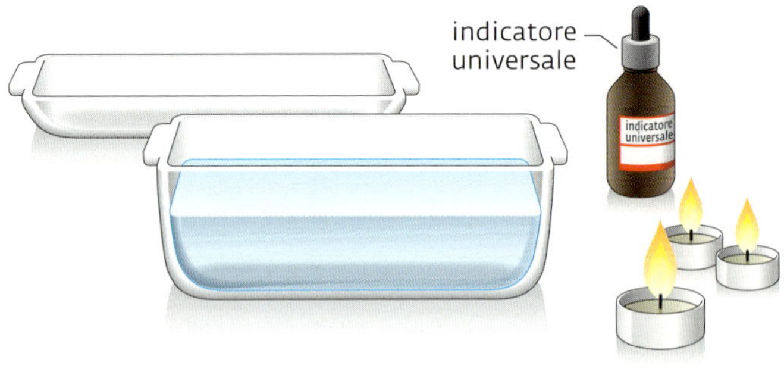

a. Che cosa accade all'acqua con l'indicatore dentro la bacinella? Come spieghi il fenomeno?

b. Da dove proviene la CO_2 che ha prodotto l'effetto acidificante?

c. Fai una ricerca per capire quali sono le conseguenze dell'acidificazione degli oceani sugli organismi marini.

LOSAI? RIPASSA CON LO SMARTPHONE

Per ricordare

1. Come si formano le nuvole? Da che cosa sono costituite?

Le **nuvole** sono costituite da microscopiche goccioline d'acqua formatesi a seguito della condensazione del vapore acqueo contenuto nell'atmosfera. La formazione delle goccioline d'acqua è favorita dalla presenza di minuscole particelle solide sospese nell'aria, che agiscono da **nuclei di condensazione**.

2. Come si formano la pioggia e le altre precipitazioni?

Le piogge si formano dall'aggregazione delle minuscole goccioline d'acqua di una nube (tra 0,5 e 3 mm). Per il loro peso precipitano al suolo, dando origine alla **pioggia**.

Se la temperatura dell'aria è inferiore a 0 °C, cade **neve** o *nevischio*.

La **grandine** si forma nei cumulonembi, quando le gocce di pioggia sono sospinte ripetutamente in alto da forti correnti d'aria ascensionali.

3. Che cosa sono le aree cicloniche e anticicloniche?

Le **aree cicloniche** sono aree di bassa pressione con presenza di aria calda che sale in quota.

Le **aree anticicloniche** sono, al contrario, aree di alta pressione, dove si verificano condizioni di bel tempo.

4. A che cosa sono dovute le variazioni del tempo? Che cos'è un fronte?

Le variazioni del tempo sono dovute principalmente allo scontro tra masse d'aria a temperatura e umidità diverse.

Una **massa d'aria** è una porzione di atmosfera di notevoli dimensioni, all'interno della quale le condizioni di temperatura e umidità si mantengono praticamente costanti. Un **fronte** è la superficie di contatto tra una massa d'aria fredda e una massa d'aria calda.

5. Qual è la differenza tra tempo e clima?

Il **tempo meteorologico** è lo stato della troposfera (temperatura, umidità, pressione) in un dato momento e in una determinata località. Il **clima** è lo stato medio del tempo registrato nell'arco di molti anni in una determinata località. Il criterio adottato per classificare i climi si basa sulla piovosità e sulla temperatura che condizionano la distribuzione di diversi tipi di vegetazione.

la mappa

Completa la mappa concettuale utilizzando i termini proposti. Dai la definizione di quelli sottolineati:

secca • geografici • tempo atmosferico • astronomici • umida • aree anticicloniche • raffreddano • calda • aree cicloniche • fredda • riscaldano • clima

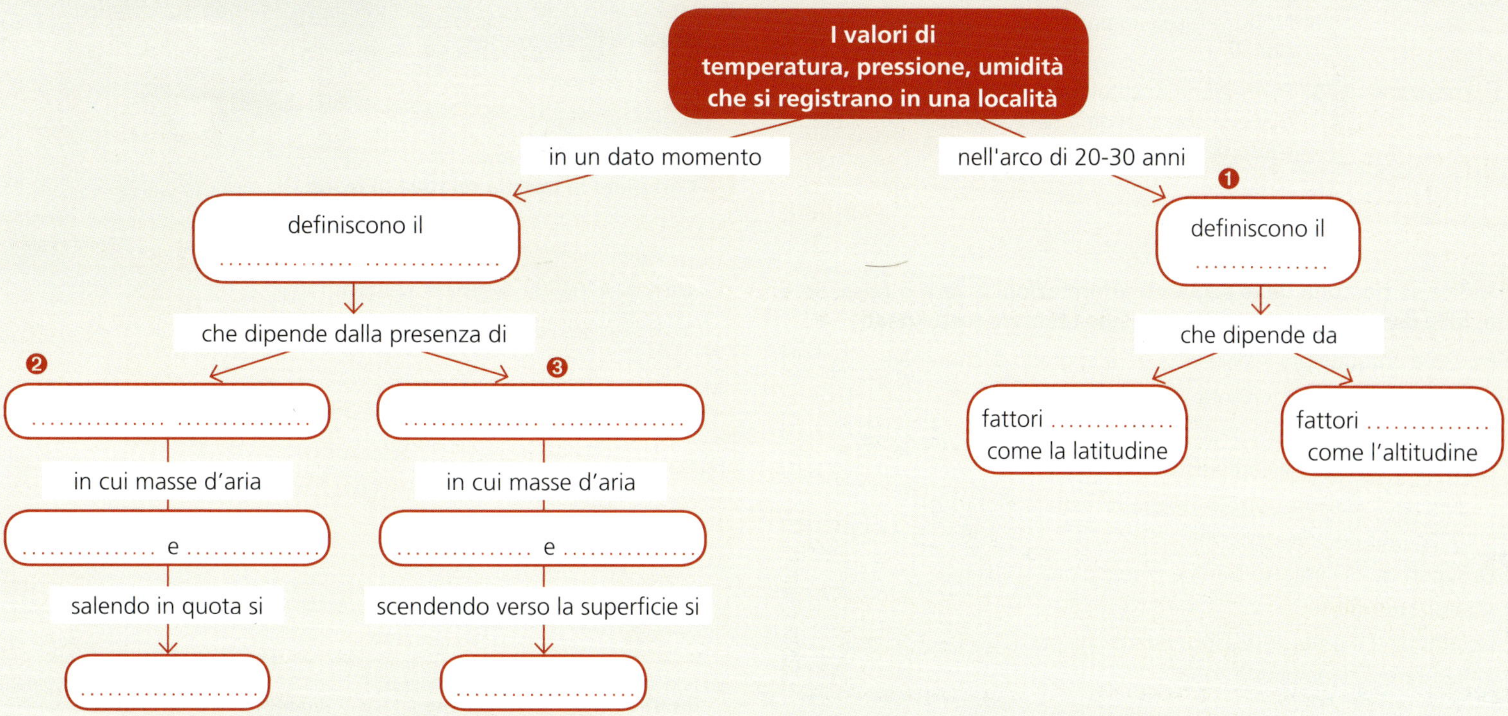

Sul tuo quaderno prova a espandere la mappa aggiungendo nuovi collegamenti ai nodi 1, 2 e 3.

Sei pronto per la verifica?

In 1 ora

1. **Inserisci i termini corretti nella figura.**

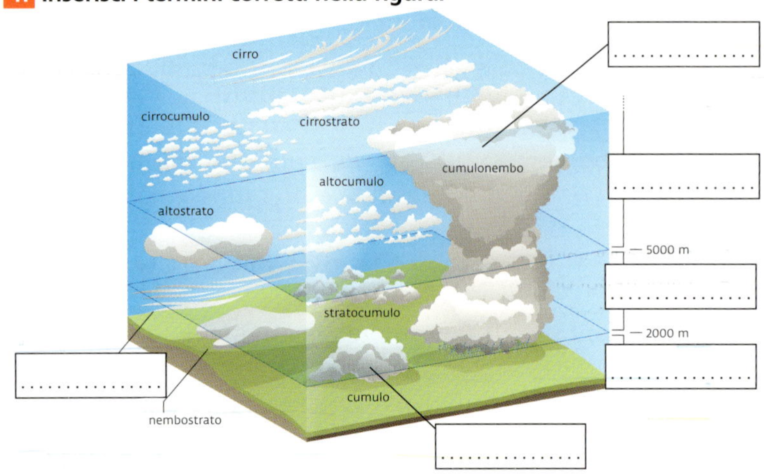

[6 PUNTI]

2. **Stabilisci le corrispondenze corrette tra i termini della colonna di sinistra e le descrizioni riportate a destra.**

a. ☐ pioggia
b. ☐ brina
c. ☐ nebbia
d. ☐ neve
e. ☐ grandine

1. Velo di cristalli di ghiaccio che si deposita sul suolo quando la temperatura scende sotto 0 °C.
2. Tipologia di precipitazione formata da gocce d'acqua di dimensioni variabili tra 0,5 e 3 mm, troppo pesanti per poter rimanere in sospensione nell'aria.
3. Prodotto della solidificazione in cristalli delle gocce di pioggia all'interno di nubi molto fredde.
4. Fenomeno che si origina nelle grandi nubi a sviluppo verticale in presenza di forti correnti ascensionali.
5. Formazione costituita da minutissime goccioline d'acqua che si origina nelle vicinanze del suolo a causa del suo rapido raffreddamento.

[5 PUNTI]

3. **Indica se ciascuna delle seguenti affermazioni è vera o falsa. Se è falsa, falla diventare vera cambiando solo i termini sottolineati.**

a. Più l'aria è fredda <u>più</u> vapore acqueo è in grado di contenere. V F
b. I chicchi di grandine presentano una struttura a <u>strati concentrici</u>. V F
c. Quando un gas viene compresso, si <u>raffredda</u>. V F
d. In genere, il versante <u>sottovento</u> di una catena montuosa è interessato da precipitazioni. V F
e. La superficie di contatto tra due masse d'aria si chiama <u>perturbazione</u>. V F
f. La <u>latitudine</u> è un fattore astronomico che può influenzare il clima di una zona. V F
g. La zona del Mar Mediterraneo è una zona interessata da numerosi venti <u>locali</u>. V F

[7 PUNTI]

4. **Rispondi sul tuo quaderno alle seguenti coppie di domande utilizzando al massimo 5 righe.**

a. Perché in una massa d'aria in risalita possono formarsi le nubi? Quali processi avvengono? **[5 PUNTI]**

b. Che cosa si intende in meteorologia per «massa d'aria»? Spiega da che cosa dipendono le sue caratteristiche facendo un esempio. **[2 + 2 PUNTI]**

c. Che cosa sono le glaciazioni? Indica attraverso quali ritrovamenti sono state individuate ed elenca almeno due fattori che possono aver contribuito al loro verificarsi sulla Terra. **[1 + 2 + 2 PUNTI]**

5. **Accanto a ogni affermazione, scrivi C se pensi si riferisca alle aree cicloniche, A se pensi si riferisca a quelle anticicloniche, E se pensi possa riferirsi a entrambe.**

a. Sono caratterizzate da tempo bello e stabile. ☐
b. Sono zone di risalita di aria calda e umida. ☐
c. Presentano valori di pressione crescenti dall'esterno all'interno. ☐
d. In esse si ha discesa di aria fredda e suo riscaldamento per compressione. ☐
e. Si caratterizzano per la presenza di una copertura nuvolosa più o meno estesa. ☐
f. Sono zone dell'atmosfera in cui si ha circolazione verticale. ☐
g. Sono le zone in cui si originano le perturbazioni atmosferiche. ☐
h. Lo è quello delle Azzorre, che influenza il tempo atmosferico dell'area mediterranea. ☐

[8 PUNTI]

6. **Completa la tabella relativa ai fronti.**

	Fronte freddo	Fronte caldo
Caratteristiche termiche dell'aria in avanzata		
Caratteristiche del movimento dell'aria in avanzata		
Modalità di risalita della massa d'aria che si allontana dal suolo		
Tipo di nubi che si formano durante la risalita		
Tipo di precipitazioni che si originano nella zona di risalita		

[10 PUNTI]

☐ fino a 32 punti **insufficiente**	☐ da 33 a 38 punti **sufficiente**	☐ da 39 a 44 punti **buono**	☐ da 45 a 50 punti **ottimo**

Verifica le competenze

S1 – ANALIZZARE E INTERPRETARE TABELLE, GRAFICI E IMMAGINI

1. CHE TEMPO FA?

L'immagine sotto riportata descrive la situazione meteorologica presente sull'Europa occidentale in una tipica giornata autunnale. Osservala con attenzione e poi rispondi alle domande.

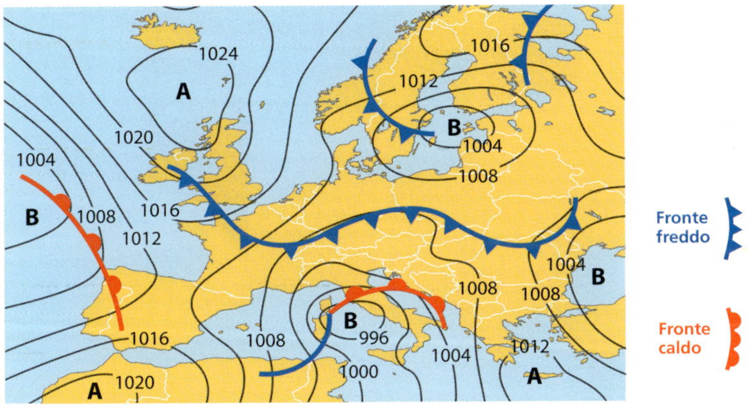

a. ●○○ Che cosa indicano le lettere A e B indicate in figura?

b. ●●○ Come si muove l'aria in corrispondenza di queste zone?

c. ●○○ Com'è il tempo atmosferico in tali zone?

d. ●●○ Perché?

e. ●●○ Indica almeno una zona della carta in cui, stando al quadro rappresentato, si stanno verificando precipitazioni a carattere di rovescio (brevi e intense).

f. ●●○ Indica almeno una zona della carta in cui, stando al quadro rappresentato, si stanno verificando deboli precipitazioni.

g. ●●● Associa a ciascuna delle seguenti immagini del cielo un punto sulla carta (riportando direttamente su di essa il numero corrispondente all'immagine).

1

2

3

S1 – RICONOSCERE O STABILIRE RELAZIONI

2. I CLIMI NEL MONDO

a. ●○○ Abbina ogni immagine a uno dei climi elencati riportando le lettere nelle apposite caselle.

A. climi polari
B. climi freddi
C. climi temperati
D. climi umidi freddi
E. climi aridi caldi
F. climi freddi di montagna
G. climi caldi umidi

1 ☐ 

3 ☐ 

2 ☐ 

4 ☐ 

b. ●●○ Spiega sul tuo quaderno le ragioni delle tue scelte.

c. ●●● Prova a cercare tre immagini adatte a rappresentare i climi mancanti e incollale sul tuo quaderno. Poi spiega che cosa li differenzia.

S1 – RICONOSCERE O STABILIRE RELAZIONI

3. A QUALE QUOTA SI FORMANO LE NUBI?

Supponi che una massa d'aria si trovi vicina al suolo, abbia una temperatura di 25 °C e contenga 10 g/m^3 di vapore acqueo. Se questa massa inizia a salire verticalmente raffreddandosi, stima a quale quota inizieranno a formarsi le nubi.

a. ●●● Risolvi e spiega i passaggi del tuo procedimento.

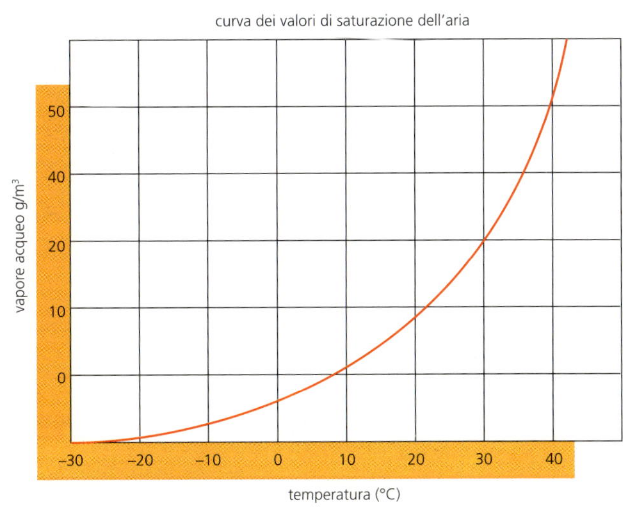

5 La sfera dell'acqua

In questa Unità troverai le risposte alle seguenti domande:

1. Che cos'è l'idrosfera?
2. Quali sono le proprietà eccezionali dell'acqua?
3. Come si ricicla l'acqua?
4. Che cosa contiene l'acqua degli oceani?
5. Quali sono le cause dei movimenti delle acque marine?
6. Quali sono le acque continentali? Che cos'è una falda freatica?

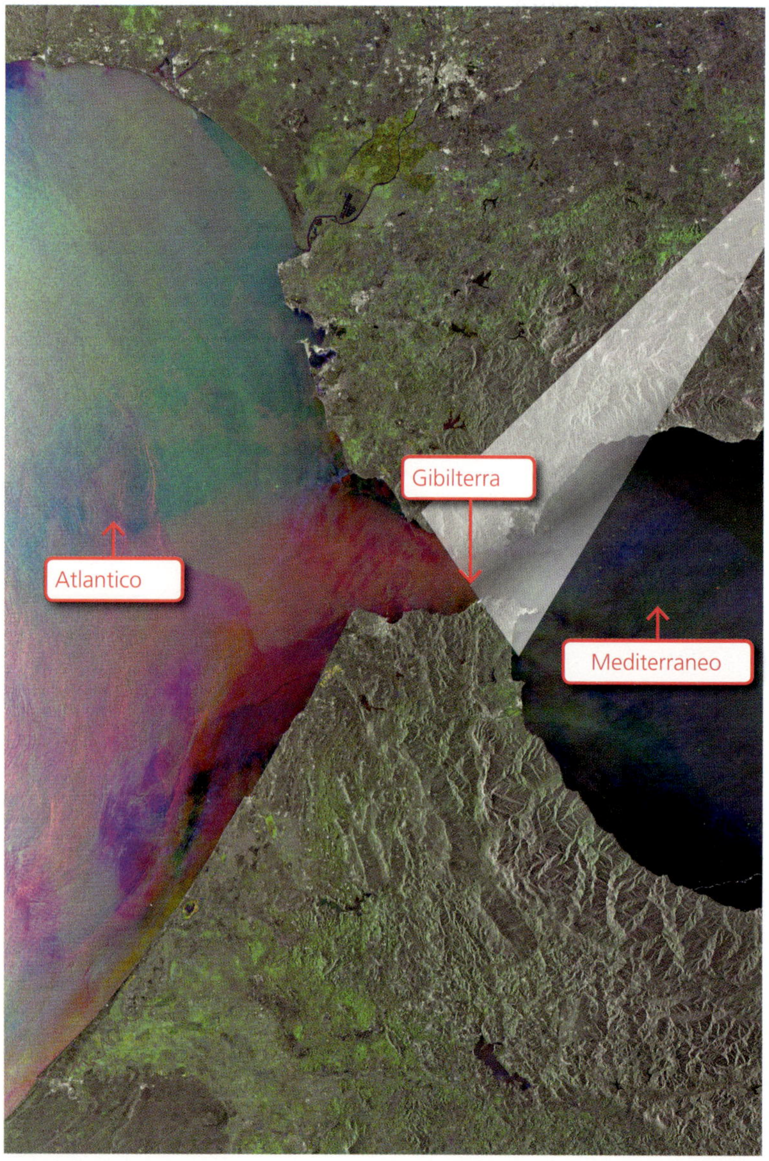

Acqua a spasso

Questa straordinaria immagine radar del satellite Envisat mostra la circolazione delle acque tra l'Oceano Atlantico (a sinistra) e il Mediterraneo (a destra). In corrispondenza dello Stretto di Gibilterra si formano due correnti marine: una in superficie che porta acqua dall'oceano al Mediterraneo, l'altra in profondità con il percorso inverso che porta le acque del Mediterraneo nell'Atlantico. L'immagine mostra anche le increspature dell'acqua interne alle correnti sia a destra che a sinistra dello stretto, evidenziate dai differenti colori.
Sembra che già nell'antichità i Fenici, abili navigatori, fossero riusciti a individuare la corrente profonda in uscita dal Mediterraneo e che utilizzassero una specie di vela subacquea per superare lo stretto.

SAI RISPONDERE?

1 Quale può essere la causa di queste correnti?
2 Quale ruolo fondamentale svolge la corrente in entrata dall'Atlantico?
3 Che cosa potrebbe succedere se lo Stretto di Gibilterra si chiudesse? Sai se è successo in passato?

1 L'acqua al di fuori della Terra

C'è tanta acqua nell'Universo: i corpi celesti ricchi di questo composto sono ben più numerosi di quanto si pensasse finora. Questo fatto non sorprende dato che i costituenti dell'acqua, idrogeno e ossigeno, sono tra gli elementi più abbondanti nell'Universo. Gli scienziati hanno trovato la «firma chimica» dell'acqua nelle nebulose, in sistemi planetari appena nati e nelle atmosfere di *esopianeti*, ossia di pianeti orbitanti attorno ad altre stelle.

Nel nostro Sistema solare le missioni della Nasa, che esplorano mondi finora sconosciuti, hanno trovano acqua in luoghi inaspettati. È stata trovata in corpi primitivi come le comete e gli asteroidi, e nei pianeti nani come Cerere che ha vulcani di ghiaccio.

Se si esclude Io, la vulcanica luna di Giove, tutti i satelliti principali dei giganti gassosi contengono acqua in forma solida. I più sorprendenti sono le due lune ghiacciate di Giove e Saturno: Europa (**FIGURA 1**) ed Encelado. Prove indirette hanno rivelato che in entrambi i satelliti, sotto la superficie di ghiaccio, esistono oceani di acqua allo stato liquido in contatto con rocce ricche di minerali. La missione Cassini della Nasa ha rivelato che Encelado (**FIGURA 2**) ha un'attività che si manifesta con strani geyser ghiacciati. Alcuni satelliti potrebbero dunque avere i tre ingredienti necessari alla vita: acqua allo stato liquido, elementi chimici essenziali ai processi biologici e fonti di energia. Per questo motivo la ricerca di acqua in questi mondi è, in un'ultima analisi, la ricerca della vita.

I veicoli spaziali della Nasa hanno trovato tracce di ghiaccio persino su un pianeta infuocato come Mercurio e sulla nostra Luna nei crateri permanentemente in ombra, dove non arriva mai la luce solare.

Altri corpi, invece, sembrano aver perso l'acqua che avevano un tempo. Su Marte le navicelle della Nasa hanno rinvenuto chiare prove che il «pianeta rosso» ha ospitato acqua liquida sulla sua superficie per lunghi periodi. Gli scienziati sono arrivati alla conclusione che una volta il pianeta aveva sufficientemente acqua da formare un oceano che occupava almeno la metà dell'emisfero settentrionale. Oggi parte di essa è nelle calotte polari marziane e sotto la superficie (*vedi* pagina 19).

Sembra dunque che quasi ogni regione del Sistema solare possieda (o abbia posseduto) acqua in qualche forma.

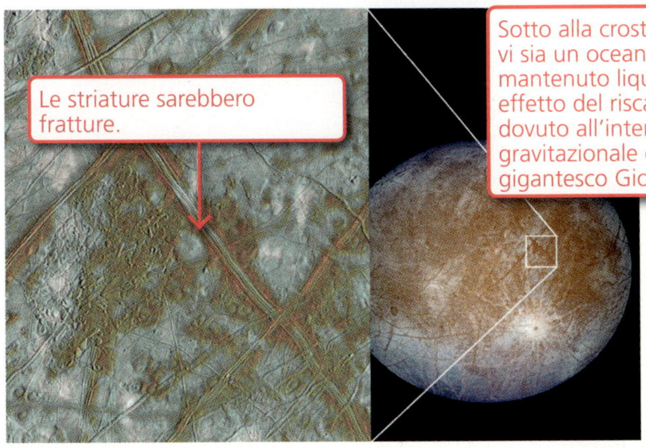

FIGURA 1 Europa è stata scoperta, insieme alle altre tre lune maggiori di Giove, da Galilei nel 1610. La sua superficie è costituita da una crosta di acqua ghiacciata molto liscia, con una serie di striature scure che s'incrociano.

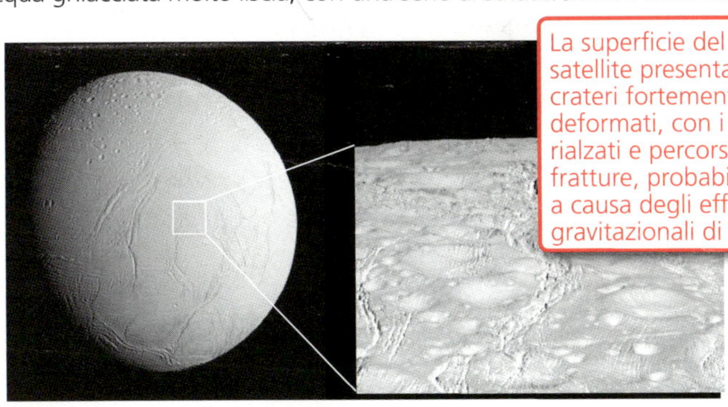

FIGURA 2 La sonda Cassini ha effettuato diversi sorvoli ravvicinati nel 2005, rivelando dettagli della superficie di Encelado. In particolare ha scoperto un pennacchio ricco d'acqua che si erge nella regione polare sud, probabilmente generato da acqua liquida situata sotto la superficie. Questa scoperta, indica che Encelado è geologicamente attivo.

TROVA LE PAROLE

L'acqua nell'.................. è diffusa poiché i suoi costituenti .... e .... sono abbondanti. Nel Sistema solare l'acqua è presente in luoghi inaspettati come il satellite di Giove .... e quello di Saturno ...., i quali hanno una superficie .... sotto la quale sembra nascondersi un oceano di acqua ....

PROVA A FARE

Alla ricerca dell'acqua sulla Luna

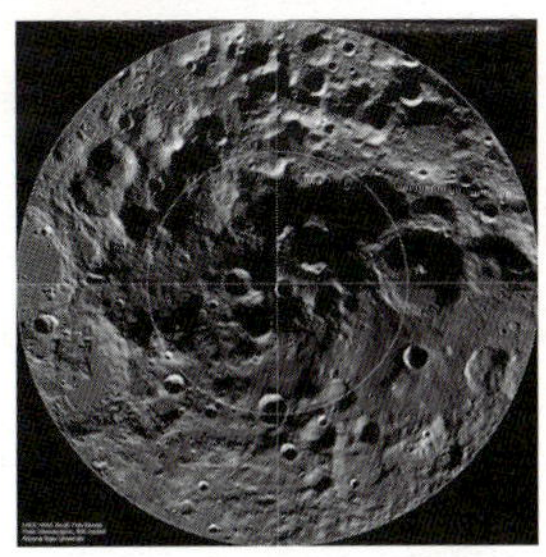

Nel 2009, un razzo vettore e una sonda della NASA sono stati lanciati contro il suolo lunare in un cratere del Polo sud (*nella foto*), e nella nube di detriti sollevata dalla violentissima collisione sono state trovate tracce di ghiaccio d'acqua. Recentemente si è scoperto altro ghiaccio nascosto nei piccoli crateri della zona vicina al Polo nord, dove le temperature sono bassissime, intorno a –248 °C. Si tratta di importanti scoperte: anche se hanno bisogno di ulteriori conferme, aprono un nuovo capitolo nella futura esplorazione umana del nostro satellite.

a. Perché sono stati scelti i crateri ai Poli per la ricerca di acqua?

b. Nel commentare la notizia uno scienziato ha detto: «C'è una quantità di acqua sufficiente ad alimentare i motori per il lancio di uno Space Shuttle al giorno per i prossimi 2200 anni». Come si può ricavare un combustibile per razzi dall'acqua?

2 Le acque della Terra formano l'idrosfera

Le acque coprono più del 70% della superficie terrestre, formando mari, laghi e fiumi, e calotte di ghiaccio. Il solo Oceano Pacifico ha una superficie maggiore di quella di tutte le terre emerse messe insieme (**FIGURA 3**).

Eppure l'acqua rappresenta appena una parte su 800 del volume totale della Terra, formata in prevalenza da materiali rocciosi. Ciò che rende questa sostanza così importante e visibile dallo spazio è il fatto che essa è concentrata sulla superficie.

Ciò che rimane un mistero è la sua origine: era già presente all'epoca in cui si è formato il nostro pianeta o, invece, è arrivata più tardi, magari trasportata dagli asteroidi?

Analisi recenti di rocce molto antiche suggeriscono che l'acqua era già in parte presente dalle prime fasi della formazione della Terra, probabilmente nel disco di polveri che circondava il Sole prima che si formassero i pianeti. Anche se una buona parte dell'acqua sarebbe stata successivamente persa per evaporazione a causa del calore generato dal processo di formazione della Terra, ne sopravvisse comunque una quantità sufficiente per dar vita al «mondo d'acqua» che è diventato il nostro pianeta (**FIGURA 4**). Ma probabilmente anche il successivo bombardamento di asteroidi ebbe la sua parte.

Il complesso delle acque presenti sul nostro pianeta costituisce l'**idrosfera**. L'idrosfera si può considerare formata da cinque serbatoi (**FIGURA 5**):

- gli **oceani** e i **mari** costituiscono il serbatoio principale, che contiene la maggior parte dell'acqua, circa il 97,22%;
- i **ghiacci** (calotte glaciali e ghiacciai) costituiscono un serbatoio che ne immagazzina circa il 2,15%;
- le **acque sotterranee** (fino a circa 5 km di profondità), che rappresentano circa lo 0,61% dell'acqua totale;
- i **fiumi** e i **laghi**, che formano nel loro insieme il serbatoio delle **acque continentali** ne contengono appena lo 0,017%;
- l'**atmosfera** è il serbatoio del vapore acqueo, che rappresenta lo 0,001% dell'acqua totale.

A questi serbatoi va aggiunta l'acqua presente nella **biosfera**, ossia negli esseri viventi. Pur essendo pari solo allo 0,0001% del totale, quest'acqua è indispensabile per il funzionamento del loro corpo.

FIGURA 4 In rocce vulcaniche molto antiche sono conservate bolle con tracce d'acqua di tempi remotissimi, appartenenti forse alla nebulosa primordiale. Quell'acqua intrappolata nelle rocce fuoriesce ancora oggi, sotto forma di vapore durante le eruzioni vulcaniche, per poi condensare in atmosfea e dare origine a piogge.

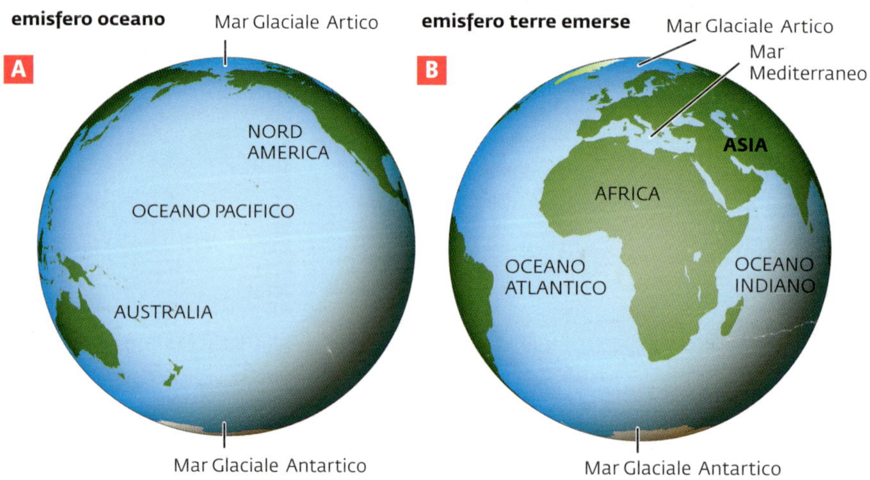

FIGURA 3 (**A**) L'oceano più grande, il Pacifico, è anche il più antico ed è così vasto da coprire quasi un intero emisfero. (**B**) L'altro emisfero al confronto ha molte più terre emerse.

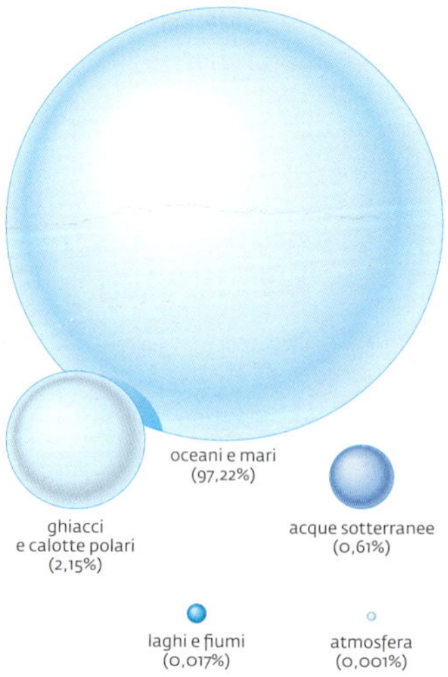

FIGURA 5 La distribuzione delle acque sulla Terra nei cinque serbatoi dell'idrosfera.

Da un punto di vista chimico, l'acqua è un composto formato da due elementi: idrogeno (H) e ossigeno (O). La formula chimica è nota a tutti: H_2O. L'unità chimica base dell'acqua è una molecola in cui due atomi di idrogeno sono legati a un atomo di ossigeno (**FIGURA 6**).

In un sorso d'acqua ci sono molti miliardi di miliardi di queste molecole, tenute assieme da legami più deboli di quelli che legano l'idrogeno e l'ossigeno all'interno di ciascuna di esse. Questi particolari legami sono chiamati **legami a idrogeno**. Quando l'acqua viene portata a ebollizione, i legami a idrogeno si spezzano: la loro rottura permette alle molecole dell'acqua di allontanarsi le une dalle altre, per cui l'acqua passa allo stato gassoso, trasformandosi in vapore acqueo (**FIGURA 7**).

Anche a temperature inferiori a quella di ebollizione (che è 100 °C alla normale pressione atmosferica), le molecole di acqua tendono costantemente ad abbandonare la superficie libera dell'acqua liquida e a passare allo stato di vapore. Questo processo, chiamato **evaporazione**, è una trasformazione meno rapida di quella che si verifica mediante l'ebollizione. A differenza di altre sostanze, l'acqua rimane liquida entro un intervallo di temperatura piuttosto ampio, tra 0 °C e 100 °C. Quando però la temperatura scende a 0 °C, le molecole dell'acqua si aggregano tra loro in modo stabile: l'acqua passa allo stato solido e si forma il ghiaccio.

Nel ghiaccio i legami a idrogeno tengono le molecole più distanti tra loro e le dispongono in modo ordinato a formare un **reticolo cristallino** (*vedi* figura 7).

FIGURA 6 La molecola dell'acqua è formata da due atomi di idrogeno legati a un atomo di ossigeno; i due legami formano tra loro un angolo di 104,5°. Una goccia d'acqua contiene circa 10 000 miliardi di miliardi di queste molecole.

TROVA LE PAROLE

L'.................. è formata dalle acque del pianeta che coprono più del .... % della superficie terrestre. I serbatoi che la formano sono cinque: gli .... e i mari con il .... %; i ghiacci con il .... %. Il restante è formato da: le ...., le acque continentali, l'atmosfera e la quota infinitesima della ....

FIGURA 7 Nella foto sono presenti contemporaneamente i tre stati fisici dell'acqua: solido nell'iceberg, liquido nel mare e gassoso nell'atmosfera.

3 Le proprietà dell'acqua

L'acqua è l'unica sostanza, tra quelle più comuni, che esiste in natura in tutti e tre gli stati fisici: è *liquida* negli oceani, nei laghi, nei fiumi e nelle minuscole goccioline delle nubi; è presente sotto forma di *vapore* nell'atmosfera; è *solida* nei ghiacciai montani e nelle calotte glaciali che ricoprono i Poli. Ma le proprietà eccezionali dell'acqua non finiscono qui: vediamone altre.

Densità. L'acqua è un composto più denso allo stato liquido che a quello solido (**FIGURA 8**). La densità massima dell'acqua si ha a 4 °C; al di sotto di questa temperatura la sua densità diminuisce. Questo fatto comporta che, al contrario delle altre sostanze, l'acqua solida, il **ghiaccio**, galleggi su quella liquida. Come conseguenza, quando l'acqua di un lago, di un fiume o di un mare ghiaccia, il ghiaccio rimane in superficie isolando termicamente la massa d'acqua sottostante, che continua a rimanere liquida consentendo la vita al suo interno (**FIGURA 9**).

Calore specifico. Il calore specifico è la *quantità di calore (in joule J) necessaria a scaldare di un grado un kilogrammo di sostanza*. Ogni sostanza ha il suo valore caratteristico di calore specifico. Quello dell'acqua è pari a 4184 J/kg: ciò significa che, se un kilogrammo di acqua assorbe 4184 J, la sua temperatura aumenta di un grado. Questo valore è assai alto se confrontato con quello, per esempio, del ferro che è pari a 444 J/kg. La conseguenza di questo dato è che, a parità di calore fornito, l'acqua, rispetto ad altri materiali, si riscalda lentamente, ma si raffredda altrettanto lentamente, cedendo piano piano il calore accumulato. Le grandi masse d'acqua degli oceani e dei laghi svolgono un'azione mitigatrice

PROVA A FARE

Che cosa succede all'acqua quando ghiaccia?

Molti sanno che l'acqua aumenta di volume quando ghiaccia, ma di quanto è l'aumento? Per saperlo riempi una siringa da 10 ml o 20 ml con acqua fredda possibilmente colorata con un colorante per cibi (puoi usare lo zafferano). Tappa bene l'estremità come in figura in modo che l'acqua non fuoriesca. Scrivi la misura della colonna d'acqua. Metti in freezer la siringa che estrarrai dopo alcune ore.
Calcola la percentuale di espansione dell'acqua trasformata in ghiaccio usando la seguente formula:

$$\% \text{ di espansione} = \frac{\text{lunghezza ghiaccio - lunghezza acqua liquida}}{\text{lunghezza acqua liquida}} \times 100$$

Quali possono essere le conseguenze di questo comportamento dell'acqua in natura?

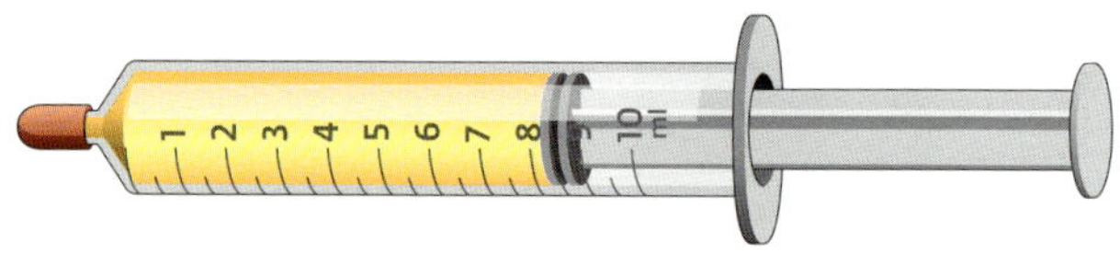

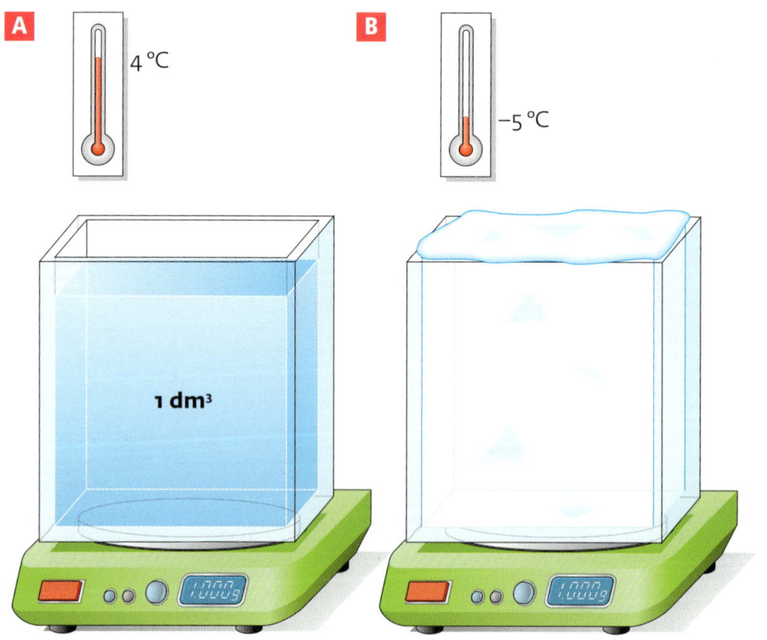

FIGURA 8 (**A**) A 4 °C la densità dell'acqua è 1 kg/dm^3 (vale a dire 1 g/cm^3). (**B**) L'acqua solida, cioè il ghiaccio, ha una densità minore dell'acqua liquida, perciò 1 kg di ghiaccio ha un volume maggiore di 1 kg di acqua a 4 °C.

FIGURA 9 Nel mare, in un lago o in una pozzanghera, lo strato di ghiaccio si forma in superficie; in questo modo esso isola l'acqua sottostante impedendole di ghiacciare.

molto importante sul territorio circostante, influenzando così il clima locale, nel caso di mari chiusi o di laghi, e planetario nel caso degli oceani (**FIGURA 10**).

Capacità solvente. L'acqua è un ottimo solvente per una grande quantità di composti chimici. La proprietà di sciogliere molti composti rende l'acqua un mezzo di trasporto ideale per queste sostanze (basti pensare che anche il nostro sangue, proprio per queste caratteristiche, è composto principalmente di acqua). Sul nostro pianeta l'acqua esiste solo come **soluzione**, nella quale l'acqua è il **solvente** e i composti disciolti sono il **soluto**. La quantità di composti disciolti dipende dalla loro solubilità e dalla temperatura dell'acqua (**FIGURA 11**). I sali in genere tendono a sciogliersi in misura maggiore con l'aumentare della temperatura, al contrario dei gas la cui solubilità diminuisce.

TROVA LE PAROLE

L'acqua è l'unica sostanza che esiste in natura in tutti e tre gli .... Le altre proprietà dell'acqua riguardano: la .... che è massima a 4 °C e .... al di sotto di questa temperatura; il .... che per l'acqua è particolarmente elevato; la .... che è molto elevata; l'acqua forma facilmente .... con molti solventi.

FIGURA 10 A causa dell'elevato calore specifico, l'acqua si riscalda più lentamente della terraferma.

FIGURA 11 Questi spettacolari bacini rivestiti di carbonato di calcio, e cascate pietrificate di un bianco abbagliante, si trovano in Turchia nel sito di Pamukkale.

4 L'acqua come risorsa

L'acqua dolce è forse la risorsa più preziosa per l'umanità e per questo viene definita talvolta «oro blu». Quella disponibile per i nostri bisogni quotidiani rappresenta meno dell'1% di tutta l'acqua presente sulla Terra e non è disponibile in uguale quantità in tutti i Paesi. Noi usiamo l'acqua per dissetarci, ma anche per tutti gli usi domestici, in agricoltura, nell'allevamento e nell'industria.

IL CONSUMO E GLI SPRECHI

Anche se l'acqua è una **risorsa rinnovabile** (si riforma in un ciclo continuo), oggi le riserve d'acqua dolce si stanno riducendo perché le zone aride sono in espansione e aumentano i consumi, gli sprechi e l'inquinamento. Si chiama **riserva** quella parte di una risorsa che è effettivamente utilizzabile.

Chi consuma molta acqua tende anche a sprecarne molta. In diversi Paesi, tra cui l'Italia, la maggiore fonte di spreco è il sistema idrico antiquato, che ogni giorno lascia disperdere nell'ambiente grandi quantità di acqua. Gli sprechi di acqua rappresentano globalmente una perdita economica enorme, perché l'acqua degli acquedotti ha subito un processo di potabilizzazione che ha alti costi.

Anche nelle nostre case consumiamo spesso più acqua di quanto sia necessario, ma possiamo facilmente evitare gli sprechi modificando alcuni semplici comportamenti.

- Fare una doccia veloce invece del bagno: permette di risparmiare fino a un terzo dell'acqua necessaria per riempire una vasca.
- Utilizzare la lavatrice e la lavastoviglie a pieno carico e a basse temperature: si consuma meno acqua dei corrispondenti lavaggi a mano.
- Applicare i frangiflutti (piccole valvole) ai rubinetti: in questo modo si «rompono» i getti d'acqua e se ne riduce il flusso.
- Limitare il flusso di acqua dello sciacquone: non fare scorrere troppa acqua o installare modelli con il doppio pulsante per i diversi volumi di acqua scaricata.
- Controllare l'efficienza dell'impianto idrico: un rubinetto che gocciola può far perdere migliaia di litri d'acqua all'anno.
- Non tenere sempre aperto il rubinetto quando si spazzolano i denti.
- In giardino, o sul balcone, usare solo la quantità necessaria per innaffiare le piante.

L'INQUINAMENTO

Nei Paesi in via di sviluppo l'inquinamento delle acque è soprattutto di tipo **biologico**: un miliardo di persone usa acqua inquinata da microrganismi che trasmettono gravi malattie, come tifo, colera e infezioni intestinali.

Nei Paesi industrializzati, tra cui l'Italia, l'inquinamento idrico è soprattutto di tipo **chimico**, causato dalle attività industriali e agricole. L'inquinamento interessa tutte le riserve idriche.

- Nei **laghi** è diffuso il problema dell'*eutrofizzazione*, che consiste nell'eccessiva crescita di alghe e microrganismi favorita da sostanze fertilizzanti. Queste possono derivare da scarichi industriali, da dilavamento di terreni agricoli fertilizzati, dalle deiezioni di animali da allevamento e dagli scarichi domestici non depurati.
- I **fiumi** ricevono le acque di scarico domestiche e industriali e le acque di dilavamento dei campi coltivati in cui sono stati usati concimi chimici e antiparassitari.
  Un fiume con alti valori di inquinamento è l'Aniene, che scorre tra le province di Frosinone e Roma e sfocia nel Tevere. Nel suo ultimo tratto, l'Aniene riceve gli scarichi agricoli e industriali, ma soprattutto una quantità tale di scarichi civili che gli insufficienti impianti di depurazione non riescono a trattare. Prima di confluire nel Tevere, nelle acque dell'Aniene vi è una concentrazione di batteri patogeni (*Escherichia coli*) altamente superiore a quelle ammesse.
- Anche le **falde acquifere**, da cui si attinge la maggior parte dell'acqua che consumiamo, sono spesso inquinate. Quando piove, le sostanze inquinanti, provenienti dai rifiuti di processi industriali o da interventi agricoli, percolano nel terreno raggiungendo le falde sottostanti.

Un lago eutrofizzato mostra in superficie ampie chiazze verdi dove la massa vegetale (alghe e piante acquatiche) è particolarmente abbondante. Questa «ruba» ossigeno ai pesci e agli altri organismi acquatici che possono anche morire per asfissia.

Le acque placide dell'Aniene, che scorrono in un suggestivo paesaggio, nascondono un alto grado di inquinamento.

LA CRISI IDRICA

La scarsità d'acqua non è dovuta solo a ragioni geologiche come condizioni climatiche, piovosità, morfologia del territorio. Gran parte del continente americano e di quello euroasiatico dispongono di abbondanti riserve d'acqua, ma diverse regioni soffrono di una *scarsità fisica* di acqua per l'eccessivo sfruttamento che non permette il naturale rinnovo dei corpi idrici. In altre aree, dove pure le risorse idriche sono abbondanti, vi è invece una *scarsità economica* di acqua per la mancanza di impianti idrici adeguati.

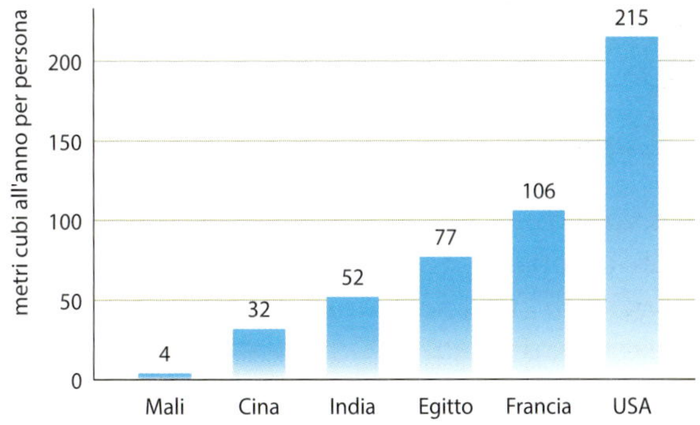

Nel grafico si osserva che il consumo di acqua per uso domestico varia molto nei diversi Paesi, in relazione anche alla disponibilità di acqua della regione. Per una discreta qualità della vita, la quantità d'acqua *giornaliera* necessaria si aggira sui 100 L a testa.
In Italia, il consumo di acqua potabile è di 175 L in media per abitante al giorno.

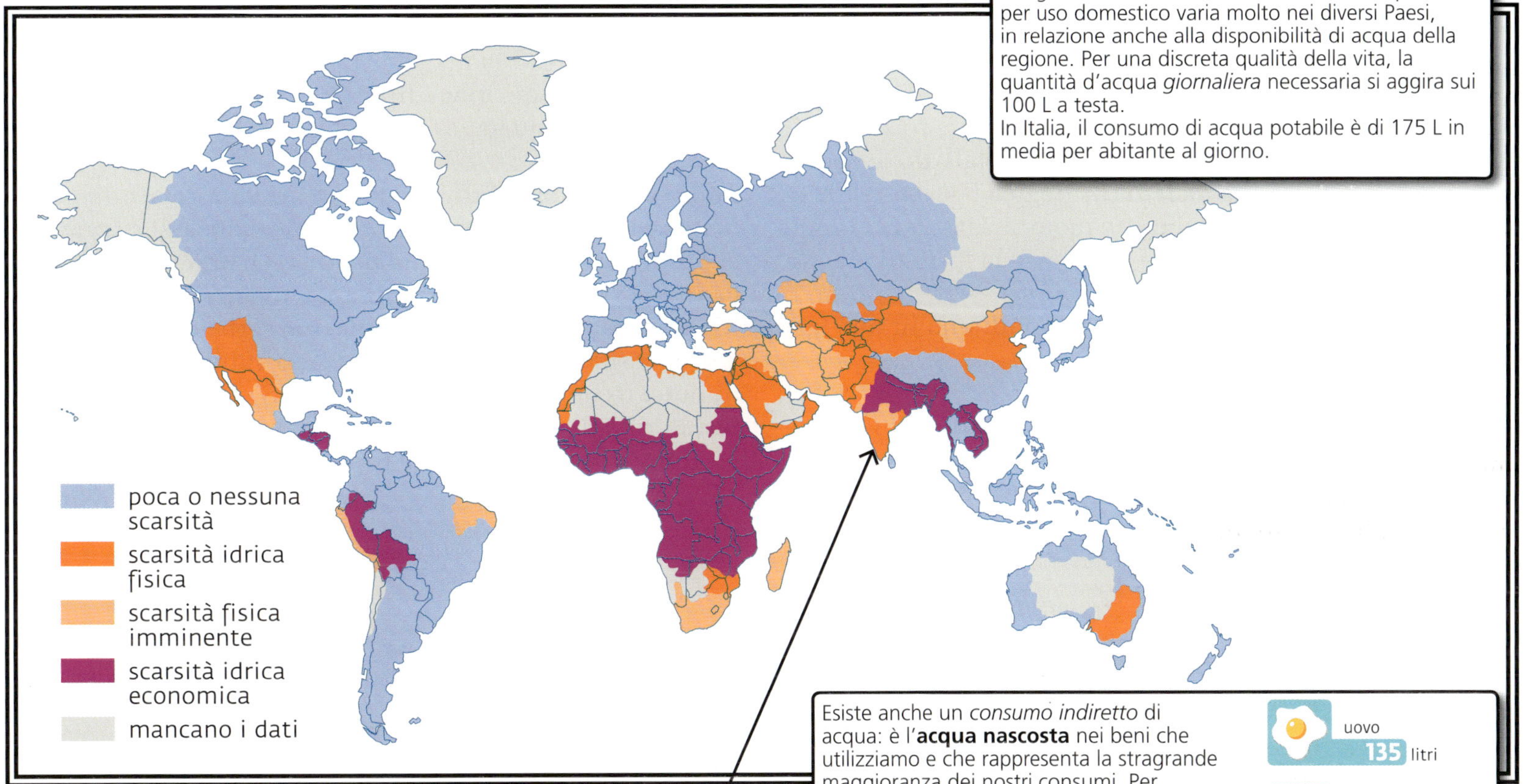

Esiste anche un *consumo indiretto* di acqua: è l'**acqua nascosta** nei beni che utilizziamo e che rappresenta la stragrande maggioranza dei nostri consumi. Per esempio: in media ci vogliono 2700 litri per fare una T- shirt e 9800 litri per fare un paio di blue jeans. Infatti, le colture di cotone che crescono nei campi necessitano di acqua; una quota minore viene utilizzata nelle fabbriche che trasformano il cotone in vestiti. L' acqua nascosta si esprime come volume totale di acqua dolce impiegata per produrre quel bene, comprendente l'intera catena di produzione.

Nell'Africa centrale, parte dell'India e del sud-est asiatico, vi è una *scarsità economica* di acqua: la maggioranza della popolazione non ha acqua a sufficienza per mancanza delle conoscenze tecniche necessarie. Nelle campagne, dove le fonti d'acqua potabile non sono disponibili nelle vicinanze, la popolazione è costretta a camminare per ore e ad affollarsi attorno ai pozzi.

TROVA LE PAROLE

Le riserve d'acqua nel mondo tendono a .... perché le zone aride sono in .... e aumentano i .... da parte dell'uomo.
Inoltre vi sono molti .... di acqua, dovuti principalmente a cattiva .... degli acquedotti e a eccessivo consumo ....
Anche l'aumento dell' .... contribuisce alla riduzione della quantità d'acqua che possiamo utilizzare.

VIDEO
Il ciclo dell'acqua

5 Il ciclo dell'acqua

L'acqua è costantemente in movimento tra i vari «serbatoi» che la contengono. L'acqua continentale dei fiumi scorre verso il grande serbatoio del mare, ma, per effetto del calore solare, dal mare evapora di continuo e perciò nell'atmosfera passa una grande quantità di acqua. Il vapore acqueo atmosferico si sposta indifferentemente dai mari sui continenti e sulle regioni coperte dai ghiacci, dove può condensare e precipitare sulla superficie sotto forma di pioggia, di grandine o di neve.

In tutta questa serie di eventi non va persa né guadagnata una goccia d'acqua: l'acqua semplicemente trasforma il suo stato fisico e si sposta da un serbatoio all'altro, dando vita al **ciclo dell'acqua** o **ciclo idrologico** (FIGURA 12). Alla base del meccanismo che tiene in moto questo ciclo vi sono l'energia apportata dal calore del Sole e la forza di gravità della Terra.

Per studiarlo in dettaglio, lo suddividiamo in due fasi principali.

La fase atmosferica. Il Sole riscalda la superficie della Terra e provoca una continua evaporazione delle acque superficiali: si formano così masse di vapore che si muovono trasportate dai venti. Buona parte del vapore acqueo è originato dall'acqua contenuta negli oceani, nei mari e nei laghi, ma proviene anche dalle terre emerse, i cui suoli sono impregnati di umidità. Un'altra parte del vapore acqueo proviene dalla biosfera ed è dovuta alla **traspirazione** delle piante. Infatti solo una piccola parte dell'acqua assorbita dal terreno tramite le radici viene utilizzata da queste per la fotosintesi; la maggior parte attraversa la pianta e, raggiunte le foglie, viene liberata nell'atmosfera sotto forma di vapore acqueo.

La fase terrestre. Raffreddandosi, il vapore acqueo condensa e forma le nuvole, che possono spostarsi su qualsiasi punto della superficie del pianeta. Quando dalle nuvole cadono la pioggia o la neve, l'acqua viene restituita sotto forma liquida al serbatoio marino e ai serbatoi continentali.

Dal serbatoio marino l'acqua può subito rievaporare e dunque ricominciare un altro ciclo. Se invece piove sulla terraferma, l'acqua segue altri percorsi prima di evaporare di nuovo. Una parte può rimanere immagazzinata sotto

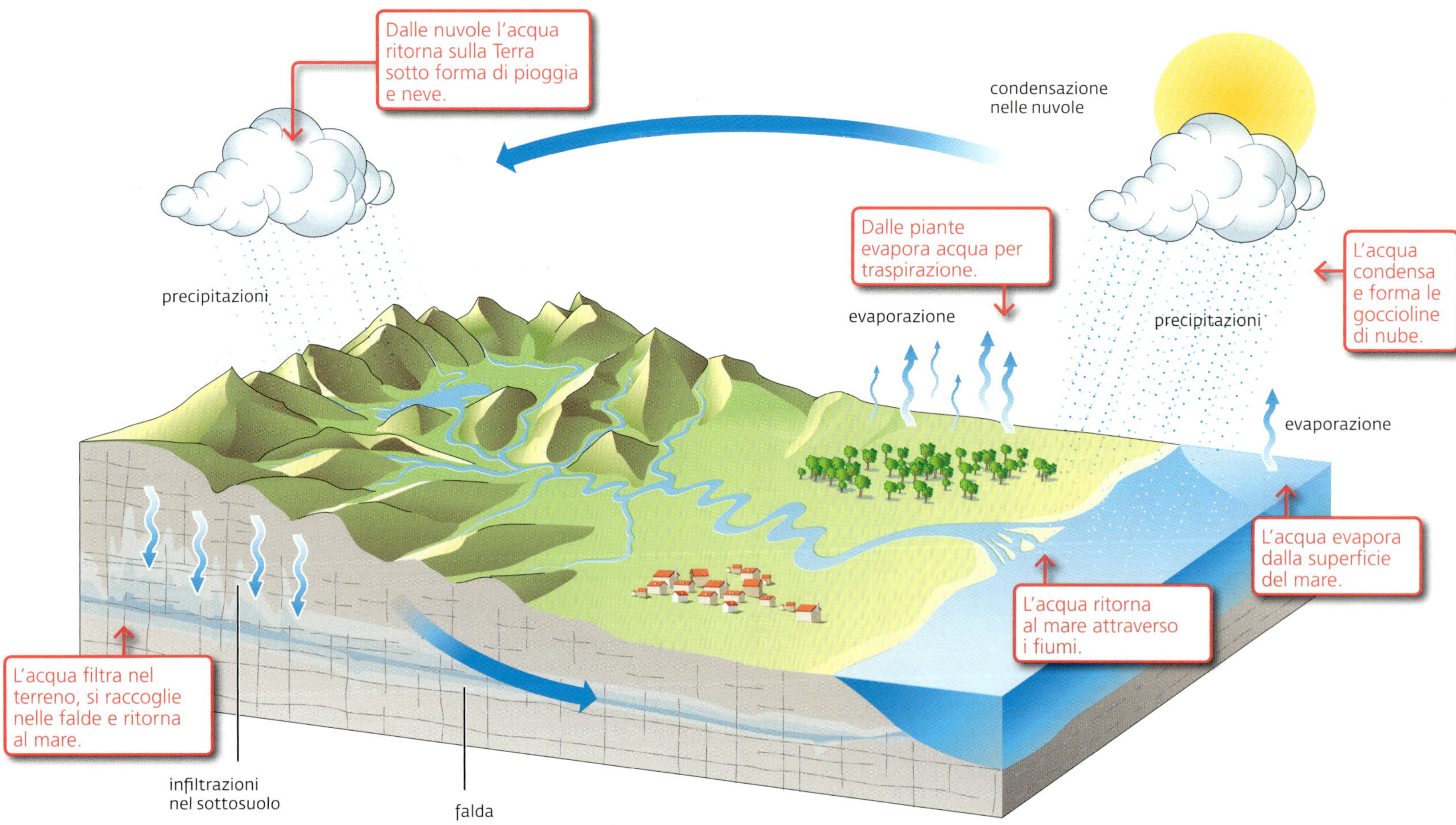

FIGURA 12 Il ciclo dell'acqua.

forma di ghiaccio, se precipita ad alte quote o sulle calotte polari. Un'altra può cadere al suolo e qui venire convogliata nei corsi d'acqua, che la trasportano di nuovo al mare, passando a volte per il serbatoio temporaneo dei laghi. Infine un'altra parte ancora può filtrare lentamente attraverso il terreno e accumularsi nelle fratture e nei minuscoli interstizi delle rocce del sottosuolo. Qui l'acqua forma riserve sotterranee chiamate **falde acquifere**. In ogni caso la forza di gravità sospinge l'acqua verso il basso, e dunque la sua destinazione ultima è sempre il mare, detto anche **livello di base**.

Quando l'acqua evapora, non porta con sé i sali disciolti e le eventuali altre sostanze che contiene, per esempio detriti solidi e sostanze inquinanti. Per questo l'acqua che cade dal cielo (se non incontra strati d'aria inquinati) è quasi pura, come l'acqua distillata prodotta in laboratorio.

TROVA LE PAROLE

L'acqua si sposta da un serbatoio all'altro cambiando lo .... , dando vita al ciclo dell'acqua o .... La .... è dovuta al riscaldamento solare che fa .... l'acqua dalla superficie terrestre, e anche alla .... delle piante. La fase terrestre è messa in moto dalla .... di .... che riporta l'acqua al .... di .... La pioggia non contiene .... o altre sostanze disciolte e perciò può essere paragonata all'acqua ....

PROVA A FARE

Nebbia da bere

L'acqua è abbondante sulla Terra e viene continuamente riciclata, eppure milioni di persone in molte parti del globo non riescono a ottenere la quantità necessaria per sé stessi e per l'agricoltura. Tra le idee più stravaganti per procurarsela ci sono le «reti acchiappa nebbia». Nel deserto di Atacama, il luogo più secco del mondo, si è pensato di catturare le goccioline della foschia, che si alza ogni mattina lungo la costa cilena, con delle reti di polipropilene di pochi metri quadrati appese a pali. Le goccioline poi scivolano in alcuni recipienti.

La tecnica è semplice ed efficace e si possono ottenere in media 7 L al giorno per metro quadro. L'acqua recuperata non è completamente potabile perché può contenere batteri, ma la sua potabilizzazione non è né complicata né costosa, e le gocce di foschia servono persino a fabbricare una birra locale!

La garua è la foschia densa portata dal Pacifico e catturata dalle reti. Cerca alcune foto delle reti e informati su come si forma la nebbia in questo ambiente estremamente arido.

6 Le acque salate

Il 97% dell'acqua presente sulla Terra si trova nei tre grandi oceani (Atlantico, Pacifico e Indiano) e nei mari a essi collegati. L'acqua del mare ha un caratteristico sapore salato, conseguenza dell'alta concentrazione di sali presenti in soluzione.

Un litro di acqua marina (ossia poco più di 1000 g) contiene in media 35 g di sali disciolti. Si dice che la **salinità** è pari al 35 per mille, e si scrive 35‰ (**FIGURA 13A**).

I valori della salinità differiscono da zona a zona. La salinità media del Mediterraneo è circa il 38‰; quella del Mar Rosso il 40‰; nel Mar Baltico si toccano invece le punte più basse, con una salinità di appena il 5‰. Queste differenze di salinità sono dovute alle diverse intensità di evaporazione, alla quantità di precipitazioni e all'apporto di acqua dolce da parte dei fiumi.

Dove l'evaporazione è molto intensa, la salinità è elevata (per esempio nelle acque tropicali rispetto a quelle polari). Nei bacini interni come il Mar Morto, fra Israele e Giordania, dove il clima arido favorisce l'evaporazione e l'apporto fluviale è scarsissimo, la salinità raggiunge quasi il 300‰, di conseguenza la densità dell'acqua è molto alta e si galleggia facilmente. Dove si ha un forte afflusso di acqua dolce dalla terraferma la salinità diminuisce, perché i sali vengono diluiti; lo stesso accade dove si ha un clima umido e piovoso.

Il *cloruro di sodio* (NaCl), il comune sale da cucina, costituisce da solo il 77% (circa 27 g/L) dei sali presenti in soluzione nell'acqua dei mari. Seguono il *cloruro di magnesio* ($MgCl_2$, responsabile del sapore amaro dell'acqua marina), con circa 4 g/L, e vari *solfati* e *carbonati* che, complessivamente, assommano a circa 3 g/L (**FIGURA 13B**).

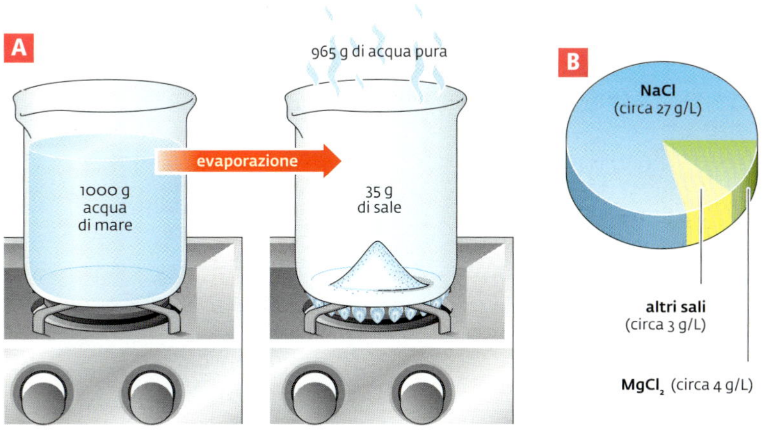

FIGURA 13 (**A**) L'acqua marina è un miscuglio omogeneo di acqua e sali. Se si lasciano evaporare completamente 1000 g di acqua di mare con una salinità del 35‰, si allontanano 965 g di acqua e restano, come residuo, 35 g di sali. (**B**) Ripartizione dei sali disciolti nell'acqua di mare.

LABORATORIO DELLE COMPETENZE
Andare per mare

VIDEO
La salinità dell'acqua marina

I sali disciolti nel mare vengono spesso utilizzati dagli esseri viventi. Alcuni sali costituiscono, insieme all'anidride carbonica (CO_2), il «cibo» principale di organismi fotosintetici come le alghe, e sono chiamati *nutrienti*. La massima concentrazione di nutrienti si ha nelle acque costiere, dove giungono gli scarichi delle attività agricole e industriali dell'uomo.

L'acqua del mare contiene anche sostanze non solubili in sospensione, come particelle minerali e sostanze organiche, oltre a numerosi gas disciolti, tra cui soprattutto *ossigeno*, *anidride carbonica* e *azoto*.

La **temperatura** dell'acqua negli oceani diminuisce con la latitudine (**FIGURA 14A**) e con la profondità (**FIGURA 14B**). In superficie, all'Equatore supera i 25 °C, alle medie latitudini è di 15-20 °C, mentre ai Poli è vicina allo zero. Con la profondità, la temperatura si abbassa dapprima gradualmente e poi, dai 500 ai 1000 m circa, presenta una rapida diminuzione; questo intervallo di profondità è chiamato **termoclino**. La temperatura media delle acque profonde degli oceani è di circa 2-3 °C.

A causa del suo contenuto di sali, l'acqua di mare ha un punto di congelamento più basso di quello dell'acqua pura: un mare con salinità del 35‰ ghiaccia soltanto se la temperatura scende a –1,9 °C. Durante il congelamento i sali vengono esclusi dal reticolo cristallino del ghiaccio e restano in soluzione, perciò il ghiaccio che si forma in superficie non è salato, mentre l'acqua liquida sottostante diventa più salata. È quanto accade nelle regioni polari, dove la formazione del ghiaccio aumenta la salinità dell'acqua.

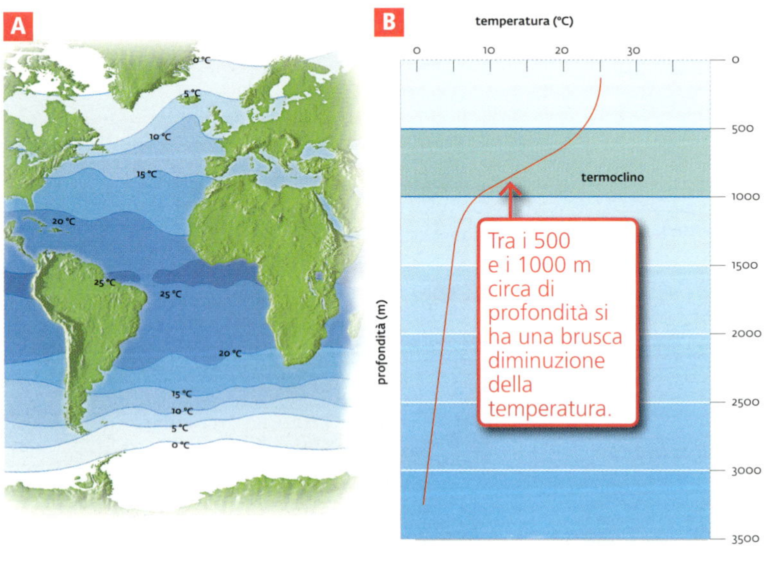

FIGURA 14 (**A**) Valori medi della temperatura delle acque superficiali nell'Oceano Atlantico: le acque più calde sono quelle delle basse latitudini; la temperatura decresce regolarmente via via che ci si avvicina ai Poli. (**B**) Variazione della temperatura con la profondità.

TROVA LE PAROLE

Il .... % dell'acqua presente sulla Terra si trova nei tre grandi .... e nei mari a essi collegati. Un .... di acqua marina contiene in media .... di .... disciolti. Si dice che la .... è pari al 35 per mille (si scrive ....). Il sale presente in quantità maggiore è il .... di ...., seguito dal .... di .... Anche i gas come ossigeno e .... si sciolgono nel mare. L'acqua del mare congela a .... °C.

PROVA A FARE

Perché la banchisa polare è dolce?

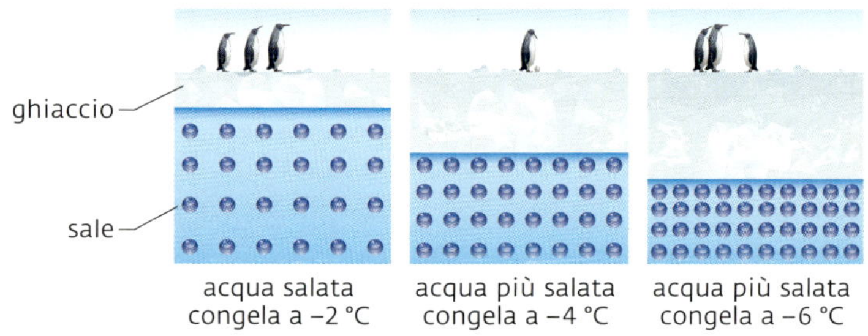

Lo schema ti aiuta a capire. La formazione del ghiaccio marino comincia quando la temperatura della superficie oceanica a contatto con l'atmosfera scende fino alla temperatura di congelamento dell'acqua di mare che è all'incirca –2°C. Poiché il ghiaccio che si forma in superficie non è salato, l'acqua al di sotto aumenta la sua salinità, il che fa abbassare ulteriormente il suo punto di congelamento, per esempio –4° C. Allora altra acqua congela aumentando ancora la concentrazione salina nel residuo che non può congelare se la temperatura non scende ancora (per esempio a –6° C). Lo strato di ghiaccio che si forma agisce però da isolante, rallentando la diminuzione di temperatura. Inoltre, l'acqua che resta in seguito al congelamento è più densa perché più salata. Per questo sprofonda, richiamando acqua sottostante meno densa e più calda che impedisce alla temperatura di diminuire ulteriormente: ecco perché il mare non ghiaccia completamente.

a. Perché il ghiaccio marino non è salato?

b. Sai spiegare perché sulle strade bagnate d'inverno viene sparso il sale?

c. La salinità dei mari circumpolari tenderà ad aumentare o diminuire in relazione allo scioglimento dei ghiacci dovuto al riscaldamento globale?

7 I movimenti del mare: correnti, onde e maree

APPROFONDIMENTI
Acque a spasso: le correnti
El Niño

VIDEO
Il moto ondoso
Le forze generatrici delle maree

LABORATORIO DELLE COMPETENZE
Le correnti marine

Studiando l'atmosfera abbiamo scoperto che le masse d'aria sono soggette a quei movimenti che chiamiamo venti. Analogamente, anche la grande massa d'acqua degli oceani è soggetta a grandi movimenti che la rimescolano continuamente: le onde, le correnti e le maree.

Le correnti. Le correnti marine possono essere paragonate a immensi fiumi che scorrono con una velocità di alcuni metri al secondo in un letto d'acqua seguendo un percorso quasi costante.

Le cause delle correnti marine sono:

- i **venti**, che soffiando sulla superficie delle acque ne mettono in moto la massa; essi sono responsabili principalmente delle *correnti superficiali*;
- le **differenze di densità**, dovute alle differenze di temperatura e/o salinità delle acque. Esse sono responsabili soprattutto delle *correnti profonde* e dei rimescolamenti delle acque in senso verticale.

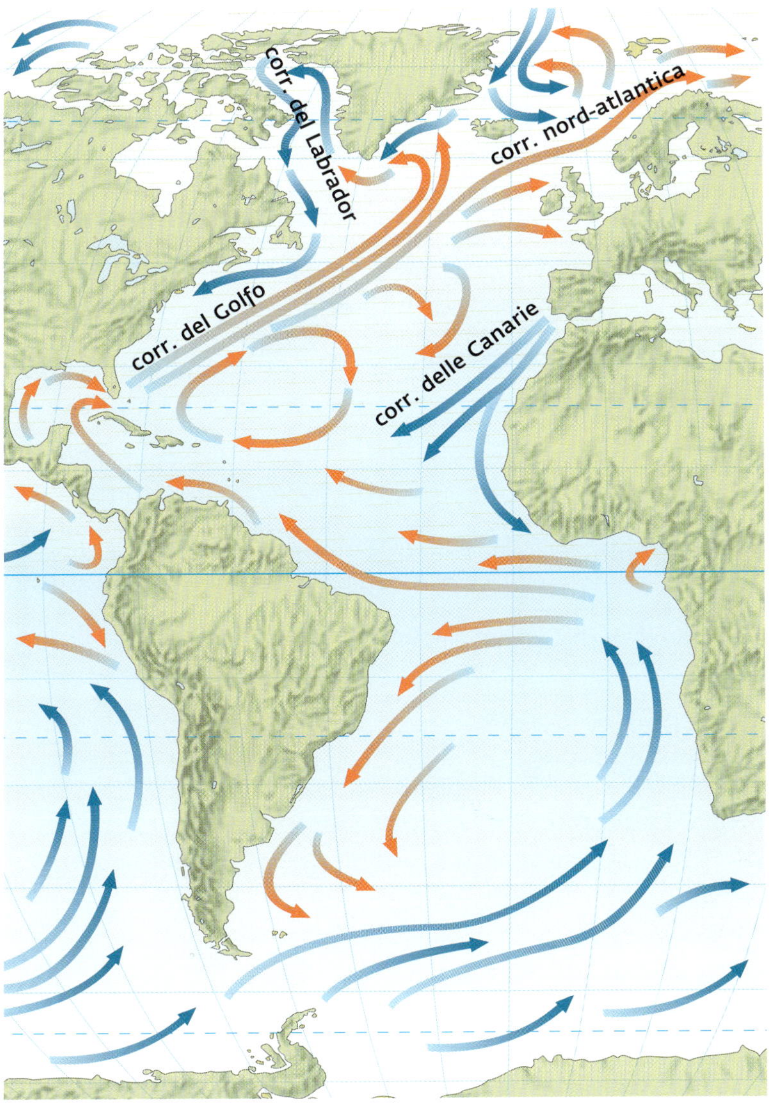

FIGURA 15 Schema delle correnti nelle acque superficiali dell'Oceano Atlantico.

Sospinte dai venti, le *correnti superficiali* si muovono deviando in senso orario nell'emisfero nord e in senso antiorario in quello sud a causa dell'effetto Coriolis dovuto alla rotazione terrestre (**FIGURA 15**). Queste correnti interagiscono con l'atmosfera, influenzando il tempo e il clima.

Le *correnti profonde* sono costituite di acque gelide provenienti dai Poli, molto lente, che si diffondono strisciando sui fondali. Si stima che per percorrere un oceano impieghino alcuni secoli.

Le correnti superficiali e quelle profonde sono collegate da correnti verticali in un circuito complessivo, definito *nastro trasportatore globale*, che fa circolare l'acqua attraverso tutti gli oceani (**FIGURA 16**). Questa circolazione globale non soltanto trasferisce calore dalle regioni equatoriali a quelle polari, ma serve a rimescolare i nutrienti presenti nelle acque favorendo lo sviluppo della vita marina.

Una componente del nastro trasportatore è la ben nota **Corrente del Golfo**. Sperimentata dai capitani dei velieri, che nelle traversate dall'Europa al Nord America si trovavano a combattere contro una violenta corrente, venne individuata nel XVII secolo da alcuni marinai quando, al largo di Terranova, si trovarono improvvisamente circondati da acqua calda.

La Corrente del Golfo è una corrente superficiale calda il cui motore sono gli alisei che spirano da nord-est verso sud-ovest. I venti spingono le acque tropicali dell'Atlantico ad accumularsi nel Golfo del Messico (da qui il nome della corrente), sollevando la superficie dell'oceano di ben settanta centimetri rispetto alla costa opposta africana.

L'accumulo non prosegue indefinitamente. Incontrando la costa messicana, l'acqua piega verso est con una forza inimmaginabile: venticinque volte la portata di tutti i fiumi del mondo!

FIGURA 16 Gli oceani sono collegati da correnti profonde fredde e superficiali calde che nell'insieme formano un «nastro trasportatore globale». Questo sistema impiega circa 1000 anni per completare un giro.

Mano a mano che si muove lungo le coste nordamericane, la Corrente non smette di ingrossarsi. Sospinta dai venti dominanti occidentali, piega verso nord-est e inizia ad attraversare l'Atlantico, ma poi si divide e perde il suo nome. Un ramo, la *corrente nordatlantica*, continua la sua rotta verso est e raggiunge l'Irlanda e la Scozia, prima di arrivare all'estremità settentrionale della Norvegia (**FIGURA 17**). Un altro ramo flette verso sud, si unisce alla corrente fredda delle Canarie e, infine, incontra di nuovo gli alisei e ritorna verso il Golfo del Messico chiudendo il circuito.

Le onde. Le onde sono oscillazioni verticali delle acque prodotte dall'azione del vento sulla superficie del mare. Quando vediamo «passare» un'onda, abbiamo l'impressione che l'acqua si stia effettivamente spostando orizzontalmente. Ma il movimento dell'acqua è sostanzialmente un movimento verticale, in su e in giù. Ciò risulta evidente se si osserva un qualsiasi oggetto galleggiante: oscilla in su e in giù, senza spostarsi in avanti (**FIGURA 18**). Ciò che si sposta lateralmente è solo la «forma» dell'onda, cioè l'alterazione causata dalla forza del vento.

In realtà, le particelle d'acqua compiono un moto circolare: al passaggio dell'onda vengono sollevate, spostate un po' in avanti, poi abbassate e spostate un po' all'indietro. In prossimità della riva, in acque poco profonde, queste traiettorie circolari diventano ellittiche, cioè schiacciate.

In questa situazione, infatti, l'attrito con il fondo rallenta la velocità di spostamento delle particelle d'acqua a contatto con esso, le quali a loro volta rallentano quelle soprastanti, e così via. Pertanto, le particelle d'acqua in superficie si trovano a essere più veloci, e dunque in anticipo, rispetto alle particelle d'acqua sottostanti. Ne consegue il crollo in avanti dell'onda che, come si usa dire, si «rompe», formando il *frangente*. Nel frangente si ha uno spostamento orizzontale delle

PROVA A FARE

Le correnti marine

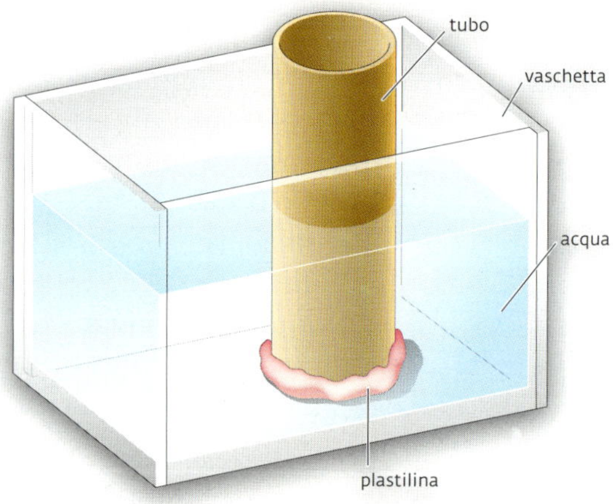

Prendi un contenitore in plastica trasparente, per esempio un piccolo acquario. Riempilo con acqua a temperatura ambiente fin quasi all'orlo. Inserisci nell'acquario un tubo di plastica fissandolo sul fondo lungo il bordo con un po' di plastilina per maggiore tenuta. Metti nel tubo un po' di acqua calda colorata (puoi usare tè, inchiostro o succo di rape rosse).

a. Che cosa ti aspetti che succeda sollevando il tubo?
Ora solleva il tubo delicatamente e osserva che cosa accade.

b. È come pensavi?

c. Puoi spiegare quello che hai osservato in termini scientifici?

Prova a ripetere la stessa operazione nei seguenti modi:
1. inserendo nel tubo acqua molto fredda e un colorante diverso;
2. inserendo nel tubo acqua a temperatura ambiente nella quale hai fatto sciogliere sale da cucina fino alla saturazione e un colorante diverso dai precedenti.

d. Descrivi quello che succede.

FIGURA 17 Il ramo nordatlantico della Corrente ha influenza sul clima nordeuropeo poiché con le sue acque più tiepide riscalda l'atmosfera e dunque i venti che spirano verso il continente: alle stesse latitudini, gli inverni canadesi (**A**) sono più freddi di circa 15-20 °C dei loro omologhi europei (**B**).

particelle d'acqua. Questo fenomeno è sfruttato, per esempio, dai surfisti per «cavalcare» le creste delle onde. Dopo essersi riversata sulla riva, l'acqua del frangente torna al mare con la *risacca*.

Le maree. Le maree sono il periodico elevarsi e abbassarsi del livello dell'acqua del mare, dovuto all'attrazione gravitazionale della Luna e, in misura minore, all'attrazione gravitazionale del Sole.

L'attrazione gravitazionale della Luna provoca un sollevamento delle acque oceaniche sulla parte della Terra rivolta verso di essa e in quella diametralmente opposta: è l'*alta marea*. Al tempo stesso, nelle regioni adiacenti si ha un abbassamento del livello marino dovuto allo spostamento dell'acqua verso le regioni di alta marea: è la *bassa marea*.

A causa della rotazione terrestre, nell'arco della giornata le zone in cui si verifica l'alta marea si spostano sulla superficie del pianeta. In questo modo si hanno, in ogni punto del mare, due alte e due basse maree al giorno. In pratica, il mare avanza e si ritira ogni sei ore circa (**FIGURA 19**).

FIGURA 18 Al «passaggio» di un'onda le particelle d'acqua si muovono su e giù, come dimostra il fatto che un oggetto galleggiante, come un pallone, rimane sempre nello stesso punto.

FIGURA 19 A causa della rotazione terrestre, in ogni punto del mare si hanno due alte e due basse maree al giorno, che si alternano ogni 6 ore circa. (**A**) Mont Saint-Michel, in Francia (*nelle foto*), nel punto rosso si trova in alta marea. (**B**) Dopo poco più di 6 ore si trova in bassa marea nel punto rosso.

Anche il Sole esercita un'attrazione gravitazionale sulla Terra, ma la sua forza sulle acque è decisamente minore. Infatti, pur avendo una massa molto maggiore di quella della Luna, il Sole è di gran lunga più lontano dalla Terra, pertanto il suo effetto gravitazionale è più debole. Nei periodi di Luna piena e di Luna nuova, Terra, Sole e Luna si trovano allineati, e si hanno le massime oscillazioni di marea, perché gli effetti di attrazione del Sole e della Luna si sommano (**FIGURA 20A**).

Invece, al primo e ultimo quarto di Luna, i due effetti si contrappongono e si hanno le maree minime (**FIGURA 20B**).

In Italia, nello stretto di Messina, le differenze di marea tra Tirreno e Ionio e l'incontro-scontro tra le loro acque con caratteristiche (salinità, temperatura, densità) diverse generano correnti ed estesi gorghi, la cui presenza ha alimentato in passato la leggenda di Scilla e Cariddi, due voraci mostri marini in grado di ingoiare le imbarcazioni o di farle naufragare.

TROVA LE PAROLE

Le .... sono oscillazioni .... delle acque prodotte dall'azione del .... sulla superficie del mare. Le correnti marine sono dovute: ai .... e alle differenze di .... Le .... sono il periodico elevarsi e abbassarsi del livello dell'acqua del mare, dovuto all'............. .... della Luna e, in misura minore, del ....

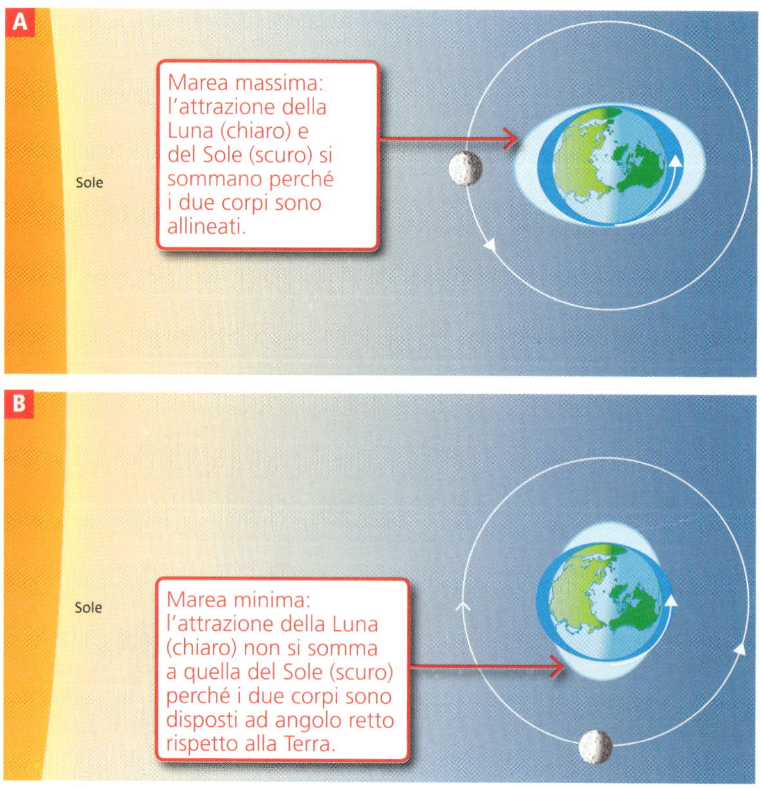

FIGURA 20 (**A**) Marea massima. (**B**) Marea minima.

8 Le acque dolci dei ghiacciai, dei fiumi e dei laghi

Analizziamo ora la parte di idrosfera costituita dalle acque dolci dei ghiacciai e dalle acque dolci continentali che scorrono sulla superficie terrestre.

I ghiacciai. La maggior parte dell'acqua dolce del pianeta è ghiacciata ed è concentrata nelle calotte polari. Al Polo sud un'immensa calotta glaciale ricopre l'Antartide, un continente grande come l'Europa e la Russia europea messe assieme. Al Polo nord la maggior parte del ghiaccio è marino, e copre il Mar Glaciale Artico, mentre una calotta glaciale, molto più piccola di quella antartica, copre la Groenlandia. I ghiacciai si formano là dove il clima è abbastanza freddo da far sì che la quantità di precipitazioni nevose invernali superi la quantità di neve che fonde quando fa più caldo. Le nuove nevicate alimentano la massa del ghiacciaio, come la pioggia alimenta i fiumi. La neve che si accumula nei bacini di raccolta si compatta sotto il peso della neve sovrastante e si trasforma gradualmente in ghiaccio (**FIGURA 21**). Dai bacini di raccolta i ghiacciai scendono come grandi lingue di ghiaccio lungo le valli.

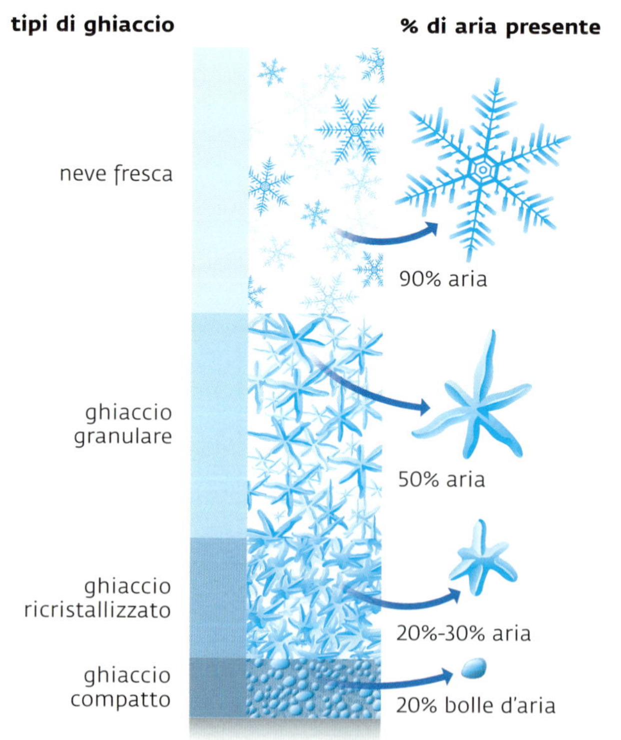

FIGURA 21 Formazione del ghiaccio in seguito a compattazione della neve fresca. Progressivamente si ha una diminuzione dell'aria contenuta tra i fiocchi e un aumento della densità, mentre i cristalli non sono più riconoscibili.

APPROFONDIMENTO
I laghi

LABORATORIO DELLE COMPETENZE
Il profilo longitudinale di un fiume

Per azione del proprio peso, il ghiaccio si muove, scorrendo alla velocità di qualche decina di centimetri al giorno (per i ghiacciai alpini). Nel suo movimento frantuma le sporgenze rocciose dei pendii e trasporta detriti che poi deposita sia ai lati sia sulla parte frontale del ghiacciaio, formando accumuli di materiali rocciosi di diverse dimensioni, chiamati **morene** (**FIGURA 22**).

Al di sotto di una certa quota il ghiaccio tende a fondere e l'acqua di fusione dà origine a un corso d'acqua.

I fiumi. Il volume delle acque continentali, costituite dai laghi e, anche se in minor misura, dai fiumi, ammonta a circa 200 000 km^3.

Un fiume è un corso d'acqua alimentato in modo diretto dalle acque piovane o di fusione dei ghiacciai o anche, indirettamente, dalle sorgenti sotterranee delle falde che fuoriescono in superficie.

Le acque fluviali si raccolgono negli **alvei** (o **letti**), in cui scorrono verso il basso guidate dalla forza di gravità.

Nelle zone più elevate, in montagna o in collina, piccoli corsi d'acqua si formano a partire dalle sorgenti; poco alla volta confluiscono a formare torrenti, che a loro volta si uniscono in corsi d'acqua maggiori, fino a formare il ramo principale del fiume.

Risalendo un fiume dalla foce troveremo via via un gran numero di ramificazioni. L'insieme di tutte queste ramificazioni costituisce il *reticolo idrografico*.

L'area su cui si sviluppa il reticolo idrografico di un fiume viene chiamata **bacino idrografico** o **bacino imbrifero** del fiume (**FIGURA 23**).

Il percorso di un fiume può subire delle variazioni nel tempo, tanto da essere deviato, come accade, per esempio, in seguito a un fenomeno detto *cattura fluviale*.

FIGURA 22 Immagine di un ghiacciaio e delle morene laterali.

PROVA A FARE

Mettere le coperte ai ghiacciai

Non è un fotomontaggio: è proprio vero. Il Ministero dell'Ambiente svizzero ha deciso di coprire ogni estate con teli bianchi il ghiacciaio del Rodano per cercare di ridurne al minimo la fusione. Il ghiacciaio del Rodano nelle Alpi svizzere è importante perché alimenta il fiume Rodano, uno dei più grandi d'Europa. Alla fine dell'ultima glaciazione, 8 mila anni fa, il ghiacciaio arrivava fino a Lione, in Francia, oggi secondo gli esperti potrebbe scomparire entro la fine del secolo.
La tendenza alla riduzione dei ghiacciai alpini è in atto da tempo, ma ha avuto un'accelerazione negli ultimi tempi grazie al susseguirsi di anni eccezionalmente caldi. Non solo i ghiacciai arretrano e perdono di spessore, ma fatto ancora più grave, si frammentano in corpi glaciali più piccoli, accelerando così il processo di fusione.

a. Cerca informazioni e procurati delle immagini che testimoniano la riduzione di alcuni ghiacciai italiani, come il ghiacciaio dei Forni (Parco Nazionale dello Stelvio) e il ghiacciaio del Lys in Valle d'Aosta.

b. A quale fenomeno in atto è dovuta la riduzione dei ghiacciai?

c. Pensa al ruolo cruciale dei ghiacciai: perché la loro riduzione deve preoccuparci? Ti sembra una buona idea coprirli con dei teli? Discutine con i tuoi compagni.

FIGURA 23 Il reticolo dei corsi d'acqua compresi nel bacino idrografico del Po.

Tale fenomeno avviene di solito quando la capacità erosiva di un corso d'acqua che scende da un versante è abbastanza forte da demolire un tratto di spartiacque e integrare le acque di un corso del versante opposto dalla minore capacità erosiva (**FIGURA 24**).

Nella parte alta del loro bacino idrografico i fiumi hanno *caratteristiche torrentizie*. Ciò significa che, per via dell'alta pendenza del loro alveo, qui le acque scorrono impetuose, trasportando con sé detriti più o meno grossolani. Più a valle, dove la pendenza diminuisce e il fiume entra nelle zone pianeggianti, i rami minori si uniscono a formare un grande corso d'acqua principale, che scorre più lentamente, trasportando anche grandi quantità d'acqua. Durante un periodo di forte pioggia tutti i corsi d'acqua portano contemporaneamente a quello principale ingenti quantità d'acqua: si può avere così una *piena*.

Giunto al mare, il fiume può sfociare in diversi modi. Se la sua corrente è molto forte e la capacità di trasporto dei detriti alta (a patto che le correnti marine siano abbastanza deboli lungo la riva e il mare non presenti dislivelli significativi di maree), si può formare un accumulo di materiale alla foce, che in questo caso viene detta a **delta** con una caratteristica forma a ventaglio (**FIGURA 25**). Se invece è la forza del mare a prevalere, si formerà una foce a **estuario**, con il mare che penetra all'interno della costa asportando i materiali che si sono depositati (**FIGURA 26**).

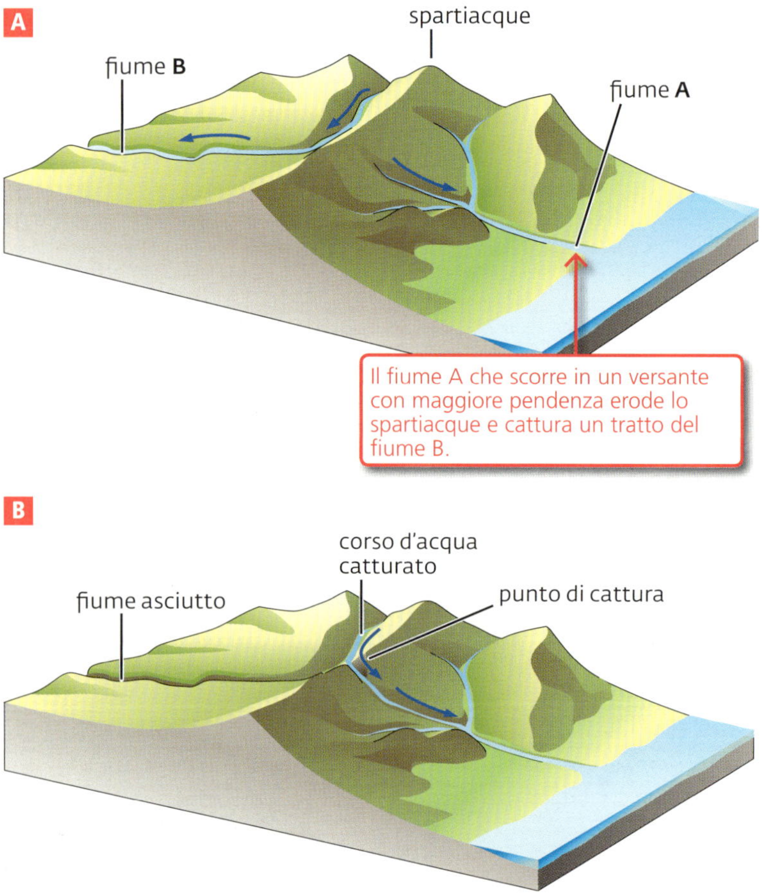

FIGURA 24 (**A**) La forza erosiva del corso d'acqua è tale da erodere a monte fino a demolire parte dello spartiacque che lo separa dal corso d'acqua del versante opposto. (**B**) Il fiume «catturato» versa le sue acque nel fiume «predatore».

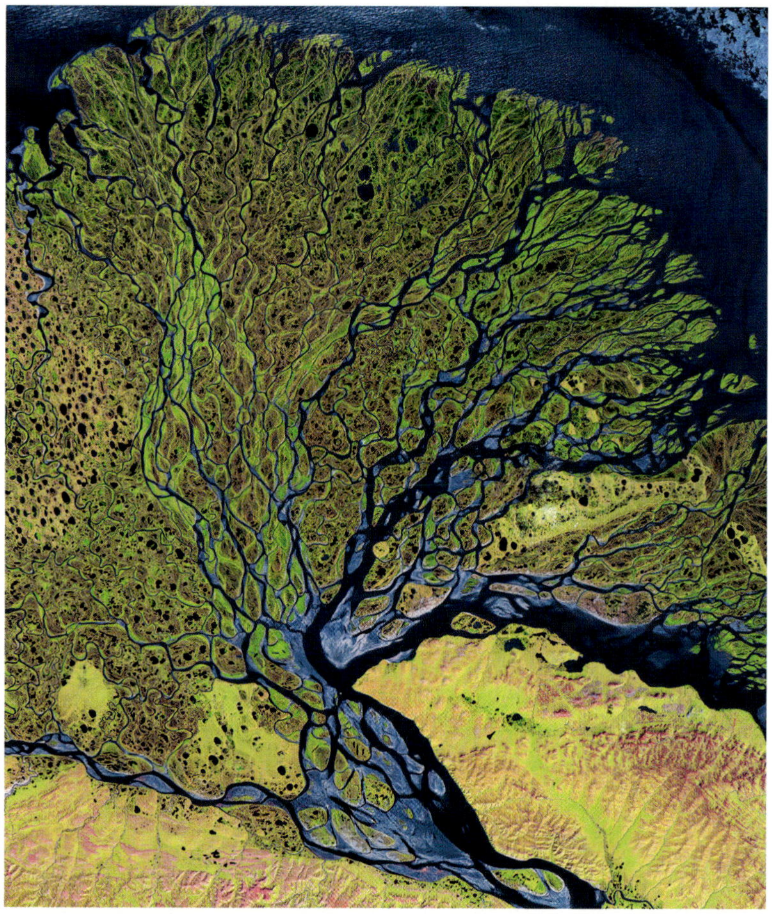

FIGURA 25 Immagine in falsi colori del delta del fiume Lena in Siberia, ripresa da satellite. Il fiume convoglia nel Mar Glaciale Artico una grande quantità di sedimenti che si depositano in un ampio ventaglio.

FIGURA 26 L'estuario del Rio della Plata è il più grande del mondo, raggiungendo un'ampiezza di 220 km dove si apre sul mare.

I laghi. Un lago si forma quando l'acqua proveniente da uno o più fiumi si accumula prima di arrivare al mare. Ciò accade in presenza di particolari situazioni, come l'esistenza di una conca o lo sbarramento del fiume da parte di un ostacolo, che permettono all'acqua di raccogliersi in grande quantità.

Esempi di conche in cui si raccolgono le acque lacustri sono i crateri di vulcani spenti (**laghi vulcanici**) e le cavità formate dall'azione erosiva di un ghiacciaio (**laghi di escavazione glaciale**). Esempi di **laghi di sbarramento** (FIGURA 27) sono quelli provocati da grandi frane, che bloccano il corso del fiume, e i laghi artificiali che si formano alle spalle delle grandi dighe. I laghi rappresentano comunque una fase di transizione del paesaggio, e in un periodo di tempo che va da 5000 a 20 000 anni possono sparire, colmati dai sedimenti. Alcuni fra i laghi più duraturi si trovano in profonde valli tettoniche formate da spaccature della crosta createsi in seguito ai movimenti delle placche litosferiche. Sono detti **laghi tettonici** e tra essi troviamo il lago Bajkal in Siberia, con una profondità massima di 1642 metri. Nonostante le notevoli profondità e le temperature estremamente rigide che si raggiungono in inverno in questa regione, grazie al fatto che il ghiaccio che si forma in superficie galleggia e protegge le acque sottostanti, la vita è comunque presente anche nei suoi abissi più profondi. Anche il già citato Mar Morto, impropriamente denominato mare, è in realtà è un lago di origine tettonica che occupa una profonda depressione della crosta terrestre (FIGURA 28).

TROVA LE PAROLE

La maggior parte dell'acqua .... del pianeta è ghiacciata ed è concentrata nelle .... I .... si formano perché la neve che si accumula nei bacini di raccolta si .... sotto il peso della neve sovrastante e si trasforma gradualmente in ....

Un .... è un corso d'acqua alimentato in modo diretto dalle acque .... o di .... dei ghiacciai o anche, indirettamente, dalle sorgenti sotterranee delle .... che fuoriescono in superficie.

Un .... si forma quando l'acqua proveniente da un .... si accumula prima di arrivare al mare. Ciò accade quando esiste una .... o si verifica lo .... di un fiume, che permettono all'acqua di raccogliersi in grande quantità.

FIGURA 27 Veduta del Venerocolo, lago di sbarramento situato in Val d'Alvio, in provincia di Brescia.

FIGURA 28 Veduta del Mar Morto, una profonda spaccatura di origine tettonica. In basso, in colore verde, sono visibili le saline.

Plastica, plastica dappertutto

C'erano una volta… 30 000 paperelle gialle: non è una favola, ma un fatto reale. La storia ebbe inizio il 10 gennaio del 1992, quando una nave cargo diretta da Hong Kong agli Stati Uniti naufragò per una violenta tempesta e perse il suo carico di giocattoli, tra cui migliaia di paperelle di plastica gialle. Trasportate dal vento e dalle correnti, le paperelle iniziarono la loro navigazione attraverso gli oceani. Gli scienziati, anziché strapparsi i capelli per l'ennesimo episodio di inquinamento, approfittarono dell'occasione per studiare meglio il percorso delle correnti marine tramite gli avvistamenti delle paperelle segnalati in giro per il mondo (**FIGURA A**).

Ma come dice Donovan Hohn, l'autore di un libro sulla vicenda, «Le papere sono carine, apparentemente indifese, amichevoli. Resistono a ogni tipo di avversità. Ti ci affezioni, ma non puoi trascurare che sono le piccole assassine del mare». Ovviamente si riferisce al materiale di cui sono fatte, la plastica.

Duttile, resistente, inalterabile, economica… la usiamo da meno di un secolo e si trova in tutti gli oggetti che ci circondano, ma oggi purtroppo la plastica è presente anche in tutti i mari del pianeta sotto forma di minuscoli detriti.

Una campagna di ricerca oceanografica ha dimostrato l'esistenza di cinque grandi ammassi di rifiuti plastici negli oceani. Gli accumuli sono generati dalla circolazione superficiale delle acque oceaniche, che viene deviata per l'effetto Coriolis dovuto alla rotazione terrestre, e dà origine a cinque grandi vortici: due nell'Atlantico, due nel Pacifico e uno nell'Oceano Indiano. Le correnti raccolgono la plastica galleggiante proveniente dai continenti e la ammassano in questi vortici nelle zone centrali degli oceani (**FIGURA B**). Nel corso del loro viaggio gli oggetti si crepano e si frammentano per l'azione della radiazione solare e dell'acqua salmastra, ma i frammenti possono restare intatti per secoli. Queste enormi isole di spazzatura galleggiante sono composte da frammenti di plastica di tutte le dimensioni, a volte così piccoli da risultare difficili da scorgere a occhio nudo e da essere scambiate dagli animali per plancton commestibile. Così la plastica entra nelle catene alimentari marine di pesci, tartarughe, uccelli marini, cetacei, molluschi… fino a raggiungere l'uomo.

A seconda delle abitudini alimentari, alcuni animali risultano particolarmente danneggiati. È il caso degli albatros, che volano abitualmente molto lontano dalle coste e si procurano da mangiare proprio al centro di queste enormi «zuppe di plastica». Con i frammenti alimentano i loro piccoli e ogni anno un gran numero di pulcini muore a causa della dieta fatale.

Risolvere il problema delle isole di spazzatura non è facile, sia perché i costi per il recupero sono esorbitanti, sia perché gli accumuli si trovano in acque internazionali. In attesa che si trovino soluzioni, possiamo almeno smettere di espandere queste isole, arrestando il continuo flusso di rifiuti che finiscono nei mari.

FIGURA A L'allegra brigata di paperelle gialle perse dai container che si aprirono in mare in seguito al naufragio della Ever Laurel.

PER FISSARE I CONCETTI

- Come si formano gli enormi accumuli di plastica negli oceani?
- Perché la plastica rappresenta un pericolo per gli ecosistemi marini?

FIGURA B La spedizione oceanografica ha individuato l'esistenza di cinque grandi isole di plastica negli oceani. La maggior parte dei frammenti raccolti erano di PET e PP.

9 Le acque sotterranee

Il sottosuolo è spesso costituito da ghiaie e sabbie, o da rocce porose e fratturate. In questi casi l'acqua delle precipitazioni si infiltra lentamente nei piccolissimi pori tra i granuli detritici o lungo le fratture, penetrando in profondità e imbevendo il sottosuolo come una spugna.

I terreni e le rocce in cui è possibile la circolazione dell'acqua sono detti **permeabili**. Tipici materiali permeabili sono le ghiaie e le sabbie già citate, le arenarie e i calcari fratturati (**FIGURA 29**). Quelli in cui, invece, la circolazione è impossibile o estremamente difficoltosa sono detti **impermeabili**. Tra questi ultimi abbiamo, per esempio, le rocce argillose o i calcari compatti.

Per effetto della gravità, le acque possono penetrare a profondità notevoli, anche di molte centinaia di metri, finché non incontrano uno strato impermeabile che ferma la loro discesa e le costringe ad accumularsi nelle rocce porose soprastanti, formando riserve d'acqua dolce.

La zona occupata dalle acque sotterranee prende il nome di **falda acquifera** o **falda freatica**.

Le acque sotterranee sono presenti anche dove non ce l'aspetteremmo mai. Al di sotto del deserto del Sahara si trova un'enorme falda acquifera, con una superficie complessiva pari a due volte l'Italia.

L'origine di questo immenso serbatoio risale a un passato remoto in cui il clima della regione era molto più piovoso dell'attuale e le acque che scorrevano in superficie filtravano nel sottosuolo. A causa della sua antichità, quest'acqua è definita «fossile». In Libia un monumentale acquedotto preleva l'acqua fossile dal cuore del deserto e la convoglia alle rive del Mediterraneo, dove viene utilizzata per la popolazione e le colture agricole (**FIGURA 30**).

Nelle falde, il cui spessore può variare da una decina a un centinaio di metri, l'acqua si muove lentamente attraverso le porosità del terreno e può rimanere imprigionata anche per decine di anni. Quando la superficie di falda interseca la superficie terrestre, l'acqua può uscire all'esterno formando una **sorgente** (**FIGURA 31**). La superficie della falda può essere raggiunta anche scavando pozzi.

Nel suo lento cammino, l'acqua delle falde acquifere può sciogliere i sali contenuti nei terreni attraversati e così, quando esce dalla sorgente, può essere più o meno ricca di sali minerali. Controllando l'etichetta di una bottiglia d'acqua minerale ci si può rendere conto del gran numero di sali (sotto forma di ioni) in essa presenti.

Nel sottosuolo può avvenire che l'acqua di una falda resti imprigionata tra *due strati impermeabili* e vada sotto pressione.

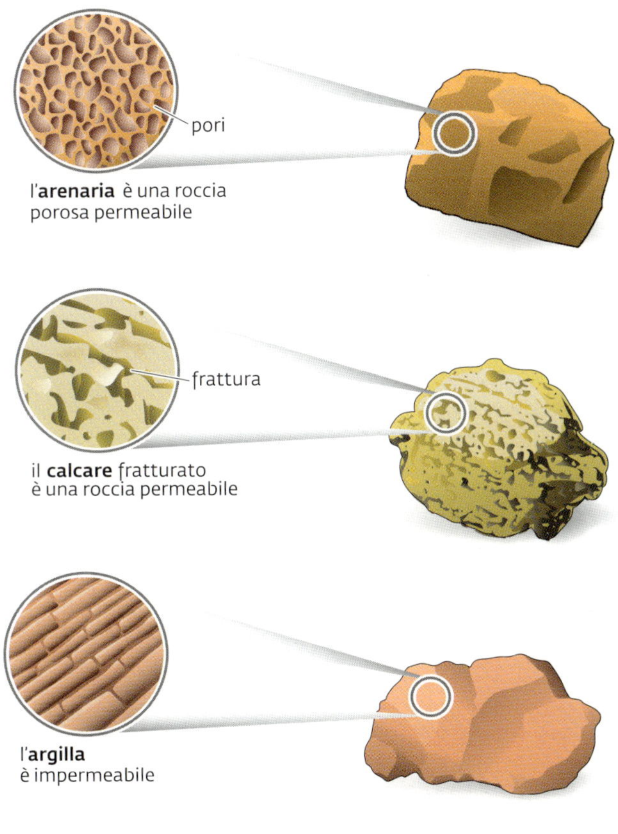

FIGURA 29 Alcune rocce sono permeabili, permettono cioè all'acqua di penetrare al loro interno, perché dotate di pori o di fessure. Le rocce che non fanno passare l'acqua sono invece impermeabili.

FIGURA 30 Le gigantesche tubature dell'acquedotto sotterraneo, denominato il Grande Fiume, che trasporta l'acqua fossile dal deserto alle città libiche della costa.

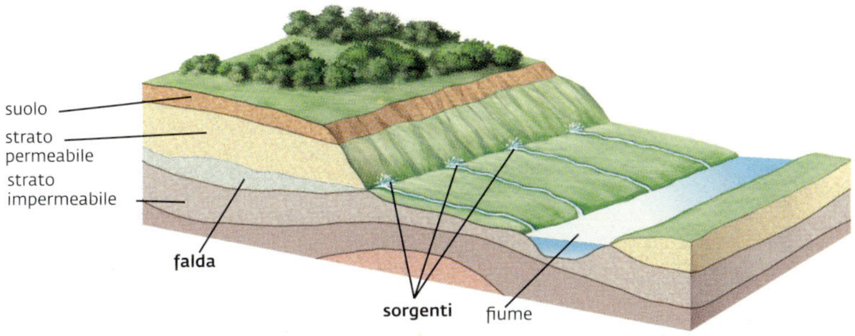

FIGURA 31 Nel punto in cui una falda acquifera interseca la superficie del suolo e l'acqua fuoriesce si ha una sorgente.

In questo caso, se si perfora lo strato impermeabile superiore, l'acqua sotto pressione sale spontaneamente nel pozzo e può anche zampillare in superficie. Falde e pozzi di questo tipo sono detti **artesiani** (**FIGURA 32**).

Le falde acquifere rappresentano, dopo i ghiacciai, la maggiore riserva d'acqua dolce del globo. In molti casi l'acqua degli acquedotti delle nostre città viene prelevata da questi serbatoi sotterranei tramite profondi pozzi. I livelli delle falde non rimangono sempre costanti, ma oscillano a seconda degli apporti (piogge, irrigazioni) e dei prelievi dai pozzi (**FIGURA 33**). Quando in una regione sono concentrati numerosi pozzi che estraggono grandi quantità d'acqua, il livello della falda nel sottosuolo si può abbassare notevolmente.

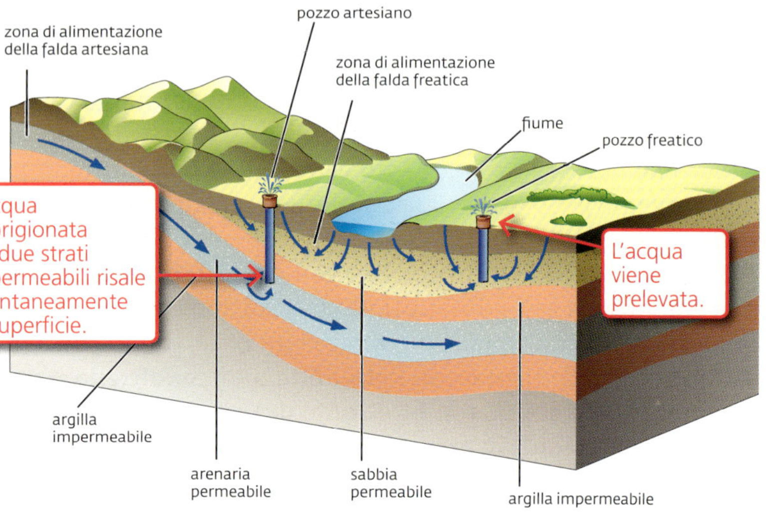

FIGURA 32 In una falda artesiana, se lo strato impermeabile superiore viene bucato con un pozzo, l'acqua in pressione risale spontaneamente verso l'alto e può anche uscire in superficie.

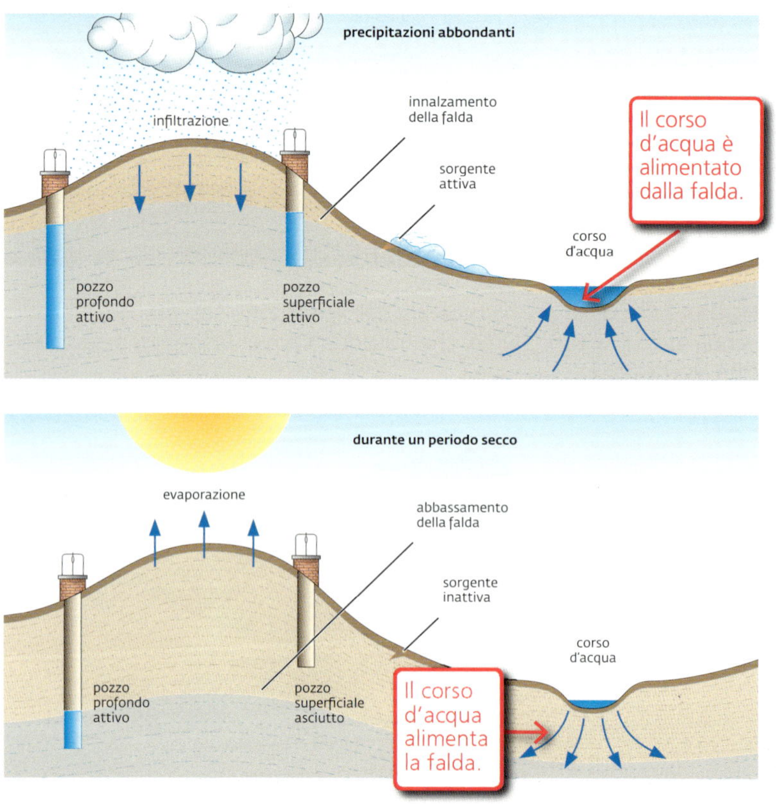

FIGURA 33 Il livello di falda varia a seconda della quantità di precipitazioni.

TROVA LE PAROLE

Per effetto della ...., le acque .... possono penetrare a profondità notevoli, attraversando i terreni ...., finché non incontrano uno strato .... che ferma la loro discesa e le costringe ad accumularsi nelle rocce .... soprastanti, formando una riserva d'acqua dolce detta .... o falda .... Quando l'acqua rimane imprigionata tra due strati ...., va sotto pressione e forma un ....

PROVA A FARE

La porosità delle rocce

Le falde acquifere non sono fiumi sotterranei, ma riserve in cui l'acqua si accumula imbevendo i pori o le fratture delle rocce. Le rocce hanno caratteristiche di porosità e permeabilità diverse. Le due proprietà sono tra loro collegate: la *permeabilità* è la capacità di una roccia di farsi attraversare dall'acqua e dipende a sua volta dalla *porosità*, ossia dalla presenza di vuoti nel materiale roccioso. Ma solo i vuoti che comunicano tra loro permettono il movimento dell'acqua. Le rocce costituite da granuli come le arenarie sono porose e permeabili: ciò significa che l'acqua le attraversa e vi si infiltra facilmente. Le argille sono ancora più porose, ma gli spazi dei pori sono così piccoli che l'acqua filtra con molta difficoltà: dunque sono impermeabili.
Puoi verificare la diversa porosità delle rocce prendendo vari campioni e immergendoli nell'acqua. Vedrai levarsi delle bollicine.

a. A che cosa sono dovute le bollicine?

b. Dove va a finire l'acqua delle falde acquifere? Partecipa anch'essa al ciclo idrologico?

Per ricordare

LOSAI? RIPASSA CON LO SMARTPHONE

1. Che cos'è l'idrosfera?
L'**idrosfera** è l'insieme di tutte le acque della Terra: dolci e salate, oceaniche e continentali, sotterranee e atmosferiche.

2. Quali sono le proprietà eccezionali dell'acqua?
Al contrario delle altre sostanze, l'acqua si dilata quando viene raffreddata al di sotto di 4 °C (**densità** massima). A 0 °C essa diventa solida e il ghiaccio ha una densità minore dell'acqua liquida. L'acqua ha un **calore specifico** elevato, ed è un ottimo **solvente**.

3. Come si ricicla l'acqua?
Si chiama **ciclo dell'acqua** (o **ciclo idrologico**) la serie di processi per cui l'acqua abbandona il serbatoio marino, per entrare in quello atmosferico e di qui ritorna nel serbatoio marino, mediante le precipitazioni (pioggia o neve) o attraverso i serbatoi continentali (fiumi, ghiacciai e falde acquifere).

4. Che cosa contiene l'acqua degli oceani?
L'acqua degli oceani contiene disciolta una grande varietà di sostanze, in particolare sali (tra cui il cloruro di sodio) e gas (tra cui l'anidride carbonica, l'ossigeno e l'azoto). La **salinità** media dell'acqua degli oceani è circa 35‰.

5. Quali sono le cause dei movimenti delle acque marine?
Le cause delle **correnti marine** sono i venti e le differenze di densità. Le **onde** sono generate dal vento e sono oscillazioni locali delle particelle d'acqua che compiono un movimento prevalentemente verticale. Le **maree** sono movimenti periodici di innalzamento e abbassamento del livello delle acque oceaniche dovuti all'attrazione gravitazionale della Luna e, in misura minore, del Sole.

6. Quali sono le acque continentali? Che cos'è una falda freatica?
Le **acque continentali** sono costituite dalle raccolte d'acqua presenti sulla superficie delle terre emerse (ghiacciai, fiumi e laghi) e nel sottosuolo.
Le **falde acquifere** o **falde freatiche** sono accumuli d'acqua sotterranei, che si formano per l'infiltrazione dell'acqua piovana nel terreno. Quando fuoriesce in superficie forma una **sorgente**.

la mappa

Completa la mappa concettuale utilizzando i termini proposti. Dai la definizione di quelli sottolineati:
ghiacciai • onde • falda acquifera • oceani • dolci • laghi • salate • fiumi • compattazione • permeabili • maree • mari • correnti • bacino idrografico • conche

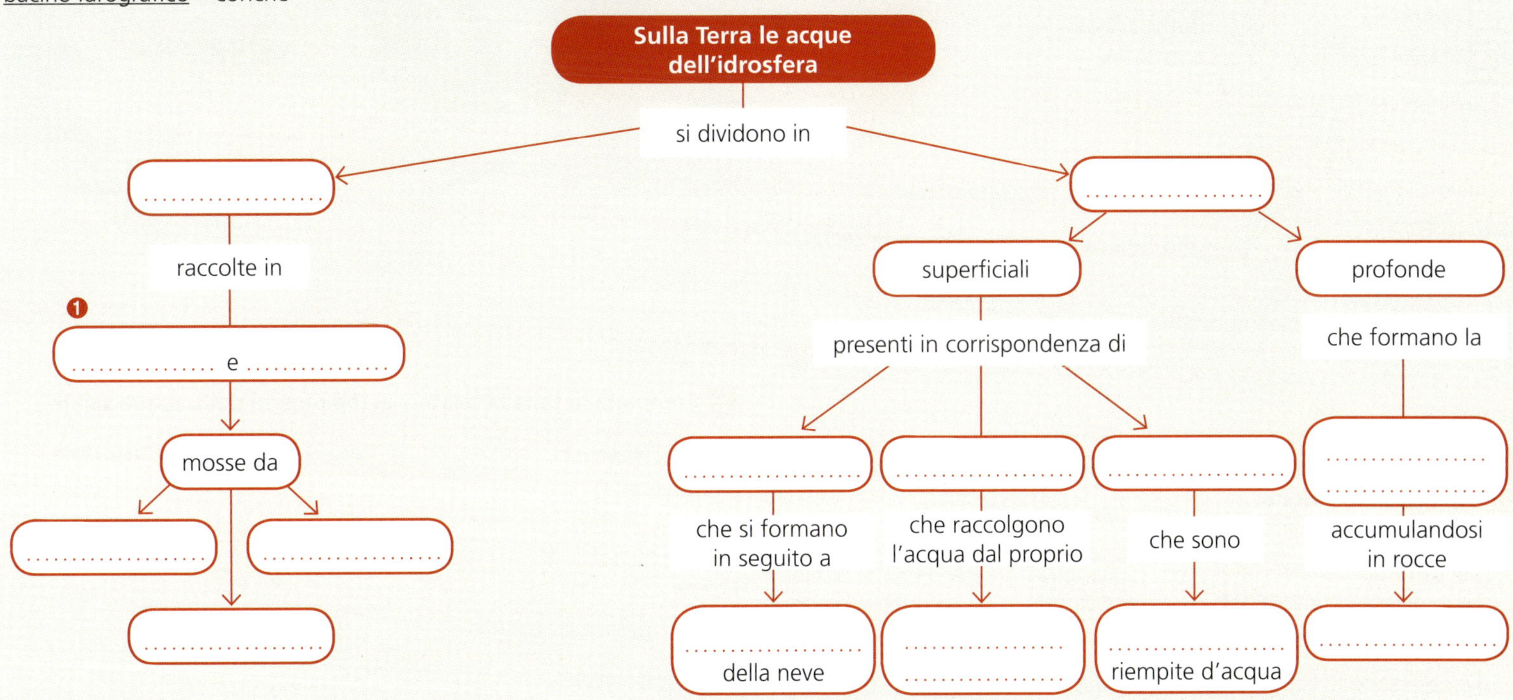

Sul tuo quaderno prova a espandere la mappa aggiungendo nuovi collegamenti al nodo 1 in merito alle caratteristiche chimico-fisiche delle acque e inserendo i seguenti termini: sorgente, reticolo idrografico, vento, attrazione gravitazionale e morene.

Sei pronto per la verifica?

In 1 ora

1. Accanto a ogni affermazione, indica a quale particolare proprietà dell'acqua ci si riferisce.

a. Le grandi distese di acqua di mari e oceani svolgono un'azione mitigatrice sul clima delle località costiere. ....

b. A seconda della loro temperatura, le acque possono contenere quantità variabili di sali minerali e gas. ....

c. In inverno, le acque di laghi e fiumi ghiacciano solo in superficie, permettendo agli esseri viventi di sopravvivere al loro interno. ....

d. La temperatura media delle acque più profonde di mari e oceani è pari a circa 3 °C. ....

e. A parità di calore fornito, un dato volume di acqua si riscalda e si raffredda più lentamente di un ugual volume di rocce. ....

f. Un kg di ghiaccio occupa un volume maggiore di un kg di acqua fredda. ....

[6 PUNTI]

2. Stabilisci le corrispondenze corrette tra i termini della colonna di sinistra (serbatoi dell'idrosfera) e le percentuali riportate a destra. Poi rispondi alle domande.

a. ☐ mari e oceani	**1.** 0,001%
b. ☐ ghiacci	**2.** 97,22%
c. ☐ atmosfera	**3.** 2,15%
d. ☐ fiumi e laghi	**4.** 0,017%
e. ☐ acque sotterranee	**5.** 0,61%

A. Quale «serbatoio» idrico del pianeta non è riportato sopra?

B. Quale percentuale dell'acqua presente sulla Terra è contenuta all'interno di questo serbatoio?

C. Ritieni sia un serbatoio importante? Perché?

[5 + 4 PUNTI]

3. Rispondi sul tuo quaderno alle seguenti coppie di domande utilizzando al massimo 5 righe.

a. Qual è l'origine dell'acqua presente sulla Terra? Era già presente al momento della sua formazione o è comparsa solo in un secondo momento? **[2 + 2 PUNTI]**

b. Che cosa sono le correnti marine? Da che cosa sono prodotte? **[2 + 2 PUNTI]**

c. In quali condizioni si formano le falde artesiane? Quali caratteristiche presentano i pozzi che possono essere costruiti presso di esse? **[3 + 2 PUNTI]**

4. Indica se ciascuna delle seguenti affermazioni è vera o falsa. Se è falsa, falla diventare vera cambiando solo i termini sottolineati.

a. Nel nostro Sistema solare è possibile trovare acqua allo stato liquido solo sulla Terra. V F

b. Le acque coprono più del 70% della superficie terrestre. V F

c. A causa del suo contenuto in sali, l'acqua marina congela a temperature più alte dell'acqua pura. V F

d. Il termoclino si trova all'incirca tra i 500 e i 1000 metri di profondità. V F

e. I ghiacciai si formano per congelamento dell'acqua. V F

f. Un fiume che sfocia in un bacino con forti correnti e grandi escursioni di marea forma una foce a delta. V F

g. Le rocce argillose o i calcari compatti sono impermeabili. V F

[7 PUNTI]

5. Inserisci i termini corretti nella figura.

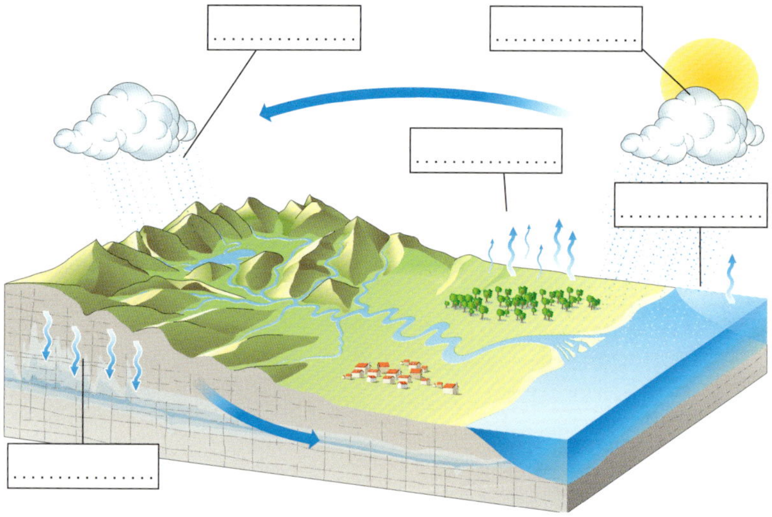

[5 PUNTI]

6. Completa la tabella relativa ai movimenti delle acque salate.

Movimento	Causa/e	Descrizione
Onde in mare aperto		
Onde in prossimità della riva		
Maree		
Correnti superficiali		
Correnti profonde		

[10 PUNTI]

☐ fino a 32 punti **insufficiente**	☐ da 33 a 38 punti **sufficiente**	☐ da 39 a 44 punti **buono**	☐ da 45 a 50 punti **ottimo**

Verifica le competenze

ZTE ONLINE
20 test interattivi online su zte.zanichelli.it

COMPITO DI REALTÀ
Giornalisti in erba
Sezione B

S1 – ANALIZZARE E INTERPRETARE TABELLE, GRAFICI E IMMAGINI

1. LA SALINITÀ DI MARI E OCEANI

In questa Unità hai studiato che la salinità media di mari e oceani è pari al 35‰, ma essa può variare sensibilmente da zona a zona in risposta a vari fattori. Osserva con attenzione il grafico e poi prova a rispondere alle domande.

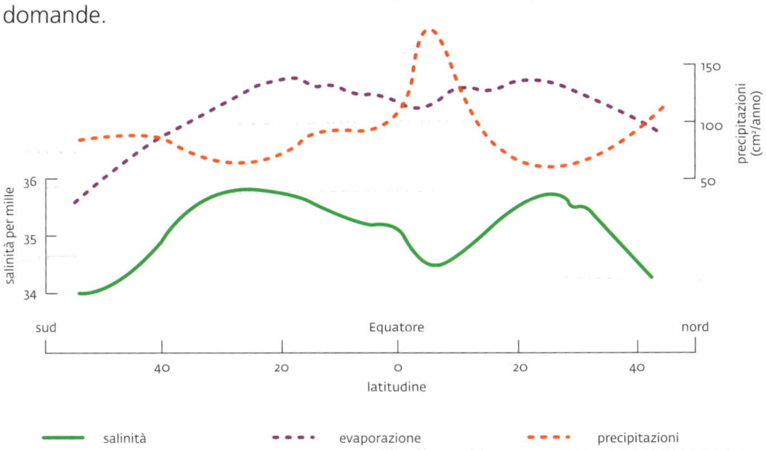

a. ●○○ Quali variabili sono rappresentate sull'asse delle ascisse e sull'asse delle ordinate?

b. ●○○ In quali unità di misura sono riportate le variabili sull'asse delle ordinate?

c. ●●○ Come varia la salinità rispetto all'evaporazione?

d. ●●○ Come varia la salinità rispetto alle precipitazioni?

e. ●○○ Com'è la salinità ai Poli?

f. ●●● Perché?

g. ●○○ Com'è la salinità ai Tropici?

h. ●●● Perché?

i. ●○○ Com'è la salinità all'Equatore?

l. ●●● Perché?

S1 – RICONOSCERE O STABILIRE RELAZIONI

2. GHIACCIAI DI IERI, OGGI... E DOMANI?

In Italia i ghiacciai sono tra gli elementi più caratteristici del paesaggio montano, ma non serve molto per accorgersi di quanto questo importante serbatoio dell'idrosfera sia oggi seriamente minacciato: da che cosa?

Sono state accostate due immagini dello stesso ghiacciaio del Gran Paradiso risalenti ad alcune decine di anni fa e a oggi riprese dalla stessa prospettiva.

a. ●○○ Che cosa puoi dedurre dall'osservazione delle immagini?

b. ●●○ Riesci a ipotizzare quella che potrebbe essere una delle cause del fenomeno osservato?

c. ●●● Riesci a ipotizzare almeno una delle possibili conseguenze del fenomeno osservato?

d. ●●● Quale/i ricaduta/e potrebbe avere questo fenomeno sulle attività umane?

S1 – RACCOGLIERE DATI ATTRAVERSO LA CONSULTAZIONE DI DIVERSE AGENZIE INFORMATIVE

3. SI FA IN FRETTA A DIRE «LAGO»

L'Italia è una nazione ricca di laghi, molto diversi tra loro per forma, dimensioni, origine, storia ecc. Qui di seguito trovi le immagini di due laghi italiani, con il loro nome, provincia e la regione in cui si trovano.

Lago di Alleghe, Belluno, Veneto.

Lago di Albano, Roma, Lazio.

a. ●●○ Ricerca (in Internet o su testi che hai a disposizione) le informazioni per costruire una specie di «carta d'identità» dei due bacini, selezionando quelle fondamentali per comprendere la peculiarità di ognuno e le principali differenze.

b. ●●○ Ricerca informazioni sui processi che hanno portato alla formazione dei due laghi.

c. ●●● Infine, prova a mettere in relazione quanto osservi nelle immagini e le caratteristiche che hai indicato al punto **a.** con i processi trovati nel punto **b.** Quali caratteristiche del territorio circostante e di ciascun lago possono aiutare a comprenderne l'origine?

6 La sfera delle rocce

In questa Unità troverai le risposte alle seguenti domande:

1. Com'è fatto l'interno della Terra?
2. Che cosa sono i minerali? Come si distinguono tra loro?
3. Come vengono classificate le rocce e come si formano?
4. Come si sono formati i giacimenti di carbone e di petrolio?

A

B

C

D

Un mondo di rocce

Le rocce sono di tanti tipi.
Osserva attentamente le foto dei campioni di roccia, dalle quali puoi ricavare alcune informazioni. Quelle qui rappresentate sono solo una minima parte dell'enorme varietà che si può trovare in natura. Per analizzare una roccia possiamo utilizzare i nostri organi di senso: la vista per percepirne il colore e l'aspetto, il tatto per constatarne la compattezza o la granulosità; a volte anche il gusto può fornirci informazioni utili. Il geologo non solo osserva, tocca, assaggia ma, soprattutto, immagina. Immagina barriere coralline, profondi pavimenti oceanici, vulcani in eruzione: gli ambienti in cui le rocce si sono formate.

E

F

SAI RISPONDERE?

1. Hai già incontrato alcune rocce delle foto?
2. Descrivi quello che osservi. In alcune di esse riesci a distinguere i minerali?
3. Sapresti dire per alcune rocce come si sono formate?
4. Quale tra queste è un minerale?
5. Dopo aver studiato l'Unità prova a riconoscere le rocce indicando il loro nome.

1 La struttura a strati della Terra

Se osserviamo degli scavi che arrivano a una certa profondità, possiamo porci una domanda: che cosa c'è al di sotto, più giù, all'interno del nostro pianeta?

Le informazioni sulla struttura interna della Terra ci provengono soprattutto dallo studio dei terremoti. Le indagini compiute sulla modalità di propagazione delle **onde sismiche** ci dicono che la Terra al suo interno non è una sfera di roccia omogenea ma è costituita da materiali di densità diversa disposti in gusci concentrici.

L'origine della struttura «a strati» del nostro pianeta risale alle prime fasi della sua formazione, quando i materiali allo stato fuso che lo costituivano iniziarono a raffreddarsi e a solidificarsi, stratificandosi in base alla densità. Quelli più pesanti sprofondarono al centro, dove formarono il nucleo del globo; quelli più leggeri invece si disposero in superficie, dove formarono uno strato intermedio, il mantello, e lo strato in superficie che chiamiamo crosta terrestre o, più semplicemente, crosta.

Esaminiamo più in dettaglio gli strati che formano il nostro pianeta procedendo dalla superficie.

- La **crosta**. La crosta è il sottile involucro più esterno del globo terrestre, con uno spessore che varia dai 7 km sotto gli oceani ai 70 km in corrispondenza dei continenti: per questo si distinguono una crosta oceanica e una crosta continentale. Essa è formata da rocce composte in prevalenza da *silicati leggeri*, perché costituiti, oltre che da silicio (Si) e ossigeno (O), da alluminio (Al), un metallo leggero.
- Il **mantello**. Il mantello è lo strato compreso tra il nucleo e la crosta superficiale, con uno spessore di circa 2850 km. Esso è formato da rocce composte da silicati pesanti, in cui il silicio (Si) e l'ossigeno (O) sono combinati prevalentemente con ferro (Fe) e magnesio (Mg).
- Il **nucleo**. Il nucleo è la parte interna più densa, con un raggio di circa 3500 km. Si suppone che sia costituito prevalentemente da metalli pesanti, come ferro (Fe) e probabilmente nichel (Ni). Nel nucleo la temperatura è molto elevata, superiore a 5000 °C. Sulla base dei dati rilevati dalle onde sismiche, i materiali risultano allo stato solido nel *nucleo interno* e allo stato liquido nel *nucleo esterno*.

La crosta e la parte superiore del mantello formano insieme uno strato rigido spesso fino a 200 km, chiamato **litosfera** (dal greco *lìthos*, pietra). Al di sotto della litosfera, nel mantello, fino a circa 300 km di profondità, le rocce sono parzialmente fuse e rappresentano l'**astenosfera**. Oltre l'astenosfera, in prossimità del nucleo, il mantello torna a essere solido (**FIGURA 1**).

Le rocce parzialmente fuse e altamente viscose dell'astenosfera sono relativamente fluide, tanto da scorrere lentamente e da trascinare nel loro movimento le rocce rigide della litosfera soprastante. La litosfera non è un blocco unico: essa è suddivisa in tanti frammenti, chiamati **placche**, che compongono una sorta di grande mosaico. Trainate dai fluidi della sottostante astenosfera alcune placche si muovono l'una verso l'altra fino a scontrarsi, altre invece si allontanano tra loro, altre ancora, affiancate, scorrono l'una rispetto all'altra.

Le rocce delle placche, in superficie, formano i pavimenti degli *oceani*, costituiti da rocce più pesanti, e l'ossatura dei *continenti* costituiti da rocce più leggere.

TROVA LE PAROLE

La Terra ha una struttura interna a .... Al centro vi è un .... di ferro e .... cui si sovrappongono un .... e, in superficie, una .... La crosta e la parte .... del mantello formano insieme la rigida .... divisa in .... trascinate dai moti della .... che è la parte di .... in cui le .... sono parzialmente fuse.

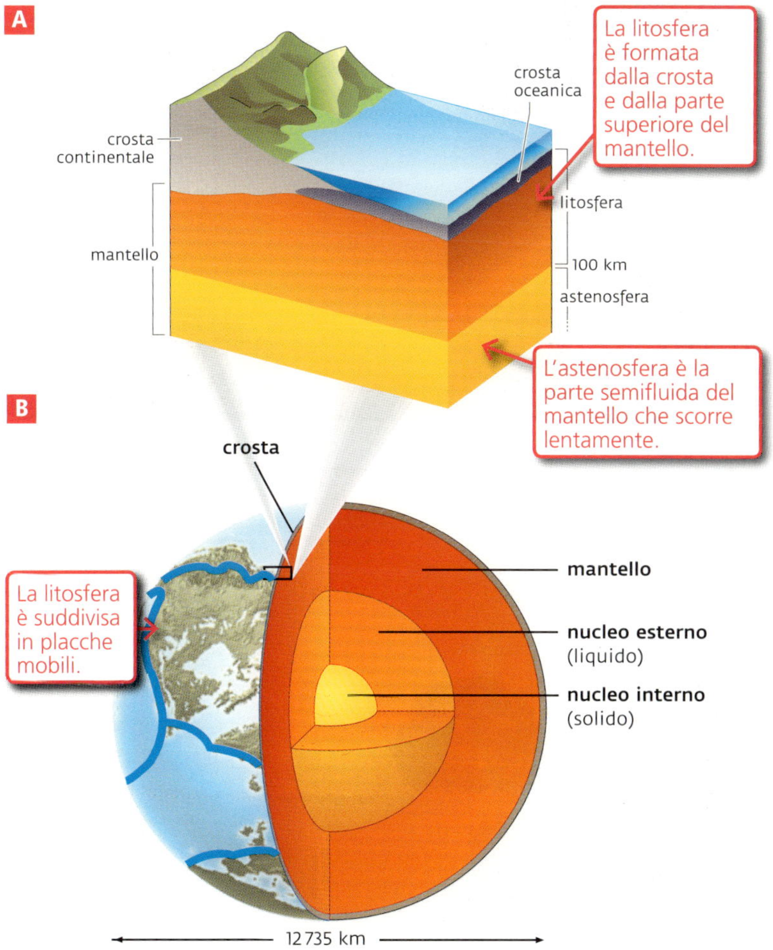

FIGURA 1. (**A**) Particolare della litosfera e della sottostante astenosfera. (**B**) In questo spaccato del nostro pianeta troviamo la crosta, il mantello e il nucleo, suddiviso in nucleo esterno e nucleo interno.

2 Le rocce sono costituite da minerali

APPROFONDIMENTO
Com'è fatta la materia: atomi e molecole

LABORATORIO DELLE COMPETENZE
Rocce e minerali tra noi

Quando parliamo di rocce, ci riferiamo soprattutto alla crosta terrestre.

Osservate da vicino le rocce hanno una grande varietà di aspetti: a volte sono compatte, a volte granulose, e presentano spesso colorazioni diverse. Per esempio il *granito*, una roccia diffusa in Italia, è costituito da piccoli granuli, da cui il nome, visibili anche a occhio nudo (**FIGURA 2**); il *basalto*, la roccia vulcanica alle falde dell'Etna, è nero e uniformemente omogeneo.

Il geologo, per osservare più in dettaglio una roccia apparentemente omogenea, si avvale di un particolare microscopio che ingrandisce lamine di roccia dello spessore di un capello ottenute con una apposita sega, tanto sottili da apparire trasparenti. Osservata al microscopio anche la fettina di basalto appare costituita da granuli addossati gli uni agli altri (**FIGURA 3**).

I granuli visibili a occhio nudo nel granito e quelli visibili al microscopio del basalto sono i minerali.

> Tutte le rocce che formano la crosta sono costituite da **minerali**. I minerali sono sostanze solide inorganiche aventi una composizione chimica ben determinata e una struttura cristallina.

Esistono tanti tipi di minerali. Alcuni di essi sono semplicemente elementi, formati cioè da un solo tipo di atomo. Per esempio il **rame** (Cu), l'**argento** (Ag) e l'**oro** (Au), in natura si trovano allo *stato nativo*, ossia non combinati con altri elementi. Più spesso, però, i minerali sono formati da più elementi (quindi più tipi di atomi). Tra questi il **silicio** (Si) e l'**ossigeno** formano i 3/4 della massa della crosta terrestre. Oltre a questi due elementi sono diffusi anche l'**alluminio** (Al), il **calcio** (Ca), il **magnesio** (Mg), il **ferro** (Fe), il **sodio** (Na) e il **potassio** (K).

FIGURA 2. (**A**) Questa cava di roccia a Baveno fornisce molto del granito usato come pietra ornamentale e da costruzione. (**B**) Nella roccia i minerali che la compongono quarzo, mica e feldspato formano granuli visibili a occhio nudo.

FIGURA 3. (**A**) Gli scogli dei Ciclopi, in Sicilia, che secondo la mitologia sono i blocchi di pietra lanciati dai Ciclopi contro le navi di Ulisse, sono in realtà basalti che derivano dal consolidamento di lave. (**B**) In un campione di basalto i diversi componenti minerali sono visibili solo al microscopio (**C**).

In base alla composizione chimica, i minerali possono essere classificati in **silicati**, formati prevalentemente da silicio e ossigeno, e **non silicati**. Tra i silicati più comuni, nelle rocce ci sono il quarzo (SiO_2), le olivine, minerali di colore verde scuro, i feldspati come l'ortoclasio ($KAlSi_3O_8$) e le miche. I silicati si trovano anche nelle rocce lunari. Tra i non silicati si distinguono i **carbonati,** per esempio la *calcite,* il minerale costituente del marmo, e la *dolomia*, il minerale delle Dolomiti, gli **ossidi** (per esempio l'*ematite*) e i **solfuri** (per esempio la *pirite*), i **solfati** come il *gesso* (**FIGURA 4**).

TROVA LE PAROLE

Tutte le .... sono costituite da............, sostanze solide .... con una determinata composizione .... e con una .... I minerali si distinguono in .... composti prevalentemente da .... e .... e .... silicati come gli ossidi o i solfati come il ....

PROVA A FARE

Nel geode un pugno di minerali

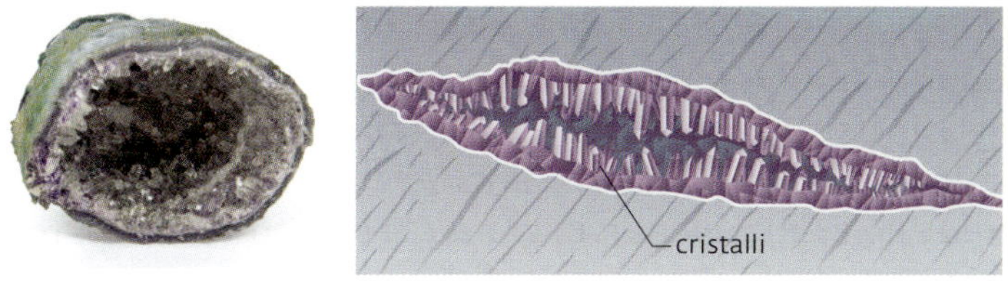

La formazione di un geode avviene quando all'interno di fessure o cavità di una roccia filtrano gas e vapori proveniente da magmi ad alta temperatura che, nel corso di centinaia di migliaia di anni, lentamente si raffreddano. In seguito al lento raffreddamento alcuni componenti si depositano sulle pareti rivestendole completamente: si è formato un geode, una cavità all'interno della roccia le cui pareti sono ricoperte di minerali. I minerali che più comunemente formano un geode sono di quarzo.

a. Qual è la composizione chimica del quarzo? A quale categoria di minerali appartiene?

b. I cristalli di quarzo sono talvolta colorati: rosa, neri, viola. Cerca su Internet a che cosa sono dovuti i diversi colori.

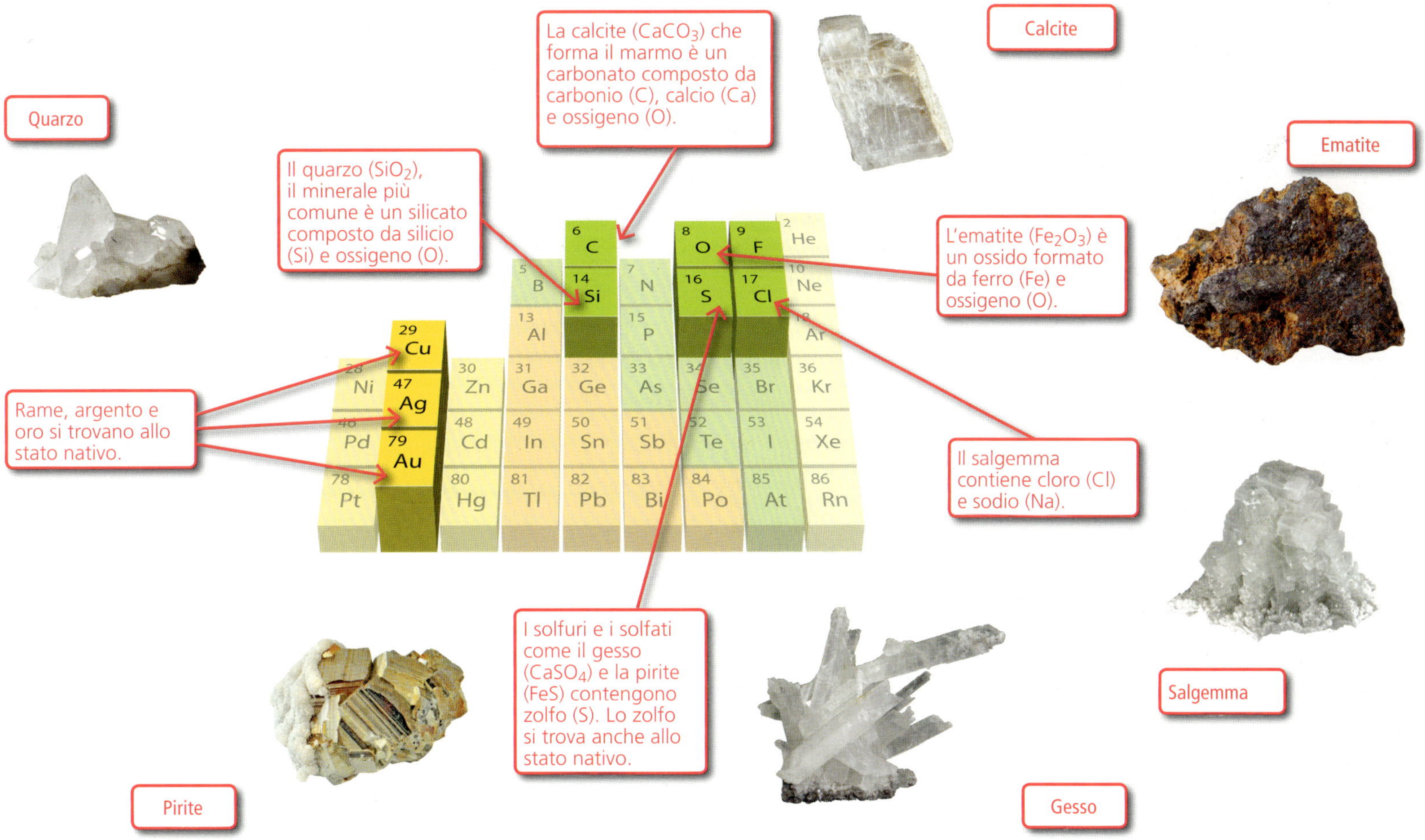

FIGURA 4. La grande maggioranza dei componenti dei minerali della crosta terrestre si trova tra i primi elementi che compaiono nella Tavola periodica. L'ossigeno (O) e il silicio (Si) in particolare rappresentano da soli rispettivamente il 47% e il 27% in peso della crosta terrestre.

APPROFONDIMENTO
Le gemme

VIDEO
La formazione dei minerali
La struttura cristallina

3 La struttura interna dei minerali

Quando un minerale ha sufficiente spazio e tempo per accrescersi, si sviluppa in una forma geometrica regolare nota come **cristallo** (dal greco *krýstallos*, ghiaccio), raggiungendo in alcuni casi dimensioni impressionanti (**FIGURA 5**). La forma geometrica esterna riflette l'organizzazione microscopica interna, il **reticolo cristallino**, in cui gli atomi, ioni o molecole che costituiscono il minerale sono disposti in modo ordinato nelle tre dimensioni dello spazio secondo una precisa geometria.

Per esempio nel *salgemma* (cloruro di sodio, NaCl), i cristalli hanno una forma cubica. La forma regolare sta nella disposizione degli **atomi** che formano il minerale. Nel cloruro di sodio (il sale da cucina), gli atomi di cui è composto, cloro (Cl) e sodio (Na), sono legati tra loro in modo che ogni ione cloro negativo è circondato da 6 ioni sodio positivi, ognuno dei quali a sua volta è circondato da 6 ioni cloro e così via (**FIGURA 6**). Le disposizioni ordinate degli ioni formano un reticolo cristallino in cui è individuabile la struttura cubica di base (*unità di base*) con gli ioni disposti ai vertici. La ripetizione dei cubi nello spazio determina la forma finale osservabile nei cristalli del sale da cucina.

L'unità di base dei silicati non è un cubo ma un *tetraedro*, ossia una piramide formata da quattro triangoli equilateri. Nel tetraedro l'atomo di silicio è in posizione centrale ed è circondato da quattro atomi di ossigeno disposti ai vertici (**FIGURA 7**). I tetraedri si ripetono in tutte le direzioni dello spazio in minerali come il quarzo e i feldspati, nei quali gli atomi di ossigeno sono condivisi tra tetraedri confinanti. In altri silicati, come le miche e il talco, i tetraedri sono uniti a formare strutture piane che si sovrappongono; nell'amianto, invece, i tetraedri formano catene.

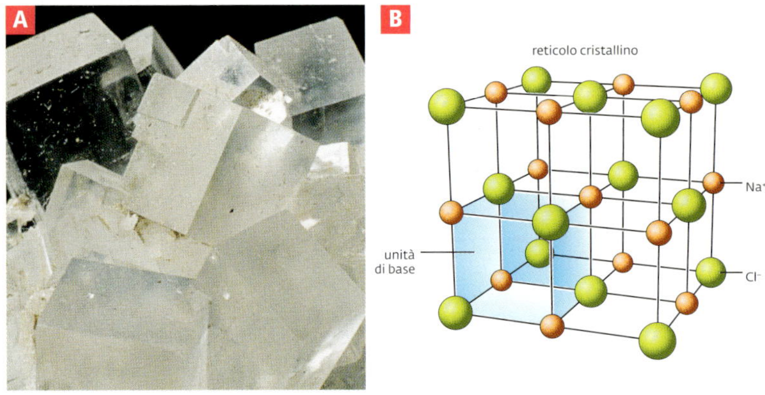

FIGURA 6. (**A**) Cristalli cubici, trasparenti (e salati) di salgemma. (**B**) Nel reticolo cristallino del cloruro di sodio (salgemma) ogni ione cloro è circondato da 6 ioni sodio e ogni ione sodio da 6 ioni cloro. Si sviluppa così nelle tre dimensioni dello spazio un reticolo a unità di base cubiche.

FIGURA 5. I cristalli più grandi del mondo si trovano in una caverna chiamata Grotta dei Cristalli, sita nelle profondità della miniera di Naica, Stato di Chihuahua, in Messico. Si tratta di cristalli trasparenti di selenite, cioè gesso allo stato purissimo, i più grandi dei quali superano i 12 m di lunghezza.

PROVA A FARE

Prepara un cristallo

Per ottenere cristalli di sale, disciogli in un contenitore trasparente 50 g di sale in circa 250 ml di acqua calda. Scegli un granello di sale dalla forma possibilmente regolare, legalo a un filo sottile, appendilo a un bastoncino e immergilo nella soluzione che hai preparato appoggiando le estremità del bastoncino al bordo del contenitore. Copri il tutto con un'assicella o un cartoncino rigido così che non vi entri della polvere. Mettilo al di sopra di un mobile in modo che resti indisturbato per almeno una settimana fino a quando attorno al germe cristallino non sarà cresciuto un cristallo di sale.

Quale forma hanno i cristalli di salgemma? Come si formano?

I cristalli dei minerali, se percossi, possono rompersi secondo piani ben determinati. Questa caratteristica, detta **sfaldatura** (**FIGURA 8**), dipende dai legami tra gli atomi che possono presentare punti deboli in corrispondenza dei quali, con opportuni sforzi, avviene la rottura del cristallo. Se si percuotono con un martello, il salgemma e la calcite si sfaldano facilmente secondo piani «prestabiliti» lungo i quali le forze di legame sono minori. Quando invece si percuote un cristallo di quarzo, esso si rompe in modo irregolare poiché nella sua struttura non esistono piani di minore resistenza. Nel quarzo, infatti, l'insieme dei tetraedri si presenta come un'intelaiatura continua in tutte le direzioni dello spazio, risultando così molto resistente e non sfaldabile. A differenza del quarzo, nelle miche i tetraedri sono disposti in piani sovrapposti tra i quali le forze di legame sono deboli: quando è percossa, la mica si spacca in sottili lamelle parallele.

La **sfaldatura** è una caratteristica fondamentale delle gemme e delle pietre preziose in quanto dà modo agli intagliatori di ottenere forme perfette dalle pietre grezze.

Per formare un cristallo ci vuole tempo e spazio. Gli atomi, ioni o molecole, infatti, si devono disporre ordinatamente l'uno rispetto all'altro.

FIGURA 8. La calcite può essere sfaldata con un lieve colpo di martello inferto da uno scalpello affilato e correttamente orientato sul minerale secondo un appropriato piano di sfaldatura. Esperti sfaldatori utilizzano una tecnica simile per tagliare i diamanti.

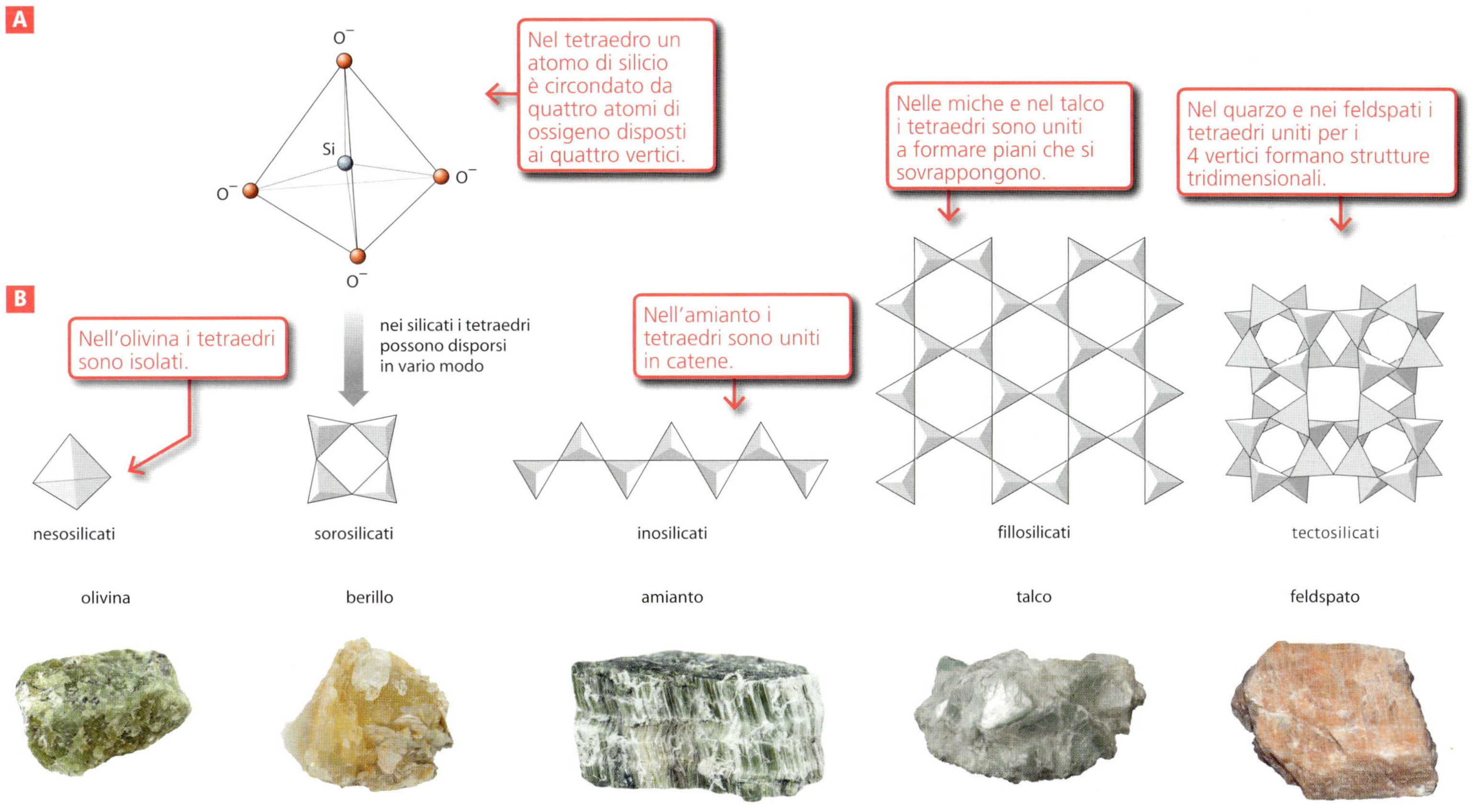

FIGURA 7. (**A**) L'unità base di tutti i silicati e un tetraedro. (**B**) I tetraedri si possono unire in modi diversi dando origine a tanti tipi di silicati.

4 Come riconoscere i minerali

Se la formazione di un minerale avviene rapidamente, gli atomi non si dispongono in modo ordinato, il minerale non riesce ad assumere la forma cristallina e viene detto *amorfo*. La vetrosa *ossidiana* ne è un tipico esempio.

Anche lo spazio è importante. Spesso in natura, durante la formazione di una roccia costituita da più minerali, i diversi minerali competono tra loro per accrescersi. Se lo spazio a disposizione è ristretto, i cristalli si accrescono accatastati gli uni sugli altri formando dei granuli irregolari, talvolta visibili a occhio nudo, talvolta invisibili, che assomigliano ben poco ai cristalli ben formati (**FIGURA 9**).

Per questo i grandi cristalli dalla forma perfetta che ammiriamo nelle teche dei musei sono rari e preziosi.

TROVA LE PAROLE

Gli atomi nei .... si dispongono ordinatamente in un .... le cui unità di base hanno forma .... nel cloruro di sodio, forma tetraedrica nei .... e si ripetono in tutte le .... dello ....

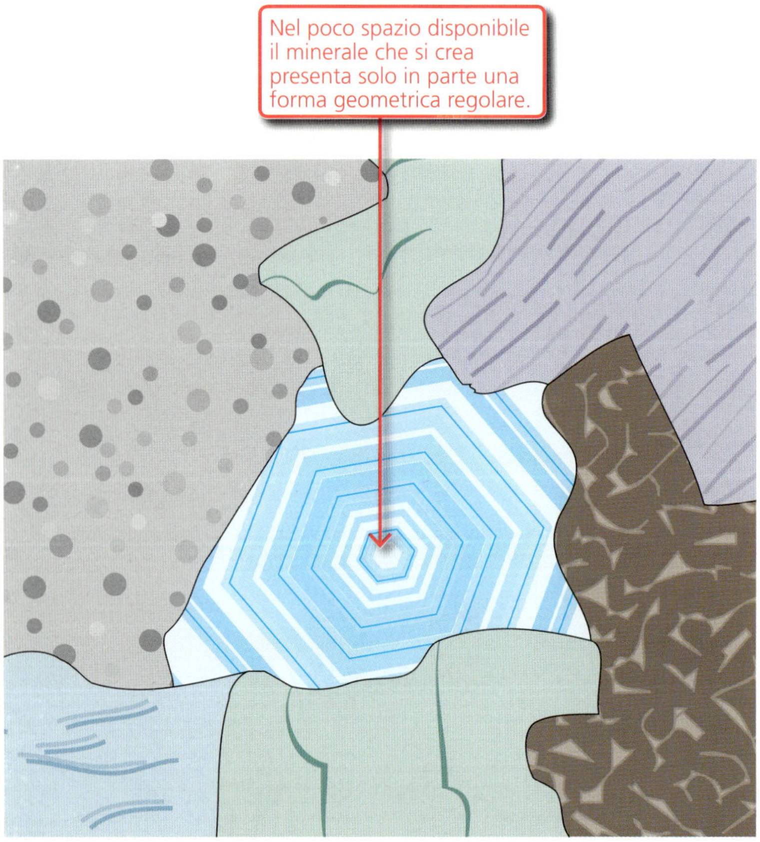

FIGURA 9. I minerali che crescono in uno spazio limitato presentano forma irregolare, basta prendere in mano un pezzo di granito per rendersi conto della crescita caotica dei cristalli.

Oltre alla forma cristallina, i caratteri più utili per il riconoscimento dei minerali sono la **durezza**, la **densità**, la **solubilità**, il **colore** e i **caratteri chimici.**

Mediante l'analisi dei caratteri è possibile distinguere minerali che, pur avendo composizione chimica diversa, appaiono simili e si possono quindi confondere. Per esempio, collezionisti inesperti potrebbero confondere la *pirite* (FeS), detta «oro degli sciocchi», con l'oro, che invece ha una maggiore densità e una minore durezza (**FIGURA 10**).

Il *quarzo* e il *salgemma* (cloruro di sodio, NaCl), se non perfettamente cristallizzati, a prima vista si assomigliano perché entrambi sono semitrasparenti e di colore biancastro. In realtà, oltre che per la forma dei cristalli, essi differiscono per altri caratteri quali la densità, la solubilità e la durezza.

- Consideriamo la **densità**. Il quarzo ha densità maggiore di quella del salgemma: 2,6 g/cm^3 contro 2,1 g/cm^3.
- Consideriamo la **solubilità**. Il quarzo è praticamente insolubile in acqua; il salgemma invece è così solubile che per il suo sapore «salato» viene aggiunto ai cibi, nella cui acqua si scioglie facilmente.

A

B

FIGURA 10. (**A**) I cristalli di oro si sono formati in una roccia contenente anche composti di rame di colore azzurrognolo. (**B**) La pirite (FeS), che potrebbe essere confusa con l'oro, ne differisce per la maggiore durezza e la leggerezza.

- Consideriamo infine la **durezza**. Se si preme fortemente il quarzo contro il salgemma, facendolo scorrere, il salgemma si riga o, più propriamente, viene scalfito. Ciò avviene perché il quarzo ha durezza maggiore di quella del salgemma.

La durezza, cioè la capacità di resistere alla scalfittura, viene valutata utilizzando la scala di Mohs, dal nome del mineralogista che per primo la usò nel 1822.

La **scala di Mohs**, i cui valori vanno da 1 a 10, fa riferimento a una serie di dieci particolari minerali, ordinati dal più tenero, il *talco*, a cui è assegnata durezza 1, al più duro, il *diamante*, composto esclusivamente da carbonio, a cui è assegnata durezza 10. In questa serie, ogni minerale scalfisce quello che lo precede ed è scalfito da quello che lo segue (**FIGURA 11**). Il quarzo, scala durezza 7, resiste all'erosione e forma i granelli di sabbia di molte nostre spiagge.

In alcuni casi il **colore** può essere utile per individuare i minerali. Per esempio, il *cinabro* (HgS), il più diffuso minerale del mercurio, è tipicamente rosso; la *malachite*, un carbonato di rame, è azzurra; lo zolfo è giallo. A parte questi e pochi altri minerali, di solito il colore non fornisce un criterio sicuro per identificarli (**TABELLA 1**). Il quarzo, il minerale «dai mille travestimenti», può presentarsi in colori diversi, a seconda delle piccole quantità di sostanze estranee presenti nel suo reticolo cristallino.

	Composizione	Colore senza impurità	Colore con impurità	Durezza
diamante	carbonio	incolore	giallo, per impurità di azoto	10
rubino	ossido di alluminio	incolore	rosso, per impurità di cromo	9
zaffiro	ossido di alluminio	incolore	blu, per impurità di ferro	9
smeraldo	silicato di berillio	incolore	verde, per impurità di ferro e vanadio	8

TABELLA 1. Le gemme, cristalli preziosi puri e impuri.

FIGURA 11. La durezza di un minerale è la capacità di resistere alla scalfittura e si misura in base alla scala di Mohs, utilizzando una serie di punte formate dai minerali corrispondenti ai numeri da 1 a 10 della scala. Ciascuno di essi scalfisce il minerale che lo precede nella scala ed è scalfito da quello che lo segue. Per esempio, la fluorite (numero 4) scalfisce la calcite (3) ed è scalfita dall'apatite (5). Il talco e il gesso possono essere facilmente riconosciuti perché si scalfiscono con un'unghia.

Per quanto riguarda i **caratteri chimici**, una delle prove più comuni è il *test dell'acido cloridrico* (**FIGURA 12**), utile per il riconoscimento dei carbonati: la calcite presente nel marmo, nel calcare e nel travertino reagisce vivacemente con l'acido cloridrico (HCl), producendo una tipica effervescenza, dovuta alla liberazione di anidride carbonica (CO_2). Anche la dolomite reagisce, ma in modo meno evidente.

Alcuni minerali, infine, presentano caratteri distintivi molto particolari. È il caso della *magnetite*, un ossido di ferro che ha proprietà magnetiche e si comporta come una piccola calamita naturale (**FIGURA 13**). Si trova talvolta nelle sabbie sotto forma di piccoli cristalli neri, che possono essere estratti con un magnete.

FIGURA 12. Bastano poche gocce di una soluzione di acido cloridrico diluito sul calcare per provocare una forte effervescenza.

TROVA LE PAROLE

I caratteri più utili per il riconoscimento dei minerali sono la ...., la densità, la .... e i caratteri .... La durezza viene valutata utilizzando la .... di ....i cui valori vanno da .... a .... Una delle prove più utili per il riconoscimento dei .... è il test dell' ....

PROVA A FARE

Riconoscere minerali apparentemente molto simili

Osserva le seguenti fotografie dei minerali di calcite, gesso e salgemma,

a. In base a tali immagini qual è la differenza più evidente tra questi minerali?

b. Se tu avessi a disposizione tre campioni, quale prova chimica effettueresti per individuare la calcite? Quale o quali altre prove possono servire per individuare il gesso? E il salgemma?

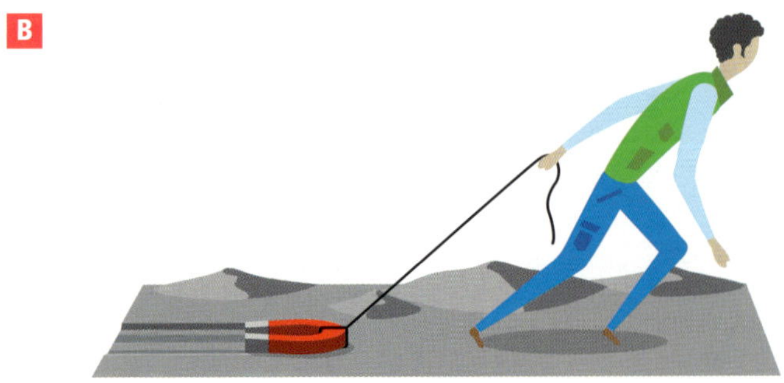

FIGURA 13. (**A**) Un pezzo di magnetite, per le sue proprietà magnetiche, può attrarre diversi oggetti metallici. (**B**) Se si lega un magnete all'estremità di una cordicella e lo si trascina nella sabbia, in particolare se di origine vulcanica, particelle di minerali di ferro si attaccano al magnete.

Diamanti in fumo

Quando il dono di un diamante vuole imprimere un sigillo a un legame si dice che il diamante è «per sempre». Ma non è vero. Un diamante non dura per l'eternità: essendo fatto esclusivamente di carbonio, anche se a temperature molto elevate, un diamante brucia come il carbone e se ne può andare in fumo.
La questione della composizione chimica delle pietre preziose aveva incuriosito gli scienziati già dai tempi dell'Accademia del Cimento, la prima associazione scientifica fondata a Firenze nel 1657 e interessata a effettuare esperimenti scientifici secondo il metodo galileiano. Sotto la guida del granduca Cosimo III dei Medici, alcuni esponenti dell'Accademia misero diamanti e rubini, per il valore di 1000 fiorini, in un crogiolo, un recipiente resistente al fuoco usato per fondere i metalli. Nel crogiolo le pietre preziose vennero sottoposte a un fuoco violento per scoprire il loro comportamento alle alte temperature.
Dopo un certo tempo si vide che, come in un malefico prodigio, il diamante perdeva la sua lucentezza e diventava un insignificante grumo grigiastro sulla cui superficie si formavano delle bolle circondate da una leggera fiamma. Proseguendo il riscaldamento per oltre 24 ore, i rubini non avevano subito alcuna alterazione mentre i diamanti erano completamente scomparsi, senza lasciare traccia.
Dopo circa un secolo Lavoisier, il fondatore della chimica moderna, riprese gli esperimenti. Lavoisier, sulla base di altre esperienze, aveva visto diamanti annerire e aveva supposto che erano fatti della stessa sostanza del carbone: se la sua idea era giusta potevano bruciare e nella combustione dovevano sviluppare lo stesso gas che si libera quando il carbone brucia.
I tempi erano turbolenti: siamo nel pieno della rivoluzione francese ma Lavoisier riuscì a raccogliere fondi tra nobili e dame per l'acquisto di diamanti (**FIGURA A**). Li bruciò e verificò che il gas che si sviluppava era lo stesso della combustione del carbone: semplice anidride carbonica (CO_2). Nella combustione, il carbonio del diamante si era dunque combinato con l'ossigeno dell'aria.
Perché invece il rubino non brucia? Sappiamo che il rubino è fatto da alluminio e ossigeno. È giá combinato con l'ossigeno e quindi, anche sottoposto al calore, non mostra alcuna alterazione.
Dunque il termine diamante, che dal greco *adàmas* e *diaphanès* significa invincibile e trasparente, non è appropriato. Non solo perché come abbiamo visto, il diamante non è invincibile ma, a ben vedere, non è neppure trasparente.
Infatti, se ingrandito più di 10 volte, in genere la lucentezza si riduce per la presenza di «inquilini indesiderati» (atomi estranei) all'interno del reticolo cristallino. Ma non tutti gli inquilini sono indesiderati: il boro o l'azoto, possono sostituire alcuni atomi di carbonio nel reticolo e dare pregiate e rarissime colorazioni come il blu e l'arancio, che rendono il brillante ancora più irraggiungibile e desiderabile, anche se non «per sempre» (**FIGURA B**).

FIGURA A. Lavoisier per il suo esperimento riuscì a farsi dare in dono dei diamanti che bruciò in un crogiolo. La temperatura alla quale all'aria ha inizio la combustione è di circa 850 °C.

1

2

FIGURA B. (**1**) Diamante all'interno della kimberlite, la roccia in cui viene trovato.
(**2**) Uno dei diamanti più grandi del mondo, circa 530 carati di peso, la Grande Stella d'Africa, è incastonato nello scettro di Sant'Edoardo e fa parte dei gioielli della corona britannica.

PER FISSARE I CONCETTI

- Da che cosa può essere scalfito un diamante?
- In quali condizioni si formano i diamanti? Per rispondere aiutati consultando Internet.

5 Le risorse minerarie ed energetiche

Il ferro, il rame, l'alluminio e altri elementi che formano oggetti di uso quotidiano provengono dai minerali che formano le rocce. I minerali utilizzati sono in genere ossidi e solfuri, da cui é piú agevole l'estrazione degli elementi utili. Il ferro, con cui si produce l'acciaio, si estrae dall'ematite o dalla pirite (un ossido e un solfuro), il rame, un componente dei cavi elettrici e delle leghe, si estrae dalla calcopirite (un solfuro), l'alluminio con cui si fanno le lattine delle bibite si ottiene dalla bauxite (una roccia contenente ossidi di alluminio). Tutti questi materiali provengono dalle rocce della crosta.

Anche la benzina che alimenta i motori delle nostre macchine, il gasolio che permette il funzionamento degli impianti di riscaldamento, il bitume impiegato per asfaltare le strade, derivano da miscele di idrocarburi prelevati dal sottosuolo della crosta.

I materiali utili per i consumi della nostra societá come i minerali e le miscele di idrocarburi rappresentano una **risorsa naturale**. Sono risorse naturali tutto ciò che si trova in natura ed è utilizzato per le esigenze e le attività economiche dell'umanità. I minerali estratti dalle miniere sono risorse **minerarie**, le miscele di idrocarburi sono risorse **energetiche**.

I materiali estratti dalla Terra sono *risorse non rinnovabili* perché si sono formati con processi chimici e geologici lentissimi (milioni di anni) e il loro sfruttamento ne determina in tempi molto brevi l'esaurimento.

GIACIMENTI E MINIERE

I **giacimenti minerari** sono ammassi rocciosi in cui i materiali utili sono in tale concentrazione da poter essere estratti e sfruttati economicamente. Essi si sono formati in tempi molto lunghi per processi naturali di *origine magmatica, sedimentaria o metamorfica*.

Nel mondo, i giacimenti minerari non sono distribuiti uniformemente né sono di facile accesso. Infatti alcuni elementi, nonostante rappresentino una consistente percentuale in massa del pianeta, non sono facilmente accessibili.

I luoghi in cui avviene l'estrazione, le **miniere,** sono *a cielo aperto* se il prelievo del materiale utile avviene mediante scavi più o meno ampi in superficie, *sotterranee* se il prelievo avviene mediante scavi in profondità.

Il crescente aumento del consumo di alcune risorse contribuisce all'esaurimento dei giacimenti e determina l'aumento dei costi. Nel mondo vi è tuttavia una forte richiesta di materie prime come ferro e carbone in particolare da parte dei Paesi di nuova industrializzazione come India e Cina, nazione in cui il carbone è predominante nei consumi energetici.

GLI SPRECHI E IL RICICLAGGIO DEI METALLI

I materiali che estraiamo dalla Terra richiedono milioni di anni per essere ricostituiti. Oggi si sta esaurendo la **riserva**, cioè la parte di risorsa che è ancora possibile sfruttare.

L'unico modo per affrontare l'esaurimento delle risorse é il riciclaggio. Molti oggetti oggi di uso comune sono fatti di materiali che in molti casi possono essere riciclati, ossia recuperati e utilizzati (per esempio il vetro, la plastica e molti metalli). Un Paese povero di materie prime come l'Italia può avvantaggiarsi enormemente con politiche che favoriscono il recupero e il riciclaggio dei materiali.

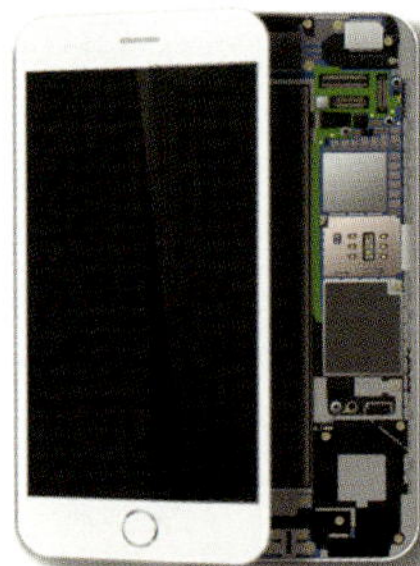

Lo smartphone è costruito con elementi rari (e costosi) come rame, ittrio, cadmio, cerio, oro, lantanio, attinio.

Nei computer si trovano rame, ferro, nichel, zinco, stagno e piombo (per le saldature) e molti altri importanti metalli in quantità minori.

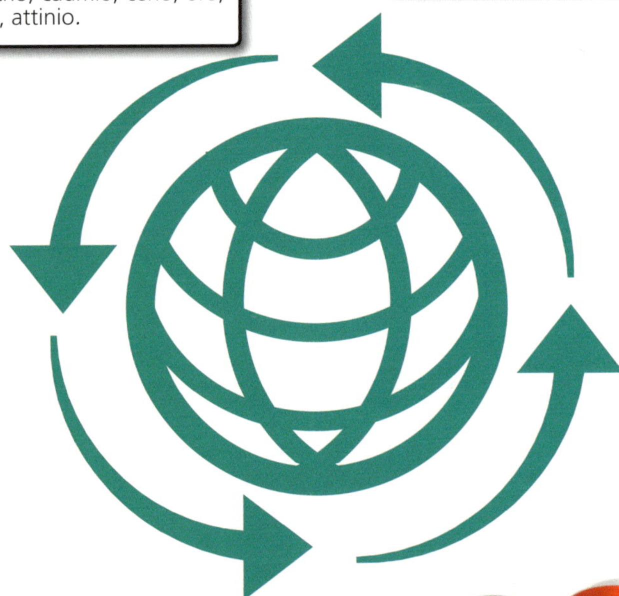

Le automobili sono ricche di parti metalliche, in alcuni casi facilmente recuperabili, come acciaio, alluminio, titanio.

Le lattine delle bibite gassate sono formate interamente da alluminio.

LE RISORSE MINERARIE ED ENERGETICHE IN ITALIA

In Italia molte miniere sono state attive per più di un secolo: oggi la maggior parte di esse è stata abbandonata per vari motivi come quelle del Monte Amiata, di Cogne, dell'Isola d'Elba e del Sulcis-Inglesiente.

Attualmente nel nostro Paese sono di particolare importanza i **giacimenti di idrocarburi**. L'attività estrattiva avviene con trivellazioni a terra o pozzi (*onshore*) o mediante piattaforme in mare (*offshore*) e copre circa il 10,7% del fabbisogno di gas e il 7,4% di quello di petrolio.

A **Cogne** fino a non molto tempo fa si estraeva il minerale magnetite per il suo contenuto in ferro utilizzato negli impianti siderurgici in Valle d'Aosta.

Lo sfruttamento dei giacimenti di pirite e ematite dell'**Isola d'Elba** fu intensamente praticato dagli etruschi. Ne restano testimonianze nei forni fusori disseminati nell'isola.

Nel Parco Geominerario della zona del **Sulcis-Inglesiente** si trovano le miniere di Carbonia, nel passato un importante centro per l'estrazione del carbone di cui ne resta attiva ancora una.

Dal Monte **Amiata** si é estratto fin dall'antichità Il cinabro, un solfuro di mercurio dal colore rosso adoperato dagli etruschi come colorante e in seguito usato per ricavarne il mercurio.

Nell'**Adriatico** l'aumento delle attività estrattive offshore può alterare l'ecosistema marino.

In **Val d'Agri**, dove si trova il più vasto giacimento di idrocarburi d'Europa, si estraggono il 70,6% del petrolio e il 14% del gas utilizzati in Italia.

Il greggio estratto dai pozzi e quello estratto dalle piattaforme nel Canale di Sicilia è portato direttamente alle raffinerie di **Gela**.

TROVA LE PAROLE

Sono risorse naturali i .... minerari, gli ammassi .... in cui vi sono materiali utili in tale .... da poter essere estratti nelle .... e i giacimenti di .... che possono contenere .... o gas naturale o entrambi. I materiali che .... dalla Terra sono risorse .... perché si sono formati con processi .... e .... lentissimi e il loro .... ne determina in tempi più o meno lunghi l'...................... .

VIDEO
Lo studio delle rocce

6 La classificazione delle rocce

Delle oltre 2000 specie di minerali presenti in natura, quelli che si trovano più frequentemente nelle rocce sono una ventina.

Uno stesso minerale si può trovare in rocce diverse e in forme diverse: un esempio è il quarzo. Nel *granito*, il quarzo, che compare accanto a feldspato e mica, forma piccoli cristalli bianchi (*vedi* figura 2B, p. 126). Nell'*arenaria*, il quarzo si trova sotto forma di granuli di sabbia cementati tra loro (**FIGURA 14**). Nello *gneiss occhiadino*, i cristalli di quarzo possono apparire affusolati a forma di occhio (**FIGURA 15**). Da che cosa dipendono queste differenze? Le differenze dipendono dall'origine geologica delle rocce, cioè da dove e da come si sono formate. Studiando le modalità e i luoghi di formazione delle rocce riusciamo a mettere ordine nella loro grande varietà, ossia riusciamo a classificarle. Fondamentalmente si conoscono tre modalità di formazione e sulla loro base le rocce sono classificate in tre gruppi principali: rocce magmatiche, sedimentarie e metamorfiche.

- Le **rocce magmatiche** provengono dal raffreddamento e dalla solidificazione di rocce fuse ossia da *magmi* che quando traboccano in superficie formano le *lave*.
- Le **rocce sedimentarie** si formano in superficie e provengono dall'accumulo, dalla compattazione e dal consolidamento di materiali di origine diversa, come frammenti di altre rocce.
- Le **rocce metamorfiche** si formano in profondità da rocce preesistenti soggette a forti aumenti della temperatura e della pressione.

FIGURA 14. (**A**) Questi picchi rocciosi di rossa arenaria della Monument Valley sono quanto resta di un antico altopiano quasi del tutto demolito dall'erosione. (**B**) Le arenarie osservate da vicino hanno l'aspetto di sabbie cementate. Ogni granello è meno di 1 mm; al microscopio i granelli di quarzo sono ben evidenti (**C**).

Ritornando agli esempi precedenti, le differenze tra granito, arenaria e gneiss si possono ricondurre all'origine delle rocce di cui fanno parte. Il granito, in cui il quarzo si presenta sotto forma di cristalli visibili a occhio nudo, si è formato in seguito al raffreddamento di un magma: è una roccia magmatica. L'arenaria, in cui il quarzo si presenta sotto forma di granuli di sabbia cementati tra loro, proviene dal compattamento e consolidamento di sabbie: è una roccia sedimentaria. Lo gneiss, in cui i cristalli di quarzo appaiono allungati e deformati, deriva da una roccia preesistente che è stata sottoposta a forti pressioni: è una roccia metamorfica.

TROVA LE PAROLE

Le rocce, in base alla loro ...., sono classificate in .... se provengono dalla solidificazione di .... o .... , in sedimentarie se derivano dall' .... di materiali diversi come .... di organismi o .... di altre rocce, metamorfiche se derivano da altre .... modificate in seguito a forti aumenti della .... e della ....

FIGURA 15. (**A**) La roccia del Gran Paradiso su cui si arrampica questa ragazza è di gneiss occhiadino. (**B**) Nella roccia di gneiss occhiadino i minerali come il quarzo hanno assunto una forma di occhio (da cui il nome occhiadino).

APPROFONDIMENTO
Le rocce magmatiche in Italia

7 Le rocce magmatiche

Le rocce magmatiche o ignee (dal latino *ignis*, fuoco) si distinguono in **intrusive** se derivano dalla solidificazione di magmi ed **effusive** se derivano dalla solidificazione di lave (**FIGURA 16**).

Da un punto di vista chimico, le rocce magmatiche sono costituite da **silicati**.

La distinzione tra i vari tipi di rocce si basa sul loro contenuto in **silice** che comprende sia la *silice libera* sia la *silice combinata*. La silice libera indica il minerale quarzo, con la semplice formula SiO_2. La silice combinata indica invece la quantità di silicio e di ossigeno che, combinati con altri elementi forma i silicati. La quantità di silice presente è un fattore molto importante per distinguere tra loro i diversi tipi di rocce magmatiche.

Rocce magmatiche acide. Le rocce magmatiche *acide* hanno una percentuale in silice elevata, superiore al 65%. Per il loro contenuto di alluminio, un elemento leggero, hanno una densità di circa 2,7 g/cm^3 e sono di colore chiaro. I magmi acidi da cui derivano sono generalmente densi e viscosi e, per questo, difficilmente riescono a risalire fino in superficie. La loro solidificazione avviene soprattutto all'interno della crosta terrestre dove, raffreddandosi, formano grandi ammassi di rocce intrusive chiamate **batoliti**.

Il raffreddamento in profondità può richiedere anche alcune centinaia di migliaia di anni. Mentre lentamente il magma si raffredda, gli elementi chimici che lo compongono hanno il tempo di formare minerali ben distinguibili, alcuni dai contorni irregolari, altri più regolari, di colore variabile.

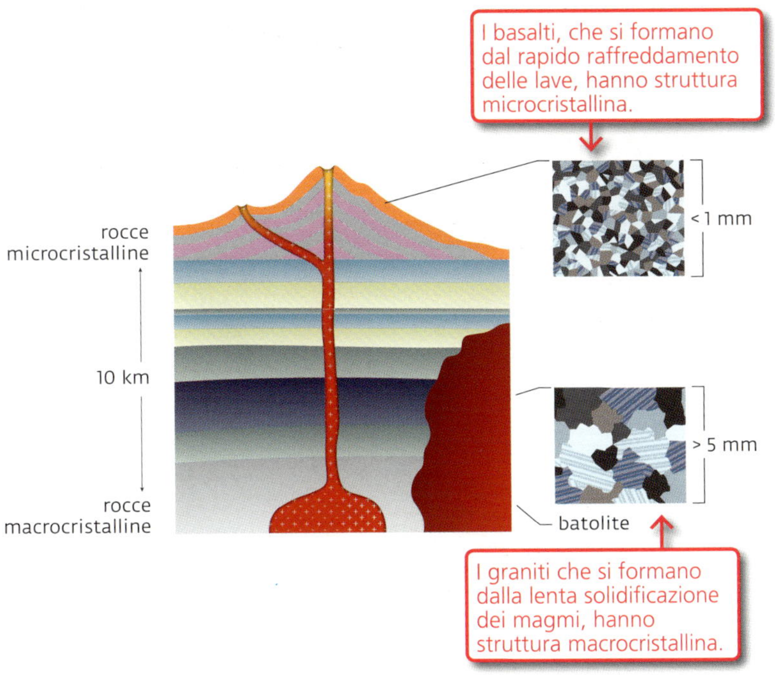

FIGURA 16. Nel disegno la sezione trasversale di un vulcano; nei riquadri la struttura microcristallina delle rocce derivate dalla solidificazione di lave e quella macrocristallina delle rocce derivate dalla solidificazione di magmi.

I **graniti** sono i tipici rappresentanti delle rocce acide intrusive e, come tali, sono **macrocristallini** cioè con cristalli visibili a occhio nudo. Essi sono i principali costituenti della crosta che forma i continenti o *crosta continentale* (*vedi* figura 1, p. 125).

Nel massiccio del Monte Bianco, nell'Adamello e nella Sila in Italia, e nelle Montagne Rocciose negli Stati Uniti, affiorano per kilometri e kilometri masse rocciose di granito. Questi graniti, formatisi milioni di anni fa all'interno della crosta, a profondità di diversi kilometri, sono stati sospinti verso l'alto, insieme alle rocce soprastanti, dalle immani forze che deformano e sollevano le aree montuose, dovute ai movimenti delle placche litosferiche. Successivamente gli agenti atmosferici, quali le piogge, il vento e il ghiaccio, hanno eroso gli strati superficiali, portando così allo scoperto queste imponenti masse rocciose intrusive.

Rocce magmatiche basiche. Le rocce magmatiche *basiche* hanno una percentuale in silice più bassa, inferiore al 52%. Per il loro contenuto di ferro e magnesio sono di colore scuro e hanno una densità di circa 3 g/cm^3. I magmi basici da cui derivano, al contrario di quelli acidi, sono più fluidi e scorrevoli (**TABELLA 2**). La maggior parte delle rocce effusive deriva da questo tipo di magma, che si forma principalmente per la fusione di materiali rocciosi nell'astenosfera.

In superficie il raffreddamento della lava è rapido e i minerali non hanno tempo sufficiente per dare origine a grossi cristalli. Si formano così rocce **microcristalline**, d'aspetto apparentemente omogeneo come nel basalto (*vedi* figura 3, p. 126).

I **basalti** sono i tipici rappresentanti delle rocce basiche effusive e, come tali, sono **microcristallini** cioè con cristalli non visibili a occhio nudo. Essi sono i principali costituenti della crosta che forma il pavimento degli oceani o *crosta oceanica* (*vedi* figura 1, p. 125).

Oltre a graniti e basalti, nella crosta vi è una grande varietà di altre rocce magmatiche, sia intrusive sia effusive. Alcune di esse testimoniano che è possibile avere anche rocce intrusive basiche come i *gabbri* e rocce effusive acide come la *pomice*. I gabbri sono rocce basiche di prevalente colore verde e di composizione chimica uguale a quella dei basalti.

	Granito	Basalto
Origine	intrusiva	effusiva
Struttura	macrocristalli	microcristalli
Contenuto in silice	oltre il 65% (acida)	inferiore al 52% (basica)
Aspetto	a macchie bianche, grigie, nere e rosa	omogeneo scuro, nero, opaco
Tipo di crosta	continentale	oceanica

TABELLA 2. Graniti e basalti a confronto.

Al contrario di questi, sono intrusivi e dunque macrocristallini. Essi formano al di sotto dei basalti, la base della crosta oceanica. La pomice è una roccia acida chiara e porosa, così leggera da galleggiare (**FIGURA 17**). L'ossidiana è un'altra roccia effusiva acida in cui, per il rapido raffreddamento, manca una struttura cristallina (**FIGURA 18**).

Cristalli visibili a occhio nudo, detti *fenocristalli*, possono trovarsi anche in rocce effusive che si formano dal raffreddamento in fasi successive di un magma. In un primo tempo, quando il magma è più caldo e ancora all'interno della crosta, inizia la solidificazione di alcuni minerali con punto di solidificazione alto come il quarzo: si formano i fenocristalli, mentre il resto del magma resta allo stato fuso. In un secondo tempo, quando il magma raggiunge la superficie, cristallizzano anche gli altri minerali, con punto di solidificazione più basso: si formano i microcristalli. Il risultato è una roccia con una «pasta» di fondo di minuscoli cristalli, in cui sono immersi i fenocristalli (ricorda un po' il cioccolato con le nocciole). Le **rioliti**, tra cui troviamo il **porfido**, sono le rocce più rappresentative di questo tipo.

TROVA LE PAROLE

Le rocce .... intrusive come i .... sono acide e .... e derivano dalla .... di magmi. Le rocce magmatiche .... come i basalti sono .... e microcristalline e derivano dalla solidificazione di ....

FIGURA 17. La pomice deriva da lava che solidificando nel corso di violente eruzioni mantiene bolle di gas all'interno.

FIGURA 18. Un'ossidiana, dall'aspetto vetroso e dalla tipica frattura arrotondata.

8 Le rocce sedimentarie

Le rocce sedimentarie sono le rocce più abbondanti negli strati superficiali della crosta. In Italia le rocce sedimentarie affiorano ovunque, in particolare in spettacolari successioni di strati negli Appennini (**FIGURA 19**).

Queste rocce si generano dal deposito e successiva cementazione di particelle originatesi in vario modo. Gli accumuli di queste particelle sono detti **sedimenti** e il processo che li trasforma in rocce è detto **litificazione** (**FIGURA 20**).

La litificazione avviene per opera della pressione dei sedimenti sovrastanti su quelli sottostanti, pressione che allontana l'acqua intrappolata nei sedimenti stessi e avvia il

FIGURA 19. Strati di rocce sedimentarie sull'Appennino tosco-emiliano.

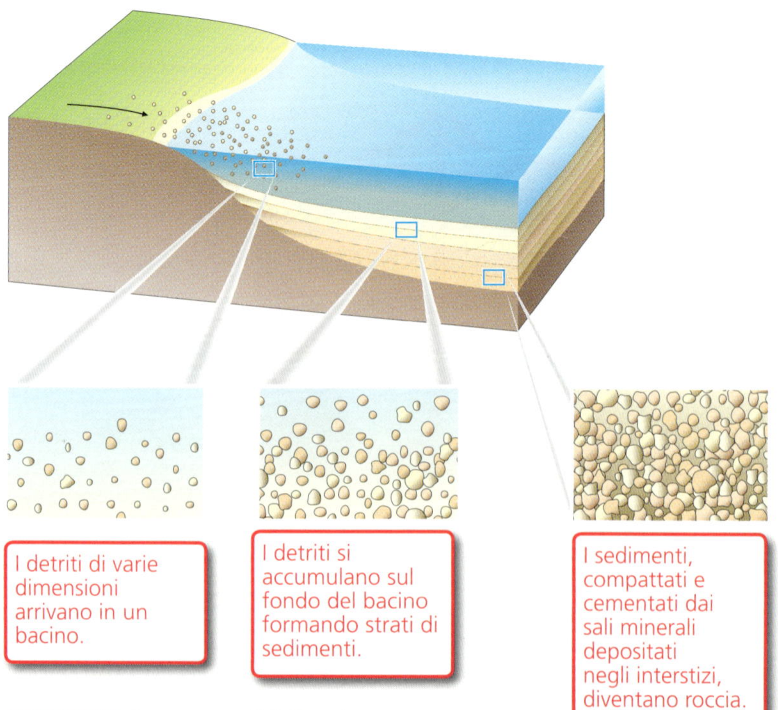

FIGURA 20. Il processo di litificazione.

APPROFONDIMENTO
Le rocce sedimentarie in Italia

VIDEO
La formazione del carbone
La formazione delle rocce sedimentarie
La formazione di un giacimento di petrolio

processo di cementazione grazie al carbonato di calcio contenuto nell'acqua. L'origine dei sedimenti è il criterio con il quale si classificano le rocce sedimentarie nelle seguenti categorie:

- le rocce sedimentarie di origine **clastica** (dal greco *klastós*, spezzato), o *terrigene*, che si formano per l'accumulo di frammenti rocciosi;
- le rocce sedimentarie di origine **chimica**, formatesi a seguito della precipitazione di sali presenti in soluzione nelle acque;
- le rocce sedimentarie di origine **organica**, in cui i frammenti sono costituiti principalmente da resti di organismi come gusci e scheletri.

Di ciascuno di questi tre tipi esaminiamo ora le rocce più note e diffuse, approfondendo alcuni aspetti della loro formazione.

Rocce sedimentarie di origine clastica. Le rocce di origine clastica presentano spesso una struttura stratificata. I frammenti, o *clasti*, possono essere di diversa grandezza.

Se i clasti sono grossolani, come ciottoli o ghiaie, le rocce sono dette **conglomerati** (**FIGURA 21A**) e si distinguono in *puddinghe* se i clasti sono arrotondati e senza spigoli, e *brecce*, se i clasti sono frammenti a spigoli vivi.

Tipici componenti delle puddinghe sono i ciottoli che potete osservare sul greto dei fiumi, mentre i componenti delle brecce si trovano soprattutto nei grandi accumuli detritici delle frane, specialmente nelle regioni alpine.

Se i clasti sono più minuti, con diametro inferiore a 2 mm, abbiamo i tipici sedimenti chiamati **sabbie**, da cui per litificazione si originano le rocce sedimentarie dette **arenarie** (**FIGURA 21B**). Se i clasti sono ancora più fini, di taglia inferiore a 0,04 mm, abbiamo invece i sedimenti fangosi chiamati **argille** (**FIGURA 21C**), da cui per litificazione hanno origine le rocce dette **argilliti**. Nelle argilliti i clasti sono così minuti che è impossibile distinguerli a occhio nudo. Talvolta i processi di trasporto e deposito sedimentario agiscono sui materiali eiettati dall'attività vulcanica. È il caso del **tufo**, un materiale vulcanico formato da scorie, lapilli e ceneri prodotti dai vulcani e cementati e consolidati sulla superficie terrestre. Queste rocce derivano quindi dall'incrociarsi di attività vulcanica e attività sedimentaria.

Rocce sedimentarie di origine chimica. Spesso le tubature dell'acqua si incrostano per la formazione di un fastidioso deposito di un materiale chiamato comunemente calcare. Da un punto di vista chimico, il calcare è carbonato di calcio ($CaCO_3$) che, dall'acqua in cui si trova in soluzione, si deposita sulle pareti delle condutture per un processo chimico chiamato *precipitazione*.

In natura il calcare si forma in seguito al depositarsi di carbonato di calcio dalle acque dolci o salate in cui è disciolto.

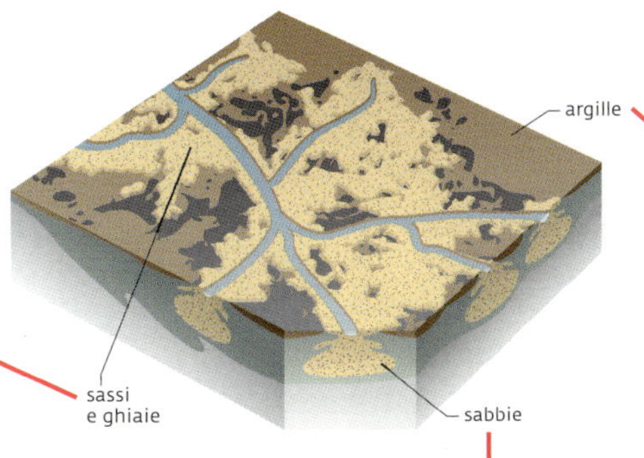

FIGURA 21. Quando in corrispondenza della foce di un fiume la corrente rallenta, i detriti trasportati si depositano distribuendosi a diversa distanza sulle coste o sul fondo del mare, a seconda delle loro dimensioni. (**A**) Conglomerati, caratterizzati da clasti grossolani. (**B**) Arenarie, se i clasti sono più minuti. (**C**) Argille, caratterizzate da clasti ancora più fini.

In Italia i calcari di origine chimica più comuni sono l'*alabastro* e il *travertino* (**FIGURA 22**) che si formano lungo i corsi d'acqua, in particolare in corrispondenza di cascate.

Imponenti depositi sedimentari si formano anche quando l'acqua di un mare chiuso evapora. I sali che precipitano sul fondo danno origine a rocce sedimentarie chimiche, dette **evaporiti** come il *gesso* (o solfato di calcio) e il *salgemma*. Il salgemma è una delle evaporiti più diffuse (**FIGURA 23**): il suo componente principale è il cloruro di sodio (NaCl), che tutti conosciamo come comune sale da cucina.

Rocce sedimentarie di origine organica. Le rocce sedimentarie organogene contengono **fossili**, cioè resti di organismi del passato, e sono costituite in prevalenza da carbonato di calcio. Esso è infatti la sostanza che coralli, spugne, molluschi e altri invertebrati microscopici prelevano dalle acque per costruire i loro gusci e scheletri. Alla morte di questi organismi, mentre le parti molli del corpo si decompongono, le parti dure si depositano sul fondo dei mari, formando sedimenti che consolidandosi danno origine al **calcare organogeno**. Nei calcari organogeni spesso sono evidenti i resti fossili; per esempio, nel *calcare a nummuliti* (dal latino *nummulus*, monetina) si può osservare la tipica conchiglia a forma di moneta di questi organismi unicellulari (**FIGURA 24**).

Attualmente i più imponenti «cantieri» per la formazione di rocce organogene sono le barriere coralline (i *reef*), diffuse soprattutto alle latitudini tropicali, come nei mari a nord-est dell'Australia o intorno alle Bahamas. Le barriere coralline sono costruite dall'attività di coralli e madrepore, che le vanno edificando lentamente con l'accumularsi nel tempo dei loro duri scheletri calcarei.

FIGURA 22. Chiese e monumenti di Roma come San Pietro (**A**) e il Colosseo sono di travertino. (**B**) Il travertino è una roccia formata da calcari che si sono depositati in ambiente fluviale o lacustre per precipitazione da soluzioni acquose. (**C**) Le Cascate del Mulino, a Saturnia, sono un esempio di ambiente in cui avviene formazione del travertino.

FIGURA 23. Una miniera di salgemma in Sicilia.

FIGURA 24. (**A**) Con i blocchi di calcare a nummuliti, organismi marini unicellulari, vennero costruite alcune piramidi egizie. (**B**) Un calcare a nummuliti ingrandito 15 volte al microscopio.

Le nostre Dolomiti, dette anche «monti di corallo», sono antiche barriere coralline formatesi in oceani scomparsi (**FIGURA 25**). La roccia sedimentaria che predomina in questa bella catena di monti è la **dolomia**, un *carbonato di calcio e magnesio* (di formula $CaCO_3 \cdot MgCO_3$). Tra le rocce organogene non calcaree, le più note sono le **selci**, composte da *silice* (SiO_2) e spesso costituite dai gusci microscopici di organismi unicellulari. La selce ha una struttura omogenea e un'elevata durezza: per queste caratteristiche gli uomini primitivi l'hanno usata per ottenere punte di frecce o armi da taglio.

Tra le rocce sedimentarie organogene si possono includere il **carbone** e il **petrolio** (letteralmente «olio di pietra»), che derivano dall'accumulo in epoche passate di resti di organismi. Il carbone e il petrolio forniscono più dell'80% dell'energia consumata dal mondo industrializzato e sono definiti *combustibili fossili*: combustibili perché reagiscono con l'ossigeno dell'aria liberando energia sotto forma di calore; fossili per la loro origine geologica.

Il carbone. Il carbone è a tutti gli effetti una roccia sedimentaria, solo che i sedimenti sono costituiti da accumuli di piante morte che in condizioni particolari (acque povere di ossigeno e basse temperature) non subiscono il processo di decomposizione (come può accadere per esempio nelle paludi). La pressione degli strati vegetali sovrastanti e la temperatura crescente a cui vanno incontro i resti vegetali sprofondando determinano l'avvio di processi di **carbonificazione** (**FIGURA 26**).

Questi processi consistono nell'impoverimento di ossigeno e nell'arricchimento di carbonio delle molecole di cui sono composte le piante.

Il legno delle piante si trasforma così in **torba**, nella quale sono ancora riconoscibili i resti vegetali di partenza, poi in **lignite**, **litantrace** e, infine, in **antracite** (dopo milioni di anni). A ogni passaggio la percentuale di carbonio cresce. Nella torba essa è del 60%, mentre nell'antracite è del 95%.

FIGURA 25. (**A**) L'imponente bastionata dello Sciliar è uno dei «monti di corallo» delle Dolomiti. La roccia che la costituisce, la dolomia, è quanto resta delle colonie di coralli e di alghe calcaree che formavano un'antica scogliera corallina. (**B**) Le Dolomiti si sono formate in un ambiente come quello dell'attuale barriera corallina delle Bahamas.

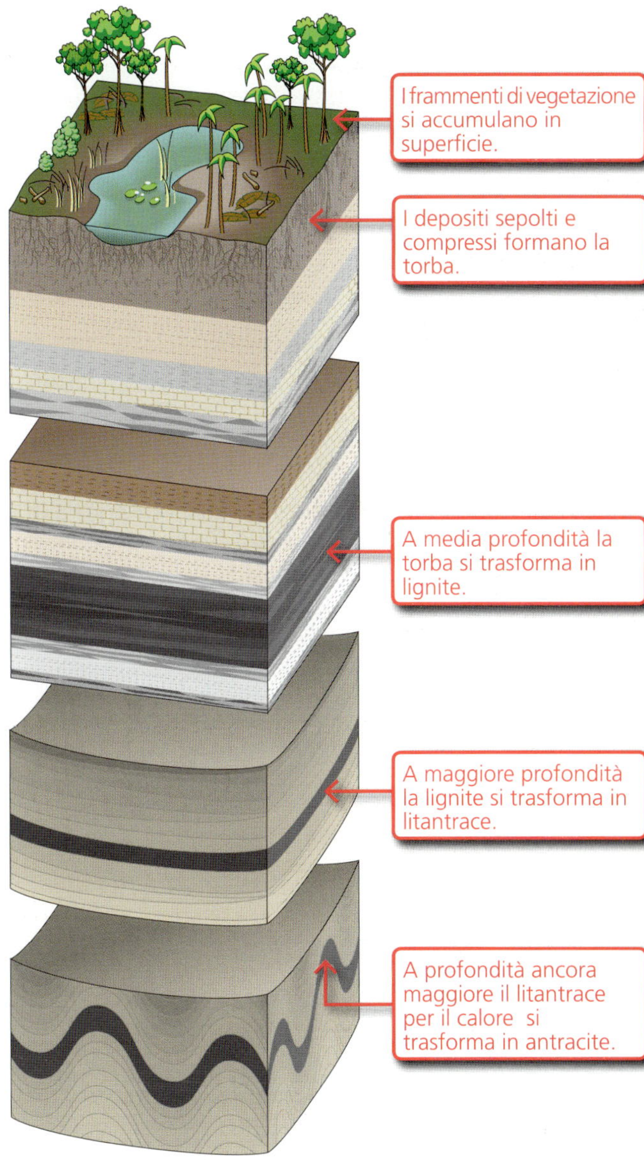

FIGURA 26. I carboni fossili derivano dalla sedimentazione di materia organica vegetale depositata in ambienti paludosi.

Questa percentuale è importante per il *potere calorifico* del materiale, ossia per la capacità di produrre calore, capacità che aumenta all'aumentare del contenuto di carbonio.

PROVA A FARE

La crisi di salinità del Mediterraneo

Circa 5 milioni di anni fa il flusso di acqua dall'Atlantico nel Mediterraneo attraverso lo stretto di Gibilterra si interruppe e il bacino che raccoglieva le acque del Mediterraneo restò isolato. In seguito all'isolamento e a un inaridimento del clima, le acque salate del bacino subirono un'intensa evaporazione e sul fondo si depositarono spessi strati di evaporiti. Oggi strati di evaporiti costituiti soprattutto da gesso costituiscono la Vena del gesso che percorre tutta la nostra penisola dal Piemonte alla Sicilia.

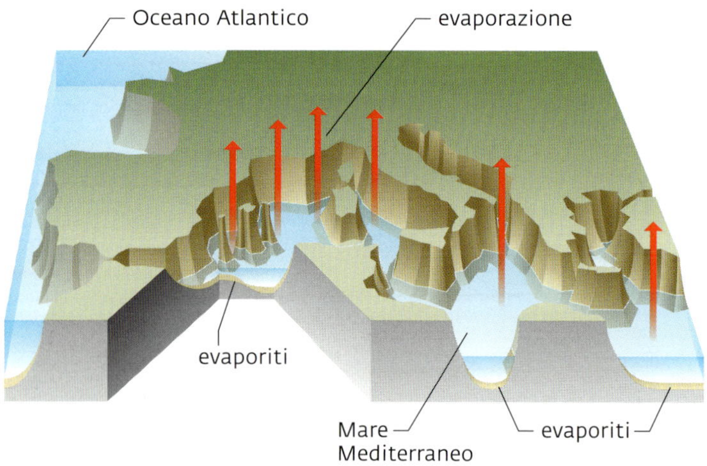

a. Cerca su Internet immagini della scogliera di Scala dei Turchi in Sicilia. A che cosa è dovuto il suo colore abbagliante?

b. In Sicialia, a Realmonte e a Racalmuto si trovano rilevanti miniere di un importante minerale. Di quale minerale si tratta? Come si è formato?

Il petrolio. Il petrolio grezzo è un liquido oleoso di colore scuro, infiammabile, costituito da una complessa miscela di idrocarburi. Anche i gas naturali **metano** e **propano** sono *idrocarburi*, cioè composti di carbonio e idrogeno.

Il petrolio proviene soprattutto dalla trasformazione dei resti microscopici di plancton marino (**FIGURA 27A**), rimasti intrappolati nei sedimenti come sabbie e argille.

Contemporaneamente alla litificazione dei sedimenti nei quali sono intrappolati, i resti organici subiscono profonde modificazioni, trasformandosi in petrolio e in altri composti gassosi, come il metano e il propano, che impregnano la roccia stessa. La roccia dove si forma il petrolio viene detta **roccia madre**. Quando nel tempo la roccia madre si compatta e sprofonda il petrolio, meno denso, viene come spremuto fuori. Risale così verso l'alto (**FIGURA 27B**).

La risalita del petrolio si arresta in corrispondenza di rocce impermeabili a forma di cupola, al di sotto delle quali, rocce porose come le arenarie si impregnano di petrolio e gas diventando così **rocce serbatoio**. È da queste rocce che poi vengono estratti gli idrocarburi.

TROVA LE PAROLE

Le rocce sedimentarie derivano da .... che, in seguito al .... e successiva ...., subiscono un processo di .... Sono di origine .... se i sedimenti derivano da detriti di altre .... ; sono di origine .... se derivano dalla .... di sali; sono di origine .... se provengono da .... di organismi come .... o scheletri.

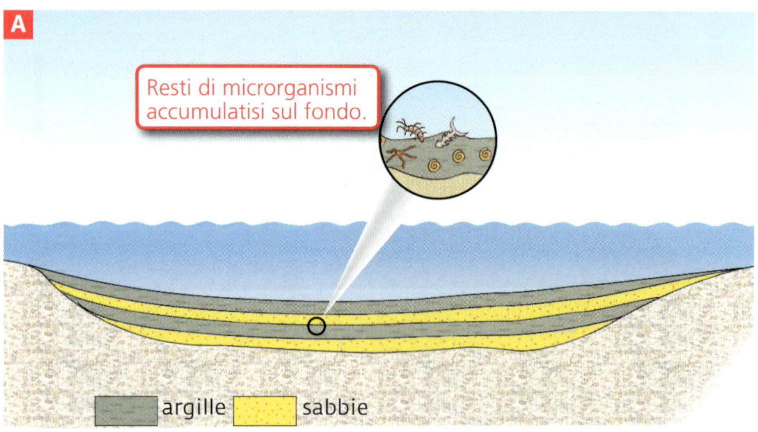

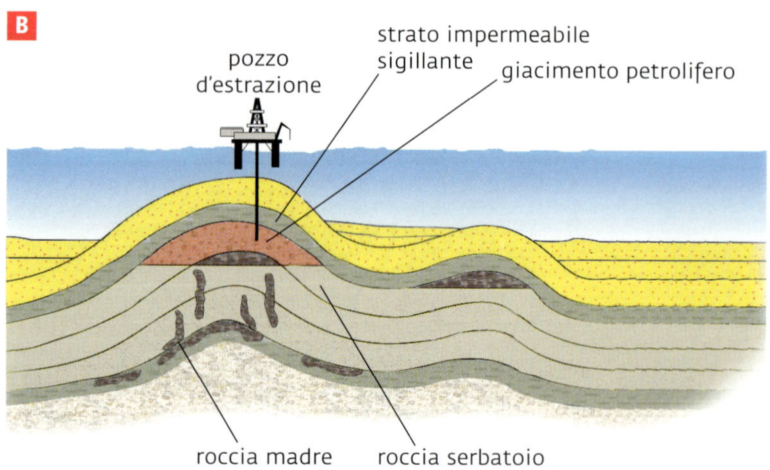

FIGURA 27. (**A**) Petrolio e gas naturali derivano dalla lenta trasformazione di resti di organismi marini, contenuti nei sedimenti. (**B**) Dalla roccia madre, ricca in idrocarburi, il petrolio e il gas migrano verso l'alto e si accumulano nelle rocce serbatoio in presenza delle cosiddette «trappole sedimentarie».

APPROFONDIMENTO
Le rocce metamorfiche in Italia

9 Le rocce metamorfiche

Le **rocce metamorfiche** derivano da rocce sedimentarie, magmatiche o da altre rocce metamorfiche che si trasformano in seguito all'aumento di pressione e di temperatura dovuto alla loro «sepoltura» in profondità. Per le nuove condizioni incontrate i minerali delle rocce originarie perdono la stabilità e subiscono delle trasformazioni in minerali più stabili. La trasformazione consiste in una *ricristallizzazione* allo stato solido che non richiede la fusione, in quanto avviene a profondità di alcune decine di kilometri, dove la temperatura non è così alta da far fondere i minerali.

Il metamorfismo comporta un aumento delle dimensioni dei minerali presenti oppure, a partire dai minerali stessi, una riorganizzazione degli elementi chimici che li compongono con la formazione di nuovi tipi di minerali. Nel caso di una roccia di origine organica, il metamorfismo comporta anche la «cancellazione» dei fossili presenti (**FIGURA 28**). Spesso si verifica anche un allineamento dei minerali in strati dovuto al fatto che, nel corso del metamorfismo, per le elevate pressioni, i minerali tendono a orientarsi su piani paralleli, posti perpendicolarmente alla direzione della forza che agisce su di essi. Come risultato la roccia assume un caratteristico aspetto laminare e foliato detto *scistoso*: è il caso degli **gneiss** (**FIGURA 29**).

Spesso il metamorfismo è favorito dalla presenza di acqua. L'acqua che si infiltra nei pori delle rocce favorisce la migrazione dei componenti chimici dei minerali, che tendono ad aggregarsi in cristalli più grandi e stabili; in queste condizioni si formano minerali ben cristallizzati come i **granati**, utilizzati come pietre preziose.

Si possono distinguere due tipi principali di metamorfismo: il **metamorfismo regionale** e il **metamorfismo di contatto**.

Metamorfismo regionale. Il metamorfismo regionale è causato dalle deformazioni prodotte dai moti delle placche litosferiche e riguarda masse rocciose di territori ampi migliaia di kilometri quadrati. Quando le placche litosferiche si scontrano, i loro margini che collidono possono sprofondare. A mano a mano che si «inabissano», a profondità che variano dai 7 ai 35 km, le rocce incontrano temperature comprese tra i 200 °C e i 700 °C e pressioni enormemente più elevate di quelle presenti in superficie, per cui subiscono profonde modificazioni nella loro struttura.

FIGURA 28. Un effetto del metamorfismo nelle rocce sedimentarie di origine organica (**A**) è la «cancellazione» dei fossili presenti nella roccia originaria (**B**).

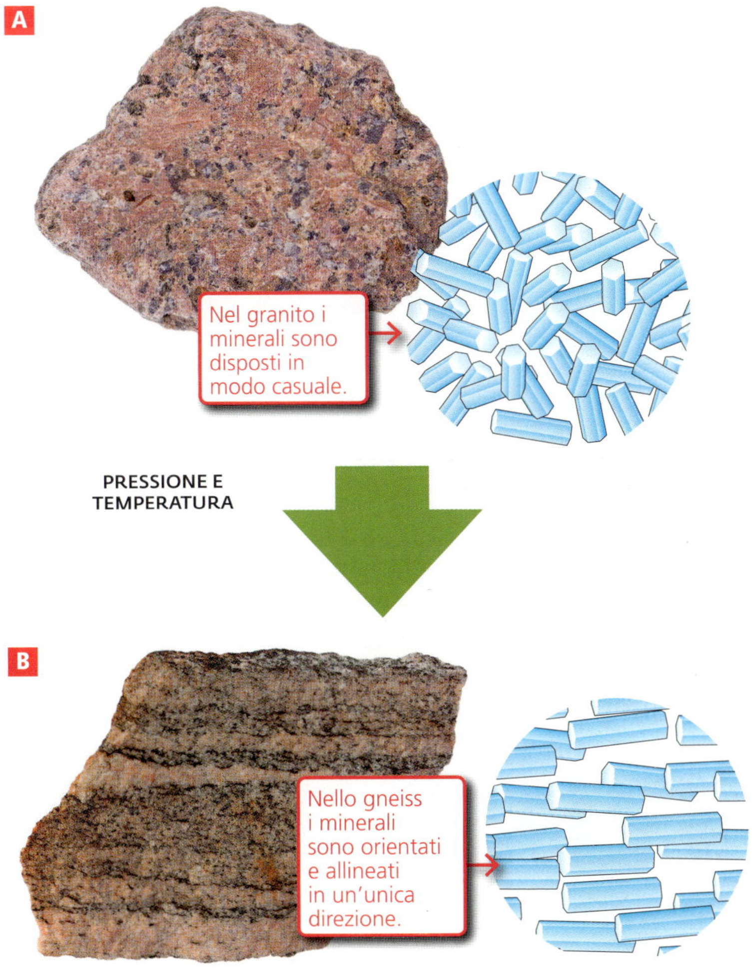

FIGURA 29. In seguito a metamorfismo il granito (**A**) si trasforma in gneiss. Gran parte del Cervino, del Gran Paradiso, del Monte Rosa, è formata da gneiss (**B**).

In seguito, le masse rocciose possono essere nuovamente spinte verso l'alto e affiorare lungo le catene montuose (**FIGURA 30**).

Alcune comuni rocce metamorfiche dovute al metamorfismo regionale sono gli *gneiss*, che derivano dal granito, le *ardesie* (o lavagne), che derivano dalle argilliti, le verdi *serpentiniti* (**FIGURA 31**), che derivano dal metamorfismo di rocce effusive basiche.

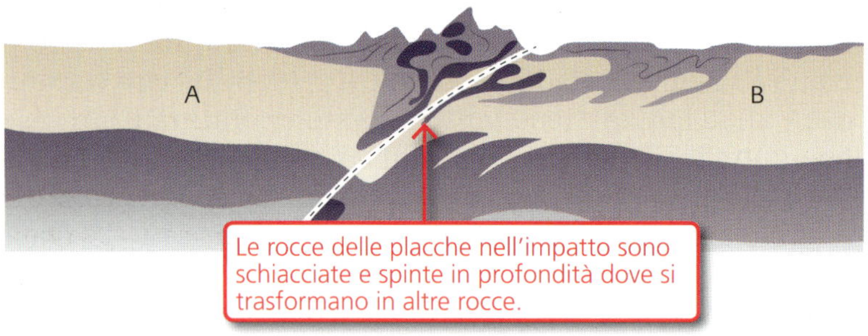

FIGURA 30. Nello scontro tra due placche litosferiche A e B gli strati di roccia dei margini che collidono sprofondano. A causa delle pressioni e le temperature elevate incontrati nel nuovo ambiente, i minerali delle rocce subiscono metamorfismo regionale.

FIGURA 31. (**A**) Firenze, la facciata colorata di Santa Maria Novella è realizzata con blocchi squadrati di marmo bianco e serpentino verde (**B**), rocce metamorfiche provenienti dalle cave dei monti vicini.

Metamorfismo di contatto. Il metamorfismo di contatto è dovuto al calore: come dice il nome, è causato dal contatto delle rocce con un vicino ammasso magmatico incandescente. Le rocce che ne risultano hanno uno spessore limitato (dell'ordine di alcuni metri) e, pur restando allo stato solido, subiscono, per l'altissima temperatura del vicino magma, profonde modificazioni. Il metamorfismo causato dal calore è molto simile a ciò che avviene quando si inforna una torta: anche se la composizione è la stessa, con la cottura gli ingredienti si riorganizzano in sostanze con colore, sapore e consistenza diversi da quelli dell'impasto crudo di partenza. Per esempio il calcare per metamorfismo di contatto subisce una completa ricristallizzazione della calcite e si trasforma in **marmo**, una nuova roccia più compatta e cristallina. Nelle Alpi Apuane, troviamo il prodotto più pregiato del metamorfismo del calcare: il marmo saccaroide di Carrara.

TROVA LE PAROLE

Le rocce .... derivano da rocce .... che in particolari condizioni come alte .... ed elevate .... si sono trasformate in .... rocce: per esempio i .... derivano da calcari, mentre gli .... derivano da graniti.

PROVA A FARE

Il marmo saccaroide di Carrara

Il marmo di Carrara è detto saccaroide perché presenta una struttura granulare simile a quella dello zucchero. Si è originato 190 milioni di anni fa quando l'area delle attuali Alpi Apuane era occupata dal mare della Tetide in cui coralli e madrepore costruivano scogliere coralline. Con la scomparsa dalla Tetide dalle scogliere si venne a formare una roccia calcarea dura e compatta. In seguito a movimenti delle placche, la roccia calcarea venne spinta per 5 o 6 km in profondità, dove fu sottoposta alla temperatura di 500 °C.

a. Quali trasformazioni ha subito la roccia in profondità? A quale minerale è dovuto l'aspetto «saccaroide»?

b. È possibile riconoscere i fossili presenti nel calcare organogeno preesistente?

c. A che cosa sono dovute le venature del marmo? Per aiutarti cerca informazioni su Internet.

Per ricordare

LOSAI? RIPASSA CON LO SMARTPHONE

1. Com'è fatto l'interno della Terra?
La Terra ha una struttura fatta da strati concentrici. A partire dal centro vi è un denso **nucleo** di ferro e nichel, a cui si sovrappongono uno spesso **mantello** e una sottilissima e leggera **crosta** superficiale, entrambi costituiti in prevalenza da silicati. La crosta e la parte superiore del mantello formano la rigida **litosfera**, suddivisa in placche. Sotto la litosfera è presente l'**astenosfera** a comportamento plastico.

2. Che cosa sono i minerali? Come si distinguono tra loro?
I minerali sono i componenti delle rocce della crosta. Un minerale è una sostanza solida inorganica con una ben determinata composizione chimica, dotato di una struttura cristallina.
Oltre che per la forma cristallina, ogni minerale si distingue per la **composizione chimica** e per caratteri fisici come il **colore**, la **durezza**, valutata mediante la scala di Mohs, la **densità** e la **solubilità** in acqua.

3. Come vengono classificate le rocce e come si formano?
In base alla loro origine, le rocce della crosta sono classificate in **rocce magmatiche, rocce sedimentarie** e **rocce metamorfiche**.

- Le **rocce magmatiche intrusive** derivano dalla solidificazione all'interno della crosta di rocce fuse, o *magmi*. Le **rocce magmatiche effusive** sono derivate dalla solidificazione di *lave*, cioè di magmi fuoriusciti in superficie.
- Le **rocce sedimentarie** derivano da *sedimenti* che, in seguito a processi di compattazione e cementazione (**litificazione**), sono diventati dura roccia.
- Le **rocce metamorfiche** derivano da rocce preesistenti che, in particolari condizioni (alte temperature ed elevate pressioni), si sono trasformate in nuove rocce.

4. Come si sono formati i giacimenti di carbone e di petrolio?
Il **carbone** e il **petrolio** derivano dalla sedimentazione di materiale organico in ambienti paludosi. Nella formazione del carbone, o *carbonificazione*, la materia organica vegetale si arricchisce progressivamente in carbonio, passando via via attraverso gli stadi di torba, *lignite, litantrace* e *antracite*.
Il **petrolio** e i **gas naturali** derivano dalla trasformazione di materia organica, costituita in prevalenza da resti di microscopici organismi marini accumulati nei sedimenti.
Per formare un giacimento, il petrolio migra dalla *roccia madre* alla *roccia serbatoio*.

la mappa

Completa la mappa concettuale utilizzando i termini proposti. Dai la definizione di quelli sottolineati:
metamorfiche • origine • minerali • intrusive • clastiche • metamorfismo regionale • silicati • composizione chimica • sedimentarie • proprietà fisiche • non silicati • magmatiche • metamorfismo di contatto • chimiche • organogene • effusive

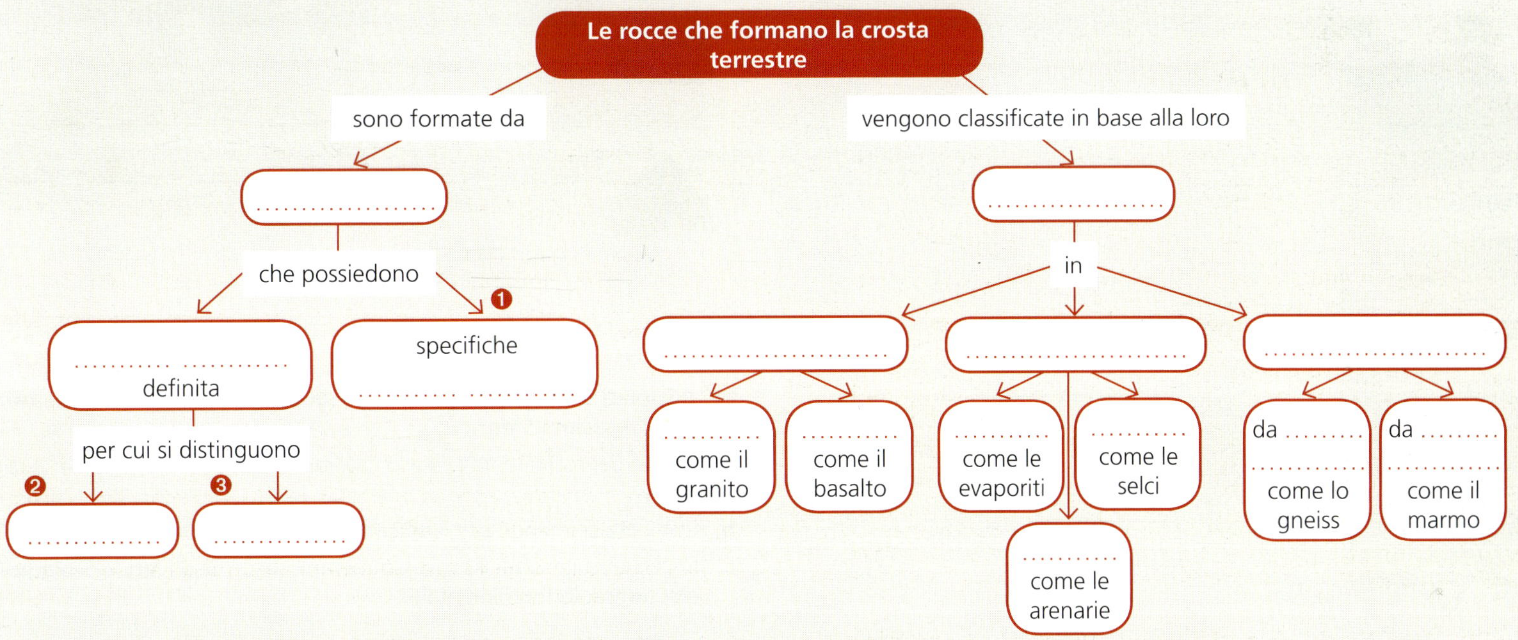

Sul tuo quaderno prova a espandere la mappa aggiungendo nuovi collegamenti ai nodi ❶, ❷ e ❸.

Sei pronto per la verifica?

In 1 ora

1. Indica se ciascuna delle seguenti affermazioni è vera o falsa. Se è falsa, falla diventare vera cambiando solo i termini sottolineati.

a. Nel corso delle prime fasi della storia della Terra, i materiali <u>più densi</u> si disposero in superficie. V F

b. La <u>litosfera</u> è uno strato rigido formato dalla crosta e dalla parte superiore del mantello. V F

c. I <u>solfati</u> sono i minerali più abbondanti della crosta terrestre. V F

d. L'unità di base dei silicati ha la forma di un <u>tetraedro</u>. V F

e. La <u>densità</u> dei minerali può essere stabilita utilizzando la scala di Mohs. V F

f. L'acido cloridrico messo a contatto con i <u>carbonati</u> produce effervescenza. V F

[6 PUNTI]

2. Stabilisci le corrispondenze corrette tra i termini della colonna di sinistra e le descrizioni riportate a destra.

a. ☐ durezza — **1.** Rapporto tra massa e volume di un minerale espresso in g/cm^3.

b. ☐ sfaldatura — **2.** Resistenza di un minerale alla scalfittura.

c. ☐ densità — **3.** Tendenza di un minerale a rompersi, se percosso, secondo piani ben definiti.

d. ☐ solubilità — **4.** Proprietà fisica non sempre indicativa per il riconoscimento dei minerali in quanto variabile.

e. ☐ colore — **5.** Capacità di un minerale di sciogliersi in acqua a una data temperatura, formando una soluzione.

[5 PUNTI]

3. Inserisci in figura i termini lignite, antracite, torba, litantrace mettendoli nella casella corrispondente alla profondità in cui avviene la loro formazione.

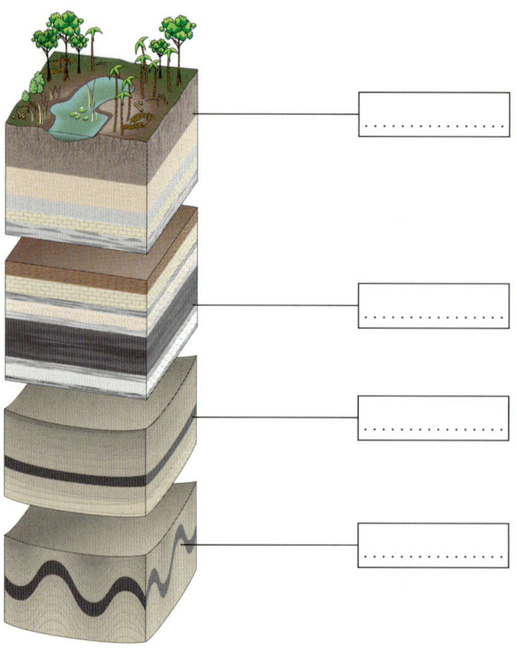

[4 PUNTI]

4. Accanto a ogni affermazione, scrivi MG se si riferisce alle rocce magmatiche, S se si riferisce alle rocce sedimentarie, MT se si riferisce alle rocce metamorfiche.

a. Si formano a una certa profondità a partire da rocce preesistenti. ☐

b. Sono le rocce più diffuse sulla superficie terrestre. ☐

c. Si originano tramite un processo di ricristallizzazione. ☐

d. Provengono dal raffreddamento e dalla solidificazione di masse fuse. ☐

e. La loro formazione richiede la litificazione di frammenti di varia origine. ☐

f. Possono essere regionali o di contatto. ☐

g. Si distinguono in acide e basiche, intrusive ed effusive. ☐

[7 PUNTI]

5. Completa la tabella relativa ad alcune delle rocce presenti nella crosta terrestre.

Roccia	Tipo di roccia (magmatica, sedimentaria, metamorfica)	Ulteriore classificazione (specifica per tipo di roccia)	Modalità di formazione	Caratteristiche che la rendono riconoscibile

[16 PUNTI]

6. Rispondi sul tuo quaderno alle seguenti coppie di domande utilizzando al massimo 5 righe.

a. Perché per formare un cristallo ci vuole tempo? Perché ci vuole spazio? **[2 + 2 PUNTI]**

b. Che cosa si intende per «litificazione»? Come avviene? **[1 + 3 PUNTI]**

c. In che cosa consiste il processo metamorfico? Quali fattori svolgono in esso un ruolo fondamentale? **[1 + 3 PUNTI]**

☐ fino a 32 punti **insufficiente**	☐ da 33 a 38 punti **sufficiente**	☐ da 39 a 44 punti **buono**	☐ da 45 a 50 punti **ottimo**

Verifica le competenze

ZTE ONLINE
20 test interattivi online su zte.zanichelli.it

S1 – RACCOGLIERE DATI ATTRAVERSO LA CONSULTAZIONE DI DIVERSE AGENZIE INFORMATIVE

1. MINERALI A CONFRONTO

Qui sotto trovi due casi emblematici di confronto tra minerali. Rispondi alle domande aiutandoti con Internet o un'enciclopedia.

Caso 1: Stessa composizione, diversa struttura
Alcuni minerali, pur avendo la medesima composizione, assumono caratteristiche diverse in relazione alla diversa disposizione geometrica degli atomi che formano il loro reticolo. Un esempio sorprendente è rappresentato dalla grafite (FIGURA A) e dal diamante (FIGURA B), interamente composti di atomi di carbonio.

A grafite

B diamante

La grafite è composta da strati di atomi di carbonio organizzati in strutture esagonali, dove ogni atomo di carbonio è fortemente legato ai tre atomi vicini nello stesso strato e debolmente legato agli atomi degli strati sopra e sottostanti. Questa struttura permette agli strati di scivolare l'uno sull'altro.
Nel diamante, invece, ogni atomo di carbonio è fortemente legato ai quattro atomi di carbonio vicini in una struttura cristallina che si sviluppa nelle tre dimensioni dello spazio.
Queste diverse geometrie causano enormi differenze.

Caso 2: Stessa struttura, diversa composizione
Il minerale galena (FIGURA C) è un solfuro di piombo (PbS) che presenta la medesima struttura cristallina cubica del salgemma (FIGURA D) che, come ben sai, è cloruro di sodio (NaCl), il comune sale da cucina.
La galena ha un colore grigio scuro e una lucentezza metallica; come il salgemma, se percossa, si sfalda facilmente.

C galena

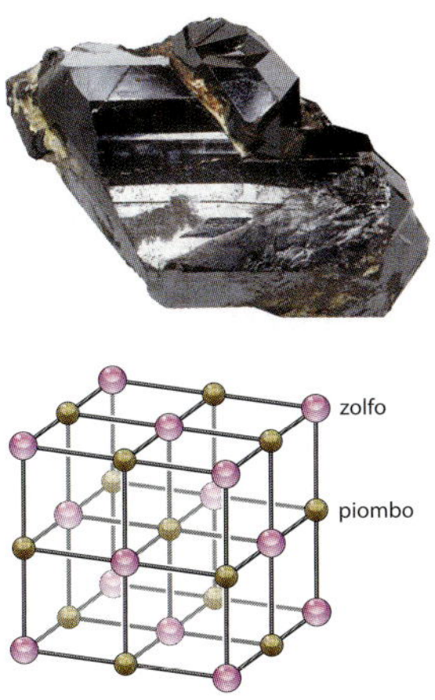

D salgemma

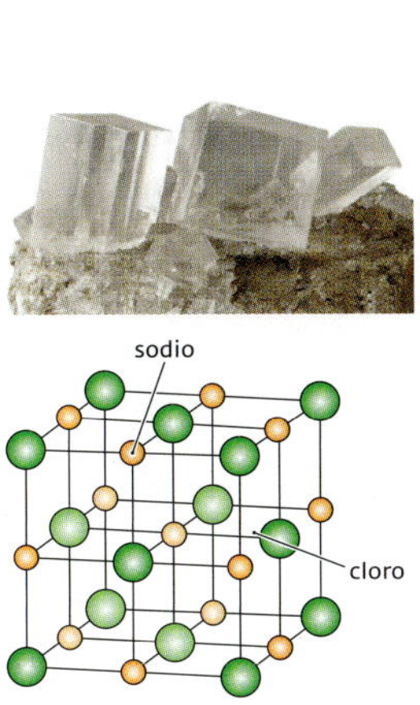

a. ●○○ Qual è la durezza del diamante nella scala di Mohs? E della grafite?

b. ●●○ Diamante e grafite hanno usi molto diversi: indicali e prova a collegarli alla loro differente struttura. Possono bruciare entrambi?

c. ●●● Secondo te, è possibile convertire la grafite in diamante? In quale modo?

d. ●●● Confronta alcune proprietà della galena e del salgemma: densità, durezza sulla scala di Mohs, solubilità in acqua. Che cosa si può dire? Quale origine ha il salgemma del sottosuolo?

e. ●○○ Se percuotiamo un grosso cristallo di galena, si frantuma: quale forma avranno i cristallini che si formano?

f. ●●○ Che importanza ha la galena? Che cosa si ricava da questo minerale?

S3 – COMPRENDERE IL RUOLO CHE I PROCESSI TECNOLOGICI GIOCANO NELLA MODIFICA DELL'AMBIENTE

2. MONTAGNE CHE SPARISCONO

Leggi con attenzione il seguente brano tratto da un articolo comparso nel 2015 sulla rivista online Focus. Poi rispondi alle domande.

Alpi Apuane, le montagne che scompaiono per cavare il marmo
Sono conosciute come «il giardino d'Europa», ma chi abita questo territorio le chiama «le montagne che scompaiono», perché le Alpi Apuane ospitano anche le cave di marmo: «una settantina quelle all'interno del Parco Regionale – spiega Luca Tommasi, Commissione tutela ambiente montano del Cai – un'area che dovrebbe essere tutelata, a maggior ragione da quando è stata inserita nella Rete dei Geoparchi», ma che continua a fare i conti con un'attività che svuota, frantuma, spacca le montagne. Al punto da trasformare il paesaggio «dal giorno alla notte», denunciano i locali.
Negli ultimi 20 anni, qui si è scavato più che in duemila anni di storia delle cave con il risultato che la modificazione morfologica del territorio apuano è paragonabile a quella avvenuta in un'era geologica. In termini di volumi estratti, si stima che per ogni tonnellata di marmo in blocchi vengono distrutte dieci tonnellate di montagna. Un'attività che ogni anno «mangia» 5 milioni di tonnellate di vette. Causando distruzione parziale o totale di grotte, diminuzione dei bacini idrogeologici, denuncia il Cai. E non solo.

a. ●○○ Quale problema viene presentato nell'articolo?

b. ●●○ In Toscana l'uomo cava il marmo da centinaia di anni. Alcuni dei monumenti o delle statue più famose, come la chiesa di Santa Croce a Firenze o il David di Michelangelo, sono stati realizzati in tutto o in parte proprio utilizzando questo materiale: perché il problema oggi è più grave che in passato?

c. ●●○ Fai una ricerca e prova a scoprire come veniva cavato il marmo fino a un centinaio di anni fa e come viene cavato oggi.

d. ●●● Il brano riportato termina con la frase «E non solo.» lasciando intendere che i danni provocati vanno oltre la distruzione fisica delle montagne: sapresti fare qualche esempio?

SEZIONE C

7 Il modellamento della superficie terrestre

In questa Unità troverai le risposte alle seguenti domande:

1. Quali sono le forze che modellano la superficie terrestre?
2. Perché le rocce si degradano?
3. In che modo le acque correnti e i ghiacciai modellano il paesaggio?
4. Qual è l'azione di modellamento del mare? E quella del vento?
5. Che cos'è una frana? In che cosa consiste il rischio idrogeologico?
6. Come avviene il ciclo delle rocce?

I paesaggi naturali

Una delle caratteristiche più affascinanti del nostro pianeta è la varietà dei suoi paesaggi naturali. Nelle foto sono rappresentati quattro paesaggi caratterizzati da forme diverse tra loro, talvolta singolari e curiose. Queste forme sono il risultato dell'azione degli agenti atmosferici che modellano la superficie terrestre disgregando, asportando e trasportando i materiali rocciosi.

A

B

C

D

SAI RISPONDERE?

1 Analizza le **FIGURE A, B** e **D**. Indica quale paesaggio a tuo parere è stato modellato dall'azione prevalente del vento, quale dalle acque correnti e quale dall'alternarsi del gelo e del disgelo. Spiega i motivi delle tue scelte. Come ti immagini questi paesaggi tra mille anni?

2 Analizza ora la **FIGURA C**. Come ti immagini che si siano create le forme bizzarre che puoi osservare? Prova a fare qualche ipotesi.

1 Forze contrapposte modellano la superficie terrestre

Quando in un paesaggio osserviamo delle rocce allo scoperto, in genere non vediamo rocce ignee e metamorfiche, che sono per lo più confinate in profondità, ma sedimentarie. Le rocce sedimentarie clastiche sono fatte di detriti provenienti dalla demolizione di rocce preesistenti. Molti altri detriti ricoprono la crosta in superficie e formano i suoli, i greti dei torrenti, i deserti.

Ma come può avvenire che le rocce, che ci sembrano eterne e inattaccabili, possano alterarsi, spezzarsi e ridursi in frammenti? Quali sono le forze che sulla superficie terrestre mettono in moto i processi in grado di frantumare le rocce, anche quelle più dure e compatte? Responsabili dei processi di demolizione delle rocce sono le forze esogene, cosiddette perché provengono dall'esterno della Terra.

Le **forze esogene** sono azionate dall'energia del Sole che, riscaldando il nostro pianeta, muove il ciclo dell'acqua, causa gli sbalzi termici, induce i venti e le piogge. Tutti questi *agenti atmosferici* contribuiscono in vario modo a disgregare le rocce e a demolire i rilievi.

Il continuo lavorio di smantellamento delle rocce dovuto alle forze esogene modella il paesaggio: sulle cime rocciose delle montagne restano guglie e pinnacoli (**FIGURA 1**), ai piedi dei monti vengono scavate valli e i detriti, allontanati, vanno a costruire pianure.

È stato stimato che gli agenti atmosferici possono causare un'erosione delle rocce di circa 1 mm all'anno. Sembra poco, ma a questo ritmo una montagna di 1000 metri verrebbe demolita in 1 milione di anni. Poniamoci ora la domanda: perché le montagne così a lungo esposte all'ininterrotta opera di demolizione degli agenti atmosferici non sono state del tutto spianate?

Il fatto che montagne che hanno diversi milioni di anni non siano ancora state spianate è dovuto a un secondo tipo di forze che si contrappone alle forze esogene: le forze endogene. Le forze endogene, al contrario di quelle esogene, provengono dall'interno del nostro pianeta.

Le **forze endogene** sono alimentate dal calore interno della Terra che causa le eruzioni vulcaniche, i terremoti e i movimenti delle placche litosferiche. Le placche spostandosi possono scontrarsi: nello scontro porzioni di crosta si sollevano, si ripiegano e si accavallano formando le catene montuose.

La superficie del nostro pianeta è, quindi, contesa tra le forze esogene che, tendono ad abbassare i rilievi, e le forze endogene che tendono invece a innalzarli (**FIGURA 2**). Il risultato di questa contrapposizione dipende da quale delle due azioni prevale. Si pensi che nelle Alpi i fenomeni erosivi agiscono da più di 40 milioni di anni.

FIGURA 1. Il complesso delle Cinque Torri, nelle Dolomiti, era costituito da un unico massiccio roccioso, che nell'arco di milioni di anni è stato lentamente eroso dagli agenti atmosferici. Il processo è tuttora in atto e spesso si verificano crolli.

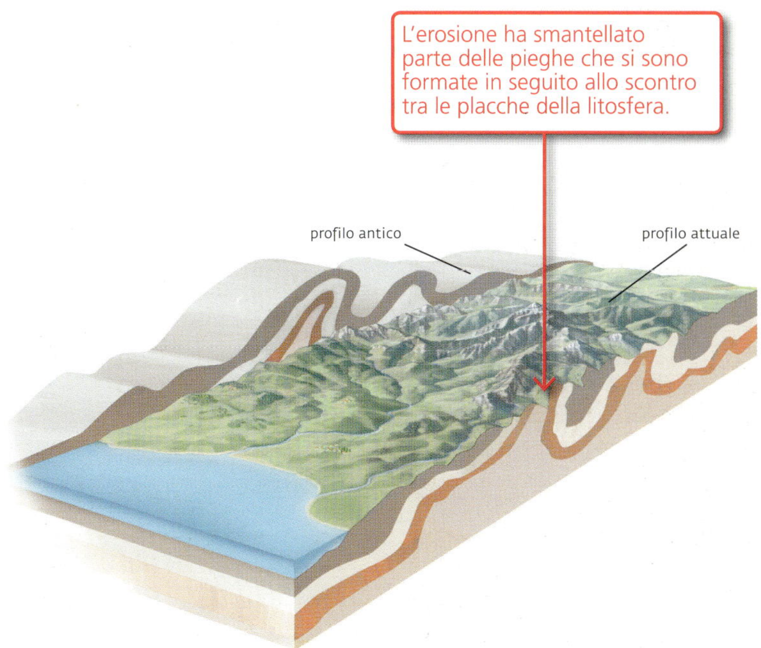

FIGURA 2. Raffronto tra erosione e sollevamento di una catena montuosa. Il sollevamento è avvenuto lentamente durante lunghissimi periodi di tempo e l'erosione ha lavorato per demolire le montagne che si stavano innalzando.

Nonostante ciò, queste montagne crescono mediamente di qualche centimetro l'anno (**FIGURA 3**). Le forze che hanno generato le Alpi sono ancora in atto e, a oggi, hanno la meglio sulle forze esogene. Al contrario, il più spettacolare esempio di predominio delle forze esogene lo possiamo osservare fuori dai nostri territori: si tratta dell'immensa gola profonda 1300 m erosa dal fiume Colorado. Il fiume in 7 milioni di anni ha scavato, al ritmo di 200 m ogni milione di anni, un altopiano in lento sollevamento (**FIGURA 4**). E l'opera di escavazione continua.

In questa Unità ci occuperemo di come le forze esogene, attraverso le piogge, le acque correnti, il ghiaccio, il vento e le onde del mare agiscano sulle rocce e quindi sulla superficie del nostro pianeta modellando il paesaggio. In seguito ci occuperemo invece delle forze endogene.

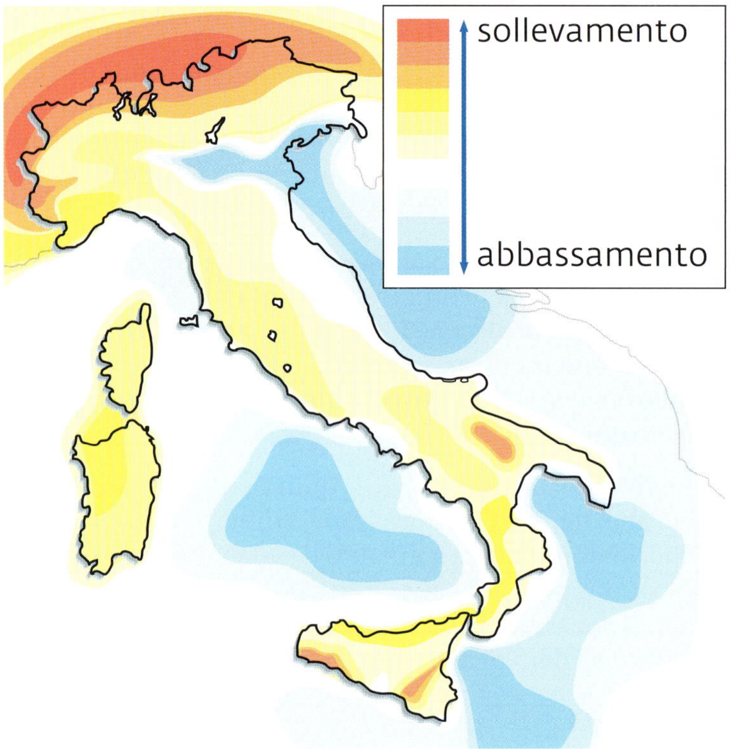

FIGURA 3. La figura evidenzia quali regioni si stanno alzando e quali abbassando in Italia. Come si vede, tutto il territorio alpino è in sollevamento, mentre nel resto della nostra penisola l'erosione e il sollevamento si equilibrano. La Pianura Padana, invece, è soggetta a un marcato fenomeno di abbassamento o subsidenza.

FIGURA 4. L'opera di scavo del fiume Colorado ha prevalso sulle forze che hanno sollevato l'altopiano. L'opera di erosione non è finita ma nel frattempo il prelievo massiccio di acqua sta prosciugando il fiume compromettendone la naturale attività erosiva.

TROVA LE PAROLE

La superficie terrestre è modellata da .... contrapposte: le forze .... e quelle .... Le prime si originano dall'.................. del .... che mette in moto gli .... atmosferici i quali disgregano le .... e abbassano i rilievi; le seconde si originano dal .... della Terra che muove le .... ; quando le placche si scontrano .... porzioni di .... formando i .... montuosi.

PROVA A FARE

Il caso dell'Isola Ferdinandea

L'isola Ferdinandea sorse dalle acque del canale di Sicilia quando, all'inizio di luglio del 1831, un vulcano emerse dal mare eruttando lapilli e ceneri. In poco tempo si venne a formare un cono alto 65 m sul livello del mare. E subito sorse un contenzioso riguardante la sua appartenenza tra il capitano di una nave britannica, che vi piantò la bandiera inglese, e il re delle Due Sicilie Ferdinando, che intitolò l'isola a suo nome. Ma l'attività del nuovo vulcano presto si interruppe: alla fine di ottobre il cono di lapilli e ceneri era quasi scomparso ingoiato dai flutti. Oggi dell'isola resta uno scoglio roccioso sotto il livello del mare.

a. Quali forze hanno agito sul modellamento dell'isola?

b. Come hanno agito? Quale di esse ha prevalso nel determinarne l'attuale fisionomia?

2 La degradazione delle rocce

APPROFONDIMENTO
Il paesaggio carsico

LABORATORIO DELLE COMPETENZE
Dissoluzione del calcare
I monumenti si degradano

VIDEO
La disgregazione meteorica delle rocce
Le forme carsiche

Le rocce subiscono da parte degli agenti atmosferici degli attacchi molto diversificati che causano sia degradazione fisica (o meccanica) sia degradazione chimica. Questi processi, entrambi lenti ma inesorabili, producono un'enorme quantità di detriti che, rimossi e trascinati a valle dalle acque correnti, continuano a modellare ulteriormente il paesaggio.

- **La degradazione fisica**. Un esempio di degradazione fisica è il **crioclastismo,** conseguente all'alternarsi di fasi di gelo e disgelo dell'acqua che riempie le fessure delle rocce. Congelando, l'acqua aumenta di volume (circa il 9% in più) e sviluppa una forza distruttiva molto potente: è stato calcolato che il ghiaccio può esercitare una pressione equivalente a quella di un elefante su un francobollo. L'acqua infiltrata nelle fessure delle rocce, congelando, agisce da cuneo, fratturandole. Questo fenomeno, particolarmente intenso in montagna e nei climi freddi, frantuma le cime rocciose. I detriti che ne risultano, con il disgelo, rotolano sui fianchi delle montagne e vanno ad accumularsi ai loro piedi formando depositi detti *detriti di falda* (**FIGURA 5**). Nei climi caldi e secchi come i deserti un'azione analoga al crioclastismo è esercitata dagli sbalzi di temperatura tra il giorno e la notte. Gli sbalzi termici, provocando dilatazioni e contrazioni, causano la fratturazione e lo sfaldamento delle rocce.
- **La degradazione chimica**. La degradazione chimica comprende i processi che, per mezzo di reazioni chimiche, producono cambiamenti nella composizione chimica e mineralogica di una roccia. La degradazione chimica è la causa principale della disgregazione delle rocce nei climi umidi e in quelli temperati. Essa è legata alla presenza dell'ossigeno e dell'anidride carbonica atmosferici che si comportano da veri e propri reagenti. In particolare la CO_2, sciogliendosi nell'acqua piovana, esercita un'azione corrosiva. Le piogge sono infatti debolmente acide (pH 5,6) per la formazione di acido carbonico in seguito alla reazione dell'acqua piovana con l'anidride carbonica dell'aria.

$$H_2O + CO_2 \rightarrow H_2CO_3$$

acqua + anidride carbonica → acido carbonico

Gli effetti della degradazione sono diversi a seconda del tipo di minerale interessato: la CO_2 disciolta nell'acqua piovana causa nei calcari la *dissoluzione*, nei silicati causa l'*idrolisi*.

FIGURA 5. (**A**) Nei climi freddi il ghiaccio e le oscillazioni termiche producono fratture nella roccia. (**B**) La disgregazione fisica delle rocce ha prodotto i cumuli di detriti (detriti di falda) alla base delle pareti di questa montagna.

L'ossigeno dell'aria nei minerali contenenti ferro causa l'*ossidazione*. Esaminiamo i vari casi di degradazione più in dettaglio.

La **dissoluzione del calcare** è l'azione chimica esercitata dall'acido carbonico che avviene a carico del carbonato di calcio delle rocce calcaree.

L'acido carbonico, pur non essendo particolarmente corrosivo (la pelle non subisce danni al contatto con l'acqua piovana), reagisce con il calcare formando il bicarbonato di calcio, un sale solubile in acqua, che viene portato via dalle acque correnti.

$CaCO_3$	+	H_2CO_3	→	$Ca(HCO_3)_2$
calcare (insolubile)	+	acido carbonico	→	bicarbonato di calcio (solubile)

La dissoluzione disgrega le rocce sia in superficie sia in profondità, dando vita a fenomeni noti come *carsismo*.

In Italia le rocce carbonatiche formano gran parte dell'ossatura della nostra penisola, dall'arco alpino alle isole: poiché le rocce calcaree sono comuni anche in profondità l'erosione carsica crea cavità e grotte spettacolari in alcuni casi grandi come l'interno di una cattedrale; ne sono un esempio le grotte carsiche del Gigante vicino a Trieste (**FIGURA 6**), di Frasassi nelle Marche e di Castellana in Puglia.

L'**idrolisi dei silicati** è l'azione chimica esercitata dall'acido carbonico che avviene a carico dei silicati come i feldspati.

FIGURA 6. La Grotta del Gigante, sull'altopiano vicino a Trieste, è una grotta carsica. Si notano tutte le tipiche formazioni carsiche: le stalattiti che pendono dalla volta e le stalagmiti che risalgono dal terreno.

I silicati costituiscono molte rocce magmatiche diffuse in Italia come i graniti, che si trovano nelle Alpi, in Calabria e in Sardegna, o come i basalti, che si trovano nelle aree vulcaniche. Nel granito, composto di quarzo, feldspati e mica, l'alterazione chimica causa la trasformazione dei granuli dei feldspati in *argilla* e *sali solubili*, che sono successivamente portati via dalle acque correnti (**FIGURA 7**). Al posto dei granuli restano piccole cavità che facilitano l'ulteriore attacco della roccia che tende a sgretolarsi in granuli di quarzo, praticamente inattaccabile, e scagliette di mica.

Poiché i silicati sono i minerali più comuni della crosta terrestre, anche l'argilla, che si forma dalla loro alterazione, è estremamente diffusa; da sola, costituisce più della metà dei detriti provenienti dal disfacimento delle rocce e va a formare gran parte del suolo. I granuli di quarzo, che sono chimicamente inattaccabili, vengono trasportati dal vento o dai fiumi verso il mare dove si accumulano sulle rive per formare la sabbia delle spiagge.

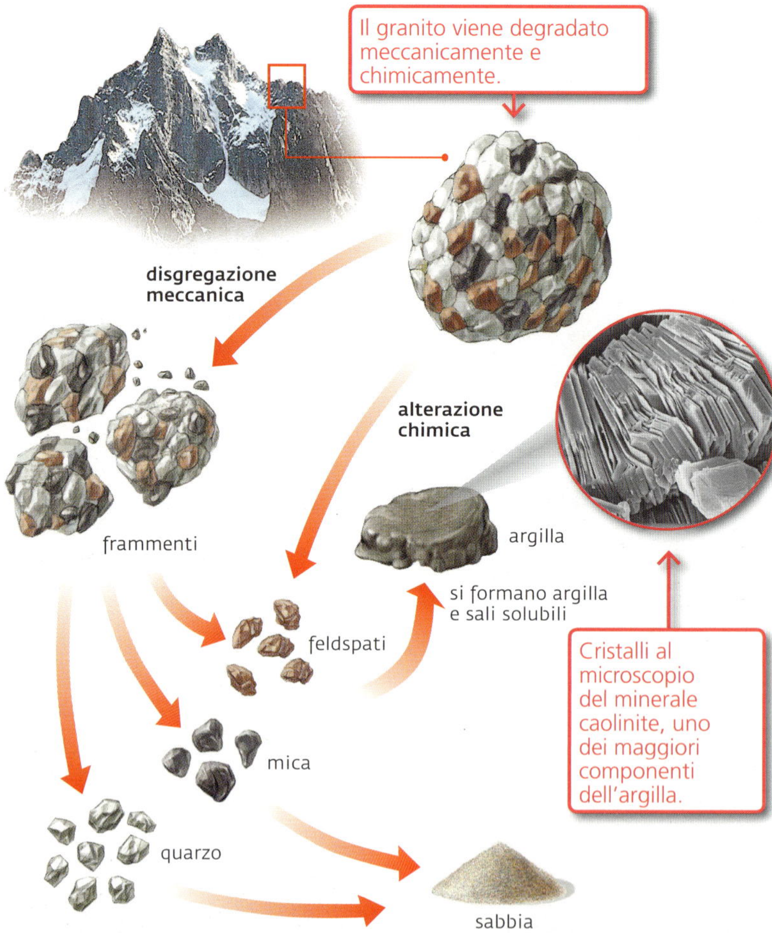

FIGURA 7. Nel granito la degradazione meccanica sminuzza i minerali che lo compongono, fino a formare sabbie; la degradazione chimica trasforma i feldspati in minerali argillosi e sali solubili. I due processi agiscono contemporaneamente.

L'**ossidazione dei minerali contenenti ferro** è l'azione chimica dovuta all'ossigeno atmosferico che avviene a carico delle rocce come i basalti contenenti silicati di ferro.

La reazione è simile a quella che porta alla formazione della ruggine. Sulle pareti rocciose bagnate dall'acqua, gli ossidi e gli idrossidi di ferro derivati dall'ossidazione possono formare incrostazioni e macchie rossastre (**FIGURA 8**). I suoli rossi di molte regioni calde e umide del globo devono il loro colore alla formazione di tali ossidi e idrossidi di ferro, composti insolubili molto stabili che rendono il suolo improduttivo (**FIGURA 9**).

Nei climi molto caldi e umidi, dove all'idrolisi si associa una forte ossidazione dei silicati, l'alterazione del suolo è particolarmente spinta e porta alla formazione di un gruppo di minerali insolubili di colore bruno che vanno sotto il nome complessivo di *bauxite*. La bauxite è costituita principalmente di ossidi e idrossidi di alluminio da cui si estrae il metallo alluminio.

- **L'azione degli organismi**. Accanto alla degradazione meccanica e all'alterazione chimica dovute agli agenti atmosferici le rocce subiscono un attacco anche da parte degli organismi. Se rimuovete un cuscinetto di muschio da una roccia, potete constatare che la superficie è bucherellata. Le radici del muschio, e delle piante in genere, si insinuano nelle fessure delle rocce e agiscono come un cuneo, allargandole. All'attività delle piante si aggiunge quella dei microrganismi decompositori che producono anidride carbonica. Questa, assieme a quella prodotta dalla respirazione delle radici, reagisce con l'acqua piovana e forma acido carbonico che accelera i processi di alterazione. Anche i licheni sono potenti agenti erosivi in quanto secernono sostanze che sgretolano le rocce su cui crescono.

TROVA LE PAROLE

Gli agenti atmosferici causano nelle rocce un tipo di .... fisica detta .... dovuto all'.................. del gelo e del disgelo e una degradazione .... dovuta all'.................. e all'.................. .... dell'aria che insieme causano la .... dei carbonati e l'idrolisi dei .... L'.................. dell'aria altera le rocce causando l'.................. delle rocce contenenti ....

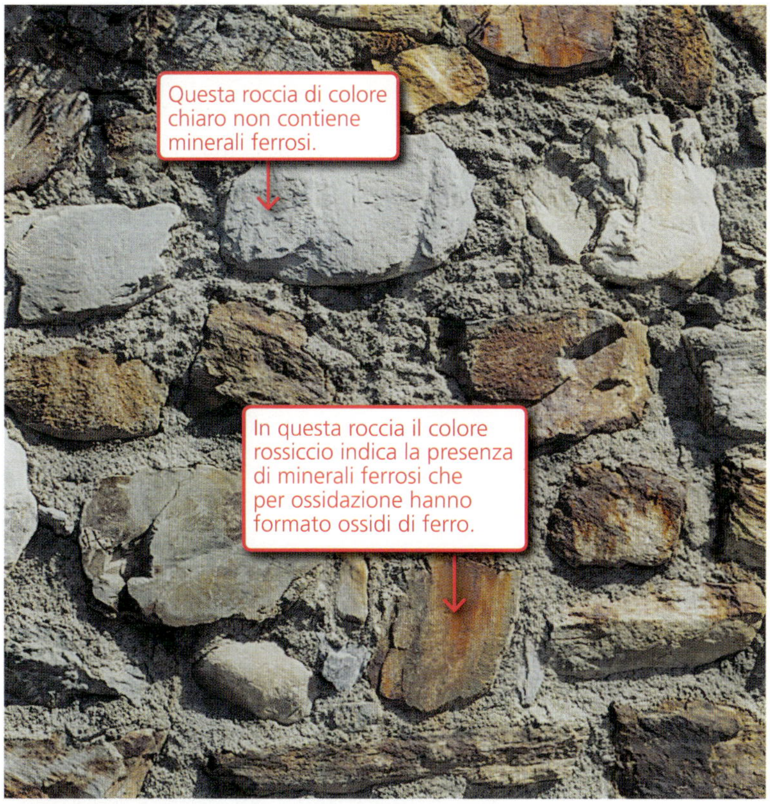

FIGURA 8. Questo muretto di montagna è un esempio del diverso comportamento di vari tipi di roccia rispetto all'azione degli agenti atmosferici.

FIGURA 9. Nelle zone tropicali, le piogge frequenti e le temperature elevate portano alla formazione di suoli lateritici di colore rosso per gli ossidi di ferro. I terreni lateritici sono inadatti alle coltivazioni.

3 L'azione modellante dei corsi d'acqua

APPROFONDIMENTO
Piramidi di terra

VIDEO
La velocità dell'acqua in un canale fluviale

I prodotti della degradazione delle rocce non restano dove si sono formati. Per opera della gravità, delle acque correnti o del vento, i detriti vengono rimossi e si mettono in moto: si avvia così il fenomeno dell'erosione (**FIGURA 10**). Le acque correnti nei momenti di piena trasportano una grande quantità di materiali che svolgono un'azione erosiva imponente. Leonardo da Vinci, osservando le acque torbide e fangose dei fiumi in piena, scrisse: «Li monti son disfatti dalle piogge e dalli fiumi».

L'**erosione** dovuta alle acque correnti è l'insieme dei processi derivanti dallo scorrimento delle acque, a cui si aggiunge l'effetto del rotolamento, degli urti e degli sfregamenti dei materiali trasportati.

Lungo il loro tragitto i frammenti rocciosi sfregano gli uni contro gli altri e contro le rocce del fondo e dei fianchi vallivi. Da massi grossolani e spigolosi si formano ciottoli arrotondati e, da questi, frammenti sempre più piccoli. Questi ultimi, a loro volta, accrescono l'azione abrasiva dell'acqua sul fondo e sui fianchi della valle scavando il letto o *alveo* del fiume. L'azione delle acque correnti, in territori montuosi, porta alla creazione di valli, dalla tipica forma a V.

Sulle rocce poco compatte e con scarsa copertura vegetale, come le rocce argillose delle colline di molte località appenniniche, le acque correnti incidono ripide creste e solchi profondi detti *calanchi*.

Dove la corrente dei corsi d'acqua rallenta, i detriti si depositano sul fondo o lungo le sponde. Prima si depositano i materiali più grossolani come massi e ciottoli; poi, via via che l'alveo diventa meno ripido e l'acqua scorre verso la pianura con meno energia, si depositano i sedimenti più minuti. Nel caso si verifichi una piena, la quantità di acqua del fiume è maggiore del consueto e non è più contenuta nell'alveo; l'acqua perciò esce e inonda il territorio circostante, depositando i materiali che aveva in carico. I materiali abbandonati dai fiumi durante le esondazioni formano le **pianure alluvionali**.

PROVA A FARE

Un golfo diventato pianura

Se fosse possibile svuotare la Pianura Padana, potremmo notare un profondo bacino dal fondo irregolare. L'area occupata dall'attuale pianura alcuni milioni di anni fa era un ampio golfo delimitato da catene montuose, sul cui fondo, che in alcuni punti raggiungeva i 7 km, si andavano accumulando sedimenti. Quei materiali oggi formano la Pianura Padana. Si tratta di una pianura alluvionale in cui si distingue un'alta pianura ai piedi delle Alpi, contraddistinta da sedimenti composti da ghiaie e ciottoli, e una bassa pianura costituita da sedimenti fini e argille.

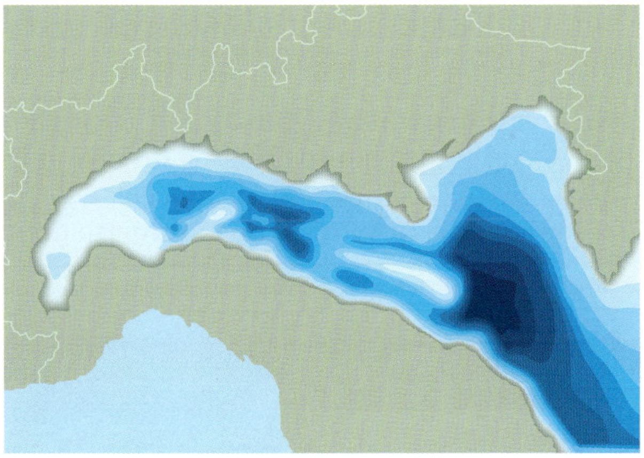

a. Perché la Pianura Padana è una pianura alluvionale?

b. Spiega il motivo della diversificazione dei sedimenti che contraddistinguono l'alta e la bassa pianura.

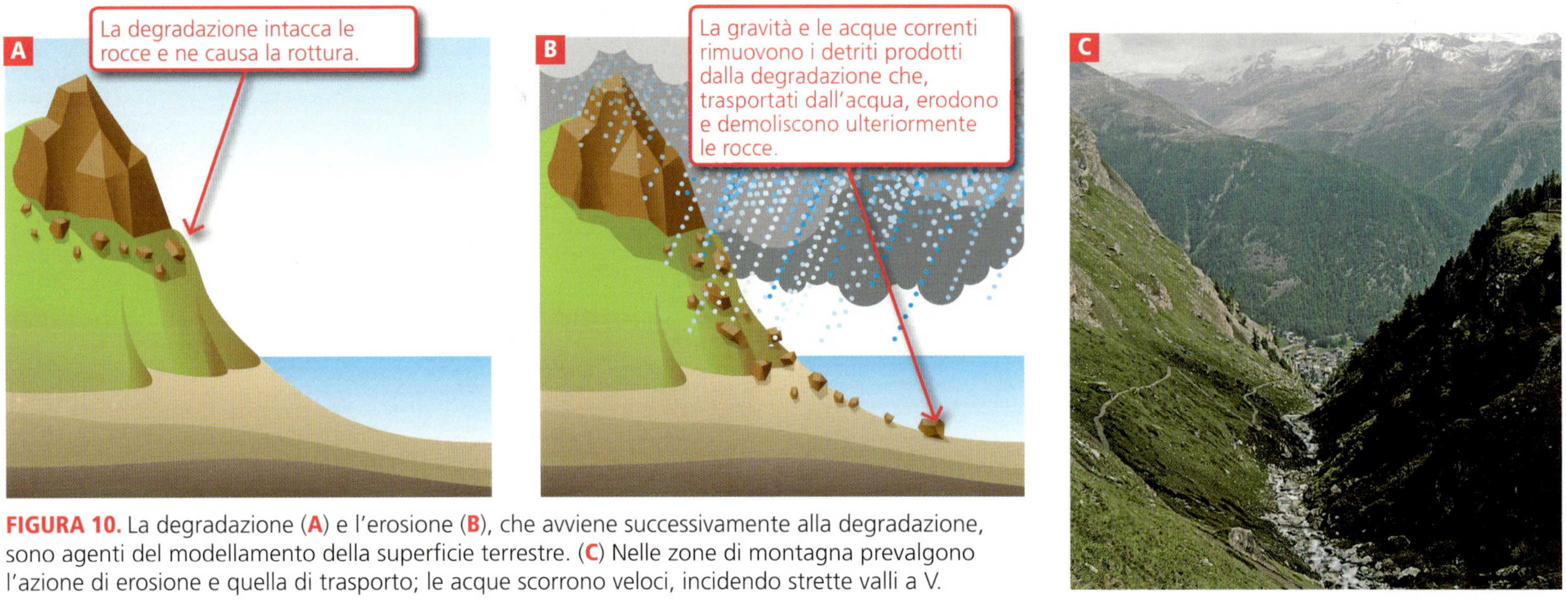

FIGURA 10. La degradazione (**A**) e l'erosione (**B**), che avviene successivamente alla degradazione, sono agenti del modellamento della superficie terrestre. (**C**) Nelle zone di montagna prevalgono l'azione di erosione e quella di trasporto; le acque scorrono veloci, incidendo strette valli a V.

Col passare del tempo, possono depositarsi spessori di centinaia di metri di materiali alluvionali. Nelle pianure alluvionali il fiume, cercando una «via» verso il mare, forma ampie curve dette *meandri* (**FIGURA 11**).

Nei meandri si ha sia erosione sia deposito. Sul lato del meandro in cui la corrente è meno rapida (la sponda interna) il fiume deposita materiali; sulla sponda opposta (quella esterna), dove la corrente è più rapida, il fiume erode e scava. Nel caso di una piena la corrente può «saltare» il tratto curvilineo del meandro e l'ansa, tagliata fuori dal cammino delle acque correnti, costituisce un meandro abbandonato. Resta una piccola raccolta d'acqua stagnante a semiluna detta *lanca*.

Il materiale che il fiume non ha depositato lungo il suo percorso arriva infine al mare, che costituisce il *livello di base*, cioè il livello al di sotto del quale non si possono avere fenomeni di erosione a opera di acque correnti. Qui, in corrispondenza della **foce**, le acque del fiume perdono velocità e, di conseguenza, i sedimenti, a partire da quelli di dimensioni maggiori, vengono depositati.

TROVA LE PAROLE

I detriti provenienti dalla .... delle rocce trasportati dalle .... provocano l'.................. delle rocce del fondo dei corsi d'.................. e incidono i fianchi delle .... che assumono una forma a ..... . I materiali asportati dai fiumi a valle vanno a formare le ....

FIGURA 11. Meandri e lanche di un fiume in Kenya. Il colore delle acque è dovuto al contenuto di materiali in carico ricchi di ossidi di ferro.

4 L'azione modellante dei ghiacciai

I ghiacciai costituiscono il più importante agente di modellamento del paesaggio alle alte quote o alle latitudini elevate. Un ghiacciaio non è un semplice blocco statico di ghiaccio: sotto la spinta del proprio peso si deforma e, grazie alla gravità, si muove verso il basso incanalandosi nelle valli preesistenti (scavate per esempio da un fiume) e formando delle **lingue glaciali**, che lo fanno assomigliare a un fiume di ghiaccio.

Pur spostandosi lentamente (da qualche centimetro a qualche metro al giorno), la sua forza è enorme. Come una ciclopica escavatrice il ghiacciaio avanza e trascina con sé non solo particelle finissime che, come una sorta di carta vetrata, levigano persino le rocce più dure, ma anche enormi blocchi di pietra caduti dall'alto o rimossi dai fianchi (**FIGURA 12**). Tutti questi materiali inglobati nel ghiaccio che scende lentamente verso valle, smussano e levigano le pareti rocciose che incontrano ed esercitano un'azione erosiva sulle rocce detta *esarazione*. Grazie a questa azione abrasiva le valli attraversate dai ghiacciai hanno un tipico profilo a U.

I ghiacciai dopo aver inglobato i materiali prelevati a monte li abbandonano a valle quando, al di sotto del limite delle nevi persistenti (sulle Alpi intorno a 2800 metri di altezza), il ghiaccio si scioglie.

FIGURA 12. Sulle rocce levigate dallo scorrimento dei ghiacci gli antichi camuni, gli abitanti della Val Camonica, una tipica valle di origine glacialele del I millennio a.C., hanno lasciato più di 300 000 incisioni a testimonianza della loro civiltà.

APPROFONDIMENTO
Le glaciazioni

VIDEO
Il profilo longitudinale di un ghiacciaio
La formazione di una valle glaciale

L'enorme carico di detriti sui lati o sul fronte del ghiacciaio forma degli accumuli chiamati **morene**, caratterizzati da un insieme caotico di materiali di varia dimensione. Le morene, a seconda della posizione in cui sono stati deposti i detriti, possono essere di *fondo*, *laterali* o *frontali*. Esistono anche delle morene *centrali* che si formano quando due lingue glaciali confluiscono l'una nell'altra.

Gli effetti più imponenti dell'azione modellante dei ghiacciai si sono verificati con le glaciazioni quando, negli ultimi due milioni di anni, le oscillazioni climatiche hanno causato a più riprese l'avanzata e il ritiro dei ghiacciai. Alle nostre latitudini i ghiacci, avanzando, hanno scavato le pareti dei monti e hanno formato le grandi vallate a U che si trovano ai piedi delle Alpi. Ritirandosi hanno abbandonato una grande quantità di vari materiali: sono di origine morenica le colline disposte a semicerchio, dette *anfiteatri morenici* (**FIGURA 13**) o la lunga collina detta la Serra di Ivrea che, come una muraglia, fiancheggia la Valle d'Aosta. Anche gli enormi blocchi di pietra detti un tempo massi delle streghe, noti oggi con il nome di *massi erratici*, sono stati abbandonati sul fondo delle valli quando è avvenuto il ritiro dei ghiacciai.

All'azione di scavo dei ghiacciai si è aggiunta in seguito l'azione di trasporto dei corsi d'acqua: si sono formate così le ampie e fertili pianure come quella oggi percorsa dal fiume Adige (**FIGURA 14**).

TROVA LE PAROLE

L'azione di .... dei ghiacciai, detta .... , è dovuta ai .... inglobati e trasportati dalla massa di .... che scendendo modella i fianchi delle .... a .... I materiali inglobati nel ghiaccio vengono abbandonati quando il .... si .... e formano degli .... sul fronte o ai lati del ghiacciaio detti ....

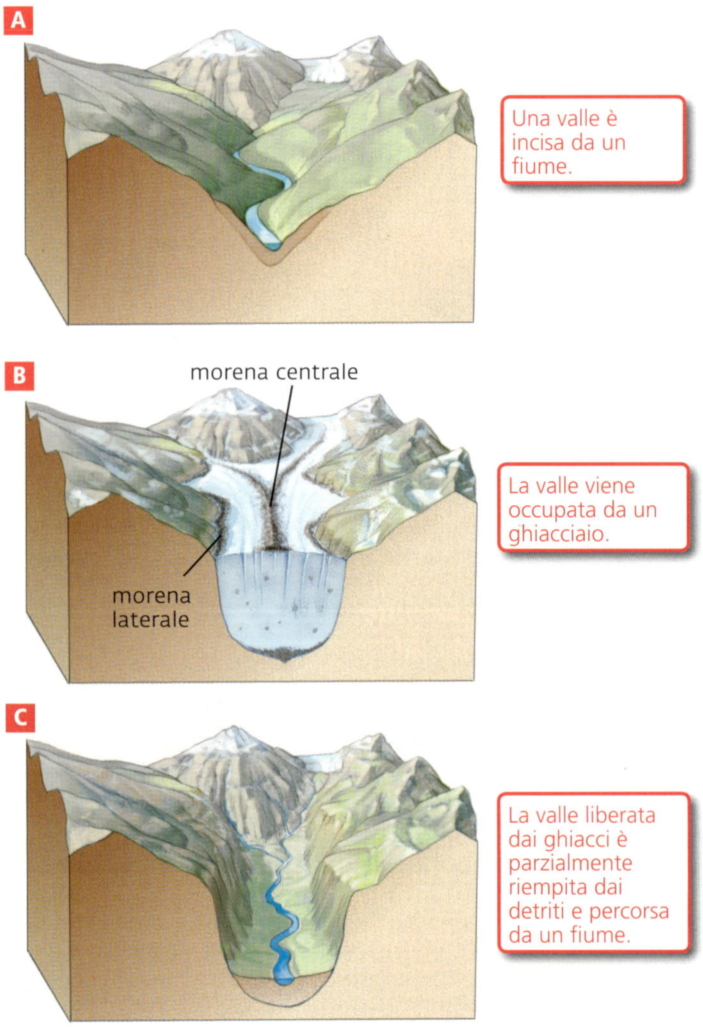

FIGURA 13. L'anfiteatro morenico di Ivrea. La lunga collina sulla destra è la Serra di Ivrea.

FIGURA 14. In (**A**) e (**B**) formazione di una valle glaciale, in (**C**) valle liberata dai ghiacci, viene occupata da detriti e percorsa da un fiume. (**D**) La pianura che occupa la valle del fiume Adige, è stata costruita dai materiali che, dopo la scomparsa dei ghiacciai, hanno riempito il fondo della valle scavata dal ghiaccio.

STORIE DELLA TERRA

I massi delle streghe

Nessuno sarebbe in grado di smuovere l'enorme masso di pietra che si trova accanto a una chiesa nel fondovalle ai piedi delle Alpi in Valchiavenna. Un tempo si narrava che fossero state le streghe a spingerlo fin lì, per distruggere la chiesa e uccidere i fedeli raccolti in preghiera all'interno. Fortunatamente, l'intervento divino arrestò il masso nel prato accanto alla chiesa, risparmiandola insieme ai fedeli. A riprova dell'avvenimento, sulla roccia del masso sarebbero rimaste visibili le impronte delle mani e dei piedi delle streghe che lo avevano spinto (**FIGURA A**).
Molti sono i massi, come quello della Valchiavenna, che costellano le piane delle valli alpine in Europa e nel Nord America. Essi sono chiamati massi erratici (dal latino *errare*, vagare). Ce ne sono persino a New York in Central Park (**FIGURA B**). La loro presenza nei luoghi più incredibili è rimasta a lungo un mistero. Da dove provenivano, come avevano fatto ad arrivare lì, dove si trovavano?
A metà dell'Ottocento, il geologo svizzero Louis Agassiz ipotizzò che i massi erratici fossero stati trasportati lontano dai luoghi d'origine da antichi ghiacciai. Cosa mai pensata prima, egli suppose che nel passato, enormi calotte di ghiaccio si estendessero dal Polo nord a gran parte dell'Europa. Dalle vette, che delimitavano i bacini di raccolta della neve che alimentavano i ghiacciai, talvolta franavano pezzi di roccia. Inglobati nel ghiaccio, i massi venivano trasportati verso la pianura dal ghiacciaio in movimento verso valle. Quando con il rialzo delle temperature i ghiacci si ritirarono, i massi restarono abbandonati sul terreno. «Come dimostrare che un ghiacciaio si muove?» pensava lo scienziato «Semplice: basterebbe conficcare nel ghiaccio dei picchetti e controllare, rispetto a un corpo di riferimento, la posizione da essi occupata dopo un certo tempo». È ciò che fece Agassiz che così vide che il ghiaccio si muove di alcune decine di metri in un anno (**FIGURA C**).
Ma altre osservazioni suffragavano l'ipotesi di Agassiz. Egli aveva anche notato che la roccia dei massi erratici era diversa da quella del fondovalle su cui erano adagiati. Alcuni massi erano di granito, mentre la roccia che costituiva le pareti della valle era di calcare. Ciò, pensò, era dovuto al fatto che i massi provenivano dalle cime che delimitano più a monte il bacino di raccolta della neve del ghiacciaio e che avevano una natura rocciosa diversa. Per verificarlo, Agassiz prelevò alcuni campioni di roccia dalle cime più a monte e constatò che erano di granito. Ebbe così la conferma che quanto pensava era corretto: i massi erratici provenivano da monti distanti anche decine di kilometri. Dunque, non erano state le streghe a spingere il masso. Come in altre circostanze, anche questa volta la scienza forniva spiegazioni di fatti «inspiegabili».

1

2

FIGURA A. (**1**) Masso erratico di Giavera in Valchiavenna. (**2**) Secondo una leggenda il masso erratico era stato spinto verso valle dalle streghe. Le cavità, interpretate come impronte delle mani delle streghe, sono state scavate dagli agenti atmosferici. Oggi i massi erratici, considerati veri e propri monumenti dell'era glaciale, sono protetti da una legge, ma per millenni, essendo «a portata di mano», sono stati scalpellati, sfruttati e riutilizzati come materiali da costruzione.

FIGURA B. Un masso erratico in Central Park, nel cuore di New York. Ve ne sono anche alle porte della città e provengono da rocce affioranti nel Canada.

FIGURA C. Agassiz dimostrò il moto del ghiaccio nel ghiacciaio dell'Aar, sulle Alpi, piantando in esso dei paletti e misurando di quanto si erano spostati dopo un certo tempo.

PER FISSARE I CONCETTI

- A che cosa è dovuta la presenza di massi erratici dove oggi si trova New York?
- Quando si pensa al trasporto di massi, vengono in mente i fiumi. Come mai Agassiz pensò ai ghiacciai?

5 L'azione modellante del mare e del vento

Il principale fattore di modellamento delle coste è l'azione incessante delle onde: su ogni tratto di costa si abbattono in media 14 000 onde al giorno, in grado di erodere le rocce più resistenti. Al tempo stesso, per la loro capacità di trasportare le sabbie lungo la costa, le onde sono anche responsabili della costruzione delle spiagge e delle dune costiere.

Le onde e le correnti scavano più intensamente le rocce tenere rispetto a quelle più dure. Questa diversità di erosione si riflette sull'aspetto sinuoso delle coste.

La forza meccanica delle onde, combinata con quella dei frammenti di roccia, dei ciottoli e della sabbia che esse trascinano con sé, ha effetti diversi a seconda che si tratti di una costa alta o di una costa bassa.

Se la costa è alta e rocciosa, prevale normalmente l'azione erosiva delle onde sulle pareti scoscese e si formano le **falesie**.

Le onde erodono e scavano la roccia alla base, asportando materiali, che, scagliati dai moti ondosi contro la roccia da cui provengono, ne favoriscono l'erosione. Alla base della parete rocciosa si forma così un incavo via via più profondo, fino a che la parete soprastante non crolla.

Se i detriti ai piedi della falesia vengono rimossi dalle correnti, l'opera di demolizione delle onde prosegue e la costa continua ad arretrare (**FIGURA 15**).

Se invece i detriti non vengono rimossi, tra il mare e la falesia si forma un tratto di spiaggia che frena il moto delle onde: l'erosione si attenua e la falesia non arretra più.

Mentre sulle coste alte prevale l'erosione, sulle coste basse prevale in genere il deposito, grazie ai materiali erosi dal mare e ridistribuiti verso la terraferma dalle onde o dai sedimenti trasportati verso il mare dai fiumi.

Si formano così spiagge, cordoni e dune litorali. La linea di costa, sotto la spinta di questi agenti è in continuo mutamento, ora avanzando, ora arretrando sotto la spinta del mare.

In alcune regioni è il vento l'agente principale del modellamento del paesaggio; si parla allora di *ambiente eolico*.

I principali ambienti eolici si trovano nelle regioni aride, prive d'acqua, dove la degradazione delle rocce è quasi esclusivamente dovuta a processi di disgregazione fisica quali le variazioni termiche e l'erosione da parte del vento.

FIGURA 15. L'incessante azione delle onde, la direzione del loro moto e la natura delle rocce su cui si infrangono possono far arretrare la linea di costa, ma preservare alcuni blocchi rocciosi che si ergono come scogli isolati detti faraglioni.

PROVA A FARE

Una sabbia speciale

Nella piccola isola sarda di Mal di Ventre, accanto a Oristano, emergono alcuni residui dell'antica roccia granitica che affiora anche in altre aree della Sardegna. Il suo nome deriva impropriamente dal sardo «malu entu 'o cattivo vento», perché il mare che la circonda è spesso agitato dal vento maestrale. Sulla costa opposta alla piccola isola, si trovano alcune centinaia di metri di spiaggia la cui sabbia, detta «dei chicchi di riso», è fatta in prevalenza di piccoli «chicchi» bene arrotondati di quarzo bianco traslucido con qualche «chicco» rosa di feldspato. L'accesso a questa spiaggia, unica nel suo genere, è soggetto a restrizioni e a sanzioni nei confronti di quanti la imbrattano o asportano la preziosa sabbia.

a. Qual è stato il principale agente del modellamento della spiaggia?

b. Spiega la relazione esistente tra le rocce granitiche originarie e la composizione della sabbia costituita prevalentemente da quarzo.

c. A che cosa è dovuto l'aspetto a «chicchi di riso» della sabbia?

Un esempio tipico di ambiente eolico è il deserto. Il vento solleva particelle di sabbia e le scaglia contro superfici rocciose graffiandole, smerigliandole e contribuendo alla loro disgregazione fisica. Là dove prevale il deposito, si accumulano ingenti quantità di sabbie. Abbiamo così i deserti sabbiosi, dove le forme del paesaggio più diffuse sono le **dune**, increspature alte fino a qualche centinaio di metri, formate dall'azione del vento sulla sabbia (**FIGURA 16**). Dove manca una copertura vegetale che ne arresti l'avanzata, le dune camminano spostandosi nella stessa direzione del vento: il movimento coinvolge le singole particelle di sabbia, che rotolano lungo il lato sopravento e precipitano oltre la cresta, inducendo nel loro insieme il movimento dell'intero rilievo.

TROVA LE PAROLE

Le .... e le correnti del .... modellano variamente le .... a seconda della resistenza delle .... che le compongono. Dove prevale il .... si formano le spiagge. Nei .... il principale agente del modellamento è il .... che trasporta la .... formando le .... che, in assenza di ostacoli, si .... nella stessa .... del vento.

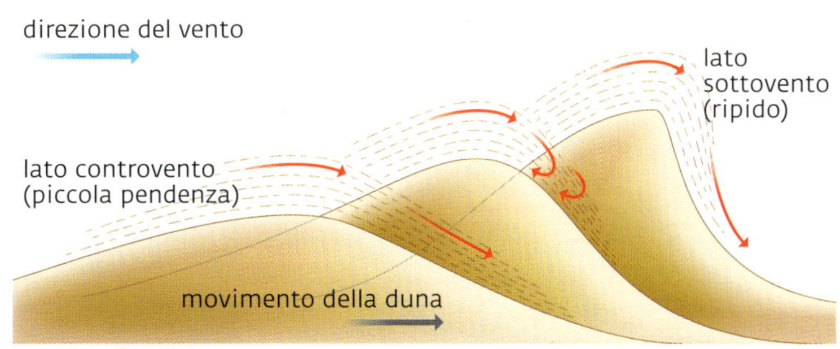

FIGURA 16. Dune sabbiose del deserto della Valle della Morte (California). In primo piano sono visibili le increspature più piccole che il vento forma su ogni duna. In sezione (*nel disegno*), la forma asimmetrica delle dune e delle increspature: il lato esposto al vento ha una minore pendenza.

6 Le frane

VIDEO
I tipi di frane

A volte i versanti delle montagne sono messi a nudo da ampie «ferite», cioè da **frane**.

Una **frana** avviene quando materiali rocciosi si staccano da un versante montuoso e si muovono per gravità verso valle.

Ogni frana presenta degli aspetti particolari che la distinguono dalle altre per il tipo di pendio su cui la frana si imposta, la porzione e la composizione dei materiali del versante interessato e la velocità dello spostamento verso valle. In generale le tipologie di frane possono essere ricondotte a due grandi categorie: le frane di crollo e quelle di scivolamento.

Una *frana di crollo* (**FIGURA 17A**) consiste nella caduta di masse rocciose che si distaccano e precipitano da pareti ripide o a strapiombo con movimento essenzialmente verticale.

Una *frana di scivolamento* si verifica quando uno strato di terreno si «scolla» dallo strato sottostante, la cui superficie di contatto funziona da piano di scorrimento (**FIGURA 17B**).

Oltre a questi movimenti franosi improvvisi si può verificare un tipo di movimento franoso lento, di alcune decine di centimetri l'anno, che consiste in un continuo scivolamento verso valle della coltre superficiale del terreno. Questo fenomeno viene chiamato *soliflusso* (**FIGURA 17C**). Tutti i movimenti franosi sono innescati da più fattori, tra cui molto importanti sono le intense e continuate precipitazioni e la disposizione e la natura dei materiali interessati (**FIGURA 17D**).

- **Le precipitazioni**. Durante le piogge intense e continuate l'acqua, penetrando nel suolo, separa le particelle che lo costituiscono. Di conseguenza, la massa di terreno diventa meno compatta e soprattutto più pesante a causa dell'acqua assorbita. Il maggior peso e la minore compattezza tendono a far scivolare il materiale verso il basso. Inoltre, l'acqua che si infiltra tra gli strati delle rocce può formare un sottile velo, una sorta di intercapedine che funge da piano di scorrimento di uno strato rispetto all'altro.
- **La disposizione e la natura del materiale coinvolto**. In un ammasso roccioso stratificato, gli strati possono essere variamente inclinati (**FIGURA 18**). Quando l'inclinazione è diretta nello stesso verso del pendio, gli strati sono definiti a *franapoggio*; quando invece l'inclinazione è opposta rispetto alla direzione del pendio, gli strati sono definiti a *reggipoggio*. Gli strati a franapoggio sono un fattore che favorisce un movimento franoso. La franosità degli strati

A
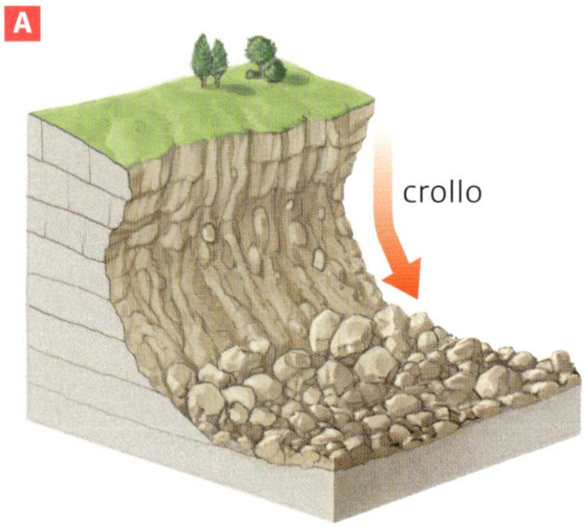

B
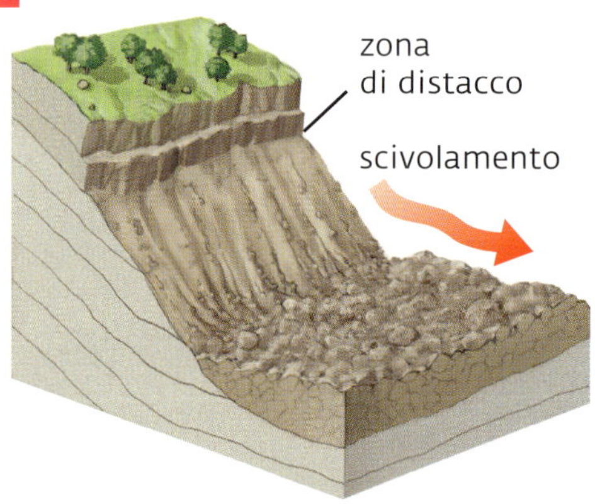

C
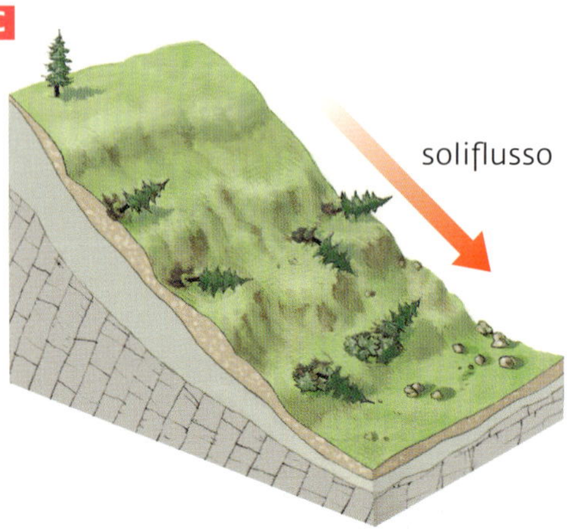

D

FIGURA 17. (**A**) Frana di crollo. (**B**) Frana di scivolamento. (**C**) Soliflusso. Il soliflusso è un movimento lento e continuo di materiali che si muovono verso valle, che può accelerare durante i periodi di pioggia. (**D**) Frana che si è staccata dal monte Zandila nel luglio del 1987.

a franapoggio può aumentare in presenza di materiali argillosi incoerenti che, assorbendo una certa quantità di acqua, possono agire da lubrificanti facilitando lo scorrimento verso valle degli strati appoggiati su di essi. Per questo motivo molti versanti del nostro Appennino, in cui sono frequenti depositi argillosi, sono soggetti a frane (**FIGURA 19**).

TROVA LE PAROLE

Una .... si forma quando .... cadono dai .... delle montagne. Alla sua formazione concorrono le .... e la .... degli .... rocciosi: i versanti a .... sono più soggetti a frane di quelli a ....

FIGURA 19. Nell'Appennino parmense, a Corniglio, questa enorme colata di terra è un'antica frana che si può riattivare in seguito a intense piogge.

PROVA A FARE

La frana del Vajont: un disastro annunciato

Nel settembre del 1963 era stata ultimata la costruzione della diga che avrebbe dovuto contenere le acque del torrente Vajont in provincia di Belluno. La diga sfruttava la gola scavata dal torrente tra le pareti rocciose del Monte Toc che erano costituite da strati calcarei molto fessurati con interposti strati più sottili di argilla e calcare. Alcuni geologi avevano avanzato dubbi sulla fattibilità della diga per la disposizione e la natura degli strati. Nonostante ciò e nonostante le piogge intense che si verificarono in quei giorni, terminata la costruzione dello sbarramento, si iniziò il riempimento della diga con l'acqua del torrente. Il riempimento non era ancora completato quando una massa rocciosa di 300 milioni di metri cubi si staccò dal fianco della gola e cadde nell'invaso. Si sollevò un'onda di 200 metri che, superando lo sbarramento, precipitò a valle causando duemila vittime.

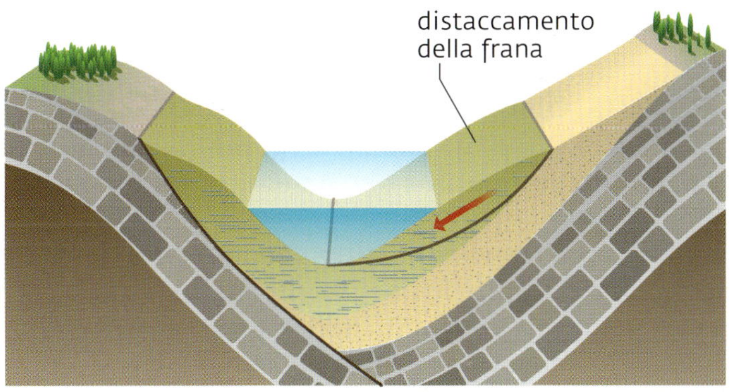

Spiega le ragioni per le quali la frana poteva essere prevista e il disastro evitato.

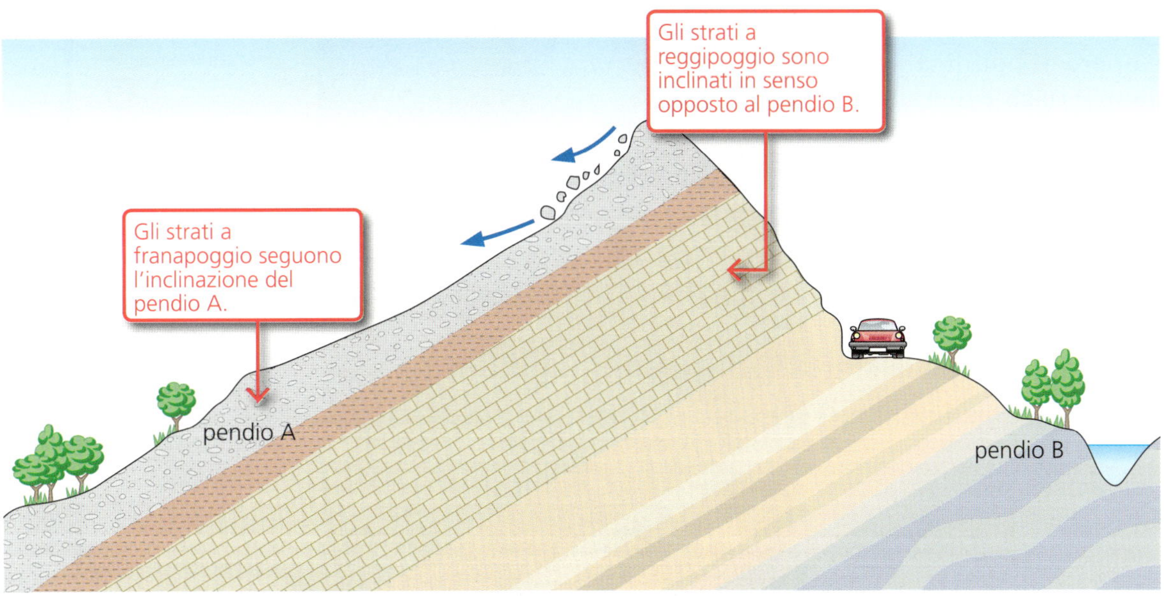

FIGURA 18. La disposizione a franapoggio rende più probabili le frane, in particolare quando vi sono strati argillosi che, impregnati di acqua, agiscono da lubrificanti.

7 Il rischio idrogeologico

Il **rischio idrogeologico** di un territorio è la possibilità che in quel territorio si verifichi un evento come un'esondazione o una frana con gravi danni a persone e cose. Concorrono al dissesto *fattori naturali* e *fattori antropici*.
Tra i fattori naturali vi sono la conformazione geomorfologica e la frequenza e intensità delle precipitazioni. Tra i fattori antropici, quindi dovuti all'opera dell'uomo, vi sono l'abbandono dei terreni montani, l'abusivismo edilizio, il disboscamento.
Il rischio idrogeologico è espresso da due fattori: la pericolosità e la vulnerabilità.
La **pericolosità** è rappresentata della probabilità che un fenomeno infausto si verifichi. La **vulnerabilità** è la possibilità che, in conseguenza di quel fenomeno, persone, edifici o attività economiche subiscano danneggiamenti, in particolare se il territorio coinvolto è intensamente popolato.

LA PREVISIONE E LA PREVENZIONE

La previsione e la prevenzione comprendono le misure da predisporre prima che un evento estremo si verifichi.
Sono misure di **previsione** oltre che lo studio della conformazione geologica del territorio, le indagini sulla frequenza di un evento, sui fattori che lo favoriscono e sui segnali indicatori del suo evolversi. A questo scopo sono di grande aiuto i sistemi di monitoraggio effettuati mediante satelliti che rilevano i movimenti del suolo e le stazioni meteorologiche che forniscono dati aggiornati sull'avvicinarsi di eventi meteorologici straordinari.
La **prevenzione** ha l'obiettivo di mitigare i danni per persone, cose e ambiente. Tra le opere di prevenzione del rischio di esondazione vi sono la costruzione di argini, la pulizia degli alvei, le opere di bonifica, la riforestazione; tra quelle riguardanti il rischio di frane vi sono gli interventi sui terreni franosi come le reti paramassi o i muri di sostegno per prevenire la riattivazione di frane preesistenti.
Alluvioni e frane sono infatti favoriti anche dal consumo di suolo per costruire nuove aree urbane in deroga ai piani regolatori edilizi.

ESONDAZIONI E FRANE

Frane e smottamenti, oltre che dalla conformazione del territorio e dall'erosione, sono causati dal disboscamento, dalla cementificazione e impermeabilizzazione dei suoli e dall'abbandono delle aree montane. Le vie d'acqua per l'irrigazione dei campi non sono più curate e tenute pulite. Terra, sassi, foglie e rami spezzati si accumulano nei ruscelli. Durante le piogge, la maggiore quantità d'acqua trascina questo materiale fino ai torrenti dove si accumula e blocca il flusso d'acqua causando *l'effetto diga*. L'acqua preme a monte di queste dighe naturali, finché si libera improvvisamente, riversandosi violentemente a valle con enormi danni.

Sono frequenti sulle nostre strade di montagna segnali di pericolo come questi: «caduta massi» e grado di pendenza del terreno.

L'alveo artificiale del fiume Seveso è stato completamente cementificato: a ogni pioggia abbondante, rischia di esondare.

Il Seveso era un piccolo torrente che poche decine di anni fa attraversava la città di Milano. Ora scorre per 16 km in un tunnel sottoterra. In caso di piena è esondato più volte e ha inondato le zone più a nord della città.

IL DISSESTO IDROGEOLOGICO IN ITALIA

L'Italia è un Paese prevalentemente montuoso e collinare: le pianure occupano poco più del 20% dell'intero territorio. In alcune regioni, specialmente nell'Appennino, i suoli sono argillosi e il clima temperato prevede due stagioni piovose all'anno. Oltre a ciò, disboscamento e cementificazione rendono l'Italia ad alto rischio di alluvioni e frane particolarmente nelle stagioni piovose.

Frana del Vajont: ottobre 1963. Una massa rocciosa di 200 milioni di metri cubi si staccò dal monte Toc, scivolò nel sottostante bacino e sollevò un'ondata d'acqua che irruppe nella sottostante valle, investì il paese di Longarone, causando quasi 2000 morti.

Frana di Stava nel Trentino: luglio 1985. In seguito alla rottura degli argini di bacini di decantazione di una miniera un'ondata di fango e detriti travolse il paese di Stava causando 285 morti.

Frana della Val Pola in Valtellina: estate 1987. Il distacco di un pezzo di montagna e una devastante frana seppellì l'abitato di S. Antonio Morignone e inondò di fango vastissime aree.

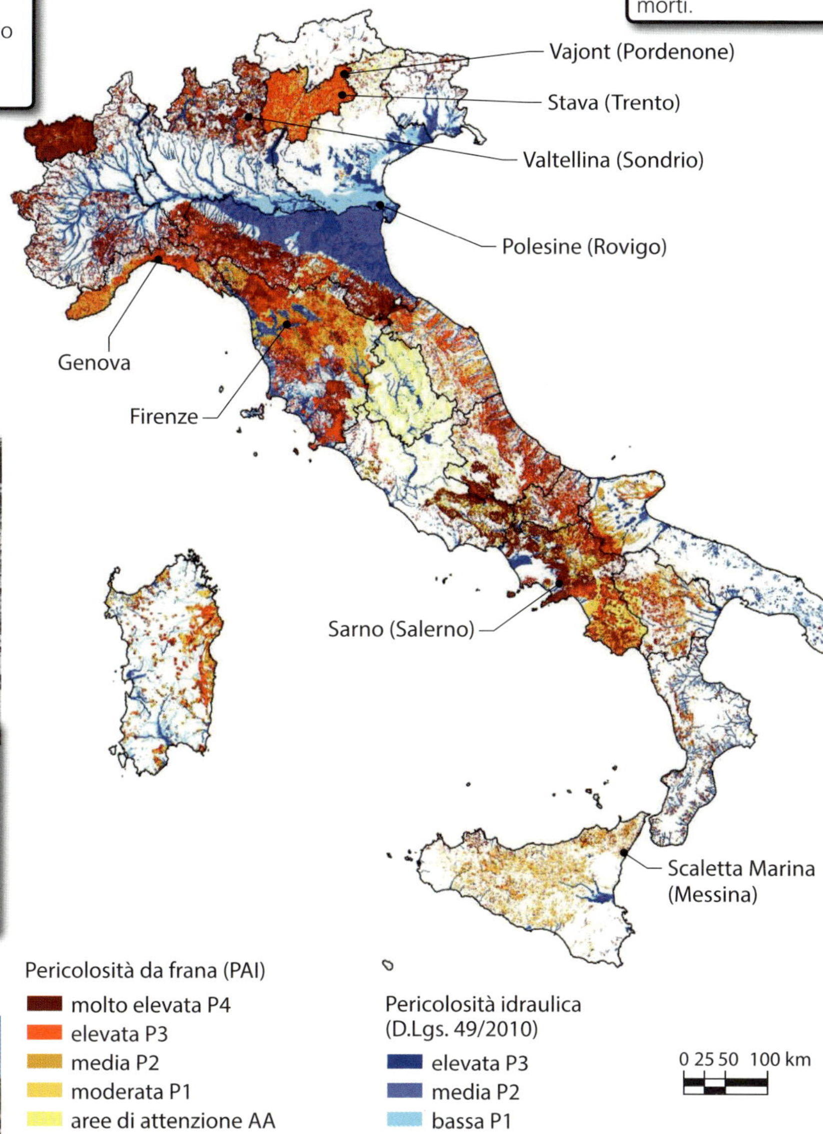

Alluvione di Genova: ottobre 1970. I torrenti che attraversano la città straripararono causando vittime e inondazione. Questi eventi si sono ripetuti nel tempo.

Alluvione del Polesine: novembre 1951. La rottura degli argini del Po causò un'alluvione che portò morte e distruzione nella provincia di Rovigo e in parte nella provincia di Venezia.

Alluvione di Firenze: novembre 1966. L'esondazione dell'Arno, causò morti e danni inestimabili al patrimonio artistico. Migliaia di volontari chiamati «angeli del fango», aiutarono nell'opera di ripulitura della città e nel recupero delle opere d'arte.

Frana di Scaletta Marina: ottobre 2009. Un nubifragio provocò lo straripamento dei corsi d'acqua e lo scivolamento a valle di colate di fango e detriti che causarono decine di morti.

Frana di Sarno: maggio 1998. Intense piogge, disboscamento e cementificazione furono cause delle colate di fango che si riversarono su persone e luoghi causando 160 morti.

TROVA LE PAROLE

Il .... di un .... è la possibilità che in quel territorio si verifichi un evento come una .... o una .... con gravi danni a persone e cose. Il rischio dipende sia da fattori .... come la .... dei rilievi, sia antropici come .... delle aree montuose o la .... dei .... La .... del rischio idrogeologico è rappresentata dalla .... che un fenomeno infausto si verifichi e dalla .... che è rappresentata dalla possibilità che .... o cose subiscano gravi ....

VIDEO
Il profilo pedologico

8 Il suolo

La degradazione fisica e chimica delle rocce, l'erosione e il trasporto consentono la formazione di una delle più importanti risorse della Terra: il suolo. Il suolo rappresenta il più ampio deposito di materiali derivati dalla demolizione delle rocce che resta sulle terre emerse. Poiché la degradazione delle rocce è un processo lentissimo, la formazione del suolo richiede migliaia di anni: si è calcolato che, in media, occorrono dai cento ai mille anni perché si formi un centimetro di suolo.

Il suolo non è solo un cumulo di detriti rocciosi, ma contiene anche aria, acqua, sali minerali e materiale organico. Al suo interno si trovano organismi di piccole dimensioni, o addirittura microscopici, che si nutrono dei corpi morti o degli scarti di altri organismi: sono insetti, vermi, batteri e muffe che operano la *decomposizione*. Nel suolo inoltre penetrano le radici delle piante. Anche se la composizione varia da luogo a luogo, un suolo fertile, accanto a una parte vivente, comprende sempre:

- un **componente minerale**, formato da particelle di varia grandezza, in ordine decrescente *ghiaia*, *sabbia*, *limo* e *argilla* (**FIGURA 20**);
- **aria** e **acqua** con sali in soluzione;
- **humus**, il materiale organico costituito dai resti decomposti di animali e piante.

Al variare della composizione del suolo variano le sue proprietà. Per esempio, i suoli sabbiosi, che sono molto permeabili, non trattengono a sufficienza l'acqua che li attraversa; di conseguenza, questa tende a portare via con sé i sali minerali indispensabili alle piante. Al contrario, i suoli argillosi sono impermeabili e trattengono l'acqua, per cui questa vi ristagna sopra facilmente. I suoli più fertili sono i cosiddetti suoli misti, i cui componenti solidi sono costituiti per il 50% circa da sabbia, per il 30% da argilla e per il 20% da humus e sali.

Esaminando una sezione verticale di suolo, in genere è possibile notare, a partire dalla superficie, una serie tipica di strati, o **orizzonti**, che differiscono per composizione e caratteristiche fisiche. La successione verticale di tali orizzonti costituisce il *profilo del suolo*. In genere, procedendo dall'alto in basso, si possono individuare tre orizzonti principali, che vengono indicati rispettivamente con le lettere A, B e C (**FIGURA 21**):

- l'*orizzonte A*, situato immediatamente sotto la superficie, è scuro per l'abbondante presenza di humus; è il più esposto all'azione degli agenti atmosferici, di conseguenza è povero di sali solubili, dato che questi, assieme alle particelle argillose più fini, vengono trasportati verso il basso dall'acqua che si infiltra attraverso la superficie;
- l'*orizzonte B*, in genere, è più chiaro dell'orizzonte A, perché è povero di humus e più ricco di sali solubili, provenienti da tale orizzonte; vi si accumulano inoltre le particelle argillose trascinate in basso dall'acqua;
- l'*orizzonte C*, al di sotto degli orizzonti A e B, contiene materiale detritico solo parzialmente alterato derivante dalla roccia sottostante detta *roccia madre*; conserva, quindi,

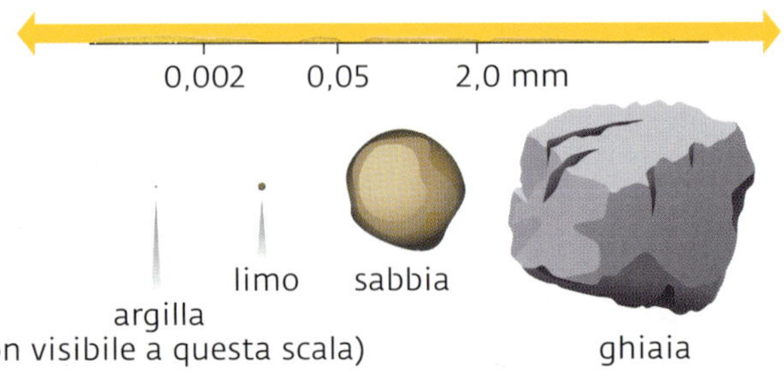

FIGURA 20. Ricorda che 1 μm= 1/1000 mm. Le particelle di ghiaia hanno un diametro superiore a 2 mm, la sabbia ha un diametro compreso tra 2 mm e 50 μm, il limo ha un diametro compreso tra 50 μm e 2 μm, l'argilla ha un diametro inferiore a 2 μm.

PROVA A FARE

Un test di sedimentazione del suolo

Prendi una manciata di suolo del peso di circa 20 g e mettilo in un contenitore cilindrico dotato di coperchio. Versa lentamente sul contenuto 200 cm^3 di acqua. Noterai che dal suolo imbevuto di acqua si sviluppano delle bollicine. Chiudi il contenitore con il coperchio e agita il tutto per 30 secondi. Lascia riposare il miscuglio finché non noterai una stratificazione come in figura: sul fondo si depositano particelle di ghiaia, al di sopra la sabbia, sopra la sabbia argilla e limo, in sospensione rimangono particelle di argilla e, galleggiante in superficie, l'humus.

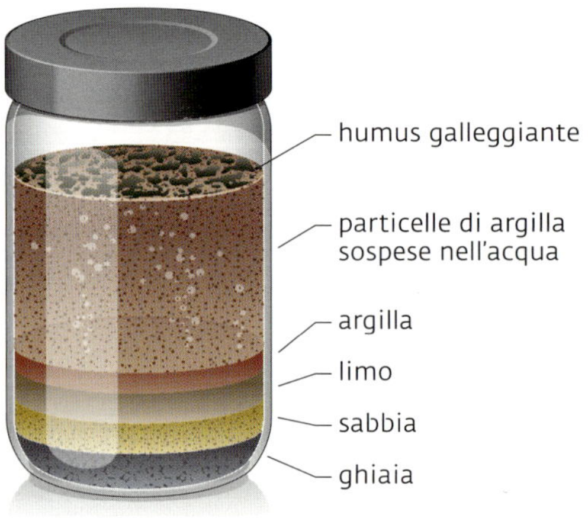

a. A che cosa sono dovute le bollicine che si sviluppano con l'aggiunta dell'acqua?

b. Osserva il colore dominante: quale componente prevale se il colore è scuro tendente al nero? E il colore rossastro a che cosa è dovuto?

c. Osserva il suolo con una lente di ingrandimento. Puoi vedere le particelle di argilla? E quelle di sabbia?

ancora gran parte del suo aspetto originario. La materia organica è assente o molto scarsa. Sotto di esso si trova la roccia madre non disgregata.

Il tipo di suolo, e dunque il suo profilo, è il risultato di diversi fattori determinati dalle condizioni locali: in particolare, il tipo di roccia madre, il clima e la pendenza. Per esempio, i suoli di regioni con clima umido che provengono dalla demolizione di rocce costituite da silicati sono ricchi di quarzo e di argilla. Sono definiti *suoli acidi* e sono adatti per lo sviluppo dei boschi di conifere. Invece, i suoli di regioni con clima più secco che provengono dalla demolizione di rocce calcaree, definiti *suoli basici*, sono poveri di quarzo e di argilla e ricchi di calcio, adatti per la coltivazione di ulivi, mandorli e carrubi.

TROVA LE PAROLE

Il suolo deriva dalla .... delle rocce ed è costituito da un componente ...., da .... e .... e da ...., formato da materia organica. I suoli più fertili, detti ...., sono costituiti per il 50% circa da ...., per il .... da argilla e per il 20% da humus e ....

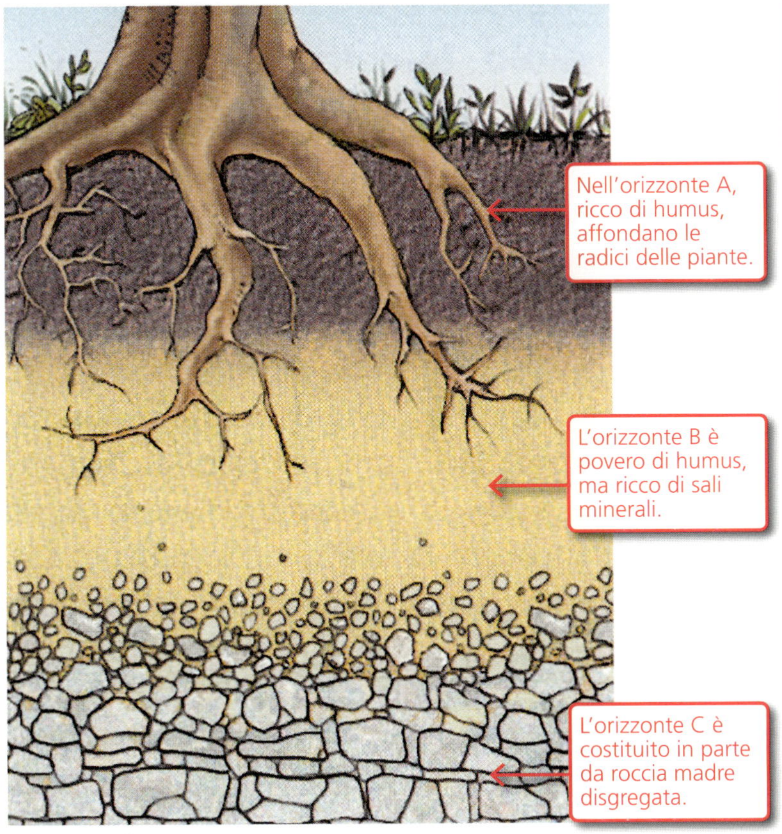

FIGURA 21. Gli orizzonti del sottosuolo.

9 Il ciclo delle rocce

Solo una piccola parte dei prodotti della demolizione fisica e chimica delle rocce resta sui continenti a formare il suolo; la maggior parte di essi viene trasportata a valle dalle acque correnti e infine depositata in mare (**FIGURA 22**).

Ogni anno i fiumi della Terra trasportano in mare e abbandonano sui fondali migliaia di miliardi di tonnellate di materiali detritici (soprattutto ghiaie, sabbie e argille). Questi materiali sono i sedimenti, a partire dai quali si formano le *rocce sedimentarie*.

La maggior parte dei sedimenti si accumula sulla *piattaforma continentale*, che è il proseguimento a mare, sott'acqua, dei continenti. I sedimenti che si depositano su di essa sono spesso rimessi in movimento dalle correnti sottomarine e possono precipitare lungo quella ripida pendenza del fondo marino, detta *scarpata continentale*, per depositarsi, infine, sulle *piane abissali*.

La frana sottomarina può essere talvolta molto diluita, quasi liquida, formata da acqua, sabbia e fango mischiati assieme: una massa precipitante di questo tipo è chiamata *corrente di torbida*. Col tempo, per effetto dei processi di **litificazione**, attraverso la compattazione e la cementazione, i sedimenti accumulati sulle piane abissali diventano rocce sedimentarie. Le rocce, così formate, possono essere spinte in profondità dai movimenti delle placche litosferiche e trasformarsi in rocce metamorfiche.

FIGURA 22. Dai rilievi al mare avvengono la degradazione, il trasporto e il deposito.

Oppure possono fondere e generare un magma che raffreddando forma le rocce magmatiche.

Le rocce neoformate possono essere sollevate, piegate, spezzate e apparire infine in superficie; a questo punto, esposte all'aria, cominciano a essere demolite a opera degli agenti atmosferici. Si formano così nuovi detriti che sono convogliati al mare. L'insieme di questi processi di demolizione e di ricostruzione di nuove rocce a partire dai materiali di rocce preesistenti è detto **ciclo delle rocce** o **ciclo litogenetico** (FIGURA 23).

TROVA LE PAROLE

Il .... delle rocce si può così riassumere: dai .... prodotti dalla .... delle rocce si formano per .... rocce sedimentarie che, spinte in profondità, formano .... oppure, per fusione, danno luogo a un .... da cui derivano le rocce .... Tutti questi tipi di rocce quando affiorano in .... verranno demolite di nuovo in frammenti da cui si formeranno nuove ....

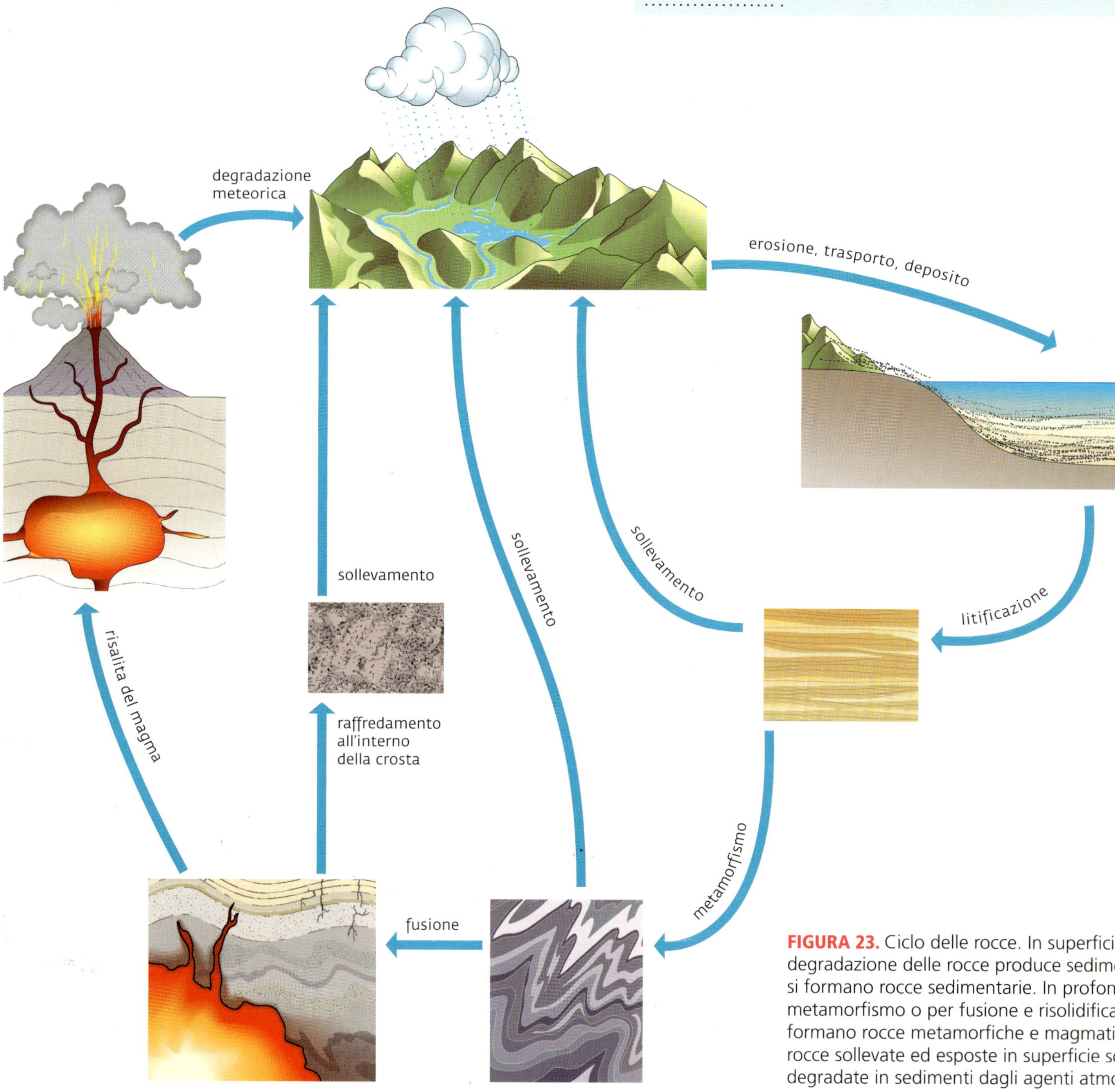

FIGURA 23. Ciclo delle rocce. In superficie la degradazione delle rocce produce sedimenti da cui si formano rocce sedimentarie. In profondità, per metamorfismo o per fusione e risolidificazione, si formano rocce metamorfiche e magmatiche. Le rocce sollevate ed esposte in superficie sono di nuovo degradate in sedimenti dagli agenti atmosferici.

Per ricordare

LOSAI? RIPASSA CON LO SMARTPHONE

1. Quali sono le forze che modellano la superficie terrestre?

La superficie terrestre è modellata da due forze contrapposte: le forze esogene e quelle endogene. Le prime prendono origine dall'energia del Sole, le seconde dal calore interno della Terra.

2. Perché le rocce si degradano?

Le rocce sono degradate dall'azione **meccanica** (o *fisica*) e chimica degli agenti atmosferici.

3. In che modo le acque correnti e i ghiacciai modellano il paesaggio?

Le *acque correnti* erodono i fianchi delle valli che assumono una forma a **V**. I materiali trasportati a valle generano le *pianure alluvionali*.
I *ghiacciai* erodono i fianchi delle valli che prendono la forma a **U**. I materiali trasportati formando le morene.

4. Qual è l'azione di modellamento del mare? E quella del vento?

L'azione di modellamento del *mare* è dovuta alle forze delle correnti e delle onde che erodono le coste. Ne derivano baie, scogliere, promontori e faraglioni. Dove non avviene erosione e prevale il deposito si formano le spiagge.
Nei deserti il *vento* modella il paesaggio. Dove prevale l'accumulo si trovano depositi di sabbia, come le *dune*.

5. Che cos'è una frana? In che cosa consiste il rischio idrogeologico?

Una **frana** avviene quando materiali rocciosi si staccano dai versanti dei monti e precipitano a valle per la forza di gravità.
Il **rischio idrogeologico** è la probabilità che in una certa zona si verifichi un evento infausto come una frana o un'alluvione.

6. Come avviene il ciclo delle rocce?

Le rocce della crosta hanno una vita limitata perché si trasformano le une nelle altre.
Questa continua trasformazione è denominata *ciclo delle rocce*.

la mappa

Completa la mappa concettuale utilizzando i termini proposti. Dai la definizione di quelli sottolineati:

erosione • calore interno • esogene • energia solare • abbassano • degradazione • valli a V • endogene • innalzano • chimica • valli a U • falesie

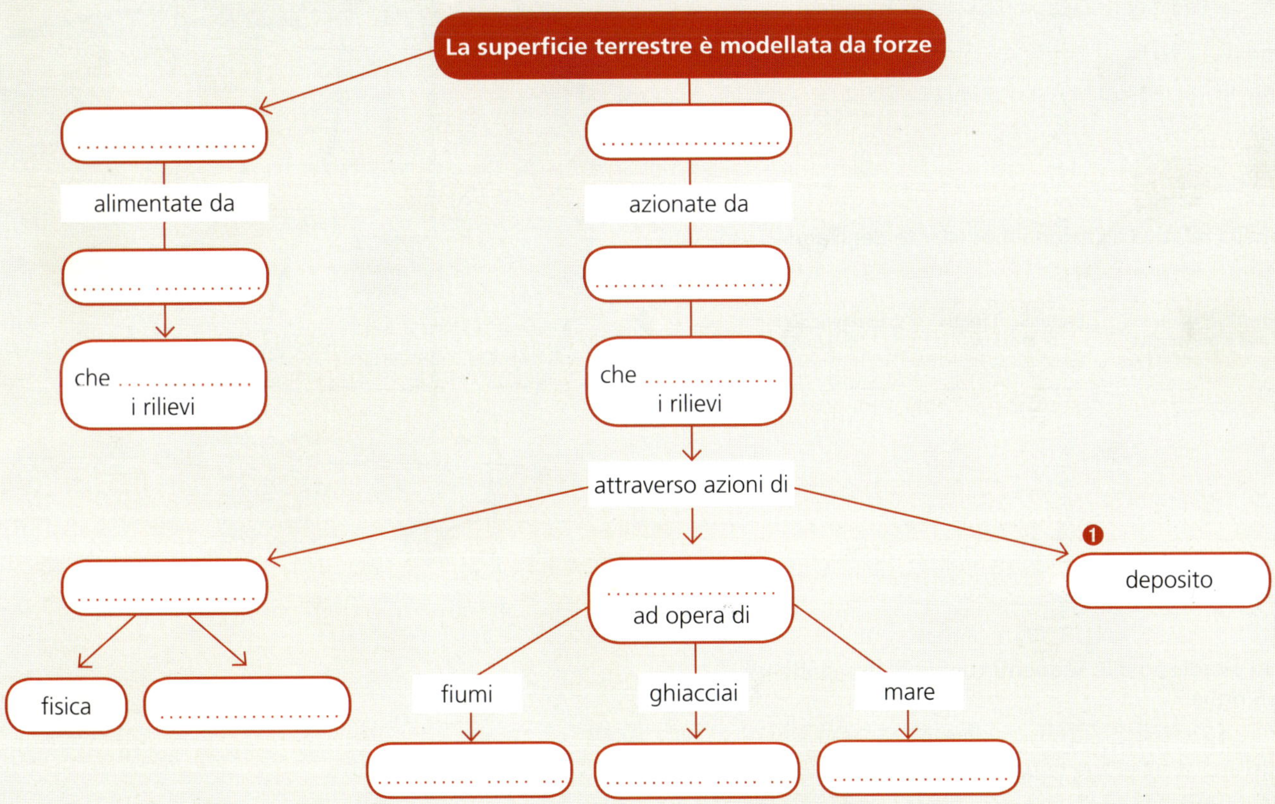

Sul tuo quaderno prova a espandere la mappa aggiungendo nuovi collegamenti al nodo 1 e inserendo i seguenti termini: idrolisi, crioclastismo, dissoluzione, terremoti, ossidazione, eruzioni vulcaniche.

Sei pronto per la verifica?

In 1 ora

1. **Accanto d ogni affermazione, scrivi F se pensi si riferisca a un processo di degradazione fisica, C se pensi si riferisca a un processo di tipo chimico.**

a. Le rocce calcaree vengono disciolte dall'acqua acidificata dalla CO_2. ☐

b. I minerali contenenti ferro sono ossidati dall'O_2 atmosferico. ☐

c. Gli sbalzi termici provocano lo sfaldamento delle rocce. ☐

d. L'idrolisi porta alla formazione di sali solubili a partire dai silicati. ☐

e. L'acqua presente nelle fratture delle rocce, congelando, agisce come un cuneo. ☐

f. L'accumulo nel terreno di ossidi di alluminio porta alla formazione della bauxite. ☐

[6 PUNTI]

2. **Indica se ciascuna delle seguenti affermazioni è vera o falsa. Se è falsa, falla diventare vera cambiando solo i termini sottolineati.**

a. La catena alpina attualmente si sta <u>alzando</u>. V F

b. Se la velocità di un corso d'acqua si riduce, esso deposita <u>tutti i sedimenti</u> trasportati. V F

c. L'azione erosiva esercitata <u>dai fiumi</u> viene chiamata esarazione. V F

d. Sulle coste alte e rocciose il mare esercita soprattutto un'azione di <u>deposito</u>. V F

e. Intense precipitazioni <u>favoriscono</u> la formazione di frane. V F

f. La maggior parte dei sedimenti si accumula sulla <u>piattaforma continentale</u>. V F

g. L'orizzonte del suolo più ricco in humus è il <u>più profondo</u>. V F

[7 PUNTI]

3. **Completa la tabella relativa all'azione modellante degli agenti esogeni.**

Agente esogeno	Ambienti in cui la sua azione è prevalente	Esempio di forma di erosione	Esempio di forma di deposito
Fiumi			
Ghiacciai			
Mare			
Vento			

[12 PUNTI]

4. **Rispondi sul tuo quaderno alle seguenti coppie di domande utilizzando al massimo 5 righe.**

a. Quali forze modellano la superficie terrestre? Quale azione svolgono e da che cosa sono provocate? **[1 + 2 + 2 PUNTI]**

b. Che cosa si intende per «erosione»? Da che cosa è provocata? **[1 + 3 PUNTI]**

c. Che cos'è il suolo? Da quali componenti è costituito? **[1 + 4 PUNTI]**

5. **Stabilisci le corrispondenze corrette tra i termini della colonna di sinistra e le descrizioni riportate a destra.**

a. ☐ corrente di torbida

b. ☐ orizzonte

c. ☐ reggipoggio

d. ☐ soliflusso

e. ☐ calanchi

1. Solchi profondi separati da ripide creste prodotti dall'azione erosiva dell'acqua su rocce poco coerenti.

2. Disposizione evidenziata degli strati rocciosi opposta alla direzione del pendio.

3. Frana sottomarina formata da acqua, sabbia e fango che si deposita sulla piana abissale.

4. Lento movimento franoso dato dallo scivolamento verso valle della parte superficiale del terreno.

5. Strato che costituisce il profilo del suolo, con propria composizione e caratteristiche fisiche peculiari.

[5 PUNTI]

6. **Inserisci i termini corretti nella figura.**

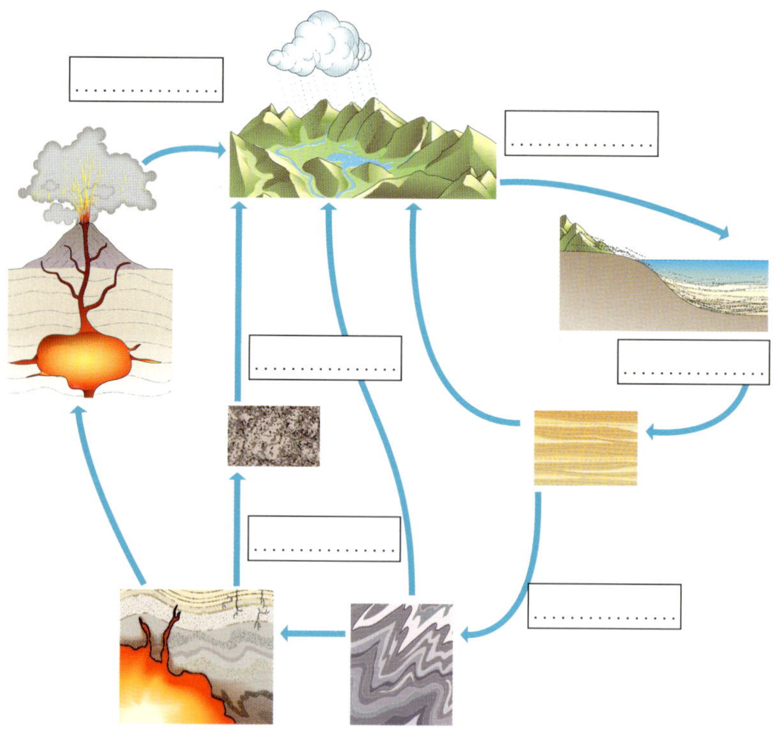

[6 PUNTI]

☐ fino a 32 punti **insufficiente**	☐ da 33 a 38 punti **sufficiente**	☐ da 39 a 44 punti **buono**	☐ da 45 a 50 punti **ottimo**

Verifica le competenze

ZTE ONLINE
20 test interattivi online su zte.zanichelli.it

COMPITO DI REALTÀ
Rocce domestiche: un piccolo tesoro in casa nostra
Sezione C

S1 – ANALIZZARE E INTERPRETARE TABELLE, GRAFICI E IMMAGINI

1. CHI È L'AUTORE?

A volte capita di osservare un dipinto o una statua e di riuscire a risalire immediatamente al suo autore grazie alla presenza di alcuni elementi particolari, tipici della sua arte. La natura si comporta allo stesso modo: sono molti i paesaggi intorno a noi che portano le «tracce» inconfondibili degli agenti che li hanno modellati. Osserva le seguenti immagini e prova a scorgere queste tracce.

A

B

C

D

E

F

Rispondi alle seguenti domande prendendo in considerazione ciascuna immagine.

a. ●○○ Riconosci l'elemento più evidente e indica se è una forma di erosione o di deposito.

b. ●○○ Indica quale agente esogeno l'ha prodotto.

c. ●●○ Spiega che cosa ti fa pensare proprio all'azione di tale agente.

d. ●●● Spiega come deve aver agito questo agente per produrre la forma osservata.

S3 – COMPRENDERE IL RUOLO CHE I PROCESSI TECNOLOGICI GIOCANO NELLA MODIFICA DELL'AMBIENTE

2. L'ACIDITÀ DELLA PIOGGIA

Leggi il seguente articolo tratto dall'archivio online del sito «la Repubblica» pubblicato il 7/12/1985.

A Torino il record delle piogge acide
ROMA - Il flagello precipitazioni acide non è un fenomeno limitato al Nord Europa. Lo rivela la prima mappa delle piogge che corrodono, redatta da un gruppo di studiosi di vari enti (dal CNR alle Regioni interessate) e pubblicata dal mensile «Nuova ecologia». Secondo questa ricerca, il paese del sole sta per strappare alla Ruhr il poco invidiabile primato dell'inquinamento dell'aria. L'indagine è stata condotta su un'area di 60 mila metri quadrati grazie a una rete di rilevamento formata da 19 stazioni. Ne è risultato che è Torino la capitale delle piogge acide (il pH varia tra 4,09 e 4,26 mentre il valore di acidità normale è 5,6). Segue a ruota il bacino del lago Maggiore, che importa la sua quota di inquinamento dalla vicina pianura padana (pH tra 4,54 e 4,30). Meno malata del previsto la pioggia milanese (pH medio 5,19, ben undici volte inferiore al livello di acidità dell' area torinese). [...]
Di fronte a un panorama così preoccupante, i suggerimenti che vengono dagli studiosi sono unanimi. Se si vuole bloccare la disgregazione dei monumenti, la progressiva distruzione dei boschi e l'avvelenamento degli abitanti delle grandi città, occorre ridurre l'immissione di sostanze tossiche nell'atmosfera, un obiettivo che si può conseguire soprattutto adottando combustibili puliti per il riscaldamento e una diversa benzina.

A completamento di quanto letto, analizza il grafico sotto che rappresenta l'andamento dell'acidità delle precipitazioni sulla base dei dati registrati in una località dell'Italia nordoccidentale tra il 1987 e il 2011.

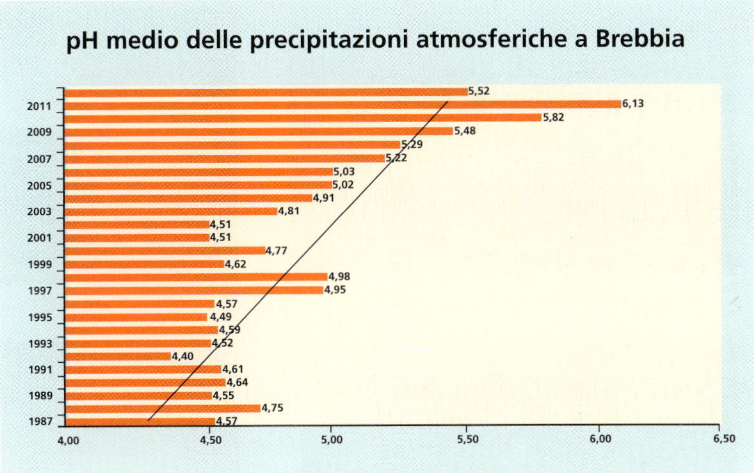

Ora rispondi alle seguenti domande.

a. ●○○ Qual è il normale valore di acidità delle precipitazioni?

b. ●●○ Perché non è 7 (valore che corrisponde alla neutralità)?

c. ●○○ Come era l'acidità delle precipitazioni nelle regioni dell'Italia nordoccidentale durante gli anni Ottanta del secolo scorso?

d. ●●○ Per quale motivo?

e. ●●● Perché nel brano si fa riferimento alla «disgregazione dei monumenti»? Di quali monumenti si tratta?

f. ●●○ Come si è evoluta la situazione negli anni successivi?

g. ●●● Cerca in rete come si è riusciti a ottenere questo risultato.

8 I vulcani

In questa Unità troverai le risposte alle seguenti domande:
1. Perché la Terra è così calda al suo interno?
2. Da che cosa dipende l'attività vulcanica?
3. Qual è l'origine dei magmi e delle lave?
4. Come varia la forma dei vulcani?
5. Nelle zone vulcaniche quali altri fenomeni si possono osservare?
6. Da che cosa dipende il rischio vulcanico?

A

Pinatubo, Filippine

B

Fujiayama, Giappone

C

Stromboli, Italia

D

Etna, Italia

E

Laki Rift, Islanda

F

Vesuvio, Italia

Vulcani sui continenti

I vulcani sono una manifestazione spettacolare dell'energia conservata all'interno della Terra. Essi sono diversi tra loro per l'aspetto e l'attività: alcuni sono a forma di cono, altri a forma di scudo, altri ancora sono lunghe spaccature della crosta terrestre. Alcuni eruttano con continuità, altri a intervalli di secoli, altri sono estinti. Alcuni si comportano in modo esplosivo, altri emettono tranquille colate di lava.

I vulcani, temuti per la loro forza esplosiva, sono anche una risorsa. Dai materiali eruttati nel corso del tempo si sono formate fertili pianure ricche di minerali, da attività vulcaniche secondarie otteniamo minerali utili e benefiche acque termali.

SAI RISPONDERE?

1 Nelle foto sono rappresentati vulcani di ogni parte del mondo. Sai dire quali di essi sono attualmente attivi?

2 Quali hanno un'attività esplosiva e quali hanno un'attività più tranquilla con scorrevoli colate di lava?

3 Tra quelli in figura c'è qualche vulcano particolarmente pericoloso?

1 Il calore interno della Terra

Vulcani e terremoti sono le più spettacolari e temute dimostrazioni della vivacità del nostro pianeta.

Da dove proviene l'energia che, attraverso i vulcani, fa traboccare in superficie le rocce fuse provenienti dall'interno della Terra? Da dove hanno origine le gigantesche forze che provocano i terremoti che scuotono paurosamente il suolo su cui viviamo? La fonte di tanta energia è il **calore endogeno**, cioè il calore proveniente dall'interno del pianeta.

Il calore endogeno è alimentato da due fenomeni distinti. Il primo, di minore entità, riguarda il *calore fossile* che risale alle prime fasi di formazione della Terra. Nonostante il raffreddamento subito dalla Terra nel corso dei suoi 4,6 miliardi di anni di vita, questo calore è ancora una componente del suo calore interno.

Il secondo fenomeno, quello maggiormente responsabile della produzione di calore, riguarda, invece, la *radioattività*. Alcuni elementi chimici che compongono il nostro pianeta (per esempio il torio, il potassio e l'uranio, particolarmente concentrati nei primi 200 km di profondità) sono radioattivi. La radioattività consiste nella *fissione nucleare* cioè nella scissione dei loro nuclei, molto pesanti e instabili, in nuclei più leggeri e stabili. La fissione nucleare è un processo che genera calore. Il calore prodotto dalla radioattività unito al calore fossile è responsabile del calore terreste.

Grazie a queste due fonti di energia, l'interno della Terra è molto più caldo della sua superficie e, a mano a mano che si scende in profondità, la temperatura aumenta. Ne sa qualcosa chi lavora nelle miniere profonde dove il caldo è insopportabile.

PROVA A FARE

Il flusso di calore in Italia

In Italia il flusso di calore ha un valore lievemente superiore alla media che è circa 0,075 W/m^2. In alcune aree della Toscana è più di 0,1 W/m^2, e si manifesta sottoforma di getti di vapore o soffioni sfruttati in impianti di vario genere. In figura, un impianto per lo sfruttamento del calore geotermico.

a. A che cosa è dovuto il calore terrestre?

b. Ricerca su Internet la località italiana di interesse geotermico per la presenza di questa risorsa. Informati anche dei vari ambiti in cui questa risorsa viene sfruttata.

L'incremento della temperatura all'aumentare della profondità è detto **gradiente geotermico**.

Misure dirette, eseguite durante le perforazioni della superficie terrestre, hanno rivelato che tale gradiente è variabile (**FIGURA 1**), ma si aggira per le prime migliaia di metri in media intorno ai 3 °C ogni 100 m (circa 30° ogni km) di profondità. A profondità maggiori, calcoli indiretti suggeriscono una diminuzione del gradiente: a 100 km si hanno 1200 °C, anziché i previsti 3000 °C, e al centro della Terra, nel nucleo, si arriva a quasi 5000 °C invece dei 190 000 °C che si avrebbero se il gradiente fosse costante.

In superficie la Terra perde continuamente calore che viene disperso nello spazio. Il calore che sfugge nell'atmosfera costituisce il *flusso di calore*, misurabile in Watt per metro quadro (W/m^2). In media, questo flusso per la crosta terrestre è basso, pari a circa 0,075 Watt/m^2: in un prato di 1000 m^2, il calore complessivo dell'intera superficie sarebbe utile solo per alimentare una lampadina da 75 W. Ma vi sono zone della superficie terrestre dove il flusso di calore è decisamente più elevato: sono le aree geologicamente instabili, dove si manifesta l'attività vulcanica.

TROVA LE PAROLE

Il .... della Terra proviene in parte dal .... in parte dalla .... che deriva da fenomeni di .... Il .... è l'incremento della .... con la profondità. La .... di calore in superficie è detta .... di ....

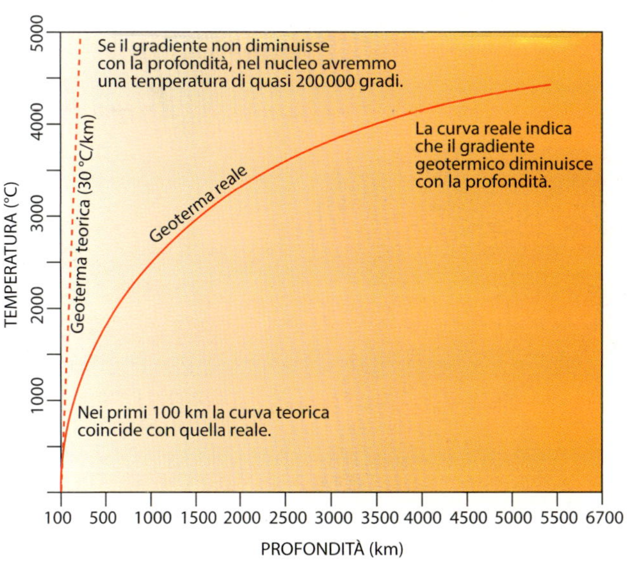

FIGURA 1. Stima della variazione della temperatura al crescere della profondità.

LABORATORIO DELLE COMPETENZE
Il Viale dei vulcani
Vulcani sott'acqua

2 Vulcani, magmi e lave

Se la temperatura fosse l'unico fattore da cui dipende la fusione delle rocce, la Terra sarebbe una palla fusa, esclusa la *crosta*, il sottile strato roccioso spesso alcune decine di kilometri, che la riveste. Occorre però tenere presente che con la profondità aumenta il peso degli strati sovrastanti e, come conseguenza, aumenta anche la pressione. Poiché la pressione cui un materiale è sottoposto influisce sulla sua temperatura di fusione, quanto maggiore è la pressione, tanto più aumenta la temperatura di fusione.

Per questo motivo, a grandi profondità, le rocce, nonostante l'elevata temperatura, non sono fuse ma si trovano prevalentemente allo stato solido.

Al di sotto della litosfera, però, nella porzione di mantello chiamata *astenosfera*, le rocce si trovano in una condizione vicina allo stato di fusione se non addirittura parzialmente fuse: è soprattutto qui che si forma il **magma**, una miscela di rocce fuse, materiali solidi e gas, tra i quali predominano il vapore acqueo (più del 50%) e l'anidride carbonica (CO_2), che risalendo verso la superficie, dà luogo ai fenomeni vulcanici.

Nelle zone di confine delle *placche litosferiche* a causa dei movimenti delle placche stesse possono verificarsi le condizioni per la risalita del magma. Per esempio, dove nelle *dorsali oceaniche* le placche si allontanano l'una dall'altra, la pressione diminuisce per lo stiramento e assottigliamento dei bordi che le delimitano: la roccia dell'astenosfera fonde del tutto generando un magma (**FIGURA 2**). Il magma può anche provenire dalla litosfera stessa, quando si creano le condizioni di temperatura e pressione che permettono alle rocce allo stato solido di fondere.

Pur diversi tra loro, i magmi sono sempre costituiti da silicati, ossia minerali contenenti quantità variabili di silice (SiO_2), oltre a elementi come l'alluminio (Al), il calcio (Ca), il sodio (Na), il potassio (K), il ferro (Fe) e il magnesio (Mg).

Il magma ha temperature molto elevate, oltre 1000 °C, è meno denso della roccia circostante e tende a salire. Quando, attraverso spaccature, raggiunge la superficie e trabocca all'esterno, si forma un vulcano.

I **vulcani** sono aperture della superficie terrestre, sottomarine o sulle terre emerse, dalle quali fuoriesce il magma. Il magma privo dei gas che trabocca dal cratere (o *bocca*) prende il nome di **lava**.

Spesso, nel cammino attraverso la litosfera, il magma si raccoglie in un serbatoio intermedio, la *camera magmatica*, posta diversi kilometri sottoterra. Il magma può restare a lungo nella camera magmatica finché, a causa di un aumento di temperatura o di una diminuzione della pressione, il fuso si sposta in superficie. Al suo interno i gas formano bolle che si ingrandiscono a mano a mano che il magma risale lungo il

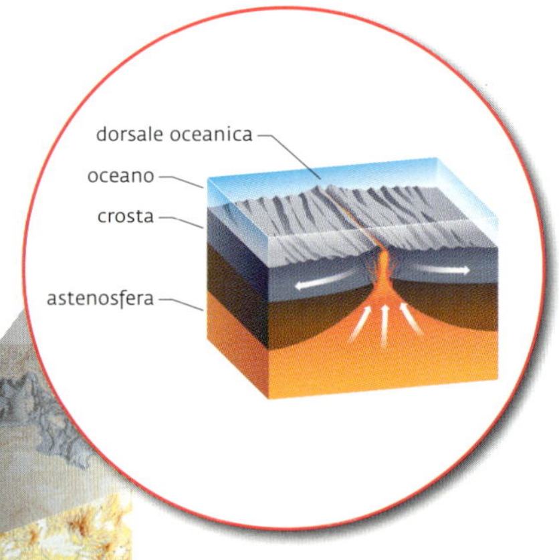

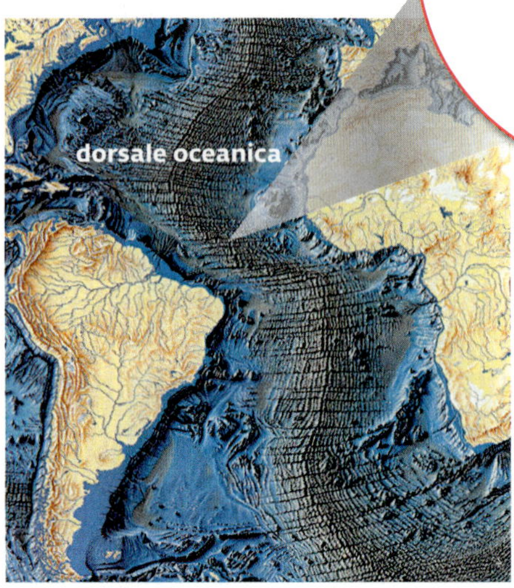

FIGURA 2. Immagine dei fondi oceanici allo scoperto. In corrispondenza dell'allontanamento delle placche nelle dorsali oceaniche sul fondo degli oceani, dalle lacerazioni della crosta risale del magma proveniente dall'astenosfera.

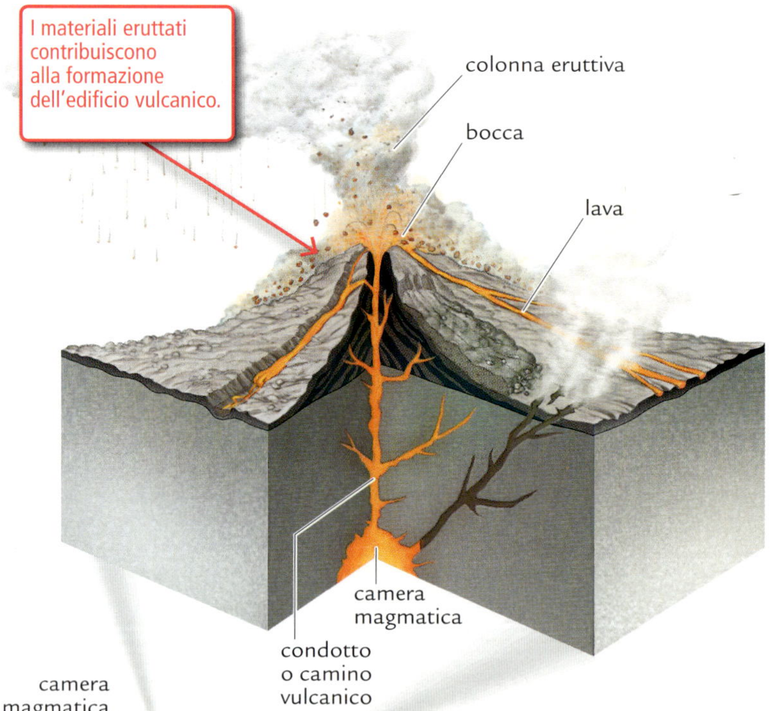

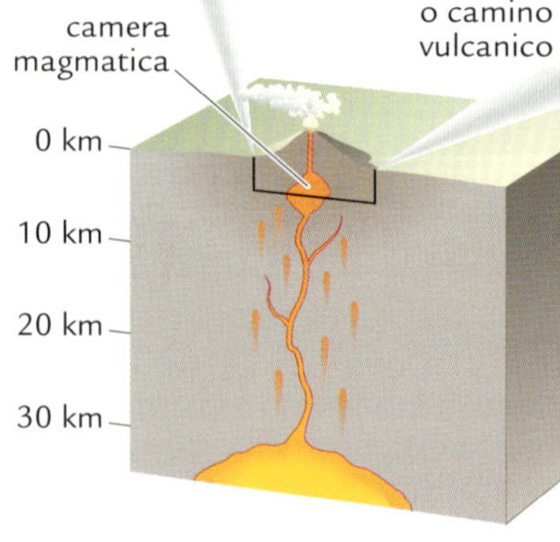

FIGURA 3. Schema generale di un vulcano: dalle regioni profonde di fusione delle rocce, situate in genere nella astenosfera, il magma risale verso la crosta e a pochi kilometri dalla superficie si può accumulare in una camera magmatica. Da qui risale attraverso il camino fino alla bocca, dove avviene l'eruzione.

condotto vulcanico (o *camino)*. Arrivati in superficie, i gas si liberano nell'atmosfera.

La liberazione dei gas che si disperdono nell'atmosfera e la fuoriuscita della lava costituiscono un'*eruzione vulcanica* (**FIGURA 3**).

Il modo in cui i gas si liberano è detto «effetto champagne» perché analogo a quanto avviene in una bottiglia di spumante in cui l'anidride carbonica resta in soluzione finché non si toglie il tappo; in seguito alla diminuzione di pressione il gas fuoriesce e trascina con sé parte dello spumante (**FIGURA 4**).

La violenza di un'eruzione è espressa da una scala chiamata «Indice di Esplosività Vulcanica» (VEI) che tiene conto della quantità di materiali emessi, della loro frammentazione e dispersione nel territorio circostante (**FIGURA 5**).

L'indice VEI non è sempre uguale per le eruzioni di uno stesso vulcano. Ogni vulcano ha una sua personalità: non manifesta la sua attività sempre allo stesso modo e può alternare eruzioni violente a eruzioni molto più modeste.

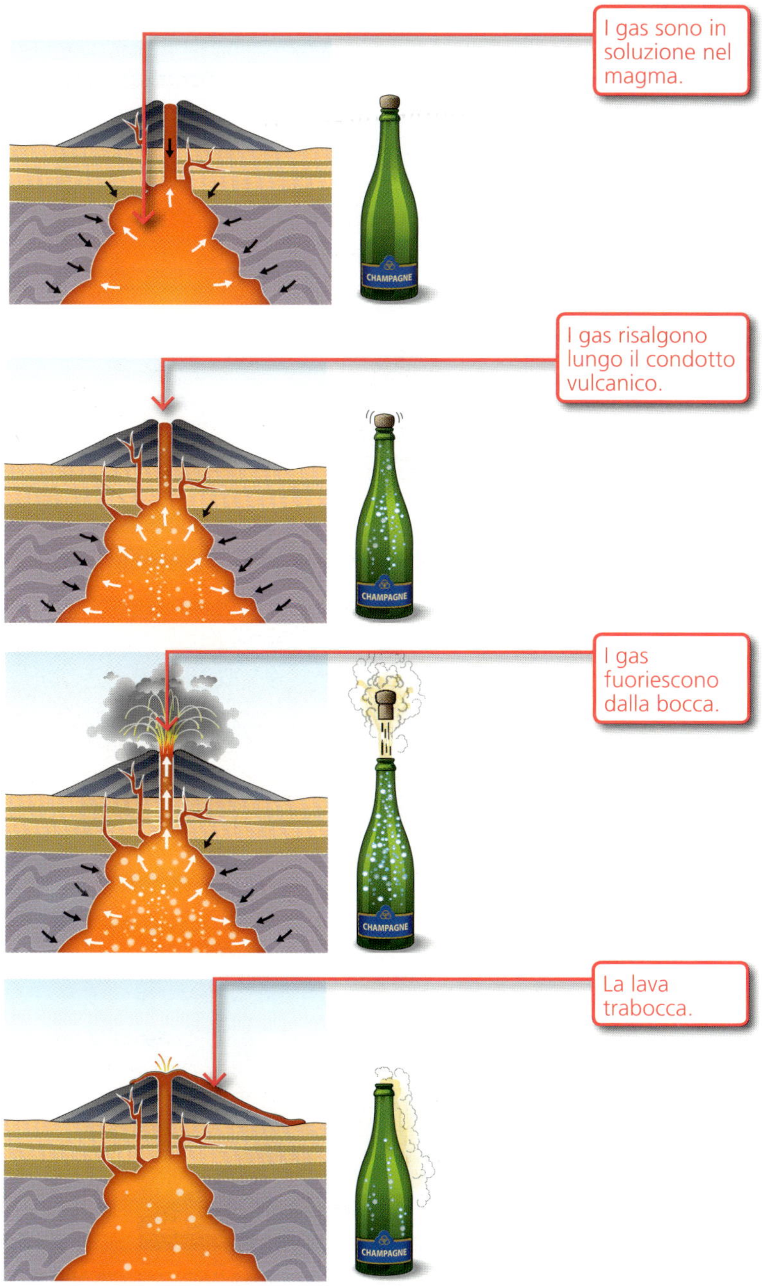

FIGURA 4. Effetto «champagne» e fasi di un'eruzione vulcanica.

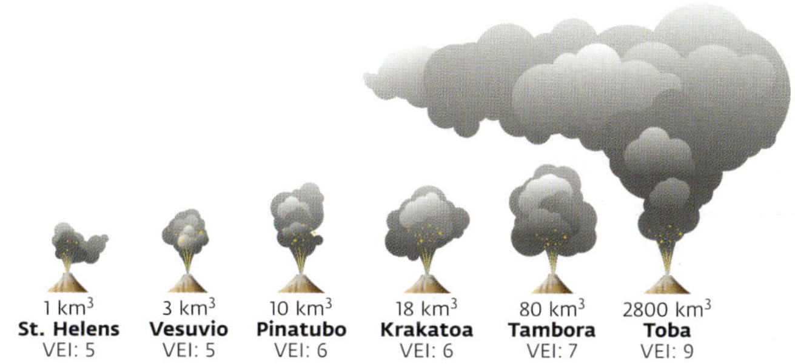

FIGURA 5. L'indice VEI è la misurazione del volume eruttato. All'eruzione del 79 d.C. del Vesuvio è attribuito un indice VEI 5. L'eruzione del vulcano Toba, in Indonesia, è avvenuta circa 75 000 anni fa.

TROVA LE PAROLE

Il .... deriva in prevalenza da rocce della .... che fondono in seguito a un aumento della .... o a una diminuzione della .... Il magma che risale e trabocca all'esterno liberandosi dei................. forma la .... La fuoriuscita dal .... di lava e gas costituisce una ....

PROVA A FARE

Un modello di vulcano

In una cassetta di cartone ammucchia del terriccio a forma di cono vulcanico. Riempi con un imbuto per un po' più di ¾ una bottiglietta da 500 ml di acqua tiepida in cui è stato disciolto un cucchiaio raso di bicarbonato. Metti la bottiglia all'interno del terriccio lasciando esposta l'imboccatura in modo che simuli la bocca del vulcano. Attraverso l'imbuto, aggiungi una tazzina d'aceto. Avverrà una reazione in cui si libera della CO_2.

a. Spiega perché questa esperienza può simulare, in modo approssimativo, un'eruzione vulcanica.

b. Spiega perché ne differisce, in particolare per quanto riguarda le cause che producono l'eruzione.

3 I magmi basici

Esistono vulcani con i quali è possibile convivere, perché quando sono in attività eruttano lava in modo piuttosto tranquillo; questa attività eruttiva viene detta *effusiva*. Esistono d'altra parte vulcani che danno eruzioni esplosive e causano veri e propri cataclismi; la loro attività viene detta appunto *esplosiva*. Quali sono i fattori che rendono più pericolosa l'attività di un vulcano? Il fattore che maggiormente influisce sulle caratteristiche dell'attività di un vulcano, e quindi sul suo grado di pericolosità, è la **viscosità** del magma, ossia la sua minore o maggiore resistenza a fluire.

La viscosità dipende principalmente dal contenuto in silice del magma stesso e dal suo contenuto in gas. I magmi di tipo **basico** con un contenuto in silice inferiore al 50% sono meno viscosi dei magmi di tipo **acido** con un contenuto in silice fra il 50% e il 70%. I magmi basici, tipici dei vulcani ad attività prevalentemente effusiva, tendono a formare lave fluide e scorrevoli (**FIGURA 6A**). Durante l'eruzione, i gas vulcanici riescono a liberarsi in modo graduale dal magma. In mancanza della spinta dirompente dei gas, il magma effonde, cioè trabocca in superficie in tranquille colate laviche (**FIGURA 6B**). Dalla solidificazione di lave provenienti da magmi basici si formano rocce con minore contenuto in silice, come i **basalti**.

Spesso i magmi basici fuoriescono in superficie non attraverso un camino posto centralmente, ma attraverso una spaccatura lineare della crosta. In questo caso le eruzioni sono dette *lineari*.

Le più imponenti eruzioni lineari avvengono sul fondo degli oceani, in corrispondenza delle *dorsali*, le enormi fenditure del pavimento oceanico che corrono per migliaia di kilometri nel mezzo degli oceani segnando il confine tra due placche che si stanno allontanando l'una dall'altra (*vedi* figura 2, p. 172).

Sui continenti un magma fluido, di natura basaltica, che fuoriesce da lunghe fessure si può espandere tutt'intorno per centinaia di kilometri e formare un **plateau basaltico** (*plateau*, in francese, significa piattaforma, tavola), visibile in **FIGURA 7**. In un plateau basaltico la lava solidifica formando tavolati, spesso composti da numerosi strati sovrapposti, corrispondenti a eruzioni successive. In Italia sono presenti alcune piattaforme basaltiche di piccole dimensioni come i tavolati della Sardegna interna, detti *giare*.

APPROFONDIMENTO Le colate laviche

VIDEO I tipi di eruzione

FIGURA 7. Plateau basaltico. Quando esce da una fessura lineare, la lava fluida tende a formare colate quasi orizzontali che si dispongono su ampie superfici in strati sovrapposti.

FIGURA 6. (**A**) I magmi basici sono più fluidi e danno luogo a colate di lava lungo i fianchi del vulcano. Una colata dell'Etna (*nella foto*), un vulcano che, per la lava piuttosto basica e scorrevole, è considerato «buono». (**B**) Il magma acido è molto viscoso, fa più fatica a fuoriuscire e a volte ostruisce il camino, provocando eruzioni esplosive.

Uno dei più estesi plateau basaltici è l'altopiano del Deccan che occupa gran parte dell'India centro-occidentale. Esso è costituito da una coltre di colate laviche spessa 2000 m ed estesa per 500 000 km^2. Si ritiene che l'imponente eruzione sia avvenuta circa 60-65 milioni di anni fa, in un intervallo di tempo relativamente breve e in modo quasi continuo. Secondo alcuni studiosi i gas rilasciati durante l'eruzione, tra i quali in particolare la CO_2, potrebbero avere modificato il clima globale e contribuito all'estinzione dei dinosauri e di altri organismi.

Il magma basaltico può provenire anche da grandi profondità del mantello, sotto forma di colonne caldissime che risalgono verso la superficie. Queste colonne infuocate, dette anche *pennacchi*, «bucano» la litosfera dando origine in superficie a un'area detta **punto caldo** (o, in inglese, *hot spot*). Quelli situati sul fondo degli oceani danno luogo a catene di isole vulcaniche caratterizzate da intense effusioni di lava. È ciò che accade in corrispondenza dei vulcani dell'isola di Hawaii e di Réunion (**FIGURA 8**).

PROVA A FARE

Le origini sottomarine dell'Etna

Ai piedi dell'Etna, sulla costa ad Acitrezza e Aci Castello, affiorano lave a pillow. Le lave risalgono alle prime fasi della vita dell'Etna, quando, circa 600 000 anni fa, da fessure sul fondo del mare iniziarono a fuoriuscire lave molto fluide che solidificandosi formarono l'attuale basamento del vulcano. I sollevamenti del suolo hanno portato in superficie, a testimonianza della loro origine sottomarina, le lave a pillow.

a. Che cos'è la lava a pillow?

b. Cerca su Internet dove si trovano lave a pillow, oltre che in prossimità dell'Etna.

Quando le lave solidificano al di sotto del livello del mare, a contatto con l'acqua, a causa del repentino raffreddamento, formano delle specie di cuscini rotondeggianti detti *lava pillow* (dall'inglese, cuscino). In seguito al sollevamento del fondo marino le lave pillow si possono osservare anche in superficie (**FIGURA 9**).

TROVA LE PAROLE

L'attività di un vulcano dipende dal contenuto in .... del .... I magmi di tipo .... hanno un .... contenuto in silice, generano lave meno .... che danno luogo a tranquille eruzioni .... Quelli di tipo .... hanno un più alto contenuto in .... e generano .... viscose.

FIGURA 8. Spettacolari eruzioni effusive del vulcano Piton de la Fournaise nell'isola di Réunion, situata nell'Oceano Indiano sopra un punto caldo.

FIGURA 9. Lave a pillow sul fondo dell'Oceano Pacifico in corrispondenza delle isole Hawaii.

4 I magmi acidi

APPROFONDIMENTO
Le grandi eruzioni

Quando si passa dal 50% al 70% del contenuto in silice, la viscosità di un magma aumenta di 10 000 volte. Questi magmi, detti acidi, sono molto più viscosi di quelli basici; invece di fluire all'esterno in modo tranquillo, raffreddandosi formano lave che tendono a ristagnare nel condotto vulcanico. Il tappo che si forma fa accumulare grandi quantitativi di gas che, una volta raggiunta una certa pressione interna, vincono la resistenza del tappo stesso, provocando eruzioni esplosive. In queste eruzioni i gas fuoriescono trascinando con sé brandelli di lava e demolendo parte dell'edificio vulcanico.

I materiali espulsi violentemente vengono detti **piroclastici**. Tra essi vi sono: le *bombe vulcaniche*, blocchi di varia grandezza di materiale lavico che, nel solidificarsi durante il tragitto in aria, assumono una forma affusolata; *le pomici*, prodotti lavici leggeri e porosi perché ricchi di gas; i *lapilli*, della dimensione di sassolini; infine le *ceneri*, particelle di lava solidificata di dimensioni ancora più piccole (**FIGURA 10**).

Tra le rocce più comuni derivate dal deposito di materiali piroclastici, ricordiamo i **tufi,** prodotti dal consolidamento di ceneri di varie dimensioni.

Quando materiali solidi, liquidi e gassosi fluiscono insieme a grande velocità lungo i fianchi del vulcano si formano le pericolosissime *nubi ardenti*, da cui solidificano le rocce dette *ignimbriti*. Talvolta i materiali piroclastici più fini appena depositati sulle pendici del vulcano in seguito a intense piogge si impregnano d'acqua e formano le micidiali colate di fango dette *lahar*.

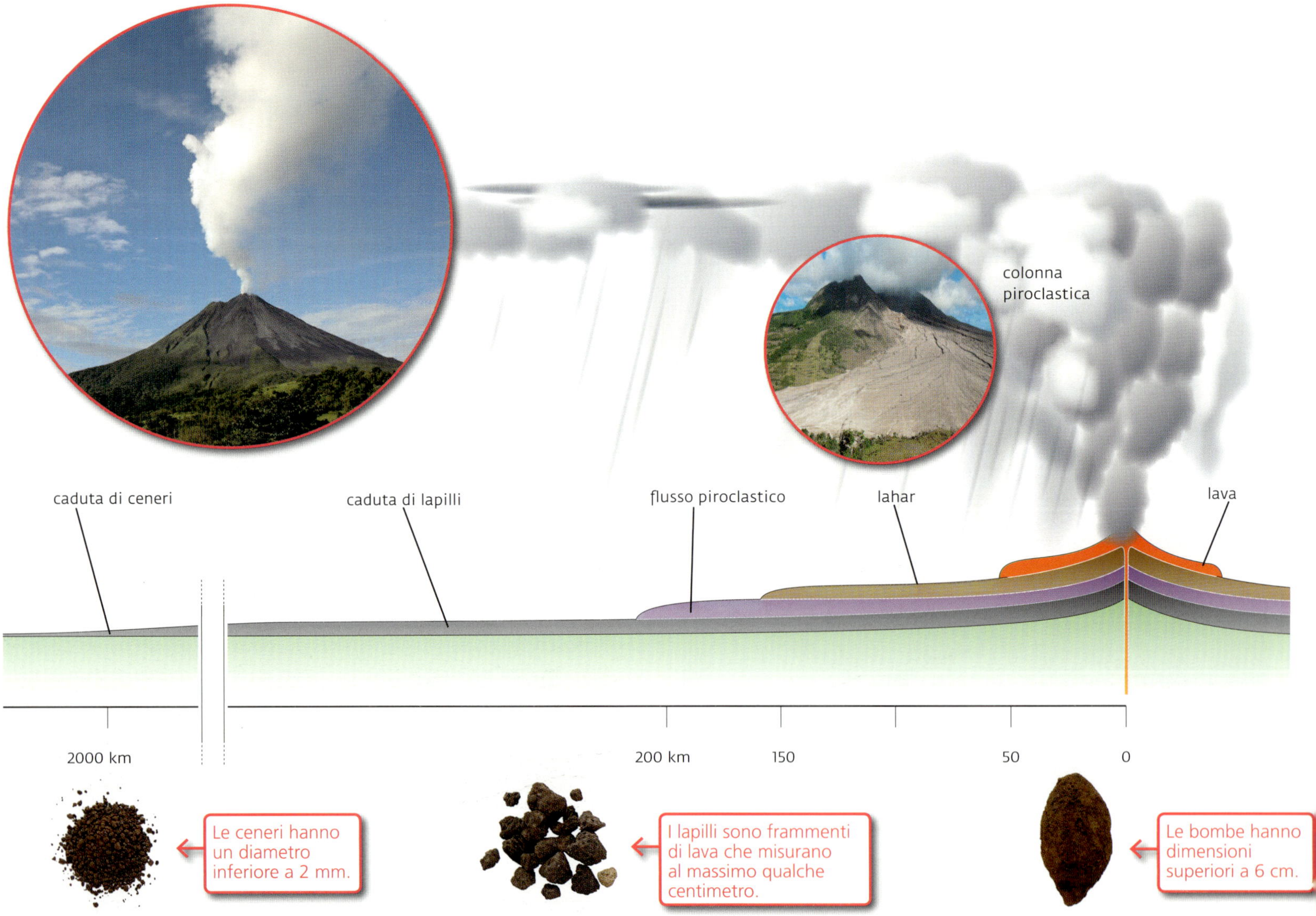

FIGURA 10. Le ceneri, i lapilli e le bombe sono materiali piroclastici con diverse dimensioni. La distanza percorsa dai materiali piroclastici durante un'eruzione vulcanica dipende dalle loro dimensioni. Le colate di fango (lahar) sono costituite da piroclasti imbevuti di acqua; le ceneri possono ricadere a migliaia di chilometri di distanza e disturbare il volo degli aerei.

A volte la lava è talmente acida che viene «spremuta» con forza fuori dal camino vulcanico, senza però dare luogo a un'esplosione. A contatto con l'aria, la lava solidifica rapidamente nel cratere e forma una struttura a cupola o a guglia, il *duomo vulcanico*. Una struttura del genere, che blocca come un tappo la fuoriuscita dei gas, causa la formazione di enormi pressioni nel camino vulcanico: si può allora verificare un'esplosione violentissima, che provoca la distruzione del duomo stesso.

TROVA LE PAROLE

I magmi .... sono molto .... e provocano eruzioni .... con l'espulsione di .... dal cui consolidamento si formano i .... I materiali lavici che fluiscono velocemente dal vulcano formano le .... dal cui consolidamento si formano le .... La lava solidificata nel .... forma un tappo o .... che, impedendo la fuoriuscita dei ...., può portare a violente esplosioni.

PROVA A FARE

L'eruzione pliniana del Vesuvio

L'eruzione altamente esplosiva del Vesuvio del 79 d.C., detta pliniana, è stata il principale evento eruttivo avvenuto in Italia in epoca storica. Secondo alcune ricostruzioni, essa fu caratterizzata dalla formazione di una colonna di lapilli gas e ceneri alta alcune decine di kilometri. In seguito sono avvenute altre eruzioni, di diversa intensità ma meno esplosive.

a. Cerca su Internet per quale motivo l'eruzione del Vesuvio del 79 d.C. è detta pliniana.

b. Quale fu all'incirca la violenza dell'eruzione in VEI? Per la risposta aiutati con le figure del testo.

c. Sono avvenute altre eruzioni esplosive del Vesuvio? Quando si è verificata l'ultima modesta eruzione? Cerca di documentarti consultando Internet.

5 Il paesaggio vulcanico

A partire dal consolidamento della crosta terrestre i vulcani hanno dato forma a svariati paesaggi, creando coni montuosi, ampi crateri, fertili pianure e isole che emergono solitarie dal mare. A parte l'occhio attento del geologo, i segni lasciati da vulcani non attivi da milioni di anni sono spesso difficili da individuare (**FIGURA 11**).

Al contrario le forme dei vulcani che hanno avuto un'attività eruttiva recente sono ben riconoscibili, anche se sovente non corrispondono all'immagine pittoresca di un cono dalla cui sommità escono vapori e lava.

In realtà le forme dei vulcani sono diverse tra loro perché diversa è la loro attività che varia a seconda del tipo di lava eruttata, del modo in cui i materiali che risalgono il camino vengono emessi in superficie e della frequenza delle eruzioni.

A

B

FIGURA 11. (**A**) Gli edifici dei vulcani attivi o quiescenti sono riconoscibili anche a una osservazione superficiale; quelli dei vulcani spenti spesso sono riconoscibili solo da un osservatore esperto. (**B**) Il lago d'Averno è un piccolo lago craterico che fa parte dell'area vulcanica dei Campi Flegrei. Il nome *Avernus* deriva dal greco «senza uccelli». Si narra che tale assenza fosse dovuta al fatto che le acque del lago esalassero dei particolari gas che non permettevano la vita agli uccelli. Era considerato dai romani un accesso all'Oltretomba, regno del dio Plutone.

APPROFONDIMENTO
L'Italia è terra di vulcani

VIDEO
Il Vesuvio
La forma dei vulcani

Ogni vulcano attivo si costruisce quindi il suo edificio via via che le eruzioni si succedono nel tempo. Il materiale eruttato (colate laviche, lapilli, ceneri e bombe vulcaniche) si accumula nelle aree intorno al cratere, dando luogo alla formazione di un *edificio vulcanico*. I più comuni sono i vulcani a scudo, gli strato-vulcani, i coni di scorie e le caldere.

Vulcani a scudo. I vulcani a scudo (**FIGURA 12**) si formano quando un magma basico fluido fuoriesce da un camino centrale. Presentano una forma conica con fianchi poco ripidi e un cratere molto ampio da cui la lava può fuoriuscire ininterrottamente per mesi. Tra questi vulcani si distingue per dimensioni il Mauna Loa, nelle Hawaii, che ha uno sviluppo in altezza, a partire dal fondo oceanico, di circa 9000 m e un diametro di base di ben 100 km.

Strato-vulcani. Gli strato-vulcani (**FIGURA 13**) si formano quando il magma ha una composizione intermedia tra quella acida e quella basica. In tal caso, a eruzioni di tipo esplosivo, con emissioni di ceneri e lapilli, si alternano eruzioni effusive, con emissione di lava. Dato che in questo modo si succedono strati di lava solidificata a strati di materiale piroclastico, l'edificio vulcanico risulta stratificato. Se l'eruzione avviene da un camino centrale ne deriva una forma a cono. Il Vesuvio e lo Stromboli in Italia, il Fujiyama in Giappone sono esempi di strato-vulcani.

PROVA A FARE

Strombolicchio, lo scoglio che anticipa Stromboli

Strombolicchio è una guglia di roccia nera a nord-est di Stromboli che si erge dal mare per oltre 50 m. Le sue origini risalgono a 200 000 anni fa. Secondo una leggenda sarebbe il tappo dello Stromboli che durante una violenta eruzione fu lanciato in mare.

Osserva la sua forma e descrivi come si è formato: aiutati consultando Internet.

FIGURA 12. Un vulcano a scudo delle Hawaii.

FIGURA 13. Uno strato-vulcano: il Vesuvio.

Coni di scorie. I coni di scorie, come per esempio il Monte Nuovo, alto circa 130 metri, nei Campi Flegrei presso Napoli, si formano quando, in seguito a un'eruzione esplosiva, scorie di vario tipo come lapilli e ceneri si depositano alla base del condotto eruttivo. In breve tempo, questi materiali che via via si accumulano formano un cono dai ripidi pendii, generalmente di limitate dimensioni e facilmente erodibile da parte degli agenti atmosferici.

Caldere. A volte un vulcano può avere un'eruzione talmente violenta da distruggere l'edificio vulcanico e formare una caldera. La caldera si forma in seguito all'esplosione e al parziale svuotamento della camera magmatica: la sommità dell'edificio collassa sprofondando. Si crea così in superficie una conca che può ospitare nel tempo un lago o essere invasa dal mare (**FIGURA 14**).

A volte, a testimonianza dell'antica attività vulcanica, resta unicamente un **neck** o **tappo vulcanico**, costituito dalla lava consolidata nel camino. Il tappo spesso si erge dalla pianura circostante come un blocco roccioso isolato, perché gli agenti atmosferici hanno demolito l'edificio esterno, più facilmente erodibile (**FIGURA 15**).

Oltre che da resti di edifici vulcanici in disfacimento, le attività vulcaniche del passato sono documentate anche da tufi sedimentati in ampie distese. La Piana di Sorrento, la pianura tra Napoli e Caserta, è una vasta area pianeggiante.

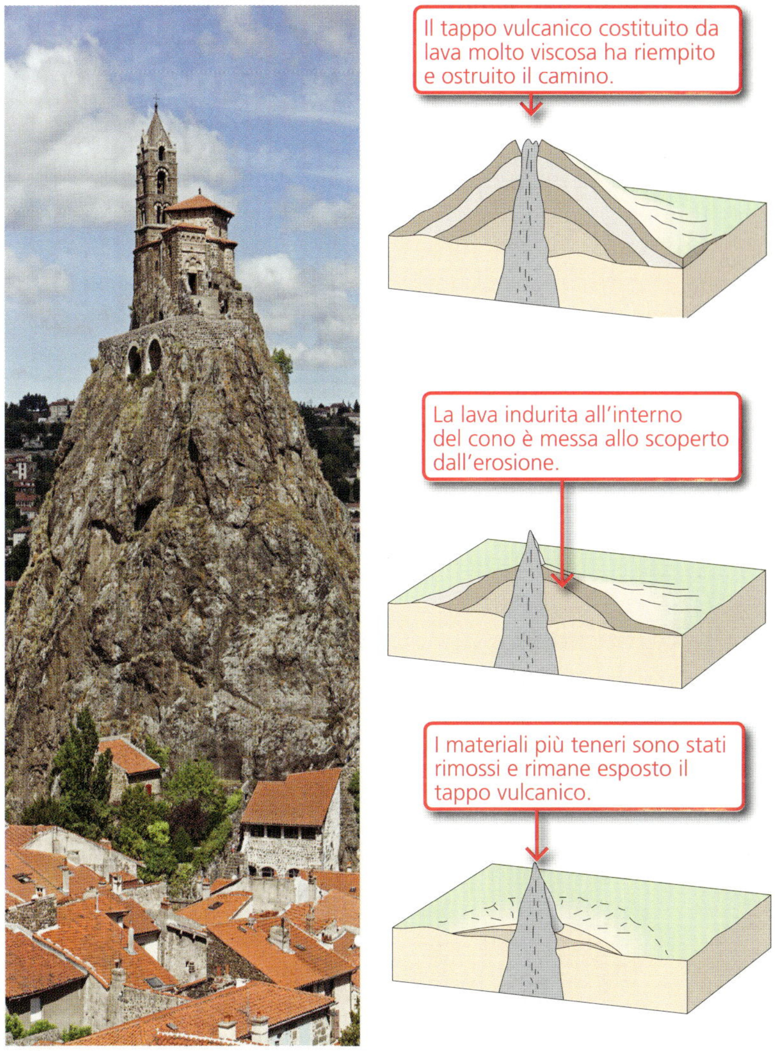

FIGURA 15. Un tappo vulcanico nella regione dell'Alvernia in Francia, un tempo terra di vulcani attivi.

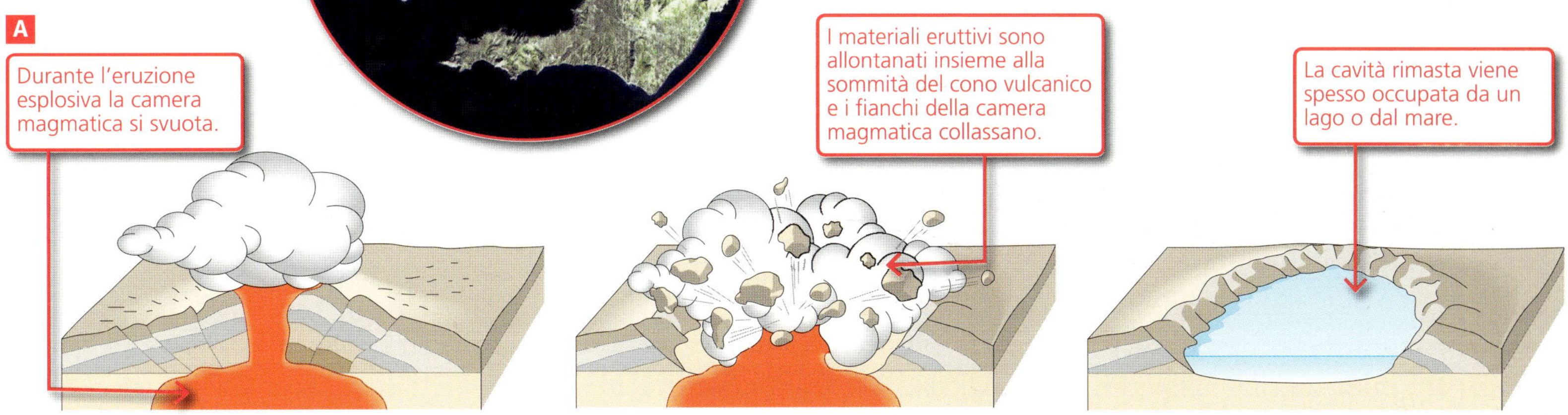

FIGURA 14. (**A**) Formazione di una caldera. (**B**) La caratteristica forma ad anello dell'isola di Santorini rivela la sua natura vulcanica. È infatti ciò che resta di una caldera formatasi dopo la grande eruzione del 1645 a.C. e occupata dal mare.

Essa è formata dall'accumulo di materiali piroclastici, dello spessore anche di 80 m, costituiti prevalentemente da strati di tufo che si sono depositati dal susseguirsi di eruzioni avvenute a partire da 700 000 anni fa (**FIGURA 16**).

Sulla superficie terrestre vi sono anche testimonianze dell'attività di magmi che non sono riusciti a risalire in superficie per traboccare all'esterno. Il loro consolidamento è avvenuto quindi lentamente in profondità, all'interno della crosta, dando luogo alla formazione di grandi ammassi intrusivi di roccia granitica, i **batoliti**. Come è possibile che oggi enormi batoliti si trovino allo scoperto in superficie? La spiegazione è che alcuni di essi, estesi anche per centinaia di kilometri, nel corso del tempo sono stati «dissotterrati» grazie alle spinte delle forze tettoniche e alla concomitante azione degli agenti atmosferici che ne hanno smantellato la copertura sedimentaria superficiale. Il Monte Bianco si è formato da un magma acido che 30 milioni di anni fa si è consolidato in profondità in un enorme ammasso di granito. In seguito il colosso intrusivo dall'interno della crosta è stato spinto in superficie: oggi è il monte più alto d'Europa (**FIGURA 17**).

TROVA LE PAROLE

I principali tipi di .... sono: i vulcani a .... di forma bassa e larga, gli .... con strati di .... alternati a piroclasti, le ...., conche dovute allo sprofondamento della sommità vulcanica, i .... di ....formati da lapilli e ceneri.

FIGURA 16. La Piana di Sorrento degrada sul mare formando una falesia prevalentemente di tufo. La coltre di sedimenti risale all'attività di vulcani campani attivi a partire da 700 000 anni fa.

FIGURA 17. Il Monte Bianco, in figura sullo sfondo, è un batolite formatosi in profondità, che in seguito è stato sollevato in superficie dalle forze tettoniche.

6 Le forme secondarie dell'attività vulcanica

Nelle zone vulcaniche si manifestano *fenomeni vulcanici secondari* caratterizzati da emissioni di vapori e gas molto caldi, dovuti al contatto in profondità tra le acque circolanti nel sottosuolo e le rocce surriscaldate dal magma. I più importanti sono i geyser, i soffioni boraciferi, le solfatare e le sorgenti termali (**FIGURA 18**).

Per *geyser* si intende un'eruzione intermittente e violenta di acqua e vapore molto caldi, che escono da fenditure nel suolo. In un geyser l'acqua del sottosuolo si accumula in cavità sotterranee dove viene riscaldata, a causa della vicinanza di una camera magmatica. Sebbene la temperatura sia superiore a 100 °C, al fondo della cavità l'acqua non bolle e non passa allo stato di vapore per la pressione esercitata dal peso dell'acqua sovrastante. Basta però una leggera diminuzione della pressione, come quella provocata dal traboccare di un po' d'acqua verso l'esterno, perché l'acqua surriscaldata sul fondo della cavità si trasformi improvvisamente in vapore e fuoriesca violentemente, con getti che possono raggiungere altezze di decine di metri.

I *soffioni boraciferi* sono emissioni di vapore acqueo ad alta temperatura (200-300 °C), presenti in gran numero nell'area di Larderello, in Toscana. In passato venivano utilizzati per l'estrazione dei sali (borati e solfati) presenti nelle acque calde. Oggi, invece, se ne sfrutta il vapore per produrre energia elettrica, mediante centrali di trasformazione.

Tra le emissioni vulcaniche secondarie ci sono le emissioni di vari gas chiamate *fumarole,* le *solfatare,* esalazioni ad alta temperatura che contengono soprattutto vapore acqueo e acido solfidrico (H_2S), dal caratteristico odore di «uova marce», e le *mofete*, emanazioni di anidride carbonica (CO_2) che prevalgono nello stadio finale del vulcanesimo secondario. Nell'area dei Campi Flegrei, vicino a Napoli, è possibile osservare molti di questi fenomeni vulcanici secondari: oltre alla famosa solfatara di Pozzuoli, anche mofete e getti di vapore. Infine, disseminate in tutto il territorio italiano, ci sono *sorgenti termali* di acque calde ricche di sali disciolti, indizio della presenza di calore in profondità.

Un'altra forma di vulcanismo secondario presente nell'area dei Campi Flegrei è il *bradisismo.* Il bradisismo consiste in un periodico abbassamento o innalzamento del livello del suolo, nell'ordine di 1 cm per anno, in genere dovuto a variazioni di volume di una camera magmatica vicina alla superficie.

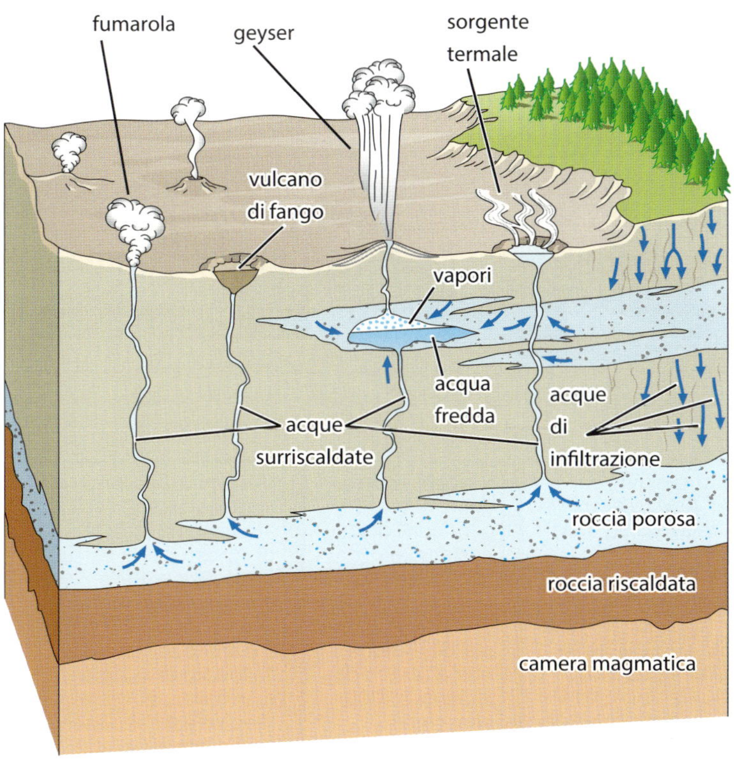

FIGURA 18. Il sistema che crea i geyser e le sorgenti termali funziona come una gigantesca caldaia sottoterra alimentata dalle acque sotterranee e riscaldata dal magma. L'acqua presente nel sottosuolo può raggiungere i 260 °C senza entrare in ebollizione e risalire verso la superficie per dar luogo a diversi fenomeni, a seconda delle condizioni che incontra.

TROVA LE PAROLE

I più importanti fenomeni vulcanici .... consistono in emissioni di .... e .... molto caldi. I più importanti sono i ...., i ...., le ...., le .... È un fenomeno vulcanico secondario anche il ....

PROVA A FARE

Un lago killer

Il lago di Nyos, in Camerun, riempie il cratere di un antico vulcano. Nella notte del 21 agosto del 1986 morirono, senza alcuna apparente ragione, 1700 persone e 3500 capi di bestiame che vivevano sulle sue sponde. Secondo i geologi una frana o un terremoto avevano smosso le acque liberando la CO_2 emessa dal vulcano che si era accumulata sul fondo. La nube di CO_2 aveva investito la popolazione causandone l'improvvisa morte per soffocamento. Emissioni di CO_2 avvengono anche nella «grotta del cane», nell'area dei Campi Flegrei, vicino a Napoli.

Spiega per quale motivo la grotta dei Campi Flegrei in cui viene emessa CO_2 è detta «del cane». Per rispondere aiutati consultando Internet.

7 Il rischio vulcanico

Il **rischio vulcanico** dipende dalla pericolosità delle eruzioni e dalla vulnerabilità del territorio in cui avvengono. La **pericolosità** è dovuta alla violenza e alla frequenza degli eventi eruttivi, rintracciabile nella storia del vulcano; la **vulnerabilità** è un'indicazione di quanto è abitata la regione esposta al rischio vulcanico. È bassa in una regione disabitata come per i vulcani dell'Alaska, che si trovano in zone a bassa densità di popolazione dove l'eruzione anche violenta non produce danni alle persone. È elevata se l'area circostante il vulcano è densamente abitata.

SI PUÒ PREVEDERE UN'ERUZIONE?

Non è possibile impedire che l'eruzione di un vulcano si verifichi e non è possibile sapere quando si verificherà anche se studi statistici tengono conto della periodicità storica dei fenomeni eruttivi. Quello che si può fare per limitare i danni di un'eruzione è tenere sotto costante controllo il vulcano, cercando di **prevedere** in tempo una prossima attività eruttiva mediante l'identificazione di tutti quei segnali o **fenomeni precursori** (o premonitori) che accompagnano la risalita del magma verso la superficie. Tra i più importanti fenomeni precursori vi sono:

- i *tremori*, cioè terremoti più o meno lievi che si susseguono in prossimità del vulcano e che sono dovuti al movimento sotterraneo del magma;
- le *fratture* e *deformazioni del suolo*, come innalzamenti e abbassamenti, anche molto lenti del suolo, rilevabili dai satelliti artificiali;
- le *variazioni della composizione chimica* e/o *del livello dell'acqua* nei pozzi dovute al formarsi di fenditure nel sottosuolo;
- le *variazioni della composizione chimica* delle miscele dei gas vulcanici.

SI PUÒ PREVENIRE UN'ERUZIONE?

La previsione di un'eruzione, per quanto accurata, non può indicare con precisione il momento in cui essa accadrà. È quindi necessario mettere in atto una serie di **misure preventive** come:

- vietare la costruzione di edifici in zone ad alto rischio;
- ridurre gli insediamenti nelle zone considerate a rischio;
- predisporre dei *Piani di emergenza* che contengono le procedure operative per evacuare le persone e metterle in sicurezza nel caso di eruzione vulcanica.

PREVEDERE LE ERUZIONI

La previsione di prossime eruzioni si avvale di sistemi di monitoraggio che rilevano le variazioni fisiche e chimiche dello stato del vulcano.

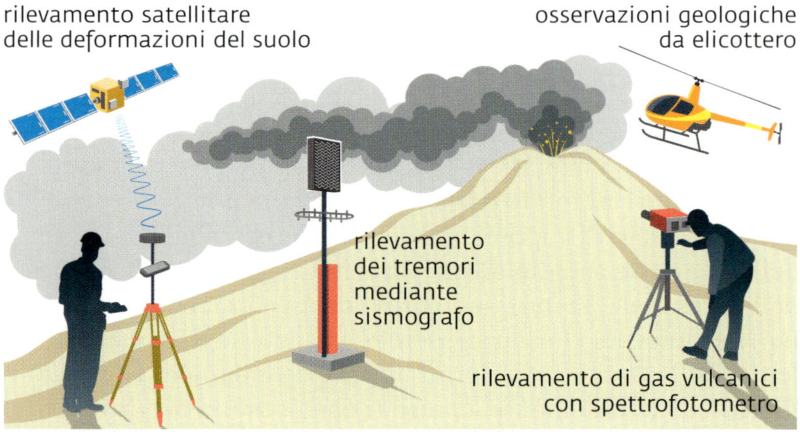

TIPOLOGIE DI VULCANI E RISCHIO VULCANICO

I vulcani nascono, vivono, muoiono e per lunghi periodi di tempo «sonnecchiano»; per questo si distinguono in **attivi**, **estinti** e **quiescenti**.

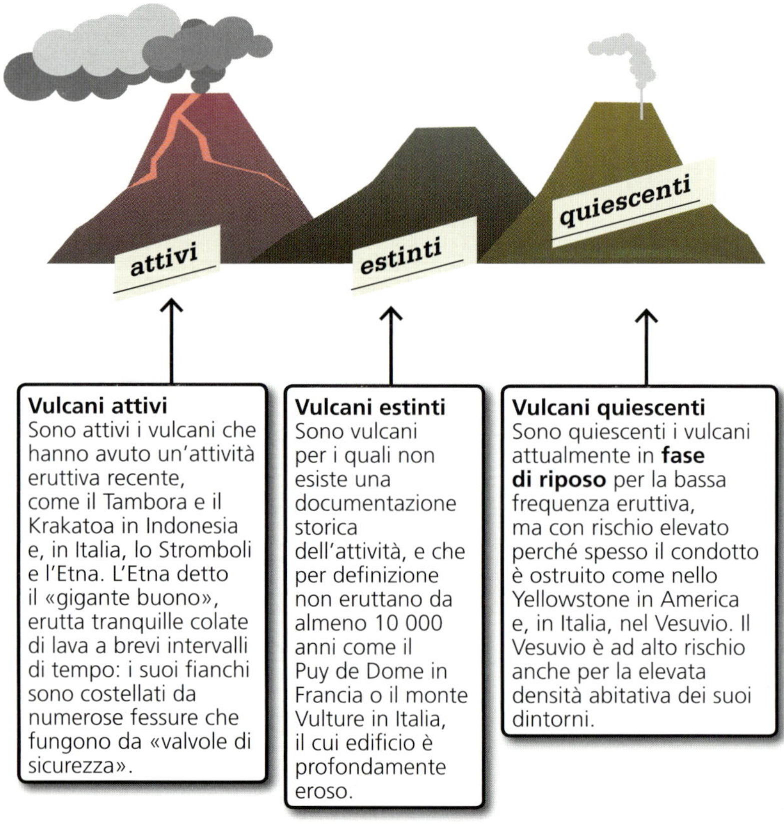

Vulcani attivi
Sono attivi i vulcani che hanno avuto un'attività eruttiva recente, come il Tambora e il Krakatoa in Indonesia e, in Italia, lo Stromboli e l'Etna. L'Etna detto il «gigante buono», erutta tranquille colate di lava a brevi intervalli di tempo: i suoi fianchi sono costellati da numerose fessure che fungono da «valvole di sicurezza».

Vulcani estinti
Sono vulcani per i quali non esiste una documentazione storica dell'attività, e che per definizione non eruttano da almeno 10 000 anni come il Puy de Dome in Francia o il monte Vulture in Italia, il cui edificio è profondamente eroso.

Vulcani quiescenti
Sono quiescenti i vulcani attualmente in **fase di riposo** per la bassa frequenza eruttiva, ma con rischio elevato perché spesso il condotto è ostruito come nello Yellowstone in America e, in Italia, nel Vesuvio. Il Vesuvio è ad alto rischio anche per la elevata densità abitativa dei suoi dintorni.

I VULCANI IN ITALIA

In Italia è presente un'attività magmatica intensa fin dai tempi antichi. I segni più recenti di attività vulcanica, a partire da 5 milioni di anni fa, si infittiscono lungo una fascia che corre parallela alla costa tirrenica, dalla Toscana alla Sicilia. L'attività vulcanica è presente anche in zone sommerse nel Mar Tirreno e nel Canale di Sicilia in cui ci sono vulcani sottomarini, alcuni emersi dalle acque come le Isole Eolie, altri sommersi come il Marsili.

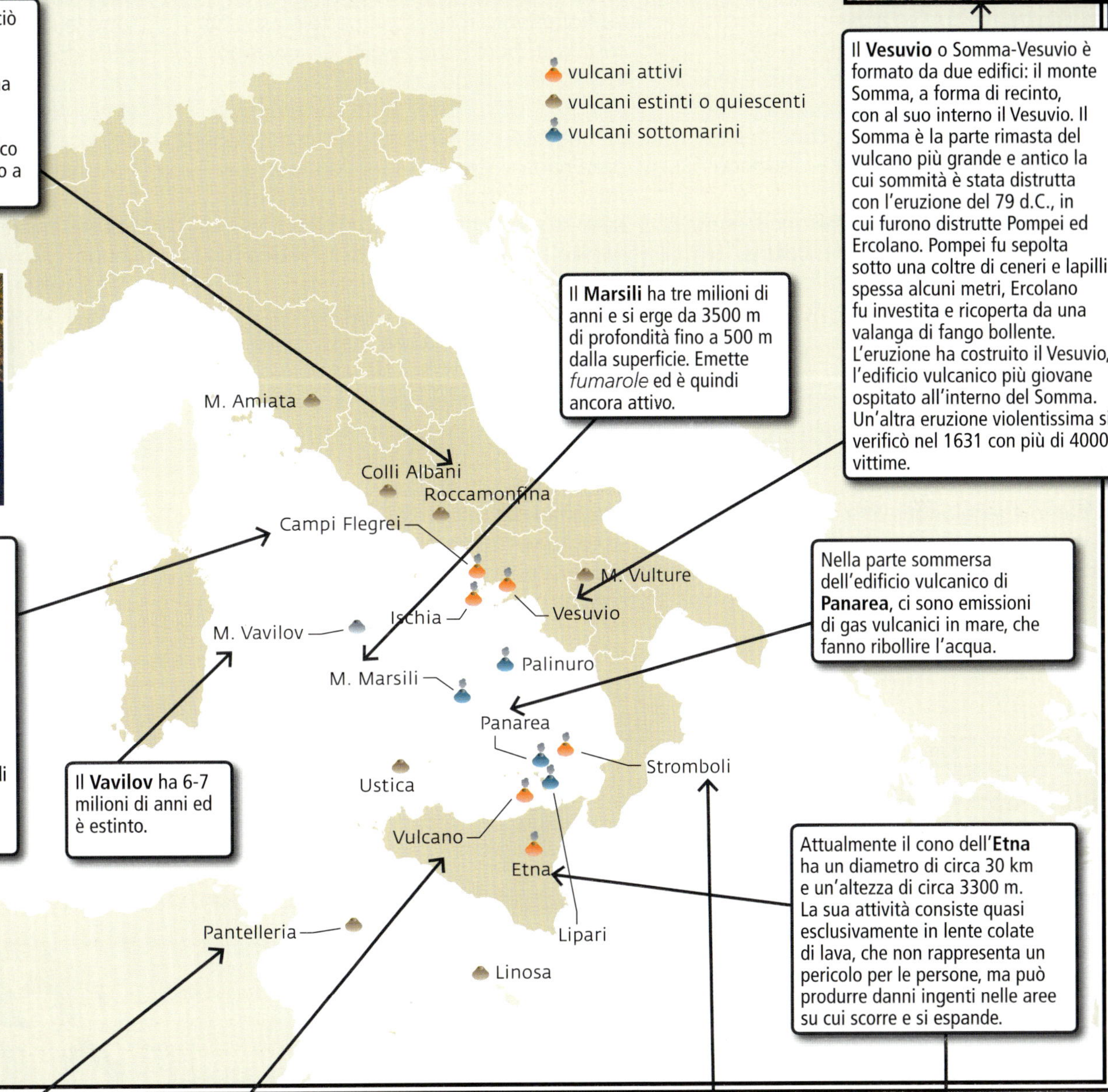

Il complesso dei **Colli Albani** è ciò che resta di un antico apparato vulcanico che ha iniziato la sua attività circa 600 000 anni fa e ha proseguito le sue eruzioni fino a poche migliaia di anni fa.
Il Monte Cavo è un cono vulcanico di scorie alto 950 m circa, dovuto a un'attività più recente.

Il **Vesuvio** o Somma-Vesuvio è formato da due edifici: il monte Somma, a forma di recinto, con al suo interno il Vesuvio. Il Somma è la parte rimasta del vulcano più grande e antico la cui sommità è stata distrutta con l'eruzione del 79 d.C., in cui furono distrutte Pompei ed Ercolano. Pompei fu sepolta sotto una coltre di ceneri e lapilli spessa alcuni metri, Ercolano fu investita e ricoperta da una valanga di fango bollente. L'eruzione ha costruito il Vesuvio, l'edificio vulcanico più giovane ospitato all'interno del Somma. Un'altra eruzione violentissima si verificò nel 1631 con più di 4000 vittime.

Il **Marsili** ha tre milioni di anni e si erge da 3500 m di profondità fino a 500 m dalla superficie. Emette *fumarole* ed è quindi ancora attivo.

L'area dei **Campi Flegrei** si estende per un diametro di circa 12 km. L'attività dei vulcani disseminati in questa zona ebbe inizio circa 50 000 anni fa con una serie di violentissime esplosioni che diedero origine a una coltre di rocce vulcaniche dette *ignimbriti* e a una vasta caldera. Circa 12 000 anni fa un'eruzione provocò la ricaduta di *tufo giallo*, materiale che si può vedere sulla collina del Vomero e a Posillipo.

Nella parte sommersa dell'edificio vulcanico di **Panarea**, ci sono emissioni di gas vulcanici in mare, che fanno ribollire l'acqua.

Il **Vavilov** ha 6-7 milioni di anni ed è estinto.

Attualmente il cono dell'**Etna** ha un diametro di circa 30 km e un'altezza di circa 3300 m. La sua attività consiste quasi esclusivamente in lente colate di lava, che non rappresenta un pericolo per le persone, ma può produrre danni ingenti nelle aree su cui scorre e si espande.

Pantelleria è un'isola di origine vulcanica. Le eruzioni sono ormai cessate, ma in tutto il territorio sono presenti vari fenomeni di vulcanismo secondario.

Vulcano ha avuto l'ultima eruzione nel 1894 e, come **Lipari**, si trova in una fase di apparente inattività: da entrambi si possono osservare solo emissioni di vapori sulfurei chiamate *fumarole*.

Stromboli è un vulcano sottomarino emerso che si eleva di circa 3000 m dal fondo marino e di 900 m dal livello del mare. Ha da parecchi secoli un'attività moderata di tipo esplosivo.

TROVA LE PAROLE

Il .... vulcanico dipende dalla .... di un vulcano e dai potenziali .... nei riguardi di persone e cose. Purtroppo le eruzioni non possono essere impedite, ma possono essere previste rilevando i .... Inoltre si può cercare di .... i danni delle eruzioni vietando insediamenti in zone considerate a rischio e predisponendo .... di emergenza.

STORIE DELLA TERRA

Il Selciato del Gigante

Sulla costa nord-est dell'Irlanda affiora una fitta serie di piastroni e pilastri rocciosi, che lastricano una specie di selciato, il Selciato del Gigante (*Giant's Causeway*).
Ben visibile sulla costa, il Selciato del Gigante prosegue anche nel fondale marino adiacente ed emerge persino sulle coste scozzesi, nell'isola di Staffa, come fosse un'enorme strada che unisce le sponde opposte (**FIGURA A**).
La formazione risale a 60 milioni di anni fa quando, in seguito a un'eruzione vulcanica, la lava scorrendo formò un vasto plateau basaltico che ricoprì parte della costa.
Secondo un'antica leggenda irlandese solo dei giganti, in particolare il leggendario Finn McCool, avrebbe potuto compiere quell'opera titanica, piantando in mare enormi colonne di pietra per costruire un sentiero e raggiungere e sconfiggere il suo nemico Finn Gall, che viveva sulla costa scozzese opposta (**FIGURA B**). Quest'ultimo, vista l'opera gigantesca, temendo la forza del suo rivale, avrebbe distrutto in parte il Selciato per timore di una sconfitta.
Accantonata la leggenda rimane l'affioramento roccioso in parte eroso che suscita stupore e meraviglia. Osservando la geometria di queste pietre, siamo incantati e incuriositi, tanto che è difficile immaginare che siano semplicemente opera della natura. Come si sono formate? La risposta a questa domanda ci viene offerta dallo studio dei fenomeni vulcanici, in particolare dalle modalità di raffreddamento delle rocce di origine magmatica.
Dallo studio dei minerali abbiamo constatato che la natura spesso si manifesta in forme geometriche che occupano tutto lo spazio disponibile. La struttura geometrica che riempie lo spazio in modo efficace è l'esagono, basti pensare alle cellette delle api negli alveari. Le formazioni colonnari del Selciato del Gigante sono appunto prevalentemente a base esagonale. Esse si formano in seguito alla contrazione che le lave basaltiche subiscono quando si raffreddano lentamente a contatto con l'acqua e l'aria, e quando il raffreddamento è uniforme e avviene in tutte le direzioni.
Quando la lava inizia a raffreddarsi in superficie lo strato superiore passa allo stato solido e diventa roccia. A causa della contrazione termica la roccia si frattura. Le fratture che avvengono in superficie formano crepe che si incontrano formando tra loro angoli di 120°. Si vengono così a creare esagoni adiacenti. Con il raffreddamento progressivo dall'alto verso il basso la fessurazione si estende in verticale interessando l'intera massa solidificata. I prismi esagonali, che alla base sono larghi 1-1,5 m, sono alti anche decine di metri.
Simili formazioni colonnari si trovano non solo in Irlanda e in Scozia, ma anche in altre località vulcaniche del globo. Si possono notare anche in Italia nelle Gole dell'Alcantara, in Sicilia nell'area dove si innalza l'Etna (**FIGURA C**).

PER FISSARE I CONCETTI

- Quali caratteristiche hanno le lave basaltiche?
- Descrivi come è avvenuta la formazione del selciato del gigante.

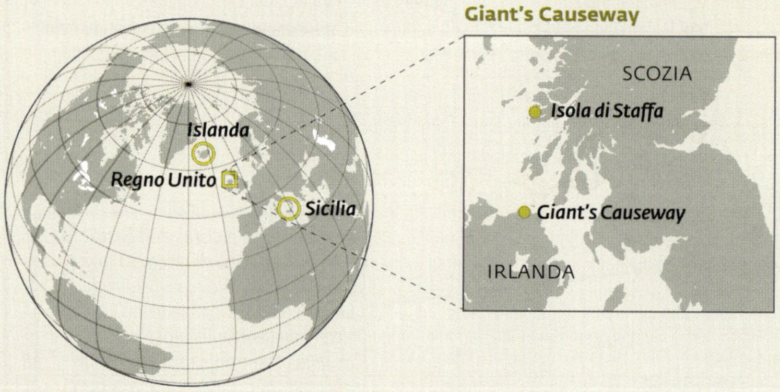

FIGURA A Il Selciato del Gigante si trova tra l'Irlanda e la Scozia.

FIGURA C Il fiume Alcantara in Sicilia ha scavato questa gola nel colonnato basaltico.

FIGURA B Solo un gigante, secondo un'antica leggenda, poteva costruire un selciato così imponente.

LOSAI? RIPASSA CON LO SMARTPHONE

Per ricordare

1. Perché la Terra è così calda al suo interno?
Il calore interno della Terra in parte risale all'inizio della formazione del nostro pianeta o *calore fossile*, in gran parte è prodotto dalla radioattività di elementi come il torio e l'uranio, concentrati nei primi 200 km di profondità.

2. Da che cosa dipende l'attività vulcanica?
L'attività di un vulcano dipende dal tipo di magma: se il magma è basico l'attività è più tranquilla o *effusiva*, se è acido l'attività è detta *esplosiva* perché più improvvisa e pericolosa.

3. Qual è l'origine dei magmi e delle lave?
Il magma deriva prevalentemente da rocce fuse dell'astenosfera. Il fuso o magma tende a risalire verso la superficie e a raccogliersi in una *camera magmatica*; da qui risale lungo il *condotto vulcanico* e fuoriesce dal *cratere* sotto forma di **lava**.

4. Come varia la forma dei vulcani?
La forma di un edificio vulcanico dipende dal tipo di attività vulcanica. I principali edifici vulcanici sono: **i vulcani a scudo**, di forma bassa e larga; gli **strato-vulcani**, formati da strati di lava alternati a strati di materiali piroclastici; le **caldere**, ampie cavità dovute allo sprofondamento della sommità del vulcano; i **coni di scorie**, formati da lapilli e ceneri che generano un piccolo cono dai ripidi pendii; i **neck**, costituiti dai resti di lava consolidata all'interno del camino di un edificio vulcanico smantellato dall'erosione.

5. Nelle zone vulcaniche quali altri fenomeni si possono osservare?
Nelle zone vulcaniche vi sono forme secondarie di attività vulcanica, consistenti in emissioni di gas, vapori o acque molto caldi. Si tratta di *geyser*, *soffioni boraciferi*, *solfatare* e *sorgenti termali*. Anche i *bradisismi*, periodici abbassamenti o sollevamenti del suolo, sono forme di vulcanesimo secondario.

6. Da che cosa dipende il rischio vulcanico?
Il rischio vulcanico dipende dalla *pericolosità* delle eruzioni e dalla *vulnerabilità* dei luoghi esposti alle eruzioni (dipendente soprattutto dalla densità abitativa).

la mappa

Completa la mappa concettuale utilizzando i termini proposti. Dai la definizione di quelli sottolineati:

piroclasti • effusive • batoliti • astenosfera • eruzioni vulcaniche • basico • litosfera • magma • Monte Bianco • esplosive • colate laviche • densità • acido

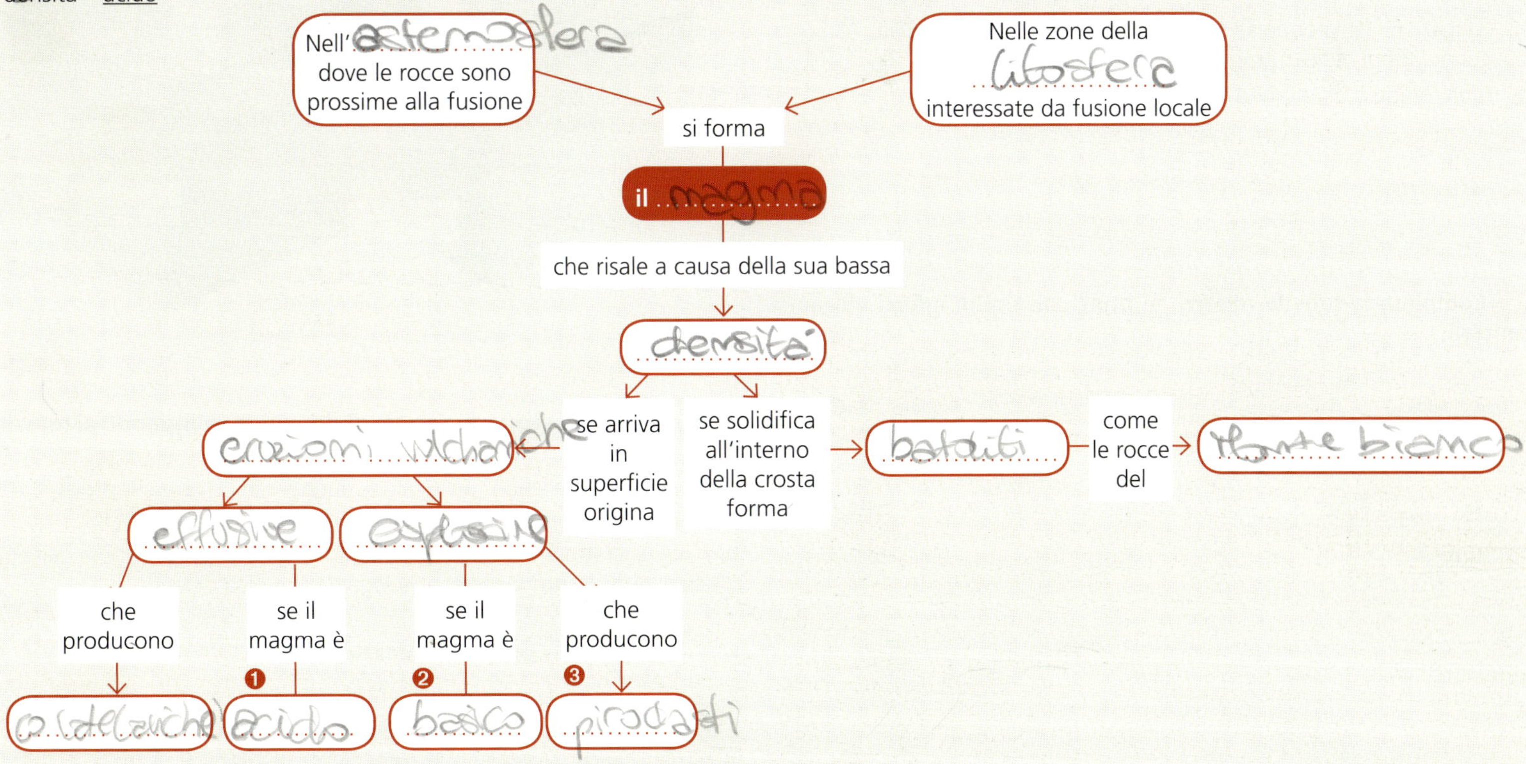

Sul tuo quaderno prova a espandere la mappa aggiungendo un nuovo gruppo di nodi e nuovi collegamenti ai nodi 1, 2 e 3.

Sei pronto per la verifica?

In 1 ora

1. Indica se ciascuna delle seguenti affermazioni è vera o falsa. Se è falsa, falla diventare vera cambiando solo i termini sottolineati.

a. Vicino alla superficie il valore medio del gradiente geotermico è circa <u>3 °C</u> ogni 100 m di profondità. V F

b. Il magma tende a risalire all'interno della crosta perché è <u>più denso</u> delle rocce circostanti. V F

c. La violenza di una eruzione può essere valutata tramite la determinazione del <u>rischio vulcanico</u>. V F

d. I magmi <u>basici</u> sono i più viscosi. V F

e. Le <u>lave a cuscini</u> si formano quando la solidificazione avviene in ambiente subacqueo. V F

f. I <u>bradisismi</u> sono tipiche emissioni vulcaniche secondarie. V F

[6 PUNTI]

2. Accanto a ogni affermazione, scrivi Ps se pensi si riferisca a un'attività di previsione nei confronti delle eruzioni vulcaniche e Pz se pensi si riferisca a una di prevenzione.

a. Analisi della composizione chimica delle miscele dei gas vulcanici. ☐

b. Rilevazione tramite satellite di deformazioni dei fianchi del vulcano. ☐

c. Predisposizione di piani di emergenza da attuare in caso di eruzione. ☐

d. Pianificazione rigorosa della realizzazione di costruzioni nei pressi del vulcano. ☐

e. Controllo del livello dell'acqua di falda nei pozzi. ☐

f. Educazione della popolazione tramite campagne informative e simulazioni di evacuazione. ☐

g. Monitoraggio dei tremori. ☐

[7 PUNTI]

3. Completa la tabella relativa ai principali tipi di edifici vulcanici centrali.

Tipo di edificio	Caratteristiche del magma in risalita	Tipo di attività	Caratteristiche dell'edificio	Prodotti	Esempio
Cono di scorie					
Vulcano a scudo					
Stratovulcano					

[15 PUNTI]

4. Stabilisci le corrispondenze corrette tra i termini della colonna di sinistra e le descrizioni riportate a destra.

a. ☐ caldera

b. ☐ lapilli

c. ☐ plateau

d. ☐ ignimbrite

e. ☐ lahar

1. Formazioni rocciose che derivano dalla solidificazione delle nubi ardenti.

2. Colate di fango che scendono a gran velocità dai fianchi di un vulcano quando acqua e piroclasti si mescolano tra loro.

3. Particolari edifici vulcanici prodotti da eruzioni lineari e costituiti dalla sovrapposizione di più colate laviche.

4. Prodotti piroclastici eiettati da un vulcano con attività esplosiva aventi diametro dell'ordine dei centimetri.

5. Ampia depressione di forma più o meno circolare che può originarsi a seguito della parziale distruzione di un edificio vulcanico.

[5 PUNTI]

5. Inserisci i termini corretti nella figura.

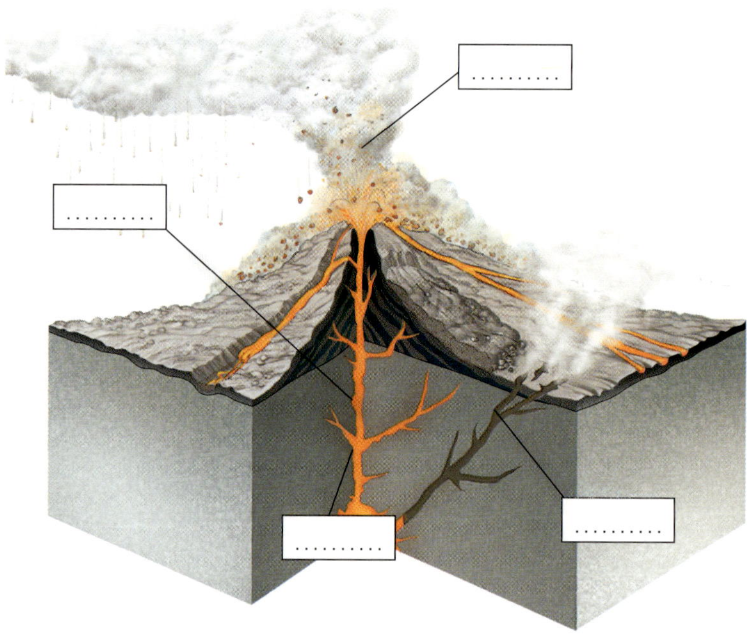

[4 PUNTI]

6. Rispondi alle seguenti coppie di domande utilizzando al massimo 5 righe.

a. Che cosa si intende per «calore endogeno»? Da quali processi è alimentato? **[1 + 2 PUNTI]**

b. Qual è il fattore che influenza maggiormente le caratteristiche dell'attività di un vulcano? Definisci e spiega da che cosa dipende **[1 +1 + 2 PUNTI]**

c. Che cosa sono i geyser? Attraverso quale meccanismo si originano? **[2 + 4 PUNTI]**

☐ fino a 32 punti **insufficiente**	☐ da 33 a 38 punti **sufficiente**	☐ da 39 a 44 punti **buono**	☐ da 45 a 50 punti **ottimo**

Verifica le competenze

ZTE ONLINE
20 test interattivi online
su zte.zanichelli.it

S1 – RACCOGLIERE DATI ATTRAVERSO LA CONSULTAZIONE DI DIVERSE AGENZIE INFORMATIVE

1. A «CACCIA» DI VULCANI

Impara a utilizzare il database della Smithsonian Institution relativo ai vulcani nel mondo. Lo trovi all'indirizzo: www.volcano.si.edu/index.cfm.
Il sito è in inglese, ma tutte le informazioni richieste sono facilmente reperibili e individuabili.

a. ●● Per iniziare, cerchiamo quali vulcani sono attualmente in attività: dalla Home Page, accedendo all'area Volcanic Activity Report dalla voce Reports, ricerca quali sono le attività in corso e completa la tabella con i dati relativi a quelle iniziate da poco (indicate con New).

Nome del vulcano	Coordinate	Nazione	Tipo di vulcano	Data dell'ultima eruzione

b. ● Ora andiamo a «caccia» di particolari tipologie di edifici vulcanici: accedendo all'area Volcano Search dalla voce Database, cerca quanto richiesto impostando i parametri di ricerca corretti (non è necessario completare tutti i campi).

- Una caldera in territorio americano.
- Un duomo di lava (o duomo vulcanico) in territorio giapponese.
- Un cono di scorie in territorio messicano.

c. ●●● Infine prova a analizzare le immagini trovate durante la consultazione del Database utilizzandole per rispondere alle seguenti domande.

- Spiega perché l'immagine del primo edificio rappresenta una caldera.
- Spiega perché l'immagine del secondo edificio rappresenta un duomo di lava.
- Spiega perché l'immagine del terzo edificio rappresenta un cono di scorie.

S2 – RICONOSCERE L'IMPATTO DEI FENOMENI NATURALI SULLA VITA QUOTIDIANA

2. ENERGIA DAI VULCANI

Leggi il seguente brano tratto da un articolo comparso nel 2012 sul sito della rivista National Geographic. Poi rispondi alle domande.

Le immense forze della natura e i tentativi di imbrigliarle.

Una nuvola di fumo si leva dal vulcano Eyjafjallajökull, nel sud dell'Islanda, il 16 aprile 2010, un evidente rilascio di energia geotermica, nascosta cioè nelle viscere della Terra. Come si ricorderà, l'interazione tra la lava e il ghiaccio produsse nuvole di vapore e cenere che causarono una sospensione dei voli aerei in tutta Europa.
L'Islanda sfrutta al massimo il suo potenziale: quasi tutti gli edifici del Paese sono alimentati a energia geotermica, che fornisce anche un terzo del fabbisogno di elettricità. Ma nessuno ha ancora trovato un modo di imbrigliare quell'energia quando si scatena in forma di eruzione vulcanica, emergendo in superficie. «Un peccato, perché nel marzo del 2010, durante la prima delle due eruzioni, le emissioni di Eyjafjallajökull hanno rapidamente raggiunto la potenza di un gigawatt, e in seguito hanno toccato un massimo di 6 gigawatt», spiega Ashley Davies, vulcanologo al Jet Propulsion Laboratory della NASA, a Pasadena, in California.
Un gigawatt equivale alla capacità produttiva di una grossa centrale elettrica; sei gigawatt è una potenza inferiore solo a quella della più grande centrale americana. […]

a. ● Da dove proviene l'energia interna della Terra?

b. ●● Nel brano si cita lo sfruttamento dell'energia geotermica in Islanda: conosci qualche località italiana in cui si ricorre a questa fonte energetica alternativa?
Se non hai informazioni in merito, fai una breve ricerca.

c. ●●● I vulcani sprigionano nel corso delle loro eruzioni quantità enormi di energia, sufficienti per soddisfare il fabbisogno di intere città: per quale motivo allora l'uomo non sfrutta questi eventi per la produzione energetica?

S1 – RICONOSCERE O STABILIRE RELAZIONI

3. UN FOTOGRAMMA… TANTE INFORMAZIONI

a. ●●● Osserva l'immagine scattata su un vulcano italiano in attività. Partendo dalle tue considerazioni scrivi sul tuo quaderno un breve testo in cui siano presenti le seguenti informazioni opportunamente collegate tra di loro:

- che cosa rappresenta l'immagine e in quale situazione è stata scattata;
- quale tipologia di magma e di vulcano ti aspetti siano coinvolti;
- quale potrebbe essere la violenza dell'evento espressa con la scala VEI;
- su quale vulcano italiano potrebbe essere stata scattata.

SEZIONE D

9 I terremoti

In questa Unità troverai le risposte alle seguenti domande:
1. Come si possono deformare le rocce?
2. Che cosa sono le pieghe e le faglie?
3. Che cos'è un terremoto? Come si propaga l'energia liberata?
4. Come si misura la forza di un terremoto?
5. Come si può conoscere la struttura interna del nostro pianeta?
6. Che cos'è il rischio sismico?

A

Pieghe e fratture nelle rocce

Durante una gita in montagna, o al mare lungo una scogliera, capita di osservare pareti in cui le rocce sono contorte in gigantesche pieghe o addirittura sono attraversate da lunghe fratture, come nella **FIGURA A**. Quali forze immani hanno agito? Sappiamo, infatti, che originariamente quegli estesi banchi di roccia si sono formati orizzontalmente sul fondo del mare. Come è possibile che siano stati successivamente sollevati e compressi fino a piegarsi o spezzarsi? Quando gli strati rocciosi si deformano fino a rompersi, viene liberata energia sufficiente a far vibrare il suolo: si verifica cioè un terremoto.

B

C

SAI RISPONDERE?

1 Sai dire come è possibile che i blocchi rocciosi si sollevino e si pieghino fino addirittura a spezzarsi? Ti è mai capitato di osservare degli strati rocciosi inclinati o piegati? Ti ricordi dove?
2 Quando si verifica un terremoto, nelle cronache si parla spesso di faglia. Di che cosa si tratta?
3 Sai che cosa può succedere quando un terremoto avviene in mare?

VIDEO
La deformazione delle rocce
- prima parte

1 Le pieghe e le faglie

Le rocce sono sottoposte a forze enormi. I movimenti reciproci delle placche litosferiche generano collisioni e distensioni che sollecitano intensamente le rocce di cui sono formate le placche stesse. Queste sollecitazioni, dette **forze tettoniche**, sono talmente potenti da produrre effetti anche di vasta scala.

Il comportamento delle rocce in risposta a queste sollecitazioni dipende da vari fattori. Esistono delle rocce che hanno una tendenza naturale a fratturarsi se sollecitate da queste forze gigantesche. In questo caso si parla di fragilità.

> La **fragilità** è la tendenza a rompersi improvvisamente (per esempio come succede per il vetro) ed è tipica di rocce non stratificate e massicce (calcari, graniti e dolomie).

All'opposto ci sono rocce che, se sollecitate dalle stesse forze, anziché rompersi improvvisamente si deformano plasticamente, rimanendo deformate anche se la forza che le ha modificate cessa. Si parla, in questo caso, di duttilità.

> La **duttilità** è la proprietà fisica di un oggetto di potersi deformare a causa di una forza e di rimanere permanentemente deformato anche in assenza della forza. Le rocce più duttili sono quelle stratificate, come le argille e le arenarie.

Il comportamento fragile o duttile, però, non è solo una caratteristica propria dei diversi tipi di roccia, ma dipende anche da altri fattori, come la durata della forza applicata e la temperatura.

Una forza applicata costantemente per lunghi periodi di tempo, al contrario di forze intense e improvvise, favorisce un comportamento duttile. Così pure se portata ad alte temperature (per esempio trascinata dai moti delle placche all'interno della Terra), una roccia fragile può comportarsi come duttile.

PROVA A FARE

Il comportamento duttile o fragile della cera

Prendi due candele della stessa grandezza e dello stesso tipo di cera. Mettine una su un tavolo a temperatura ambiente e una nel forno preriscaldato a 50 gradi per alcuni minuti o al sole. Toglila dal forno e disponila sul tavolo accanto alla prima. Cerca di piegarle fino a spezzarle applicando possibilmente la stessa forza.

comportamento duttile   comportamento fragile

a. Quale manifesterà il comportamento maggiormente fragile? E quale il comportamento più duttile?

b. Che cosa influenza il diverso comportamento?

Sappiamo tutti che per lavorare un metallo, lo si deve riscaldare; la stessa tecnica è adoperata per piegare il legno (come nel caso dei fianchi di un violino).

Il comportamento duttile delle rocce, sollecitate dalle forze tettoniche, genera delle deformazioni dette pieghe.

> Una **piega** è una deformazione di una massa rocciosa a seguito di forze di compressione prodotte dallo scontro delle placche.

L'andamento e la conformazione delle pieghe che formano le catene montuose sono un indice, oltre che dell'intensità, anche della direzione delle sollecitazioni che hanno agito sulla crosta, in superficie e in profondità. Le Alpi sono costituite da pieghe ciclopiche, spesso coricate le une sulle altre e in genere rivolte verso la Svizzera e l'Austria. Nel caso degli Appennini le pieghe sembrano prodotte da spinte provenienti dall'area tirrenica e perciò appaiono rivolte verso l'Adriatico.

Le forze tettoniche piegano le rocce e possono deformarle fino a provocare delle fratture dette faglie.

> Si chiama **faglia** una frattura della crosta lungo la quale due blocchi rocciosi si spostano l'uno rispetto all'altro.

Una faglia è una «frattura con scorrimento», cioè con spostamento relativo dei due margini. Il piano lungo il quale avviene il movimento relativo delle due parti è detto *piano di faglia* e può essere verticale, inclinato o quasi orizzontale. Come vedremo nei prossimi paragrafi i terremoti si verificano in corrispondenza delle faglie (**FIGURA 1**).

TROVA LE PAROLE

Le rocce, sottoposte a ...., manifestano un comportamento .... se si deformano senza spezzarsi, oppure .... se si rompono. Nel primo caso si possono formare ...., mentre nel secondo caso .... quando la frattura avviene con spostamento reciproco dei .... rocciosi lungo il .... di ....

FIGURA 1. La formazione di una faglia avviene quando il materiale roccioso, come questa serie di strati sovrapposti, sottoposto a forze tettoniche raggiunge il punto di rottura e gli strati si spostano gli uni rispetto agli altri.

APPROFONDIMENTO
La Rift Valley

VIDEO
La deformazione delle rocce - seconda parte

2 I diversi tipi di faglia

Le faglie vengono classificate in base al movimento relativo dei due blocchi di roccia ai lati delle fratture, che dipende dal tipo di forza che genera la rottura.

- Le faglie dovute a compressione della crosta sono dette **inverse**. Nelle faglie inverse, in seguito alle spinte che comprimono la massa rocciosa, i due blocchi sembrano accavallarsi l'uno sull'altro e la crosta subisce un raccorciamento (**FIGURA 2A**).
- Le faglie dovute a stiramento, con conseguente allungamento e lacerazione della crosta, sono dette **dirette** o **normali**. Nelle faglie dirette uno dei due blocchi scivola lungo il piano di faglia, si abbassa rispetto all'altro, e la crosta subisce un allungamento (**FIGURA 2B**).
- La faglia è detta **trascorrente** quando i due blocchi rocciosi ai lati della frattura scorrono orizzontalmente l'uno in direzione opposta rispetto all'altro per effetto di forze di trazione (**FIGURA 2C**).

Le deformazioni della crosta dovute alla presenza di faglie possono interessare vasti territori caratterizzandone profondamente il paesaggio.

Per esempio, il raccorciamento di ampie porzioni rocciose dovute a forze di compressione, con fratture in cui il piano di faglia è molto inclinato, possono produrre l'accavallamento degli strati di roccia su vasta scala. La struttura che ne deriva è detta *falda di ricoprimento*.

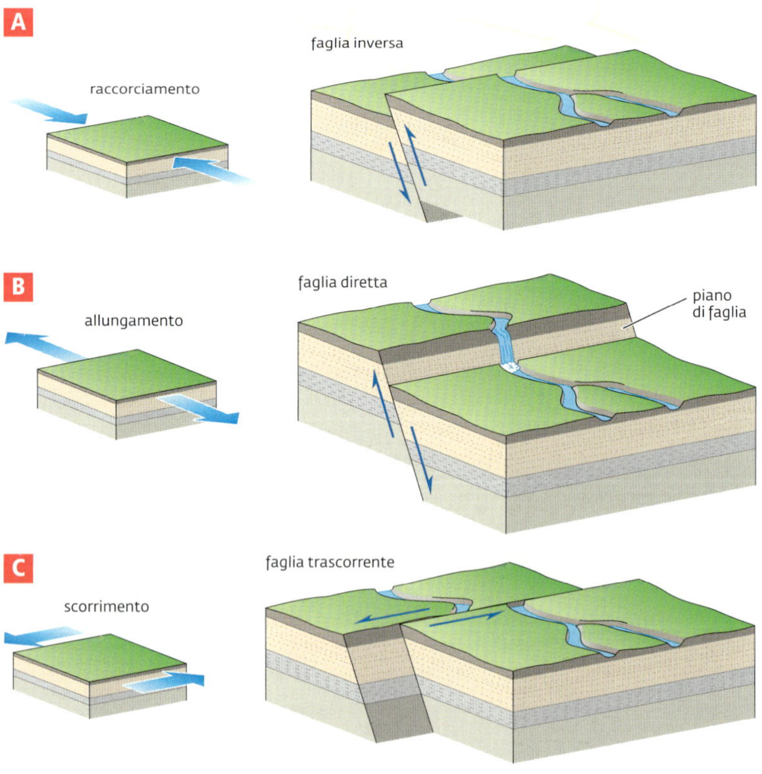

FIGURA 2. (**A**) Faglia inversa: la crosta si raccorcia.
(**B**) Faglia diretta: la crosta subisce un allungamento.
(**C**) Faglia trascorrente.

Le falde di ricoprimento possono comportare sollevamenti e spostamenti dei blocchi rocciosi anche di centinaia di chilometri e caratterizzano l'ossatura di catene montuose generate dallo scontro tra placche, come le Alpi e l'Himalaya (**FIGURA 3**).

Al contrario, lo stiramento di un ampio territorio dovuto a forze distensive può causare lo sprofondamento di porzioni di crosta, generando una vallata fiancheggiata da rilievi chiamata *fossa tettonica* o *rift valley*. In Europa una fossa tettonica è quella che corrisponde alla valle in cui scorre il Reno, delimitata da un lato dalla Foresta Nera, dall'altro dai Vosgi (**FIGURA 4**).

La fossa tettonica più famosa è la *Great Rift Valley* africana, costituita da 9000 kilometri di crosta sprofondata a causa di un

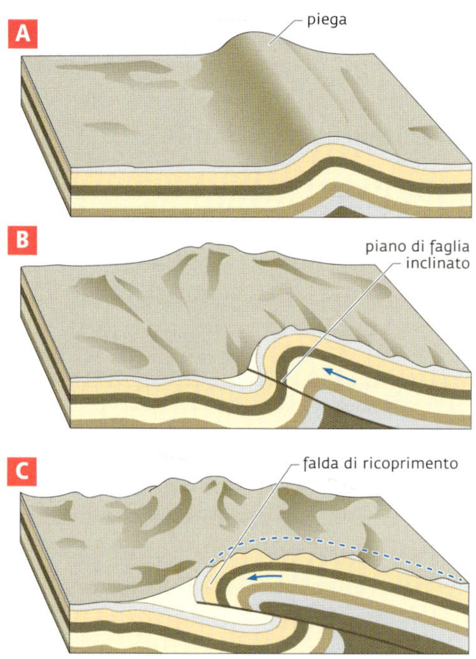

FIGURA 3. Gli strati, sottoposti a forze endogene di compressione, si sollevano in pieghe (**A**). Se le forze continuano ad agire, essi possono spezzarsi (**B**) e accavallarsi (**C**) formando falde di ricoprimento, la cui parte superficiale è erosa dagli attacchi demolitori degli agenti atmosferici.

FIGURA 4. Schema di una fossa tettonica. La valle in cui scorre il fiume Reno, sulle cui sponde si insediarono gli antichi Celti, è una fossa tettonica (*nel disegno*) originata da due faglie dirette non più attive.

gigantesco sistema di faglie dirette che va dal Mar Rosso al lago di Niassa in Mozambico (**FIGURA 5**). Lungo di essa si trovano i laghi tettonici come il Vittoria e il Tanganica.

Enormi lacerazioni della crosta di tipo trascorrente, ben visibili in superficie, si trovano in California e formano un sistema di faglie, di cui la più nota è la faglia di San Andreas, sulla quale si trova la città di San Francisco (**FIGURA 6**).

Questo sistema di faglie è tenuto costantemente sotto osservazione dagli scienziati e i movimenti del suolo sono registrati con precisione nel tentativo di prevedere il prossimo terremoto.

A differenza della faglia di San Andreas, visibile dall'aereo come una lunga cicatrice, numerose faglie sono presenti anche nella nostra penisola, ma rimangono celate in profondità e prendono il nome di *faglie cieche*.

PROVA A FARE

Il ponte sullo Stretto

In previsione della progettazione di un ponte sullo Stretto di Messina, sono stati fatti approfonditi studi sulla geologia della zona per valutare i problemi di stabilità della struttura. Essi hanno messo in evidenza che le due coste opposte si stanno allontanando di circa 1 cm all'anno e che la zona è interessata da fenomeni di distensione crostale, come testimoniano le numerose faglie, evidenti in figura.

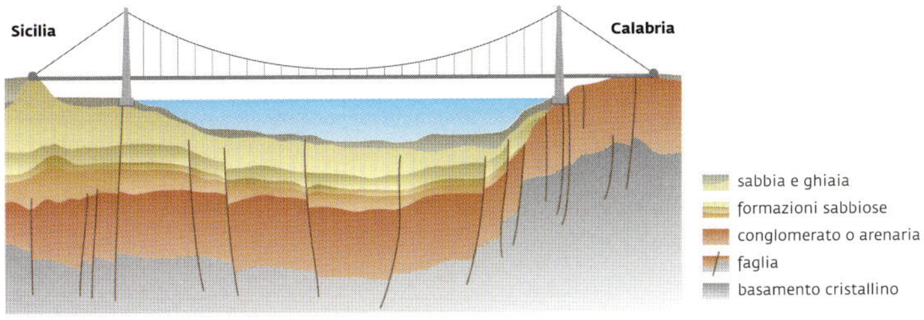

a. Le faglie causate da distensione crostale sono dirette o inverse?

b. A Messina e Reggio Calabria nel 1908 si è verificato uno tra i terremoti più devastante degli ultimi secoli. Cerca su Internet notizie a riguardo.

TROVA LE PAROLE

Le faglie .... sono dovute a forze di compressione della crosta terrestre, mentre quelle .... o .... sono dovute a forze di stiramento della .... terrestre. Le faglie .... si hanno quando i due blocchi rocciosi ai lati della frattura scorrono .... l'uno in direzione opposta rispetto all'altro per effetto di forze di ....

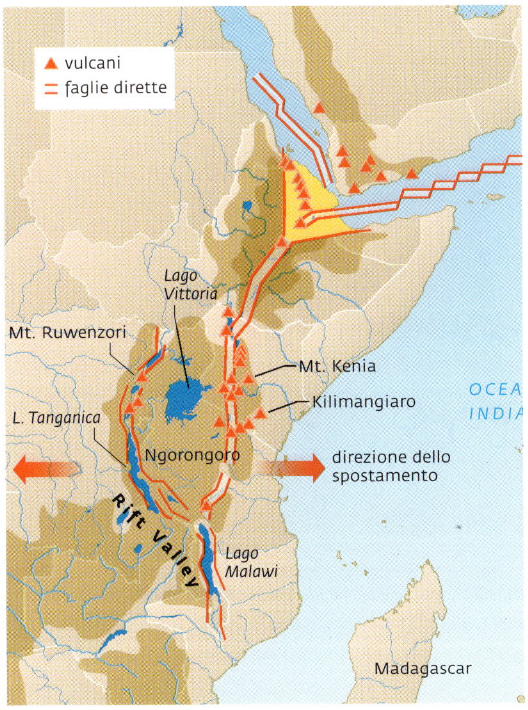

FIGURA 5. La Great Rift Valley è un gigantesco sistema di faglie dirette dovute allo stiramento della crosta terrestre in direzioni opposte. La zona è caratterizzata da vulcani, laghi, pozze termali. Se il fenomeno continuerà, una parte dell'Africa occidentale si separerà dal continente africano.

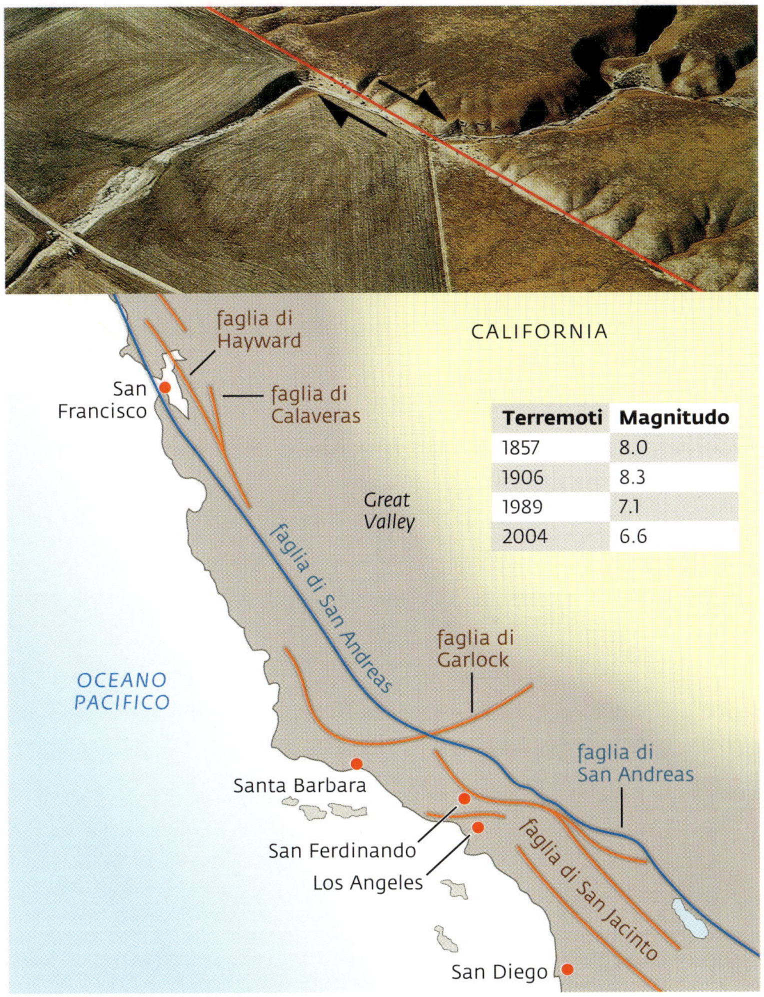

Terremoti	Magnitudo
1857	8.0
1906	8.3
1989	7.1
2004	6.6

FIGURA 6. Nella foto la faglia di San Andreas in California, una lacerazione della crosta lunga circa 1000 km. Fa parte di un sistema di faglie attive (*nella cartina*) che scorrendo generano forti terremoti.

APPROFONDIMENTO
La furia dello tsunami

VIDEO
Determinare l'epicentro di un sisma

LABORATORIO DELLE COMPETENZE
Simuliamo il terremoto

3 I terremoti

Un **terremoto** (dal latino *terrae motus*, movimento della terra), detto anche **sisma** (dal greco *seismós*, scossa), è una vibrazione del suolo che si verifica quando le rocce, sottoposte a forze di vario tipo, si rompono liberando di colpo l'energia che avevano accumulato.

I terremoti sono eventi disastrosi (**FIGURA 7**) i cui effetti vengono spesso amplificati da fenomeni secondari innescati dalle vibrazioni del suolo, quali allagamenti e incendi provocati dalla rottura delle condutture dell'acqua e del gas e da cortocircuiti, spesso più dannosi delle scosse stesse.

I terremoti possono verificarsi in corrispondenza di faglie di nuova formazione, o più spesso in corrispondenza di faglie preesistenti rimaste a lungo inattive.

In occasione di un terremoto, l'accumulo e il rilascio di energia che avviene nelle rocce è simile a ciò che si verifica quando una riga di plastica viene piegata.

Se provate a flettere con le mani una riga di plastica, esercitando su di essa una forza via via maggiore, inizialmente la riga si flette ad arco, poi improvvisamente si spezza e i due tronconi sono scossi per breve tempo da vibrazioni.

L'energia che fa vibrare i due tronconi è quella che la riga aveva accumulato a mano a mano che si deformava sotto l'azione della forza esercitata dalle vostre braccia e che si libera di colpo con la rottura.

Il punto di origine del sisma nel sottosuolo viene chiamato **ipocentro**. Il punto della superficie terrestre situato sulla verticale dell'ipocentro viene invece chiamato **epicentro** (**FIGURA 8**).

In base alla profondità dell'ipocentro si distinguono:

- *terremoti superficiali*, con ipocentro situato a profondità inferiore ai 50 km;
- *terremoti intermedi*, con ipocentro compreso tra i 50 e i 300 km di profondità;
- *terremoti profondi*, con ipocentro compreso tra i 300 e i 700 km di profondità.

FIGURA 7. La Basilica di San Benedetto, crollata durante il terremoto a Norcia, in Umbria nel 2016.

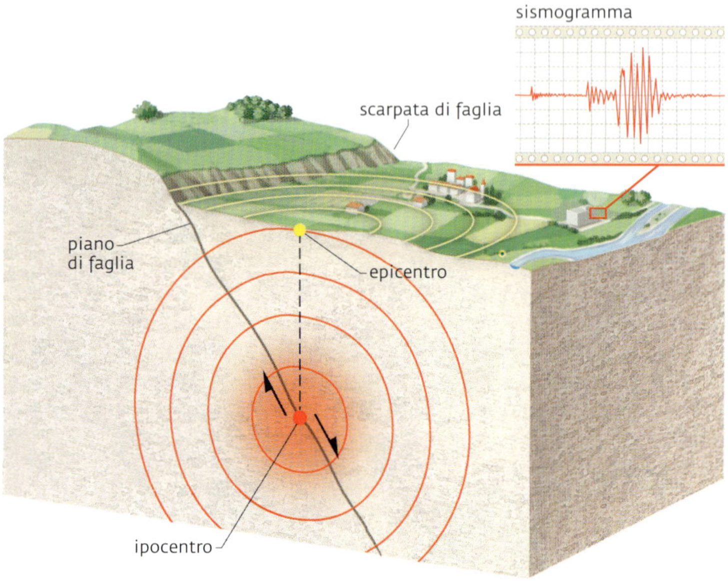

FIGURA 8. A partire dall'ipocentro le onde sismiche si propagano come onde concentriche in tutte le direzioni. Il punto in superficie che si trova sulla verticale dell'ipocentro è l'epicentro. Da quest'ultimo si propagano onde concentriche di superficie.

PROVA A FARE

L'energia si propaga

Metti un'asticella di legno su di un tavolo in modo che un'estremità sporga dal bordo. Sull'altra estremità posta sul tavolo metti un pizzico di cristallini di sale da cucina (o di zucchero). Tieni ben ferma l'asticella e, assicurandoti che non si muova, spingi verso il basso l'estremità che sporge finché l'asticella non si rompe.

Anche se la parte di asticella bloccata sul tavolo è rimasta ferma, che cosa succede ai cristallini di sale posti all'estremità? Quale spiegazione dai?

I terremoti più frequenti sono quelli superficiali; essi sono anche i più disastrosi. Nessun terremoto registrato finora ha avuto origine oltre i 700 km circa di profondità. Questo limite fa pensare che, superata quella profondità, le rocce non siano più rigide e si deformino in maniera lenta e continua, senza fratturarsi.

In genere, ogni evento sismico è costituito da una prima scossa, più forte, seguita da una serie di scosse secondarie, o *repliche*, che possono durare anche vari mesi e comprendere centinaia o anche migliaia di terremoti, di intensità minore. Talvolta avviene però che una o più repliche abbia grandezza confrontabile con quella della scossa principale. Fu il caso del terremoto del Friuli del 1976.

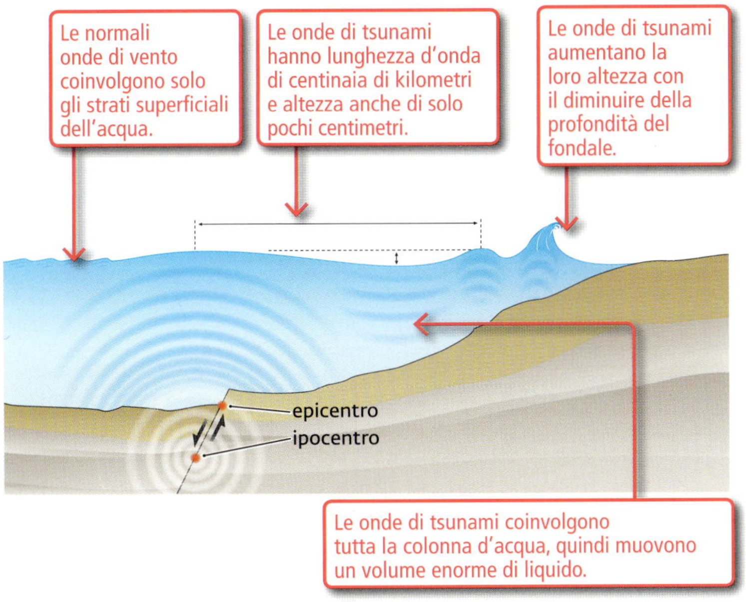

FIGURA 9. Un'onda di tsunami differisce da un'onda di tempesta poiché quest'ultima, creata dal vento, muove l'acqua solo fino a pochi metri di profondità, mentre quella di tsunami, creata sul fondale, muove tutta la colonna d'acqua dal fondo fino alla superficie.

Al termine dell'evento sismico, le rocce in profondità hanno raggiunto un nuovo assetto, e possono continuare ad accumulare energia finché, dopo un altro periodo di calma, riprendono a scaricare l'energia accumulata con una nuova serie di terremoti.

Un terremoto, anche forte, non sarebbe così temibile se non fosse associato alla distruzione di edifici e opere civili che ne consegue quando avviene in aree densamente abitate: come qualcuno ha detto «senza le case, un terremoto sarebbe come una innocua corsa sulle montagne russe».

I terremoti avvengono anche sul fondo degli oceani. Quando lo spostamento della crosta per lo scorrimento di una faglia muove grandi volumi di acqua, la perturbazione arriva in superficie e genera un moto ondoso. Ma non si tratta delle comuni onde generate in superficie dal vento. In questo caso la perturbazione interessa l'intera colonna d'acqua compresa tra il fondo oceanico e la superficie. In mare aperto, in superficie, le onde sono alte solo una decina di centimetri ma lunghe anche decine di kilometri e si propagano a grande velocità. Quando arrivano in prossimità della costa la loro velocità diminuisce, ma l'altezza aumenta generando una sequenza di onde gigantesche dette **tsunami** o *maremoto* (**FIGURA 9**). Talvolta, durante uno tsunami, poco prima dell'arrivo della prima onda sulla costa, il mare si ritira per diversi kilometri per poi ritornare come una muraglia di acqua che si riversa su ogni cosa causando morte e distruzione (**FIGURA 10**).

TROVA LE PAROLE

Un terremoto o .... è una .... del suolo che si verifica quando le .... si rompono liberando di colpo l' .... che avevano accumulato. Il punto di origine del terremoto nel sottosuolo è l' ...., mentre l'............ è il punto della .... terrestre situato sulla .... dell'ipocentro.

FIGURA 10. Sequenza dell'arrivo di uno tsunami: (**A**) prima dello tsunami le acque sono apparentemente calme; (**B**) improvvisamente le acque si ritirano lasciando il fondo marino allo scoperto, mentre l'acqua si sposta verso il largo, come risucchiata dalla crescita dell'onda che avanza; (**C**) infine arriva l'onda che si abbatte sulla costa e si spinge verso l'interno, seminando devastazione.

Quando la terra trema, il Po cambia strada

Siamo abituati a osservare i fiumi aprirsi nuove vie in seguito alle piene, mentre non pensiamo che alla base dei mutamenti di rotta ci possano essere fenomeni di tipo tettonico come i terremoti. Un caso eclatante riguarda proprio il Po, il re dei nostri fiumi che percorre tutta la Pianura Padana.
La Pianura Padana non è un territorio piatto e monotono, che ignora i sussulti del nostro pianeta. Il terremoto del maggio 2012 che ha colpito l'Emilia ha reso evidente, nella sua drammaticità, come sotto l'apparente quiete siano nascoste strutture geologiche attive in grado di farci sobbalzare. Del resto, basta osservare una carta geografica per rendersi conto che questa ampia valle, colmata da un «materasso» di sedimenti alluvionali spesso alcune migliaia di metri, è contornata dalle propaggini di due grandi catene montuose: le Alpi a nord e gli Appennini a sud. Queste due catene, così tipiche del paesaggio italiano, sono tuttora in accrescimento e con i loro movimenti di assestamento «strizzano» la zona pianeggiante che sta nel mezzo (**FIGURA A**).

Il terremoto del 2012 ha risvegliato l'interesse dei geologi che si sono dedicati con più attenzione a esaminare la zona dell'Emilia, teatro dell'attività sismica, alla ricerca di faglie antiche e recenti. E soprattutto li ha stimolati ad analizzare i dati e le testimonianze dei terremoti del passato per comprendere meglio la sismicità dei luoghi e potersene difendere. È emerso che quell'area ha una storia sismica antica segnata da morti e distruzioni e persino da repentini cambiamenti del corso dei fiumi.
Fino al 1570 il ramo principale del Po, prima di sfociare in Adriatico, bagnava la città di Ferrara la cui prosperità era legata ai fiorenti commerci che si svolgevano lungo il suo corso. In quell'anno un terremoto devastante provocato dalla spinta dell'Appennino costrinse il fiume in breve tempo a traslocare più a nord e a incanalarsi lungo il ramo di Venezia fino ad allora marginale. Il delta del Po subì uno spostamento di addirittura 40 km dalla sua posizione originaria, mentre l'antico ramo di Ferrara diminuì la sua portata fino a estinguersi (**FIGURA B**).

Con il ritiro del fiume la città di Ferrara andò incontro a decadenza e a mutamenti politici. Papa Gregorio XIII tuonò che quegli avvenimenti catastrofici erano stati la punizione divina contro gli Estensi, Duchi di Ferrara, colpevoli di avere accolto gli Ebrei in fuga dalla Spagna.
Tornando ai nostri giorni, grazie all'abbondante documentazione storica relativa a quell'episodio e allo studio sismico del territorio con metodi moderni, i ricercatori hanno individuato, tra le numerose fratture nascoste, la faglia che è probabilmente all'origine di quell'antico terremoto e del conseguente trasloco del Po.
In conclusione, i terremoti possono modificare vistosamente il paesaggio: i corsi d'acqua, oltre che deviati, possono venire ostruiti con la formazione di nuovi laghi. Sollevamenti del terreno di 4-5 m possono formare nuove scarpate e nelle regioni montuose si possono verificare imponenti frane.

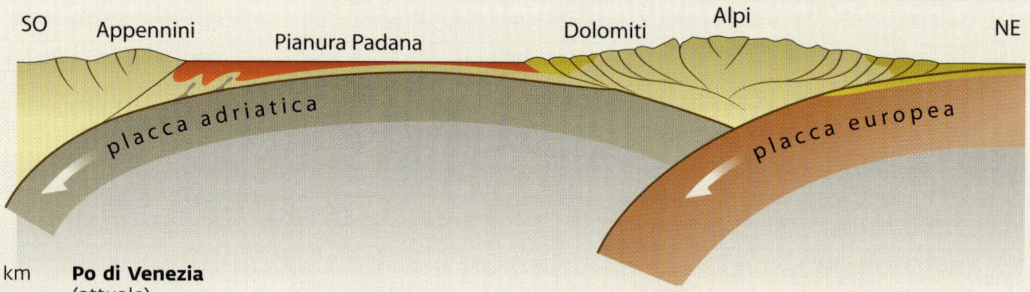

FIGURA A. La configurazione attuale della Pianura Padana dipende dalla storia geologica dell'intera regione nord-italiana. Le catene delle Alpi e degli Appennini, la cui formazione è dovuta ai movimenti delle placche, hanno progressivamente riempito l'ampia valle che le separa con i sedimenti erosi dalle loro cime e trasportati dai fiumi.

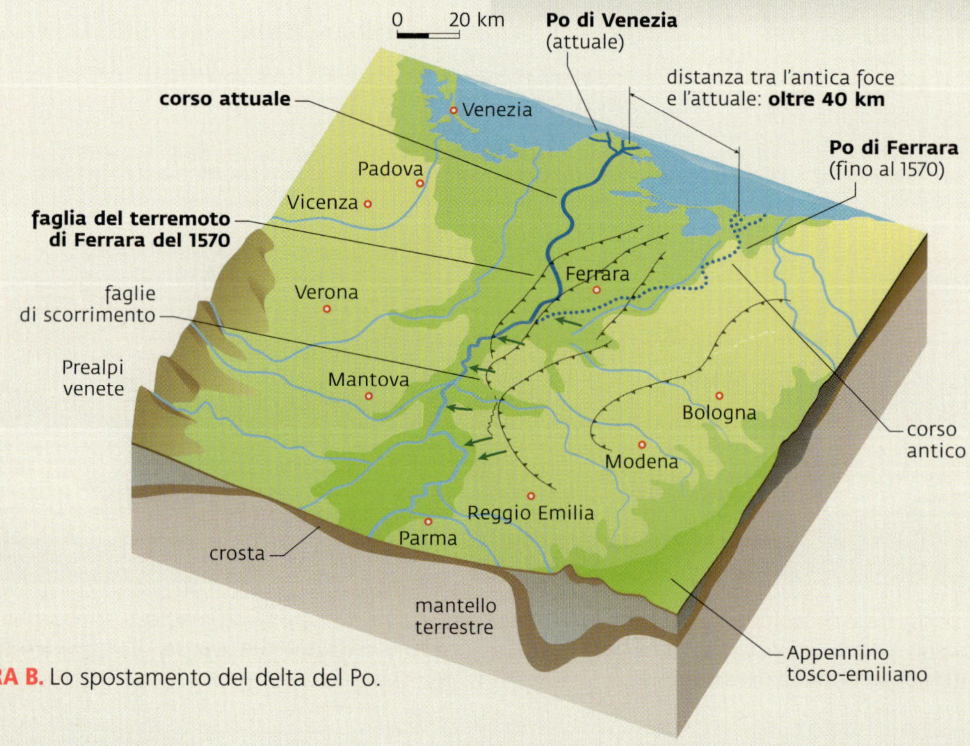

FIGURA B. Lo spostamento del delta del Po.

PER FISSARE I CONCETTI

- Quali sono le cause geologiche della sismicità del tratto emiliano della Pianura Padana?
- Quale sisma recente ha interessato questa area? Quale magnitudo ha avuto?
- I sismi provocano danni alle persone, agli edifici, al paesaggio, ma anche danni economici ingenti. Quali danni economici ha provocato il sisma del 1570?

4 L'energia di un terremoto si propaga sotto forma di onde

APPROFONDIMENTO
La registrazione di un terremoto

In occasione di un sisma, l'energia che si libera dall'ipocentro si propaga in tutte le direzioni, come accade quando si getta un sasso in uno specchio d'acqua. L'impatto del sasso provoca un disturbo alla superficie dell'acqua, che comincia a incresparsi. Nel punto di impatto le particelle d'acqua vanno su e giù, e così facendo trasmettono questo movimento alle particelle d'acqua vicine, che a loro volta iniziano a oscillare e comunicano lo stesso movimento a quelle adiacenti e così via. In tal modo, il disturbo si propaga sempre più lontano dal punto iniziale: il movimento che si trasferisce da una particella a un'altra è *energia* che si propaga senza trasporto di materia.

Per un terremoto avviene sostanzialmente la stessa cosa (**FIGURA 11**). Il brusco movimento creato dall'improvvisa rottura di una massa rocciosa nell'ipocentro si trasmette via via alle rocce vicine e la vibrazione si propaga in tutte le direzioni, generando un fronte sferico di **onde sismiche**.

Le onde sismiche non si propagano all'infinito ma, a mano a mano che si allontanano dall'ipocentro, tendono a smorzarsi. Pertanto, quanto più vicino ci troviamo al luogo di origine di un sisma, tanto più forte avvertiamo il disturbo da esso provocato. Nel caso di terremoti molto forti le onde possono addirittura attraversare il pianeta riemergendo in superficie in luoghi lontanissimi da quello di origine del terremoto.

Le onde sismiche sono studiate da strumenti molto sensibili, i **sismografi** (**FIGURA 12**), distribuiti in rete sulla superficie terrestre, che rilevano e registrano il passaggio delle onde e trasmettono i dati alle stazioni di raccolta ed elaborazione.

I grafici ottenuti dalle registrazioni sono detti **sismogrammi** (*vedi* figura 12).

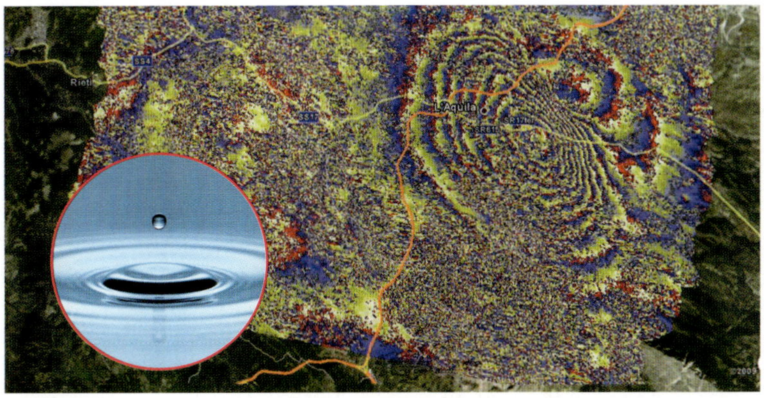

FIGURA 11. Immagine da satellite degli effetti del terremoto dell'Aquila del 6 aprile 2009 ottenuta utilizzando sensori che rilevano le deformazioni del suolo causate dal sisma. Le onde sismiche possono essere paragonate a quelle causate da un sasso gettato in uno specchio d'acqua.

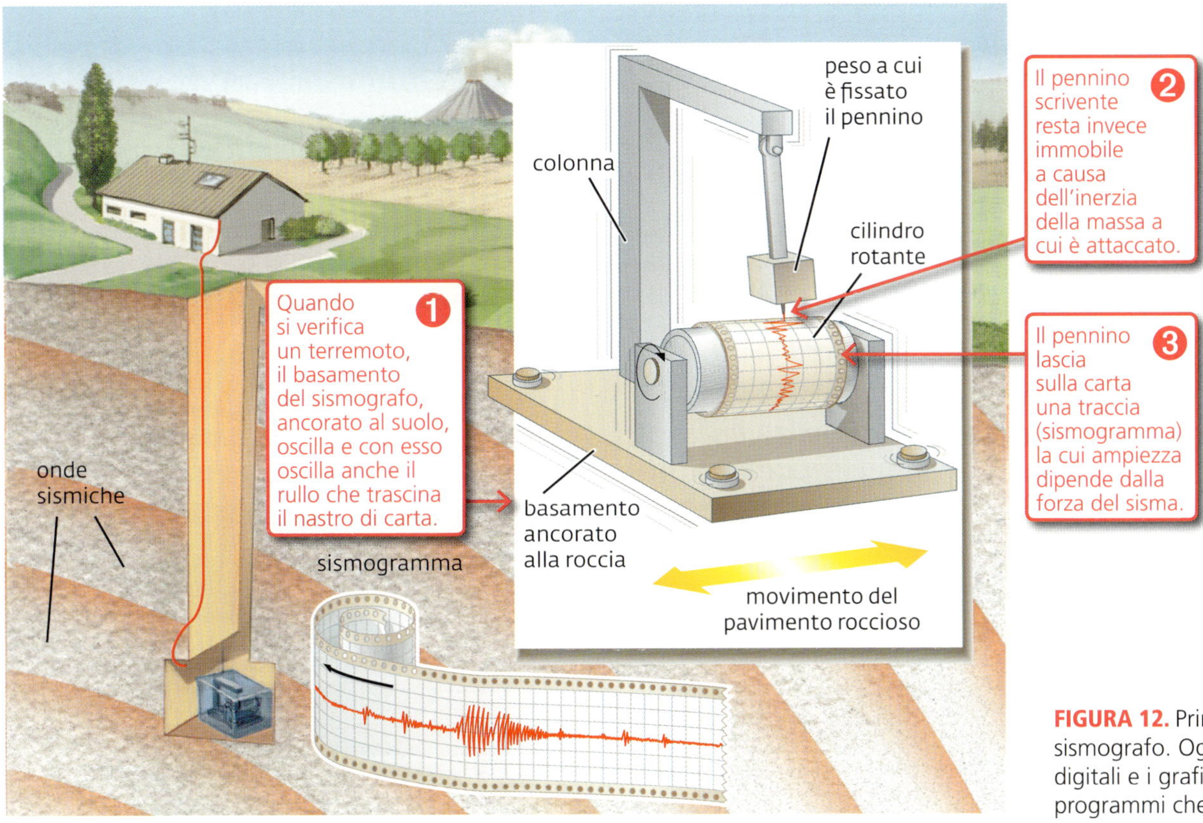

FIGURA 12. Principio di funzionamento di un sismografo. Oggi i sismografi sono strumenti digitali e i grafici (sismogrammi) sono elaborati da programmi che ricavano istantaneamente i dati.

I geologi distinguono due tipi principali di onde, sempre presenti in un terremoto, che si propagano dall'ipocentro e viaggiano all'interno del globo: le onde P (o prime) e le onde S (o seconde).

- Nel caso delle **onde P** (Prime), dette anche *onde di compressione*, le vibrazioni delle particelle rocciose sono longitudinali, ossia avvengono nella stessa direzione in cui si propaga l'onda. Semplificando si può dire che le particelle rocciose oscillano avanti e indietro (**FIGURA 13A**).
- Nel caso delle **onde S** (Seconde), dette anche *onde di taglio*, le vibrazioni delle particelle rocciose sono trasversali, ossia avvengono in direzione perpendicolare a quella di propagazione dell'onda. Si può dire che in questo caso le particelle rocciose oscillano su e giù (**FIGURA 13B**).

Le onde P si propagano più velocemente delle onde S. Quindi un sismografo posto a una certa distanza dall'epicentro di un terremoto avvertirà prima la vibrazione causata dall'arrivo delle onde P e, dopo un certo intervallo di tempo, anche la vibrazione causata dalle onde S.

La velocità delle onde dipende dal tipo di roccia attraversata: quanto più un materiale è rigido e denso, tanto maggiore è la velocità con cui vi si propagano le onde sismiche.

Per esempio, le onde P viaggiano nel granito a circa 6 km/s, mentre nell'acqua viaggiano a 1,5 km/s. A parità di materiale, le onde P sono sempre più veloci delle onde S. Inoltre, mentre le onde P si propagano in tutti i mezzi, sia solidi sia fluidi, le onde S *non* si propagano nei fluidi come acqua e aria.

L'intervallo di tempo che intercorre tra la registrazione delle onde P e quella delle onde S serve ai sismologi, gli studiosi dei terremoti, per determinare, in base ad appositi grafici e tabelle, la distanza dell'epicentro dalla loro stazione di rilevamento. Infatti, quanto maggiore è la distanza che separa l'epicentro del sisma dalla stazione di rilevamento, tanto maggiore è l'intervallo che separa il momento di arrivo delle onde P dal momento di arrivo delle onde S.

Quando le onde P e S raggiungono l'epicentro, generano altri tipi di onde che si propagano in superficie. Queste **onde superficiali** (dette L e R) sono più lente delle onde P e delle onde S, ma si possono propagare anche a migliaia di kilometri di distanza, e sono le più temibili per gli edifici perché provocano movimenti sia laterali, sia verso l'alto e verso il basso, che ne causano il crollo. L'ampiezza massima delle onde L serve per calcolare l'energia liberata dal terremoto, ossia la sua **magnitudo**.

TROVA LE PAROLE

Esistono diversi tipi di ....: all'interno del globo si propagano le onde ...., che sono le più veloci e attraversano tutti i mezzi, e le onde ...., che sono più lente e non si trasmettono nei .... In superficie si propagano le onde .... e .... che sono le più .... per gli edifici.

PROVA A FARE

Onde di compressione e onde di taglio

Costruisci una barchetta di carta e mettila in una bacinella piena d'acqua. Spingi con il palmo di una mano l'acqua in superficie verso il basso, in modo da creare un impulso di compressione. Osserva che cosa succede alla barchetta.

Estrai la mano dall'acqua e immergila ora verticalmente: l'acqua scivola lungo la mano che affonda generando una perturbazione che non si propaga. Osserva anche in questo caso cosa succede alla barchetta.

a. Quali tipi di onde dei terremoti sono analoghe a quelle che si generano nel primo caso?

b. Quali tipi di onde dei terremoti sono analoghe a quelle che non si propagano come nel secondo caso?

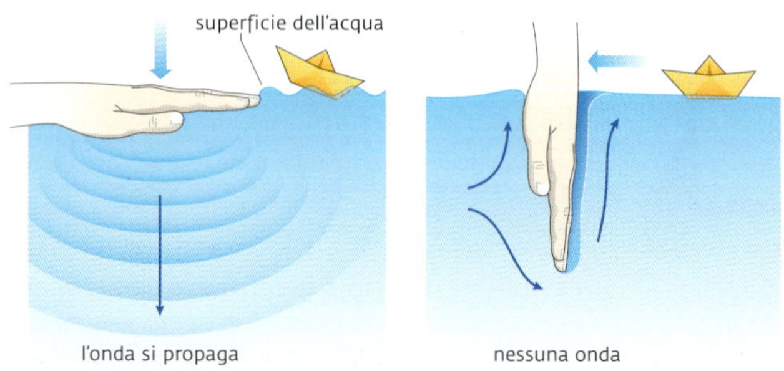

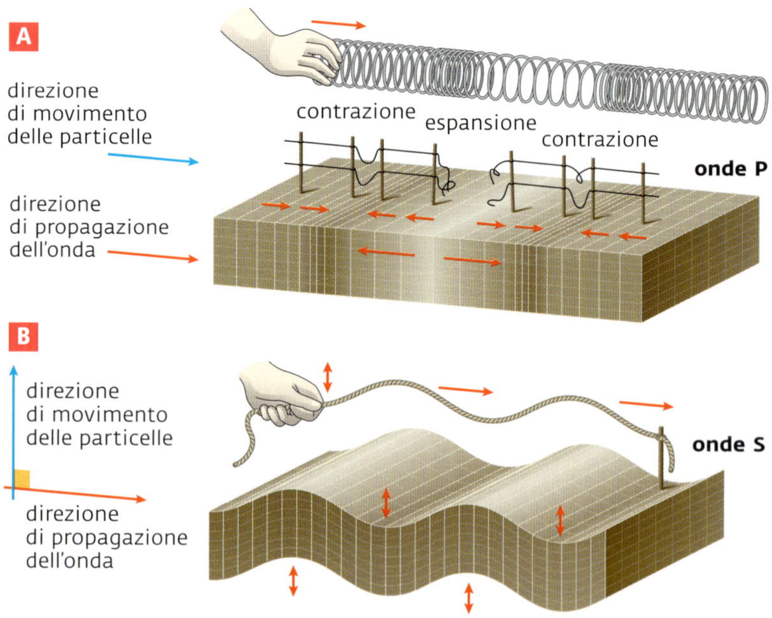

FIGURA 13. In un terremoto si formano a partire dall'ipocentro le onde P (*prime*) e le onde S (*seconde*), che viaggiano all'interno della Terra. Le onde P si propagano per compressione e dilatazione del mezzo in cui viaggiano e sono responsabili dei movimenti del suolo che spezzano le linee elettriche (**A**). Le onde S si propagano per ondulazione del mezzo in cui viaggiano (**B**), come una corda che viene scossa.

5 Come si determina la forza di un terremoto

APPROFONDIMENTO
In Italia la terra trema

VIDEO
Le onde sismiche attraverso materiali differenti

LABORATORIO DELLE COMPETENZE
Una scala per i terremoti

Per valutare la forza dei terremoti si possono utilizzare due sistemi:

- stimare i danni che esso ha provocato;
- stimare l'energia liberata tramite la lettura dei sismogrammi.

Per valutare i danni provocati da un terremoto si ricorre alla scala Mercalli, così chiamata dal nome del sismologo italiano Giuseppe Mercalli che la propose nel 1902 (**FIGURA 14**).

La **scala Mercalli** valuta l'**intensità** di un terremoto prendendo in considerazione gli effetti del sisma sulle cose e sulle persone. Nella sua versione attuale, comprende una serie di gradi di intensità crescente che vanno da I a XII.

FIGURA 14. Il sismologo Giuseppe Mercalli (1850-1914) elaborò la scala che porta il suo nome, inizialmente di dieci gradi; Mercalli aggiunse un grado dopo il catastrofico terremoto di Messina del 1908. Con l'aggiunta di un altro grado, il XII, oggi la scala è detta MCS (da Mercalli-Cancani-Sieberg).

Grado	Scossa	Descrizione
I	impercettibile	avvertita solo dagli strumenti
II	molto leggera	avvertita solo da qualche persona in opportune condizioni
III	leggera	avvertita da poche persone
IV	moderata	avvertita da molte persone; tremito di infissi e cristalli e leggere oscillazioni di oggetti appesi
V	piuttosto forte	avvertita anche da persone addormentate; caduta di oggetti
VI	forte	qualche leggera lesione negli edifici
VII	molto forte	caduta di fumaioli, lesioni negli edifici
VIII	rovinosa	rovina parziale di qualche edificio; qualche vittima isolata
IX	distruttiva	rovina totale di alcuni edifici e gravi lesioni in molti altri: vittime umane sparse ma non numerose
X	completamente distruttiva	rovina di molti edifici; molte vittime umane; crepacci nel suolo
XI	catastrofica	distruzione di agglomerati urbani; moltissime vittime; crepacci e frane nel suolo; maremoto
XII	grandemente catastrofica	distruzione di ogni manufatto; pochi superstiti; sconvolgimento del suolo; maremoto distruttivo

TABELLA 1. Scala Mercalli.

Nella scala Mercalli il primo grado è costituito dalle «scosse strumentali», mentre l'ultimo grado è la «grande catastrofe» (**TABELLA 1**).

In seguito a un terremoto è possibile congiungere tra loro i punti della superficie terrestre in cui il sisma ha avuto la stessa intensità. Si ottengono delle linee dall'andamento più o meno regolare chiuse intorno all'epicentro dette **isosisme**. Le isosisme sono molto importanti nell'analisi geologica di un territorio (**FIGURA 15**).

La scala Mercalli non permette però di stimare l'effettiva quantità di energia liberata da un sisma, cioè la sua reale forza. Per esempio, un sisma che libera un'enorme quantità di energia, ma che interessa una regione desertica, avrà secondo la scala Mercalli un'intensità piuttosto bassa, mentre un sisma di media forza il cui epicentro si trova in corrispondenza di una città, come quello che colpì nel 1976 Tangshan (Cina) causando la morte di più di 500 000 persone, ha nella scala Mercalli un grado molto più alto.

Come si possono allora confrontare tra loro i terremoti? Come si fa, per esempio, a valutare se il terremoto che ha scosso L'Aquila nel 2009 è stato più potente o più debole del terremoto del 1980 in Irpinia? Per valutazioni di questo tipo si utilizzano i sismogrammi, cioè le registrazioni delle onde sismiche effettuate dai sismografi.

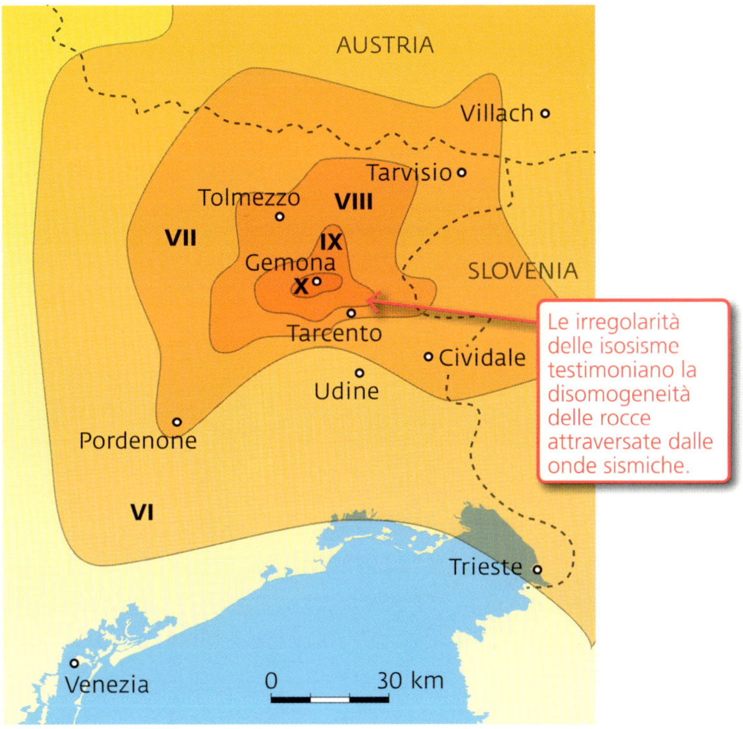

FIGURA 15. Carta delle isosisme del terremoto del Friuli (1976) costruita in base agli effetti prodotti dal sisma (intensità).

Come un sassolino lanciato nell'acqua forma solo delle ondine, mentre un grosso masso forma onde più alte, analogamente terremoti deboli provocano onde sismiche di minore ampiezza, mentre terremoti forti generano onde di maggiore ampiezza. L'ampiezza massima delle oscillazioni può essere misurata sui sismogrammi in corrispondenza delle onde L (**FIGURA 16**). Dall'ampiezza massima e dalla distanza dall'epicentro della stazione di rilevamento, con una formula matematica elaborata nel 1935 dal sismologo americano C.F. Richter (**FIGURA 17**), è possibile ricavare la magnitudo.

La **magnitudo** è la grandezza fisica che misura l'energia liberata da un sisma e i cui valori compaiono nella scala Richter.

I valori di magnitudo sono calcolati in modo tale che a un aumento di un'unità corrisponda la liberazione di una quantità di energia circa 30 volte maggiore. Per esempio, un terremoto di magnitudo 7 libera circa 30 volte più energia di uno di magnitudo 6 e circa 900 volte (cioè 30 x 30) più energia di un terremoto di magnitudo 5. Anche se spesso vengono citati assieme, i valori della scala Mercalli e la magnitudo Richter non possono essere confrontati tra loro, perché si basano su metodi diversi (**TABELLA 2**).

Zona	Intensità (scala Mercalli)	Magnitudo (scala Richter)
Belice 1968	X	6
Friuli 1976	IX-X	6,4
Irpinia 1980	X	6,9
Umbria-Marche 1997	VII-VIII	5,8
Sumatra 2004	–	9,0
L'Aquila 2009	VIII-IX	5,9
Giappone 2011	–	9,0
Emilia 2012	VII-VIII	5,86
Centro Italia 2016	–	6,0

TABELLA 2. I valori della scala Mercalli e Richter per alcuni terremoti.

FIGURA 17. Il sismologo Charles F. Richter (1900-1985) è ritratto accanto a un sismografo. Lavorando in California, elaborò la scala delle magnitudo per confrontare l'energia dei terremoti di quell'area.

TROVA LE PAROLE

La .... valuta l'intensità di un terremoto prendendo in considerazione gli .... sulle persone e sulle cose; comprende .... gradi. Dalla lettura dei .... si può stimare la .... di un terremoto i cui valori compaiono nella .... che misura l'effettiva energia liberata dal sisma.

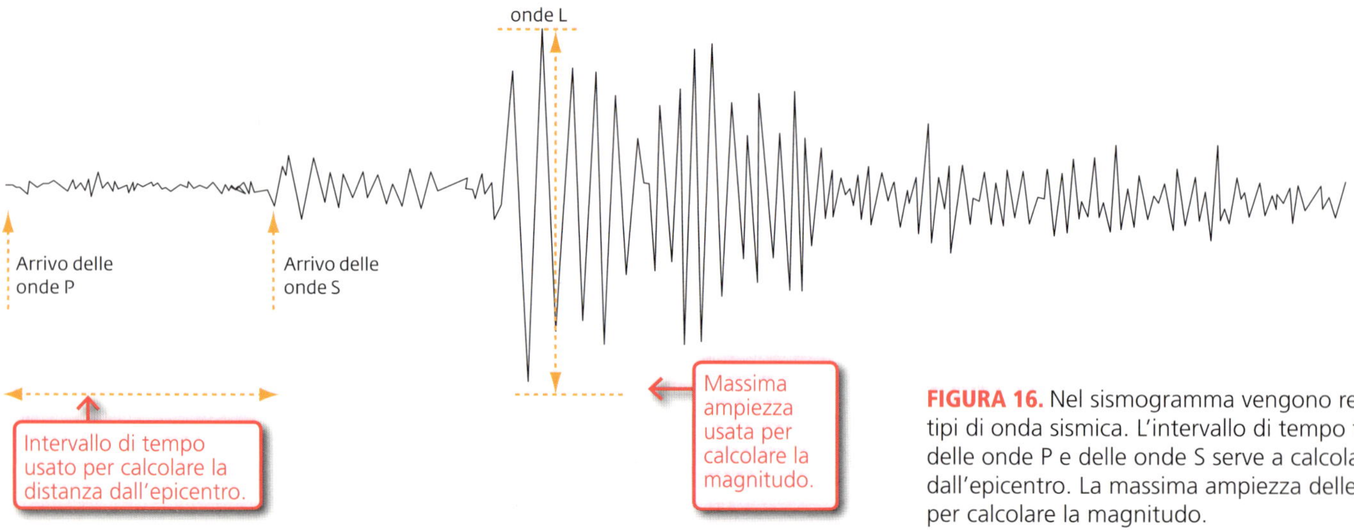

FIGURA 16. Nel sismogramma vengono registrati i diversi tipi di onda sismica. L'intervallo di tempo tra l'arrivo delle onde P e delle onde S serve a calcolare la distanza dall'epicentro. La massima ampiezza delle onde L è usata per calcolare la magnitudo.

6 Effetto di sito

Gli effetti di un terremoto dipendono non solo dalla distanza dall'epicentro e dalla densità di popolazione, ma anche dalla morfologia del territorio e dalla natura del suolo. Al passaggio delle onde sismiche, versanti scoscesi o pendii instabili possono franare, mentre un suolo costituito da sedimenti sciolti di natura alluvionale si comporta diversamente da un suolo formato da rocce compatte. Inoltre, il suolo cambia a volte bruscamente le proprie caratteristiche da un luogo all'altro e questo può causare fenomeni di amplificazione o di smorzamento delle onde sismiche.

Le differenze nella morfologia e nella composizione rocciosa del terreno fanno sì che terremoti della stessa magnitudo causino effetti molto diversi in luoghi anche vicini tra loro. Queste differenze costituiscono il cosiddetto *effetto di sito*.

Un esempio di quanto le condizioni locali possano influenzare l'intensità di un sisma è dato dai danni arrecati a Città del Messico dal terremoto del 1985 (**FIGURA 18**). L'epicentro era distante quasi 400 km dalla città. Sorprendentemente, le zone più vicine all'epicentro subirono danni minori, mentre si riscontrarono danni ingenti su un gran numero di costruzioni del centro città. Il fatto è presto spiegato: Città del Messico sorge all'interno di un bacino lacustre che in origine ospitava il lago Texcoco. Su una delle isole di questo lago gli aztechi costruirono la loro capitale. In seguito, per poter espandere la città, il lago venne progressivamente prosciugato e la conseguenza è che oggi Città del Messico, una delle megalopoli più popolose del mondo, è in gran parte costruita su sedimenti lacustri non consolidati.

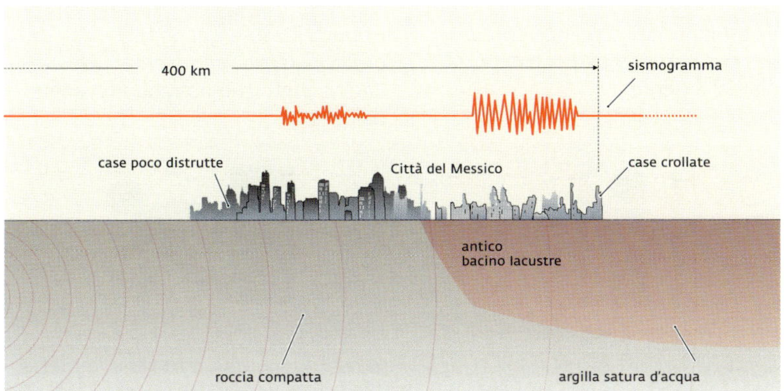

FIGURA 18. Rappresentazione dei danni provocati dal terremoto di Città del Messico del 1985 in funzione del tipo di substrato roccioso su cui è stata costruita la città. Si noti la diversa ampiezza delle onde sismiche nelle varie zone.

In occasione del terremoto, questi depositi sedimentari, soffici e ricchi di minerali argillosi, cedettero, per il fenomeno della *liquefazione del suolo*.

La liquefazione del suolo è un fenomeno molto pericoloso che si manifesta con cedimenti e sprofondamenti del terreno a seguito delle scosse sismiche. Il fenomeno di solito interessa terreni poco coerenti impregnati d'acqua, come quelli costituiti da argille sature. In questo caso, lo scuotimento del suolo provocato dal terremoto può indurre le particelle argillose a muoversi le une rispetto alle altre e a espellere l'acqua, con conseguenti effetti disastrosi sulle costruzioni che sprofondano.

È chiaro che, per difendersi dai terremoti, diventa fondamentale studiare a fondo la natura dei suoli e la morfologia delle aree ad alto pericolo sismico.

TROVA LE PAROLE

Gli effetti di un terremoto dipendono, oltre che dalla distanza dall'............ e dalla .... di popolazione, anche dalla .... del territorio e dalla .... del suolo. Nei suoli soffici costituiti da .... impregnate di acqua, al passaggio delle ...., si possono verificare sprofondamenti per il fenomeno della .... del suolo. Il diverso comportamento dei terreni in occasione di un terremoto è definito nel complesso .... di ....

PROVA A FARE

L'effetto di sito

Incolla al centro di un piatto una candela. Metti al centro di un altro piatto del terriccio in modo che formi un cono con inserita al centro una candela uguale alla prima. Scuoti ora il primo piatto. Che cosa succede alla candela?
Scuoti ora con la stessa forza il secondo piatto. Che cosa succede alla candela?

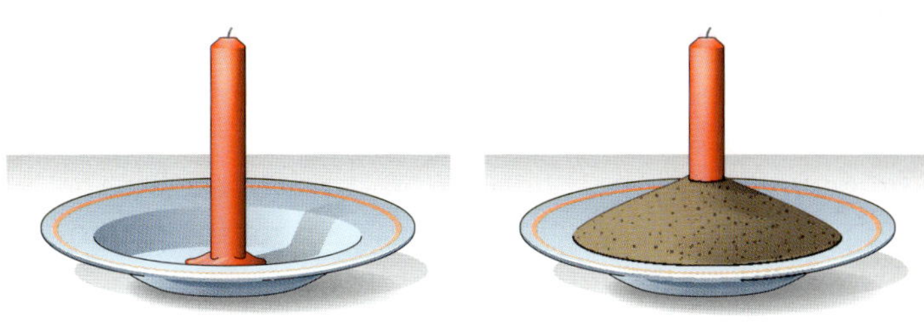

Spiega perché questa esperienza presenta analogie con l'effetto di sito illustrato nel paragrafo.

7 Il rischio sismico

SI PUÒ PREVEDERE UN TERREMOTO?

I terremoti non hanno una distribuzione casuale sulla Terra ma si verificano in aree ben determinate, con una certa ricorrenza. È quindi possibile prevedere *dove* ci sarà un terremoto, ma non esattamente *quando* avverrà e con quale intensità, dove sarà l'epicentro e quanto grande sarà l'area coinvolta.
Due sono le principali linee di ricerca condotte da geologi e sismologhi.

- Le **previsioni a breve termine**, o *deterministiche*, sono finalizzate a conoscere *fenomeni precursori* che precedono la scossa principale quali: l'aumento delle registrazioni di microscosse da parte dei sismografi, i sollevamenti e la deformazione delle rocce, l'aumento della concentrazione del gas radon nel sottosuolo. Purtroppo questi fenomeni non sempre si presentano e molti terremoti arrivano senza alcun preavviso.
- Le **previsioni a lungo termine,** o *probabilistiche*, mirano a indicare la probabilità che un terremoto di una certa magnitudo si verifichi in un arco di tempo compreso tra 30 e 100 anni o più. Queste previsioni si basano sull'assunto che i terremoti siano un fenomeno ripetitivo, quindi l'analisi storica degli eventi sismici consente di individuare le aree in cui i terremoti sono stati più frequenti per predisporre mappe di rischio sismico.

SI PUÒ PREVENIRE UN TERREMOTO?

Le misure di **prevenzione** dei terremoti consistono in:

- progettazione di edifici con tecniche antisismiche;
- miglioramento e rafforzamento dal punto di vista antisismico delle costruzioni già esistenti, dando priorità agli edifici pubblici e a quelli strategici in caso di emergenza (ospedali, caserme dei vigili del fuoco, sedi della Protezione Civile ecc.);
- promozione di studi e ricerche per affinare la *microzonazione sismica*, ossia lo studio della pericolosità sismica locale.

I danni ingenti, che si registrano in Italia in seguito a scosse di intensità inferiore a quelle registrate in altre parti del mondo, sono dovuti all'elevata densità abitativa del territorio e alla tipologia degli edifici: come si sa, *non sono i terremoti che uccidono, ma gli edifici che crollano*. I nostri centri storici hanno edifici antichi costruiti con materiali non elastici, che tendono a crollare con scosse anche lievi. Per salvaguardare la vita dei cittadini è necessario rafforzare le costruzioni esistenti e progettare le nuove, rispettando i criteri antisismici.

COME VALUTARE IL RISCHIO SISMICO

Il rischio sismico è una stima delle perdite causate dai terremoti che potranno interessare in un certo periodo una determinata area. Anche se un terremoto non può essere evitato, tuttavia se ne possono contenere i danni mediante un'accurata valutazione del rischio sismico e l'adozione di misure di prevenzione.
La stima del rischio sismico si basa su tre fattori: *pericolosità sismica*, *vulnerabilità* ed *esposizione*.

Rischio = P · V · E

P: pericolosità sismica, indica le zone a maggior pericolo, individuate tramite lo studio del territorio dal punto di vista storico-geologico al fine di scoprire dove sono presenti faglie attive.

V: vulnerabilità, valuta la tendenza delle costruzioni a subire i danni di un terremoto. Infatti, è il crollo degli edifici, non le scosse, a uccidere le persone.

E: esposizione, tiene conto di quante persone vivono nelle zone sismiche e possono quindi essere colpite da un terremoto. Per esempio, nei centri storici, dove si trovano cinema, teatri e altri locali pubblici, l'esposizione è alta.

CHE COSA SI DEVE FARE O EVITARE DI FARE IN CASO DI TERREMOTO?

Per sapere quali azioni mettere in atto per difendersi da un terremoto, in Italia il Dipartimento della Protezione Civile ha stabilito alcune indicazioni che devono essere eseguite nel caso si verifichi questo evento naturale.

Se si è in un luogo pubblico, evitare la calca per non rischiare di essere travolti dalla gente.

Coprirsi il viso e il capo, per proteggersi dai frammenti di vetro e dagli oggetti che potrebbero cadere dall'alto.

Evitare di usare l'ascensore.

Uscire di casa solo se ci si trova in prossimità di una porta che immette immediatamente all'aperto.

Spegnere fiamme e sigarette, perché potrebbero innescare un incendio se si verifica una fuga di gas.

Se si è in una zona a rischio tsunami allontanarsi dalla riva e raggiungere un posto elevato.

IL RISCHIO SISMICO IN ITALIA

Più dell'80% del territorio italiano presenta una sismicità significativa, che si concentra soprattutto lungo la catena appenninica. Il 95% degli ipocentri dei terremoti sono superficiali, essendo situati tra i 2 e i 20 kilometri di profondità. Terremoti con ipocentri più profondi si verificano nel Tirreno meridionale.

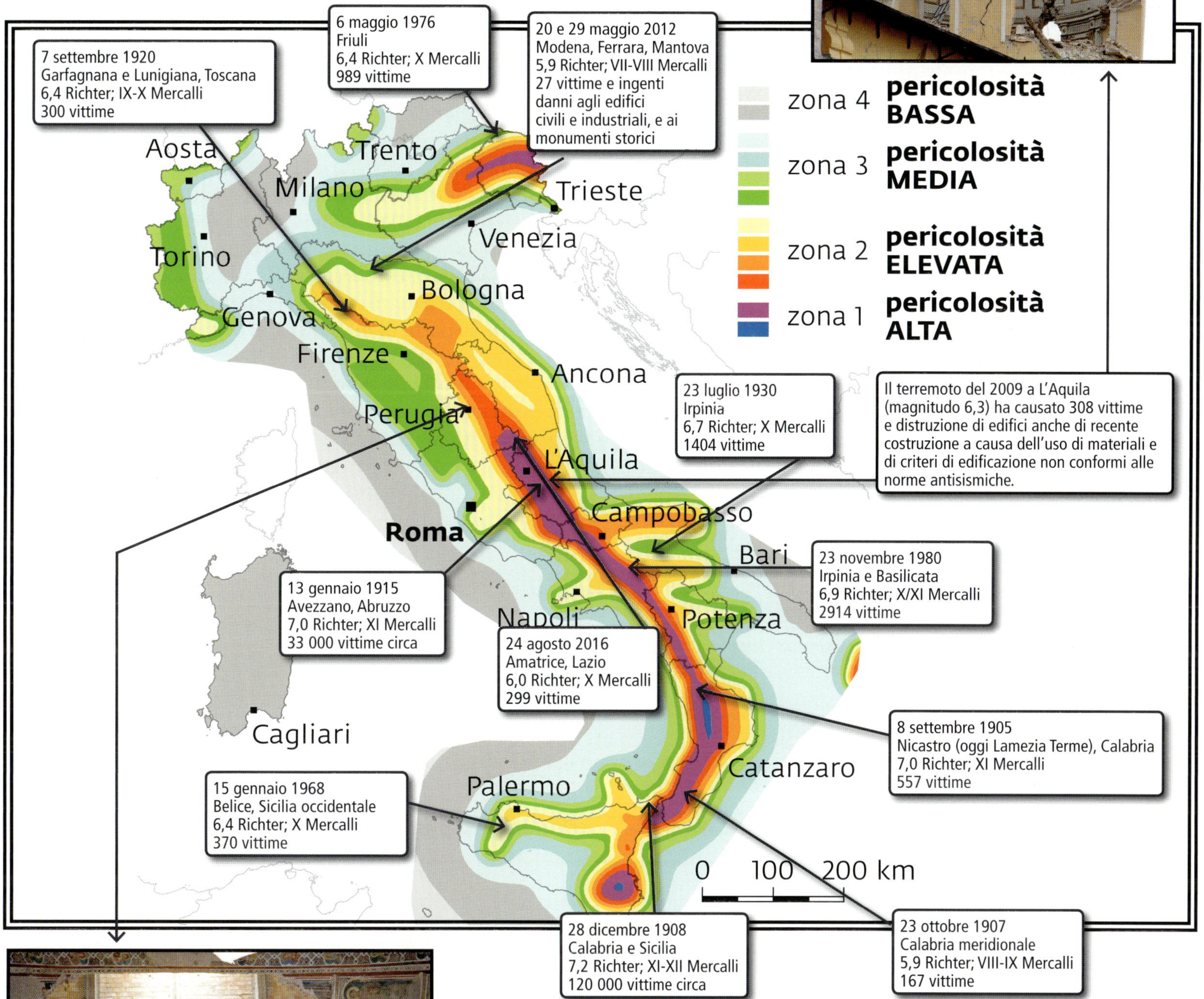

Nel 1997 una forte scossa di terremoto (magnitudo 6,0), fece crollare la volta della Basilica di S. Francesco ad Assisi, affrescata con dipinti di Giotto e Cimabue.
Nel crollo morirono quattro persone che stavano ispezionando la chiesa danneggiata dalle scosse dei giorni precedenti.

TROVA LE PAROLE

È possibile prevedere .... avverrà un terremoto ma non .... I ricercatori conducono studi su come effettuare delle previsioni .... e delle previsioni .... Le prime si basano sulla rilevazione dei ...., le seconde sul fatto che i terremoti sono un fenomeno .... La conoscenza della pericolosità sismica di un territorio permette di valutare il .... definito da tre fattori: ...., ..., ...

8 Le onde sismiche e l'interno della Terra

VIDEO
Gli involucri terrestri
Il rischio sismico
Misurare i danni di un terremoto

Le onde sismiche P e S si sono rivelate un ottimo strumento per indagare la struttura interna della Terra.

Se la Terra avesse una struttura omogenea le onde sismiche vi si propagherebbero con velocità costante e in linea retta, senza cioè subire variazioni di velocità e di direzione. Invece, dal confronto tra i sismogrammi registrati in varie località, si è visto che, a varie profondità all'interno del globo, le onde sismiche, secondo i materiali che attraversano, subiscono variazioni di direzione e di velocità. Infatti, quando le onde sismiche P e S si muovono da uno strato meno denso a un altro con maggiore rigidità e densità, non solo vengono accelerate, ma cambiano anche la loro traiettoria e vengono riflesse o rifratte (**FIGURA 19**). Al contrario, se le onde attraversano strati meno densi, rallentano e, nei liquidi, le onde S si estinguono del tutto.

Così, indirettamente, mediante l'analisi delle onde sismiche, gli scienziati si sono fatti un'idea via via più precisa della struttura interna della Terra. Si è potuto perciò individuare la superficie di separazione tra crosta (meno rigida) e mantello (più rigido) detta *discontinuità di Mohorovičić* o più semplicemente *Moho* dal sismologo Andrija Mohorovičić.

Oggi la struttura della Terra è rappresentata nel modello a strati (**FIGURA 20**).

- Nella **crosta** e nella parte superiore del **mantello** le onde P e S viaggiano con modalità tipiche dei corpi solidi. Benché costituite da materiali chimicamente diversi e separate dalla Moho, la crosta e la parte superiore del mantello formano un'unica struttura rigida, la **litosfera**.
- Dove «termina» la litosfera, a una profondità stimata di circa 100 km sotto gli oceani e oltre 200 km sotto i continenti, la brusca riduzione della velocità di propagazione delle onde P e delle onde S segnala la presenza dell'**astenosfera**, la parte di mantello dal comportamento più plastico perché costituita da rocce parzialmente fuse. Il resto del mantello è interamente solido.
- In corrispondenza del **nucleo esterno**, a 2900 km di profondità, le onde S si estinguono, dimostrando così che questa zona si trova allo stato liquido mentre continuano a propagarsi le onde P. Il **nucleo interno**, nonostante la temperatura elevata, è probabilmente allo stato solido.

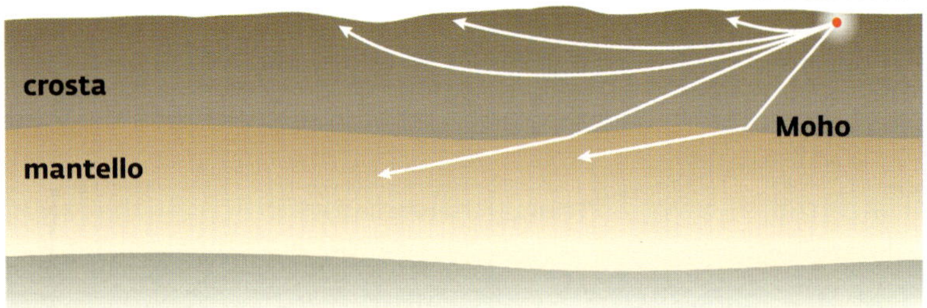

FIGURA 19. Viaggiando all'interno della Terra, le onde sismiche possono essere riflesse o rifratte a seconda delle caratteristiche degli strati che attraversano.

TROVA LE PAROLE

La struttura .... della Terra non è conoscibile ...., ma solo .... analizzando le modalità di propagazione delle onde .... e .... Esse diventano più veloci quando passano da materiali di densità .... a materiali di densità ...., e vengono .... quando attraversano strati di natura diversa. Le onde S inoltre non attraversano i materiali allo stato ....

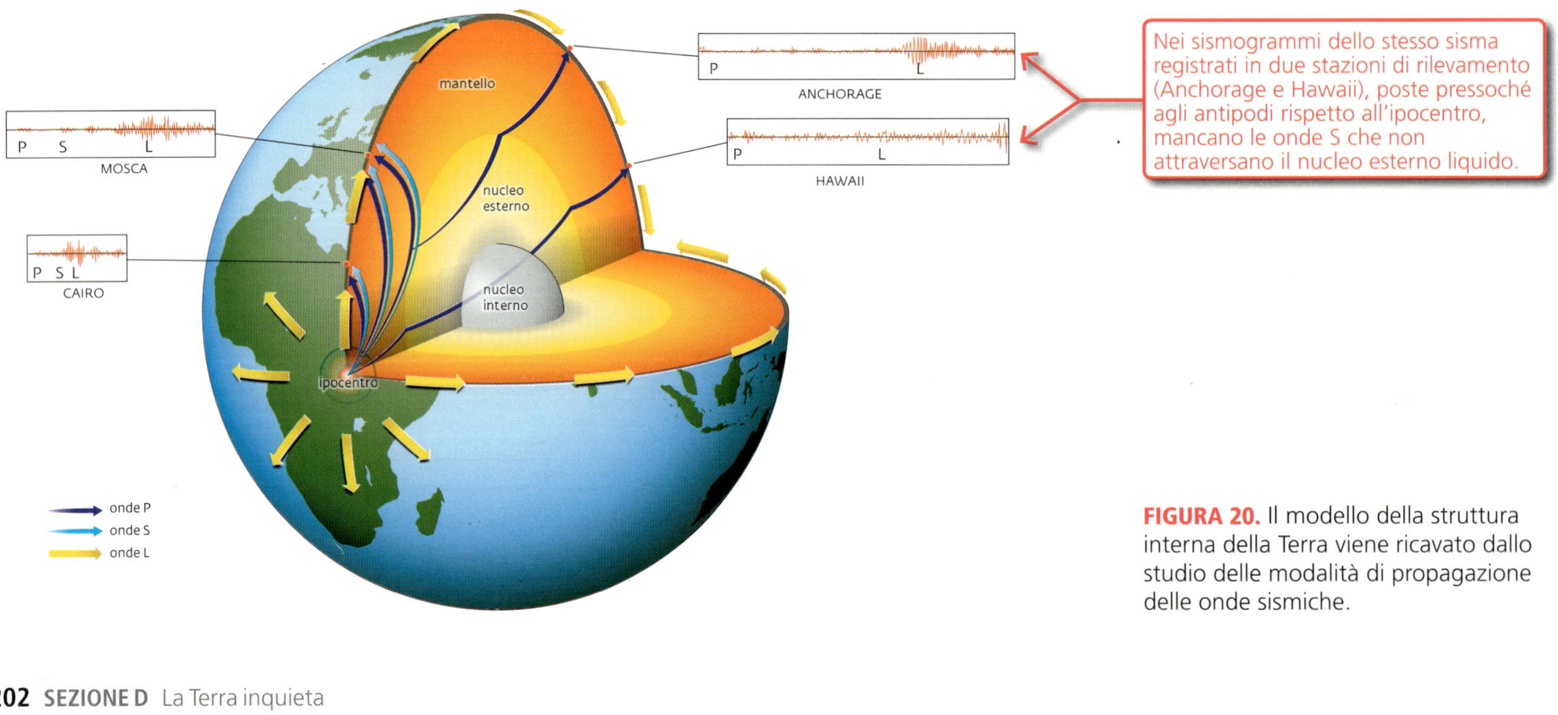

FIGURA 20. Il modello della struttura interna della Terra viene ricavato dallo studio delle modalità di propagazione delle onde sismiche.

Per ricordare

LOSAI? RIPASSA CON LO SMARTPHONE

1. Come si possono deformare le rocce?

Se sottoposte a forze tettoniche di varia intensità e durata, le rocce si piegano o si rompono. Nel primo caso si dice che hanno un *comportamento duttile*, nel secondo caso fragile.

2. Che cosa sono le pieghe e le faglie?

Le **pieghe** sono deformazioni duttili subite dalle rocce in seguito a forze di compressione. Le **faglie** sono fratture delle rocce che avvengono con scorrimento dei blocchi rocciosi lungo il piano di frattura, detto *piano di faglia*.

3. Che cos'è un terremoto? Come si propaga l'energia liberata?

Un **terremoto**, o *sisma*, è una vibrazione del terreno che si verifica quando le rocce fratturandosi liberano di colpo l'energia accumulata sotto l'effetto delle forze agenti su di esse. L'energia che si libera si propaga in tutte le direzioni, sotto forma di **onde sismiche**, a partire dall'*ipocentro*, il punto in cui avviene la fratturazione della massa rocciosa.

e in cui si avverte di più.

4. Come si misura la forza di un terremoto?

L'**intensità** di un terremoto viene espressa in base alla *scala Mercalli*, i cui valori sono correlati all'entità dei danni provocati alle cose e alle persone. La **magnitudo** è un dato numerico proporzionale all'energia liberata dal sisma. La scala delle magnitudo è detta *scala Richter*.

5. Come si può conoscere la struttura interna del nostro pianeta?

Lo studio della propagazione delle onde P e S ha consentito di perfezionare il modello a strati concentrici della Terra: il **nucleo** distinto in nucleo interno solido e nucleo esterno liquido; il **mantello**, per la gran parte solido; la **crosta**.

6. Che cos'è il rischio sismico?

Il rischio sismico è una stima delle possibili perdite causate dai terremoti che possono interessare in un certo periodo una certa area.

Può essere espresso con una formula **Rischio** = **P** (probabilità) x **V** (vulnerabilità) x **E** (esposizione).

Rischio = P x V x E

la mappa

Completa la mappa concettuale utilizzando i termini proposti. Dai la definizione di quelli sottolineati:

L • forze tettoniche • faglie • trasformi • fragile • inverse • terremoti • dirette • onde sismiche • S • magnitudo • P • intensità • R • pieghe • duttile

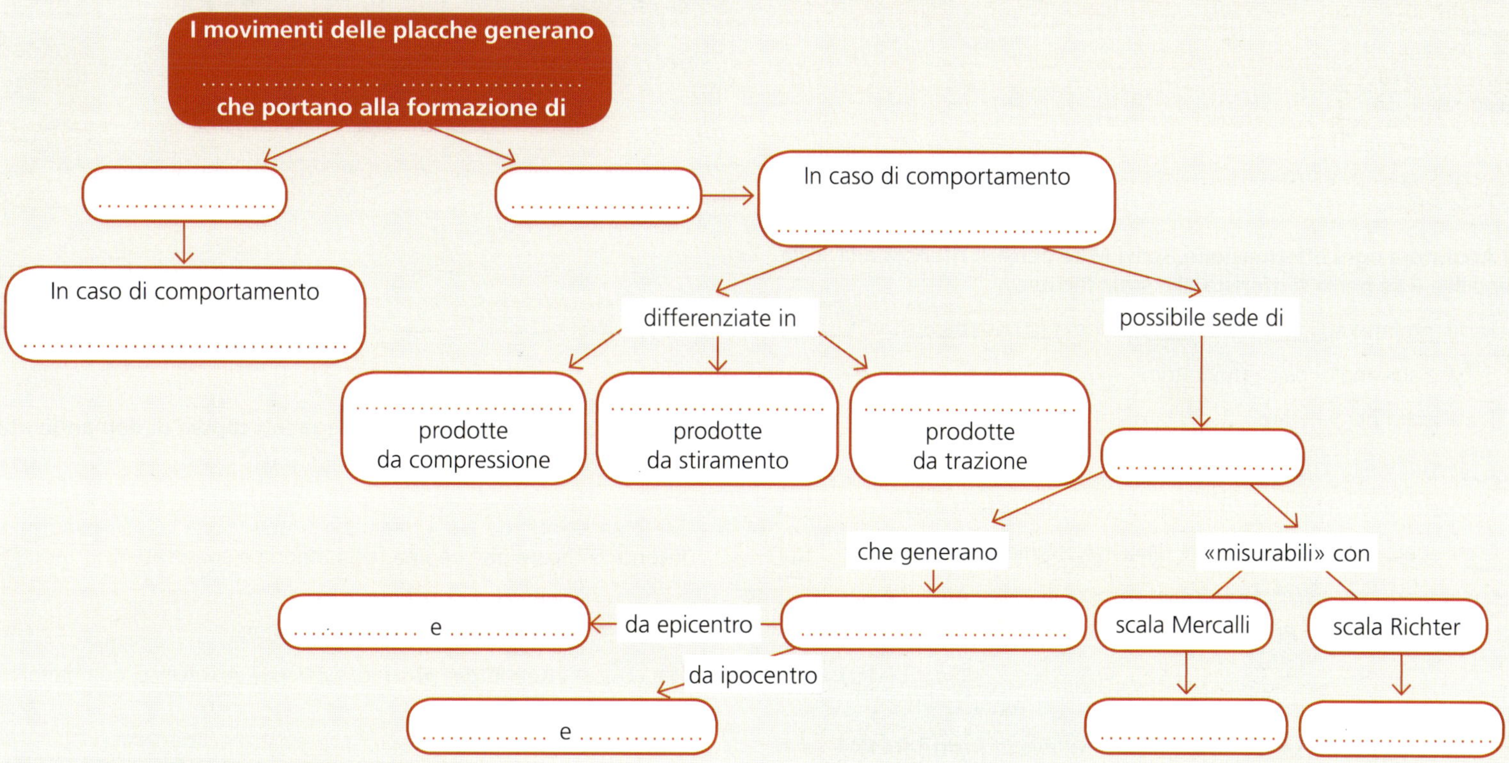

Sul tuo quaderno prova a espandere la mappa inserendo i seguenti termini: energia, sismografo, danni e rischio sismico. Poi espandi ulteriormente il nodo «rischio sismico» da te aggiunto.

Sei pronto per la verifica?

In 1 ora

1. Stabilisci le corrispondenze corrette tra i termini della colonna di sinistra e le descrizioni riportate a destra.

a. ☐ nucleo
b. ☐ litosfera
c. ☐ discontinuità
d. ☐ mantello
e. ☐ astenosfera

1. Struttura rigida situata all'esterno della Terra costituita dalla crosta e dalla parte superiore del mantello.
2. Superficie che separa porzioni dell'interno della Terra costituite da materiali con caratteristiche chimico-fisiche differenti.
3. Zona in cui le onde sismiche rallentano a causa della presenza di rocce parzialmente fuse.
4. Sfera costituita da una porzione esterna formata da materiali allo stato liquido e una interna costituita da materiali solidi.
5. Porzione dell'interno della Terra compresa tra crosta e nucleo, caratterizzata da materiali eterogenei per composizione e stato fisico.

[5 PUNTI]

2. Completa la tabella relativa alle differenti tipologie di onde sismiche.

Onde	Movimento prodotto	Ordine di arrivo alle stazioni di rilevamento (ad una certa distanza)	Ampiezza (qualitativa)	Punto di partenza
Onde P				
Onde S				
Onde superficiali				

[12 PUNTI]

3. Accanto a ogni affermazione, scrivi M se pensi si riferisca alla scala Mercalli e R se pensi si riferisca alla scala Richter.

a. Fa riferimento agli effetti prodotti dal sisma su cose e persone. ☐
b. Si basa sull'analisi dei sismogrammi. ☐
c. È utilizzata per valutare l'intensità di un terremoto. ☐
d. È costituita da 12 gradi. ☐
e. Permette di stimare l'energia liberata durante un terremoto. ☐
f. È collegata alla determinazione della magnitudo di un sisma. ☐
g. Viene usata per poter confrontare la forza di terremoti differenti. ☐

[7 PUNTI]

4. Indica se ciascuna delle seguenti affermazioni è vera o falsa. Se è falsa, falla diventare vera cambiando solo i termini sottolineati.

a. Un corpo che si comporta in modo fragile tende a deformarsi in modo permanente. V F
b. Il comportamento duttile di una roccia è favorito dall'applicazione di forze intense e improvvise. V F
c. Lungo le catene montuose, prodotte da forze di compressione, si trovano numerose faglie inverse. V F
d. Le scosse che precedono un evento sismico sono chiamate repliche. V F
e. Le onde di maremoto, in mare aperto sono alte pochi centimetri. V F
f. Un terremoto di magnitudo 4 rilascia 60 volte più energia di uno di magnitudo 2. V F
g. All'interno della Terra le onde sismiche subiscono variazioni di direzione e velocità. V F

[7 PUNTI]

5. Inserisci i termini corretti nella figura.

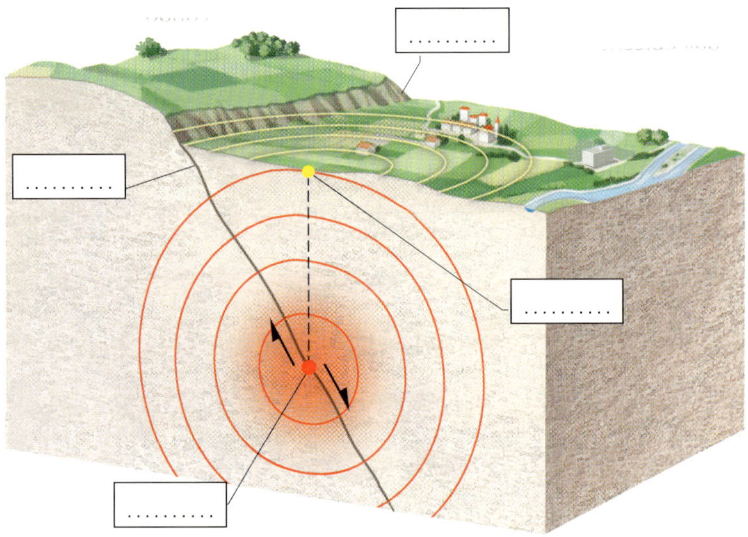

[4 PUNTI]

6. Rispondi sul tuo quaderno alle seguenti coppie di domande utilizzando al massimo 5 righe.

a. Che cosa si intende per «fragilità» di una roccia? Quali condizioni si devono verificare perché una roccia tenda a comportarsi in modo fragile? **[1 + 3 PUNTI]**
b. Che cos'è un terremoto? Dove può originarsi? **[3 + 2 PUNTI]**
c. Che cosa si intende per «rischio sismico»? Attraverso quali interventi può essere ridotto? **[3 + 3 PUNTI]**

☐ fino a 32 punti **insufficiente**	☐ da 33 a 38 punti **sufficiente**	☐ da 39 a 44 punti **buono**	☐ da 45 a 50 punti **ottimo**

Verifica le competenze

ZTE ONLINE
20 test interattivi online su zte.zanichelli.it

COMPITO DI REALTÀ
Informazione corrisponde a prevenzione
Sezione D

S1 – ANALIZZARE E INTERPRETARE TABELLE, GRAFICI E IMMAGINI

1. I SIMOGRAMMI: PREZIOSE FONTI DI INFORMAZIONI

Osserva i due sismogrammi, che si riferiscono a uno stesso terremoto, registrato in due diverse località. Poi rispondi alle domande.

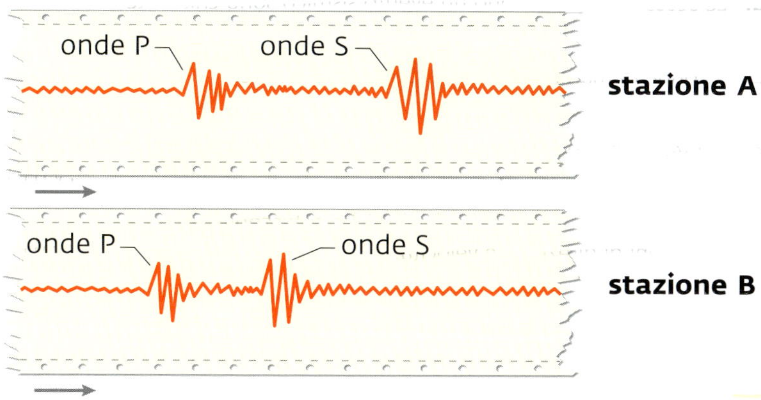

a. ●○○ Quale delle due stazioni di rilevamento è secondo te più lontana dall'epicentro?

b. ●●○ Perché?

c. ●○○ Se una terza stazione di rilevamento si trovasse molto vicina all'epicentro, come sarebbe il sismogramma?

d. ●●○ Perché?

e. ●●● Sapresti rappresentarlo, almeno in modo approssimato, sul tuo quaderno?

S1 – ANALIZZARE E INTERPRETARE TABELLE, GRAFICI E IMMAGINI

2. UN TERREMOTO «STORICO»

L'immagine si riferisce al terremoto di Ferrara del 1570 citato nella scheda «Storie della Terra» di questa Unità.
Osservala con attenzione e rispondi alle domande.

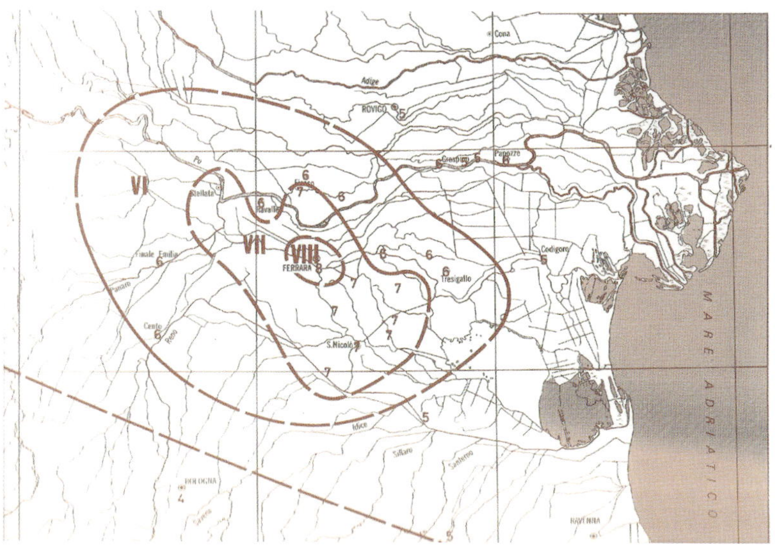

a. ●○○ Che cosa sono le linee curve in evidenza sulla carta?

b. ●●○ Perché le linee non hanno un andamento regolare?

c. ●○○ Che cosa indicano i numeri romani riportati tra le linee?

d. ●●○ Come vengono assegnati?

e. ●●● Secondo te, sulla base di quali dati/fonti sono stati individuati?

S1 – RICONOSCERE O STABILIRE RELAZIONI

3. UGUALI O DIVERSI?

Nella tabella che segue, trovi una serie di informazioni relative a due recenti terremoti. Leggi con attenzione e poi rispondi alle domande.

Luogo	Italia centrale (al confine tra Marche e Lazio)	Nuova Zelanda – Isola del Sud (nei pressi della città di Christchurch)
Data della scossa principale	24 agosto 2016	14 febbraio 2016
Magnitudo	circa 6	circa 6
Profondità ipocentro della scossa principale	circa 10 km	circa 10 km
Danni a persone	*«La Protezione Civile riporta il numero di 297 vittime, mentre sono state estratte vive dalle macerie 238 persone, 215 dai Vigili del Fuoco e 23 dal Soccorso Alpino. I feriti portati in ospedale sono invece 388.»* *«Al 17 settembre sono 3657 le persone assistite nei campi e nelle strutture allestite allo scopo o presso gli alberghi.»*	*«La polizia ha detto che non ci sono state segnalazioni di feriti gravi, ma che diverse persone sono state evacuate dagli edifici.»*
Danni a cose	*«Sono stati pressoché rasi al suolo gli antichi centri di Amatrice e Accumoli nel Lazio, Pescara del Tronto, frazione del comune di Arquata del Tronto, nelle Marche. Numerose le vie di comunicazione danneggiate o interrotte a causa di frane e smottamenti. Secondo i dati elaborati da INGV, ottenuti anche tramite rilevazioni satellitari, il sisma avrebbe causato, a livello di superficie, un abbassamento del terreno di 15-20 cm e uno scorrimento dei due lembi di crosta terrestre lungo la faglia interessata compreso tra 0 e 1,3 metri.»*	*«Secondo i servizi di emergenza il terremoto ha lasciato 450 abitazioni senza elettricità, ha portato all'evacuazione di un palazzo e al crollo di alcune scogliere nei pressi della città di Christchurch che conta 368 mila abitanti ed è ancora in fase di ricostruzione dopo il devastante sisma del 2011. Le scogliere crollate in diversi punti della costa hanno fatto sollevare enormi nuvole di polvere fluttuante sull'acqua.»*

a. ●●○ Per quali aspetti i due terremoti possono essere considerati simili? Motiva la tua risposta.

b. ●●○ Per quali aspetti i due terremoti possono essere considerati differenti? Motiva la tua risposta.

c. ●●● Quali altre informazioni ritieni potrebbero esserti utili per un confronto più accurato delle due situazioni presentate?

SEZIONE E

10 La litosfera in movimento

In questa Unità troverai le risposte alle seguenti domande:

1. Dove sono localizzati i vulcani e i terremoti sulla superficie terrestre?
2. Che cosa sono e quante sono le placche della litosfera?
3. Quali fenomeni avvengono in corrispondenza dei margini che delimitano le placche?
4. Quali sono le prove dei movimenti delle placche?
5. Qual è il meccanismo alla base del moto delle placche?

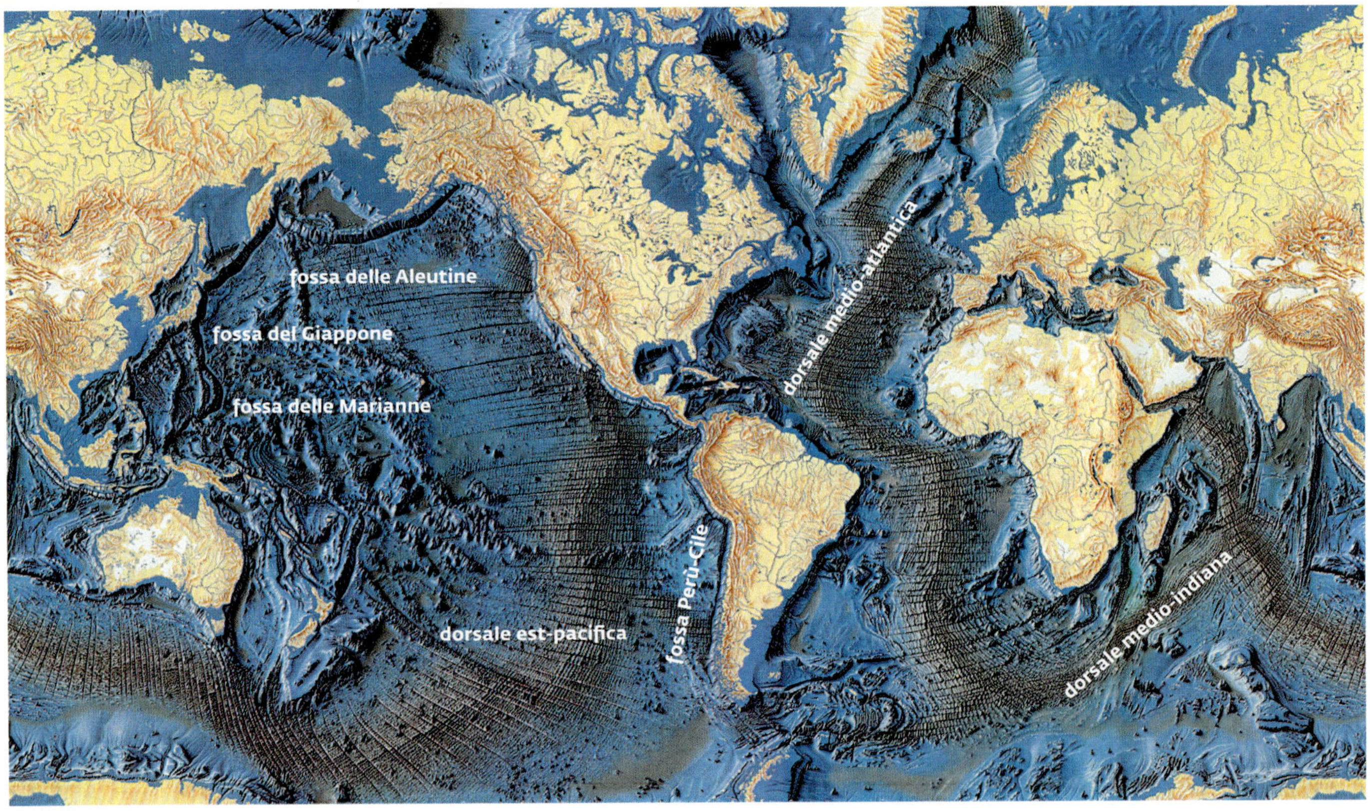

Pavimenti accidentati

Chiudi gli occhi e immagina di vedere il fondo di un oceano. Come te lo immagini? Apri gli occhi e osserva la carta.
Questa rappresentazione dei bacini oceanici, prosciugati di tutta l'acqua che li ricopre, è il risultato delle esplorazioni oceanografiche con sottomarini dotati di sonar e altri strumenti. In essa si osserva la tormentata conformazione sottomarina degli oceani con i rilievi delle dorsali e con le fosse in cui il fondo oceanico raggiunge le massime profondità.

SAI RISPONDERE?

1. In che cosa differisce questa figura dall'immagine che avevi del fondo oceanico?
2. Come interpreti le forme presenti sui fondali?
3. Le fosse sono situate al centro dell'oceano o in prossimità dei continenti?

1 La distribuzione dei vulcani e dei terremoti

LABORATORIO DELLE COMPETENZE
Un puzzle di continenti

VIDEO
La distribuzione dei vulcani

Il vero volto della Terra per un geologo non è quello che appare dalle carte geografiche che ci descrivono forme e dimensioni di continenti, isole, mari, oceani. Per il geologo il vero volto della Terra è la struttura dell'involucro roccioso che la avvolge, la litosfera con la sua suddivisione in placche. La suddivisione comincia a delinearsi quando osserviamo con attenzione la localizzazione dei vulcani e dei terremoti sulla superficie terrestre. Iniziamo con l'osservare la localizzazione dei vulcani. Come appare evidente dalla **FIGURA 1**, essi non sono distribuiti a caso. Al contrario, l'andamento della loro distribuzione è davvero singolare. Sui continenti i vulcani sono concentrati in fasce lunghe e strette come la impressionante **cintura di fuoco** che si snoda tutto attorno all'Oceano Pacifico. Così pure l'area mediterranea vede i vulcani allineati lungo una fascia che va dall'Italia alla Grecia. Se poi passiamo a esaminare la localizzazione dei terremoti, anch'essi, come appare evidente in **FIGURA 2**, si addensano in fasce lunghe e strette che sono in gran parte quelle interessate dai fenomeni vulcanici. Altrove vaste aree del pianeta risultano completamente inattive dal punto di vista geologico.

PROVA A FARE

Prova a individuare alcune placche

Nella figura qui riportata sono rappresentate le placche della litosfera.

a. Individua le placche euroasiatica, africana, sudamericana, australiana e scrivi il loro nome in corrispondenza dei trattini in figura.

b. Confronta la figura con le figure 1 e 2 e individua i confini in corrispondenza dei quali è maggiore la concentrazione di vulcani e terremoti.

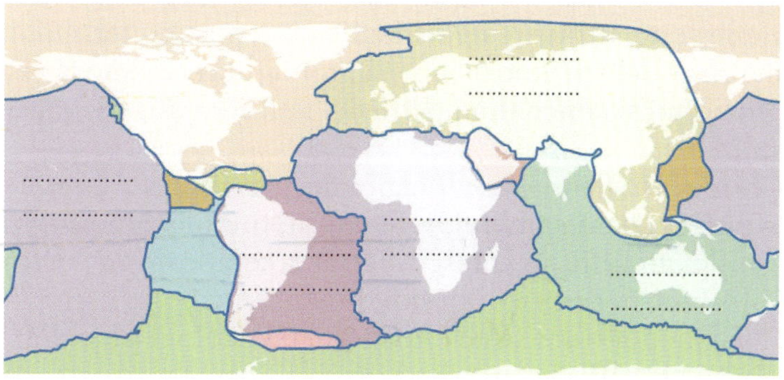

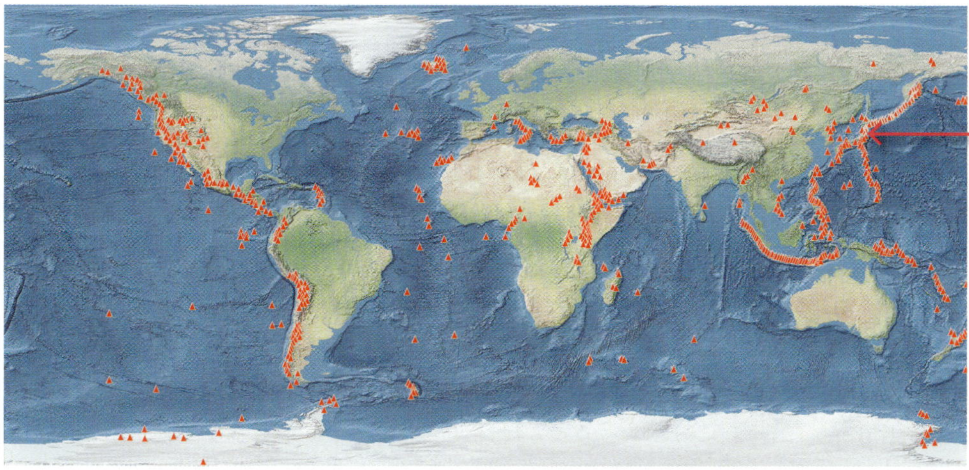

FIGURA 1. La distribuzione dei vulcani sulla superficie terrestre.

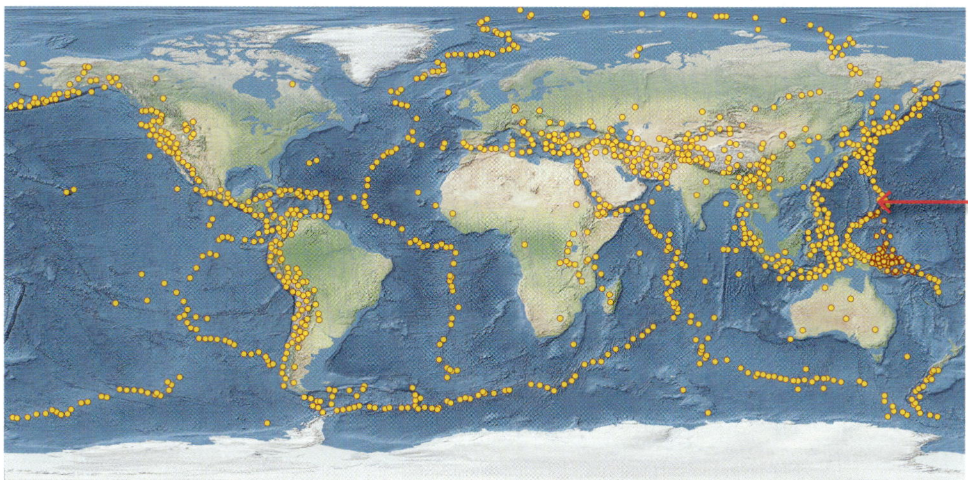

FIGURA 2. La distribuzione dei terremoti sulla superficie terrestre.

Pensiamo per esempio, alla Groenlandia, al Centro Europa, al Canada e agli Stati Uniti orientali.

Se, dai continenti, passiamo a osservare le immagini dei fondi oceanici, elaborate in seguito all'esplorazione della fine del secolo scorso (*vedi* figura p. 206), scopriamo che, lungi dall'essere piatto, il fondo degli oceani è attraversato da lunghe catene montuose che spesso li percorrono nella parte centrale. Queste enormi «cicatrici» prendono il nome di **dorsali oceaniche** e si estendono e diramano per tutti gli oceani, per una lunghezza totale di oltre 60 000 km. La più famosa è la **dorsale medio-atlantica**. Le dorsali oceaniche sono attraversate da faglie che causano terremoti e sono costellate di vulcani che in profondità eruttano lava basaltica. Qui si concentra il 95% dei vulcani effusivi, quasi la totalità.

La localizzazione dei vulcani e dei terremoti sui continenti e negli oceani sembra delineare su tutta la superfice del nostro pianeta un gigantesco mosaico, composto da porzioni di litosfera, in genere di grandi dimensioni.

Queste porzioni sono chiamate dai geologi **placche**. Le placche litosferiche non sono immobili, ma tendono a muoversi l'una rispetto all'altra come sollecitate da forze immani: le aree più instabili della Terra si trovano ai loro bordi. È proprio lungo i loro confini che avvengono i più importanti eventi geologici come vulcani e terremoti. Solo raramente si riscontra attività vulcanica all'interno delle placche.

Le forze che muovono le placche agiscono dall'interno del pianeta e sono dovute ai moti dei materiali fluidi della sottostante **astenosfera**.

I geologi, grazie allo studio dei fenomeni geologici che caratterizzano le placche, sono riusciti a elaborare una teoria per spiegare le loro complesse interazioni. Tale teoria viene denominata tettonica delle placche.

> La **tettonica delle placche** è la teoria che individua nella struttura a placche della litosfera e nei moti a cui tali placche sono soggette la causa dei molti fenomeni geologici, dai vulcani e terremoti alle fosse sottomarine, alle catene montuose.

TROVA LE PAROLE

Vulcani e terremoti sono localizzati lungo i .... delle .... che compongono la .... come un grande .... Secondo la teoria della .... placche la .... dell'instabilità terrestre che si manifesta nei fenomeni .... e nei .... è dovuta ai .... cui sono soggette.

2 Le dimensioni e i movimenti delle placche

Le placche della litosfera sono circa una ventina e hanno dimensioni assai diverse; esistono sette placche principali denominate placca nordamericana, placca sudamericana, placca africana, placca euroasiatica, placca indo-australiana, placca antartica, placca pacifica. Oltre a queste, esistono numerose placche di dimensioni minori, come la placca di Nazca, la placca delle Filippine, la placca arabica, la piccola placca Juan de Fuca (**FIGURA 3**).

La litosfera di cui sono fatte le placche può essere di tipo *oceanico* o di tipo *continentale*, a seconda che la crosta in superficie formi il fondo di un oceano o l'ossatura di un continente. Nel primo caso la crosta è costituita da basalti e gabbri (densità 3,3), nel secondo da graniti e gneiss (densità 2,9). Nella litosfera oceanica la crosta è più sottile, nella litosfera continentale la crosta è più spessa (**FIGURA 4**).

Vi sono placche costituite interamente da litosfera oceanica, altre da litosfera continentale e altre ancora, e sono la maggioranza, costituite in parte da litosfera oceanica in parte da litosfera continentale.

I confini delle placche non coincidono perciò con i con-

PROVA A FARE

I moti delle placche e i diversi tipi di margini

Nella figura le frecce evidenziano le direzione e l'entità degli spostamenti tra i margini delle placche.

a. Indica quali tipi di margine si trovano tra la placca sudamericana e quella di Nazca, tra la placca sudamericana e africana e tra la placca nordamericana e quella pacifica in corrispondenza della piccola placca Juan de Fuca.

b. A quale velocità si stanno allontanando la placca di Nazca e quella pacifica?

c. Lungo le dorsali le placche si avvicinano o si allontanano?

d. Dove ci sono le fosse oceaniche, le placche convergono o divergono?

e. Come si muovono la placca nordamericana e la placca pacifica a livello della California?

fini dei continenti o con quelli degli oceani. Per esempio, la *placca africana* comprende gran parte del blocco continentale africano e parte dell'Oceano Atlantico (fino alla dorsale medio-atlantica), mentre sul lato opposto la *placca sudamericana* comprende sia il continente sudamericano sia una parte dell'adiacente Oceano Atlantico (fino alla dorsale medio-atlantica): così il confine tra queste due placche non è sui continenti ma è segnato dalla dorsale medio-atlantica.

Gli spostamenti delle placche litosferiche sono di pochi centimetri all'anno (all'incirca la stessa velocità con cui crescono le nostre unghie). Per esempio, la placca sudamericana e quella africana si stanno allontanando in direzioni opposte a una velocità relativa di circa 3 cm all'anno. In mezzo, l'Oceano Atlantico si sta allargando in ugual misura.

Questi movimenti possono sembrare insignificanti se li si considerano nella scala dei secoli o dei millenni, ma in tempi geologici di decine di milioni di anni, lo spazio percorso può essere davvero considerevole. I movimenti hanno inoltre effetti diversi a seconda che le placche si avvicinino tra loro, si allontanino o scorrano l'una rispetto all'altra.

Le principali conseguenze dei movimenti delle placche adiacenti avvengono in corrispondenza dei loro bordi, o **margini.** I margini delle placche sono detti *divergenti*, quando due placche adiacenti si allontanano l'una dall'altra, *trascorrenti*, quando un margine scorre in senso opposto rispetto all'altro, sono detti *convergenti*, quando le placche si muovono l'una verso l'altra fino a scontrarsi.

TROVA LE PAROLE

Le .... sono costituite da .... che può essere di tipo .... o di tipo .... a seconda che la .... formi il fondo di un oceano o l'ossatura di un continente. La .... parte delle placche sono costituite da .... i tipi di .... Le zone più instabili delle placche si trovano in corrispondenza dei loro .... che possono essere ...., ... , o ....

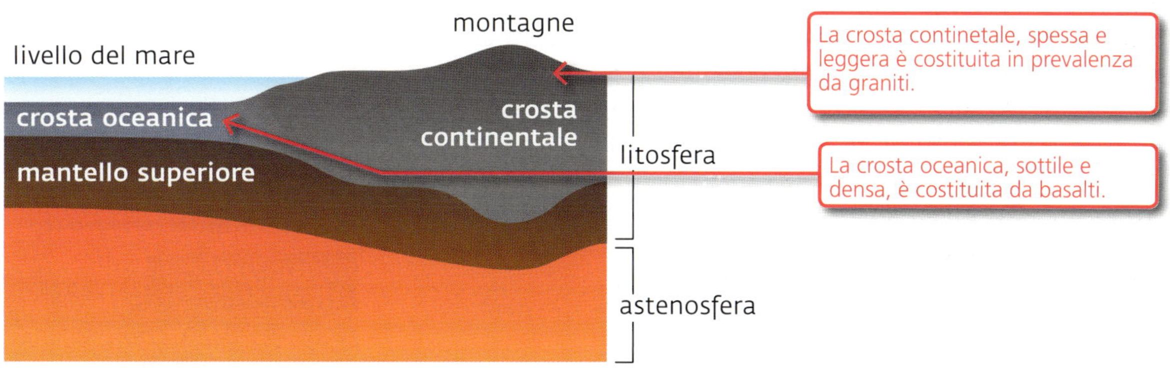

FIGURA 3. La litosfera, dello spessore medio di 100 km, in superficie, in corrispondenza dei continenti, è formata dalla crosta continentale meno densa e spessa; in corrispondenza degli oceani è invece formata dalla crosta oceanica più sottile e densa.

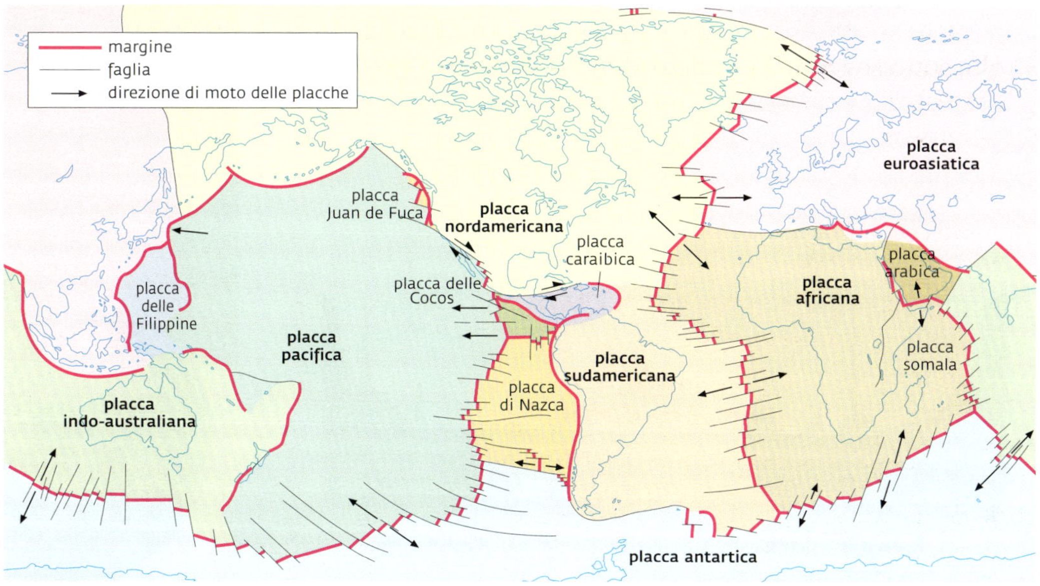

FIGURA 4. Le placche in cui è suddivisa la litosfera sono dotate lungo i margini di moti di avvicinamento, di allontanamento o di scorrimento.

3 I margini divergenti e i margini trascorrenti

VIDEO
L'espansione dei fondi oceanici

I fenomeni che avvengono lungo le linee di confine delle placche che si allontanano l'una dall'altra, cioè lungo i margini divergenti, e quelli che avvengono in corrispondenza di placche che scorrono in senso opposto, cioè lungo i margini trascorrenti, rappresentano sempre manifestazioni di instabilità geologica ma con aspetti diversi. Esaminiamoli separatamente.

I margini divergenti. I margini divergenti si trovano in corrispondenza delle dorsali. Il loro andamento non è lineare ma appare disarticolato in faglie che tagliano la dorsale trasversalmente (faglie trasformi). Lungo queste faglie si verificano terremoti di lieve entità.

Una dorsale come quella atlantica si presenta come un inarcamento della crosta che viene sollevata dal magma sottostante (**FIGURA 5**). La parte centrale dell'inarcamento è percorsa da una profonda spaccatura che penetra all'interno della crosta, detta *rift oceanico*, da cui fuoriesce il magma proveniente dall'astenosfera. Solidificando, il magma forma le rocce basaltiche che si accumulano ai lati e che accrescono il pavimento oceanico. A mano a mano che le placche affacciate lungo la spaccatura si allontanano l'una dall'altra, la fessura si allarga e nello spazio che così viene a formarsi si inserisce ed effonde nuovo magma. In tal modo, con il ripetersi delle eruzioni, la litosfera oceanica si accresce.

La frattura del fondo degli oceani da cui fuoriesce del magma che poi solidifica in rocce basaltiche è detta *rift oceanico*; la formazione continua di rocce ai lati del rift determina l'**espansione dei fondi oceanici**.

Poiché in corrispondenza dei margini delle placche divergenti viene prodotta nuova litosfera, i margini *divergenti* sono detti *costruttivi*.

A partire da circa 180 milioni di anni fa, quando i continenti precedentemente uniti nel Pangea iniziarono a separarsi, la prolungata divaricazione è stata sufficiente a distanziare l'America Meridionale dall'Africa creando l'Oceano Atlantico, che si è allargato di migliaia di kilometri fino alle dimensioni attuali.

Se oggi l'Atlantico può essere considerato un oceano maturo, da un'altra parte del pianeta un oceano sta invece nascendo: è il Mar Rosso, tra l'Africa e la penisola arabica. Il sistema di spaccature crostali, che si apre sul fondo di questo mare, prosegue a sud-est all'interno del continente africano, nella Great Rift Valley, dove per l'allontanamento delle placche si è prodotta una profonda lacerazione della crosta (**FIGURA 6**). Questa zona di frattura, ben visibile dallo spazio, al contrario di quella che percorre gli oceani, si trova su un continente ed è meno profonda.

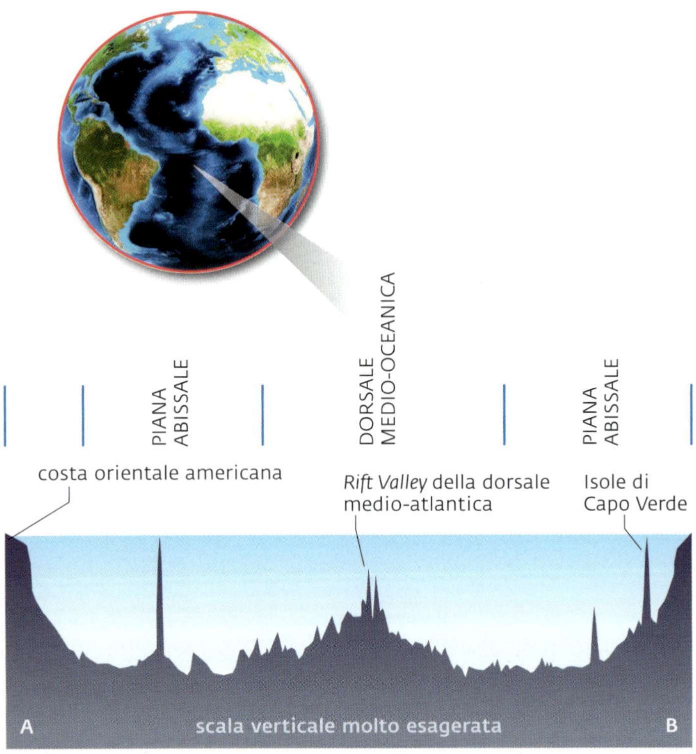

FIGURA 5. Rappresentazione in scala verticale dei rilievi del fondo oceanico di un tratto della dorsale atlantica.

FIGURA 6. La lacerazione che dal Mar Morto attraverso il Mar Rosso prosegue fino ai laghi africani rappresenta lo stadio iniziale di un oceano in formazione.

Una zona di frattura che caratterizza la fase di nascita di un nuovo oceano all'interno di un continente è detta **rift continentale**.

I margini trascorrenti. In corrispondenza dei *margini trascorrenti*, non si produce nuova crosta, perché le placche si limitano a scorrere orizzontalmente l'una di fianco all'altra. Poiché non si crea nuova crosta, i margini sono detti anche *conservativi*.

Lungo i margini trascorrenti lo scorrimento tra i due blocchi di litosfera determina il manifestarsi di frequenti terremoti, in genere di tipo superficiale, non associati a fenomeni vulcanici. Il piano di scorrimento tra le due placche viene detto piano di *faglia trascorrente*. La faglia di San Andreas (**FIGURA 7**) nei pressi di San Francisco è un chiaro esempio di questo tipo di struttura. Un altro caso di margine trascorrente si trova in Nuova Zelanda, in corrispondenza della lunga faglia alpina che attraversa tutto il territorio e segna il confine tra la placca australiana e quella pacifica (**FIGURA 8**).

FIGURA 7. La faglia di San Andreas in California, una lacerazione della crosta lunga circa 1000 km, che fa parte di un sistema di faglie attive.

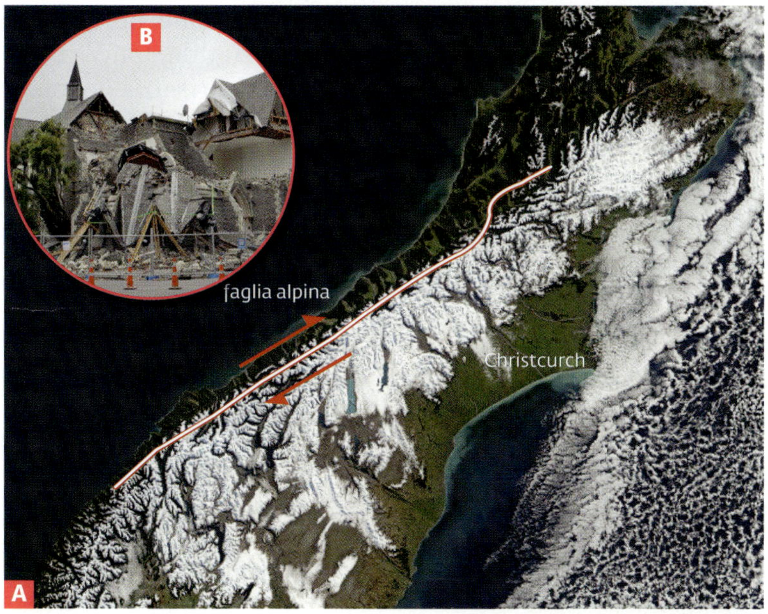

FIGURA 8. (**A**) La faglia alpina attraversa tutta la Nuova Zelanda, taglia i rilievi montuosi delle Alpi neozelandesi e forma la costa ripida e scoscesa della regione dei fiordi a sud-ovest dell'isola. I movimenti della faglia hanno causato gravi terremoti come quello di Christcurch del 2011 di magnitudo 6,3 (**B**).

TROVA LE PAROLE

In corrispondenza dei margini .... o .... le placche si allontanano e il .... risale dalla .... formando le .... che accrescono il .... Nei margini .... o .... , poiché non si produce nuova .... , le placche scorrono l'una di fianco all'altra generando le .... trascorrenti come quella di ....

PROVA A FARE

L'Islanda, terra di due continenti

L'Islanda è una terra di vulcani quasi tutti attivi attraversata, come mostra la figura sottostante, dalla dorsale di Reykjanes, un tratto della lunga dorsale atlantica da cui fuoriesce lava basaltica.

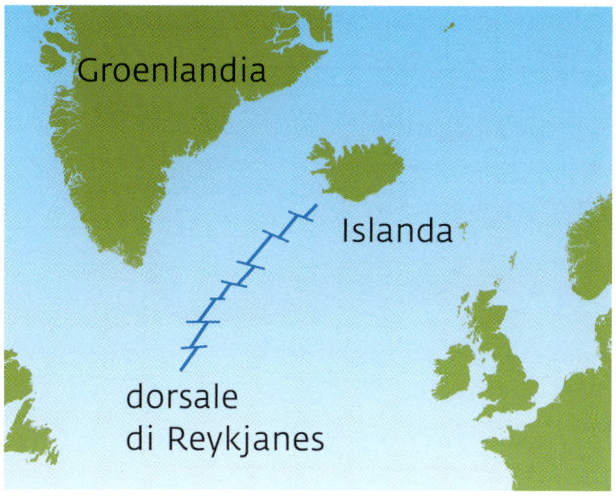

a. La dorsale atlantica segna il limite tra due placche. Di quali placche si tratta? Come sono i loro margini?

b. Spiega perché dal punto di vista geologico, si dice che all'interno di quest'isola si può passare da un continente a un altro.

4 I margini convergenti

I margini convergenti corrispondono ai confini di due placche adiacenti che si muovono l'una verso l'altra. Quando i margini delle due placche si scontrano, la compressione generata dall'impatto produce pressioni enormi che deformano la litosfera in vario modo. I fenomeni che avvengono dipendono dal tipo di litosfera che costituisce i margini delle placche coinvolte nello scontro: come sappiamo, nella litosfera oceanica la crosta è più densa e sottile, mentre nella litosfera continentale la crosta è più spessa e leggera. Queste differenze possono creare le diverse situazioni che qui esaminiamo.

Litosfera continentale contro litosfera oceanica. Quando lungo un margine convergente la litosfera oceanica viene a contatto con la litosfera continentale, mentre la litosfera continentale, essendo più leggera e spessa tende a «galleggiare», la litosfera oceanica, più densa e sottile, «scivola» sotto quella continentale (**FIGURA 9**), dando origine al fenomeno della **subduzione**. Là dove inizia lo sprofondamento della litosfera oceanica si forma una **fossa**, dove si raggiungono le massime profondità marine.

La litosfera oceanica, scivolando al di sotto di quella continentale, incontra enormi attriti, perciò lungo la superficie di scorrimento, detta *piano di Benioff*, si generano terremoti i cui ipocentri sono tanto più profondi quanto più ci si allontana dalla fossa oceanica. Inoltre, per l'aumento della temperatura e della pressione, le rocce che sprofondano insieme ai sedimenti costieri sono soggette a metamorfismo, tendono cioè a trasformarsi in altri tipi di rocce (*vedi* figura 30, p. 144). Oltre una certa profondità questi materiali possono fondere; il magma che così si forma, essendo meno denso del materiale sovrastante, tende a salire.

La maggior parte del magma in risalita resta incorporato nella sovrastante litosfera continentale, dove, raffreddandosi e solidificando, forma i *batoliti* (**FIGURA 10**), gli ammassi rocciosi di tipo granitico che ispessiscono la litosfera. Parte del magma, invece, arriva in superficie e dà luogo a fenomeni vulcanici.

Un chiaro esempio di questo tipo di margini convergenti è quello tra la placca di Nazca, nel Pacifico orientale, e la placca sudamericana. La fusione dei bordi della placca di Nazca, spinta in profondità al di sotto della placca sudamericana, ha generato magmi che salendo hanno dato origine alla sequenza di oltre 180 vulcani disseminati nella catena montuosa delle *Ande* (*vedi* figura 9).

Litosfera oceanica contro litosfera oceanica. Anche in questo caso si verifica il fenomeno della subduzione, poiché una delle due placche, quella più vecchia e fredda, tende a scivolare sotto l'altra, generando una fossa. La risalita del magma avviene però in oceano aperto e porta alla formazione di

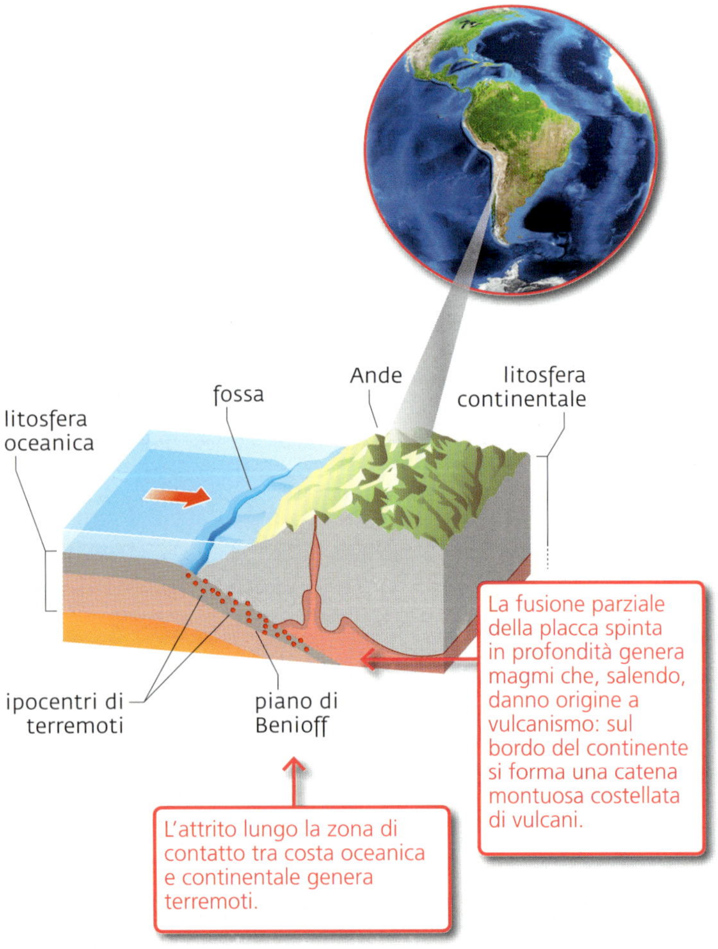

FIGURA 9. Margini convergenti e subduzione di litosfera oceanica sotto litosfera continentale. La cordigliera costellata di vulcani delle Ande è un esempio di margine convergente.

FIGURA 10. La Sierra Nevada in California è costituita quasi interamente da un enorme batolite di granito risalito in superficie in seguito alle spinte tettoniche.

archi insulari (**FIGURA 11**), cioè di catene di isole vulcaniche disposte a ghirlanda, come le isole giapponesi.

I fenomeni di subduzione che avvengono lungo i bordi americani e asiatici dell'Oceano Pacifico spiegano perché questo oceano, a differenza dell'Atlantico, si vada restringendo e perché lungo i suoi bordi si trovi la cintura di fuoco, dove si verifica la più alta concentrazione di terremoti e di vulcani del mondo.

Litosfera continentale contro litosfera continentale. Quando a convergere sono due blocchi di litosfera continentale, entrambe le croste, spesse e leggere, tendono a «galleggiare» e non avviene subduzione. Le forze che le muovono continuano a spingerle lungo il loro margine di contatto, comprimendo le pile di sedimenti e le rocce preesistenti che, di conseguenza, subiscono metamorfismo. Gli strati di roccia si deformano con la formazione di pieghe e faglie, che sono sede di forte attività sismica. Le pieghe, che si accavallano e sovrappongono con spessori che arrivano a 50 km, determinano un raccorciamento della litosfera. I giganteschi ammassi di rocce deformate e sovrapposte sono all'origine delle catene montuose.

Nei margini convergenti la litosfera non si genera, come in quelli divergenti, né si conserva, come in quelli trascorrenti. In essi la litosfera si consuma con la subduzione o si riduce con la formazione dei rilievi montuosi: per questo sono detti margini *distruttivi*.

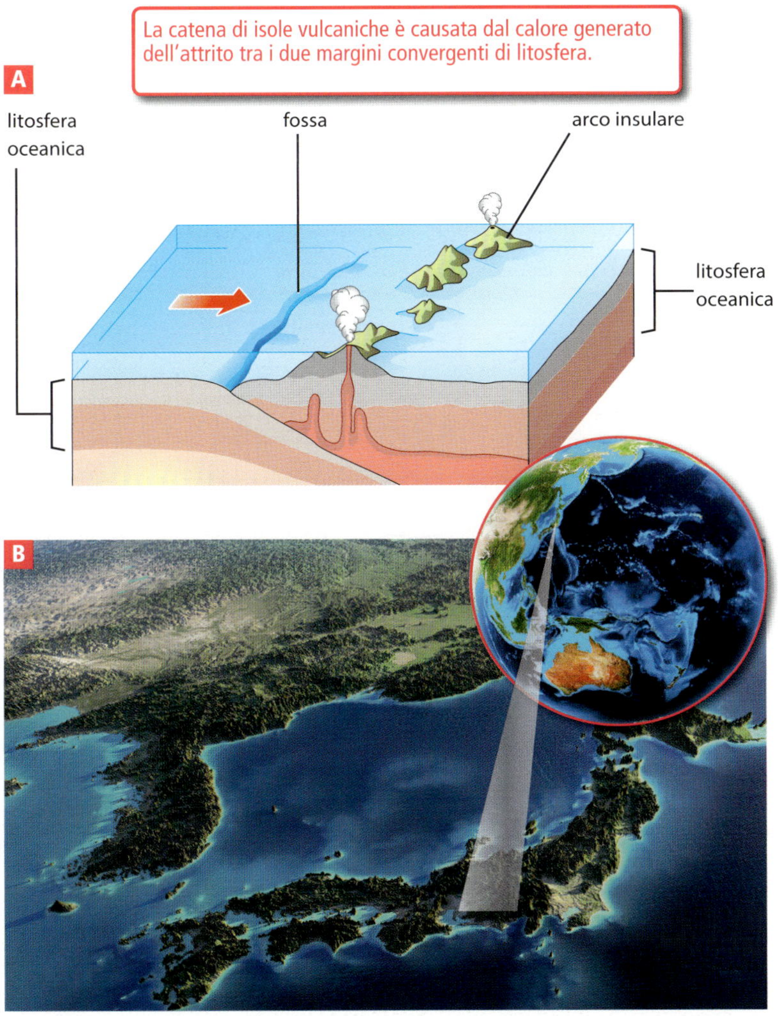

FIGURA 11. La subduzione di litosfera oceanica sotto altra litosfera oceanica produce un arco insulare (**A**) caratterizzato da intensa attività vulcanica. Ne è un esempio l'arco insulare giapponese (**B**).

TROVA LE PAROLE

In corrispondenza dei margini .... o distruttivi le .... si scontrano: nella collisione tra una placca oceanica e una .... quella oceanica, più .... subisce la .... e scende in profondità generando una .... Nella collisione tra due placche .... una delle due sprofonda e si formano gli .... come quello giapponese. Nella collisione tra due blocchi di .... continentale i margini si piegano e raccorciano formando i ....

PROVA A FARE

Il Viale dei Vulcani

Il grande naturalista tedesco Van Humboldt durante il suo viaggio in America Latina osservò il particolare allineamento dei vulcani che chiamò l'Avenida dei Vulcani o Viale dei Vulcani. Tra essi vi sono il Cotopaxi, il Chimborazo, l'Oios del Salado, il Liaim e il Chaite.

a. Lungo quale costa sono allineati i vulcani indicati?

b. Aiutandoti con le figure del testo spiega per quale motivo i vulcani sono allineati lungo la costa che hai individuato e non lungo quella opposta.

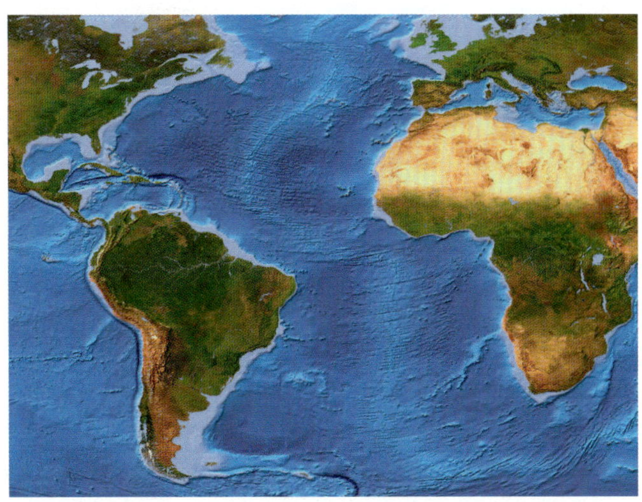

5 La formazione delle montagne

APPROFONDIMENTO
L'orogenesi himalayana

Immaginiamo che due continenti separati da un oceano si trovino entrambi su placche convergenti composte in parte da litosfera oceanica in parte da litosfera continentale. Quando l'oceano si restringe, i continenti si avvicinano; a mano a mano che la litosfera oceanica viene ingoiata per subduzione, la distanza tra i blocchi continentali diminuisce.

Quando infine tutta la litosfera oceanica si è consumata e l'oceano si è chiuso, i due blocchi entrano in collisione. La subduzione cessa anche se le spinte che premono i due blocchi l'uno contro l'altro continuano. I bordi che collidono si deformano profondamente e la crosta si accorcia e s'ispessisce, dato che il materiale roccioso coinvolto nella collisione viene ammassato in uno spazio sempre più ridotto. Succede un po' quello che avviene quando un tappeto viene spinto contro un muro: il tappeto si piega e si ripiega su se stesso. Analogamente, le rocce della crosta si piegano e si fratturano e lungo la linea di saldatura dei due blocchi continentali si forma una catena di montagne costituite in gran parte da rocce metamorfosate. Ecco perché i monti, come i vulcani e i terremoti, non sono distribuiti a caso sulla superficie terrestre, ma secondo fasce ben evidenti che corrispondono ai margini convergenti di placche litosferiche.

Il fenomeno del corrugamento della crosta si chiama **orogenesi**, che significa appunto «nascita delle montagne» (dal greco *óros*, monte, e *génesis*, origine). Le imponenti catene montuose delle Alpi e dell'Hymalaia si sono formate in questo modo.

Il nostro sistema montuoso alpino (**FIGURA 12**) è nato dalla convergenza tra la placca africana e quella euroasiatica. Il blocco continentale dell'Europa e quello dell'Africa erano un tempo separati dal mare della Tetide, un braccio del quale, il piccolo Oceano Ligure-Piemontese, occupava l'area su cui si trova oggi il nostro territorio. Questo bacino si chiuse completamente circa 50 milioni di anni fa. È iniziata a quel punto la «collisione» tra i due blocchi continentali, con conseguente deformazione, compressione e ispessimento delle rocce della fascia di contatto. Gli strati sedimentari che 100 milioni di anni fa si erano depositati nelle tiepide acque dell'oceano si trovano oggi piegati, deformati e accatastati uno sull'altro nella catena alpina.

Incastonati nelle rocce, si trovano anche brandelli dell'antico pavimento oceanico: sono le cosiddette **ofioliti**

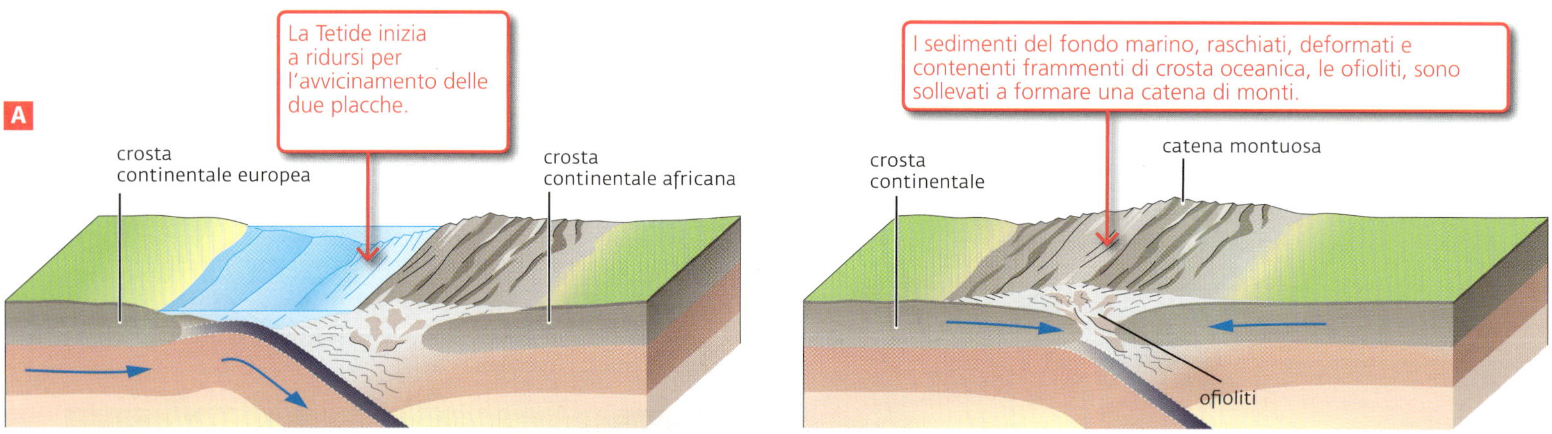

FIGURA 12. La catena delle Alpi si è formata in seguito alla collisione tra la placca euroasiatica e quella africana. (**A**) La collisione tra Europa e Africa ha provocato l'intensa deformazione lungo la fascia di contatto tra i due blocchi continentali. (**B**) Si è così formata la catena delle Alpi (*foto da satellite*), in cui si possono trovare piegati e deformati gli strati sedimentari deposti sul fondo dell'antico mare, oltre a brandelli di litosfera oceanica strappati alla subduzione (ofioliti).

o «pietre verdi», che devono il loro nome al colore variegato, che ricorda vagamente la pelle di un serpente (dal greco *óphis*, serpente, e *líthos*, roccia). Esse derivano da strati di rocce metamorfosate in prevalenza basaltiche che provengono dalla perduta crosta oceanica.

La formazione della catena himalayana è avvenuta nello stesso periodo dalla collisione dell'India contro il continente euroasiatico (**FIGURA 13**). Le Alpi e l'Himalaya formano un unico sistema montuoso, la catena alpino-himalayana, perché entrambe le catene sono state generate dalla collisione del continente euroasiatico con i blocchi continentali africano, arabo e indiano (**FIGURA 14**).

TROVA LE PAROLE

Se due continenti separati da un .... che si restringe si trovano entrambi su placche composte in parte da .... oceanica in parte da litosfera ...., a mano a mano che la litosfera .... viene ingoiata per ...., la distanza tra i blocchi continentali diminuisce finché i due blocchi entrano in .... e i .... si deformano profondamente corrugandosi e formando le ...., come quelle delle .... e dell'.................. .

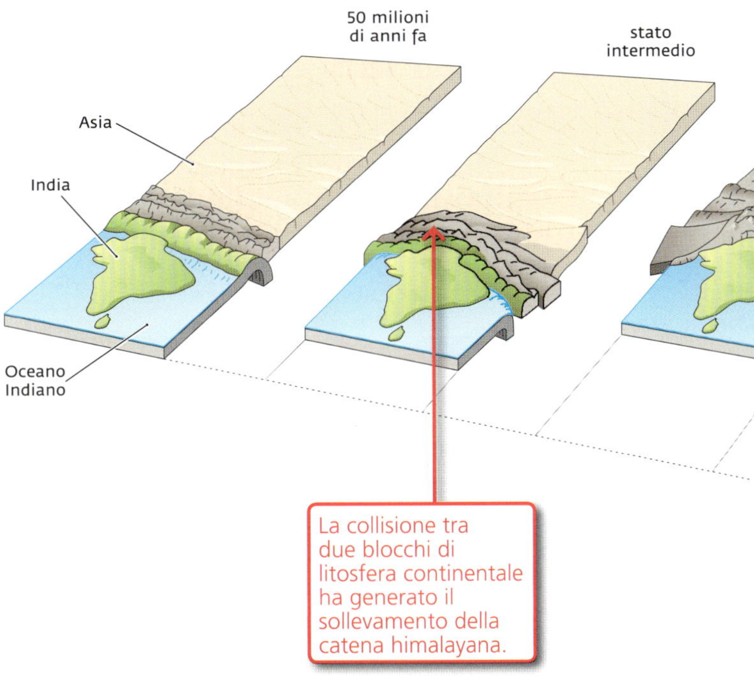

FIGURA 13. La formazione della catena himalayana. 90 milioni di anni fa l'India si separò dal Madagascar per cominciare la sua corsa verso nord. Dopo aver percorso 5000 km in 40 milioni di anni, l'immane impatto col continente asiatico ha dato origine al Tibet. L'India preme ancora verso l'Asia penetrando nel continente al ritmo di oltre 5 cm l'anno.

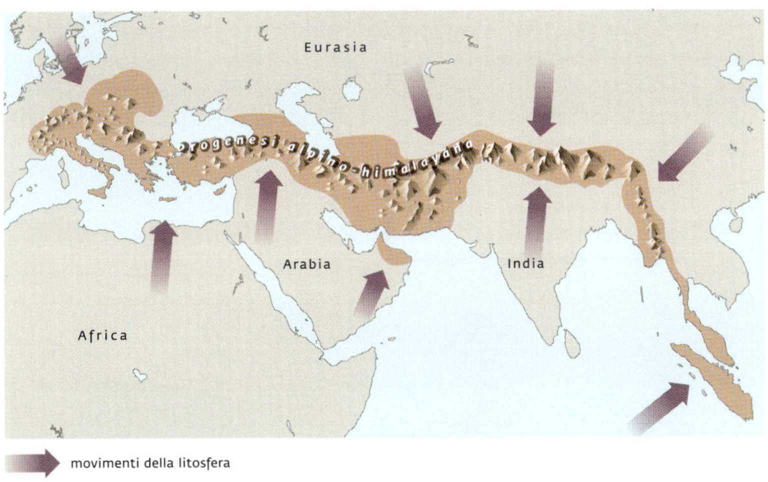

FIGURA 14. Le montagne della catena alpino-himalayana sono «vive»: si muovono, si trasformano e continuano a crescere, anche se su di esse, dal momento della loro formazione, è in atto l'azione di demolizione degli agenti atmosferici.

PROVA A FARE

Le ofioliti o rocce aliene

Questo picco di roccia di colore scuro è un'ofiolite, un blocco roccioso incastonato tra rocce sedimentarie e ubicato al limite delle Alpi liguri con gli Appennini. A un'attenta osservazione del geologo vi sono rintracciabili delle lave a pillow.

a. Che cosa sono le ofioliti? Qual è la loro origine?

b. Perché le lave a pillow si possono trovare sulle montagne?

STORIE DELLA TERRA

Un pezzo di Africa sulle Alpi

Il monte Cervino, la piramide di roccia che colpisce per la sua bellezza, è come un gigantesco sandwich fatto da tre strati rocciosi impilati uno sull'altro (**FIGURA A**). È situato nelle Alpi tra l'Italia e la Svizzera. Ma non è né italiano, né svizzero: è un pezzo di Africa.
La sua vetta, che agli scalatori pareva inaccessibile, rimase inviolata fino al 1865. Solo dopo che i suoi 4478 metri furono scalati per la prima volta, i geologi ebbero a disposizione campioni di rocce presi a diverse altezze.
Lo strato che in alto forma la piramide rocciosa, è fatto da gneiss, antichissime rocce di tipo continentale metamorfosate. Il secondo strato, su cui la piramide poggia come su un piedistallo, è di scure rocce basaltiche, preziose testimoni di un oceano scomparso, associate a rocce sedimentarie di mare profondo. Il terzo strato in basso, alle radici della montagna, che sostiene i precedenti, è ancora di gneiss, cioè ancora di rocce continentali, ma più recenti di quelle della sommità. Dunque, una montagna a tre strati, con quello più antico posto più in alto. Un'assurdità per la geologia secondo la quale, in una serie di strati rocciosi, le rocce più antiche si trovano al di sotto e non al di sopra di quelle più recenti. Anche in una torta lo strato più in alto è quello che è stato sovrapposto agli altri per ultimo. Quale poteva essere la spiegazione di un simile rompicapo?
La soluzione venne all'inizio del secolo scorso quando si fece avanti l'idea, inizialmente ritenuta visionaria, della «deriva dei continenti» la quale sosteneva che i continenti non sono immobili, ma si spostano negli oceani l'uno rispetto all'altro. Come zattere alla deriva, i continenti potevano scontrarsi tra loro e comporre continenti più grandi o, al contrario, spezzarsi in frammenti più piccoli. Questa idea, oggi perfezionata nella teoria detta tettonica delle placche, costituisce il fondamento della geologia moderna e ci fornisce la chiave per ricostruire la storia del Cervino.
La ricostruzione della vicenda vede implicate l'antica placca africana, vecchia di 300 milioni di anni, e quella europea, più giovane. Le due placche 60 milioni di anni fa erano in lento avvicinamento tra loro nell'antico oceano della Tetide che si stava inesorabilmente riducendo. Circa 50 milioni di anni fa, quando l'oceano era ormai scomparso, avvenne lo scontro tra i due blocchi continentali. Le rocce si piegarono, si frantumarono, si addossarono e si sovrapposero. Nell'impatto una scaglia del sottile pavimento di basalto dell'oceano ormai perduto, scavalcò la placca europea e si posizionò sopra di essa. Infine un lembo di crosta africana, come spinta da un gigantesco bulldozer, si ripiegò in una gigantesca piega di 50 km che avanzando da est verso ovest ricoprì a sua volta lo strato di rocce oceaniche e quelle sottostanti europee. Gli strati rocciosi, impilati e sovrapposti, formavano uno spessore di 50 km di altezza: in alto roccia africana più antica, in mezzo un pezzo di pavimento oceanico inglobato nella montagna, in basso roccia europea più giovane (**FIGURA B**).
Da allora le spinte tettoniche non sono cessate, ma l'erosione ha implacabilmente smussato, demolito, e quasi del tutto smantellato questa ardita costruzione della natura. Per noi osservatori oggi restano i 4478 metri dell'imperiosa piramide di roccia africana, il monte Cervino.

PER FISSARE I CONCETTI

- Come si è formato il monte Cervino?
- Che cos'è l'orogenesi?

FIGURA A. La vetta imperiosa del Cervino è un pezzo di crosta africana.

FIGURA B. Il Cervino (*nella foto*) è il brandello residuo della gigantesca piega formatasi più di 30 milioni di anni fa durante il sollevamento delle Alpi.

6 Le prove dei movimenti delle placche: l'affermarsi di una teoria

APPROFONDIMENTI
La litosfera si muove anche in senso verticale
Le prove di Wegener

VIDEO
Il paleomagnetismo

L'idea che la crosta terrestre fosse «mobile» risale all'intuizione del meteorologo tedesco Alfred Wegener che nel 1915 ipotizzò la possibilità che i continenti si muovessero l'uno rispetto all'altro. Questa suggestiva ipotesi, chiamata *deriva dei continenti*, venne accantonata. L'idea, però, riprese vita con l'esplorazione in lungo e in largo dei fondali oceanici e con la scoperta delle dorsali che li percorrono. Si ipotizzò che proprio lungo la frattura al centro delle dorsali si verificasse la separazione tra le opposte placche, con risalita di nuovo magma e formazione di nuova litosfera. A questa ipotesi venne dato il nome di *espansione dei fondi oceanici*, che già conosciamo.

A questo punto era necessaria una conferma. La conferma venne nel 1963 dagli studi dei geologi anglosassoni F.J. Vine e D.H. Matthews sul magnetismo delle rocce basaltiche che costituiscono il pavimento oceanico. Sulla Terra agisce un campo magnetico con due poli, nord e sud (che non coincidono esattamente con i poli terrestri) che, creando un campo magnetico, orientano l'ago della bussola. Durante il raffreddamento di un magma, alcuni minerali contenenti ferro si magnetizzano e si orientano parallelamente al campo magnetico terrestre, come minuscoli aghi di una bussola. Le rocce magmatiche contengono di conseguenza una «registrazione» permanente della direzione che il campo magnetico terrestre aveva al momento della loro formazione.

Gli studi del **magnetismo fossile** o *paleomagnetismo* di rocce magmatiche di età diverse hanno rivelato che, a intervalli di tempo più o meno lunghi (mediamente dell'ordine di 500 000 anni), il campo magnetico terrestre ha invertito il suo orientamento, ossia quello che prima era il Polo nord è diventato il Polo sud magnetico e viceversa.

Quando si esaminò il paleomagnetismo dei pavimenti oceanici si scoprì che, a partire dall'asse della dorsale, il fondo dell'oceano è costituito da fasce di roccia parallele che presentano alternativamente una *magnetizzazione normale*, cioè simile a quella dell'attuale campo magnetico terrestre, e una *magnetizzazione inversa*, cioè orientata in senso opposto (**FIGURA 15**). Il fatto che destò più sorpresa fu che le fasce si corrispondevano simmetricamente da un lato e dall'altro della dorsale. Inoltre, utilizzando nuove tecniche di datazione delle rocce, si scoprì che le fasce di roccia basaltica e i sedimenti che le ricoprono risultano progressivamente più antichi a mano a mano che ci si allontana dall'asse della dorsale (**FIGURA 16**).

Tutto ciò stava a dimostrare che in corrispondenza delle dorsali le placche si allontanano e questo allontanamento lascia uno «squarcio» enorme sul fondo dell'oceano. Lo squarcio viene rimarginato con l'afflusso di nuovo magma magnetizzato secondo la direzione del campo magnetico del momento.

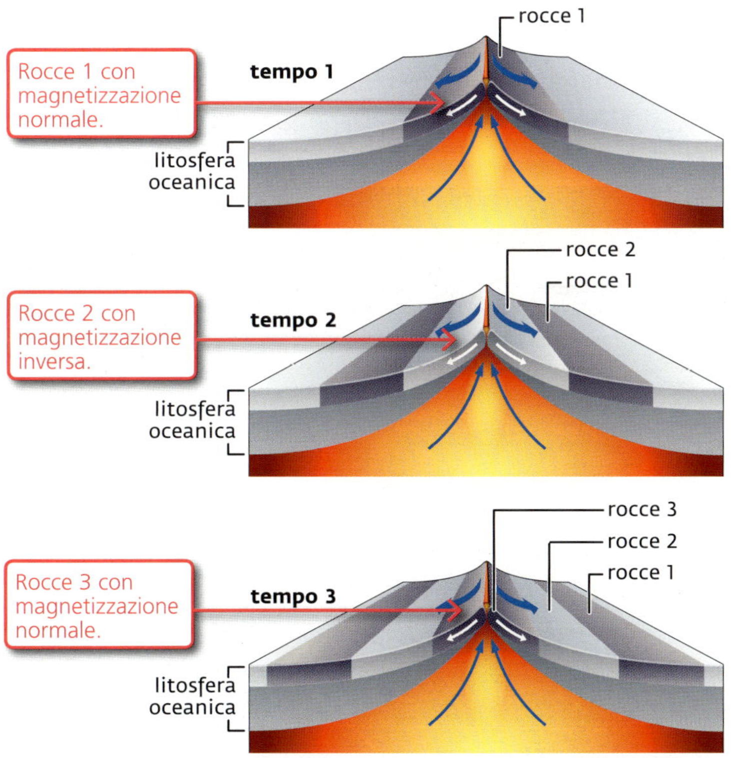

FIGURA 15. Ai lati di una dorsale oceanica si alternano, in modo simmetrico, fasce di pavimento oceanico magnetizzate nello stesso verso dell'attuale campo magnetico terrestre e fasce di pavimento oceanico magnetizzate in verso opposto.

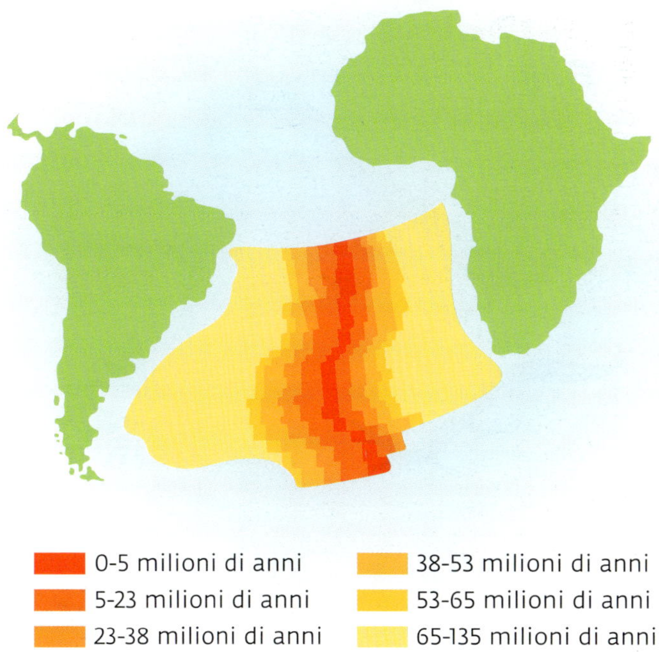

FIGURA 16. La crosta oceanica risulta via via più antica a mano a mano che ci si allontana dalla dorsale.

TROVA LE PAROLE

La conferma dell'.................. dei .... è data dal fatto che il .... e il Polo sud .... si invertono e che le ...., i cui minerali contengono ...., registrano questa inversione. Il .... ha rivelato che da entrambi i lati delle .... il fondo .... è costituito da fasce di rocce basaltiche in cui sono simmetricamente registrate queste alterne ....

PROVA A FARE

Animali e piante alla deriva

La teoria sulla deriva dei continenti quando venne proposta agli altri geologi da Wegener fu ridicolizzata e definita una totale stupidaggine. Eppure le prove erano molte, tra le quali quelle fornite dai resti fossili trovati in continenti oggi lontani. Wegener aveva infatti rinvenuto resti di Mesosauro, un rettile di 200 milioni di anni fa, che non avrebbe potuto attraversare gli oceani, in Brasile e in Sudafrica. Anche i resti della felce fossile estinta Glossopteris si erano trovati in Sudamerica, in Africa, in India, in Australia e in Antartide.

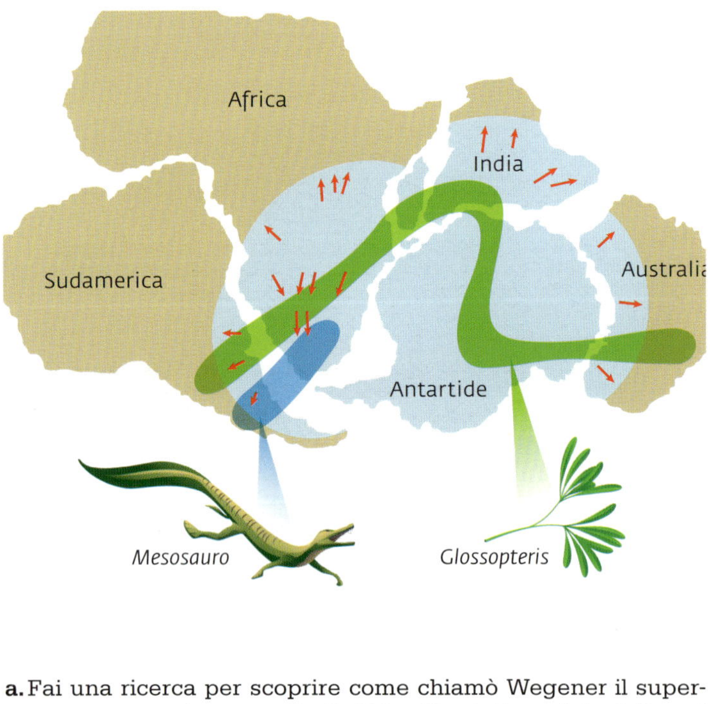

a. Fai una ricerca per scoprire come chiamò Wegener il supercontinente esistente più di 200 milioni di anni fa dalla cui frammentazione si sono originati gli attuali continenti.

b. Ai tempi di Wegener quale ipotesi veniva avanzata da chi lo contestava per spiegare il ritrovamento di fossili? Per documentarti consulta Internet.

7 I punti caldi

Gli oceani ci riservano anche altre prove evidenti del moto delle placche: si tratta dei vulcani di **punto caldo** che possono emergere sopra il livello delle acque.

Se osservate di nuovo la carta (*vedi* figura 1, p. 207), potete notare che esistono vulcani che non sono associati ai margini delle placche. Nel cuore della placca del Pacifico, per esempio, si trovano le isole Hawaii, formate da una fila di vulcani, in parte attivi e in parte estinti (**FIGURA 17**).

I vulcani hawaiani, come un altro centinaio nel mondo, si trovano in corrispondenza di un punto caldo. Come abbiamo già detto (*vedi* Unità D8, p. 174), questi vulcani sono alimentati da una colonna di magma basaltico molto caldo e fluido, una specie di *pennacchio*, che risale dalle zone profonde del mantello e, attraversando la litosfera, forma in superficie un edificio vulcanico.

L'isola Hawaii, con i suoi vulcani attivi Mauna Loa e Mauna Kea, è l'ultima nata di una catena di isole che formano un allineamento ordinato; mentre Hawaii, posta all'estremità orientale, è la più giovane (meno di 1 milione di anni), l'isola di Midway, posta all'estremità occidentale, è la più vecchia (oltre 27 milioni di anni); proseguendo ulteriormente verso ovest si incontrano solo resti vulcanici che non affiorano.

Quale fenomeno può aver dato origine a vulcani così schierati in ordine di età? L'ipotesi più accreditata suppone che questi vulcani rappresentino la traccia in superficie del movimento della placca sopra il pennacchio. Mentre la colonna di magma rimane sostanzialmente fissa, la placca

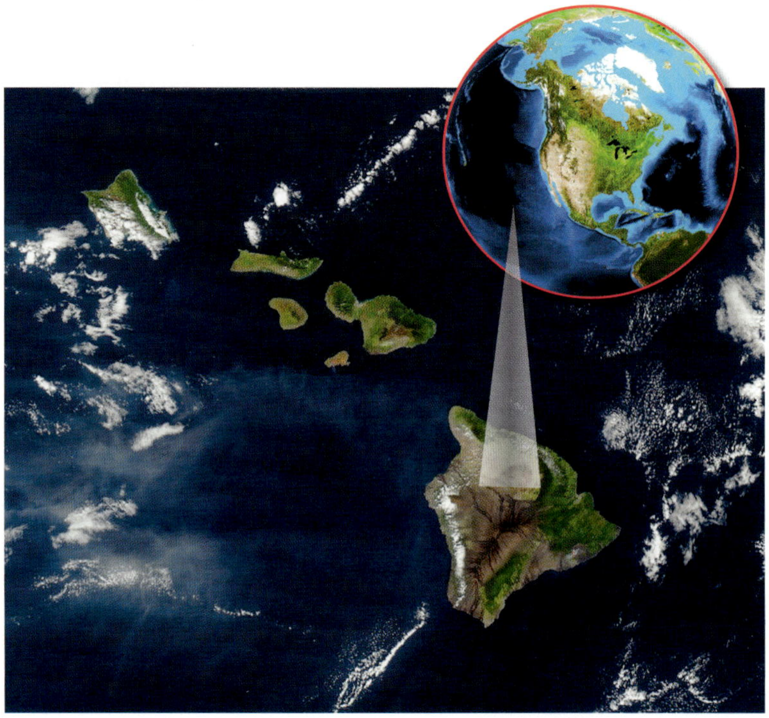

FIGURA 17. In figura parte dell'allineamento dei vulcani hawaiani. In primo piano l'isola Hawaii, la più recente, con il vulcano Mauna Loa.

VIDEO La formazione degli atolli corallini

soprastante continua a scorrere lentamente, trascinando il vulcano e allontanandolo dal punto caldo.

Il vulcano si estingue e viene eroso, ma dietro di esso ne sorge un altro, finché si forma un'intera catena di vulcani allineati in ordine di età: il più giovane è attivo mentre gli altri, progressivamente più antichi, sono spenti (**FIGURA 18**).

Erosi dal moto ondoso e ormai inabissati al di sotto del livello del mare, i vulcani spenti formano quei rilievi sottomarini dalla cima piatta detti *guyot* sui quali a volte crescono le scogliere coralline che formano gli *atolli* (**FIGURA 19**).

Gli allineamenti di vulcani dei punti caldi, oltre a fornire una chiara dimostrazione dei moti delle placche, ci consentono di misurare la velocità di spostamento di una placca ricavandola dall'età di un vulcano estinto e dalla sua distanza dal punto caldo.

TROVA LE PAROLE

I vulcani di .... sono alimentati da una colonna di .... o .... che, risalendo dal ...., attraversa la .... Poiché la .... litosferica attraversata si sposta, su di essa si forma una sequenza di .... allineati secondo la .... dello spostamento della placca.

Gli allineamenti affioranti delle isole Hawaii, continuano, con un cambiamento di direzione, nella catena dell'Imperatore ormai sommersa. Sapresti indicare con una freccia la direzione del movimento della placca?

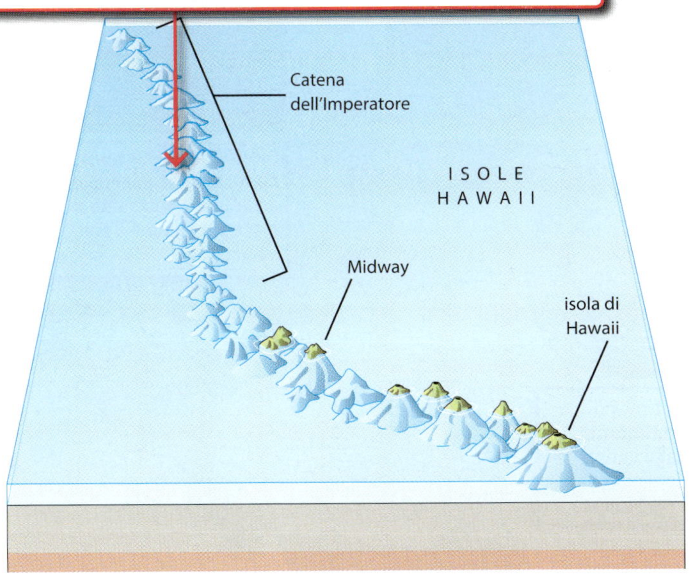

FIGURA 18. Le catene di isole e di monti sottomarini del Pacifico sono interpretate come tracce del movimento delle placche al di sopra di punti caldi fissi.

PROVA A FARE

Un modello per gli hot spot

Spruzza leggermente di acqua un pezzo di carta assorbente. Accendi una candela, fissala a un supporto e fai scorrere al di sopra di essa la carta inumidita in modo che la fiamma sia appena al di sotto della carta. Mentre la candela resta fissa al suo posto, sposta, mantenendo sempre la direzione prescelta, la carta che inizia ad annerirsi per il fumo della candela. Avrai così una serie di tracce scure allineate, come sono allineati i vulcani degli hot spot (punti caldi).

Che cosa rappresenta la carta che scorre al di sopra della candela nel modello per gli hot spot? A quale figura del testo puoi associare questa esperienza?

FIGURA 19. Anche l'allineamento di atolli della Polinesia o delle Maldive ha origine da una sequenza di vulcani di punto caldo inattivi e sprofondati al di sotto del livello del mare, sulla cui sommità i coralli hanno costruito una scogliera ad anello detta atollo.

8 L'Italia nel gioco delle placche

APPARE LA PENISOLA

Più di 200 milioni di anni fa tutti i continenti erano uniti in un solo grande continente, il **Pangea**. Poco più tardi, il Pangea cominciò a fratturarsi. La lacerazione della crosta, occupata dal Mare della Tetide, si estese lungo la direzione dei meridiani e separò i blocchi continentali a nord da quelli a sud. Un braccio della Tetide in corrispondenza dell'area mediterranea, l'*Oceano Ligure-Piemontese,* separava la placca europea da quella africana. Nel frattempo un'altra spaccatura crostale lungo la direzione dei paralleli aveva portato all'apertura dell'Oceano Atlantico. L'espansione del fondo oceanico che allargava a sud l'Oceano Atlantico meridionale allontanando il Sudamerica dall'Africa, impresse una spinta in senso antiorario alla placca africana.
A quel tempo gran parte della regione italiana era occupata da un mare caldo con bassi fondali.
Il lento spostamento dell'Africa nella direzione dell'Europa ridusse l'Oceano Ligure-Piemontese fino a determinarne la completa scomparsa. Tra le terre emerse vi era una penisola della placca africana destinata a fare parte del nostro territorio: il promontorio di **Adria**.
Il basamento profondo del territorio dell'Italia e del Mare Adriatico di oggi corrispondono all'antico promontorio di Adria.

LA FORMAZIONE DELLE ALPI E DEGLI APPENNINI

Nel corso delle vicende geologiche, mano a mano che le due placche si avvicinavano e che l'oceano si riduceva, Adria, divenuta una microplacca, fu presa nella morsa della collisione tra i continenti. Quando l'Oceano Ligure-Piemontese si chiuse, i sedimenti e le rocce del fondo oceanico, sollevati e accatastati sui continenti formarono la catena montuosa alpina che bordava il margine settentrionale di Adria, le **Alpi**.
I continui movimenti delle placche, anche dopo il sollevamento delle Alpi, diedero luogo a fratture: alcune provocarono il distacco dall'attuale costa francese del piccolo blocco della *Sardegna* e della *Corsica*, spinto alla deriva verso est. Contemporaneamente si aprirono i bacini marini delle **Baleari** e del **Tirreno**.
Questi spostamenti provocarono spinte contro il margine occidentale di Adria e determinarono, circa 30 milioni di anni fa, l'innalzamento degli **Appennini** e l'attuale posizione della nostra penisola. Sugli Appennini, come testimonianza della presenza dell'antico mare, in corrispondenza della saldatura con il margine occidentale delle Alpi, rimangono le *ofioliti*, le scaglie basaltiche metamorfosate dell'antica crosta oceanica.

LA STORIA RACCONTATA DAI FOSSILI

In Italia, sulle Prealpi, troviamo fossili di organismi che nuotavano nei mari caldi della Tetide più di 100 milioni di anni fa come le ammoniti, antichi molluschi dal caratteristico guscio a spirale, o gli ittiosauri, rettili marini carnivori simili agli odierni delfini. Nel Veneto e nella Puglia si sono rinvenute impronte fossili di dinosauri che vivevano sugli isolotti o sulle coste melmose delle terre emerse; in Campania si è trovato il fossile quasi integro di un piccolo dinosauro. In particolare sugli Appennini, troviamo infine fossili di organismi più recenti vissuti nei periodi delle glaciazioni come gli orsi delle caverne, gli elefanti lanosi e, nelle isole della Sicilia, i resti di elefanti nani alti non più di 90 cm.

Ricostruzione di **mammut lanoso**, un antico elefante che viveva nelle steppe ghiacciate d'Europa circa 100 000 anni fa. In Italia si sono ritrovati resti dalla Pianura Padana alla Sicilia.

A Lavini di Marco presso Rovereto si trovano centinaia di **impronte fossili** di dinosauri.

I fossili di questo **tanistrofeo** che nuotava ondeggiando nelle acqua della Tetide sono stati trovati nelle rocce sui monti a Besano vicino a Varese.

In Italia si trovano fossili di **ammoniti** nelle Prealpi lombarde e nell'Appennino dalle Marche alla Sicilia.

LA NOSTRA PENISOLA

Da quando si è costituita la nostra penisola, la lenta deriva dell'Africa continua a premere sulla fascia mediterranea, che va da Gibilterra alla Turchia. La placca di Adria che compone parte dell'Italia, seguita tuttora a muoversi verso est. Questo movimento porterà nel tempo all'allargamento del Mar Tirreno e alla chiusura del Mare Adriatico. Esso è tuttora la causa delle manifestazioni vulcaniche e dei terremoti che scuotono il nostro Paese.

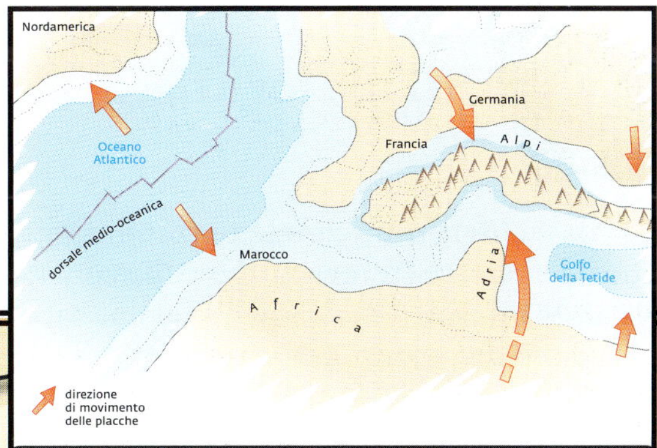

Le **Alpi** che bordano il margine settentrionale della nostra penisola derivano dalla collisione tra la placca euroasiatica e la placca africana con la microplacca di Adria stretta nella loro morsa. I blocchi di rocce metamorfiche e sedimentarie della crosta europea e africana accatastati l'uno sull'altro oggi formano le cosiddette *falde alpine di ricoprimento*.

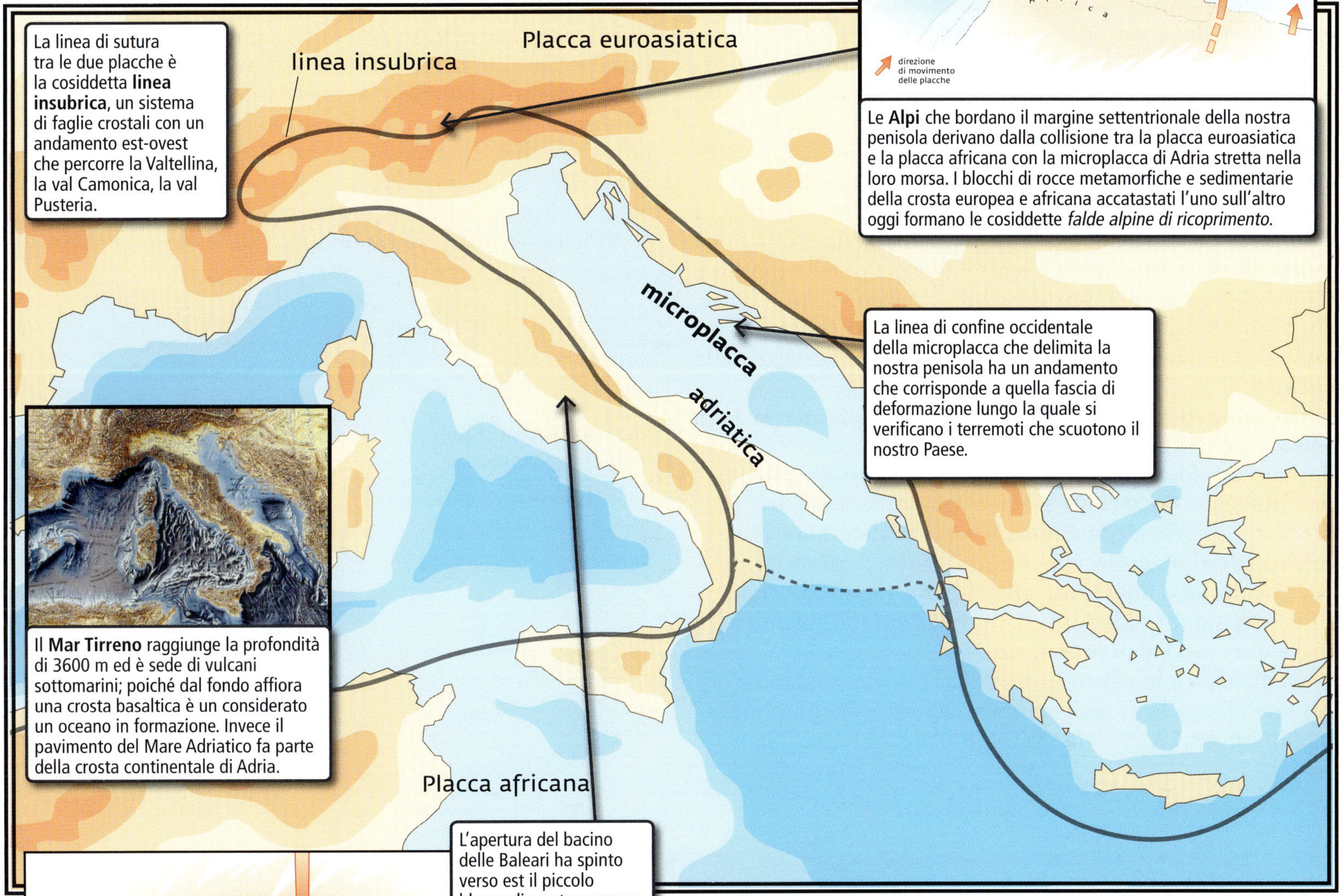

La linea di sutura tra le due placche è la cosiddetta **linea insubrica**, un sistema di faglie crostali con un andamento est-ovest che percorre la Valtellina, la val Camonica, la val Pusteria.

La linea di confine occidentale della microplacca che delimita la nostra penisola ha un andamento che corrisponde a quella fascia di deformazione lungo la quale si verificano i terremoti che scuotono il nostro Paese.

Il **Mar Tirreno** raggiunge la profondità di 3600 m ed è sede di vulcani sottomarini; poiché dal fondo affiora una crosta basaltica è un considerato un oceano in formazione. Invece il pavimento del Mare Adriatico fa parte della crosta continentale di Adria.

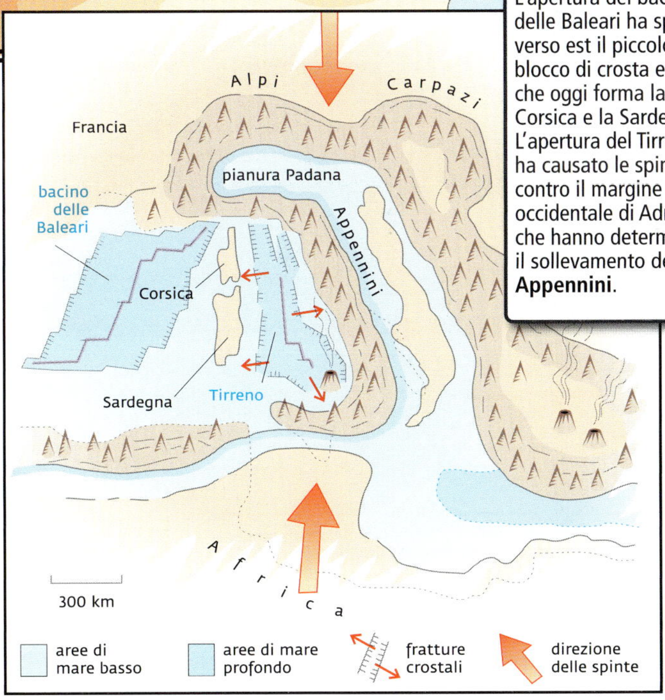

L'apertura del bacino delle Baleari ha spinto verso est il piccolo blocco di crosta europea che oggi forma la Corsica e la Sardegna. L'apertura del Tirreno ha causato le spinte contro il margine occidentale di Adria che hanno determinato il sollevamento degli **Appennini**.

TROVA LE PAROLE

Quando l'Oceano .... , che separava la ....africana da quella .... si chiuse, i .... , accatastati sui .... tra i quali era interposto il .... africano di .... , si sollevarono e formarono le .... Con il .... delle Alpi che bordavano il .... settentrionale di Adria iniziava a .... la nostra penisola. Nelle Alpi la linea di .... tra le placche euroasiatica e .... è la ....

Tra i .... e i 20 milioni di anni fa alcune .... provocarono il distacco della .... e della Corsica e l'apertura dei bacini marini delle Baleari e del .... Le conseguenti spinte verso .... contro il margine .... di Adria determinarono il .... degli Appennini.

9 Il motore delle placche

Che cos'è che fa muovere le placche? Oggi si ritiene che la risposta a questo interrogativo vada cercata nella presenza del calore interno della Terra che, come sappiamo, è anche la causa del vulcanismo.

Attualmente, si ritiene che, a causa delle differenze di temperatura esistenti tra le parti più superficiali e quelle più profonde del pianeta, nell'astenosfera, si formino delle correnti calde, o *moti convettivi*, analoghe a quelle che si verificano nell'acqua di una pentola posta su un fornello acceso.

L'acqua sul fondo della pentola, più vicina alla fonte di calore, si riscalda e di conseguenza si dilata; divenuta in tal modo meno densa, tende a salire, mentre dalla superficie scende a prenderne il posto l'acqua più fredda e più densa, che si scalda a sua volta. Questo «saliscendi» genera all'interno della massa d'acqua dei movimenti circolari detti **celle convettive**.

Qualcosa di molto simile succede anche all'interno della Terra, solo che al posto dell'acqua c'è il materiale roccioso dell'astenosfera che, essendo molto viscoso, circola molto lentamente (**FIGURA 20**). Il materiale caldo e in parte fuso dell'astenosfera sale lentamente verso la superficie, dove si raffredda e si irrigidisce formando nuova litosfera: le placche litosferiche rappresentano la parte superiore, rigida e fredda, di grandi celle convettive che scendono nel mantello fino a oltre 700 km di profondità.

La litosfera non rimane immobile: trascinata dal moto circolare della cella di convezione, si sposta orizzontalmente in superficie. Là dove la corrente ascendente di due celle convettive adiacenti sale e poi diverge in sensi opposti, la litosfera sovrastante è «tirata» in direzioni opposte e perciò si assottiglia e si spezza. Nella spaccatura che così si forma sale il materiale caldo dell'astenosfera, che emerge lungo le fratture delle dorsali oceaniche. Là dove invece i rami di due celle convettive adiacenti convergono, ridiscendendo verso il basso, si forma un margine convergente. Si ha il fenomeno della subduzione per cui una placca scende al di sotto di un'altra, fino a immergersi di nuovo nell'astenosfera. Pertanto si ritiene che, in seguito ai *moti convettivi*, la litosfera oceanica si formi in corrispondenza delle dorsali e si consumi in corrispondenza delle fosse.

Questo «riciclaggio» spiega anche perché sulla Terra non si trovino fondali oceanici che siano più vecchi di circa 200 milioni di anni.

TROVA LE PAROLE

Si ritiene che i moti delle .... siano dovuti ai .... dei materiali della sottostante .... a loro volta dovuti alle differenze di .... presenti all'.................. della Terra. Dove i rami di due celle convettive .... e divergono, nella litosfera si formano le fratture delle ...., dove i due rami convergono e .... si ha il fenomeno della ....

A

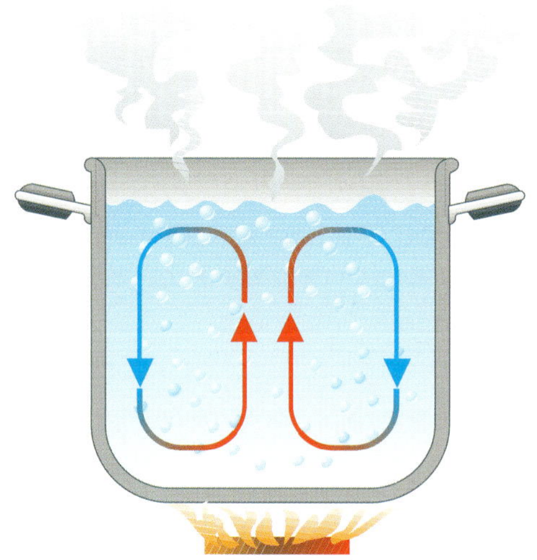

B

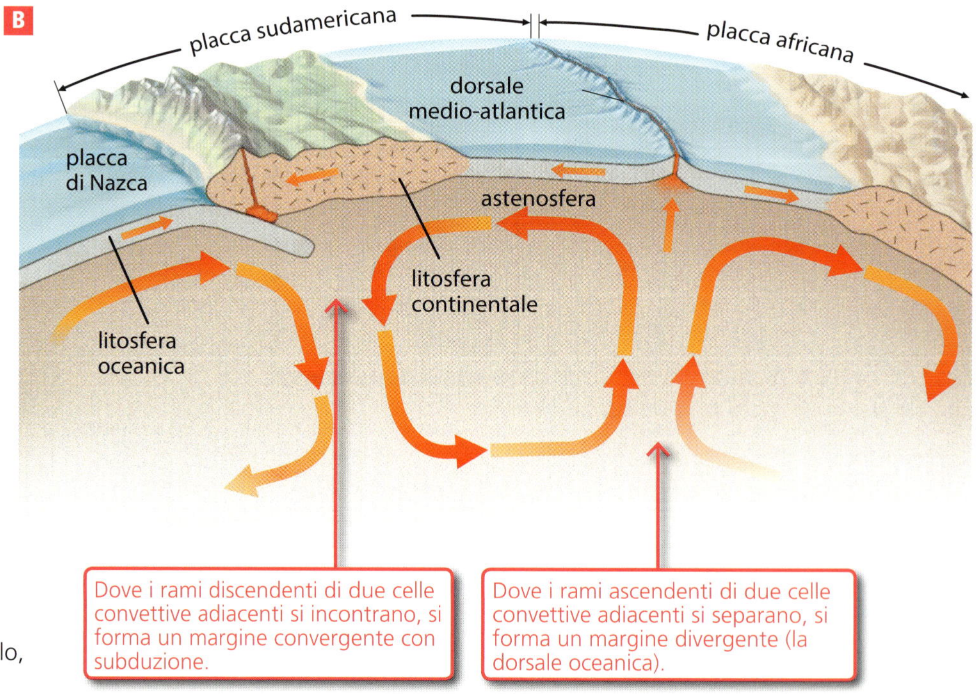

FIGURA 20. Come in una pentola d'acqua sul fuoco (**A**), il calore causa variazioni di densità, che innescano moti convettivi. (**B**) I materiali del mantello, apparentemente duri come l'acciaio, nell'arco di decine di migliaia di anni si comportano come viscosi e sono sede di lenti correnti convettive.

Per ricordare

LOSAI? RIPASSA CON LO SMARTPHONE

1. Dove sono localizzati i vulcani e i terremoti sulla superficie terrestre?

Vulcani e terremoti sono localizzati lungo i **margini** delle placche litosferiche. Poiché le placche si muovono l'una rispetto all'altra, le regioni che maggiormente risentono gli effetti dei moti sono i loro margini.

2. Che cosa sono e quante sono le placche della litosfera?

Le placche principali sono sette e non coincidono né con i continenti né con gli oceani in quanto possono essere costituite da entrambi. Esse si muovono scorrendo sull'astenosfera, in alcuni casi allontanandosi l'una dall'altra, in altri scontrandosi, in altri ancora scorrendo l'una a fianco dell'altra.

3. Quali fenomeni avvengono in corrispondenza dei margini che delimitano le placche?

In corrispondenza dei *margini divergenti,* le placche si allontanano l'una dall'altra, il magma risale dal mantello formando le **dorsali oceaniche.** In corrispondenza dei *margini trascorrenti*, le placche scorrono orizzontalmente l'una a fianco dell'altra, generando terremoti. In corrispondenza dei *margini convergenti*, le placche si scontrano. La collisione tra una placca oceanica e una continentale provoca la **subduzione**. Si generano una **fossa** e una catena montuosa.
La collisione tra due placche oceaniche forma gli **archi insulari**.
Se avviene tra due blocchi continentali, si verifica l'**orogenesi**.

4. Quali sono le prove dei movimenti delle placche?

Una prova è fornita dal *paleomagnetismo*: da entrambi i lati delle dorsali, il fondo oceanico è costituito da fasce parallele di rocce basaltiche in cui si alternano una magnetizzazione normale e una magnetizzazione inversa. Un'altra prova si ha in corrispondenza dei **punti caldi**, dove gli allineamenti vulcanici costituiscono la traccia evidente in superficie del movimento della placca sopra il pennacchio di magma.

5. Qual è il meccanismo alla base del moto delle placche?

Il meccanismo alla base del moto delle placche è costituito dalla spinta esercitata dai lenti *moti convettivi* dei materiali caldi e parzialmente fluidi dell'astenosfera.

la mappa

Completa la mappa concettuale utilizzando i termini proposti. Dai la definizione di quelli sottolineati:

catene montuose • divergenti • <u>subduzione</u> • moti convettivi • fosse • <u>dorsali</u> • <u>placche litosferiche</u> • convergenti • archi insulari • <u>orogenesi</u> • trascorrenti • faglie

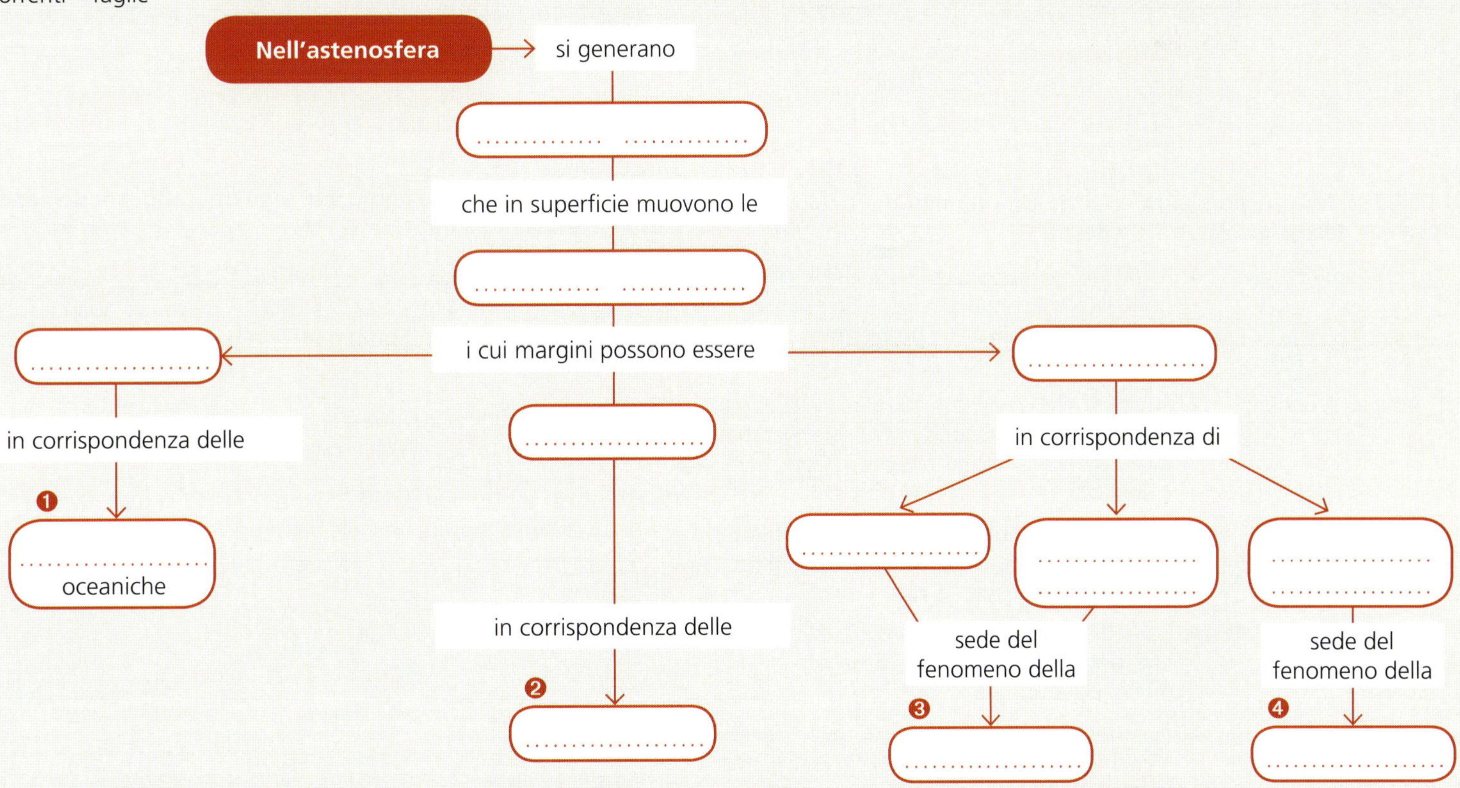

Sul tuo quaderno prova a espandere la mappa aggiungendo nuovi collegamenti ai nodi ❶, ❷, ❸ e ❹.

Sei pronto per la verifica?

In 1 ora

1. **Indica se ciascuna delle seguenti affermazioni è vera o falsa. Se è falsa, falla diventare vera cambiando solo i termini sottolineati.**

a. Alfred Wegener elaborò la teoria della deriva dei continenti. V F
b. L'Italia è una delle aree del pianeta più attive dal punto di vista geologico. V F
c. Gli spostamenti delle placche litosferiche sono dell'ordine dei metri all'anno. V F
d. Un rift continentale è una zona di collisione tra placche litosferiche. V F
e. Le ofioliti sono rocce di origine continentale che si trovano ad alta quota, nelle catene montuose. V F
f. Gli studi di paleomagnetismo hanno rivelato che il campo magnetico terrestre cambia nel tempo. V F
g. I moti convettivi che determinano i movimenti relativi delle placche litosferiche avvengono nel nucleo. V F

[7 PUNTI]

2. **Inserisci i termini corretti nella figura.**

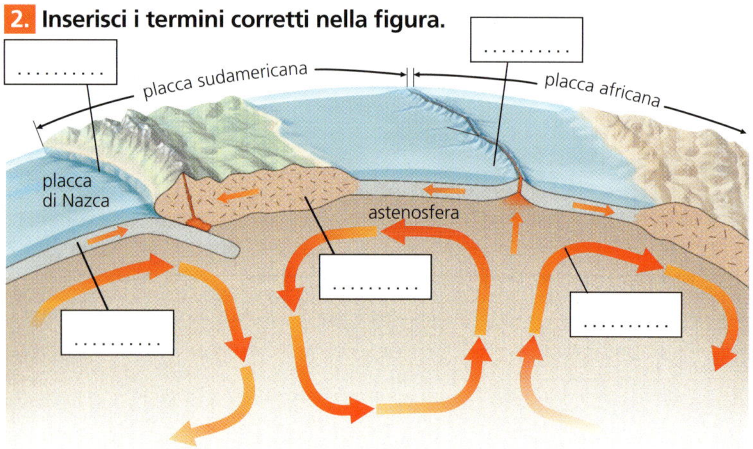

[5 PUNTI]

3. **Stabilisci le corrispondenze corrette tra i termini della colonna di sinistra e le descrizioni riportate a destra.**

a. ☐ rift continentale
b. ☐ piano di Benioff
c. ☐ ofioliti
d. ☐ faglia trascorrente
e. ☐ guyot

1. Particolari formazioni rocciose che si rinvengono in corrispondenza di catene montuose ma si sono originate in ambiente sottomarino.
2. Struttura che si viene a formare nella zona di scorrimento orizzontale tra due placche a causa delle forti tensioni che in essa si accumulano.
3. Rilievo sottomarino dalla cima piatta prodotto dall'azione erosiva del mare su un edificio vulcanico ormai spento.
4. Zona di frattura della litosfera continentale che corrisponde alla fase di nascita di un nuovo oceano.
5. Superficie in corrispondenza della quale si collocano gli ipocentri dei terremoti nei pressi di una fossa oceanica.

[5 PUNTI]

4. **Completa la tabella relativa ai margini di placca.**

Margine	Movimento reciproco tra le placche	Strutture presenti sulla litosfera	Fenomeni associati	Esempio
Convergente				
Trascorrente				
Divergente				

[12 PUNTI]

5. **Accanto a ogni affermazione, scrivi D se pensi si riferisca alle dorsali oceaniche, F se pensi si riferisca alle fosse, E se può essere ricollegata a entrambe.**

a. Sono inarcamenti della litosfera oceanica percorsi centralmente da una profonda spaccatura. ☐
b. Qui si origina il fenomeno della subduzione. ☐
c. Sono tra le aree più instabili della superficie terrestre. ☐
d. Si trovano in corrispondenza di zone di collisione tra placche. ☐
e. Qui si verifica la produzione di nuova litosfera oceanica. ☐
f. Sono caratterizzate da attività sismica e vulcanica. ☐
g. In alcuni punti, possono affiorare al di sopra della superficie degli oceani. ☐

[7 PUNTI]

6. **Rispondi sul tuo quaderno alle seguenti coppie di domande utilizzando al massimo 5 righe.**

a. Che cosa sono le «placche litosferiche»? Come si possono individuare? Descrivine brevemente le caratteristiche indicando quante sono, quale composizione possono presentare e a quale velocità si possono muovere. **[2 + 3 PUNTI]**

b. Quale fenomeno si verifica quando due blocchi continentali collidono tra loro? Che cosa accade in queste situazioni? **[1 + 3 PUNTI]**

c. Che cosa sono i punti caldi? In quale modo la loro «azione» fornisce una prova dei movimenti delle placche? **[2 + 3 PUNTI]**

☐ fino a 32 punti **insufficiente**	☐ da 33 a 38 punti **sufficiente**	☐ da 39 a 44 punti **buono**	☐ da 45 a 50 punti **ottimo**

Verifica le competenze

ZTE ONLINE
20 test interattivi online su zte.zanichelli.it

S1 – RICONOSCERE O STABILIRE RELAZIONI

1. CINQUE LOCALITÀ «INTERESSANTI»

Osserva con attenzione la seguente immagine (che riprende quella di inizio Unità, p. 206): su di essa sono evidenziate cinque differenti località, contrassegnate da un numero progressivo.

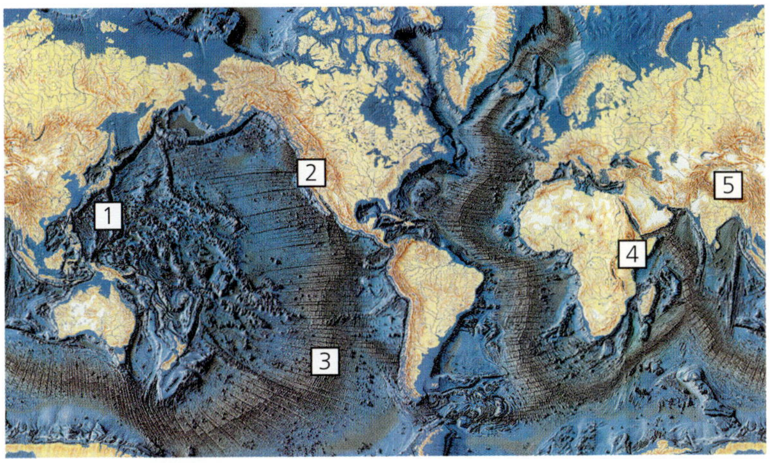

a. ●○○ Abbina a ogni località, la descrizione del fenomeno che le dovrebbe corrispondere alla luce di ciò che hai imparato in questa Unità.

Fenomeno	N°
Le forze che agiscono sulle rocce provocano la formazione di sistemi di fratture allungati in una direzione che delimitano una profonda depressione, a tratti occupata dalle acque di bacini lacustri.	
L'accumulo dei prodotti di eruzioni vulcaniche di tipo esplosivo porta alla formazione di catene di isole vulcaniche disposte ad arco in zone frequentemente interessate anche da attività sismica di varia entità.	
L'energia lentamente accumulata nelle rocce soggette a forze che agiscono in diverse direzioni viene rilasciata in breve tempo, originando violenti terremoti con ipocentro superficiale non associati ad attività vulcanica.	
Terremoti frequenti ma di lieve entità accompagnano tranquille eruzioni effusive di lava basaltica che si verificano nel tempo con continuità.	
Le rocce della crosta si piegano, si fratturano e si accavallano le une sulle altre; si formano grandi sistemi di pieghe e faglie, lungo i quali sono frequenti terremoti anche di grande entità.	

b. ●●○ Cerca cinque immagini che rappresentino in modo verosimile ciò che potresti osservare recandoti nelle cinque località indicate e incollale sul quaderno.

c. ●●● Sempre sul quaderno, spiega alla luce della teoria della tettonica delle placche che cosa genera i diversi fenomeni (e le diverse strutture) nelle cinque località.

S3 – COLLOCARE SCOPERTE E INNOVAZIONI IN UNA DIMENSIONE STORICO-CULTURALE

2. UN «OCCHIO SPECIALE» PER VEDERE IN PROFONDITÀ

Fino alla metà del secolo scorso i fondali oceanici erano praticamente inesplorati e sconosciuti: solo di recente l'uomo è stato in grado di acquisire informazioni relativamente alla morfologia e alle caratteristiche delle zone sommerse del nostro pianeta. Ciò è avvenuto grazie all'utilizzo di particolari strumenti, tra i quali il «sonar».

a. ●●○ Fai una breve ricerca in modo da scoprire:
- quando e con quale scopo è stato costruito il primo sonar;
- quale è stato il suo principale impiego fino alla metà del 1900;
- su quale principio si basa il suo funzionamento;
- come può essere impiegato nello studio dei fondali oceanici e quali informazioni permette di raccogliere.

b. ●●● Considerato che la velocità media del suono nella colonna d'acqua di un oceano potrebbe essere pari a 1481 m/s e che la profondità massima del fondale in corrispondenza della Fossa delle Marianne è 11 034 metri, quanto tempo impiegherebbe un segnale acustico emesso da una nave in superficie a tornare indietro?

S1 – ANALIZZARE E INTERPRETARE TABELLE, GRAFICI, IMMAGINI

3. L'ETÀ DEI FONDALI OCEANICI

Cerca in rete un'immagine relativa all'età delle rocce dei fondali oceanici, poi rispondi alle seguenti domande.

a. ●○○ Dove si trovano le rocce di formazione più recente?

b. ●●○ Che età hanno?

c. ●○○ Dove si trovano le rocce più antiche?

d. ●●○ Che età hanno?

e. ●●● Perché nell'Oceano Atlantico non si ritrovano rocce più vecchie?

f. ●●● Perché nell'Oceano Pacifico non si ritrovano rocce più vecchie?

S1 – ANALIZZARE E INTERPRETARE TABELLE, GRAFICI, IMMAGINI

4. LA VELOCITÀ DELL'ESPANSIONE

Ipotizza di avere a tua disposizione i seguenti dati relativi alle età delle rocce del fondale dell'Oceano Pacifico e dell'Oceano Atlantico a determinate distanze dall'asse delle dorsali.

	250 km	400 km	650 km	800 km	1000 km	1350 km
Oceano Pacifico	2 Ma	3 Ma	5 Ma	7 Ma	10 Ma	15 Ma
Oceano Atlantico	12 Ma	24 Ma	35 Ma	41 Ma	48 Ma	68 Ma

Ma = milioni di anni

a. ●●○ Costruisci due grafici (uno per oceano) riportando sull'asse delle ascisse la distanza dalla dorsale e in ordinate l'età dei campioni. Poi confrontali tra loro: quali informazioni qualitative puoi ricavare?

b. ●●● Calcola le velocità medie di espansione dei due oceani a livello delle due dorsali, confrontale tra loro e con quanto hai stabilito attraverso l'analisi dei due grafici.

c. ●●● Alla luce dei tuoi risultati, come si può spiegare il fatto che l'Oceano Pacifico stia attualmente riducendo la sua estensione, mentre l'Atlantico sia in espansione?

11 La storia della Terra

In questa Unità troverai le risposte alle seguenti domande:

1. Che cosa sono i fossili?
2. Che cosa dicono del passato i fossili e le rocce che li contengono?
3. Quali criteri seguono i geologi per interpretare gli strati rocciosi?
4. Quali sono state le tappe principali della storia del nostro pianeta?
5. Qual è la storia evolutiva dell'uomo?

A

ittiosauro

B
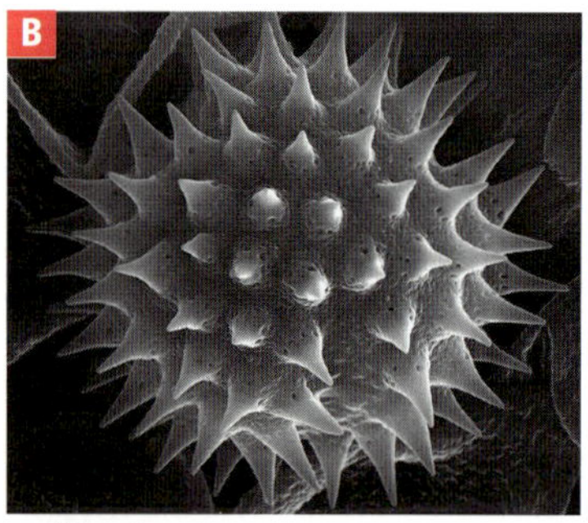
polline fossile

C

Archaeopteryx

D
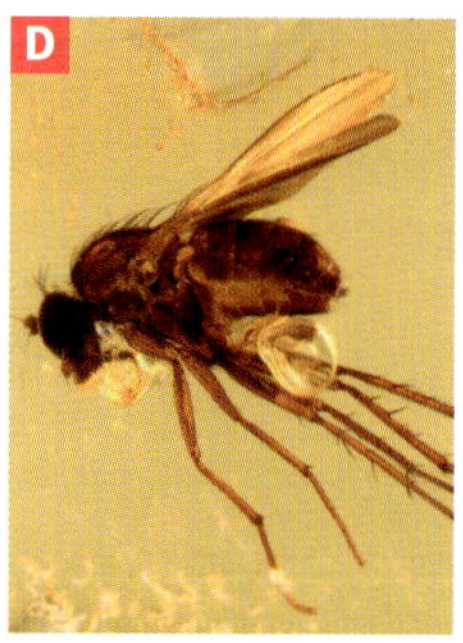
insetto in ambra

E

trilobiti

F

orma di dinosauro

G

ammonite

Tanti tipi di fossili

I fossili sono le testimonianze del passato geologico del nostro pianeta conservate nelle rocce. Fossile non è solo la conchiglia di un mollusco o il tronco pietrificato di un albero, ma anche il resto di un pasto o la traccia di un verme sul fondo sabbioso di un antico mare, poiché a volte, nelle rocce, di un organismo non resta altro che il segno del suo passaggio.
Osserva i fossili raffigurati in queste immagini.

SAI RISPONDERE?

1 Quali tra questi sono fossili marini? Secondo il tuo parere è più comune la fossilizzazione in ambiente marino o terrestre?

2 Alcuni fossili, come il polline, sono microscopici. Come si possono osservare? Quali informazioni ci può fornire il polline sugli ambienti del passato?

3 I fossili conservati nell'ambra mantengono talvolta intatte anche le strutture interne del corpo. Sai che cos' è l'ambra?

4 Le ammoniti sono molluschi estinti milioni di anni fa. L'ammonite della **FIGURA G** si trova nel pavimento di un palazzo. Come può essere finita lì?

1 Gli archivi del passato: i fossili

APPROFONDIMENTO
Una pagina di storia geologica delle Dolomiti

VIDEO
Il processo di fossilizzazione

Il termine **fossile** (dal latino *fodere*, scavare) viene usato per indicare i resti (ossa, conchiglie, tronchi, polline) di organismi vissuti nel passato e, più in generale, qualsiasi testimonianza di attività vitale, come orme o resti di pasto. La scienza che studia i fossili è la *paleontologia* (dal greco *palaiós*, antico, e *òntos*, essere, vita).

I fossili si trovano generalmente nelle **rocce sedimentarie.** Quando si depositano i sedimenti, oltre ai detriti rocciosi, possono esserci anche i resti di organismi: tessuti molli, gusci e scheletri, di cui di solito con il passare del tempo non resta quasi nulla. Talvolta, però, i resti vengono ricoperti in tempi rapidi da altri strati di sedimenti, come per esempio sabbie e argille, che li sottraggono ai predatori, alla decomposizione batterica o alla frantumazione. In particolare riescono a conservarsi le parti più dure come le conchiglie e gli scheletri.

Il materiale sedimentario insieme al fossile con il trascorrere del tempo, in milioni di anni, si trasforma in roccia. Quando infine la roccia sedimentaria emerge dai fondali marini, o perché il mare si ritira o perché sollevata dai movimenti della litosfera, i resti fossilizzati possono affiorare in superficie e, in seguito all'erosione, venire allo scoperto: ecco apparire un fossile (**FIGURA 1**).

PROVA A FARE

Costruisci il tuo fossile

Versa della sabbia in un contenitore e inumidiscila bene spruzzandovi sopra dell'acqua. Livella e imprimi a fondo nella sabbia conchiglie o altri oggetti che vuoi trasformare in fossile così da lasciare un'impronta. Rimuovili. Prepara in un altro contenitore del gesso mescolandolo con l'acqua (attenzione a non respirare la polvere). Versa il gesso nel contenitore con la sabbia e attendi circa mezz'ora per farlo seccare. Quando il gesso è secco puoi toglierlo dal contenitore e togliere la sabbia in eccesso aiutandoti con un pennello. Se la sabbia è umida aspetta che asciughi per eliminarla più facilmente: ecco apparire il tuo fossile.

a. A quale dei processi di fossilizzazione indicati in figura 2, a pagina 228, assomiglia di più il tuo metodo?

b. In che cosa differisce la fossilizzazione operata da te dal processo che avviene in natura?

c. Pensi che si ottengano risultati migliori con sabbia fine o grossolana?

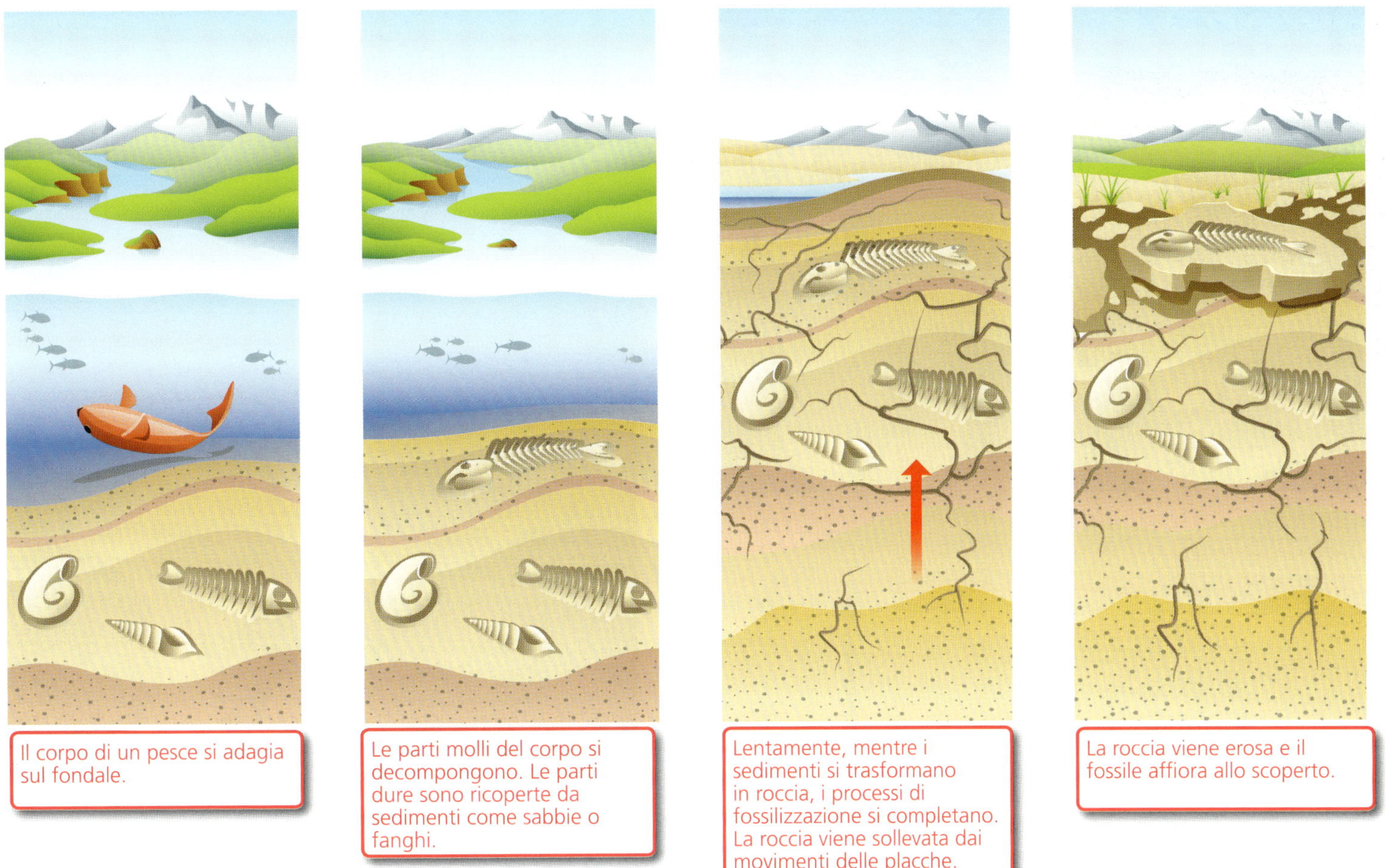

FIGURA 1. Fossilizzazione di un pesce e ritrovamento fossile.

I processi di **fossilizzazione** possono avvenire secondo diverse modalità come si vede negli esempi di **FIGURA 2**.

In condizioni eccezionali, quando un organismo viene inglobato in materiali che lo sottraggono alla decomposizione, è possibile anche la conservazione delle parti molli del corpo. Si pensi agli insetti preservati nell'*ambra*, una resina fossile, ai mammut rinvenuti nei ghiacci della Siberia e a *Ötzi*, la mummia del ghiacciaio di Similaun, di cui si sono conservati anche i resti degli indumenti (**FIGURA 3**).

Alcuni fossili, i cosiddetti **microfossili**, non sono visibili a occhio nudo. I microfossili sono costituiti dai guscetti di organismi unicellulari della grandezza dei granuli di polvere: per questo si possono osservare solo al microscopio. In Inghilterra le bianche scogliere di Dover che si affacciano sulla Manica sono formate da minuscoli coccoliti, i guscetti calcarei di alghe unicellulari (**FIGURA 4**).

I fossili e le rocce che li contengono forniscono gli indizi che permettono di risalire agli ambienti del passato e ricostruire così la storia del nostro pianeta.

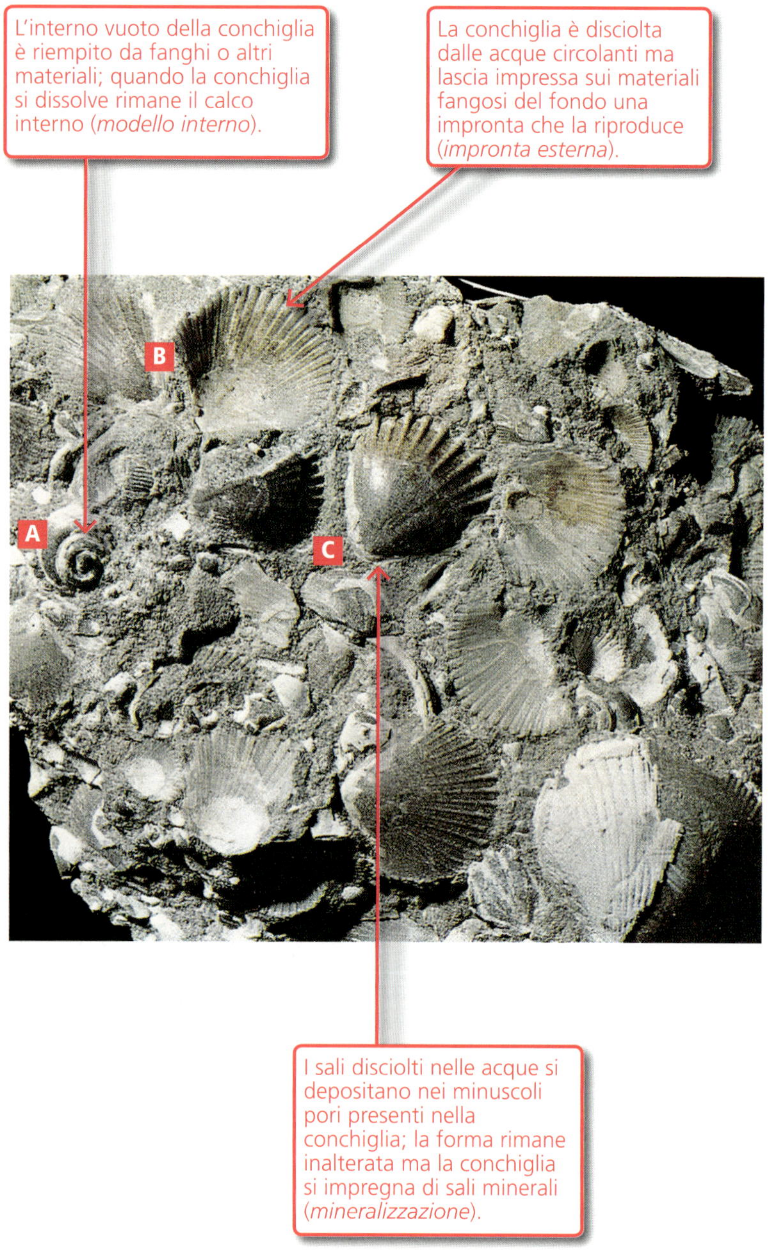

FIGURA 2. In questo campione di roccia sono indicati con (**A**), (**B**), e (**C**) i vari processi di fossilizzazione.

FIGURA 3. *Ötzi* è vissuto 5000 anni fa, nell'Età del rame. Ritrovato oggi per il ritiro del ghiacciaio del Similaun, è esposto al Museo di Bolzano. Si tratta di un antico esemplare mummificato di *Homo sapiens*. Insieme al corpo sono stati ritrovati anche resti degli indumenti e oggetti personali.

FIGURA 4. Le scogliere di Dover sono costituite da guscetti calcarei detti coccoliti. I granuli del calcare a coccoliti (in inglese *chalk*) hanno le stesse dimensioni microscopiche dei granelli di polvere di gesso, circa 2 micron e sono visibili solo al microscopio.

Per esempio, la presenza sui monti di fossili simili agli attuali coralli (**FIGURA 5A**) ci indica che le rocce che ora costituiscono le montagne sono state in tempi lontani parte di un fondale marino con scogliere coralline simili a quelle che oggi si trovano nei mari tropicali (**FIGURA 5B**).

Lo studio dei fossili ci fornisce anche importanti informazioni sulle oscillazioni climatiche del passato.

Negli ultimi due milioni di anni si è verificata sul nostro pianeta un'alternanza di periodi mediamente più freddi (*periodi glaciali*) con periodi mediamente più caldi (*periodi interglaciali*). Durante i periodi freddi gli organismi marini migravano più a sud, verso acque più calde; viceversa, nei periodi più caldi, si spostavano verso nord, per trovare acque più fredde.

In Italia, nelle successioni di depositi marini di quei periodi, si osserva, in corrispondenza dei periodi glaciali, la comparsa di fossili indicatori di clima freddo, i cosiddetti **ospiti freddi**, rimpiazzati, nei periodi interglaciali, da fossili indicatori di clima più caldo, i cosiddetti **ospiti caldi** (**FIGURA 6**).

FIGURA 5. Colonia fossile di coralli (**A**), tipici organismi costruttori, in passato come oggi, di scogliere calcaree (**B**).

TROVA LE PAROLE

I .... sono i .... (ossa, conchiglie, tronchi, impronte) di organismi vissuti nel passato che si trasformano mediante un processo di .... Il processo più comune è l'impregnazione con .... I fossili si trovano nelle rocce .... e rappresentano degli indicatori delle condizioni .... La scienza che studia i fossili è detta ....

FIGURA 6. (**A**) In Italia, nei periodi glaciali il mare si ritirava e le coste erano abitate da ospiti di clima freddo, come *Arctica islandica*.
(**B**) Nei periodi interglaciali, quando il mare avanzava, comparivano ospiti di clima caldo, come *Strombus bubonius*.

VIDEO
I principi della stratigrafia

2 La lettura degli strati

L'alternarsi dei periodi più caldi e più freddi, che hanno interessato più volte la Terra, è documentato non solo dai fossili, ma anche dalle formazioni rocciose risalenti a quei periodi.

Durante le fasi miti del clima terrestre, i mari gonfi dell'acqua di scioglimento dei ghiacciai invadevano parte dei continenti. Vicino alle coste i corsi d'acqua depositavano i materiali più grossolani, quali sabbie e ghiaie, mentre più al largo venivano deposti i sedimenti via via più fini come le argille (**FIGURA 7A**).

Quando alla fase temperata seguiva una glaciazione, la neve che cadeva sui continenti rimaneva imprigionata nelle grandi masse glaciali e non ritornava come acqua liquida al mare. Di conseguenza il livello del mare si abbassava e la linea di costa «migrava» verso il mare aperto. Là dove prima si erano deposte le argille, ora, per la maggiore vicinanza alla costa, si depositavano, sopra di queste, nuovi sedimenti sabbiosi (**FIGURA 7B**).

Quando le acque del mare avanzano e la linea di costa si sposta verso la terraferma si parla di **trasgressione**. Quando le acque retrocedono e la linea di costa si sposta verso il largo si parla di **regressione**.

La variazione del livello delle acque degli oceani e dei mari ha lasciato tracce ben visibili nella sequenza delle rocce sedimentarie.

Ne sono un esempio gli strati di roccia che affiorano in vari luoghi d'Italia in cui alle *arenarie*, derivate da depositi di sabbia, si succedono in verticale le *argilliti*, derivate da depositi di fanghi e argille, e poi di nuovo arenarie (**FIGURA 8**).

FIGURA 8. L'alternanza di strati di arenaria e argillosi indica variazioni nel tempo del tipo di sedimentazione nello stesso luogo. Il disegno della colonna stratificata schematizza la successione degli strati dell'affioramento della foto.

FIGURA 7. A seconda delle condizioni climatiche il livello del mare cambia nel tempo e le linee costiere si spostano (**A**). Sui sedimenti precedenti si depositano nuovi sedimenti (**B**).

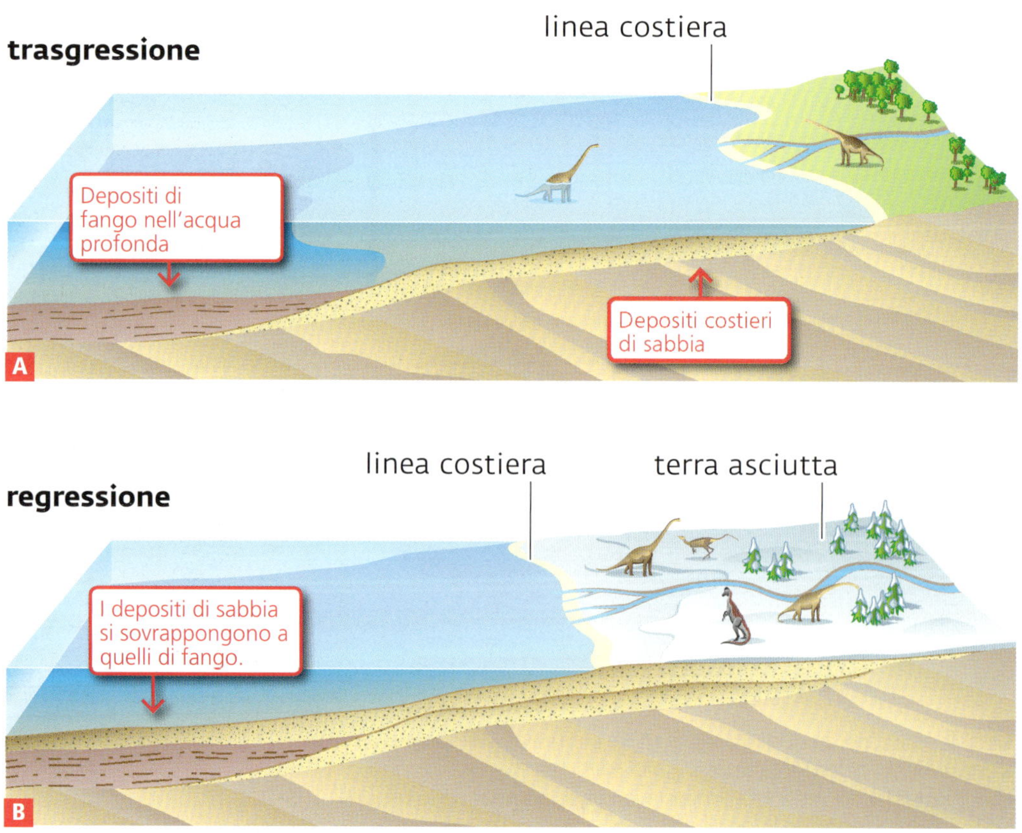

Per ricostruire le variazioni della sedimentazione nel tempo e quindi i cambiamenti ambientali, i geologi compiono delle perforazioni con una sonda cilindrica, dalla quale ottengono una campionatura di sedimenti detta *colonna stratigrafica*. Una colonna stratigrafica può essere rappresentata con uno schema (*vedi* figura 8) in cui è indicata la successione verticale delle rocce che si trovano in una certa località.

TROVA LE PAROLE

L'alternarsi di periodi più .... e più .... in varie epoche è documentato dalle formazioni .... risalenti a quei periodi. Per esempio quando il mare ...., la .... di costa si sposta verso la ....: si ha una .... Quando il mare retrocede, la linea di .... si sposta verso il ....: si ha una .... Una .... stratigrafica è costituita da una successione di .... rocciosi che si sono formati durante questi eventi.

PROVA A FARE

Le variazioni del livello dei mari

Il livello dei mari cambia con il tempo e con esso mutano le linee di costa. Vi sono variazioni di breve periodo causate da maree, venti e variazioni di pressione atmosferica. Vi sono variazioni di più lunga durata dovute a fenomeni come le glaciazioni.
In figura sono disegnate due colonne stratigrafiche con indicati i depositi sedimentari, dai più antichi in basso ai più recenti in alto.

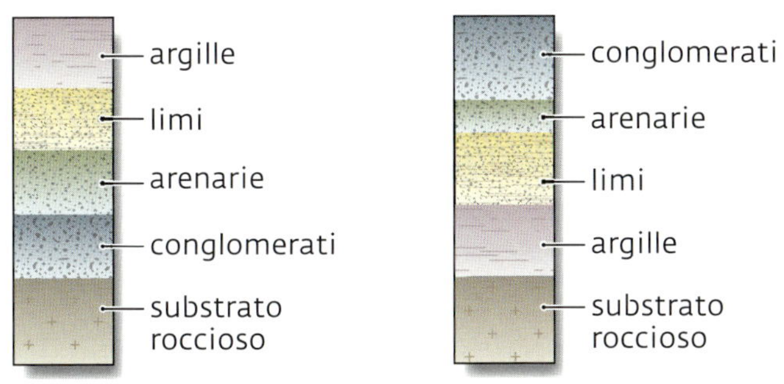

a. Quali sono i sedimenti di mare profondo e quali quelli di mare costiero?

b. Quale delle due colonne stratigrafiche indica una regressione e quale una trasgressione marina? Motiva la risposta.

3 I principi della geologia

Nella lettura degli strati e nella ricostruzione degli eventi del passato, i geologi sono guidati da alcuni principi fondamentali.

Il principio dell'*attualismo* è stato formulato alla fine del Settecento dal naturalista scozzese James Hutton (1726-1797) e utilizzato poi come guida per l'interpretazione degli strati dal geologo inglese Charles Lyell (1797-1875).

In quegli anni, si riteneva generalmente che gli strati piegati e fratturati delle catene montuose fossero il prodotto di processi violenti e istantanei, ossia di eventi catastrofici. I sostenitori di queste idee venivano definiti «catastrofisti».

Altri studiosi, invece, prima teorizzarono e poi dimostrarono che le strutture geologiche del passato hanno caratteristiche del tutto simili a quelle attuali, e che quindi i processi di formazione delle rocce del passato sono del tutto assimilabili a quelli che si verificano ancora oggi.

Il **principio dell'attualismo** afferma che la storia della Terra è fatta di trasformazioni *graduali* e *ininterrotte* e che le forze che agiscono attualmente sulla superficie terrestre sono le stesse che l'hanno modellata anche nel passato.

Questo principio ha posto le basi dell'indagine geologica. Per questo Lyell si può considerare il fondatore della geologia moderna. Lyell fu anche grande amico di Charles Darwin (1809-1882), il quale fu profondamente influenzato dalle idee di Lyell per l'elaborazione della sua teoria dell'evoluzione delle specie (**FIGURA 9**).

FIGURA 9. Charles Lyell (*a sinistra in piedi*), che può essere considerato il padre della geologia moderna, compare in questo ritratto fatto intorno al 1850 accanto a Charles Darwin (*a destra*), il padre della moderna biologia.

Anche il principio della *sovrapposizione stratigrafica* è stato formulato molto tempo fa. Già il danese Niccolò Stenone (1638-1686), nella seconda metà del Seicento, affermava che nelle successioni sedimentarie gli strati più antichi sono quelli posti più in basso di quelli superiori, dato che i sedimenti vengono deposti dall'alto verso il basso e ogni nuovo strato ricopre il precedente.

Il **principio della sovrapposizione stratigrafica** afferma che gli strati si depositano uno sull'altro e, in una sequenza che non ha subito alterazioni, ogni strato è più giovane di quello sottostante ed è più antico di quello che gli sta sopra (**FIGURA 10A**).

Questo principio ha come corollario il **principio dell'orizzontalità e continuità originarie** che afferma che la maggior parte dei sedimenti, depositandosi sul fondo di mari o laghi, forma strati orizzontali e continui.

Uno dei prerequisiti fondamentali per l'applicazione di questi principi è che, successivamente alla deposizione degli strati, non siano avvenute modificazioni della sequenza: in aree coinvolte da altri processi geologici, quali, per esempio, piegamento degli strati per fenomeni orogenetici (**FIGURA 10B**) o formazione di una faglia (**FIGURA 10C**), la sovrapposizione geometrica degli strati potrebbe non coincidere con la sovrapposizione stratigrafica.

Oppure, se vediamo una serie di strati che termina bruscamente, vuol dire che si è verificato qualche fenomeno successivo alla deposizione, per esempio l'erosione operata da un fiume (**FIGURA 10D**).

Rocce con identiche caratteristiche, che oggi sono separate fisicamente, per esempio, da una valle, possono essere considerate originariamente continue: un ottimo esempio è il Gran Canyon di cui si parla nel prossimo paragrafo.

TROVA LE PAROLE

Nella lettura degli .... i geologi sono guidati da: il principio dell'.................. che afferma che le trasformazioni della Terra sono .... e ....; il principio della .... che dice che ogni strato è più .... di quello sottostante ed è più .... di quello che gli sta sopra.

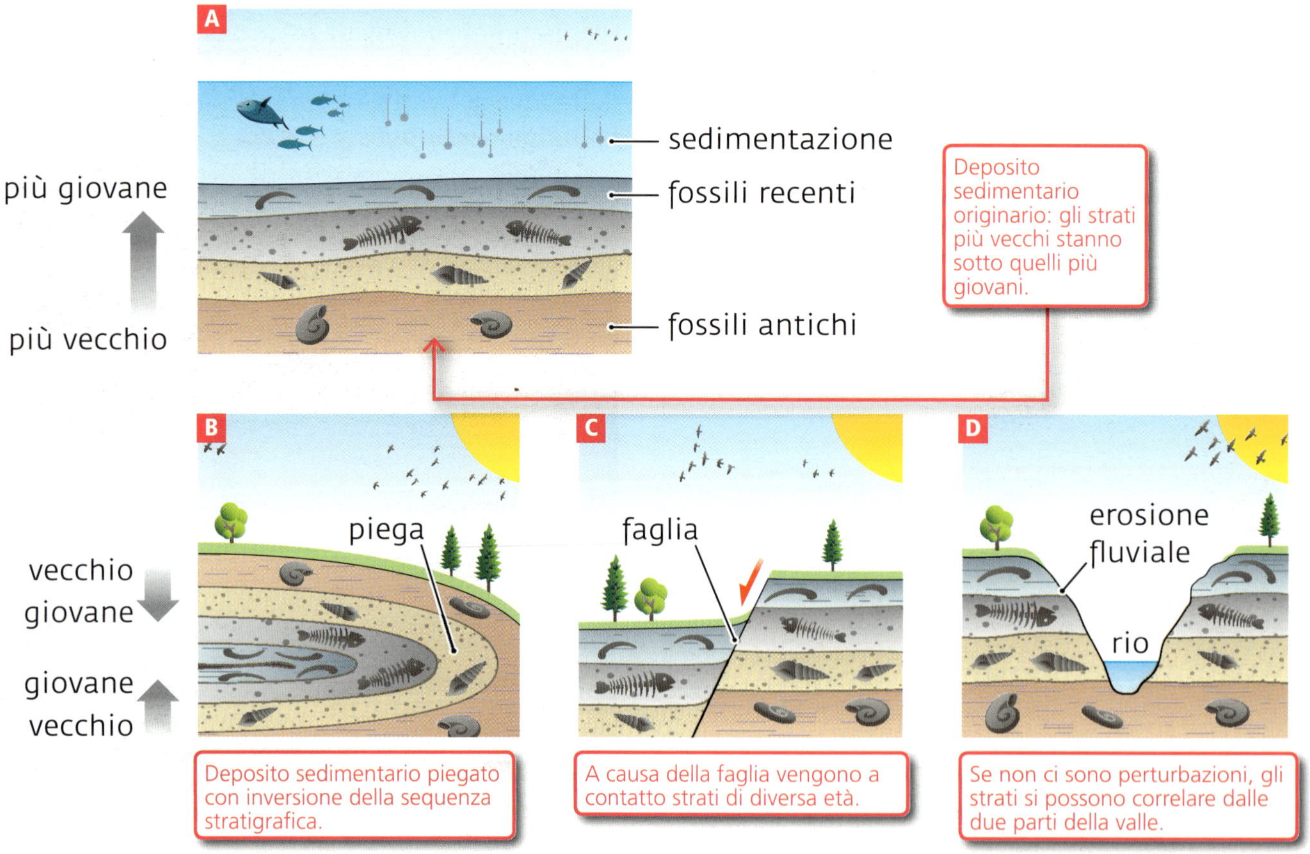

FIGURA 10. Nelle figure (**A**), (**B**), (**C**), (**D**) sono illustrati i principi della stratigrafia.

LABORATORIO DELLE COMPETENZE
Come misurare il tempo geologico
Successioni cronologiche

4 I fossili guida

La cronologia degli eventi in una successione di strati rocciosi è spesso completata dall'analisi dei fossili presenti. Alcune forme di vita si sono evolute e sviluppate su ampi territori ma solo in archi ristretti di tempo. Il loro rinvenimento negli strati indica ai geologi approssimativamente l'età di formazione dello strato stesso. Questi fossili, proprio per il loro ruolo di guida nel tempo, prendono il nome di fossili guida.

I **fossili guida** sono resti di organismi che hanno avuto un'ampia diffusione geografica, ma una durata limitata nel tempo; la loro presenza in rocce di località diverse indica che queste si sono formate nello stesso periodo e quindi hanno la stessa età.

Esempi di fossili guida sono i *trilobiti*, le *ammoniti* e i *nummuliti* (dal latino *nummus*, monete), organismi unicellulari visibili a occhio nudo e di forma simile a monete. Tutti gli strati che contengono trilobiti si sono depositati nello stesso intervallo di tempo, nell'era *Paleozoica* (**FIGURA 11A**). Gli strati che contengono alcuni tipi di ammoniti si sono formati nell'era successiva, l'era *Mesozoica* (**FIGURA 11B**), durante un periodo di tempo relativamente breve (*Giurassico-Cretaceo*). Gli strati con nummuliti (**FIGURA 11C**) si sono formati nell'era *Cenozoica*.

Gli strati contenenti gli stessi fossili guida, ma situati in luoghi differenti, possono essere considerati *coetanei* o *coevi*. Questi strati vengono definiti anche **correlati.** I fossili guida sono pertanto uno strumento prezioso per seguire le tracce delle stesse formazioni rocciose e per stabilire una sicura *correlazione* tra strati che oggi si trovano in luoghi distanti tra loro (**FIGURA 12**).

Un buon esempio di successione di strati correlabili e databili con i fossili guida ce lo fornisce il Grand Canyon negli Stati Uniti.

A

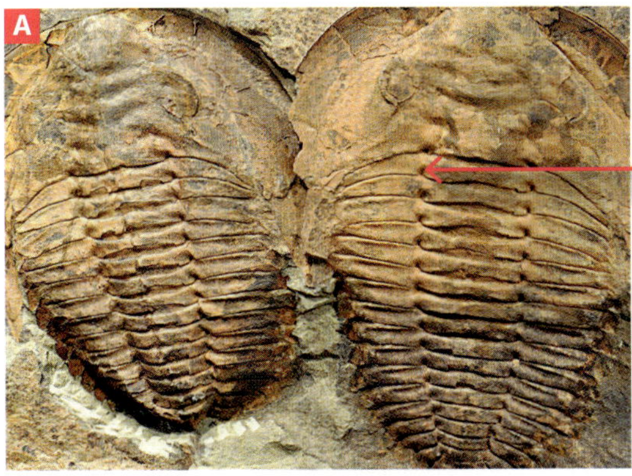

I trilobiti, vissuti nei mari di oltre 400 milioni di anni fa, avevano il corpo diviso in tre lobi, ricoperto da una corazza.

B

Le ammoniti erano molluschi con conchiglia a spirale, che vissero per più di 150 milioni di anni e si estinsero insieme ai dinosauri.

C

I nummuliti erano unicellulari di grandi dimensioni, dotati di un guscetto calcareo, che vivevano sui fondali.

FIGURA 11. I trilobiti (**A**), le ammoniti (**B**) e i nummuliti (**C**) sono fossili guida rispettivamente del Paleozoico, del Mesozoico e del Cenozoico.

A

B

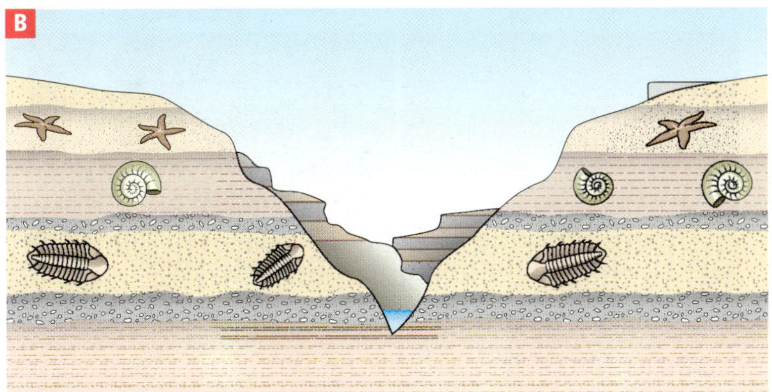

FIGURA 12. Lo scenario del Grand Canyon (**A**) mostra una spettacolare sovrapposizione di strati. (**B**) Gli strati sui due versanti sono correlati mediante l'individuazione di fossili guida.

Questa gola è formata da rocce sedimentarie che hanno mantenuto la giacitura orizzontale dei sedimenti originari. Il fiume Colorado ha scavato questi strati formando una gola. Partendo dalle rocce più giovani in alto che risalgono a 60 milioni di anni fa (l'erosione ha portato via gli strati più recenti), si scende fino al basamento roccioso risalente a ben 2 miliardi di anni fa. Più si scende nel canyon e più si torna indietro nel tempo. I fossili cambiano anch'essi dall'alto verso il basso: dai dinosauri e ammoniti degli strati più superficiali, ai trilobiti degli strati più profondi.

Gli strati che si trovano da una parte e dall'altra del canyon scavato dal fiume Colorado possono essere correlati tra loro in base ai fossili guida contenuti (*vedi* figura 12, p. 233). Nell'insieme, combinando i principi di stratigrafia e la presenza di fossili guida, è possibile ricostruire la storia geologica e il succedersi degli eventi nelle rocce del Grand Canyon.

TROVA LE PAROLE

I fossili .... sono resti di organismi che hanno avuto un'ampia ...., ma una .... limitata nel tempo. Gli strati contenenti gli stessi ...., situati in località ...., possono essere considerati .... e sono detti .... Sono esempi di .... guida i .... (era Paleozoica), le .... (era Mesozoica), i .... (era Cenozoica).

PROVA A FARE

I fossili viventi

Avrai probabilmente sentito parlare di «fossili viventi»: sembra una contraddizione, in realtà ha un significato preciso. Le foto mostrano due «fossili viventi»: il pesce celacanto e la pianta ginkgo biloba. Dopo esserti documentato rispondi alle domande.

a. Sai qual è il significato dell'espressione «fossile vivente»? Conosci qualche altro esempio di fossile vivente?

b. I fossili viventi non possono essere considerati fossili guida. Spiega perché.

5 Cronologia relativa e assoluta

Quando affermiamo che in una successione indisturbata di strati i trilobiti, che si trovano negli strati più profondi, sono molto più antichi delle ammoniti e dei dinosauri, che compaiono in strati superiori, in realtà stiamo stabilendo una *cronologia relativa*, cioè semplicemente diciamo quello che è avvenuto prima e quello che è avvenuto dopo, senza entrare nel merito della loro età effettiva.

Se vogliamo stabilire una *cronologia assoluta*, allora dobbiamo calcolare l'*età reale* dei fenomeni geologici e paleontologici, cioè stabilire quanti anni fa sono accaduti.

Per quanto riguarda la cronologia assoluta, la fisica e la chimica hanno messo a disposizione della geologia diversi metodi per effettuare una datazione delle rocce. Quelli più in uso ancora oggi sono stati individuati nella prima metà del Novecento con la scoperta della radioattività. Essi si basano sul fatto che alcuni elementi radioattivi contenuti nelle rocce si trasformano con ritmo regolare in altri elementi. Tale fenomeno è chiamato *decadimento radioattivo*. Per esempio, un isotopo dell'uranio, chiamato uranio-238 (perché contiene nel nucleo 92 protoni e 146 neutroni, cioè 238 particelle in totale), ha la caratteristica di trasformarsi (e *decadere*) a poco a poco in piombo-206, emettendo radiazioni. Il processo di decadimento radioattivo dell'uranio-238 in piombo-206 ha un suo caratteristico ritmo regolare nel tempo. Conoscendo questo, e misurando il rapporto tra la quantità di uranio-238 e quella di piombo-206 presenti in una roccia a un dato tempo, si può ricavare l'età della roccia stessa (**FIGURA 13**).

Facciamo un esempio. Occorrono 4,5 miliardi di anni perché metà dell'uranio-238 presente in una roccia si

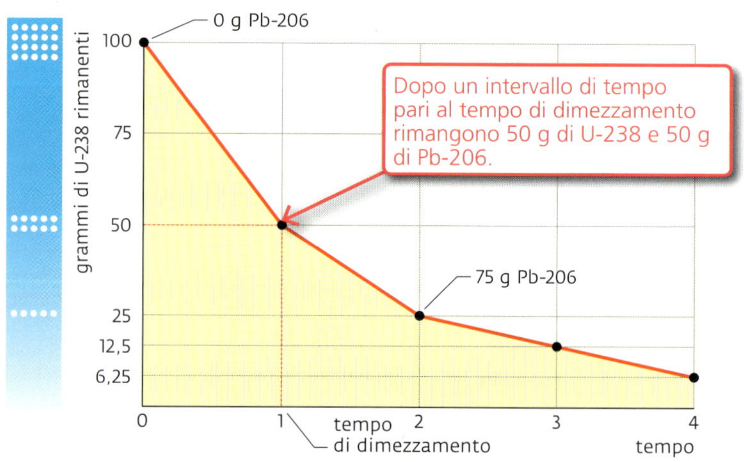

FIGURA 13. Decadimento radioattivo dell'uranio-238 che si trasforma in piombo-206. Subito dopo la formazione di una roccia, l'uranio-238 comincia a trasformarsi in piombo-206. Dopo 4,5 miliardi di anni (tempo di dimezzamento), metà dell'uranio-238, si è trasformato in piombo-206. Dopo altri 4,5 miliardi di anni, metà dell'uranio-238 rimasto si è trasformato a sua volta in piombo-206.

trasformi in piombo-206; questo fatto si esprime dicendo che il *tempo di dimezzamento* dell'uranio-238 è di 4,5 miliardi di anni. Supponiamo ora che al momento della sua formazione una roccia contenga 100 g di uranio-238; pertanto, dopo 4,5 miliardi di anni, essa conterrà 50 g di uranio-238 e 50 g di piombo-206. Se troviamo che in realtà la roccia contiene 90 g di uranio e 10 g di piombo, significa che la roccia non si è formata 4,5 miliardi di anni fa: in effetti, si ricava che la roccia in questione ha circa 680 milioni di anni. Il decadimento radioattivo dell'uranio-238, particolarmente lento, si presta bene per calcolare l'età di rocce piuttosto antiche.

Grazie ai metodi di datazione, al ritrovamento e all'esame dei fossili, accompagnati dai principi che guidano la lettura degli strati, gli scienziati sono riusciti a ricostruire le tappe principali dell'affascinante storia del nostro pianeta, che conosceremo nei prossimi paragrafi.

TROVA LE PAROLE

La .... stabilisce l'.................. di una sequenza di eventi, senza valutare l' .... effettiva. La .... calcola l'età reale dei fenomeni geologici utilizzando il ....

PROVA A FARE

Il carbonio-14

Il carbonio-14 ha un tempo di dimezzamento di 5730 anni, ossia occorrono 5730 anni perché metà degli atomi di carbonio-14 presente in un campione si trasformi in quelli di azoto-14. Piccole quantità di carbonio-14 si trovano nei tessuti degli organismi insieme al carbonio-12 molto più abbondante e non radioattivo. Quando, per esempio, un albero muore, il carbonio-14 che contiene decade e non viene più rimpiazzato; quindi il rapporto tra carbonio-14 e carbonio-12 nei tessuti diminuisce nel tempo. Misurando tale rapporto e tenendo conto del tempo di dimezzamento del carbonio-14, si può risalire all'età di un campione.
Quanto più tempo passa dalla sua morte, tanto più basso sarà il contenuto di carbonio-14 registrato.

a. In quali casi viene utilizzato il metodo del carbonio-14?

b. Come si forma il carbonio-14 e come fa a entrare negli esseri viventi? Informati su Internet.

6 La storia della Terra: nelle acque del Precambriano compare la vita

Come un romanzo è suddiviso in capitoli e i capitoli in paragrafi, così anche la lunga storia della Terra è suddivisa in intervalli di tempo di diversa durata, al cui interno vi sono suddivisioni minori. I «capitoli» con cui è narrata la storia della Terra sono le **ere**, a loro volta distinte in **periodi**. I limiti di separazione tra le ere, o tra i **periodi**, corrispondono a importanti eventi biologici, come la comparsa esplosiva di nuove forme di vita oppure, al contrario, l'improvvisa estinzione di organismi molto diffusi in quel momento.

L'era **Archeozoica** (dal greco *archáios*, antico, e *zoè*, vita) o **Precambriano** (cosiddetto perché precede il *Cambriano*, il primo periodo dell'era successiva) abbraccia un tempo lunghissimo che va dall'origine della Terra, circa 4,6 miliardi di anni fa, fino a circa 542 milioni or sono.

- Completata la formazione della Terra, in uno scenario inospitale, tra i 3,8 e i 3,5 miliardi di anni fa, hanno avuto origine i primi organismi. Il problema di come e dove sia comparsa la vita è ancora aperto e dibattuto dagli scienziati. Forse si è sviluppata in prossimità delle sorgenti termali presenti nelle profondità degli oceani. O forse, sarebbe comparsa sotto forma di *molecole prebiotiche* su qualche altro corpo celeste, da dove sarebbe giunta sulla Terra con un viaggio attraverso lo spazio, su uno dei tanti meteoriti che hanno raggiunto la superficie terrestre.
- La documentazione fossile indica che i primi esseri viventi erano *unicellulari procarioti* (dal greco *prótos*, primitivo e *kàryon*, nucleo), cioè con cellule prive di nucleo come gli attuali batteri: iniziava così lentamente a costituirsi la *biosfera*. I procarioti rimasero gli unici abitanti del nostro pianeta per oltre 2 miliardi di anni. Alcuni di essi cominciarono a compiere la *fotosintesi* (**FIGURA 14**).

FIGURA 14. Le tracce più antiche di attività fotosintetica sono le *stromatoliti fossili*, strutture che si formano in acque poco profonde, strato dopo strato, per l'attività di *cianobatteri* che vivono ancora oggi nelle lagune costiere.

7 La vita conquista la terraferma

- Iniziò così un processo che avrebbe portato alla prima grande rivoluzione operata dalla vita: l'ossigeno molecolare (O_2), prodotto dalla fotosintesi, iniziò a gorgogliare dalle acque in cui quei batteri vivevano e a liberarsi nell'atmosfera. L'atmosfera primitiva, inizialmente priva di ossigeno molecolare, lentamente si arricchì di questo gas. L'aumento della concentrazione di ossigeno rese possibile lo sviluppo di *organismi aerobi*, come la maggior parte degli esseri viventi, che utilizzano ancora oggi questo gas per ricavare energia dall'ossidazione delle sostanze organiche, in un processo chiamato *respirazione cellulare*.
- Circa 1,5 miliardi di anni fa, dopo un lungo dominio dei procarioti, nelle acque comparvero microrganismi con cellule dotate di nucleo, gli *eucarioti* (dal greco *èu*, buono e *kàryon*, nucleo). Nel successivo stadio di sviluppo della vita, le cellule degli eucarioti cominciarono ad aggregarsi a formare *organismi pluricellulari*: ebbero così origine, circa 700 milioni di anni fa, i primi invertebrati marini, come vermi, meduse e un misterioso organismo, la *Dickinsonia* (**FIGURA 15**).

TROVA LE PAROLE

La storia della Terra è suddivisa in ...., a loro volta distinte in .... La prima ...., la più lunga è il .... In questa era è comparsa la .... dapprima con gli unicellulari ...., in seguito si sono evoluti gli .... eucarioti e verso la fine dell'era i ....

FIGURA 15. *Dickinsonia*, invertebrato marino a corpo molle caratteristico della fauna fossile di Ediacara, in Australia.

L'era **Paleozoica** (dal greco *palaiós*, antico, e *zoè*, vita) va da 542 a 251 milioni di anni fa, all'inizio del *Cambriano*, quando si verifica una vera e propria esplosione di forme viventi. Alcune di esse, dalle strutture molto diverse da quelle attuali, si sono estinte da tempo, altre rappresentano i progenitori degli attuali esseri viventi (**FIGURA 16**).

Evolvendosi, gli organismi si dotarono, a protezione dei loro corpi molli, di gusci e scheletri, composti da sostanze minerali ricavate dalle acque.

- Tra i fossili tipici del *Cambriano* troviamo i *trilobiti*, antichi artropodi con un corpo suddiviso in tre lobi longitudinali (*vedi* figura 11, p. 233). In seguito, comparvero anche i primi vertebrati, gli *ostracodermi*, piccoli pesci corazzati privi di mascelle, che vivevano nelle acque salmastre dei bacini costieri.
- Nel frattempo l'atmosfera si era notevolmente arricchita di ossigeno ed era diventato più consistente nell'alta atmosfera lo strato di ozono (O_3), per la cui formazione vengono utilizzati i raggi UV. Lo strato di ozono protegge gli esseri viventi proprio dalle radiazioni che altrimenti potrebbero nuocere alle cellule. Con la formazione dell'*ozonosfera*, si erano create le condizioni perché la vita, rimasta fino ad allora confinata nelle acque, potesse «uscire allo scoperto» per colonizzare la terraferma: circa 400 milioni di anni fa ebbe così inizio la conquista dei continenti.
- Le prime forme di vita a comparire sulle terre desolate furono piante simili a muschi, basse e prive di vasi conduttori,

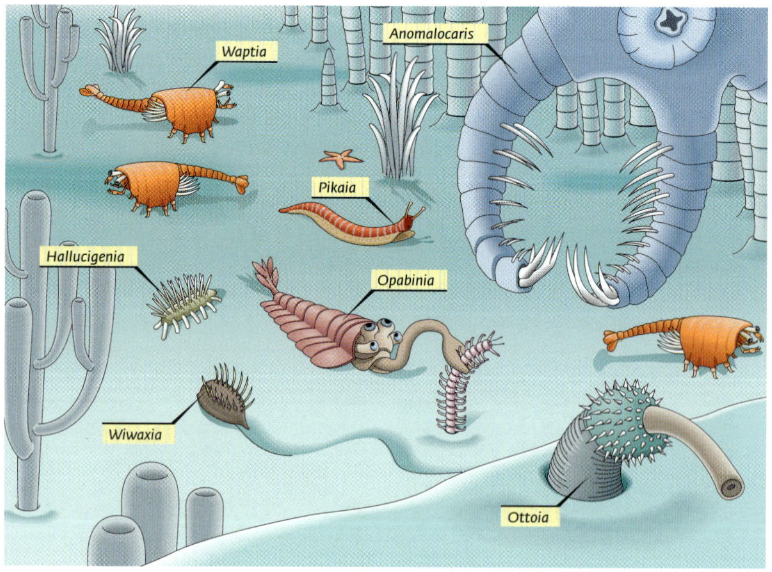

FIGURA 16. L'esplosione della vita all'inizio del Paoleozoico è documentata dai fossili invertebrati di Burgess in Canada, perfettamente conservati all'interno di argille consolidate. La fauna di Burgess (*qui una ricostruzione*) testimonia la stupefacente varietà di forme talora enigmatiche come *Hallucigenia*, che ha popolato anticamente la Terra. Tra quelle rappresentate in figura solo Pikaia sembra imparentata con gli attuali vertebrati.

cui fecero seguito le piante dotate di vasi conduttori (*piante vascolari*) come le felci, gli equiseti e i licopodi. Queste piante terrestri più evolute ebbero grande sviluppo e, grazie ai loro fusti legnosi, raggiunsero altezze considerevoli. Infine comparvero anche le prime piante con semi, le conifere primitive, e si svilupparono così le prime foreste. Nel periodo *Carbonifero* il clima era prevalentemente umido e in varie regioni della Terra, a causa dell'interramento in zone paludose di queste antiche foreste, si costituirono vasti depositi di carbone fossile.

- Con le piante fecero la loro comparsa anche i primi invertebrati terrestri come scorpioni, millepiedi e successivamente insetti, mentre nelle acque proseguiva l'evoluzione dei pesci, con la sostituzione degli ostracodermi con i *placodermi*, pesci corazzati dotati di mascelle. Alcuni pesci con polmoni rudimentali e pinne lobate in grado di sostenere il peso del corpo (**FIGURA 17**) iniziarono a spingersi sulla terraferma. Verso la fine del *Devoniano*, i luoghi umidi si popolarono dei primi vertebrati terrestri, gli *anfibi* (**FIGURA 18**), cui seguirono i *rettili*, i primi vertebrati ben adattati alla vita fuori dall'acqua.

FIGURA 17. Fossile di *Latimeria*, un pesce paleozoico più evoluto rispetto agli ostracodermi perché probabilmente in grado di muoversi sul fondo e anche di uscire dall'acqua utilizzando le robuste pinne lobate. Ritenuta estinta fino a qualche anno fa, abita ancora oggi le acque profonde dell'Oceano Indiano.

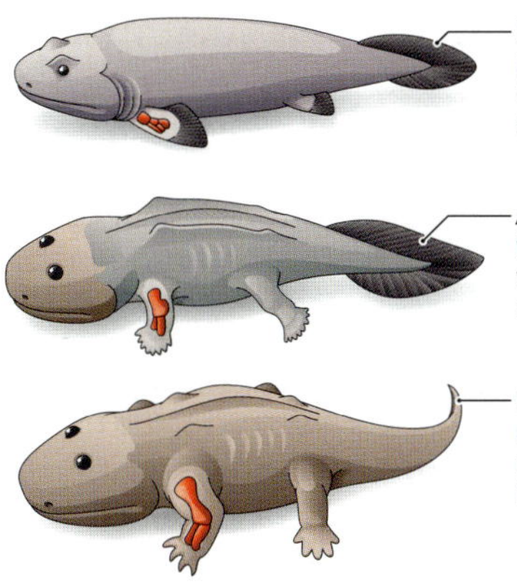

FIGURA 18. Gli anfibi si sono evoluti da pesci con pinne lombate.

- Alla fine dell'era Paleozoica i blocchi continentali entrarono in collisione tra loro unendosi in un unico supercontinente, il *Pangea*, circondato da un unico mare, il *Panthalassa* (**FIGURA 19**). Tali collisioni sono testimoniate ai giorni nostri dalla presenza di rilievi in gran parte smantellati dall'erosione e ridotti a basse colline. La fine del *Permiano* segna la chiusura dell'era Paleozoica, contraddistinta dalla più grande *estinzione di massa* mai registrata nella storia della Terra: il 95% delle specie marine (compresi i trilobiti) e il 70% di quelle terrestri si estinsero per cause ancora ignote.

TROVA LE PAROLE

All'inizio dell'era ...., nel periodo ...., si verificò la rapida comparsa di forme viventi. I fossili tipici di questo periodo sono i .... Durante quest'era, grazie alla .... dei vegetali, l'atmosfera si arricchì di .... e si formò lo strato di ...., che permise l'uscita dall'.................. degli organismi.

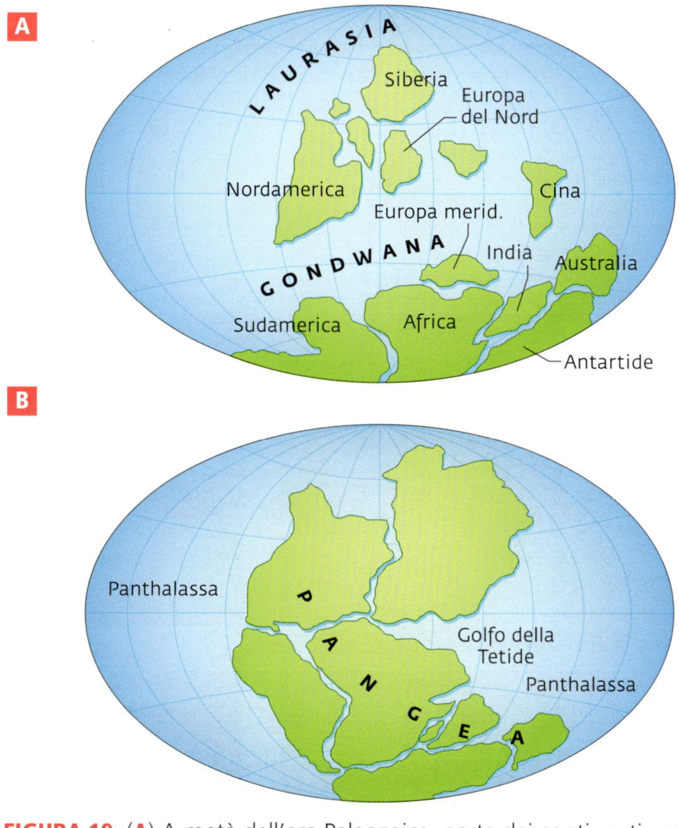

FIGURA 19. (**A**) A metà dell'era Paleozoica, parte dei continenti era ammassata nell'emisfero inferiore (Gondwana). A nord, più dispersi in un grande oceano, stavano i blocchi originari dell'America e dell'Europa del Nord, della Siberia e, più a est, della Cina (Laurasia). (**B**) Nel Permiano, alla fine dell'era Paleozoica, le terre emerse erano unite in un'unica grande massa continentale: il cosiddetto Pangea. Tra Africa ed Eurasia si insinuava il Golfo della Tetide.

8 Dal dominio dei rettili al dominio dei mammiferi

APPROFONDIMENTO
L'estinzione dei dinosauri

L'era **Mesozoica** (dal greco *mésos*, intermedio, e *zoè*, vita) va da 251 a 65 milioni di anni fa. All'inizio i continenti erano riuniti nel Pangea. Successivamente, il Pangea iniziò a fratturarsi in seguito all'apertura di due oceani: l'uno, l'attuale *Oceano Atlantico*, lungo la direzione dei meridiani e l'altro, denominato il *Golfo della Tetide*, lungo la direzione dei paralleli. Verso la fine dell'era, il Pangea era quasi completamente diviso e prendevano forma gli attuali continenti (**FIGURA 20**).

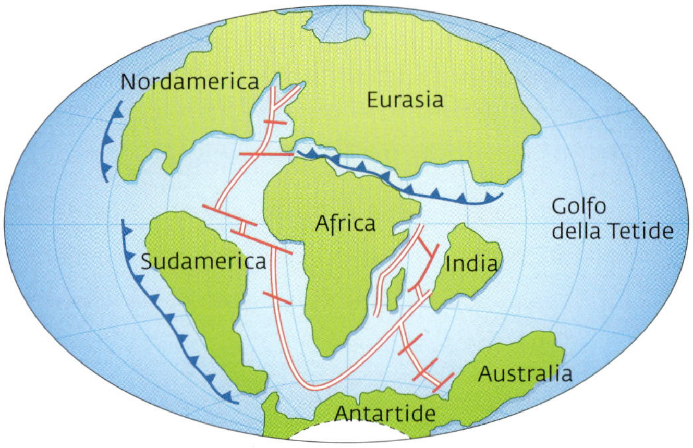

FIGURA 20. Alla fine del Mesozoico, a causa di movimenti tettonici sia di allontanamento (dorsali linea =) sia di avvicinamento (subduzione linea ▲▲▲) delle placche, cominciarono a delinearsi gli attuali continenti.

- Per quanto riguarda la vita, nel Mesozoico ebbero grande sviluppo i molluschi, in particolare le *ammoniti*, diversificate in numerose specie. Anche i coralli e le alghe calcaree erano particolarmente diffusi nei mari caldi dove formavano imponenti scogliere, come quelle che diedero origine alle Dolomiti. Ma il Mesozoico è soprattutto l'«era dei rettili». Infatti, i mari, l'aria e la terraferma erano abitati da questi animali: gli *pterosauri* (**FIGURA 21A**), rettili volanti con ali ma senza penne; gli *ittiosauri*, rettili marini simili a grossi pesci (**FIGURA 21B**); i *dinosauri* rettili terrestri (**FIGURA 21C**).
- Nel *Giurassico*, da alcuni dinosauri dotati di piume come probabile protezione contro il freddo, si erano evoluti i primi uccelli. Nei calcari fini di Solnhofen, in Germania, fu trovato il primo esemplare fossile di *Archaeopterix* (dal greco, *ptéron*, ala e *archáios*, antico) (**FIGURA 22**). Intanto erano comparsi anche i primi mammiferi, discendenti da un gruppo di rettili, di piccole dimensioni, probabilmente insettivori e con abitudini notturne (**FIGURA 23**).
- Nel *Cretaceo*, sui continenti si svilupparono le piante oggi dominanti, le *angiosperme*, dotate di fiori, frutti e semi, e contemporaneamente si ridussero le felci e i licopodi.
- La fine dell'era Mesozoica, 65 milioni di anni fa, corrisponde a un'altra drammatica *estinzione di massa*: in relativamente poco tempo scomparvero tutti i dinosauri, le

Le ali, costituite da una membrana di pelle, avevano un'apertura massima di 75 cm. Il becco corneo, simile a quello degli odierni pellicani, era affusolato e molto resistente.

A

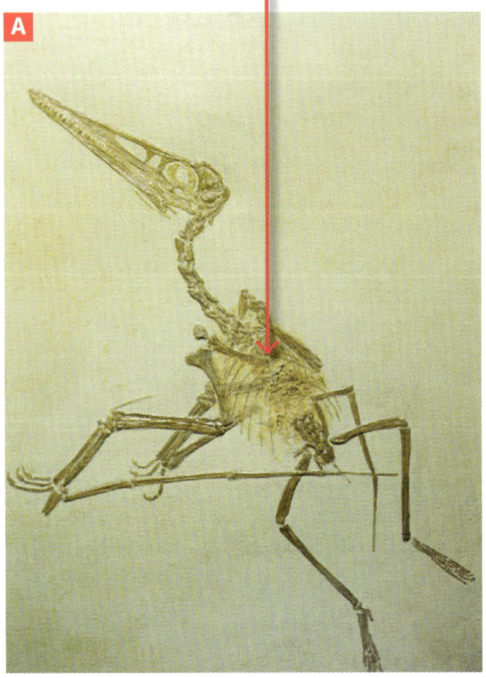

Il muso e le pinne erano simili a quelle degli odierni delfini, ma possedeva dei denti da coccodrillo e una colonna vertebrale da pesce.

B

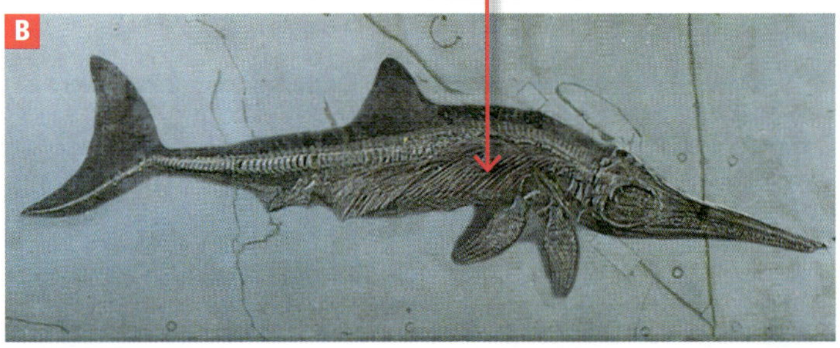

C

Conosciuto come «T Rex» era il re dei predatori. Misurava circa 6 m di altezza, era lungo 15 m e pesava oltre 8 t.

FIGURA 21. (**A**) Fossile di pterodattilo, un rettile volatile del Giurassico. (**B**) Fossile di ittiosauro, un rettile acquatico del Giurassico. (**C**) Scheletro di dinosauro del genere *Tirannosaurus*, un grande rettile carnivoro del Cretaceo. I dinosauri comprendevano molte specie, sia erbivore sia carnivore, e di tutte le dimensioni: da specie piccole come galline agli enormi brontosauri e ai tirannosauri, i più grandi predatori terrestri mai esistiti.

ammoniti, gran parte del plancton marino e molte piante. Da tempo ci si domanda quali possano essere state le cause delle estinzioni: un evento catastrofico, come l'impatto della Terra con un asteroide, o cambiamenti climatici in seguito a grandi eruzioni vulcaniche? Si è lontani da avere una spiegazione esauriente.

L'era **Cenozoica** (dal greco *kainòs*, recente, e *zoè*, vita) va da 65 milioni di anni fa a oggi e comprende l'odierno Quaternario. È caratterizzata dalla presenza di fossili che assomigliano sempre più agli organismi attualmente viventi.

- Con la scomparsa dei grandi rettili e il definitivo smembramento del Pangea in più continenti isolati tra loro, per i mammiferi divenne disponibile una vasta gamma di ambienti con caratteristiche molto differenti. I mammiferi aumentarono le loro dimensioni e si diversificarono, diffondendosi ampiamente su tutta la Terra.
- Una delle prime differenziazioni tra i mammiferi fu quella che diede luogo ai due grandi gruppi attualmente esistenti: i *marsupiali* e i *placentati*. Tra questi ultimi comparvero i **primati**, il gruppo che oggi comprende le scimmie e l'uomo. Tra i primati, circa 5 milioni di anni fa, comparvero in Africa i nostri lontani antenati: i primi ominidi dotati di stazione eretta (**FIGURA 24**).
- Dal punto di vista geologico, gli eventi più importanti dell'era Cenozoica sono stati i complessi movimenti di Africa e India verso il margine meridionale dell'Eurasia, con il quale entrarono in collisione provocando la compressione e la deformazione crostale culminante nell'*orogenesi alpino-himalayana* tuttora in corso. Verso i 2,6 milioni di anni fa, le terre e i mari avevano ormai raggiunto la configurazione attuale.

Questo essere alato era dotato, come gli uccelli, di piume, ma possedeva ancora molte caratteristiche da rettile, come gli artigli, i denti e una lunga coda. Non aveva forti muscoli e probabilmente non era un eccellente volatore.

FIGURA 22. Un fossile e la rispettiva ricostruzione di *Archaeopterix* che visse 140 milioni di anni fa. Aveva all'incirca le dimensioni di un corvo.

FIGURA 23. I mammiferi mesozoici erano di piccole dimensioni. Solo con l'era Cenozoica, l'alba della quale vide la scomparsa dei dinosauri, i mammiferi presero a evolversi e diedero anche origine a specie di grandi dimensioni.

TROVA LE PAROLE

Gli organismi tipici dell'era Mesozoica furono nei mari le .... e sulla terraferma i .... con differenti forme, tra cui i .... In quest'era comparvero anche i primi .... e i primi .... L'era si chiuse con un'.................. di massa.

Durante l'era ...., il definitivo smembramento del .... in continenti separati favorì l'.................. dei mammiferi che aumentarono le loro .... e si diversificarono occupando molti .... diversi.

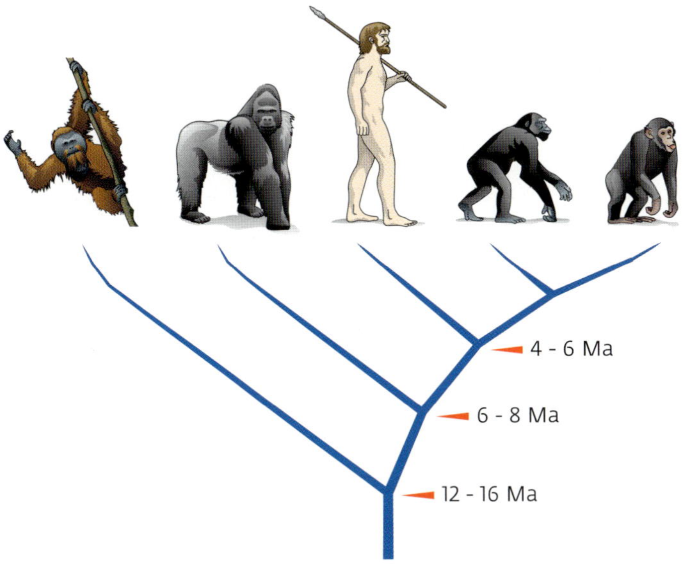

FIGURA 24. L'uomo appartiene all'ordine dei primati e ha in comune con gli altri primati antropomorfi (da sinistra: orango, gorilla, bonobo, scimpanzé) degli antenati più o meno recenti, come mostra questo albero evolutivo.

Ciro, un dinosauro italiano

Era accudito da una mamma diligente che fino alle ultime ore della sua vita lo aveva imboccato con piccoli pesci e pezzetti di lucertola. Poi, forse, il «baby» dinosauro lungo 23 cm si avvicinò troppo al mare e un'onda più intensa delle altre o i venti di un uragano lo trascinarono in acqua dove morì. È questa la probabile ricostruzione delle ultime ore di vita di *Scipionyx samniticus*, noto come Ciro, il primo dinosauro scoperto in Italia, a Pietraroja, in provincia di Benevento, nel 1980 (**FIGURA A**).
Questo dinosauro ha dato modo di ottenere informazioni su di essi come nessun altro fossile di questo tipo. Sull'esemplare, infatti, è stata eseguita una vera e propria autopsia attraverso una dettagliata TAC e un'analisi al microscopio elettronico a scansione. Attraverso questi esami sono stati messi in luce dettagli anatomici di tessuti molli mai osservati in un dinosauro e pochissime volte in altri fossili. In altre parole, i ricercatori sono riusciti a studiare i diversi organi interni dell'animale come se fosse stato trovato appena morto e questo a distanza di 110 milioni di anni, epoca a cui risale l'età di Ciro. Ma come è possibile che tali organi si siano così ben conservati? Occorre sottolineare che oggi i ricercatori non hanno di fronte a loro i reali tessuti dell'animale, ma la loro perfetta replica, in quanto dopo la morte la carcassa del piccolo dinosauro venne sepolta sotto un deposito di soffici sedimenti. Da quel momento iniziò una minuziosa sostituzione delle molecole organiche, che costituivano i tessuti interni del dinosauro, con molecole inorganiche, che hanno mantenuto la loro struttura con una precisione assoluta. È come se la natura avesse fatto un calco del dinosauro scendendo a livello cellulare. Qualche esempio? Tra i tessuti molli si sono potute analizzare alcune cartilagini articolari nelle ossa delle zampe, le fasce muscolari del collo, parte della trachea, tracce di fegato e di altre parti ancora (**FIGURA B**).
Per arrivare a tali risultati, si è utilizzato il microscopio elettronico con il quale si è riusciti a «navigare» all'interno di alcune cellule, al punto che, per esempio, si sono osservate, in ogni singola cellula muscolare, le striature a bande dei sarcomeri (le strutture di base della contrazione muscolare). I paleontologi poi, sono stati attirati da una macchia rossa presente nel torace di Ciro e una volta analizzata si è scoperto che si tratta di un accumulo di minerali di ferro. Poiché questo elemento è completamente assente nel resto del fossile e nel sedimento circostante, i ricercatori hanno dedotto che esso deriva dalla decomposizione dell'emoglobina del sangue del dinosauro che era concentrato nel fegato, nel cuore e nella milza.
Ma le ricerche hanno permesso di risalire con precisione assoluta anche a che cosa mangiò Ciro e in che ordine, poco prima della sua morte. Risulta che la dieta del carnivoro comprendeva oltre a piccoli rettili anche pesci. Le dimensioni relativamente grandi di una zampa di lucertola fanno supporre che il piccolo sia stato nutrito dai genitori con pezzi di prede catturate e smembrate appositamente per cibarlo.
Le analisi hanno portato anche a un'altra scoperta straordinaria. Ciro aveva la «fontanella fronto-parietale» ancora aperta, proprio come i neonati degli esseri umani. Inoltre è stato evidenziato uno spazio vuoto nell'addome per il sacco del tuorlo come hanno i pulcini di tutti gli uccelli. Questo ha fatto dire che Ciro morì quando ancora era un neonato. Quei 200 g di dinosauro – così pesava Ciro alla sua morte – dunque, oltre alla personale storia ci ha confermato che gli uccelli sono discesi dai dinosauri.

FIGURA A. Ciro, il dinosauro neonato. Da adulto avrebbe raggiunto la lunghezza di 2 m per 1,30 m di altezza e 20 kg di peso.

FIGURA B. Parte dell'intestino di Ciro.

PER FISSARE I CONCETTI

- Perché è così importante il ritrovamento di questo dinosauro?
- Che cosa hanno scoperto di straordinario i paleontologi dall'esame dei suoi resti fossili?
- Pensi che in quell'epoca la nostra penisola fosse come oggi? Sai se ci sono segni della presenza di altri dinosauri sul nostro territorio?

9 L'origine africana dell'umanità

VIDEO
Verso l'uomo moderno

L'ultima fase molto breve della storia della Terra, è il *Quaternario*, un periodo del Cenozoico che va da 2,6 milioni di anni fa ai tempi nostri. Al Quaternario appartengono gli strati geologici più recenti e meglio conservati e per questo motivo è il periodo della storia della Terra meglio conosciuto.

In particolare, si sono conservate le testimonianze di ripetute oscillazioni climatiche accompagnate dall'avanzamento dei ghiacci nei periodi freddi (*glaciazioni*) e dal ritirarsi dei ghiacciai in quelli caldi (*periodi interglaciali*). Dall'azione erosiva dei ghiacciai del Quaternario derivano molti dei paesaggi attuali.

L'ultima glaciazione, la *glaciazione wurmiana*, ha avuto luogo da circa 70 000 a circa 10 000 anni fa. Nei periodi glaciali, i ghiacci si estendevano nell'emisfero nord, ricoprendo gran parte del Nord America, dell'Europa e della Siberia.

Il Quaternario è stato caratterizzato da un evento straordinario: l'*evoluzione dell'uomo*. Nonostante la nostra specie sia tra le ultime apparse sulla Terra, le sue origini restano ancora in buona parte avvolte nel mistero. Ciò dipende in parte dalla scarsità dei reperti, in parte dalla difficoltà a interpretare correttamente una documentazione incompleta costituita da pochi resti sparsi.

I resti fossili dei più antichi ominidi sono stati trovati nell'Africa sub-sahariana principalmente diffusi lungo le fratture tettoniche della Rift Valley, ma anche in Sudafrica e più a nord, in Ciad. In Africa si sono evoluti anche i nostri parenti prossimi: le scimmie antropomorfe come gorilla e scimpanzé. I primi **ominidi** sicuramente bipedi furono gli **australopitechi** (da *pìtechos*, scimmia, e *australis*, del Sud) che vissero lungo un arco complessivo di più di tre milioni di anni, da circa 4 a 1 milione di anni fa. Essi comprendevano più specie, tutte bipedi, ma diverse tra loro per corporatura, altezza e struttura dei denti.

La specie più nota è l'*Australopithecus afarensis* cui appartiene Lucy. Si tratta dello scheletro in buono stato di conservazione di una giovane donna dall'aspetto arcaico, vissuta 3,2 milioni di anni fa e rinvenuto nella valle di Afar in Etiopia (**FIGURA 25**).

Uno dei reperti più recenti è l'*A. sediba*, vissuto 2 milioni di anni fa. I resti di questo ominide sono stati trovati in Sudafrica in una grotta calcarea e presentano un sorprendente mix di caratteristiche primitive, come le braccia lunghe adatte ad arrampicarsi sugli alberi, accanto a tratti più moderni, come una mano capace di una presa di precisione in grado forse di usare e fabbricare utensili (**FIGURA 26**).

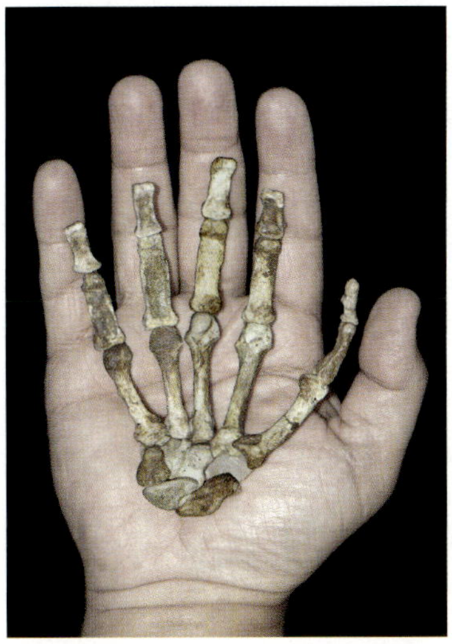

FIGURA 26. La mano di *A. sediba* è sorprendentemente moderna. Poteva unire pollice e indice in modo da avere una presa di precisione.

Alta 120 cm, Lucy aveva un aspetto per certi versi moderno: le ginocchia erano simili alle nostre, le anche e il femore erano adatti a un'andatura eretta.

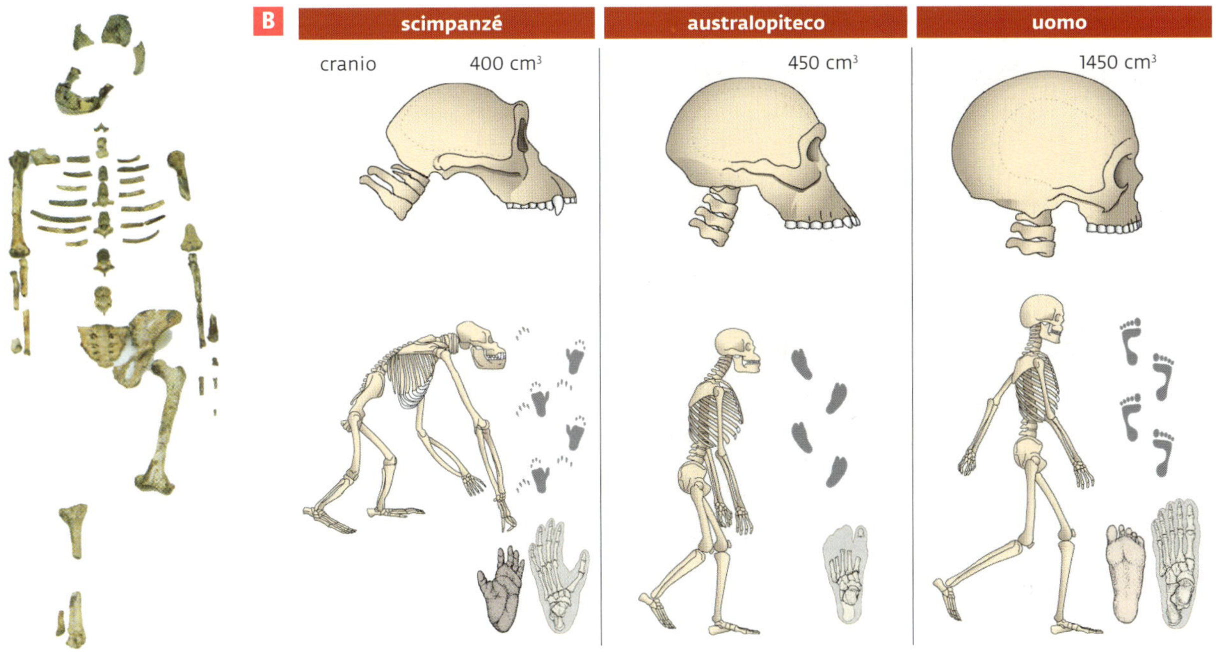

FIGURA 25. (**A**) Il celebre scheletro di Lucy, uno dei più completi esemplari fossili di ominide (*Australopithecus afarensis*), risalente a 3,2 milioni di anni fa. (**B**) Confronto tra lo scheletro di scimpanzé, austrolopiteco e uomo moderno.

Dopo una lunga presenza nelle savane dell'Africa, circa un milione di anni fa, gli australopitechi si estinsero, ma già prima della loro scomparsa, forse da un gruppo di loro, circa 2,5 milioni di anni fa, si era evoluto *Homo habilis*, la prima specie che viene assegnata al genere *Homo*, lo stesso a cui noi, *Homo sapiens*, apparteniamo. Il criterio con cui viene assegnata la denominazione *Homo* si basa sulla capacità di progettare e fabbricare utensili, sia pure rozzi.

I resti di *Homo habilis* provengono da varie località africane e hanno un'età compresa tra circa 2,5 e 1,4 milioni di anni fa. Il cranio di *Homo habilis* è caratterizzato da una capacità di 600-750 cm^3. Questo ominide doveva avere un cervello nettamente più sviluppato di quello degli australopitechi, con una volta cranica più alta, caratteristiche che sono state messe in relazione con la maggiore capacità nel costruire utensili.

Lo scheletro della faccia è relativamente ridotto, la mandibola è piuttosto leggera e priva di mento. I denti sono ancora grandi, ma molto più simili a quelli dell'uomo attuale. A differenza degli australopitechi, che probabilmente camminavano barcollando, *Homo habilis* doveva avere un'andatura più spedita e sicura.

Australopithecus e *Homo habilis* vissero fianco a fianco per almeno un milione di anni. A partire da circa 1,5 milioni di anni fa, si sviluppò un'altra specie, che è stata chiamata *Homo erectus*.

Homo erectus era poco più basso di noi (circa 140-160 cm) e possedeva un cranio che poteva contenere una massa cerebrale compresa tra circa 800 e 1200 cm^3 (**FIGURA 27**). Il viso aveva tuttavia un aspetto ancora primitivo, con una fronte bassa e sfuggente e massicce arcate sopraccigliari e, rispetto a *Homo habilis*, era in grado di costruire utensili più specializzati. Oltre alla lavorazione della pietra scheggiata su due lati (strumenti noti come bifacciali), *Homo erectus* costruiva capanne e usava il fuoco per cuocere il cibo e difendersi dal freddo. Per questo è chiamato anche *Homo ergaster*, ossia «uomo che lavora».

L'uso del fuoco, una conquista avvenuta circa un milione di anni fa, rappresenta una tappa fondamentale nell'evoluzione umana. Si pensa che sia stato l'uso del fuoco a permettere a *Homo erectus* di spingersi fuori dall'Africa e raggiungere, con ondate migratorie successive, luoghi più settentrionali e più freddi: il Medio Oriente, l'Asia e l'Europa. *Homo erectus* cominciò così a diffondersi su tutto il pianeta.

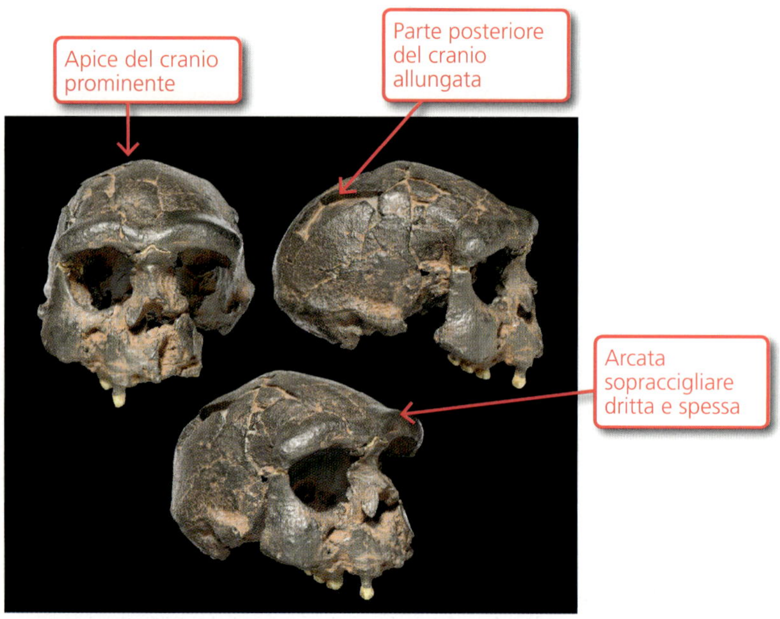

FIGURA 27. La scatola cranica di *Homo erectus*, pur essendo più ampia di quella di *Homo habilis*, presentava ancora una serie di caratteristiche primitive come la faccia sporgente.

TROVA LE PAROLE

Nell'ultima fase della storia della Terra, il ...., che va da .... di anni fa ai tempi nostri, vi sono state oscillazioni ...., le .... , intervallate da periodi .... In questa fase ha luogo l'evoluzione dell'uomo. I primi .... con andatura bipede furono gli .... vissuti lungo la .... in Africa.

PROVA A FARE

Crani a confronto

Osserva la figura in cui sono disegnati i crani visti da sotto di cane, scimpanzé, australopiteco e uomo moderno.

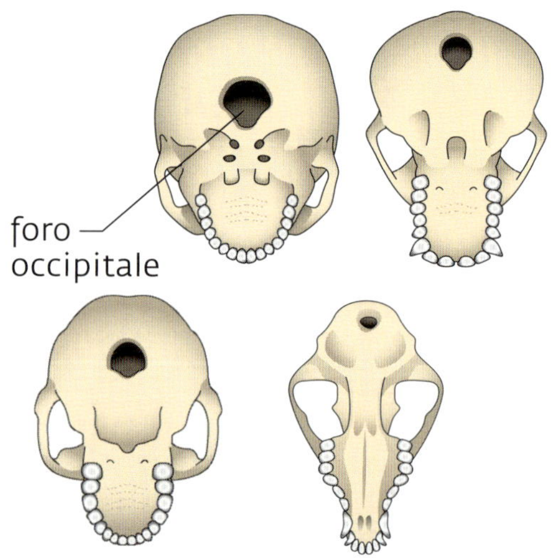

a. Sapresti identificarli? Di quali particolari ti sei servito per identificarli?

b. Che funzione ha il foro occipitale? Perché è in posizione diversa nei diversi crani?

c. Quali differenze noti nella mascella?

10 Tanti modi di essere umani

Noi oggi siamo più di 7 miliardi di persone tutte appartenenti all'unica specie vivente *Homo sapiens*. Ma la nostra solitudine di specie è un evento recente ed eccezionale. Appena 100 000 anni fa (un battito di ciglia rispetto ai 4,6 miliardi della Terra) l'umanità era rappresentata da almeno 5 specie tutte appartenenti al genere *Homo*. In Asia vivevano gli *erectus*, in particolare in Indonesia era presente una versione pigmea, l'*uomo di Flores*, dal nome dell'isola in cui sono stati rinvenuti i resti. In Siberia, grazie al ritrovamento di un dito mignolo e all'esame del DNA, è stata riconosciuta la presenza di un'altra specie, l'*uomo di Denisova*. Ma i più noti e importanti sono stati *Homo sapiens* diffuso in Africa e *Homo neanderthalensis* insediato in Europa.

I fossili e l'esame del DNA ci dicono, dunque, che il cammino evolutivo umano è stato molto più complesso e articolato di quanto si credeva un tempo, quando veniva rappresentato come una marcia lineare verso la nostra specie (**FIGURA 28**), o come un albero con pochi rami. In realtà, più che a un albero, l'evoluzione dell'umanità assomiglia a un cespuglio con tante fronde corrispondenti a varie specie. Tutte queste fronde non sono arrivate fino a oggi, tranne una sviluppatasi nella parte più elevata di uno dei rami: siamo noi *Homo sapiens* (**FIGURA 29**).

I primi rappresentanti di *H. sapiens* si sono evoluti in Africa circa 200 000 anni fa, probabilmente a partire da popolazioni discendenti da *H. erectus*, e avevano una capacità cranica media di circa 1450 cm^3, decisamente superiore a quella dei loro antenati e per questo sono stati definiti *sapiens*.

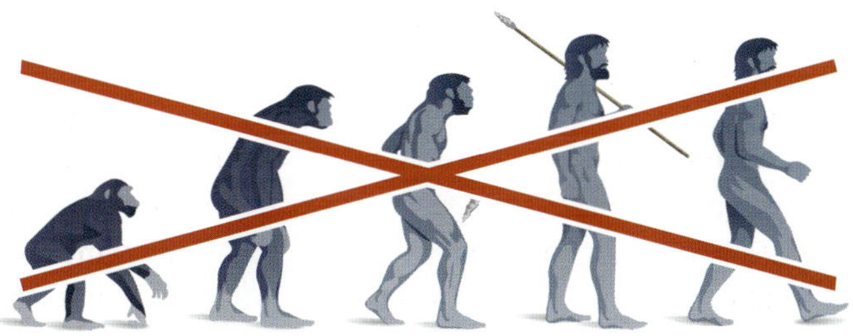

FIGURA 28. Rappresentazione ingenua e fuorviante della progressione lineare verso *Homo sapiens*.

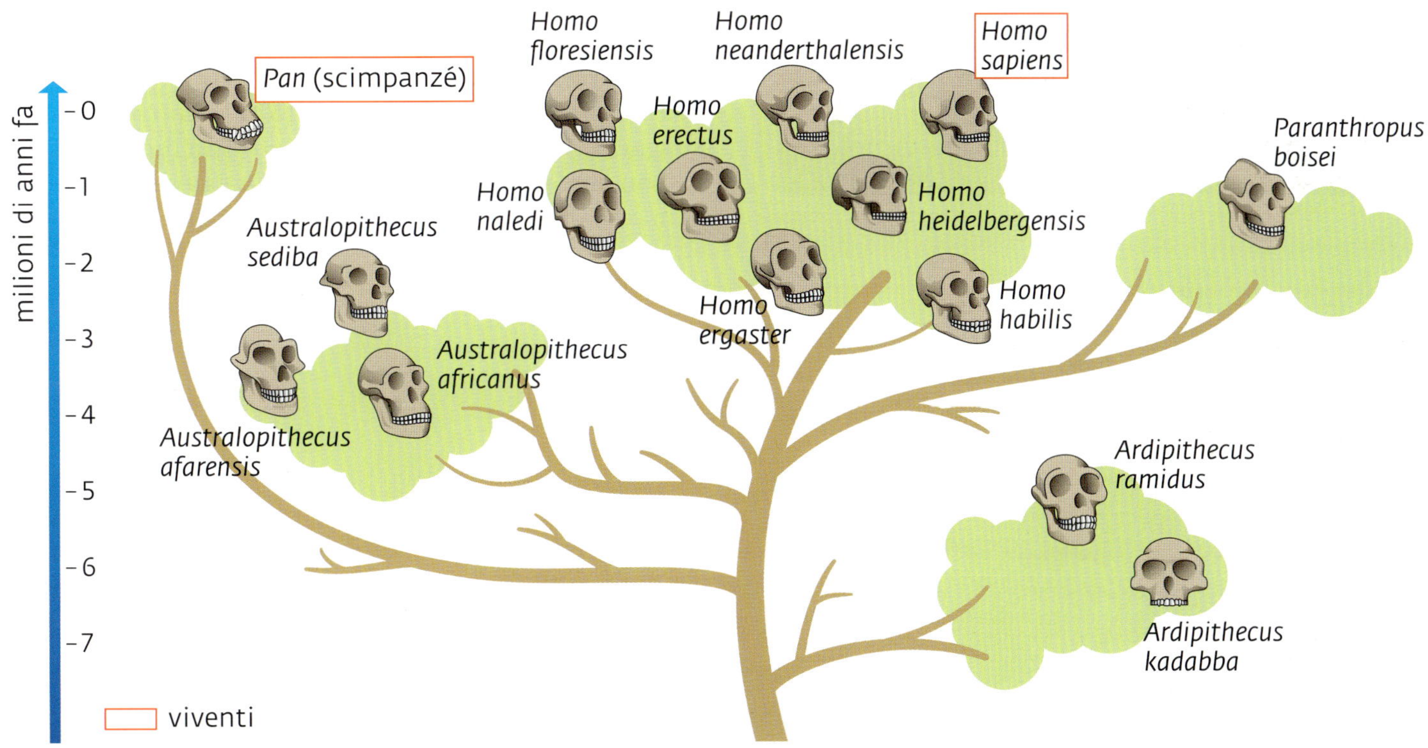

FIGURA 29. L'albero evolutivo dell'uomo è molto «cespuglioso», con tanti rami. Nel genere Homo, l'ultimo scoperto è *H. naledi*. Tra gli australopitechi c'è Lucy (*A. afarensis*); per alcuni studiosi questa specie ha portato a Homo, per altri è un ramo laterale con antenati comuni. I *Paranthropus*, noti anche come *australopitecine robuste*, erano bipedi, con denti e mandibole robuste. Il genere *Pan* (scimpanzé) si sarebbe separato dalla linea che ha portato a Homo attorno a 6,3-5,4 milioni di anni fa. Gli *Ardipithecus* sono infine le forme più ancestrali, bipedi sul terreno e con piccolo cranio (300-350 cm^3).

PROVA A FARE

Un ominide italiano

L'uomo di Altamura è un fossile di uomo risalente a 150-130 mila anni fa, ritrovato nel 1993 in una grotta in Puglia, saldato completamente nelle rocce calcaree (in foto si vedono le gocce di calcare che lo ricoprono). Gli scienziati dopo numerosi studi, tra cui l'esame del DNA prelevato da un frammento osseo, sono riusciti a ricostruire un modello realistico in silicone del suo corpo, senza estrarlo dalla sua sepoltura calcarea. Dopo esserti documentato rispondi alle domande.

a. A quale specie gli studiosi pensano appartenesse?

b. Come è possibile dai resti fossili ricostruire l'aspetto esteriore e dedurre caratteristiche come il colore della pelle e dei capelli?

Dall'Africa, tra 100 000 e 85 000 anni fa, alcune popolazioni di *sapiens* iniziarono a migrare prima in Medio Oriente, poi in Asia, arrivando fino in Australia, quindi in Europa e più tardi nelle Americhe (**FIGURA 30**).

In Europa i *sapiens* probabilmente entrarono in contatto con un'altra specie di ominide. I ritrovamenti fossili testimoniano infatti la presenza contemporanea in Europa dell'*uomo di Neanderthal*, così denominato dal luogo, la valle di Neander in Germania, in cui nel 1856 furono per la prima volta scoperti i suoi resti.

I neandertaliani avevano una notevole capacità cranica, addirittura leggermente superiore alla nostra. Il cranio era allungato, con una fronte sfuggente e arcate sopraccigliari molto prominenti, e terminava nella regione occipitale con un rigonfiamento. La faccia sporgeva in avanti e la mandibola era priva di mento.

Mentre i nostri antenati più antichi erano cresciuti nelle calde latitudini tropicali e possedevano un corpo esile e asciutto, l'uomo di Neanderthal aveva sviluppato una corporatura tozza e robusta che permetteva di disperdere meno calore e dunque lo rendeva più adatto ai climi freddi dell'Europa durante le glaciazioni. Grazie ai numerosi ritrovamenti in Europa, la cultura e le abitudini dei neandertaliani sono abbastanza ben documentate. Sappiamo che i nostri cugini erano abili cacciatori nella tundra e nelle foreste fredde e possedevano sensibilità estetica (**FIGURA 31**).

L'esame del DNA dell'uomo di Neanderthal estratto dai resti fossili, comparato con quello di *Homo sapiens*, sembra suggerire che le due popolazioni, oltre a incontrarsi sul territorio europeo, si siano forse incrociate tra loro e abbiano generato ibridi, pur rimanendo sempre due specie distinte,

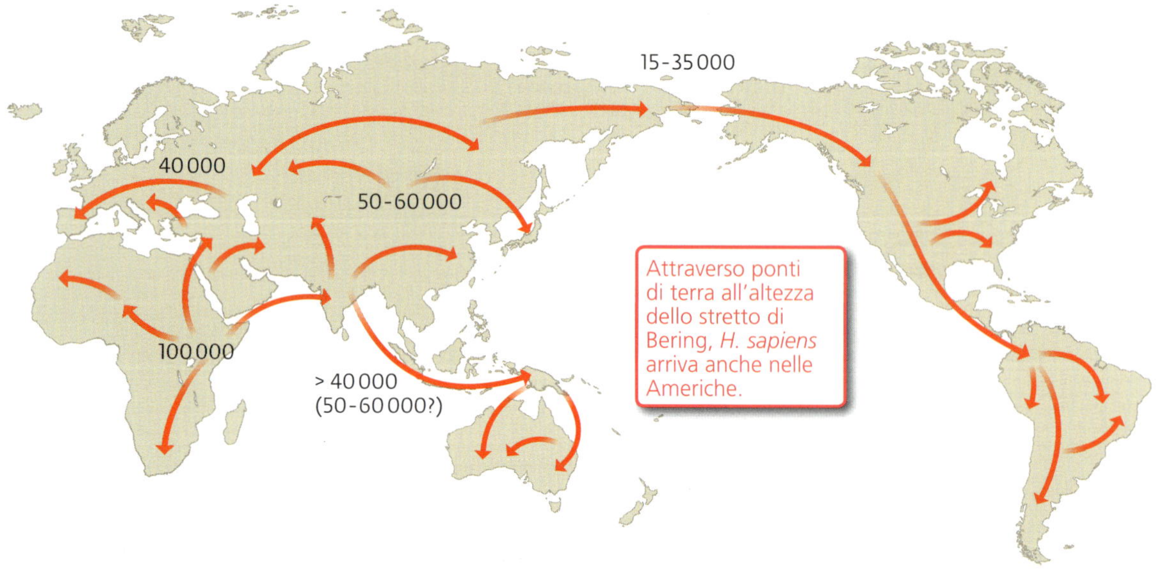

FIGURA 30. La carta mostra i principali percorsi seguiti, attraverso una serie di fasi migratorie, dai primi *sapiens* per espandersi partendo dall'attuale Etiopia.

fino a che Neanderthal, perdendo la battaglia evolutiva con *sapiens*, si estinse circa 30 000 anni fa, sostituito dall'uomo moderno il quale si diffuse rapidamente in tutto il globo.

La cultura dei nostri antenati *sapiens* si sviluppò soprattutto in Europa e Asia nella seconda metà dell'ultima grande glaciazione, 40 000 anni fa, ed è conosciuta attraverso le prime forme d'arte che ci hanno lasciato (**FIGURA 32**).

Diecimila anni fa, in coincidenza con la fine dell'ultimo periodo glaciale, cominciò lo sviluppo dell'agricoltura, che ebbe conseguenze di enorme portata. Grazie all'agricoltura, infatti, mutarono completamente le abitudini dell'uomo che, da nomade, diventò prevalentemente stanziale e si organizzò in società sempre più complesse, fino alla nascita della cultura urbana.

Con gli utensili e la tecnologia *H. sapiens* diviene in grado di adattare l'ambiente alle proprie esigenze, cambiandolo più rapidamente di quanto farebbe l'evoluzione biologica: inizia così in una nuova fase della storia della Terra che alcuni scienziati chiamano **Antropocene** (dal greco *ànthropos*, uomo e *kainòs*, recente).

TROVA LE PAROLE

Nell'ultima fase dell'.................. umana diverse .... sono presenti contemporaneamente, in particolare in Europa si incontrano ...., la nostra specie unica rimasta, e la specie ...., adattata ai climi .... Dall'esame del .... sappiamo che le due specie si sono .... e hanno prodotto .... Homo .... si estinse circa 30 000 anni fa.

FIGURA 31. Gli uomini di Neanderthal, già prima dell'*Homo sapiens*, ben 44 mila anni fa, mostravano di avere senso dell'estetica. In particolare, quelli che hanno vissuto in Italia furono i primi a utilizzare le penne degli uccelli a scopo decorativo. Nella grotta di Fumane, vicino Verona, sono stati rinvenuti i resti di 600 ossa di uccelli, mescolate a quelle dei Neanderthal. Molte ossa delle ali erano tagliate e graffiate proprio nei punti in cui erano attaccate le penne, suggerendo così che queste venissero sistematicamente rimosse.

FIGURA 32. Era il 1994 quando lo speleologo Jean-Marie Chauvet scoprì la grotta oggi conosciuta con il suo nome. Il sito, risalente a circa 35 000 anni fa, è localizzato in Francia nella regione dell'Ardèche ed è iscritto come Patrimonio dell'Unesco. La Grotta Chauvet non è aperta al pubblico onde evitare possibili danni irreversibili. Una replica perfettamente identica all'originale ha aperto i battenti nei pressi dell'originale.

11 L'Antropocene, quando l'umanità cambiò la Terra

I SEGNALI PREOCCUPANTI

L'Antropocene ha origine due secoli fa, nell'Ottocento, con la rivoluzione industriale e dunque rappresenta una frazione infinitesima della storia della Terra. In così poco tempo l'uomo moderno è divenuto una «forza geologica» in grado di modificare profondamente e per sempre l'aspetto del pianeta.

IL RISCALDAMENTO GLOBALE

Dal 1850 a oggi la concentrazione in atmosfera di anidride carbonica, conseguente all'utilizzo dei combustibili fossili, ha subito un'impennata raggiungendo il record allarmante di 400 parti per milione (*vedi* Unità B4, p. 95).

È noto che l'aumento di CO_2 sta causando la più grande variazione climatica indotta dall'uomo. Nell'ultimo secolo la temperatura terrestre è aumentata in media di circa 1 °C rispetto all'epoca preindustriale e i mari hanno raggiunto il livello più alto degli ultimi 115 mila anni. L'impatto dei cambiamenti climatici è molto più forte al Polo nord che in altri luoghi del pianeta. Infatti, più ghiaccio si scioglie, più la capacità della superficie di riflettere le radiazioni solari diminuisce: sempre più energia viene assorbita dalla superficie scura del mare, contribuendo così ad aumentare ulteriormente la temperatura in un circolo vizioso.

Il ritiro dei ghiacci, l'innalzamento dei mari, lo spostamento della vegetazione verso latitudini più elevate, sono fenomeni accaduti anche nel passato, ma oggi avvengono con una forte accelerazione e in futuro si troveranno le tracce di questa «febbre del pianeta».

I NUOVI MATERIALI

I materiali più largamente impiegati dalla nostra società sono l'alluminio, il cemento e la plastica.

L'alluminio era sconosciuto fino all'inizio dell'Ottocento, ma dalla scoperta del processo chimico per estrarlo dalle rocce ne sono state prodotte milioni di tonnellate.

Il cemento, già noto agli antichi Romani, ha raggiunto nel 2008 una produzione di oltre 2 miliardi di tonnellate, ossia circa 450 kg pro capite.

Per quanto riguarda la plastica, ne vengono prodotte 300 milioni di tonnellate all'anno. La diffusione di questi materiali, che hanno sostituito i materiali naturali, ha alterato gli ecosistemi e degradato i paesaggi.

ALCUNI, POCHI, SEGNALI POSITIVI

Per la prima volta, però, abbiamo le conoscenze scientifiche e gli strumenti tecnici per capire come le attività umane influenzano il Sistema Terra, e quindi abbiamo il potere e la responsabilità di cambiare il rapporto tra noi e il pianeta. Forse, esiste ancora la possibilità di non lasciare un brutto ricordo di *Homo sapiens* in futuro: molto di ciò che si può fare sta nelle nostre mani. Ecco alcuni esempi.

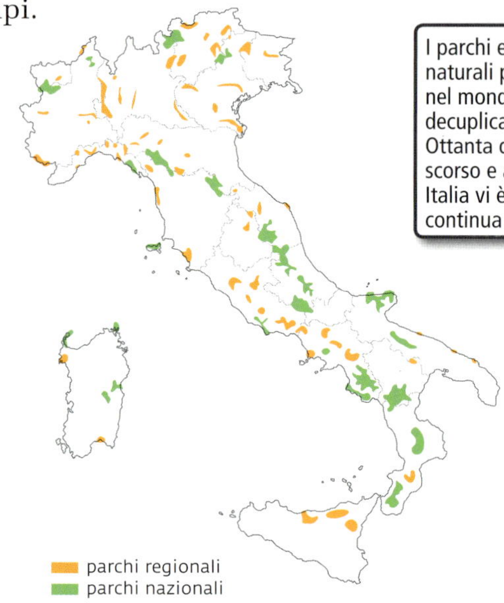

I parchi e le aree naturali protette nel mondo sono decuplicate dagli anni Ottanta del secolo scorso e anche in Italia vi è stata una continua crescita.

- Alcune aree sono state riforestate in Europa e Nord America.
- Sono aumentati il riciclo dei materiali e il ricorso a fonti energetiche rinnovabili come eolico, geotermico, solare e idroelettrico.
- È cresciuto l'interesse dei cittadini nei confronti del clima e sono stati stipulati accordi internazionali per il contenimento delle emissioni di gas serra.

Il **Protocollo di Kyoto** è un trattato internazionale che ha fissato gli obiettivi di riduzione delle emissioni dei gas serra per i Paesi industrializzati. È stato redatto nel dicembre 1997 nella città giapponese di Kyoto da più di 180 Paesi ed è entrato in vigore il 16 febbraio 2005. Firmando il Protocollo di Kyoto i Paesi si impegnano a ridurre le emissioni rispetto ai livelli del 1990.

I SEGNI DELL'ANTROPOCENE

Il passaggio dell'uomo moderno sul pianeta lascerà tracce indelebili, che potranno essere rilevate nei sedimenti e nelle rocce anche fra centinaia di migliaia di anni, quando forse la nostra specie si sarà estinta. Sono i segni della nuova epoca geologica, l'*Antropocene*.

A causa del riscaldamento globale il ghiaccio artico sta scomparendo; gli orsi polari sono costretti a estenuanti nuotate per raggiungere i radi lastroni di ghiaccio e rischiano l'estinzione.

Con le bombe su Hiroshima e Nagasaki nel 1945 e successivamente con i numerosi test nucleari, sono stati rilasciati elementi radioattivi persistenti nell'ambiente.

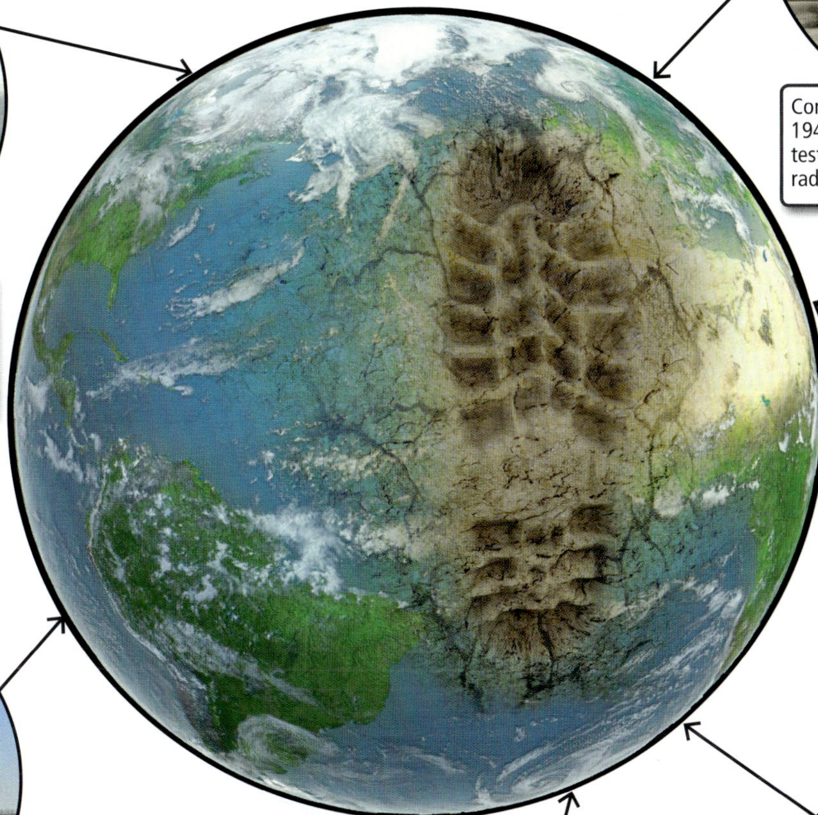

Gli oggetti di plastica non sono biodegradabili e finiscono nelle discariche o in natura, dove impiegano centinaia di anni a degradarsi.

Le pratiche legate all'agricoltura intensiva, in particolare l'uso massiccio dei fertilizzanti, provocano un impoverimento di sostanze organiche dei suoli.

Le attività petrolifere estrattive *offshore*, ossia sul fondo marino, mettono a serio rischio il mare e il suo delicato ecosistema.

La nostra civiltà, con il suo carico di 7 miliardi di persone, estrae e sposta miliardi di tonnellate di roccia e sabbia per le costruzioni.

TROVA LE PAROLE

Il termine .... indica l'.................. geologica attuale nella quale l'uomo con le sue .... induce imponenti modificazioni del paesaggio e del .... Gli studiosi hanno individuato alcuni segni preoccupanti di questa nuova epoca: l'uso dei .... fossili e la diffusione di materiali inquinanti quali la ....

12 Lo sviluppo sostenibile

Lo stadio raggiunto dalle economie dei Paesi industrializzati corrisponde a quello della **società dei consumi**, che riesce a mantenere un'economia fiorente solo se ogni cittadino è un efficiente consumatore di beni.

Per favorire i consumi, gli oggetti vengono progettati per non durare: hanno vita breve e non vale la pena ripararli e finiscono nelle discariche.

Sappiamo, però, che tutti questi oggetti sono prodotti con le materie prime estratte dalla crosta terrestre che non possiede risorse infinite. Provate per un istante a pensare che cosa potrebbe succedere se venissero improvvisamente a mancare l'alluminio, il ferro o il silicio. E come vi immaginate il nostro mondo se finissero petrolio e carbone? Tutta la nostra vita ne sarebbe sconvolta.

Ma oltre a non essere infinite, le risorse sono mal distribuite. Attualmente, infatti, il 20% della popolazione della Terra consuma l'86% dei suoi materiali.

Questo squilibrio è ben illustrato dal calcolo dell'impronta ecologica.

> L'**impronta ecologica** misura la porzione di territorio (terraferma o mare) necessaria per produrre le risorse che una comunità consuma e per assorbirne i rifiuti, sia quelli visibili (rifiuti solidi urbani), sia quelli meno visibili come la CO_2.

In termini semplici, l'impronta ecologica ci dice «quanta natura utilizziamo» per mantenere il nostro stile di vita, ossia mette in relazione il consumo umano di risorse naturali con la capacità della Terra di rigenerarle. Dall'epoca preindustriale a oggi il consumo medio di un abitante dei Paesi occidentali è andato aumentando in modo esponenziale fino a raggiungere livelli talmente alti da rendere necessario l'utilizzo di più territorio e risorse di quanto ogni individuo ne abbia a disposizione.

Per sintetizzare il duplice aspetto di questo problema, ossia l'aumento di consumi da parte dei sempre più numerosi abitanti del pianeta e al tempo stesso la necessità di rallentare i consumi, è stata coniata l'espressione sviluppo sostenibile.

> Secondo la definizione dell'ONU «*Lo* **sviluppo sostenibile** *è uno sviluppo che garantisce i bisogni delle generazioni attuali senza compromettere la possibilità che le generazioni future riescano a soddisfare i propri*».

Per imboccare la strada di uno sviluppo sostenibile è necessario tenere in considerazione le seguenti quattro condizioni:

- cercare di migliorare le tecniche di estrazione delle attuali risorse in modo da produrre, a parità di consumi di energia, più risorse utili;
- utilizzare, specialmente nel campo dell'energia, risorse che siano, oltre che rinnovabili, anche «pulite», ossia non inquinanti;
- riciclare ogni volta che sia possibile i materiali usati, come per esempio i metalli, la carta e la plastica;
- cercare di non aumentare i consumi e, soprattutto, evitare gli sprechi di risorse, come lo spreco alimentare.

Il futuro della nostra specie *Homo sapiens* dovrà essere rispettoso del pianeta o questo futuro non ci sarà.

TROVA LE PAROLE

L'.................. .... misura l'impatto che ciascuna nazione (o regione, città, singolo individuo) ha sulla natura. Per .... si intende una modalità di sviluppo che garantisce il soddisfacimento dei .... delle generazioni .... senza compromettere quelli delle ....

PROVA A FARE

L'impronta ecologica

Il grafico mostra l'impronta ecologica per aree geografiche misurata in ettari (ha = 1 ettaro = 10 000 m^2) pro capite.

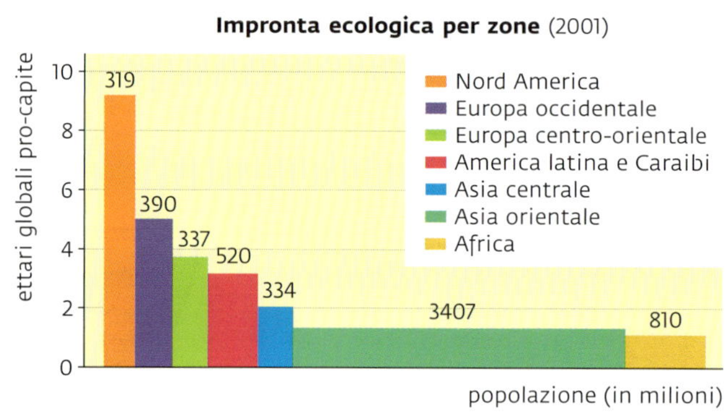

Attualmente, l'impronta ecologica dell'Italia è di 4,2 ha/p, mentre quella di alcuni Paesi poveri come l'Etiopia e l'India è di 0,78 ha/p. Per confronto, quella degli Stati Uniti è di 9,6, mentre la media mondiale è di 1,78 ha/p.

a. Perché questi dati sono preoccupanti?

b. Quale relazione pensi ci sia tra l'instabilità del mondo attuale (migrazioni e guerre diffuse) e la situazione mostrata dal grafico?

c. Nel sito www.footprintnetwork.org in *Resources* trovi il questionario *Footprint Calculator* per calcolare la tua impronta personale. Che valore ha?

Per ricordare

LOSAI? RIPASSA CON LO SMARTPHONE

1. Che cosa sono i fossili?

Un fossile è qualsiasi testimonianza della vita del passato contenuta nelle rocce. Si trova nelle *rocce sedimentarie* che si formano in seguito ai processi di sedimentazione e litificazione.

2. Che cosa dicono del passato i fossili e le rocce che li contengono?

In una successione di strati rocciosi, i geologi «leggono» la registrazione della storia terrestre con gli eventi geologici intervenuti. Per esempio, si può riconoscere la variazione del livello del mare, così pure l'alternarsi negli strati di roccia di fossili di clima freddo a fossili di clima caldo è indice di variazioni climatiche.

3. Quali criteri seguono i geologi per interpretare gli strati rocciosi?

I geologi seguono alcuni principi:

- il **principio dell'attualismo**;
- il **principio della sovrapposizione stratigrafica**;
- il **principio dell'orizzontalità e continuità originarie**.

4. Quali sono state le tappe principali della storia del nostro pianeta?

La storia della Terra è stata suddivisa in *ere*, a loro volta suddivise in *periodi*. Il primo e lunghissimo intervallo di tempo, è chiamato **era Precambriana**: in cui comparvero le prime *cellule*. Nell'**era Paleozoica** comparvero i primi *vertebrati*, le *piante terrestri* e gli *insetti*; nell'**era Mesozoica**, dominata dai *dinosauri*, comparvero i primi *mammiferi* e gli *uccelli*. Nell'**era Cenozoica**, si sono verificate le *glaciazioni* più recenti e si è avuta l'evoluzione dell'uomo.

5. Qual è la storia evolutiva dell'uomo?

Tra le prime specie con la posizione eretta del corpo troviamo gli **australopitechi** vissuti in Africa tra 4 e 1 milione di anni fa.Succesivamente sono comparsi *Homo habilis*, (2,5 milioni di anni fa) e *Homo erectus* (1,5 milioni di anni fa). Circa 200 000 anni fa sempre in Africa comparve una nuova specie, *Homo sapiens*, che si è diffusa in tutto il mondo. In Europa, visse *Homo neanderthalensis*a.

la mappa

Completa la mappa concettuale utilizzando i termini proposti. Dai la definizione di quelli sottolineati:

Archeozoica • fossili • cronologia assoluta • ere • Cenozoica • periodi • cronologia relativa • colonne stratigrafiche • Paleozoica • decadimento radioattivo • Mesozoica

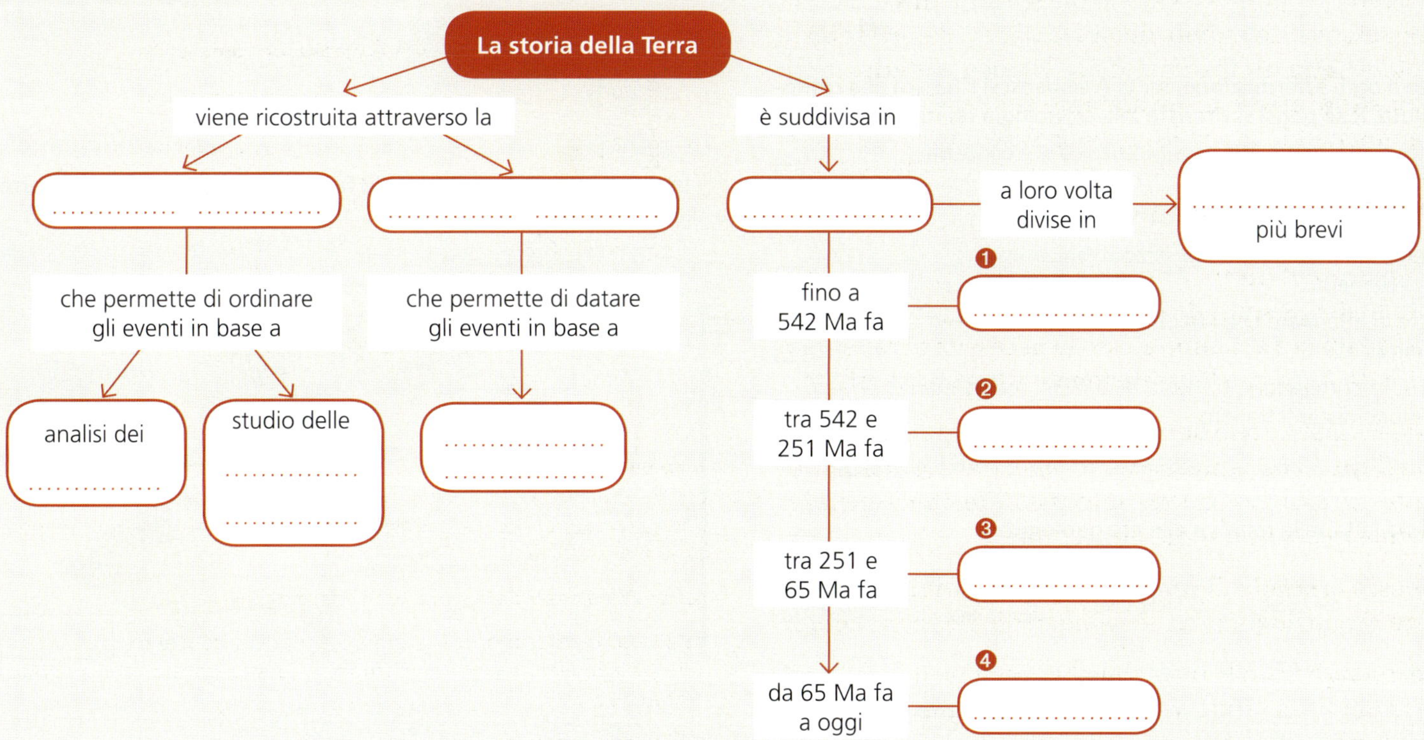

Sul tuo quaderno prova a espandere la mappa aggiungendo un evento significativo (opportunamente collegato) ai nodi ❶, ❷, ❸ e ❹. Poi inserisci il nuovo nodo «principi della geologia» e i collegamenti a esso riferiti.

Sei pronto per la verifica?

In 1 ora

1. Indica se ciascuna delle seguenti affermazioni è vera o falsa. Se è falsa, falla diventare vera cambiando solo i termini sottolineati.

a. I fossili si trovano generalmente nelle rocce sedimentarie. V F

b. Quando il livello delle acque di mari e oceani sale si ha una regressione. V F

c. I fossili guida appartengono a organismi vissuti per lunghissimi periodi di tempo. V F

d. Gli intervalli temporali più lunghi in cui è suddivisa la storia della Terra sono i periodi. V F

e. L'ultima glaciazione si è conclusa 70 000 anni fa. V F

f. I primi rappresentanti della specie *Homo sapiens* sono comparsi in Africa. V F

[6 PUNTI]

2. Stabilisci le corrispondenze corrette tra i termini della colonna di sinistra e le descrizioni riportate a destra.

a. ☐ principio dell'attualismo

b. ☐ principio dell'orizzontalità originaria

c. ☐ principio della sovrapposizione stratigrafica

d. ☐ principio della continuità originaria

1. Gli strati di sedimenti vengono originariamente deposti in orizzontale.

2. Le forze che agiscono oggi sulla superficie terrestre sono le stesse che hanno agito in passato.

3. In una successione sedimentaria gli strati si sono formati in origine senza interruzioni.

4. In una sequenza di rocce non alterata, gli strati più antichi si trovano più in profondità.

[4 PUNTI]

3. Accanto a ogni affermazione, scrivi A se pensi si riferisca alla cronologia assoluta, R se pensi si riferisca alla cronologia relativa.

a. Permette di affermare che l'era Mesozoica si è conclusa 65 milioni di anni fa. ☐

b. Fa riferimento ai principi fondamentali della geologia. ☐

c. Viene effettuata utilizzando gli isotopi radioattivi di alcuni elementi. ☐

d. Permette di affermare che i trilobiti vissero prima delle ammoniti. ☐

e. Si basa sulla correlazione tra strati di depositi sedimentari anche molto distanti tra loro. ☐

[5 PUNTI]

4. Completa la tabella relativa alle ere geologiche.

Era	Limiti temporali	Eventi biologici (almeno uno)	Eventi geologici (almeno uno)	Fossili tipici (almeno uno)
Archeozoico				
Paleozoico				
Mesozoico				
Cenozoico				

[16 PUNTI]

5. Rispondi sul tuo quaderno alle seguenti coppie di domande utilizzando al massimo 5 righe.

a. In quale era si verificò la colonizzazione delle terre da parte degli esseri viventi? Perché? **[1 + 3 PUNTI]**

b. Che cosa intendono gli studiosi per «Antropocene»? Come potrà essere individuato in un lontano futuro? (Fai almeno quattro esempi.) **[1 + 4 PUNTI]**

c. La figura si riferisce a una successione stratigrafica ritrovata in una data località (la successione non ha subito processi che l'hanno modificata). Ipotizzando che nei quattro strati evidenziati siano presenti fossili di vertebrati, ossa di dinosauri, microfossili di unicellulari procarioti anaerobi, resti di pesci corazzati, sapresti abbinare ciascun fossile allo strato corretto? Sapresti indicare anche su quale principio della geologia ti sei basato per effettuare i tuoi abbinamenti? **[4 + 1 PUNTI]**

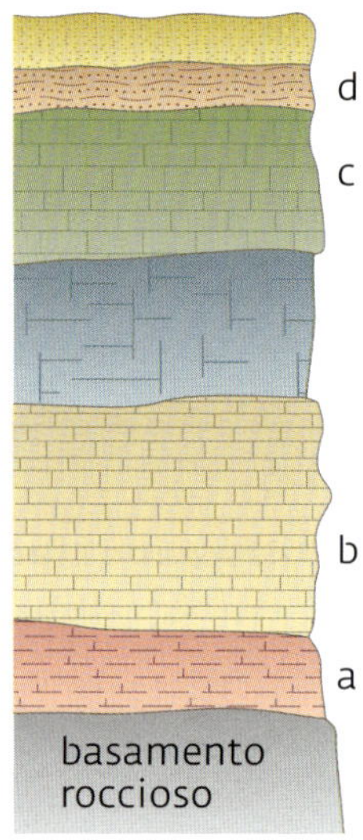

6. Inserisci i termini corretti nella figura, assegnando il nome corretto a ciascun «ramo».

[5 PUNTI]

☐ fino a 32 punti **insufficiente**	☐ da 33 a 38 punti **sufficiente**	☐ da 39 a 44 punti **buono**	☐ da 45 a 50 punti **ottimo**

Verifica le competenze

ZTE ONLINE
20 test interattivi online su zte.zanichelli.it

COMPITO DI REALTÀ
La storia della Terra... in 24 h!
Sezione E

S1 – ANALIZZARE E INTERPRETARE TABELLE, GRAFICI E IMMAGINI

1. UNA COLONNA STRATIGRAFICA PARTICOLARE

La figura rappresenta una colonna stratigrafica: osservala e analizzala con attenzione per giungere alla sua corretta interpretazione.

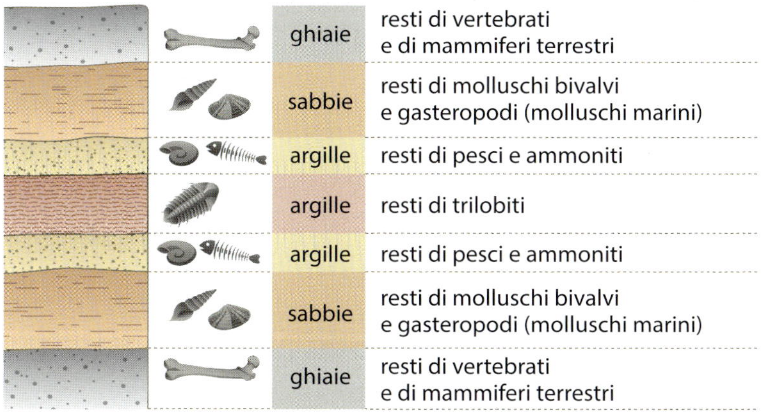

a. ●○○ Individua i diversi strati presenti, assegnando a ciascuno un simbolo convenzionale o una lettera. Utilizzando la simbologia da te scelta, riporta sul tuo quaderno la successione degli strati dall'alto verso il basso.

b. ●●○ Qual è lo strato più antico? E il più recente? Perché?

c. ●●○ Analizza la successione da te trascritta: che cosa noti di particolare?

d. ●●● Come potresti spiegare una simile situazione?

S1 – ORGANIZZARE E RAPPRESENTARE LE INFORMAZIONI

2. METTIAMO... ORDINE

Di seguito sono riportati alcuni dei principali eventi relativi alla storia della Terra.

Nei mari e negli oceani si diffondono i primi invertebrati marini.	Si forma il supercontinente Pangea.
Le prime piante colonizzano le terre emerse.	Compare *Homo abilis*.
Acque, terre e cieli sono dominate dai rettili.	I mari vengono popolati dagli ostracodermi, i pesci corazzati.
Formazione della prima crosta terrestre solida.	Prende avvio l'orogenesi alpino-himalayana.
Con la scomparsa dei grandi rettili, si verifica la diffusione dei mammiferi.	I primi organismi procarioti unicellulari si diffondono nelle acque del pianeta.
Sui continenti si diffondono le angiosperme, piante con fiori.	Avvio del processo della fotosintesi clorofilliana.

a. ●○○ Riscrivili sul tuo quaderno, mettendoli in ordine temporale e incolonnandoli a partire dal più antico (in basso) al più recente (in alto).

b. ●●○ A lato della sequenza da te ricostruita, inserisci i nomi delle ere geologiche corrispondenti ed evidenziane i limiti temporali. Distingui le diverse ere con colori differenti.

c. ●●● Infine, aggiungi tu almeno altri tre eventi che, a tuo parere, ritieni significativi nella storia del nostro pianeta e posizionali correttamente nella sequenza.

S1 – RACCOGLIERE DATI ATTRAVERSO LA CONSULTAZIONE DI DIVERSE AGENZIE INFORMATIVE

3. UNA LAGUNA FOSSILE

In provincia di Verona, nella zona dei Monti Lessini, c'è una località forse più conosciuta all'estero che non in Italia: è il sito fossilifero di Bolca (in realtà si tratta di più località fossilifere tra loro vicine), uno dei più importanti al mondo per l'era Cenozoica. Questo sito da centinaia di anni attira l'attenzione di curiosi e geologi professionisti per la varietà e lo stato di conservazione eccezionale dei suoi resti.

a. ●●● Fai una ricerca in Internet e stendi un breve testo (massimo 15 righe) in cui siano presenti le seguenti informazioni:
- tipi di fossili presenti nelle differenti località fossilifere di Bolca;
- caratteristiche dell'ambiente o degli ambienti in cui vivevano;
- ambienti in cui oggi si possono trovare organismi simili ai fossili di Bolca;
- motivo della loro presenza nella zona dei Lessini;
- motivo del loro ottimo stato di conservazione.

S1 – RICONOSCERE O STABILIRE RELAZIONI

4. PASSEGGIATE PREISTORICHE

Studiando questa Unità hai imparato che la paleontologia è la scienza che studia i fossili. Uun suo «ramo» particolare studia le tracce fossilizzate che gli antichi abitanti della Terra hanno lasciato durante la loro vita, per esempio le impronte dei grandi rettili del Mesozoico. Anche in Italia sono diverse le località in cui l'erosione ha portato alla luce queste «passeggiate preistoriche», il cui studio fornisce preziose indicazioni sulle caratteristiche degli esseri viventi che le hanno prodotte. Osserva i disegni sotto riportati (che rappresentano ipotetiche tracce di deambulazione di grandi rettili) e utilizza le tue considerazioni per provare a rispondere alle domande.

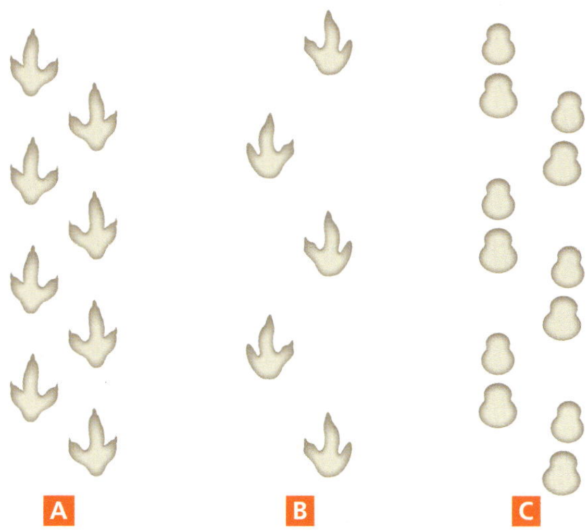

a. ●○○ Quali disegni si riferiscono a un organismo bipede? Quali a un quadrupede?

b. ●●○ Quali differenze noti tra i disegni A e B?

c. ●●● A tuo parere, come potrebbero essere spiegate?

d. ●●○ Secondo te, si tratta di individui singoli o di gruppi? Perché? Che cosa ti aspetteresti di trovare in caso contrario?

Indice analitico

GLOSSARIO

FONTI DELLE ILLUSTRAZIONI

FONTI DELLE ILLUSTRAZIONI

Le immagini presenti nel volume sono tratte dalle seguenti agenzie: Shutterstock, Getty Images, Grazia Neri, Alamy, Sciencephoto, Istockphoto, Corbis, Tipsimages, Scala. Si ringraziano inoltre: Archivio della Soprintendenza Archeologica, Belle Arti e Paesaggio della Città Metropolitana di Bari - MIBACT - CARS Centro Altamurano Ricerche Speleologiche; NASA/ ESA; Alessandra Modelli; Grazia Ceruti; Andrea Rossotti; Paola Sardella. Il dettaglio dei crediti fotografici è presente nell'eBook.